先秦儒道旧义新知录

何泽恒 著

生活·读书·新知 三联书店

Copyright © 2020 by SDX Joint Publishing Company.
All Right Reserved.

本作品版权由生活·读书·新知三联书店所有。
未经许可，不得翻印。

图书在版编目（CIP）数据

先秦儒道旧义新知录 / 何泽恒著. -- 增订本. -- 北京：生活·读书·新知三联书店，2020.6
ISBN 978-7-108-05834-8

Ⅰ.①先… Ⅱ.①何… Ⅲ.①儒家－哲学思想－中国－先秦时代－文集②道家－哲学思想－中国－先秦时代－文集 Ⅳ.① B222.05 ② B958-53

中国版本图书馆 CIP 数据核字（2016）第 248376 号

策　　划	知行文化
责任编辑	朱利国　马翀　赵庆丰
装帧设计	陶建胜
责任印制	卢岳
出版发行	生活·讀書·新知 三联书店 （北京市东城区美术馆东街22号）
网　　址	www.sdxjpc.com
邮　　编	100010
经　　销	新华书店
印　　刷	北京隆昌伟业印刷有限公司
版　　次	2020年6月北京第1版 2020年6月北京第1次印刷
开　　本	635毫米×965毫米 1/16 印张 34
字　　数	474千字
印　　数	0,001—3,000册
定　　价	88.00元

（印装查询：010-64002715；邮购查询：010-84010542）

自序

有清乾隆期间，戴震、姚鼐皆曾言学问之事，有义理、考据、词章三端，同时学者持相近观点者亦尚有之。王鸣盛复益以经济一门，其后曾国藩也有相同的主张。与曾氏同时，朱次琦举经、史、掌故、性理、词章五学为读书之实；其徒康有为长兴讲学，于戴、姚所揭三类之外，亦增入经世之学，盖即秉承师意而来。依曾国藩的说法，所谓经济者，约当孔门政事之科，如前代典礼、政书以至当世掌故皆属之。则诸家立目虽不尽相同，所涵括的范围也广狭有别，而究其底蕴，则可谓大同小异。时人张岱年教授论国学，则谓于曾氏四科之外，还应纳入天、地、兵、农、法、医等诸学。此等新增门类，其实未尝不可归入广义的经济范畴。况且按曾氏别一说法，义理在圣门亦有可以兼德行、政事二科者；然则从更广义的角度言之，戴、姚二氏所述三门宜可统概其余。此三者，学者又多认义理如木之本、水之源，故为最重；但也不能只有根本而无枝叶，只有水源而没有续流，所以三者相济，不可偏废。

所谓义理，若谓指事物之原则，则凡天地万物，莫不预焉，近世所日重之自然科学的种种研究，当然可以包含在内。然古代自然科技在社会所占地位，远逊于近世，故前人所称义理，尤重在指称经籍所蕴含的意义与道理，亦即偏重自整体上探究经籍，尤其是儒家经籍的内容意义与精神特质。自今人视之，或不免认为过偏于人文之理的一面，而有不足之憾。但若换一视角，此岂不正呈现出我国古人以人为本、以人文为主体的坚决主张。由此主纲统辖，则一切自然之理的探究与应用，自不应与人文之理相悖。甚或说自然科学的研究与应用，应当从属于人文科学的领导，而不应违背了人文义理。所谓"正德、利用、厚生"，正德褎然冠首，便是这一原则最简明扼要的说明。先秦儒家有此主张固可无论，即如道家倡言天道自然，而谓"天之道，利而不害"，则与儒家所主，论其实，亦无甚相远。总之，此为我古圣先哲以最高智慧贡献于后世人类之最大教训。天人合一，"先天而天弗违，后天而奉天时"，天人之间，宜无扞格。人与人、人与天地万物，皆在此大和谐、大平衡中"各正性命"，各得其所以相安，而"天地位、万物育"，从而新新不停，生生相续，永进无疆。

或谓天地万物之理，非典籍之所能尽，则探求天地之理者，自不应以载籍为限；此意或更能获得现代重视自然科学者首肯。又或直探本原，本于孟子而以为学问惟在明其本心，则博观泛览，穷原竟委，探赜索隐，皆属支离；宋世有朱、陆之异同，亦由是而歧途。此意于古人所谓人文大本者，庶亦可谓探骊得珠。然古今人心皆原本于天，宜不相远，陆象山所谓"此心同，此理同"者，正是此意。人心既有此大同，则古人所研寻既得之义理，后人当然应该优先参考。夫何故？盖唯人为万物之灵，人之所以异于禽兽者，其中重要的一项，即在人类可产生文化，而禽兽不能。亦可谓禽兽只有自然一面，而人类则可根于自然而发展出所谓"人文化成"。故任何禽兽，降生之初，所赋惟有自然之性，从生到死，不过将其父母乃至始祖之一生重复翻演一过，一切生命历程皆须从头做起。惟人不仅其心最灵，益之以圆颅方趾，顶天立地，空出两手，可以发明种种工艺，又加之以口能语言，更进则发明文字，著于竹帛，可以突破时间、空间的隔阂，以传播其经验知识而日趋高明，故可以累积而有历史、有文化传承。因此任何时代的新生儿呱呱坠地，除却自然天性以外，彼亦连带获得过去先辈所厚积之文化遗产，其一生之进程自然不必如禽兽般从头做起，而是循着前人的轨辙，接承既有的成绩而迈步继进。故千万年前的禽兽，与今之禽兽并无大异，而今日人类与原始人类则相去何啻天壤。论其自然生命，人与禽兽亦无以大异，今人亦一如原始人类之有生老病死，所异者惟在人文化成之部分。其实此一情况，表现在自然科学的研究上应更明显，绝无任何科学研究者是从原始做起而无视于既有研究成果的。

不过自然之理与人文之理还有一点相异之处：即在自然之理的探究上，"知也无涯"，可以日进无已；而人文之理则有所谓"止于至善"。如研究物理学，现代物理学家之所知，有超过了牛顿的；但若论人格卓荦，垂风万叶，则未闻有超于孔子、佛陀和耶稣的。即就文学而言，屈原、陶潜、李白、杜甫，永为典范；其在西方，如莎翁、歌德，后人亦苦于超越为难。人文义理至善之境，就好比一座蠢然高峻的巅峰，可供古今之人共同辛勤攀登，而非峰外有峰，永无尽止；然亦惟绝出人伦之士才可以登峰造极。此无他，正因古今人心大同，故人事亦不甚悬远，古人有人伦社会，后人亦有人伦社会。如古有父母子女，今亦有之，父母子女如何相处而相得相安，古人发明之义理，岂不仍可供今人参考？进一步来说，古人有其衣食住行的物质生活，后人亦有其衣食住行的物质生活。即使衣食住行的物质内容可有古今之殊，方域之别，而所以衣食住行的人文义理，宜仍有其古今中外大通相贯的原则存乎其间。现代科学家颇有忧虑地球自然环境遭受肆意糟蹋，以及资源迅速耗竭的；究其实，问题岂在自然物质本身，还不是出在人类的应用上？刀斧弓箭之与核子武器，其杀人之为量大不相同，此关乎自然之理；而所以操之以杀人者，则与自然之理无干，还该由人心来负责。若用最笼统粗概的说法，也可说，自然科学研究对象为自然界，以物为主，故旨在明其"必然"；人文科学则不同，以其主体为人，人有心，而人心则容有选择，故人文义理更重在"应然"上来讲究。只因于两者性质之殊，故而或贵远，或贵近，各有所偏重而已。是以我国古人所讲究"天长地久""子子孙孙永宝用"之道，对于我们现代人生而言，似乎还不致只如一堆残骸枯骨，毫无意义。如此说来，发明本心之理与读书明理，正不必相妨，而可相得益彰。

我国在人文义理的发明建立上，可说是早熟的，远在先秦时期，便已经确立了清晰的方向，奠定了坚实的基础，而为后代国人所继承和发展。就中尤以儒、道两家的贡献最为卓著而影响深远。后世无论帝王将相、读书学人，以至贩夫走卒，或施于治平政策，或发于著述，乃至呈露为日用人生，莫不或多或少都可看到这两家义理思想濡染的痕迹。是故如要了解中国传统文化，了解中国古人的人生义理价值，这两家学术是决当最先注意的。也可说，我国古代圣哲杰出的人生经验与智慧，在先秦时期这两家典籍中已充分展现，好让后世子孙来汲取受用。

著者夙好诵读学习两家著述，而先秦旧籍，文辞古简，欲有所了悟，除却问学于师友以导牖其愚蒙外，亦惟凭借后人的解注。然后世解注代有其人，读书稍多，屡见各家解说不一，则不免心生疑惑，往往蓄疑胸中，盘桓莫可究诘。读书又稍多，有时得一前人解说，素所蓄疑乃涣然冰释，执卷阅读，遂亦时有尚友古人、相对悦怿之趣。偶亦有浸涵日久，忽发异想者，然自揆梼昧，不敢轻于自信，不得已依然还蓄胸中，以俟异日读书更稍多而得其验证。本书所集论文十七篇，就是个人如此读书过程中的心得报告。其内容牵涉《周易》经传、《论语》《孟子》《大学》《老子》等先秦儒道两家典籍。所讨论的主题虽各有不同，然其立义互通相贯，主要宗旨乃在发明典籍的先秦旧义。对儒道诸经所作的讨论分析，一方面着眼于历史的发展脉络，穷源溯流，辨别古今异解的演变；另一方面则就原典本身作全体的考察与解读，务求通解，避免仅凭局部片面的观察而作轻率的论断。兹将各篇大要胪叙如后：

第一篇《〈易·坤·六二〉爻义重探》：《乾》《坤》二卦见称为《易》之门户，然卦中诸爻义解，仍有歧说，未易论定。就中尤以《易·坤·六二》爻辞"直方大，不习无不利"，虽仅八字，而历来解义，实未能尽惬人意。如汉魏旧说，或以"直""大"本为《乾》阳之德，"方"始为《坤》德，谓《坤》秉《乾》直，故能德方，遂亦与《乾》并成其为大。然自注疏以降，学者乃多径认直方大三者皆为大地之德，不复牵《乾》为说。至如"不习"，或谓物唱乃和，不敢先有所习；或谓任其自然而不假修习。二说与前文"直方大"串连为义，无论所配搭者为任一解读，皆嫌牵强不顺。民国以还，新见迭出，重增其纷。本篇参酌清人别解，配合《乾》《坤》二卦六爻内在联系之分析，对该爻含义重作探析，庶于一般传统旧说之外，提出另一较具贯通观点的解读。

第二篇《〈易传〉"参天两地"训义检讨》：《易·说卦》所谓"参天两地而倚数"，学者皆知其内涵当与筮占之数相关，唯于"参天两地"之具体含义，则历来解说不一，又多牵涉《易·系辞传》"天地之数"及"大衍之数"为义，后学往往莫知所从。本篇先就本章章旨论定其内容性质，进而检讨汉宋学者最主要的几家注解，析论其得失所在。认为汉代马融、郑玄之说嫌于简略不完，致使后人不易掌握，唯推究其义，疑非绝不可通。韩康伯、孔颖达以下，以至朱熹，不满前说，皆另发新义，而转不可恃。本篇复揭示汉人另一解读的可能，即本近人李笠的意见，以为"参天两地"与"参天贰地"同义，"参""两"非数字，而是比拟、副贰之意。本篇综合先秦两汉古籍资料，对其训义进一步加以论证阐明，以求可能适切的义解。

第三篇《〈易传〉"参伍错综"义解商兑》：《易·系辞传》有"参伍以变，错综其数"之语，后世绾合而成"参伍错综"一词，并多以"交互错杂"为义，谓即源《易》文而来。惟"交互错杂"是否与《易传》之本义相符？又"参伍""错综"二词之含义，是一是二？相近相远？甚而二语所指涉者何事？古今异说纷挐，迄无定论，斯诚经文中罕觏而难解之一显例。大抵自虞翻、孔颖达、朱熹而下，莫不联系大衍占筮之数求解，而字义所指，则仍言人人殊，各家相异。宋世迄今，又有牵连《洛书》之数为说者；亦有转就六十四卦之序次为义者，总之其迷雾依然未能廓清。就中以朱熹曾提出"古语"一说，特举古籍中"参伍"用例，可谓独具只眼，尚惜仍以其义"难晓"，未作更明白阐释，而见于《本义》《语类》者，复出歧义而不一其说，是亦终无定见。唯其注文虽未谛当，所启之探寻途辙则客观可采，故本篇沿其端绪以研求《易传》经文之原义，所揭义解颇异古今诸家者，则在综合全章前后相关词汇，整体会通以立义,而非割裂仅求局部之解读,再则致意于词汇语义历时性发展之轨辙,从源溯流,以厘定其先秦本义。

第四篇《略论〈周易〉古占》:尝试探讨有关先秦以《周易》占筮的若干问题。后世学者多据《系辞上传》"大衍之数五十"一章来说明古人的筮法,此段文辞古奥,然朱子《筮仪》已有较详的申述,学者可因之而有所了解。惟据此筮法占筮之所得,古人究竟如何配合《周易》经文来应用,则由于文献记载不足,故后世每多臆论。大抵论者推说的凭据,主要为《左传》和《国语》中所保留春秋时代占筮的记录。但在两书总共二十二条记载中,实仍不足以涵盖其全面。朱子在《易学启蒙》中列举七项《易》占条例,最有系统,似胜于杜预、孔颖达等简略之说。然本篇即据《左传》诸例裁分为四类,再会合《国语》,分析其占例,知朱子所言七例,其中固有实证者,而亦有依理类推,未必可确定为古史之真者。至于宋人戴埴对《左传》所载《易》占的质疑:何以一爻变者独多,亦偶有六爻皆不变者,至于两爻以上变者则不得见?本篇根据占筮之法所得六爻变与不变出现或然率的差异,从一新的观察角度试作解释。最后附论后世《火珠林》以钱代蓍《易》占之法,其不得与先秦古占等同视之,亦由是而可明。

第五篇《孔子与〈易传〉相关问题复议》:孔子赞《易》,作《十翼》,自《史》《汉》以来,学者习承其说。下逮北宋,始有疑其说之不足恃者;嗣后绍述,代不乏人。民初疑古学风盛兴,疑者益众;然笃信旧说者亦未灭迹。近年地下考古发掘出土文物,其盛迈逾前代,尤如马王堆帛本《易》经、传之面世,于传世文献外增加不少可供参考之资料,引起海内外《易》学研究者的热烈讨论。然而对于孔门传《易》此一近千年以来争讼不休的论题,事实上并未因出土文献而得以论定。近年海峡两岸学者论及此题,即有据新出土文物以坚旧说者;亦有因之而作其他推论以修正新说者。本篇即就此一问题,综合传世文献与新出资料重作检讨,提出个人浅见。虽不足以尽释群疑,然于若干相关问题,庶或可得相当的厘清。

第六篇《论上博楚竹书〈周易〉的易学符号与卦序——濮著〈楚

竹书《周易》研究〉读后》：2003年12月《战国楚竹书（三）》发表了迄今可见最早的一部《周易》——"楚竹书《周易》"，学界瞩目。其书今存总五十八简，涉及三十四卦内容，共一千八百零六字，其中合文三、重文八，又二十五个卦画。《释文考释》的作者濮茅左对竹简中留存的符号归纳分析，认为先秦楚竹书《周易》中存在着另一种与今本不同的卦序。此说发表后，便成为竹书《周易》面世以来最重要的发明成果。其后数年间虽陆续有人提出不同的看法，然至2006年底，濮氏新发表上下两大册《楚竹书〈周易〉研究》，就初说修订增益，大抵仍维持原来主张；可见此一问题，学界迄今似尚未获一致定论。作者指出濮氏别有卦序之说，必须由"非覆即变""阴阳转化""诸简一体"三项论述相须结合，才有成立的可能。然此三项立论，如落实简文检验，都不无可商之处，故据见存于竹简的符号而言，尚难推定简本另有异于今本的卦序存在。

第七篇《杂论楚竹书〈周易〉异文的可能价值》：本篇从楚简《周易》有限的卦爻辞资料，配合既有的《易》学文献，分别推论经文和传文中《彖》《象》二传的写定过程。其形成今本固定的面貌，可能是经由不同时期和不同《易》家之手所修订改造完成。其次，于今而言简本年代最早，又可据以参证检讨经文的解读，以至判定其前出土帛本文字的是非得失。全文析分为四项，各举出若干例证以为说明。透过这些例证，不只可以更清楚了解今本《周易》形成过程的变化，也可以在一定程度上反映先秦典籍编制的性质和情况。

第八篇《〈论语〉"父在观其志"章义辨——兼论孔门孝义》：旨在探讨《论语》本章义旨之底蕴。盖自汉世以还，历代解者或谓此章乃述观人之法，或谓此章重在论孝。即至南宋朱子，终身用功《论语》一书，于此章义解自身便曾有过先后不同的解读。大抵引发问难的关键，启端于南朝的皇侃，而由北宋欧阳修正式提出。意谓若父行正道，子当可终身固守毋违，不应父死三年而遽改；若父行不正，父死则子当速改，何待三年。此一质疑遂激出纷纭之辩。本篇多援引《无求备斋论语集成》所辑历代解注，旁及日本学者论著，比论分析，裁量诸家得失长短，最后论定汉人旧说基本不误，而朱子《集注》在语义上更作补充，并采入游酢之说，其义更为周匝而圆满，最为胜义。

第九篇《〈论语〉"子畏于匡"义解》："子畏于匡"一事，见于古文献所载，咸谓因阳虎尝暴于匡，匡人以孔子貌似阳虎，故误以兵围之。朱子《集注》解"畏"为"有戒心之谓"，盖谓孔子闻匡人之将杀己而有戒心；元、明以下，多承其说。惟晚近学者则有不然朱说者，或训畏为拘，谓被拘囚；或谓古以私斗为畏；或谓受危难；或谓受围困；总之多疑戒心之训为不足据。又《礼记》有"三不吊"之说，指"畏、厌、溺"三等，其"畏"之一义，自东汉郑玄即举孔子畏匡为说，是两义相关，而尤使后人费解。实则汉人早有相沿成说，但因旧解立言太简，语焉不详，易滋误会。本篇钩稽典籍，推原疏通旧义，考证《论语》及与之相关《礼记》《吕氏春秋》共六处"畏"字应同属一义，与"威"为同源字，其实际含义则指兵威，以兵威人或受人兵威同谓之畏，受兵伤而死亦谓之畏，皆一义之引申。如此不惟于三书六处可获综合通解，且与汉魏以前诸家旧注亦可相应。

第十篇《〈论语〉〈孟子〉中所说的"权"》：旨在阐明《语》《孟》书中所述"权"字的含义。孔子说"可与立，未可与权"，权似为一难臻之境，然《语》《孟》中皆未详言其实旨。至汉儒所传《公羊传》乃至赵岐注《孟》，方有"反经而善"的界说。三国以迄唐代，益重视其应变之义，又或强调其为变之效益，流衍变质而近乎功利权谋，遂招宋儒之抗议。程颐提出"经""权"合一之说，非斥汉儒"反经"的主张。下逮清儒，意在反宋尊汉，然所发趋时变通之义，其实亦与汉儒有歧。独朱子虽承程颐之说，而于汉儒旧解亦未峻拒。本篇疏理历代主要解义，分析宋儒对汉儒经权说的误解，进而融汇汉、宋异解之内涵，并据以论述孔孟所言"权"的真实含义。

第十一篇《〈大学〉"格物"别解》："格物"一词，古今解者纷纭，争讼不已。本篇分疏历代较具代表性的解说，辨其是非得失：指出东汉郑玄及明王守仁之释义，皆与《大学》本文序次相悖；而宋程颐、朱熹的穷理说则不免有混入自然物理之嫌，与《大学》专重人事者亦不相洽。明末瞿汝稷、清初万斯大本《礼》家射位之义说格物，于义虽通，然串讲前后文义，依然有所未周。诸家解说各有其不尽妥切之处。本篇即本瞿、万解读的角度，进而转据《易传》"爻有等，故曰物"中"物"字，兼有远近贵贱高下等差不同的物位，以及爻位变动不居两方面含义，以之诠解格物。文中强调经文"物有本末，事有终始"并非如朱子所说是结上文的语句，而是所以起下文者。因此"格物"当与"物有本末"合并理解；而"物有本末"之"本末"，亦应与下文"本乱末治"联系解读。"格"或训至而止，或训正，皆无不可；"物"则指己身变动不居之地位而言。如是则整段文义上下可以贯串；而"格物"实质含义当与孔门"正名"之义相通，其所涉范围自限于人生伦理。

　　第十二篇《〈老子〉首章旧义新解》：今本《老子》首章，居今视之，未必为原初既有之篇第，然其可为今本《老子》全书之纲领，则可谓当之无愧。其义蕴足以括囊统辖各章，故自应为研究《老子》书所首当研读者。然此章自句读以至义解之分歧，亦向称隐晦而难理。本篇参考马王堆帛本及先秦文献，乃至汉、宋解注，钩玄发覆，指出自宋以前，无论从古本或古注，或即从《老子》自身用语各种角度来检验，都可证明《老子》首章向来是以"无名""有名"、"常无欲""常有欲"为读的。这应是《老子》的原始读法。而宋代以下主张改以"无""有"、"常无""常有"为读的，或对古注有所误会，以为其与老子本旨有大相违背处。其实古注解释经文固有不贴合处，但大旨则并无违背。惟既与经文文义未尽贴合，自亦不能悉据。故本篇揭发旧义，以为据旧读作解，宜先求其章旨之所在，就其本章自身，以及本章和他章，特别是次章的关系来论断。本此探讨途径，论述本章几个重要字眼的含义，虽源于古注，而解说并与古人不同，务求避免玄虚之言，而以最平实的方式通贯全章文义，又贯通而及于全书总体义旨求其解义。《老子》"本无生有"之旨，通过此一诠解，更可得深一层的体认与掌握。

　　第十三篇《〈老子〉"宠辱若惊"章旧义新解》：此章自汉迄今，异文、异解纷纭，莫衷一是。本篇疏理前人成说，并参酌近年出土帛书异文，判别孰当为其初文。透过此一讨论，从而引申出"宠辱若惊"究为老子所主张，抑或为老子所反对的问题。推证所据理路，主要为先厘定此章之主题，一章文理，疏通其前后起承之脉络，毋令横出枝节，然后征诸《老子》全书其他各章义理，求其相贯相通。在论证过程中，尤着重于义解的历史发展，旁稽典籍，不尚空言，务期信而有征。最后论定后世或以《庄》旨，或本佛义，又或掺入魏晋雅量观念以为说者，皆非老子本真。并进而指出，成语"受宠若惊"一词，虽源出《老子》此章，然其含义之理解与应用，亦经转化，非复其旧。

第十四篇《〈老子〉"上德""下德"义解及其相关问题》：讨论今本《老子》三十八章中若干疑义，全文分四节：一、"下德"与"上义"同文，学者皆知其中有误，而以臆改之，莫衷一是。自马王堆帛书本出土，知其原无"下德为之而有以为"一句，此一久经争讼的问题乃奂然而解。二、《韩非子》所引本章，不唯无"下德为之而有以为"，复无"下德不失德，是以无德"；又今本"失道而后德"以下四句，《韩非子》"而后"下并多四"失"字。本篇分析"道""德"的关系，以判异文之得失，并识疑义之所在。三、王弼阐发老子"道"与"仁""义""礼"之关系，曾分别以"崇本举末""崇本息末"等类似的多种不同表述来说明，对其"本""末"的认知，学界尚有歧见，本篇综贯王弼注文及其《老子指略》所述，论证"本"是指作为本源的"道"，而"末"则为所生的形名。四、根据老子旨义论证章末"愚"字，非谓愚昧，而当从易顺鼎说，乃"遇"字假借，邪伪义；王弼注文很可能已先作此解，惜后人多未注意及此。

第十五篇《从〈老子〉传本的形成论老子生平异说》：上一世纪，学界对《老子》成书时代和作者问题，争讼不休，迄无定论。《史记·老子传》所述其人生平，支离杂出，自姓名里籍，以至存世时代与寿数，皆难以肯定判断，疑点重重，无怪近代学人多不之信，以致疑辨纷纭，莫衷一是。近数十年间，有长沙马王堆《帛书老子》甲乙两本、湖北荆门郭店《楚简老子》甲乙丙三组，以及北京大学藏汉简本等出土文献先后问世，拓宽了研究者的视野与推论空间，此一问题的解决似乎略现曙光。然而回顾十余年以还学者所新出相关论议，则仍未改其纷歧，问题似并未因新资料的面世而得以廓清，足见此一问题，复杂而难理。本篇就先秦迄于汉世《老子》传本演进的概况，配合《史记·老子传》的记载，旁参其他载籍资料，建构《老子》形成今本的过程，从而论述其书的作者。撰写方向主要以申述个人意见为主，不在驳辩诸家议论。

第十六篇《经与经学——从先秦学术性质的演变论中国经学的形成》：本篇先探"经"和"经学"的名义及其演变，着意阐明"经"与"传"的相互联系。其次检讨孔子与"六经"的关系，论证汉世以下所谓"六经"，其内容固有出孔子以前，而与孔子有密切相关者，但也有不少是著成于孔子身后而为其所不及见者。然则司马迁以来谓孔子作述"六经"之传统旧说，其为不可恃自明。继而本清儒章学诚"六经皆史"暨"言公"之义，从学术史发展演变的观点，揭橥建构"六经"为王教之典籍，应为先秦后期以至汉初的"新儒家"，故至统一的"六经"成立时，论其情实，已是王官经学与百家子学之综合体，乃以之当汉世新王朝的官学，树为一王之法，而其影响深远，涵盖了政治和社会各种方面。

第十七篇《略论中国传统文化中的"人定胜天"思想》："人定胜天"是中国习用的成语，本篇考论其文字形式虽源出于《史记》申包胥语，但其用义内涵则适得其反。文字从典源辗转变化而趋于定型，大致完成于北宋苏轼一门师友，而其含义从负面价值反转为正面使用，则始于南北宋之交，南宋以下，渐成主流。此正用义较多应用在改变人生命运、防御天灾、医疗疾病，以及军事练兵等四类事项之中；论其思想精神，实与《逸周书》"人强胜天"为近，其所胜之"天"，皆指覆载生成之偏而言。传统中国文化渊源于黄河流域的农业大地，其自然地理环境所孕育的人文思想，"天人合一"为其极则。儒家以人合天，《中庸》、荀子皆莫能外，后世"人定胜天"的思想概无异致。民国以来的词书，未细究成语的形成与转变，综揽为单一解说，以偏概全，遂致所列书证，多不允洽。近三四十年新出词书，又就新变思想，定义为"人力能够战胜自然"，尤与传统用义的精神相悖。

以上十七篇，除两篇原为讲词者外，俱曾先后公开发表于学术刊物，原来刊布的年月、处所，皆附识于每篇文后。第四、八、十等篇草成较早，与后来发表于学报所规范文例略有不同，已稍事修订，俾全书文例大体一致。2004年曾将其中八篇结集由台北大安出版社印行，去年该社结束业务，是书亦已绝版。兹借新版添入九篇，约已倍增其旧。增订本得以顺利付梓，承蒙北大教授傅刚兄引荐，北京三联书店常绍民先生、朱利国先生鼎力玉成，编印期间，责编赵庆丰先生襄赞者为尤多，作者由衷感谢。狠以学殖浅陋，诸篇所陈，既无当于王鸣盛、曾国藩所谓经济之实，不足为世用；即于所谓义理、考据、词章，或亦无一而可。然驽马十驾，略有心得者，则个人在此学习过程中，深深体会古人留传之旧义，其有待吾人重新剔抉磨光者，固大有所在；而所以为之者，则借用上述前人用语，亦得义理、考据、词章三者相须兼顾，不可偏废。此处所说三者，专指研究方法运用关涉的方向，虽与前人之含义有别，但却是自身多年读书亲切的体认。有时须先明其训诂考据，然后可以明其义理；有时则须先通其义理，乃可以还定其训诂；而其训诂、义理，又时须参酌词章以为之厘定。此所谓词章，乃指原典之章法用语，自不指著者之拙笔。今汇为此编，颜曰增订本《先秦儒道旧义新知录》，"新知"云者，乃著者本人之新知，此尤当郑重声明。盖不佞之新知，其在学人，或属早知与共知；又或有谬误不足而不自知，惟望读者诸君谅其学习之诚、恕其操觚之妄，正其谬妄而匡所不及则已。是为序。

二〇一六年十二月何泽恒识于台湾大学中国文学系第十八研究室

目 录

自序 _i

一、《易·坤·六二》爻义重探 / 001
    （一）《坤》卦六二爻辞的句读 / 001
    （二）先秦汉魏以来解读的两个方向 / 006
    （三）近时学者的新解及其缺失 / 010
    （四）传统解读中的别解及其不足 / 015
    （五）对别解的修正和补充 / 022
    （六）结论 / 029
    后记 / 030

二、《易传》"参天两地"训义检讨 / 032
    （一）从章旨论"参天两地"的属性 / 032
    （二）汉晋"参天两地"的几种主要解释 / 035
    （三）宋代朱熹的新说 / 041
    （四）另一可能的解读 / 047

三、《易传》"参伍错综"义解商兑 / 054
    （一）"参伍错综"在《易传》中的指涉 / 054
    （二）虞翻的注解 / 055
    （三）孔颖达的疏解 / 057
    （四）朱熹的解读 / 060
    （五）"古语"中的"参伍" / 064
    （六）《易传》的"参伍错综" / 071
    （七）"参伍"余响 / 079
    （八）结论 / 081

四、略论《周易》古占 / 084

    （一）筮法与变卦 / 084

    （二）朱子占例 / 087

    （三）《左传》《国语》占例 / 088

    （四）《火珠林》《易》占无当于古法 / 105

五、孔子与《易传》相关问题复议 / 107

    （一）司马迁述孔子所作《易传》之范围 / 107

    （二）孔子五十以学《易》/ 121

    （三）孔门传《易》说 / 131

    （四）帛《易》佚传与孔子 / 134

    （五）结语 / 150

六、论上博楚竹书《周易》的易学符号与卦序 / 154

    （一）前言 / 154

    （二）濮说大要及其立论依据 / 156

    （三）"非覆即变"不足以定卦序 / 159

    （四）竹书符号是否代表阴阳变化 / 161

    （五）简文非出一手所抄 / 165

    （六）符号与卦序的关系 / 169

    （七）结语 / 171

七、杂论楚竹书《周易》异文的可能价值 / 173

    （一）今本经文形成可能的过程 / 174

    （二）从简本异文推测《彖》《象》传的形成 / 179

    （三）简本异文提供的可能解读 / 184

    （四）简本有助于判定帛本异文之得失 / 189

八、《论语》"父在观其志"章义辨 / 195
    （一）两派主题的争议 / 195
    （二）由主题认知差异所衍生的文字歧解 / 198
    （三）若干异解的检讨 / 200
    （四）"三年无改"的质疑 / 204
    （五）孔子论孝的其他言论 / 210
    （六）朱子的主张 / 212
    （七）结论 / 217
    后记 / 218

九、《论语》"子畏于匡"义解 / 219
    （一）前言 / 219
    （二）《论语》"子畏于匡"的歧解 / 220
    （三）《礼记》"三不吊"之"畏" / 232
    （四）论"畏""威"相通 / 236
    （五）结论 / 241
    后记 / 242

十、《论语》《孟子》中所说的"权" / 244
    （一）《语》《孟》言"权"诸条与"权"义的引申 / 244
    （二）《公羊传》的界说及其流衍 / 246
    （三）宋明儒的经权合一说 / 248
    （四）清儒的趋时变通说 / 252
    （五）对《公羊》经权说的误解 / 254
    （六）孔孟所言"权"的真实含义 / 258

十一、《大学》格物别解 / 260

    （一）前言 / 260

    （二）郑玄"来事"说及其解读 / 261

    （三）程朱"穷理"说 / 265

    （四）象山"穷理"说与阳明"正物"说 / 270

    （五）明末清初以下格物新义 / 273

    （六）《易传》"物"字别义 / 279

    （七）由《易传》"物"义会通《大学》"物有本末" / 281

    （八）若干旧解的回顾 / 287

    （九）结论 / 291

    （十）余论 / 294

十二、《老子》首章旧义新解 / 297

    （一）前言 / 297

    （二）"无名""有名"与"无""有"的异读 / 298

    （三）"常无欲""常有欲"与"常无""常有"的异读 / 303

    （四）从《老子》文意用语来考察古读 / 308

    （五）古本句读的通解 / 310

    （六）"同出异名"解 / 319

    （七）《老子》"本无生有"之旨 / 322

    （八）结论 / 327

十三、《老子》"宠辱若惊"章旧义新解 / 329

    （一）前言 / 329

    （二）"宠为下"异文的讨论 / 330

    （三）以《庄》解《老》与魏晋以下的诠解变异 / 333

    （四）从"托天下"论本章主旨 / 341

（五）"宠辱若惊"本义 / 345

（六）"贵大患若身"本义 / 350

（七）"无身"解 / 353

（八）成语"受宠若惊"的本义与转化 / 355

十四、《老子》"上德""下德"义解及其相关问题 / 360

（一）"下德"问题的争讼和解决 / 360

（二）"失道"衍生的问题 / 363

（三）"崇本举末"与"崇本息末"的异同 / 373

（四）"愚"非愚暗 / 384

（五）结论 / 387

十五、从《老子》传本的形成论老子生平异说 / 389

（一）老子生平的传说及其疑义 / 389

（二）《老子》书的传本与出土文献 / 412

（三）从三种出土文献探究今本《老子》的形成过程 / 429

（四）从《老子》传本的形成推论老子的生平传说 / 438

（五）先秦学术的"言公"现象 / 441

（六）《老子》与《道德经》的名称 / 444

十六、经与经学 / 449

（一）经的名义原始与演变 / 449

（二）孔子与六经的关系 / 455

（三）新儒家与经学的建立 / 470

（四）经学与政治社会的关系 / 478

十七、略论中国传统文化中的"人定胜天"思想 / 487

（一）前言 / 487

（二）"人定胜天"的语源 / 488

（三）荀子的"制天命而用之"与《中庸》的"赞天地之化育" / 492

（四）唐代的天人讨论 / 496

（五）北宋的"人定胜天"思想内涵 / 498

（六）南宋以下"人定胜天"的语义转化及其应用 / 502

（七）字面衍化分歧后的颠倒运用 / 513

（八）从现代词书的定义看"人定胜天"意涵的最新转化 / 515

一、《易·坤·六二》爻义重探

《周易》中《乾》《坤》二卦，向见称为治《易》的门户，而《乾》之九五与《坤》之六二，尤见推为二卦之卦主，谓其最足以表现该卦的特点与性质。《乾·九五》"飞龙在天，利见大人"，爻义颇为分明，历来较少争议；而《坤·六二》"直方大，不习，无不利"，虽亦仅得八字，但却颇生歧义，未易论定。而此一爻义，既为学《易》者所当研求，甚或可说所先当研求者，故古今异解的是非得失，似亦有一究其底蕴的必要。

（一）《坤》卦六二爻辞的句读

"直方大不习无不利"的句读，旧说多读为"直方大，不习，无不利"。直至清代惠栋《九经古义》引元熊朋来《经说》，方始提出异议而渐受注意：

> 郑氏《古易》云：坤爻辞"履霜""直方""含章""括囊""黄裳""玄黄"协韵，故《象传》《文言》皆不释"大"，疑"大"字衍。[1]

先师屈翼鹏（万里）先生赞同其说：

---

[1]（清）惠栋：《九经古义·周易古义上》（台北：艺文印书馆，1971年，原刻景印丛书精华所收槐庐丛书二编，据光绪十三年朱氏行素草堂本影印），卷1，第1页上。熊氏原文见《熊氏经说》，索引本《通志堂经解》（新北市：汉京文化事业有限公司，1980年，影印清康熙十九年通志堂刊本），第40册，卷1，总第23314—23315页。案：熊氏宋咸淳进士，仕元为福清县判官，事迹具见《元史·儒学传》。其人或题宋，或题元，今从《四库提要》，题元人。

熊氏说是也,《周书·官人篇》:"直方而不毁,廉隅而不戾,强立而无私,曰有经者也。"亦以"直方"为文。[1]

复引吴汝纶《易说》卷一:

"直方"绝句,《象》《文言》并同,郑厚、吴澄以为六爻皆协"霜"韵,是也。[2]

诸说并同熊氏。屈师录吴说后,又再举秦二世《峄山刻石》:"讨伐乱逆,威动四极,武义直方。"也是以"直方"为文的。综合《坤》卦六爻协韵之例以及先秦文献的例证,可知先秦旧读,应是从"直方"读断,其理据可说是相当充足了。

但此一论断立刻牵连到后文的句读和文义的理解。盖既以"直方"为读,"大"字势必下属,则作"大不习",殊嫌不词。故熊氏即疑其字为衍文,所据则谓《象传》《文言》皆不释"大"字。

如采信熊氏衍文之说,则进一步势将追问何以会衍出此文?据我所知,至少有闻一多、高亨和黄沛荣三位学者都曾提出过解释。闻氏谓"'大'盖即下文'不'之讹衍"。[3] 高氏推测古文"方"字与"大"字形似,"'大'即'方'字之复而又讹者也"。[4] 黄氏则以为"方"通"旁",训"大","大"字"是旁注而误入正文的衍文"。[5] 倘认同衍文之说,则三氏云云,固皆可备一说;然而熊氏此疑却是颇有可商的。

《小象传》云:

六二之动,直以方也。不习无不利,地道光也。

前句解"直方",后句解"不习无不利",固然确是没有涉解"大"字之文,但我们如通读《小象传》的内容,自知各爻的《象传》也不过是就爻辞中文字作重点式的解读,未必逐句解字,无一遗漏。察其文

---

[1] 屈万里:《读易三种·周易集释初稿》,《屈万里全集》(台北:联经出版事业公司,1983年6月),第1册,第29页。
[2] 同上注,第30页。
[3] 闻一多:《古典新义·周易义证类纂》,《闻一多全集》(台北:里仁书局,影印1948年8月上海开明书局本),第2册,第41页。
[4] 高亨:《周易古经今注》(上海:开明书店,1947年9月),第8页。
[5] 黄沛荣:《坤卦六二爻辞"直方大"解》,《孔孟月刊》第11卷第3期,1972年11月,第10—11页。

例，所引述爻辞的原文，应只相当于词书中词目的作用，因此也往往采用节引的方式。盖古者经、传分行，经、传配读时，如传中不立词目，读者不易知道传文针对经文何处作解。而后世通行本裁割《象传》《文言》于相应诸卦爻辞之后，遂又易使人误会其为逐句解义。其实即从《乾》《坤》两《文言》诸节文例观之，即可知其各段解义前所引述的经文，确是作为词目分辨的作用；义出众手，故词目的文例亦各殊，凑合为一篇《文言传》，亦犹后人所谓"集解""集注"，特未如后人之标明各出何人之手而已。至如《文言传》云：

> 直其正也，方其义也。君子敬以直内，义以方外，敬义立而德不孤。"直方大，不习无不利"，则不疑其所行也。

表面看来亦似未涉"大"字。但程颐《易传》说：

> 敬义既立，其德盛矣，不期大而大矣，德不孤也。[1]

朱熹即本其意，《周易本义》中便说：

> 不孤，言其大。[2]

《朱子语类》亦云：

> 夫子……以敬解直，以义解方。又须敬义皆立，然后德不孤，将不孤来解"大"字。然有敬而无义不得，有义而无敬亦不得。只一件，便不可行，便是孤。[3]

果如其说，则字面上虽不及"大"字，其实已解在内。然则熊氏衍文之说，并非毫无商榷的余地。

传世各本《周易》，"直方"之下，皆有"大"字，唯上文提及的惠栋，其《九经古义·周易古义上》据《礼记·深衣》孔氏《正义》引郑氏《易注》及熊氏《经说》，以为应作"直方"而无"大"字。嘉庆间孙堂所辑《汉魏二十一家易注》中的《郑康成周易注》袭用其说。近代学人凡主张"大"字为衍者，亦无弗援之以为据。惠、孙云云，

---

[1]（宋）程颐：《周易程氏传》，《二程集》（台北：里仁书局，1982年3月），下册，卷1，第712页。
[2]（宋）朱熹：《周易本义》（台北：大安出版社，1999年7月），卷1，第44页。
[3]（宋）黎靖德编：《朱子语类》（台北：文津出版社，1986年12月），第5册，总第1740—1741页。

似认汉《易》有但作"直方"者，实则纵谓《郑注》原本即然，也当是郑氏据韵读疑衍而删，非汉世固有此无"大"字之本。

近时出土文献中亦有多种关涉《周易》者，可说是居今可见较早期的实物抄本。其中最早的是《上海博物馆藏战国楚竹书》（上海古籍出版社）中的楚竹简《周易》，这是一种残本，仅涉及三十四卦的经文，并无传文，《坤》卦便属于缺去的部分，因此无法提供先秦较早期的参证，非常可惜。

不过出土于1973年的长沙马王堆帛书《周易》，便多见辅证。不仅帛《易》《坤·六二》明白书作"直方大，不习，无不利"，在帛本的多种佚传中，引述到本爻者，亦皆有"大"字。如《二三子》第十五章：

> 《卦》曰："直方大，不习，无不利。"孔子曰：□□□□□□□□□□□□□□□□□，大者，言亓直，或之容□□□□□□□□□□□□□□□□无不围，故曰"无不利"。[1]

又《易之义》第二章：

> 《易》曰"直方大，不习，吉"也。因"不习"而备。……

又同篇第五章：

> 《易》曰："直方大，不习，吉。"

又同篇第六章：

> "直方大，不习，吉"，□□□也。

又同篇第八章：

> 《易》曰："直方大，不习，吉。"子曰：生文武也，虽强学，是弗能及之矣。

---

[1] 帛书《周易》经文、《系辞》之图片及释文，已由整理小组发表；但其他《二三子问》等五种《易》传佚篇则迄未正式公布。现所流传的释文，乃刊布于陈鼓应先生所编《道家文化研究》第3辑、第6辑，以及朱伯崑先生所编《国际易学研究》第1辑；诸家释文亦有不同。其详可参邢文《帛书周易研究》（北京：人民出版社，1997年11月），第一章第二节《帛书〈周易〉的发表》，第20—22页。邓球柏《帛书周易校释》（增订本）（长沙：湖南出版社，1996年8月），其《易》传部分即据上述已发表之诸篇为底本。以其各篇皆分章次，较易覆案寻检，本文以下即据此书，不再重注。

又《缪和》第十四章：

> 子曰："《川之六二》曰：'直方大，不习，无不利。'"子曰："直方者，知之胃也。不习者，□□之胃也。无不利者，无过之胃也。夫㕇德以与人过，则失人和矣，非人之所习也，则近害矣。故曰：'直方大，不习，无不利。'"

稍后在1977年出土的阜阳汉简《周易》，也有《坤》卦的残简，其第四简作：

> 大不习无 [1]

文虽残缺不完，"大"字却正好清楚存在，可见西汉以至其前的爻辞，是有"大"字的。

由上引帛书《易》传的内容综合而观，可知当时流传的《坤》卦六二爻辞，"直方"下皆有"大"字，一如传世通行本。此其一。"不习"之后，或作"吉"，与今本异文；或作"无不利"，同于今本。此其二。从《缪和篇》的引文看，爻辞虽然明白有"大"字，但所谓"子曰"以下所解说，曰"直方者"，曰"不习者"，曰"无不利者"，也并不特释"大"字。然即此已可证其是以"直方""不习"为读的。此其三。

由此我们可得一结论：《坤·六二》爻辞的文字，先秦流传下来诸本皆有"大"字，无"大"字者不一见。反倒是"无不利"，却有作"吉"的异文。然两者之间含义相差不大，几可无辨。而尽管经文有此"大"字，但先秦旧读，固是以"直方"为断，则诚如惠栋所引熊氏之说。因此熊氏等谓诸爻协"霜"韵云云，应该是正确的看法；唯更认"大"为衍文则未是。当谓从"直方"读断，"大"一字为读，与"不习"分别为义。故清末马其昶撰《周易费氏学》，其《坤·六二》爻辞，分在"直方"与"大"下加注"句"字，[2] 是正确的判断。

---

[1] 安徽省阜阳市博物馆中国文物研究所古文献研究室：《阜阳汉简〈周易〉释文》，陈鼓应主编：《道家文化研究》（北京：三联书店，2000年8月），第18辑，第17页。

[2] （清）马其昶：《周易费氏学·上经一》（台北：新文丰出版公司，1979年8月，影印清咸丰十年抱润轩刊本），第16页上。

（二）先秦汉魏以来解读的两个方向

既知《坤》卦六二爻辞，今本文字不误，则可进一步检视前人所作的解读。我们首当注意的自然是《易传》的解释，《小象传》和《文言传》原文已引见前节。《小象传》谓"直方"是说"六二之动"，"不习无不利"则是"地道光也"。"光"或读如字，光明义；或假为"广"，广大义；无论如何总是说"地道"。这很容易使我们联想到《大象传》的"地势坤"和《说卦传》的"坤为地"，可见《小象传》殆以六二为卦之主爻，故即认其足以代表一卦之特性，遂以地之象征意义来理解六二爻义。既以地道为说，则其前的"直方"或"直方大"，也理应本地道以为言。《文言传》诚如朱熹所言，以"敬"解直，以"义"解方，则显然是就人之德性来说，若联系《象传》以为义，或可说就地道直方之德，引申推言人亦当有此直方之德，而此德在人则敬与义也。

自汉以下解此爻义者，留下来较早的已是汉末的郑玄和荀爽两家，然而两家说法即已大不相同。郑玄云：

> （自）〔直〕也，方也，地之性。此爻得中气而在地上，自然之性，广生万物，故生动直而且方。[1]

谓直方为地广生万物自然之性，故直之与方系属于地，皆为坤所固有。其不释"大"字，说已见前。

荀爽之说则不然，其言曰：

> 大者，阳也。二应五，五下动之，则应阳出直，布阳于四方。物唱乃和，不敢先有所习。阳之所唱，从而和之，"无不利"也。[2]

---

[1] （汉）郑玄：《周易注》，引见（唐）孔颖达：《礼记·深衣》之《正义》，《十三经注疏》（台北：艺文印书馆，1965年，影印清嘉庆江西南昌府学本），第5册，卷58，第964页。案：刘大钧先生引（清）朱骏声《六十四卦经解》："径行曰直行，横行曰方行"，谓其说"正合郑氏之解"。见所著《周易概论》（成都：巴蜀书社，2004年5月），第148页。

[2] 见（唐）李鼎祚、（清）李道平：《周易集解纂疏》（北京：中华书局，1994年3月），卷2，第77页。

清李道平《周易集解纂疏》解释这段话的含义说：

> 《九家易》：《说卦》"乾为直"，《系上》曰"夫乾，其动也直"，故乾为"直"。《文言》曰"《坤》至静而德方"，故《坤》为"方"。《坤》与《乾》旁通，《坤》二上应《乾》五。五动于《乾》，下应《坤》二，《坤》二即应阳而动，以之《乾》五。应阳，故"出直"。动直，故"阳气布于四方"。阳动至二体《临》，《序卦》曰《临》者，大也"，故曰"大"。荀注：阴随乎阳者也，阳唱于先，阴和于后，故"物唱乃和，不敢先有所习"也。阳动阴随，所以"无不利"也。[1]

果如其说，则"直""方""大"三者，仅"方"属坤德，"直"之与"大"，其实并属阳性，只因坤性至静而德方，故不为主动，而随顺乾动，以乾之动直，坤亦随之而动直，并将乾阳之大广为发布，因亦得成其大。至于所谓不习，乃谓坤德主和主随而不主唱，故"不敢先有所习"，一切随顺乾之动而动，此正其所以"无不利"。

此一乾唱坤随相配为言的解读趋向，其前实先有萌兆。今见帛书《易之义》第五章：

> 子曰：万物之义，不刚则不能僮，不僮则无功。……不柔则不静，不静则不安。……是故《键》之"炕龙"……刚之失也，僮而不能静者。《川》之"牝马"……阴之失也，静而不能僮者也。是故天之义刚建僮发而不息，亓吉保功也。无柔栽之，不死必亡。……地之义，柔弱沉静不僮，亓吉保安也。无刚栽之，则窭贱遗亡。……故武之义保功而恒死，文之义保安而恒窭。是故柔而不狂，然后文而能朕也；刚而不折，然后武而能安也。《易》曰："直方大，不习，吉。"□□□之屯于文武也。

盖谓刚动与柔静合当相须而行，正犹文武合璧，可以保安与保功；倘若孤行，则并有其失。而《坤》之六二则正符此文武刚柔相须之义。

---

[1] 见（唐）李鼎祚、（清）李道平：《周易集解纂疏》（北京：中华书局，1994年3月），卷2，第77—78页。

《易之义》第八章也说：

> 《易》曰："直方大，不习，吉。"子曰：生文武也，虽强学，是弗能及之矣。

可见配合乾德以解《坤·六二》，荀说或亦远有渊源。而后人解说，有面目虽殊而骨髓相近者，如明代唐鹤征云：

> 直而大者，乾之德也。坤无德，以乾之德为德，故乾性直，坤亦未尝不直；乾体圆，坤则效之以方；德合无疆，则与乾并其大矣。惟以乾之德为德，故不习而无不利，所谓坤以简能者如此。[1]

此说其实可与荀氏之说相通，总以乾坤合言，而坤则随顺配乾，是其为说的大旨。

稍后于荀爽，魏王弼注《易》，其说便与之不同，而转近于郑玄，其言曰：

> 居中得正，极于地质，任其自然而物自生，不假修营而功自成，故"不习"焉而"无不利"。[2]

言虽清简，但亦可知其义当亦本于《象传》"地道"而言"地质"，揆其后段之文，则可推知彼殆以地之生成万物言"直方大"；至于以任万物之自生自成，不假修营以言"不习"，略变郑玄之言，显然已有道家自然无为思想的痕迹，而与荀爽随顺而不敢先为主动之意，亦犹有毫厘之辨。

下逮唐初孔颖达针对王注作进一步的详细解说：

> 《文言》云："直其正也。"二得其位，极地之质，故亦同地也。俱包三德：生物不邪，谓之直也；地体安静，是其方也；无物不载，是其大也。既有三德，极地之美，自然而生，不假修营，故云"不习无不利"。物皆自成，无所不利，以此爻居中得位，极

---

[1] 引见（清）李光地：《周易折中》（台北：武陵出版社，1989年1月，影印清同治六年鳌刊本），卷1，第143页。案：唐说原见所著《周易象义》，《四库全书存目丛书·经部》（台南县：庄严文化事业有限公司，1997年2月），第10册，卷1，总第251—252页。李光地乃櫽括其文，以其较为简要，故采录之。而李氏案语自为之说，即本唐说而续加发挥者。

[2] 见（唐）孔颖达：《周易正义》，《十三经注疏》（台北：艺文印书馆，1965年，影印清嘉庆江西南昌府学本），第1册，卷1，第19页。

于地体,故尽极地之义。……地之形质直方又大,此六二"居中得正",是尽极地之体质也。所以"直"者,言气至即生物,由是体正直之性。其运动生物之时,又能任其质性,直而且方,故《象》云:"六二之动,直以方也。"[1]

这里特可注意者,乃谓直方大皆属"地之体质",分指"生物不邪""地体安静"与"无物不载"三方面。然则"直"之与"大",亦端就坤德而言,其言"直"虽亦有"言气至即生物"一语,然而却谓此正坤体正直之性,而并不牵涉到所谓阳唱阴随以至文武相须等的说法。

接承这一说的,便是北宋的程颐,其言曰:

> 以直方大三者形容其德用,尽地之道矣。由直、方、大,故不习而无不利。不习谓其自然,在坤道则莫之为而为也,在圣人则从容中道也。……言气,则先大。大,气之体也。于坤,则先直方,由直方而大也。[2]

其说与王弼之说不同,唯在用《孟子》"莫之为而为"与《中庸》言圣人之"从容中道"来解释地道生物之"自然",大抵目的只在淡化王注道家思想的意味,企图挽而回归儒义而已。但说"不习"即是"自然",亦即是"莫之为而为"与"从容中道",终似引申稍远,故其后朱熹便改说:

> 柔顺正固,坤之直也;赋形有定,坤之方也;德合无疆,坤之大也。六二柔顺而中正,又得坤道之纯者,故其德内直外方而又盛大,不待学习而无不利。[3]

此说大体仍承注疏而来,直方大皆言坤德而不涉乾,然视程说则对三德有比较明晰的解说,同时以"不待学习"解"不习",就文字训诂的观点言,亦更为直接。上述王、孔、程、朱四家,其实都是以"自然"说"不习",只前三家在文字释义上似嫌牵引稍远;朱熹以学训习,虽

---

[1] 见(唐)孔颖达:《周易正义》,《十三经注疏》(台北:艺文印书馆,1965年,影印清嘉庆江西南昌府学本),第1册,卷1,第19页。
[2] 程颐:《周易程氏传》,《二程集》,下册,卷1,第708页。
[3] 朱熹:《周易本义》,第42页。

较落实，然谓地道"不待学习"，立言亦嫌不顺。

总之，以直方大言地道以显坤德，传统讲法不外是或以直大二者本原于乾阳，或径以三者皆归于坤；至所谓不习，亦不外是随顺阳唱，不敢先为主动，或谓自然生物，不待学习之两说。贯串前后爻辞以观，其解读令人感到牵强之处，尤在"不习"二字，以其字训未尽贴合，或与前文串讲，颇难条贯。

其实进一步言，"直方大"无论谓其顺承于乾，抑或坤之本然，若谓其为地道地质之象，虽可与《坤》卦《大象传》以至本爻的《小象传》相应，独自为说，义自可通；但其实则仍有可疑。《说卦传》说"乾为天，坤为地"，这固然是毫无问题的，只不过揆诸《乾》卦，尽管《大象传》谓"天行健"，亦以天道为言，但全卦六爻取象，却并不复再涉于天。准此再觇《坤》卦其他五爻，亦无一涉言于地，[1] 则六二一爻独取象于地，殆嫌于不伦。若本卦主之说，以六二最足表坤，因言地道，然则《乾》之九五，地位相同，何以又不取象于天？[2] 而况综览卦爻辞所述，大抵以古人生活经验所得之人生义理为主，亦即以修身处世、齐家治国之道为范畴，其扩而进言宇宙万物变化生灭之原理，殆自《易传》而始有之。因此旧说的解释，如穷加究诘，实不能尽惬人意。

（三）近时学者的新解及其缺失

民国以来，随着疑古考辨学风的盛兴，学者研寻先秦古籍文义，每有摆脱传统旧说的羁绊，援据殷周甲金文字解读，以逐易从来《易》

---

[1] 《说卦传》虽言"乾为天，坤为地"等八卦之象，然八卦的卦爻辞或与之相关，或与之不相关，且以不相关者占多数。说见高亨：《周易古经今注·重订自序》（北京：中华书局，1984年3月），第3—4页。案：高氏谓《坤》卦唯《初六》"履霜坚冰至"与《上六》"龙战于野"两爻辞"并非讲地，而与地有关"，实则此两爻绝非取象于地。（参下注）《说卦》所言八卦之象就三画卦言，与六画卦自不可一例而论。

[2] 《乾·九五》"飞龙在天"，犹言在天之飞龙，五位虽象天，然爻象实取飞龙，非以天为象；亦犹《九二》"见龙在田"，二象在田，然爻象则在见龙，而非以地为象，其间主从有别。

字解注者。即如《坤·六二》的爻义，便有迥异乎往昔的新观点。兹举闻一多、李镜池、范耕研、高亨四家为例。

闻氏云：

> "大"盖即下文"不"之讹衍。"方"谓方国。古"直""省"同字，"直方"即省方。《观·象传》曰："先王以省方民设教"，《复·象传》曰："后不省方"，《吕氏春秋·知分篇》曰："禹南省方。"（《淮南子·精神篇》同）卜辞作"眚方"……省方犹后世之巡狩，其事劳民耗财，不宜常行，故曰"不习，无不利。"[1]

谓直方即犹言巡狩，指视察方国而言；"习"则自"重"义引申，不习指不宜重复常行；复采熊氏"大"字讹衍之说，删去不解。其于爻辞文字义解，几乎全部推翻了传统的说法。

李氏云：

> 直、方、大：这是对大地的一种粗浅的认识，认为大地是平直、四方、辽阔的。习，熟悉。由于商人到处去，有时走得很远，因而得出了对大地"直、方、大"的结论。有了这种初步的认识，行旅就会有一定的方向和经验，所以，虽然是不熟悉的地方也可以去，不会有什么问题。[2]

李氏以为直方大所言属大地，虽与传统旧说相同，但旧义指言大地之德，而李氏则指大地之形，遂谓爻辞的下文与商人行旅相关。

同样以大地形体为解，而义复有歧者，有范耕研《周易诂辞》，云：

> 履霜而知坚冰之至者，由南而北，气候渐寒，于以知地体之广大也。坦夷无极，坤之直也；四远旁薄，坤之方也；兼载万物，坤之大也。不习，不熟知也。山林新辟，虽非宿居之地，而垦治定宅，无有不利也。[3]

其解六二广大之义，直承初六而来，然谓"不习"以下，则指开辟新土以定居之意，则与李解不同。

---

[1] 闻一多：《古典新义·周易义证类纂》，第41页。
[2] 李镜池：《周易通义》（北京：中华书局，1981年9月），第6页。
[3] 范耕研：《周易诂辞》（台北：文史哲出版社，1998年2月），卷1，第5—6页。

至高亨的新解，又不同于上述诸家。其始撰《周易古经今注》，云：

"直方大不习"，义不可晓。疑"大"字衍文，盖古文方作𠂆，大作大，形相近，大即方字之复而又讹者也。……可有两解。其一，直方谓人之行事直且方也。习者，重也，合也。……古书亦或作"袭"。"习""袭"古通用。《广雅·释诂》："袭，重也。"是习有重合之义。卜筮有所谓习者，古人有大事，三龟并卜，其吉相重者谓之习吉。……又古人有大事，往往卜筮并用，卜而又筮谓之习，卜筮相协，当亦谓之习。……又古人梦则占，卜筮与梦协，亦谓之习。……《周易》筮书，此云"不习"，盖指筮与卜不相习，或筮与梦不相习矣。以理推之，当指筮与卜之不相习也。人之行事，既直且方，则筮与卜虽不相习，亦无不利。……其二，疑"直"当读为"值"，同声系古通用。……值训持，即借为持，"值""持"古亦通用……《说文》："方，并船也。"……"直方"即持方，谓操方舟也。习谓闲习也。方舟以渡，不易倾覆，虽不习于操舟之术，亦不致有陨越之虞，故曰，"直方，不习，无不利。"人据坚固之势，虽非干练之才，亦无往不利，乃其设象之恉也。……斯二解者，以后说为长。[1]

虽说爻义不可晓，然已就字义详举书证提出两解：一谓人能直方以行事，则卜与筮所得结果不相合，也无所不利。二谓人之行事，若有坚固之势以为凭借，犹操持方舟，不易翻覆，故纵使其人逊于才干，亦可无往不利。此二说，高氏谓后说为长，但并未对两说得失之所以然续作说明。在其后所撰的《周易大传今注》，乃至重订再版的《周易古经今注》中，则皆已删去第一说，而仅存第二说。唯重订本《周易古经今注》，对第二说略加修订：

"大"读为"太"。习，谓闲习也。方舟以渡，不易倾覆，虽甚不习于操舟之术，亦不致有陨越之虞，故曰"直方，大不习，

---

[1] 高亨：《周易古经今注》，第9—10页。

无不利。"[1]

盖已不谓"大"为衍文，然谓此爻所说乃指操方舟以渡，则先后并无大异。

上述四家，其说虽各不同，要而言之，总以摆脱《易传》以来的传统旧说为旨归。高亨在《周易古经今注·重订自序》中曾明白宣示其撰述宗旨：

> 第一个特点是不守《易传》。……历代学者注《易经》，都是以传解经，而我注《易经》，则离传释经，与前人大不相同……《十翼》仅是出现最早的、颇有可采的《易经》注解，并非精确悉当的、无可非议的《易经》注解。……我主张讲《易经》不必受《易传》的束缚，谈《易传》不必以《易经》为归宿……第二个特点是不谈象数。……讲《易经》的占筮是离不开象数的。但是讲《易经》的卦爻辞则可以不管象数。……古人注《易经》都未能摆脱象数。《十翼》则讲本卦卦象及爻象爻数……我们今天并不把《易经》看做神秘宝塔，而是把《易经》看做上古史料，要从这部书里探求《易经》时代的社会生活及人们的思想意识、文学成就等。从这个目的出发来注解《易经》，基本上可以不问《易经》作者在某卦某爻写上某种辞句，有什么象数方面的根据，只考究卦爻辞的原意如何，以进一步利用它来讲那个时代的历史，也就够了。[2]

此意可以充分表达出近人治《易》新趋的主旨所在。大抵一因于先秦以迄两汉，以象数观点来解释卦爻辞，愈趋繁琐，为牵合二者之关系，往往穿凿附会以为说，故招反感。再则自北宋以还，开始有学者疑及《易传》未必尽出孔子之手，因而也对《易传》过往的诠释权威形成了新的挑战。即如深信孔子作《十翼》以赞《易》的朱熹，也主张要分辨伏羲之《易》、文王周公之《易》、孔子之《易》与后代学者之《易》

---

[1] 高亨：《周易古经今注》（重订本）（北京：中华书局，1984年3月），卷1，第167页。案：《周易大传今注》（济南：齐鲁书社，1979年6月）实删去第一说，存第二说；同时补录闻一多说于己说之后。见该书第79页。至重订本《古经今注》却又删去闻氏说，而独存己说。故《大传今注》可视为两版《古经今注》之间的过渡。

[2] 高亨：《周易古经今注·重订自序》，同上注，第1—3页。

等几个不同层次的异同[1]，这一见解无异于承认经、传间容有差异的存在。其立场与民国以来疑古辨伪学者的主张，如祛其表相而求其里真，自见有其脉络相通之所在。朱子力主《易》为卜筮之书，故虽重视程颐的《易传》，但说那是程氏之《易》，因此发心自撰《周易本义》。所谓"本义"，与高亨所谓"只考究卦爻辞的原意如何"，义旨固自相近。唯朱熹的愿望显然是失败的，他对自己这部《本义》便曾表示过并不满意。[2]我们试读《本义》，开卷即可见朱熹的著作意图，但通全书而言，也可说他大体仍依傍《易传》来对卦爻作解释。也就是说，他虽并不采纳汉人夸张的象数说，但事实上也并未能摆脱《易传》原来的基本象数系统来作解。朱熹所面临的困境大抵也不难理解，我们如将朱解与上述近时学者的新说相比较，便知若真彻底摆脱《易传》以来的旧式解读，那么卦爻辞文字的含义与原卦的整体，乃至一爻与他爻间的象征意义便完全脱钩。如此崭新的一种诠解方向，使得《易经》展现出一个与过往截然不同的面貌：即昔人尽管对若干卦爻的释义言人人殊，但大体仍循《易传》以来的旧统，将卦爻讲成都具有意义，亦即富含人文义理；而新说则似务欲将之讲成无大深义的质朴纪录，谓如是才是古史之真。但且看直方大，所说的究竟是巡狩方国，还是指大地的辽阔，抑或是说操持方舟？不习究指不常施行，或是商旅远行至不熟悉之地，或是开垦新土以定居，抑或是说不谙习操舟之术？造为新说者莫不以求古史之真为鹄的，可是于今亦无由起三千年前古人于地下以判何说方符其本初系辞的真意。况且退一步言，纵使新说果真说中了古初的本义，唯自春秋以降，二三千年却并未有任何人如此理会。也就是说，若以真实存在为判准，今人所谓古史之真，其实在其后的几近三千年间盖属虚妄；反倒是《易传》以下被指斥为失真

---

[1]《朱子语类》："孔子之《易》，非文王之《易》；文王之《易》，非伏羲之《易》；伊川《易传》又自是程氏之《易》也。故学者且依古《易》次第，先读本爻，则自见本旨矣。"见卷67，第1648页。

[2]《朱子语类》："先生于《诗传》，自以为无复遗恨，曰：'后世若有扬子云，必好之矣。'而意不甚满于《易本义》。盖先生之意，只欲作卜筮用，而为先儒说道理太多，终是翻这窠臼未尽，故不能不致遗恨云。"同上注，第1655页。

者,却真实存在悠久的历史长河之中,其义深入人心,对我国历史文化、政教人伦多所影响。如"直方大,不习",旧说诸家纵有所出入,要之总扣合六二之爻象来立说,所以很容易便能配合《易传》中的说法,落实到人伦德性的指导。换言之,这些解读大体仍在固有传统文化范畴中谋其义解,而非尽弃传统整体义理于不顾。若欲求真而无视于卦爻象理,断章作解,谓可以呈现古史实况,是否果得其真尚未可知,固已将一部历来富含义理的经典,降格为无甚深义的史料。此自是关乎古今人价值观念的差异,唯孰得孰失,亦并非一无检讨省视的余地。[1]

(四) 传统解读中的别解及其不足

近人多认《易》为卜筮之书,与朱熹见解相同;唯朱熹解经仍多援据《易传》,故联系卦爻之象与卦爻之辞来作解释却也成为《周易本义》的常态,亦可谓此一形态与其前之王弼注《易》并无大歧。近人每以卦爻辞为筮者问事项及问占结果的记录,但也多承认后世流传的卦爻辞已经过整编。李镜池便说过,卦爻辞"不单编纂,不单汇集资料,而且是出于编者的匠心编著;不少地方,不特是编者有意识地组织编排,而且还有哲学意义和艺术性。"[2] 高亨则说:"卦爻辞或与卦的基本象征有关,或与卦的基本象征无关……卦爻辞与象数的关系,有显有晦,晦者不可强做说解。"[3] 晦者而强做说解,故有汉儒象数之纷纷。但若有显者存焉,则亦不宜强挽而之晦。《易》之为书,果如今人言,其始固自有原始素材的来源,但既经整编为一部有系统的经典,

---

[1] 本节所举近人新说《坤·六二》,尚非全无义理,然如谓古有巡狩、商旅远行、辟土定居、操持方舟诸事,无论在义理或古史资料的价值上,毕竟都不能说有太大意义。余数前年为冯家金教授《易》著撰序,亦曾举《泰·九二》为例,详申此意。参见拙撰冯著《周易体系结构与处事方法·序》(新北市:顶渊文化事业有限公司,2004年9月),第3—5页。案:是序撰于2002年1月,唯冯著越二年方出版。

[2] 李镜池《周易的编纂和编者的思想》,《周易探源》(北京:中华书局,1978年3月),第192页。

[3] 高亨:《周易古经今注》,第4页。

则已有其自身的经典涵义,而不必以来源素材的本义为拘限。此亦好比文字皆有本义及引申义,造字之初,只有一个本义,引申孳乳则可不止一义。作者写了一篇文章,其词句中的文字如已用了引申义,后人自应寻绎此等引申义以言其文章之本义,而不应一一远从造字之初立说,反谓此方是其写作之本义。故研求作者成篇之义,读者固每厌弃穿凿附会、引而益远的解读,但逐字一一求索于造字之初,亦决非正途。今本《易经》既经有意编纂,其卦爻既经赋予了某一种涵义,后人欲求其所谓本义,自应以此一界线为限,而不须再越过此界线而上求其素材所由之原始意义。盖越此而上溯,一者邃古难稽,易致言人人殊,学者莫知所从;再者即使说对了素材的原始意义,虽然还有作为历史材料的功用,但却也漫失了经典的原来意义,其间得失,未可一概而论。故即使以古史资料探求为目的而作这样的探索,亦应与编纂《易经》以后作出性质层次的区隔,不宜混然不加分辨,视为一物。是以朱熹主张《易》当分别层次看待,要分辨伏羲、文王、孔子以至后人之《易》,如果我们不拘泥于他所提的古圣人名,这一意见依然是值得重视的。

我们准此立场来看《坤·六二》的解读,就不得不认为近人的新说并没有解决旧解不够圆满的问题,而只是使原来的问题又再歧出。

上文提及李镜池论卦爻辞有经编者刻意作了整齐编排组织加工的,他分成"对衬式的爻辞"与"阶升式的爻辞"两类为说,前者举《乾》《大过》二卦,后者举《艮》《渐》二卦为例。[1] 其说《乾》卦:

《乾·初九》:潜龙,勿用。

《九二》:见龙在田,利见大人。

《九三》:君子终日乾乾,夕惕若,厉,无咎。

《九四》:或跃在渊,无咎。

《九五》:飞龙在天,利见大人。

《上九》:亢龙,有悔。

---

[1] 李镜池:《周易编纂和编者的思想》,第197—198页。

谓六爻的组织结构，两两相对，初与上对，二与五对，而中间是人事之占，人事与人事相比。李氏对爻辞中某些文字的解释，例如他采用闻一多以龙为龙星之说，训九四"或"为有人，以与"君子"同列，诸如此类的解读，未必能获得其他学者的认同；甚至他所谓两两相对，却以初上、二五、三四为配搭，也与传统一般见解不侔。可是他指出《乾》卦各爻之间有一种密切相关的组织关系，则是易见而毋庸置疑的。我们注意到李氏并未举及与《乾》卦相并，同属于学《易》门户与底蕴的《坤》卦。试看《坤》卦六爻：

《坤·初六》：履霜，坚冰至。

《六二》：直方，大，不习，无不利。

《六三》：含章，可贞。或从王事，无成有终。

《六四》：括囊，无咎无誉。

《六五》：黄裳，元吉。

《上六》：龙战于野，其血玄黄。

今若以《乾》九二与九五两爻之相衬为义，比观《坤》之六二，无论上揭新旧诸解，皆与六五并不相衬。如是，则《乾》卦诸爻较有整齐的对应编排，而《坤》卦则无之。虽然六十四卦决非逐一皆如李氏举例为说的那些卦般有组织可说，但《乾》《坤》襃然居诸卦之首，也向来被认为相配并观，何以两者有如此参差的编排处理？

至此我们可以参考一个在传统旧解中出现得相当晚的说法，此说出自清代咸同间山东学者周悦让的读书札记《倦游庵椠记》。其书原未付梓流布，近年始由齐鲁书社据山东省博物馆所藏两种钞本点校刊行，以是向来鲜为人知。兹具录其说之全文如后：

> 按：《礼记·玉藻》："韠，天子直，公侯前后方。"云云。韠居带下，与裳同位，坤之象也。直方，政韠之象也。上应六五，与黄裳德同也。
>
> 初六《象传》："驯致其道。"《九家易》曰："驯犹顺也。"《文言》曰："盖言顺也。"《本义》曰："'顺'当作'慎'。"而六四《文言》曰："盖言谨也。"《说文》："谨，慎也。"则初与四象义政

同。盖本卦六爻内外相协,"括囊"即以谨冰霜之渐,"黄裳"即"直方"之质,战野即不"含章"之失也。乾之内外亦然。"潜"即"在渊"也,"跃"即"潜"之用也。龙无"在田"之理,以其将飞,故于此见之耳。三则卦体已全,故曰终日惟惕厉以保合之,乃得无咎。"亢"即不惕之失也。《乾》《坤》纯卦,无(秉)〔乘〕承应比之嫌,故自相为体用,非余卦所能例也。[1]

他以《乾》《坤》合说,一如传统的多数学者,唯解说二卦之六爻,谓此两卦纯阳纯阴之体,不合以他卦乘承比应诸例为囿,而是相关两爻间皆"自相为体用",此则甚有思路。旧说一卦六爻,每以内外两卦之相应位置,即初之与四、二之与五、三之与上,两两为异性之正应,或为同性之敌应;[2]然《乾》《坤》二卦都是六爻纯体,不合论此。故或如程颐所谓"乾坤纯体,以位相应"[3],或如周悦让所谓"相为体用",要之对应两两之间,尚应有其内在连结的关系存在。故周氏指出《乾》之"潜龙",与"在渊"相应;"在田"与"在天"相应;朝乾夕惕,则可免亢龙之悔,不乾惕则有此悔。其在《坤》卦亦然:"履霜"与"括囊"相应,括囊即履霜的后续而加谨;"直方"与"黄裳"同类;而"含章"之贞,可保不致"龙战于野",反之必有其失。

循此一思路,周氏乃从六五"黄裳"以反索六二之"直方",如是则可推想"直方"是否可以言衣饰?而周氏确从古籍中寻到了依据。他提出《礼记·玉藻》所载古代服饰中的韠制:

> 韠,君朱,大夫素,士爵韦。圜,杀,直:天子直;公侯前后方;大夫前方,后挫角;士前后正。韠:下广二尺,上广一尺,长三尺。其颈五寸,肩、革带博二寸。

韠之言蔽也,指朝服的蔽膝,《玉藻》此处所言为穿着玄端服时所配用

---

[1] (清)周悦让:《经隐·周易》,《倦游庵椠记》(济南:齐鲁书社,1996年8月),第1页,"坤:六二,直方"条。

[2] (唐)孔颖达《周易正义》云:"《略例》云:'阳之所求者阴也,阴之所求者阳也。'一与四、二与五、三与上,若一阴一阳为有应,若俱阴俱阳为无应。"《周易正义》,《十三经注疏》第1册,卷1,第16页。

[3] 程颐:《周易程氏传》,第708页。

的韠，系于腰上，皆以熟皮为之，故其字从韦。随阶级身份地位不同，其配色亦各有不同：天子、诸侯用朱红色，大夫用素色，士则用赤而微黑的爵色。韠的形状是下宽二尺，上宽一尺，而长三尺，类似一个下宽上窄的长梯形。但其外形也同样由于阶级差异而相应各异，分别有圜、杀、直三种形式组合：天子的韠自上端左右两角斜裁而下，四角皆不削角修饰成圆，也不裁杀斜角而为方，而是尽其所裁，一直无所屈。公侯的韠则亦左右斜裁，但在上下各有五寸的不斜裁，这五寸的范围以物补饰之，如是则梯形之上下就像各加了一方条，故说是方。所谓前后，即上下，前指蔽膝下部，后指蔽膝上部。大夫的韠下方同于公侯；上直基本与天子相近，唯上端的左右两边，并削其角，去其一寸，使之略呈圆形，故说是圜。士韠的形制，说法较分歧：或说后（上）直而前（下）方，直和方都是"不邪"，故都可说是"正"；或说天子之士其韠直，诸侯之士其韠方，以士贱，身份与天子、诸侯悬殊，故不嫌于雷同。[1]

旧说谓"直方大"为坤德，取象于大地，但诚如孔颖达所言：

> 凡易者象也，以物象而明人事，若《诗》之比喻也。或取天地阴阳之象以明义者……或取万物杂象以明义者……或直以人事，不取物象以明义者……圣人之意，可以取象者则取象也，可以取人事者则取人事也。[2]

《易》中卦爻辞，乃借各种形态，或取象，或不取象，总以明人事为主。若所谓"直方大"者，固可谓取象于地，但何尝不也可径谓其直以人事以为言？例如《朱子语类》中便有一处略异于《本义》的另一说法：

> 爻辞云"直方大"者，言占者"直方大"，则"不习无不利"，却不是说《坤》德直方大也。[3]

---

[1] 士之韠尚有一说为上下皆方，则只同于诸侯，今不取。以上解说综参注疏、（元）陈澔《礼记集说》、（清）孙希旦《礼记集解》、朱彬《礼记训纂》，诸家考辨颇为繁复，不具引。
[2] 孔颖达：《周易正义》，《十三经注疏》第1册，卷1，第19页。
[3] 黎靖德编：《朱子语类》，第1735—1736页。朱熹又云："圣人本意谓人占得此爻，若'直方大'，则不习而无不利。"见第1740页。

因此如认此爻取象于地，也不过如孔氏所言，乃借象以明人事，谓人若有直方大如地之德（或谓若有直方如地之德，而其人之德乃大），则可以"不习无不利"，如是而言，与所谓直言人事只多一比喻之转折。然则谓直方取象于地，或谓取象于韠，在借物象明人事的意义上来说是相差不大的。

周氏此说的巧处，在以二五相应、相为体用为说。古人上衣下裳，韠在裳之外表处，而同属衣饰，性质相同；又同居下体，地位相同。故周氏此说与过去以地道为义者相较，可谓有同有异。相同处在于同样扣合六二爻中正的爻象立说；相异处则在取象之疏密：六二直方，六五黄裳，言六二为地象显然与六五各自取象为义，而周说则尚可上应六五，相提并论，如此更可与《坤》卦之他爻类比，甚至与《乾》卦诸爻类比。这是周说似乎胜于旧说的所在。

然而此说亦有其不足之所在。首先，周氏仅说《坤·六二》取象于韠，故有直方之义，而彼所根据之文，亦仅节引《玉藻》记韠制中"天子直，公侯前后方"二语，述义殊嫌未详。果循其说以为爻义取象于天子、公侯之韠，其实依然有问题存在。盖郑玄云：

> 凡韠，以韦为之，必象裳色。则天子、诸侯玄端朱裳，大夫素裳。唯士玄裳、黄裳、杂裳也。[1]

唐贾公彦也说：

> 礼之通例，衣与冠同色……裳与韠同色。[2]

是以姑不论六二之不宜充君位，即便其可，天子、公侯皆朱裳朱韠，亦不得与六五之黄裳说成相为体用了。

因此如谓直方正是韠象，则宜指士之阶层为言。盖士之韠"前后正"，无论解作"后直而前方"抑或"天子之士直，诸侯之士方"，总之唯有士可以兼言"直方"，实较天子只能直、诸侯只能方皆更相宜。

---

[1] （汉）郑玄：《礼记·玉藻》注，见（唐）孔颖达：《礼记正义》，《十三经注疏》（台北：艺文印书馆，1965年，影印清嘉庆江西南昌府学本），第5册，卷30，第560页。

[2] （唐）贾公彦：《仪礼疏》，《十三经注疏》（台北：艺文印书馆，1965年，影印清嘉庆江西南昌府学本），第4册，卷1，第3页，"主人玄冠朝服缁带素韠即位于门东西面"条。

何况《仪礼·士冠礼》云：

> 玄端，玄裳、黄裳、杂裳可也。缁带，爵韠。

则贾公彦所谓礼之通例，裳韠同色云云，在士却可以例外，爵韠可以配黄裳[1]，故周氏举韠为言，合当更加详说，最好是明言士制，方与其二五两爻相为体用云云若合符节。此其一。

其次，诚使周氏韠制之说可通，"大"字亦得由"直方"之德以言其大，然爻辞尚复有"不习无不利"之语，其义如何衔接，依然莫得其解。倘使依旧义为说，无论"自然"云云，"不待学习"云云，接承上文为义，其实无异旧解。旧解所遗留下来义解的不圆满处，也依然沿袭未变。可惜周氏对爻辞只解前半，对后半无片言只语，其原意究是沿用旧义，还是尚待另求新义，无由确知。以其未更提新说，推想或以沿用旧义的可能性高些，但这显然不是一种理想的解读。盖旧解依大地坤顺之德为言，无论说是自然不假营为，或是自然莫之为而为，又或是自然不待学习，总说成地顺承天施而生万物，但即令牵附天地而以自然为说，还嫌勉强；更何况若周氏韠制云云，其实是更难扯得上自然之义。所以如想将周氏直方之说套上后文的旧解，是难以合榫的。

周氏既于爻辞后文无说，不得已试为之设想，有一义或亦勉可凑合作解。前文曾提到马王堆帛书《周易》佚传中有好几处都述及《坤》之六二，有些处还像是作出了解释。综观这些残缺不全或文义未晰的佚传资料，对这一爻义的理解似乎也并非一致。其中《二三子》第一章引到一段所谓孔子的解说：[2]

---

[1] 郑玄《仪礼注》谓"上士玄裳，中士黄裳，下士杂裳"，而"士皆爵韦为韠"。贾疏则谓"以其裳有三等，爵亦杂色，故同爵韠"。《仪礼疏》，卷2，第16页，"玄端玄裳黄裳杂裳可也缁带爵韠"条。又清凌廷堪谓衣冠同色、裳韠同色，"注疏盖举其多者言之耳"。说详所著《礼经释例·器服之例下》，重编本《皇清经解》（新北市：汉京文化事业有限公司，1980年，据清学海堂刊本重编影印），第8册，卷12，总第5515—5516页。

[2] 帛书《易》传中所称孔子之言，亦犹传世《易传》所载，未必真尽出于孔子。例如《二三子》第四章释《坤·上六》"龙战于野，其血玄黄"，述孔子曰："'龙战于野'者，言大人之广德而下接民也。'亓血玄黄'者，见文也。圣人出鸣教以道民，亦犹龙之文也，可谓玄黄矣。"竟说此爻是指圣人之广德施教于民众；玄黄为龙文之色，是文教广被所显现的文采。试问此与传世认系孔子所作的《小象传》以至《文言传》中的解读，相差奚啻霄壤！本书《孔子与〈易传〉相关问题复议》，曾另举数例，详申此意。

> 尊威精白，坚强行之，不可挠也，"不习"近之矣。

意谓"不习"指坚强而行，不可曲挠，故有学者谓此"习"乃读为"慴"，《说文》："慴，惧也。"其意是说有此直方大之德者即能无所畏惧，亦犹孟子所谓"自反而缩，虽千万人吾往矣"之意。[1] 但这既非唯一的解读，恐怕也绝非周悦让的原意。今只指出，"不习"尚有此一说，而若与周氏"直方"之说相配为义，较诸采用传统"自然"的说解，其义似更畅顺而已。

（五）对别解的修正和补充

如上所陈，周悦让的解说也未尽理想，尽管如此，他从二五两爻相配求解的思路，仍是很有启发性的。因此循其思路，我们从先秦古籍中，还可以尝试从事另一个解义的探索。

我们知道，在先秦旧籍中，本来就有一段记载衣饰的文字，直接和《坤·六二》的爻辞相关。这段文字向为学者所习知，但从未有人引用来直接解读爻义。其言见于《礼记·深衣》：

> 古者深衣，盖有制度，以应规、矩、绳、权、衡。……曲袷如矩以应方，负绳及踝以应直……负绳抱方者[2]，以直其政，方其义也。故《易》曰："《坤》六二之动，直以方也。"

古者上衣下裳，唯深衣则衣裳相连，类似后世的长袍。孔颖达云：

> 凡深衣皆用诸侯、大夫、士夕时所著之服，故《玉藻》云："朝玄端，夕深衣。"庶人吉服亦深衣，皆着之在表也。……此称深衣者，以余服则上衣下裳不相连，此深衣衣裳相连，被体深邃，故谓之深衣。[3]

可知深衣是诸侯以下统治阶层燕居便服，也是庶人的礼服。深衣的形

---

[1] 参见周锡䪖：《易经详解与应用》（香港：三联书店，2005年12月），第12页。
[2] "负绳抱方"，王梦鸥先生疑其当作"负绳褎矩"或"负直抱方"。说详所著《礼记校证》（台北：艺文印书馆，1976年12月），第396—397页。
[3] 《礼记正义》，卷58，第963页。

制有种种法度，各有其象征意义。所谓"曲袷"，是指深衣交折的方领，形如矩尺，以应合方正。"负绳"是指背后衣缝从颈后直垂而下至脚踝，以应合正直。"负绳抱方"云者，亦犹《老子》书之"负阴抱阳"，负、抱正指前后而言。

《深衣》这段记载可说是传世先秦旧籍中直接与《坤·六二》有密切联系的文字，不仅它明白引述到六二的《小象传》，而"以直其政，方其义也"其实也与《文言传》雷同。[1] 然郑玄只说：

> 言深衣之"直""方"，应《易》之文也。[2]

仅用一"应"字，而并未直接与爻文合解，所以然者，孔颖达云：

> 记者既明方直之义，故引《坤》卦之六二直方以证之。案郑注《坤》之六二云："（自）〔直〕也，方也，地之性。此爻得中气而在地上，自然之性，广生万物，故生动直而且方。"[3]

原来郑玄即以地生万物解《坤》之直方，因此《深衣》此处之直方便当然只能说为可以相比的参照而已。至周悦让既已主张从衣饰来考量直方的义解，《玉藻》《深衣》同在《礼记》，《深衣》明指与爻辞相关，《玉藻》则并无文字涉《易》，可是周氏却舍此而取彼，推测其缘故，可能是因为他既主二五两爻相为体用，韠与裳同居下体，可以相配为说；若用《深衣》，则似无由攀缘及此。

既然深衣与韠同含直方之义，与爻象之阴柔中正亦并可协合，如不囿于韠裳同居下体之一念，而对爻辞后文"不习"另加考索作解，似亦未尝不可别成一说。试略申臆说如后。

由上所述，已可见《坤·六二》爻辞中，"不习"实更难解。前已提及，高亨在其初版的《周易古经今注》中曾提出过两个颇为新颖的解说。其一即谓古"习""袭"通用，并可训重，重合之义。[4] 高氏列

---

[1] 这两句的含义，依孔疏云："言欲使人直其政教，欲使政教直。方其义，欲使义事方正也。"但郑注中则有"政，或为正"一语。如作"正"，则与今本《文言》同字。《礼记正义》卷58，第964页。
[2] 同上注。
[3] 同上注。
[4] 高氏自谓"习字之义，略采惠栋说"。《周易古经今注》，第9页。

举《尚书》《礼记》《左》《国》等先秦古籍的记载为证。而与此说相配，爻辞上文的"直方"（高主"大"字衍），是说人之行事既直且方，则筮与卜虽不相习，亦无不利。

但不知何故，高氏在重订其书时，便删去第一说，仅存第二说。屈翼鹏师讲《易》，一度亦曾以"重筮"解习字，以为不一卜谓之习，筮因于卜，则不一筮亦可称习。[1] 其说盖与高氏为近。然在屈师的遗著《读易三种》中，也不再采录此说。今不详知二位《易》学大家何以都不约而同地放弃此说，推想或如高氏举证中所言及者，《左传》中有"不袭吉"而行师，然高氏亦指出，"此非古制"。既然"不袭吉"不合古制，却仍要与"无不利"连说，不免有点牵强。何况《易·蒙》卦辞明说："初筮告，再三渎，渎则不告。"两义相较，其中有无矛盾，也不无问题。

以通假解说"习"字，前节曾述及通"慴"训惧之一说，唯其解义仅疑似可以协合帛《易》佚传中的某一解说，而在先秦典籍的其他用例中，却并不经见。而"习""袭"则不然，二字不仅声义互通，抑且古籍中不乏其例。高亨解《坎》卦初六"习坎"之义，更曾详举《周礼》《老子》以至《广雅》《尔雅》《管子》等载籍中的异文与互训通用的例证。[2] 高氏所举而外，他如《书·金滕》"一习吉"，《伪孔传》："习，因也。"《礼记·中庸》："下袭水土"，郑注："袭，因也。"这都是二字的字义本可通借之证。故说"习""袭"互通，是丝毫不勉强的。

倘说《坤·六二》的"不习，无不利"读为"不袭，无不利"，而又不采卜筮相袭以为义的话，有无可能存在另一种可通的解读呢？窃谓上引《深衣》已言直方，并举此爻为证，而同在《礼记》的记载中，便有袭与不袭的相关说法，似可相连为义。

原来古礼穿衣规范颇为繁复，服饰除有种种不同的形制以外，如何穿着也大有考究，不同身份的人在不同的场合中，其衣饰皆有所不同，无不体现出"礼尚相变"的精神。郑玄在解释深衣的时候，同时

---

[1] 参见李汉三：《周易卦爻辞释义》（台北：中华丛书编审委员会，1969年6月），第90页。
[2] 高亨：《周易古经今注》，卷2，第242页。

就提出另有所谓中衣与长衣,孔颖达又提及另一种曰麻衣。依清儒孙希旦综合归纳的说法,深衣也好、中衣、长衣、麻衣也好,在衣裳相连这一点上,四者是完全相同的。其相异处在于中衣穿着于礼服之内,在表里之中。长衣是丧服的中衣。中衣、长衣的衣袖接长一尺,并与深衣不同。若丧事中因事脱衰,则不再加余服而即以中衣为上服,故丧服的中衣便变一名称,举其长袖的特征而名为长衣。至于麻衣,其实亦即同深衣,只在大祥时穿着;其与深衣的不同,唯在领缘用料的差异:深衣用缯,而麻衣用缌,是布。这几种衣制,可说是大同小异。

古代穿着礼服的方式,唐贾公彦《仪礼疏》和宋邢昺《论语疏》中都有所说明,可是两家所言略有出入。清胡培翚考证二家得失而为之订正,其说曰:

> 凡服内外之次,冬则亲身有禅衫,又有襦袴,外有袍茧,袍茧之上加裘,裘上加裼衣,裼衣之上加上服。夏则不服裘,用葛也,亦无袍茧。葛上加中衣,中衣之上加上服。春秋则服袷褶,袷褶之上加中衣,中衣之上加上服也。[1]

盖冬日严寒,襦袴与裘之间,尚有袍茧;而春夏秋则即以中衣为裼衣。所谓中衣者,乃明其在表里之中;所谓上服,指行礼时所服于外者,如皮弁朝服之类。

因行礼的场合与对象身份不同,古人在穿着礼服行礼时,还有两种不同的表现方式。《礼记·表记》:

> 子曰:"裼、袭之不相因也,欲民之毋相渎也。"

乃谓行礼时所穿礼服,有时以裼为敬,有时却以袭为敬,不能一成不变,故说不相因。

何谓裼袭?《礼记·玉藻》:

> 不文饰也,不裼。裘之(饰)〔裼〕也,[2]见美也。吊则袭,不

---

[1] (清)胡培翚:《仪礼正义·聘礼第八》,重编本《皇清经解续编》(新北:汉京文化事业有限公司,1980年,据清光绪十四年南菁书院刊本重编影印),第10册,卷16,总第7501页,"裼降立"条。
[2] "裘之裼也","裼"原误作"饰",据孔疏引文,当以裼为正。参见《礼记正义》,卷30,第559页。

一、《易·坤·六二》爻义重探

尽饰也。君在则裼,尽饰也。服之袭也,充美也。是故尸袭,执玉、龟袭。无事则裼,弗敢充也。

无论冬裘夏葛,以至春秋之袷褶,皆有袭裼之别,而《玉藻》此处乃专就冬日穿裘为言。在不同场合,君服裘色容有不同,但与裼衣必须色相一致。裼者,但也。但者,裼也。其在《说文》,是为转注。但即袒。[1] 袭是重衣之名。裼与袭相对为言,袒去上服,以露裼衣,谓之裼;掩其上服,不露裼衣,谓之袭。[2] 据清儒江永的考证,士人行礼时,开上服前襟,袒出左袖,丧礼以左袖插于前襟之右;吉礼亦如之。所谓裼其实是袒袖之礼,虽云袒,而实有衣。经传中有单言袒者,其义则不同,乃指无衣肉袒而言。凡与袭对言者,无论言"裼"或连言"襢(袒)裼",都是指袒左袖,露裼衣;袭只不过是掩其上服而不袒袖而已。袭即不裼,不袭即裼。[3]《礼记·玉藻》"不文饰也,不裼""大裘不裼",即言其袭;《仪礼·聘礼》"上介不袭",即言其裼。

裼袭的目的,如以《玉藻》冬裘之例为说,裼是"见美",袭是"充美"。江永云:

> 见美者,见裘之美也。裘虽在裼衣内,裼衣与裘同色,见裼衣则知其是某裘。[4]

故露裼衣亦无异露裘。江氏又论四时皆有裼袭,云:

> (《玉藻》)见美、充美,惟据冬月有裘言之,余三时无裘亦行裼袭之仪,(袒)〔但〕(敢)〔取〕质文相变以为敬耳。[5]

见美是要呈露礼服中的文饰,显现其美,用以示敬。充,郑注:"犹覆

---

[1] 胡培翚谓"袒"训为衣缝,解与"但"异。经典相承,袒裼字皆用"袒",亦作"襢"。胡培翚:《仪礼正义》,第7502页。
[2] 参见(清)段玉裁:《说文解字注》(新北市:汉京文化事业有限公司,1983年9月,影印清经韵楼本),八篇上,第396页,"裼"字条。
[3] 杨向奎先生曾据清江永、惠栋、段玉裁等诸家考论,撰为《裼袭礼与"礼不下庶人"解》一文(《中国社会科学院研究生院学报》,1998年第6期,第10—19页);后复收入所著《杨向奎学术文选》(北京:人民出版社,2000年1月),第67—86页。该文对裼袭之礼分辨颇明,可以参看。
[4] (清)江永:《乡党图考·衣服下·考裼袭质文相变之异》,重编本《皇清经解》,第14册,卷6,总第9739页。
[5] 同上注。

也。"是让其美充满在内而已，故掩袭其服，便是充美。如吊丧，因以哀为主，敬不在美，故不竭尽其文饰。[1] 至于朝见国君，在国君面前就不能掩袭，而须显露其裼衣，盖不敢掩藏其内美，尽其文饰之道以表示敬君之心。孔颖达疏说礼敬这两种形式，云：

> 凡敬有二体：一则父也，二则君也。父是天性至极，以质为敬，故子于父母之所不敢袒裼。君非血属，以文为敬，故臣于君所则裼。若平敌以下则亦袭，以其质略故也。所袭虽同，其意异也。《聘礼》行聘致君命亦袭者，彼是聘、享相对，聘质而享文，欲文质相变，故裼、袭不同也。[2]

礼以敬为主，然君、父为体不同，文、质各有所尚，故裼、袭殊用，此即《表记》所谓"裼袭不相因"之意。《玉藻》又谓祭礼中作为祭享对象的尸，处最尊位，不必对下示敬，所以要袭。聘礼中聘使执圭璋致辞时，以至卜人执龟甲卜事时，也是以袭衣为敬。至于所谓"无事则裼，弗敢充也"，孔疏释其义云：

> 谓行礼已致龟玉之后则裼，不敢充覆其美也，亦谓在君之前故裼也。若不在君所，故无事则袭，前文云者是也。[3]

可见在国君面前，不敢掩藏内美是常态，故总以裼衣为敬，遇有特殊礼仪须以袭衣为敬者，行礼过后亦须改回裼衣。至于《玉藻》后文复说：

> 礼不盛，服不充，故大裘不裼，乘路车不式。

则说是礼盛才服充，也就是说盛大的典礼是要袭衣的；不那么隆重的典礼，才不袭而裼。孔疏即举前文聘及执玉、龟皆为盛礼而袭为说。天子祭天之时，服大裘，袭而不裼；乘玉路，经过门间也不如平日般俯身凭轼示敬。所以然者，乃以盛礼主于内心之敬，而不在外在之华美，郑玄说"大事不崇曲敬"，孔颖达说"礼盛者不崇小敬""盛礼不

---

[1] 参（元）陈澔：《礼记集说》（巴蜀书社，1989年3月，影印怡府藏板、明善堂重梓本），下册，卷6，第17页上。

[2] 《礼记正义》，卷30，第559页。案：江永亦云："裼袭所以分别文质：质事用袭，文事用裼。质又有三：一是礼盛为质，一是轻略为质，一是父党无容为质。"说见《乡党图考》卷6，总第9739页。

[3] 《礼记正义》，卷30，第559页。

为曲敬"，也就近似乎"大行不顾细谨，大礼不辞小让"的精神。礼经三百，威仪三千，自然相当复杂，而裼袭则只有两种方式，故在不同背景情况下，各有不同的做法和取义，此亦所谓礼尚相变，往往不能一例以观。总之，我们可以确定朝见国君或在君所，应是以不袭而裼为常的。此所以《玉藻》还说：

  袭裘不入公门。[1]

穿朝服，入公门而朝国君，穿着形式自有规范，见君以文为美，不可"袭裘"而当袒开正服，露其裼衣，故郑玄谓"衣裘必当裼也"。

  至此可以回顾《坤·六二》"直方，大，不习，无不利"之文。如谓"直方"乃取象于深衣之直方。"习"通"袭"，"不袭"即裼，为入公门朝见国君所服正礼。则此爻盖谓若其人切合坤德，柔顺而中正，犹深衣交领之方，背缝之直，则其德乃大。有此大德之人，虽居下之二位，而若不袭而裼以上觐六五德合黄裳之君，则无有不利。

  此一解释虽启发汲源于周悦让韠制之说，然亦颇有不同。周氏必谓《乾》《坤》内外卦两两相为体用，故直方自必取居下体之韠以与黄裳相应。唯《易》之为道，固不可为典要，若谓二五相应，宜无可诤；但若谓所象必为同居下体之物，则似嫌于拘。此亦正犹周氏举《乾》为例，谓九二龙无在田之理，以其将飞上天，故见之在田而已。其实《乾》诸爻随其位之高下而取象，潜、见、跃、飞，实见其有渐。如谓九二在田之贤，利见九五之大人；九五在天之君，利见九二在野之贤，二五岂不也是相应？龙之为物，有无在田之理，固属难验。纵谓无此"实象"，然《易》中尚有"假象"之一义[2]，现实世界中即无此象，也可以假而为义以示人，都可说是象。在田、在天，其位自有上下之不同。即如谓初九之"潜"与九四之"跃"正相为体用，此只可证两爻之相关，然爻义取象，则居潜只宜勿用，必待上进至四然后可以俟机而或跃，位之上下，固不宜抹煞不论。若如鄙解，则不唯二五

---

[1] 《礼记正义》，卷30，第553页。
[2] 参（唐）孔颖达说。《周易正义》卷1，第11—12页。案：孔氏所谓"实象""假象"，虽专就《大象》上下两象为说，然诸爻象义宜可类推。

同属衣饰取象，且二处下直方之德，与五黄裳居上而谦下之德，皆合坤道，亦自相应。黄裳于服固在下，然其爻位则在五而实居上，爻位在上，爻象取下，是谓在上位之人而自甘如下。二虽处下，然爻象中正，处下以直以方，才是中正之道；直方之正，与以顺为正的妾妇之道是不能相提并论的。其次，周氏于"不习"以下无解，终嫌不完。既然古籍自有"习""袭"通用之例，而古代言及衣饰，亦有不袭而裼之说，裼衣乃朝见国君的常礼，其不袭而裼，所以见美，其美则正在其直方的德行。然则《坤·六二》之"不习，无不利"，其实亦正犹《乾·九二》之"利见大人"。《深衣》言直方，已经明白引述到《易传》"六二之动，直以方也"为说，只因前人囿于以地道说直方，故于《深衣》此段明文，仅以可相应于《易》义为解，总因受困于"不习"之未得其义，于此不免交臂而失之。

（六）结论

综上所述，约得几点浅见：

一、《坤·六二》爻辞，旧读"直方大，不习，无不利"，或疑"大"字讹衍，今自出土文献论证其不衍，然先秦旧读，固以"直方"为断，故当读为"直方，大，不习，无不利"。

二、先秦汉魏以来解读此爻，多谓"直方大"所言为最足代表坤德之地道，然汉人旧说，即已歧分为二：或以坤德唯方，而直、大原属乾德，坤秉承于乾，因亦得为直、大；或以直方大三者皆为坤德。至于"不习"的解释，则亦有坤顺乾唱，不敢先为主动，以及大地自然生物，不待学习之两说。此两说于"习"之字训，以至串讲上下文义，皆颇嫌勉强。

三、民国以来，疑古辨伪学风盛兴，学者喜创新义，大抵以摒弃《易传》据爻象以解爻辞的固有传统为旨归，认此等爻辞唯有史料价值，可反映上古社会某些情况。既无爻象的拘束，故诸家各出机杼，莫不谓此为古初爻义，孰得其真，依然难断，而《易》书编纂而成经典的整体原义，则先已因之而荡然无存。

四、昔人解读中，晚出于清季的周悦让，曾提出《乾》《坤》二卦皆六爻内外两两相协、相为体用之说，因谓《坤》之六二，与六五相协，皆取象于衣饰，"直方"即《礼记·玉藻》所载韠之象。韠居带下，与裳同位，故与黄裳同德。唯其解说不免过简，语焉未详，尤于"不习"以下，缺略无说，更属遗憾。然其就爻位对应相协之关系着眼的思维，则颇富启发性，应予重视。其书当时未刻，故知之者鲜。

五、本文即循周悦让的思路，自取象于衣饰切入追索，然不采周氏原解，据《礼记·深衣》所言直方，再配合《礼记》中所述古人穿着礼服有裼袭之异，人臣朝见国君或在君所，须裼而不袭，将此同属与衣饰穿着相关的二义综合联系以解此爻。认为"直方"取象于深衣之直方，"习"通"袭"，"不袭"与《仪礼》"上介不袭"同言其裼，而为入公门朝见国君正礼所服。此爻盖谓若其人具有《坤·六二》爻柔顺中正之德，如同深衣交领之方，背缝之直，既中且正，则其德乃大。此大德之人，虽居处于下卦之二位，而如不袭而裼以上行朝见居于六五爻位，其德合乎黄裳之象的国君，则无有不利。是故《坤·六二》"不习，无不利"，其义亦正犹《乾·九二》之"利见大人"。

后记

先师屈翼鹏先生尝授《易》于上庠，开牖后学。余自三十余年前初闻精义，获益良多。嗣后于古今《易》著，辄喜披览，近年偶读清儒周悦让《倦游庵椠记》，开卷即见所揭《坤·六二》爻辞新义，闻所不闻，颇得启发，遂重加思索，略有私臆。兹值先师百岁冥寿，爰将鄙见草为斯篇，用识纪念。文中指近人所发新见，各称本义，而实未尝存在于过去二三千年间学人心中，故纵谓其已得古始之真，亦不能谓其亦得此后历史文化之真。以此衡之，今兹所陈，殆亦大同小异。读者苟以明烛人而暗自照者相责，所未敢辞。回念先师课堂讲经，笃实辉光，不疾不徐，从容中道，典型日远，追怀无既。自揆学无寸进，今亦无由重造师门，复乞诲正，率尔发表此篇，益增惶愧。

> 本篇原刊于2006年12月台北"中央研究院"
> 历史语言研究所、台湾大学中国文学系
> 《屈万里先生百岁诞辰国际学术研讨会论文集》

二、《易传》"参天两地"训义检讨

（一）从章旨论"参天两地"的属性

《周易·说卦传》首章：

> 昔者圣人之作易也，幽赞于神明而生蓍，参天两地而倚数，观变于阴阳而立卦，发挥于刚柔而生爻，和顺于道德而理于义，穷理尽性以至于命。

其"参天两地"之义解，历代注家不同，颇费参详。

传文既云"参天两地而倚数"，则"参天两地"必与数相关，可无疑义。唯与《易》数相关古今衍生之说何限，宜先加以裁定，方可掌握其范畴。

判定其范畴宜不甚难，由此句前云"幽赞于神明而生蓍"，后云"观变于阴阳而立卦，发挥于刚柔而生爻"，乃就生蓍后继言立卦、生爻，明以筮占言，故即此数语而其章旨可见。后续半章则自立卦之后，言其卦爻所寓义理。

"幽赞于神明而生蓍"一句各字解释，历来也是诸家分歧，其中对"生蓍"二字的理解，约凡二说：其一，谓圣人创立用蓍之法。自荀爽、干宝、孔颖达、张载、程颐，大致皆同此说；后世解者亦多予沿用。其二，谓天地生蓍草以为筮卦之用。朱熹主此说，但后人多不赞同，甚至部分朱门后学也并不遵从而改从前说。

朱熹《本义》注此句云：

> 幽赞神明，犹言赞化育。《龟策传》曰："天下和平，王道得，

而蓍茎长丈，其丛生满百茎。"[1]

注文简约，宋董楷《周易传义附录》引朱熹语曰：

> 能赞化育，和气充塞，所以能出这物。[2]

其文未见于《朱子语类》及《朱文公易说》，对理解《本义》却颇堪辅翼，盖谓圣人所行合乎王道，天下和平，是其有以赞天地之化育，于是和气充塞，天地亦能生出蓍草神物，以供占筮之用。

然而《语类》㬊渊所录一条却说：

> "赞"，只是"赞化育"之"赞"，不解便说那赞命于神明。这只就道他为神明所赞，所以生出这般物事来，与人做卦。[3]

如是说，则"赞"虽与"赞化育"之"赞"同训，却不是说圣人赞化育，而是圣人受赞助于神明。[4] 对于"幽赞神明"，朱熹也许有过先后不同的见解。《本义》成书于孝宗淳熙四年（1177），时四十八岁，但迄其晚岁七十前后，与人书信中尚屡言《本义》"本未成书"，盖犹欲有所改定。今《语类》《本义》说《易》颇有歧出，合当互参。[5]《语类》㬊渊所录为光宗绍熙四年癸丑（1193）所闻，朱熹六十四岁，所言异于《本义》，或出后改。

至于下文"生蓍"的字解，他倒是前后一贯的。《文集》有《答潘子善》十一通，其第七通尝先录潘氏对《本义》的质疑：

> "幽赞于神明而生蓍"，《本义》谓蓍生满百茎，某谓恐只与"立卦""生爻"同义，犹言立蓍而用之耳。

依潘意，则与魏晋以还多数学者的意见相近，但朱熹针对此意有一回

---

[1] （宋）朱熹：《周易本义》（台北：大安出版社，1997年7月），第267页。
[2] （宋）董楷《周易传义附录》，（清）徐乾学等编：《通志堂经解》（台北：汉京文化事业公司，1980年），第6册，卷12，第3351页。
[3] （宋）黎靖德编、王星贤点校：《朱子语类》（北京：中华书局，2004年2月），卷77，第1965页。
[4] 㬊渊所录另一条云："'赞于神明'，犹言'治于人'相似，谓为人所治也。'赞于神明'，神明所赞也。圣人用'于'字，恁地用。不然，只当说'幽赞神明'。此却是说见助于神明。"语意更明白。同上注。
[5] 钱宾四师有说，参钱穆：《朱子新学案·朱子之易学》，《钱宾四先生全集》（台北：联经出版事业公司，1998年5月），第14册，第18—26页。

复说明：

> 卦、爻是人所画，蓍是天地所生，不可作一例说；兼以"立蓍而用之"为"生蓍"，亦不成文理。[1]

他本于"文理"来质疑，这也应是一个可有的观点。

长沙马王堆帛书《易》传中有《易之义》一篇，载有《说卦》此章内容，句作：

> 〔幽〕赞于神明而生占也。

"生蓍"作"生占"。张政烺《〈易之义〉校注》云：

> "占"，韩本《说卦》作"蓍"，占、蓍义同。《后汉书·方术传上》云："占也者，先王所以定祸福，决嫌疑，幽赞于神明，遂知来物者也。"疑范晔所见本亦作"占"。[2]

帛本、今本间异文，依张先生说，可以无别，盖旧解多以"占"义说"蓍"，故以为本无二致。其实如依帛本作"占"，当然所指为用蓍之法以为占者可无疑；但如依今本作"蓍"，则不能谓朱说决然无理。

尽管今本"生蓍"有上述两种字解的分异，论其终极意涵都是主张以蓍占筮，其间仅有直接与间接之差而已。以蓍为占，其结果可以画出卦爻，然与所谓仰观俯察画卦者有别。《系辞下传》："古者包牺氏之王天下也，仰则观象于天，俯则观法于地，观鸟兽之文，与地之宜，近取诸身，远取诸物，于是始作八卦，以通神明之德，以类万物之情。"仰观俯察是圣人摹拟天地万物之象以画八卦，进而重之为六十四卦；生蓍、倚数、立卦、生爻则是既有六十四卦卦画之后，圣人借蓍创为占筮之法，供人决疑，筮占所得，依数而得其卦爻之画，再据之以寻原始作卦之象，进求其所寓之理，用为行为之指导。创作卦画不必依蓍，占筮决疑则必得依蓍。知此则可检视所谓"参天两地而倚数"之义。

---

[1] （宋）朱熹：《朱文公文集》，《四部丛刊初编》（台北：台湾商务印书馆，1976年6月），第59册，卷60，第1108页。

[2] 张政烺：《马王堆帛书周易经传校读》（北京：中华书局，2008年4月），第147页。《易之义》相关文字帛本照片见该书第25页。

后世之言先秦筮法者，唯据《系辞》"大衍之数"云云的一段记载，有所谓"分二、挂一、揲四、归奇"的"四营而成易"，至"十有八变而成卦"，自三画而至六画乃可得而说。朱熹在其《周易本义》的注文及所附一篇《筮仪》中，已有不算简略的说明；而在所著另一部《易学启蒙》中，就有更详尽的阐述。总之，依照这一种筮法，"三变而成爻"，积"三变之余，去其初挂之一"，所得只有六、七、八、九四种可能出现的数字。"三变"重演六次，便可得出全卦六爻，即所谓"十有八变而成卦"。"六"为老阴，"八"为少阴；"九"为老阳，"七"为少阳。如是所筮得的六爻，各爻皆因其数，不仅可知是阴是阳，同时亦可定是老是少。易爻"老"变"少"不变；"老阴"变为"少阳"，"老阳"变为"少阴"。因此，除了占到的每一爻会有变与不变两种可能之外，整体六爻成卦之后，也因于所构成各爻的变与不变，遂有"本卦"和"之卦"的出现。唯独六爻皆不变（也就是各爻非七即八），才会只产生"本卦"；只要一爻以上占到了六或九，就会因爻变而产生另一"之卦"。据此便可以作为索求《易》辞为占之资。朱熹曾据《左传》《国语》所载先秦占事，归纳并引申为一套较完整的占例，也详见于《启蒙》。占筮过程的细节，学者间虽然也有过一些小争议，但既然蓍占之数本于大衍者所得唯此六、七、八、九，故历来对此四数大抵也无异议而多予遵循。因此行世《易》注中最受注意，影响也较大的《周易王韩注》与朱熹《周易本义》，其解释《说卦》本章，都离不开以此四数为说，就不难理解了。[1]

（二）汉晋"参天两地"的几种主要解释

尽管如此，韩、朱二氏对"参天两地"的说法还是彼此不同，而在其前还有更早期的其他看法。西汉人如何说解此语，已不可知，传世解说以马融、郑玄、王肃为最先，马、郑师弟在东汉后期，王肃则

---

[1] 本书所收《略论周易古占》一文，尝对先秦《易》占见于《左》《国》者稍有析论。

已入三国。王肃之说实同马融,故居今而言,东汉的解释已属最早。其说并见于孔颖达《正义》的引述:

> 先儒马融、王肃等解此,皆依《系辞》云:"天数五,地数五,五位相得而各有合",以为五位相合,以阴从阳。天得三合,谓一、三与五也;地得两合,谓二与四也。郑玄亦云:"天地之数备于十,乃三之以天,两之以地,而倚托大演之数五十也。必三之以天、两之以地者,天三覆,地二载,欲极于数,庶得吉凶之审也。"[1]

马、王的意见,是根据《系辞上传》"天数五,地数五,五位相得而各有合"的说法,天数五是一、三、五、七、九共五个奇数,地数五是二、四、六、八、十共五个耦数,其中一与六、二与七、三与八、四与九、五与十,奇耦位次相当而相合,故认"天得三合,谓一、三与五也;地得两合,谓二与四"。然则"参两"亦同"三两",天得三合,地得两合,故分别为一、三、五与二、四之奇耦二组。至于何以天取其三,而地则取二,孔氏未续引说。宋张栻云:

> 一三五七九皆阳数也,独以一三五参之而用九,此倚其阳数也;二四六八十者皆阴数也,独以二四两之而用六者,此倚其阴数也。[2]

黄沛荣教授尝本其说而申之,云:

> 古人以一、三、五三个天数,二、四两个地数之和,即可得出"九"(老阳)、"六"(老阴)之数。[3]

马融是否即是此意,未悉其详,但要搭上阴阳爻数,也只有"九""六"这两个数字可以比附了。果如此等阐释,马说以生数之三数与两数为义,各相积而得九、六,却只得二数。虽说《易》辞卦爻

---

[1] (魏)王弼、(晋)韩康伯注、(唐)孔颖达疏:《周易正义》,《十三经注疏》(台北:艺文印书馆,1965年6月影印嘉庆江西南昌府学本)第1册,卷9,第182页。

[2] (宋)张栻:《南轩易说》,《张栻全集》(长春:长春出版社,1999年12月)卷3,第43页。

[3] 黄沛荣:《〈周易·说卦传〉中的"理""性""命"》,《周易研究》,1990年,第2期,第2页。

阴阳之数，用老而不用少，故阳爻用"九"、阴爻用"六"，但此是爻题立名所采，若论操作揲蓍，尤重在占变，何得专言九、六，而独遗七、八？此无当于揲蓍之实，也不足以应下文"观变阴阳而立卦，发挥刚柔而生爻"之义。[1]

马融虽取义于《系辞》"五位相得而各有合"，而"得"之与"合"何所指，固未详言；韩《注》说是"天地之数各五，五数相配，以合成金、木、水、火、土"之意。孔《疏》说是天一与地六相配相得合而为水，地二与天七相得相配合而为火等五组，即奇耦五位之相得相合。[2] 如依此意，马融所谓"五位相合"之后，尚有"以阴从阳"一句，"阴""阳"可能是分指"五成数"与"五生数"[3]，故此下只就"阳"来说五生数中的"天得三合"和"地得二合"。解读马说容有此种可能的话，他所取的天地之数其实是三之与二，而无涉于天三数和地二数的积和，在这一点上是与下述的郑玄是相一致的。下文对马说即姑以此为义。

郑玄之说，立义与马融互有异同。其所同者，他们都将"参两"视同"三二"。所不同者，如上所述，马融本于天地之数中五位相得而各有合，从天数中取其三，地数中取其二；而郑玄则取义于"天三覆，地二载"，以天地三、二之数，再"倚托大演之数五十"，"欲极于数，庶得吉凶之审"，这样推极其数的结果，理应得六七八九之数。故所言虽也同样简略不完，相较于马融，似更明白能与筮法相应。

何以谓郑玄直以"三二"为代表天地之数？此可参证于其所注《周礼·媒氏》"令男三十而娶，女二十而嫁"：

---

[1] 张栻谓"特取九六而不用夫七八者，乃参天两地而倚数也"，倒说成了倚数的正义了，似嫌牵强。参《南轩易说》卷3，第43页。

[2] 朱熹《本义》则云："相得，谓一与二、三与四、五与六、七与八、九与十，各以奇耦为类而自相得。有合，谓一与六、二与七、三与八、四与九、五与十，皆两相合。"其说亦异《注疏》。见《周易本义》，第244页。

[3] 后世言易学象数者，其释《河图》《洛书》一至十数之分系阴阳，习见为两类：其一，以阴阳流行之次序分为奇耦，则一三五七九为阳，二四六八十为阴；其二，列为先后，则一二三四五生数为阳，六七八九十成数为阴。以马融专以天三地二五合，并在生数，似属后义。

> 二三者，天地相承覆之数也。《易》曰："参天两地而奇数"焉。

可知郑玄以为三、二分别是天地相承覆之数。至于其数何以是三、二？唐贾公彦《疏》云：

> 云"二三者，天地相承覆之数也"者，比二十女，三十男，法天地相承覆之数也。云"《易》曰：'参天两地而奇数'焉"者，案：《易·系辞》云：天一，地二，天三，地四，天五，〔地六〕是就奇数之中，天三度生，地二度生，象天三覆，地二〔载〕，故云"天地相承覆之数也"。[1]

盖于《系辞》所谓天地之数中，截取其前五生数以为"奇〔倚〕数"，[2] 则天数者三而地数者二，所以说"天三度生，地二度生"，故其数可为天覆地载之象。贾氏云云，是否有符郑玄本意，亦不确知。然稽诸古人言天地之德，咸以天无所不覆，地无所不载，生养万物以为义；《系辞》亦曰"天地之大德曰生"，则专取生数亦非无据。大抵此等解读，或沿六朝经师所传，然所传说法原亦分歧，如孔氏《正义》所录张氏（讥）说便又有不同，认为天数取三而不取一者，是因为"三中含两，有一以包两之义，明天有包地之德，阳有包阴之道"。[3] 何者为是？殊难遽断，所可知者，汉人对天地之数的认知，"三"与"二"这两个数字，似乎是一个特定的看法。

郑玄所谓"三之以天，两之以地"者，即以三、二为天地覆载表征之数。此亦可旁征诸其《仪礼·既夕礼》"缩二横三"注：

> 木三在上，茵二在下，象天三合地二。[4]

贾《疏》亦举《说卦》"参天两地"为证。可见依郑玄意见，如各举一

---

[1] （汉）郑玄注、（唐）贾公彦疏：《周礼注疏》，《十三经注疏》（台北：艺文印书馆，1965年6月，影印嘉庆江南昌府学本），第3册，卷14，第216页。案："奇"通"倚"；"地六"衍；"地二"下脱"载"字。说参（清）臧镛堂纂：《周易郑注·叙录》，《丛书集成简编》（台北：台湾商务印书馆，1965年12月，据《湖海楼丛书》排印本），第161页。

[2] 贾《疏》谓"就奇〔倚〕数之中，天三度生，地二度生"，与郑玄以"倚托大演之数五十"，所释"倚数"似非一义。

[3] 《周易正义》卷9，第182页。

[4] （汉）郑玄注、（唐）贾公彦疏：《仪礼注疏》，《十三经注疏》（台北：艺文印书馆，1965年6月，影印嘉庆江南昌府学本），第4册，卷38，第453—454页。

数以表天地，就是三与二了。此与马融据于《易·系》天三合、地两合取义者，虽同样涉及三、二之数，而为义却略有殊异。

下逮东晋，韩康伯《注》云：

> 参，奇也；两，耦也。七、九，阳数；六、八，阴数。

孔颖达《正义》疏之云：

> 倚，立也。既用蓍求卦，其揲蓍所得，取奇数于天，取耦数于地，而立七、八、九、六之数，故曰"参天两地而倚数"也。……韩康伯注……以大衍五十，非即天地之数，故不用马融、郑玄等说。然此倚数生数，在生蓍之后，立卦之前，明用蓍得数而布以为卦，故以七、八、九、六当之。七、九为奇，天数也；六、八为耦，地数也。故取奇于天，取耦于地，而立七、八、九、六之数也。何以参两为目奇耦者？盖古之奇耦，亦以三两言之。且以两是耦数之始，三是奇数之初故也。不以一目奇者，张氏云：以三中含两，有一以包两之义，明天有包地之德，阳有包阴之道，故天举其多，地言其少也。[1]

韩康伯谓"参天两地"是指七、九和六、八两组数字，前者是阳数，属天；后者是阴数，属地；而"参""两"即言奇、耦。注文简略，尤未易明了"参""两"与奇、耦之间义蕴关联之所以然。孔颖达解释说："古之奇耦，亦以三两言之。"如此说来，"参两"即"三两"，实无异于"三二"，而"两是耦数之始，三是奇数之初"，因此可以视同"奇耦"。至于奇数何以不采"一"而取"三"者，则引张氏的说法，以三中含两，即天可包地之义。职是之故，《说卦》原文"参天两地而倚数"，孔氏的解读便是"取奇于天，取耦于地，而立七、八、九、六之数"，"参""两"化身为"奇""耦"，同时都用作动词，而实为"取奇数""取耦数"之意。所以"参天两地"在"倚数"的范围内，是在天数中取七、九，在地数中取六、八，也就是采取天的奇和地的耦来建立揲蓍占筮的几个关键数字。"参两"虽是"三两"，实只表义了天

---

[1]《周易正义》，卷9，第182页。

地的奇耦而已,至于在揲蓍占筮过程中实际所指涉的数字,是七、八、九、六,反倒是与三二不相干的。

韩、孔没有接受马、郑的"三二"解读,径以"奇耦"释"参两",而具体所指陈的数字,则是七、九、八、六。所以然者,依《正义》解说,乃因揲蓍筮数本于大衍之数,不能等同于天地之数,[1] 而马、郑都将两者连结混合为说。《系辞上传》"天地之数"云云,原是厕于"大衍之数"与《乾》《坤》策数、"四营成易"等揲蓍占筮相关叙述两段文字之间,今见于王、韩本已然如此。至朱熹始从程颐之意,谓其中有错简,调整分合其章次,乃将孔氏《正义》所分第十章"天一地二"二十字,与第八章"天数五"至"行鬼神也"数句相衔,连成一段"天地之数"较完整的论述;其下复接"大衍之数"云云,合为其《本义》中该篇的第九章。如此说来,无论汉世传本抑或宋代改本,"天地之数"与"大衍之数"的叙述大抵皆可谓先后衔接。因此马、郑诸儒在看到《说卦》本章"参天两地而倚数"时,便联结"天地之数"索解,也是不足为怪的。唯依《系辞》天数相积为二十五,地数相积为三十,天地之数合之为五十有五,而"大衍之数"则是五十,此两数明有五数之相差,尽管后人对此相差之五作出各种弥缝解说,却不得不说这依然是一个问题。韩、孔虽采用了王弼的意见,撇开两种数的关系,但亦无以解其相厕成文之故。

韩、孔以"奇耦"训解"参两",这一训义相当罕见,孔氏所谓"古之奇耦,亦以三两言之",究竟古代有无其实,典籍似无他佐验。而况虽欲切割区分天地之数与大衍之数,以为倚数所取者,只在用蓍得数而布卦的范围,唯取大衍筮蓍之七八九六为说,这固然与筮法吻合,而"取奇数于天,取耦数于地",其实依然未能彻底摆脱天地之数为说。但谓"奇耦"可换言为"参两",毕竟嫌于不经,难怪此一训

---

[1] 孔氏谓韩注《系辞》"大演(衍)之数五十"用王弼意。盖韩注引王弼曰:"演天地之数,所赖者五十也。"孔氏释为"推演天地之数,所赖者唯赖五十,其余不赖",如是将天地阴阳奇耦之数与演天地之策区分开来,轻易摆脱五十五之数。参《周易正义》,卷7,第152—153页。

释，后人亦多不之从。[1]

但有一点可以注意者，即孔氏言三二为奇耦之始，前此马、郑等则径以三二表天地之数，可见以三二作为天地、奇耦的代表数目，在古代可能有其传统来源。[2]

（三）宋代朱熹的新说

再下及南宋，朱熹《本义》云：

> 参，七南反。天圆地方，圆者一而围三，三各一奇，故参天而为三；方者一而围四，四合二耦，故两地而为二。数皆倚此而起，故揲蓍三变之末，其余三奇则三三而九，三耦则三二而六，两二一三则为七，两三一二则为八。[3]

"参"字"七南反"的音读，本非朱熹原文，盖后人增入，但这一音读是和朱熹的解读相符的。若依马、郑、韩、孔诸家义，则应读为数字之"三"。朱注于此依然简略，不易明了。盖所释义，如前所提及，乃本《系辞》著筮大衍之数为说，彼以先详于《系辞》注、《筮仪》以及《启蒙》之故，此处遂简。揲蓍"四营成易"，乃得一变，三变总十二营方可成爻，十八变七十二营方可成卦。视其三变所余之策数而定其奇耦。如三变皆奇，其数为"三三而九"的"老阳"；皆耦，其数

---

[1] 后世尚有少数学者沿用其说，如（清）焦循《易章句》，仍谓"参即奇，两即偶"；见江都焦氏刻《雕菰楼易学》本卷10，又《皇清经解》本卷1086。此一资料承不具名审查人赐教，谨此致谢。

[2] （清）李光地曾综合从三方向来解释三二为数之原的缘故："以理言之，则张氏所谓以一包两者是；盖天能兼地，故一并二以成三也。以算言之，则孔氏所谓两为偶数之始，三为奇数之初者是；盖以一乘一、以一除一，皆不可变，故乘除之数，起于三与二也。以象言之，凡圆者错置三点，求心而规之即成；凡方者错置两点，折角而矩之即成。统而言之，皆数也，故参天两地者，数之原也。"其理、算二义，并本数言，且应是唐前旧说；至象之一义，其实亦犹朱子取象于方圆，特以朱子圆周径一围三而实不止三为不密（朱说参下节），遂改从几何方圆之形与取形基点之数言之。江永《河洛精蕴》极称以为定说，其实先秦有无此象数认知，尚难确定。李说见《周易折中》（台北：武陵出版社，1989年1月），卷17，第1144—1145页。

[3] 朱熹：《周易本义》，第267页。

为"三二而六"的"老阴"。如三变所得为两耦一奇，其数"两二一三则为七"，是为少阳；两奇一耦，其数"两三一二则为八"，是为少阴。由是可见作为奇耦的基数是三与二，也就是说，其实他所取于"天"的奇数和"地"的耦数，即此两数。其本大衍之数为说，并以六、七、八、九为爻数，同于韩、孔；但与韩、孔之直以四数为"参天两地"之实者则异。

天数何以是三而地数何以是二？朱熹是以古人天圆地方的观念取义，以为奇数象圆，偶数象方。《易学启蒙》云：

> 凡数之始，一阴一阳而已矣。阳之象圆，圆者径一而围三；阴之象方，方者径一而围四。围三者以一为一，故参其一阳而为三，围四者以二为一，故两其一阴而为二。是所谓"参天两地"者也。三二之合，则为五矣。此《河图》《洛书》之数所以皆以五为宗也。[1]

几何学上的圆周率是 π，假设圆形的直径为1，其圆周约为3.14。据闻远自刘宋时期的祖冲之已算出极相近之数值，朱熹"径一围三"，是取其约略整数。方形如一边为1，则其四周之数值为4，此所谓"径一围四"。以方圆象天地，方圆之值既为三、四，则当说天三地四，何以又改说天三地二？朱熹之意，以为阳数为奇，阴数为耦。阳数的始数是一，是最基之数，不可再分，所以其数是"以一为一"，而天圆围数的三，极分之是"三"个奇数的一，其"数"为"三"，故说"天用其全"，天数便不是一而是三。阴数的始数是二，也是其不可再分的最基数，所以其数是"以二为一"，而地方围数的四，极分之是"二"个耦数的二，其"数"为"二"，故说"地用其半"，地数便不是四而是二。这个天数的"三"和地数的"二"，奇耦相加，又合成而为"五"。宋世相传的《河图》《洛书》，前者以五生数统五成数，后者以五奇数统四偶数，而均以五居其中央，此即朱熹所谓"皆以五为宗"，而此正与天地之数相符会。何以又要牵连及于《河图》《洛书》为说？前文提及

---

[1]（宋）朱熹：《易学启蒙》，《朱子遗书》（台北：艺文印书馆，1969年5月，影印御儿吕氏宝诰堂重刊白鹿洞原本），第12册，卷1，第5页。

《本义》曾更动《系辞》原本"天地之数"与"大衍之数"章次，剪裁合并而成今《本义》《系上》的第九章，所叙"天地之数"文意虽较见完整，而与"大衍之数"则依然先后密迩相衔。朱熹说解此二"数"，并本《河图》为据。《系上》固别有"河出《图》，洛出《书》，圣人则之"云云，今且不论《河图》与《易·系》之先后，在朱熹意则显认"天地之数"与"大衍之数"云云，乃本《河图》而作；换一角度而言，也可说他借用《河图》来将此两数贯串连结。

朱熹治学，往往善于综贯和会，由此一解读，亦可见其特色。唯姑不论《河图》《洛书》未必真如传说，远出牺皇或黄帝、大禹；纵谓先秦早有《图》《书》，《系辞》所述这两种数，也不见得是依之为说；倒是后世流传的《图》《书》转据《系辞》而画，可能性还大些。不过朱熹于此特提《图》《书》之数，主要仍坐实天三地二所以合而为五，而天三地二则正是"参天两地"的实质含义，以三、二为奇耦之基数，始可配合大衍蓍筮以得六、七、八、九阴阳老少之策数。

由是观之，朱熹三、二两数之说，表面上看来与马、郑相同。不过马融的解释是"天得三合，地得二合"；郑玄的解释是"天三覆，地二载"，因此径视"参"同"三"、"两"同二；而朱熹三、二之数，却援天圆地方的径围的三与四，再经"参""两"而得，明与马、郑不同。方圆径围之说，本于汉赵君卿注《周髀算经》，[1] 古来解"天地之数"，似未有以此为说者，其与《图》《书》也看不出有若何关系，恐是出于朱熹牵合。总为保住天地与三二之数的关系而为之牵附，然马、郑已有天三地二之成说，何以又不径予沿用？今亦不能详知，但参《语类》一条云：

> 有人说"参"作"三"，谓一、三、五；"两"谓二、四。一、三、五固是天数，二、四固是地数。然而这却是积数，不是倚数。[2]

---

[1] 赵注云："圆径一而周三，方径一而匝四。"见（汉）赵君卿注、（北周）甄鸾重述、（唐）李淳风注释：《周髀算经》，《四部丛刊初编》（台北：台湾商务印书馆，1975年6月），第23册，卷1，第6页。

[2] （宋）黎靖德编：《朱子语类》，卷7，第1967页。

推测他对马、郑的认知，也许一如张栻，但他却以为积数之说有所不通。《语类》又一条载：

> 问："'参天两地'，旧说以为五生数中，天参两地，不知其说如何？"曰："如此只是三天两地，不见参两之意。'参天'者，参而三之；'两地'者，两之以二也。以方员而言，则七八九六之数，都自此而起。"[1]

此处所谓"旧说以为五生数中，天参两地"，亦可兼包马、郑。但郑玄说本于三、二而倚托大演之数五十，只字解与朱不同，其实皆本于三、二而得七八九六。故朱、郑的相异，只在"参两"和"倚数"的字解上。

朱熹所解的"参两"十分奇特，必当参阅《语类》相关论说，方易掌握。《本义》所谓"参天而为三""两地而为二"，以至上引《语类》云"'参天'者，参而三之；'两地'者，两之以二"，语意皆不甚易明。试再看此条的下文：

> 问："以方员而言，'参两'，如天之员径一，则以围三而参之；地之方径一，则以围四而两之否？"曰："然。"[2]

又别云：

> 一个天，参之为三；一个地，两之为二。……（原注：参，不是三之数，是"往参焉"之"参"。）
>
> "参天两地而倚数"，此在揲著上说。参者，元是个三数底物事，自家从而三之；两者，元是个两数底物事，自家从而两之。……"倚数"云者，似把几件物事挨放这里。如已有三数，更把个三数倚在这里成六，又把个三数物事倚在此成九。两亦如之。[3]

"参天两地"中的"参""两"，朱熹认是动词，理应可从；马、郑其实亦然，只并认为就是"三""二"字，朱熹遂谓如此便"不见参两之意"。他所谓"参两之意"，在上引两段《语类》中，"参者，元是个

---

[1] （宋）黎靖德编：《朱子语类》，卷7，第1965页。
[2] 同上注。
[3] 同上注，第1966页。

三数底物事,自家从而三之;两者,元是个两数底物事,自家从而两之",以及"参,不是三之数,是'往参焉'之'参'"这两节话最足参详,可供说明,然亦必将此两节结合来理解,方知其真意所在。

"往参焉"见《礼记·曲礼上》:

> 离坐离立,毋往参焉。

郑《注》:

> 为干人私也。离,两也。

孔氏《正义》:

> "离坐离立",离,两也。若见彼或二人并坐,或两人并立,既唯二人,恐密有所论,则已不得辄往参预也。[1]

《曲礼》所言是一种处世礼仪,当看到有两人在室中安坐或并立时,唯恐彼等谈及私密,我便不应贸然参预进去。所以如此,主要就是郑玄所说的不干人私之意。此一"参"字,孔氏明以"参预"为解,盖间厕之谓。仅如此训,套入"参天"为义,则仍与朱解不协。然"参"又有"分"义,朱彬《礼记训纂》曰:

> 《方言》《广雅》云:"参,分也。"王氏念孙曰:"参者,间厕之名,故为分也。毋往参焉,是其义也。"[2]

间厕、参预之与分,乃一义之两面,实同一事。又古"参""三"通用之例则更多,故宋卫湜《礼记集说》引宋方悫曰:

> 两相丽之谓离,三相成之谓参。彼坐立者两人,而我一人往焉,则成为三矣。[3]

是则就另一观点言之,参亦可谓间厕参预而与之成三。与"参"声同义近者有"骖"字。《诗·郑风·大叔于田》:"执辔如组,两骖如舞。"郑玄《笺》:"在旁曰骖。"盖指驾在车两旁的马。而同驾一车的三匹马亦曰"骖",《小雅·采菽》"载骖载驷"即是。可见"参""骖"并有分

---

[1] (汉)郑玄注、(唐)孔颖达疏:《礼记正义》,《十三经注疏》(台北:艺文印书馆,1965年6月,影印嘉庆江西南昌府学本),第5册,卷2,第37页。

[2] (清)朱彬:《礼记训纂》(北京:中华书局,1996年9月),卷1,第22页。

[3] (宋)卫湜:《礼记集说》,(清)徐乾学等编:《通志堂经解》(台北:汉京文化事业公司,1980年),第30册,卷5,第16915页。

合两面的含义，彼此相足。《中庸》："可以赞天地之化育，则可以与天地参矣"，朱熹《章句》亦云："与天地参，谓与天地并立为三也。"然"与天地参""参天两地"毕竟语义不同，一天地合言，一天地分言；一曰与之参，一曰参之。故朱熹说解"参天两地"，所举证者唯词性结构相若之《曲礼》"往参焉"。《曲礼》的前文是"离坐离立"，"离"亦同有"分割"与"附丽"义，郑玄正以"两"训之，都是可分可合而言的字义。至此重读朱熹所说的话，便不觉其突兀而难解。其所谓"参""两"，皆兼分合而言，"参其一阳为三，两其一阴而为二""一个天，参之为三；一个地，两之为二""参而三之，两之以二""参者，元是个三数底物事，自家从而三之；两者，元是个两数底物事，自家从而两之"云云，都可自上述分析来求取其义蕴。盖谓天地只是一阳一阴，其象则为圆为方，圆者径一而围三，方者径一而围四，故天地之数原是三之与四。阳者数奇，奇者以一为一，一是奇数的基本单位，以之"参"分天圆围数之"三"，所得之数合之亦为"三"（"三"奇，奇各一），而此"三"就可作为揲蓍时"挂扐之数"中"奇"的代表数目。阴之数耦，耦者以二为一，二是偶数的基本单位，以之"两"分地方围数之"四"，所得之数合之则为"二"（"二"耦，耦各二），而此"二"就可作为揲蓍时"挂扐之数"中"耦"的代表数目。所以"三""二"并不是天地之数的原本，而是经过了"参""两"之后才成为数之始、数之本。经过"参天两地"后之所得，再用来作为揲蓍"奇""耦"之策的数基，三变成爻，便或奇或耦地逐次来"倚数"，用朱熹的话说，便是"把几件物事挨放这里"或"靠在那里"。举例言之，如合三变卦扐为三奇，便是一变先得一个三；二变再得一个三，就挨放在旁而合为六；三变又再得一个三，就又再挨放在一起而合为九，这就是老阳。是以三变合其奇耦，或七或九、或六或八，据以定其阴阳老少之爻。正因朱熹所说的"参""两"都是分而又合之意，故对径以"三""二"说天地者，朱熹认为这就"不见参两之意"了。《本义》只以"参天而为三，两地而为二"作注，毕竟下语太简，未详其意者或不易了解。

综上所述，对"参""两"字义的训释，朱熹与汉晋以来的旧解大不相同，但其说"参天两地"的结果，则依然是三、二之数，其数同于马、郑；"参天两地"所得者为揲蓍"奇""耦"之数，亦与韩康伯相近，唯韩氏径以"参两"为"奇耦"，而实之以七八九六，朱熹则谓尚须"倚数"而后方得此四数。

（四）另一可能的解读——"参天两地"与"参天贰地"

上文所提到的几种较重要的旧解，其中马、郑两说为义都不够清楚，端赖后人补充说明，而这些补充阐说是否确符原旨，也难定夺。

朱熹的解说，由于是近数百年间功令所依循，影响更大。但他似乎也受孔颖达所影响，不想牵连"天地之数"来说，故对"参天两地"中"天地"的内涵，乃外引天圆地方的径围以为说，而"参两"字义，虽费辞仍不易领会，以致《本义》作注，还用原字，几同无注。故承朱后学虽多沿依其说，但以其一失于牵附，二失于迂曲，不能谓其无病。

今若重加思考，首先当辨明者，为《说卦》本章所言主旨既明确为揲蓍布卦，其与大衍之数相关应属合理，至于是否同于天地之数，自韩、孔以下，多持反对意见；朱熹亦等同此一立场。窃谓这一意见宜可成立。何以故？前曾提到《系辞》有关天地之数与大衍之数文字的分合序次，《注疏》与《本义》两本不同，程、朱的看法是认为原有错简，故重新组合，以还复其旧云。此外，东汉熹平石经残字，经屈翼鹏（万里）师复原，知汉世梁丘氏本将天地之数相关之两节连文，一如程、朱所调易，但仍厕于"大衍之数五十"与《乾》之策二百一十有六"两节之间，则与《本义》异。[1]

近时由于马王堆汉墓出土的帛书《易》传，其中有与传世《系辞》内容大体相若者，亦有溢出于传世《十翼》之外的佚篇，今已为治

---

[1] 说参屈万里：《汉石经周易残字集证》，《屈万里全集》（台北：联经出版事业公司，1984年7月），第11册，《自序》、卷1、卷3。案：屈师考定汉石经《周易》为梁丘氏本。

《易》者所共知，毋庸赘述。然与本文所述相关者三处，仍可注意。其一，帛《易》虽无《说卦》一篇，但今本《说卦》前三章内容则录于帛书佚传《易之义》中，本章自然在内；其二，帛书《系辞》无"大衍之数"的相关内容；其三，帛书《系辞》中却有"天地之数"的记载，但也只有"天一……地十"二十字而已，下接"子曰夫《易》何为者也"云云，同于《注疏》本，依孔氏所分，居《系辞上》第十章。帛书《系辞》既然没有"大衍之数五十"一章，当然也没有其间"天地之数五十有五"一段。[1] 综上各点以观，可推知今本《易传》可能编定于汉世，其前很可能各以更短之段落分别存在，后来便凑合而为不同的版本。故"天地之数"与"大衍之数"的内容，在先秦如已存在，也未必或相近或连文如《注疏》《本义》两本的面貌。换言之，这两种"数"不必然有其全面密切的相关性。

除非是不承认《易》占与大衍之数的关系，否则《说卦》此章言揲蓍布卦，联系大衍应有其合理性。至于天地之数，既云"参天两地而倚数"，则其数亦不应与天地毫不相关，但天地之数奇耦无穷，当何所取，宜有节限，未必尽取今本《系辞》所述之意。帛书《系辞》述天地之数，仅及五生数与五成数二十字，而并不及其积和总数，如以此一范围"天地之数"为节限，以与《说卦》相配为说，则"凡天地之数五十五"便大可不必参入考虑。其实汉世马、郑诸儒虽同时取义于天地之数，而并以此为限断，若祛其相异，取彼相同，则唯三、二之数，足为天地之表数。至于三、二两数之原委，马、郑虽未必同其解说，但其数则或承旧传，不见得出于臆造。朱熹虽不采汉人旧义，缴绕以说"参两"，及其所得最终之数，亦同此三、二，凭以为揲策奇耦之资。既然汉、宋两派皆认三、二之数最合立为蓍策之基准，则汉

---

[1] 诸本间异同，以文字求为清晰说明，颇感繁难，姑试以另一方式再作补充表述。如以"大衍之数五十"至"故再扐而后挂"为A，"天数五"至"变化而行鬼神也"为B，《乾》之策二百一十有六至"可与佑神矣"为C，"天一地二"至"天九地十"二十字为D，"子曰夫《易》何为者也"以下为E。《注疏》本的次序是ABC合为第八章，DE另合为第十章。《本义》的次序是DBAC为其第九章，E另起为第十一章。熹平石经本的次序是ADBC，E亦隔章另起。帛本则仅有DE，而无ABC。

人径以三、二为天地之数无宁更为简捷，不必另有牵附。但对于马、郑解注，后人或有误会，倘如上文所臆解，其义未尝不可通，倒是后出的韩、孔与朱熹所创发的义解，恐怕更为不足依恃。

唯朱熹致疑于汉人"参两"的解读，其自为解又多迂回，然则"参两"的含义还有无其他可能？"参天两地"中"参两"分言天地，其为动词易知，以其下言"倚数"，故视同"三二"是最易生出的看法，可惜在先秦以至汉人旧籍中，其语仅此一见，无他例可供参证。然而汉人却另有"参天贰地"之语，"参两"若有通"三二"的可能，则通"参贰"的可能自不应排除，何况还一如"参天两地"，其下亦分系"天地"二字，字面形式的高度相似当然不容忽视。

"参天贰地"究当何解？此语首见于《史记·司马相如传》所录相如《难蜀父老》一文：

> 故驰骛乎兼容并包，而勤思乎参天贰地。

《索隐》云：

> 天子比德于地，是二地也。地与己并天为三，是参天也。故《礼》曰"天子与天地参"是也。[1]

《汉书·司马相如传》亦载其语，颜师古注：

> 比德于地，是贰地也。地与己并天为三，是参天也。[2]

以《相如传》言之，是《汉书》袭用《史记》，但其注文则反是小司马沿用师古。[3]《难蜀父老》又收载于《昭明文选》，李善同样沿袭其文为注。[4] 诸家对"参天"如是理解，盖等同于"与天地参"之意。

---

[1] （汉）司马迁撰、（宋）裴骃集解、（唐）司马贞索隐、（唐）张守节正义：《史记》（北京：中华书局，1982年11月），卷117，第3051—3052页。

[2] （汉）班固撰、（唐）颜师古注：《汉书》（北京：中华书局，1987年12月），卷57下，第2586页。

[3] 王叔岷师曰："《索隐》说，本师古注。"见《史记斠证》（台北："中央研究院"历史语言研究所，1982年6月），第9册，第3155页。案：颜师古隋唐间人，司马贞生卒不详，仕开元间，远在后。

[4] 李善曰："己比德于地，是贰地也。地与己并天，是三〔天〕也。"见《六臣注文选》，《四部丛刊初编》（台北：台湾商务印书馆，1976年6月），第101册，卷44，第838页。案："天"字据《唐钞文选集注汇存》（上海：上海古籍出版社，2000年7月），第2册，卷88，第701页补。李善在小司马前，亦应本师古注。

《索隐》多出于师古之注文者，乃在增引《礼记·经解》为证。《经解》云：

> 天子者与天地参，故德配天地，兼利万物，与日月并明，明照四海而不遗微小。[1]

卫湜《礼记集说》引方悫曰：

> 自"天子与天地参"而至"微小不遗"，皆圣人与天地为徒也。[2]

唐陆善经注"参天贰地"：

> 《礼》曰："三王之德，参于天地"，参天也。[3]

所引出《礼记·孔子闲居》，郑《注》：

> 参天地者，其德与天地为三也。[4]

陆氏训参为三，以人与地并天为三言之，盖本郑《注》。其以"参于天地"为义，亦一如小司马之取义于"与天地参"。[5]然"参于天地"也好，"与天地参"也好，明明说的都是天子和天地两者间的关系，果如此等释义，"参天"已含括了地，又何必赘言"贰地"？可见这一注解并不合理。

近人李笠（1894—1962年）《史记订补》即曾针对《索隐》发出不满，而另提一解：

> "而勤思乎参天贰地"，《索隐》："天子……是也。"案：此本于《易·说卦传》"参天两地"，小司马引《礼》，非。又"参"当读为"参互"之"参"，与"贰"字偶。《荀子·赋》："大参天地"，注："参谓与天地相似"，即副贰也。《易》虞注、崔注并云："参，三也"，非。《索隐》说更委曲难通。[6]

---

[1]《礼记正义》，卷50，第845—846页。
[2]（宋）卫湜：《礼记集说》，（清）徐乾学等编：《通志堂经解》，第33册，卷117，第18244页。案："微小""不遗"当互乙。
[3] 见《唐钞文选集注汇存》，卷88，第702页。
[4]《礼记正义》，卷51，第861页。
[5] 陆善经与司马贞分别引《礼记》不同篇章为证，所释则同义。二人年世相近，而未详其先后。
[6] 李笠：《史记订补》，卷8，第11页，收载徐蜀编：《史记订补文献汇编》（北京：北京图书馆出版社，2004年4月），第319页。

李笠的观点主要有二：一谓"参天贰地"源出《易·说卦》，不出《礼记·经解》。二谓"参"非"三"，与"贰"字相偶为义，是相似、副贰之意。他所分辨虽在《难蜀父老》的"参天贰地"，而无异同时也辨及了《说卦》的"参天两地"。所举《荀子·赋》："大参天地，德厚尧禹"，天、地言其大，尧、禹言其德，据唐杨倞注，是谓其大与天地相似，而其德厚于尧禹。窃谓其说最可信从。

《荀子》未直接用到"参贰"字，仅可证先秦"参"字可有相似、副贰的含义。《荀子》而外，其义尚见用于《庄子·在宥》：

> 吾与日月参光，吾与天地为常。

唐成玄英《疏》：

> 参，同也。与三景齐明，将二仪同久，岂千二百岁哉！[1]

以齐同为训，义同《荀子》。

《难蜀父老》"参天贰地"，唐人的解说，小司马是一派，从其说者较多，但仍有另一解说，虽少受注意，却可与李笠先后桴鼓相应。《六臣注文选》录吕延济注"参天贰地"：

> 参，比也。言君德比于天，而与天同一；能合于地，故云贰地也。[2]

然则李笠之说，亦可谓早已先发于唐代吕氏。注《文选》者，李善最著，而此处实不如吕氏精确。此外，班固《东都赋》也有两句：

> 俯仰乎乾坤，参象乎圣躬。

《六臣注文选》张铣曰：

> 参，比也。言俯仰观天地之象，以比其身，思与合德。[3]

以"比"训"参"，其用例侔于吕氏。司马相如之后，效其乡先贤为文者有扬雄，所撰《剧秦美新》亦云：

> 陛下以至圣之德，……参天贰地，兼并神明，配五帝，冠三

---

[1] （清）郭庆藩撰、王孝鱼点校：《庄子集释》（北京：中华书局，1989年10月），卷4下，第385页。
[2] 《六臣注文选》，《四部丛刊初编》第101册，卷44，第838页。
[3] 同上注，第100册，卷1，第38页。

王,开辟以来未之闻也。

《六臣注文选》刘良曰:

> 参,合也。言明德方于天,厚德比于地,如更有一地,故云贰地也。[1]

"参贰"亦犹"兼并",盖与《难蜀父老》同一用义。至东汉王充《论衡·案书》云:

> 《新语》,陆贾所造……参贰经传,虽古圣之言,不能过增。

"参贰"连文,谓其书与经传可相拟相侔,亦比同之意。[2] 下及后秦释僧肇《涅盘无名论·奏秦王表》云:

> 道参文殊,德侔慈氏。

宋释净源注:

> 参,同也;侔,并也。[3]

明憨山注:

> 谓契文殊之智,同慈氏之悲。[4]

"参"以契合、侔同为义,皆可谓是此用义之一脉相承。

就"参天贰地"言之,"参"既有比(相似)、同(副贰)之义,其义亦犹"贰",以其相似,故可比拟;以其相同,故如副贰。能"参贰"始可与天地相配相合。果如李笠所云,"参天贰地"与"参天两地"同义,则《说卦》的"参""两",都只是比拟性质的动词,与数字无涉。其与数字相关者,则在其下之"倚数"。"倚"或训立,或训依,义并可通。至其数若何,汉人三、二之数以代天地者,或当可采,

---

[1] 《六臣注文选》,《四部丛刊初编》,第101册,卷48,第913页。

[2] 今人注释云:"参贰:同'三二',指可与经传合成为三,或与其中之一合成为二,意思是可以并列——可以与经传并列。"说见北京大学历史系《论衡》注释小组:《论衡注释》(北京:中华书局,1979年10月),第4册,第1637页。案:并列云云,差近而未尽是;与经传成三成二,则莫知所谓,殆受师古以下之误导所致。《论衡》他篇尚有"参贰"用例,同此一义。

[3] (后秦)僧肇撰、(宋)释净源注:《肇论中吴集解》(上海:上海古籍出版社,1995—2002年),《续修四库全书》,第1274册,卷下,第24页。

[4] (后秦)僧肇撰、(明)憨山注:《肇论憨山注》(台北:永康出版社,1969年4月),卷5,第4页下。

以其作为奇耦之数基,可与揲策所得之七八九六相协。此说论其实质含义,与郑、朱二氏有同有异,然字训则似较朱注直截而少迂曲。其主要凭依,不在经生的说解,而转赖文士的应用。综上析论,可见两汉经学、文学所遗旧说,若经审察发覆,尚有可通可存而不宜轻弃者在。古今争讼未定的问题,当然不易解决,本文所窥一隅,未必足采,聊备一说而已。

本篇原刊于 2012 年 3 月台湾大学
中国文学系《台大中文学报》第 36 期

三、《易传》"参伍错综"义解商兑

2011年3月间在台湾大学召开的经学研讨会上，我发表了拙文《〈易传〉"参天两地"训义检讨》，以其牵涉易数，山东大学林忠军教授连带垂问我对"参伍错综"的看法。虽然个人曾在学校讲授《易传》，唯对此两词之确切含义实无心得，即于历代注家解说，也多未甚了了，故会中只能据实回复林教授，自己对此别无新见。林教授宽容，未予责难，而我则中心惭仄，遂起意探寻，讵料一旦追索，依然常如陷身五里雾中，茫然莫测所谓。唯有一信念稍坚者，以为朱熹将"参伍"一词结连古籍他处用例来理解的途径，应是较客观可取的，只可惜朱熹也没把话说得清楚明白，故读其书者依然不好理会，以致后出的《易》注中，仍迭起异解。去岁偶读兵书，在《司马法》中见一用例，为朱熹及其他前贤所未及注意者，自谓大有启发，可以循朱熹的观点续作补充引申，际此盛会，略抒近时所窥，以就教方家。未敢自是，聊充对林教授延迟之覆，亦聊以赎我前时传而不习之愆。

（一）"参伍错综"在《易传》中的指涉

"参伍错综"二词合并使用，始见于《易·系上》第十章：

《易》有圣人之道四焉：以言者尚其辞，以动者尚其变，以制器者尚其象，以卜筮者尚其占。是以君子将有为也，将有行也，问焉而以言，其受命如响，无有远近幽深，遂知来物。非天下之至精，其孰能与于此？参伍以变，错综其数。通其变，遂成天地之文；极其数，遂定天下之象。非天下之至变，其孰能与于此？[1]
"参伍"以下，学者多谓是说"尚象""尚变"之事。朱熹《周易本义》所定其前的第九章，即为记述"大衍之数五十，其用四十有九"云云有关以蓍占筮的操作内容。孔颖达《周易正义》的分章虽与朱熹不同，而其文先后序次则无异。[2]前章所述，即及"变"之与"数"，此章即承前章而言变化之道备见于"易"者，故谓本章"参伍错综"与之相关，当合情理；何况"参伍"之上文便是说君子将有为有行，必揲蓍求"易"而拟议之，以为行为之则，而"易"既受占者之命，即有以告之，如响斯应。是故无论就先后两章以及本章上下文理之承接来看，谓"参伍"云云之指意为蓍卦之"变"与"数"，所言在筮占的过程范围内，宜可取信。而数十年前出土的长沙马王堆帛书《系辞》虽有本章，[3]却无其前"大衍之数"一段，故学者或有据以推想先秦筮法未必只有"大衍"一种。其实本章之有前章相配，益可互发相证，就此点来说，今本实胜于帛本。

本此认知，试观历来几家较有代表性的解读。

（二）虞翻的注解

见存对"参伍错综"最早的解说是三国虞翻的注：[4]

> 逆上称错。综，理也。谓"五岁再闰，再扐而后挂"，以成一爻之变，而倚六画之数。卦从下升，故"错综其数"，则"三天两地而倚数"者也。[5]

---

[1] （宋）朱熹：《周易本义》（台北：大安出版社，1997年7月），第246页。案：以《本义》所标章次特出在传文之后，较便检索，本文所述章次悉从之。

[2] 第九、十两章，朱熹以为原本有错简，略有更易，故文序、分章章次并与孔颖达不同，然本文讨论所涉内容，则大体两家无别。

[3] "参伍以变"，帛本作"参五以变"；"错综其数，通其变"，则适缺"错综其数通"五字，唯推测此章帛本文字纵有异文，应与今本相差不远。参见张政烺：《马王堆帛书周易经传校读》（北京：中华书局，2008年4月），第179—180页。

[4] 后人所辑郑注，无涉相关内容，则无由知其前汉人何说。

[5] （清）李道平：《周易集解纂疏》（北京：中华书局，2008年4月），卷8，第591页。

首先需说明者，虞翻之注见录于唐李鼎祚《周易集解》，此本"参伍"作"参五"。"五岁再闰，再扐而后挂"是《系上》前章筮蓍过程之所述，所以成其为一"变"者；而积其三"变"，方可以成为一爻。故虞翻所解，"参伍"实读"三五"，扣合筮蓍操作的五步骤，复三度重复此五步骤，以得一爻之数。故清李道平疏之曰：

> 参，三也。一卦两揲两扐为"五岁再闰"。……凡三变而成一爻，是三其五以成一爻之变，故曰"参五以变"。[1]

所阐虞义甚确。谓"三其五以成一爻之变"，其于筮法是不错的，然传文果如此意，当云"参五以成爻"，盖"五"只成得了一"变"，如再"三"之，便已成一"爻"，故其说"参五以变"的"变"，非得增入"一爻"为义，然后可通。况《系辞》前章"五岁再闰，再扐而后挂"，所指固是李道平所谓"一卦两揲两扐"象征五岁之五项，[2] 唯传文则只说"四营而成易，十有八变而成卦"，此处"易"只当得一个"变"言，"四营"所指，是"分二、挂一、揲四、归奇"，[3] 四度经营，方成一"变"。就整体而言，"四营"之与"五岁"，虽为同一历程，然"一卦两揲两扐"只相当"挂一、揲四、归奇"而未计入"分二"，以《系辞》原文之言"易"（"变"），自"分二"以"象两"（天地），"挂一"以"象三"（三才），"揲四"以"象四时"，至于"归奇"以"象闰"与"再闰"。是"四营"足括"五岁"，而反之则否。故只可说"四营而成易"而不得说"五岁而成易"。若"参伍"仅为数目"三五"之文，则理应说"四三以变"或"三四以变"，故虞说虽巧，而于理未融。

至其对"错综"的说法，他以爻画排列自下而上，故说错是逆上

---

[1]（清）李道平：《周易集解纂疏》卷8，第591页。
[2] 朱熹云："挂，一岁；右揲，二岁；扐，三岁一闰也；左揲，四岁；扐，五岁再闰也。"见（宋）黎靖德编、王星贤点校：《朱子语类》（北京：中华书局，2004年2月），卷75，1917页。朱熹又云："五岁之象，挂一，一也；揲左，二也；扐左，三也；揲右，四也；扐右，五也。"见朱熹：《易学启蒙》，《朱子遗书》（台北：艺文印书馆，1969年5月，影印御儿吕氏宝诰堂重刊白鹿洞原本），第12册，卷3，第1—2页。案："右揲"揲左"，并指以右手四揲左手之策；"左揲"揲右"，并指以左手四揲右手之策，朱熹两种表述方式，皆是一意。
[3] 朱熹：《周易本义》，第245页。

之义,综理其逆上之数,即《说卦》"参天两地而倚数"之意。虞注云:"倚,立。参,三也,谓分天象为三才,以地两之,立六画之数,故倚数也。"[1] 故其意是说参伍以成一爻之变,错综而立六画之数。如此一句言爻,一句言卦。但后人鲜有采用其说者。

(三) 孔颖达的疏解

其次,再及唐孔颖达《周易正义》的疏解:[2]

> "参伍以变"者,参,三也。伍,五也。或三或五,以相参合,以相改变。略举三五,诸数皆然也。"错综其数"者,错谓交错,综谓总聚,交错总聚其阴阳之数也。[3]

孔氏虽以"三五"训"参伍",似同虞翻,但他进一步说"或三或五,以相参合",实则是用"三五"之引申,所以后来南宋朱熹便曾作过如下的解说:

> 参,谓三数之;伍,谓五数之。揲蓍本无三数五数之法,只言交互参考皆有自然之数。如三三为九、五六三十之类,虽不用以揲蓍,而推算变通,未尝不用。[4]

究竟孔氏"或三或五"是否即是朱熹所说的"三数之""五数之",还是别指他意,未能确知,但朱熹所谓"交互参考",则显然可与孔氏"以相参合"呼应;其言"揲蓍本无三数五数之法"云云,更似将孔氏"略举三五,诸数皆然"的话从另一方面再加说明。所以对于"参伍"的解读,朱熹受孔氏的影响应是有可能的。

《说文》:"伍,相参伍也。"段注:"参,三也;伍,五也。《周礼》曰:'五人为伍。'凡言参伍者,皆谓错综以求之。《易·系辞》曰:'参

---

[1] (清) 李道平:《周易集解纂疏》,卷10,第688页。
[2] 孔氏之前,王弼、韩康伯皆无传注,故《正义》此乃无注之疏,径解传文者。
[3] (魏) 王弼、(晋) 韩康伯注,(唐) 孔颖达疏:《周易正义》,《十三经注疏》(台北:艺文印书馆,1965年6月,影印嘉庆江西南昌府学本) 第1册,卷9,第154页。
[4] 说见 (宋) 黎靖德编:《朱子语类》,卷75,第1920页。

伍以变。'"[1] 段氏以错综为参伍，姑暂置其是非不论，而举《易·系》"参伍"以证《说文》之"伍"，说同孔氏，则居可知。至又举《周礼》，则不过溯其语源所自。先秦典籍，三之与参，五之与伍，其用字往往相通混用而无别，其用义之为第一层数目之本义，抑为第二层以下之引申义，唯视其行文实际使用而定，其字形之同异，字音之等殊，转非关键所在。

故"参伍"原于"三五"，自无疑义，唯《易传》用义，究为数之三五如虞翻，抑或是引申之三五参互如孔、朱，则是所当推究分辨者。"参伍"用义之不同，其先秦音读有无区别固不知，而后世音读，"五""伍"仍不殊，而参互之"参"，则读音与数字之"参"（三）相异。孔疏虽无音，唯其同时稍前之陆氏《周易音义》标"参，七南反"，即同后世习行音读。传世四卷本的朱熹《周易本义》也沿用了陆氏的音切，这虽非朱熹原本所有而为后来刊本所增者，然《朱子语类》中也曾明说：

> "参伍以变。""参"字音"曹参"之"参"，犹言参互底意思。[2]

则《本义》刊本之"七南反"亦无悖其原义。可是仍有一问题尚未解决：既然"揲蓍本无三数五数之法"，何以却以之为文？孔氏未更作解说。朱熹续作的解说是：

> 譬犹几个物事在这边，逐三个数，看是几个；又逐五个数，看是几个。又曰：若三个两是六个，便多了一个；三个三是九个，又少一个；三个四又是十二个，也未是；三个五方是十五个。大略如此，更须仔细去看。

如此"大略"的说法，不比孔氏"略举三五"更清楚些，他说"更须仔细看"，可见也无以自坚其说，无怪下逮清代，还遭惠栋的点名指责：

> "参伍"，刘歆读为"三五"，谓三才五行也。（原注：《淮南·泰族》曰："帝王莅政施教，必因参五。"亦谓天地人及五行。）

---

[1] （清）段玉裁：《说文解字注》（台北：汉京文化事业有限公司，1983年9月，影印经韵楼本），第八篇上，人部"伍"字注，第373页。
[2] （宋）黎靖德编：《朱子语类》，卷75，第1921页。

《本义》音曹参之参。案:《韩非子》曰:"省同异之言,以知朋党之分;偶三五之验,以责陈言之实。"而《本义》引作"参伍",盖本(义)杨倞之注,读参为参错之参,非《韩非》本书。古"参"字皆读为"三",《史记》引《周书》曰:"必参而伍之",注亦谓三卿五大夫。[1]

刘歆本于《春秋》与《易》,作《三统历》,说详《汉书·律历志》。彼以《易》之"参五"为三统(天地人)与五行,故惠氏据斥朱熹音义皆非。实则汉籍所见数字"三五",本非一义,或谓三皇五帝、三世五世、三十五十,不一而足,皆视其文旨相关所主而决。即如《淮南·泰族》莅政所用"参五",实三才与五伦,然同书《主术》:"上操其名以责其实,臣守其业以效其功,……必参五行之,阴考以观其归,并用周听以察其化",又《要略》言《主术》:"明摄权操柄,以制群下,提名责实,考之参伍,所以使人主秉数持要,不妄喜怒",义皆本《韩非》,或作"参五",或作"参伍",故清顾广圻谓《淮南》两篇"五、伍同字"。[2] 再如《前汉纪·前汉高后纪》:"参五以变,错综其纪",本于《易传》,作"参五";同书《前汉孝武皇帝纪》:"参伍以变,错综其数",同于《易》文,则作"参伍"。[3] 是则谓汉人必作"参五"者,殊嫌武断。甚至《史记》引《周书》云云,见《蒙恬传》,所引今本《逸周书》无文,或为约引《常训解》"参伍以权"之文,《蒙恬传》其下即接云"察于参伍,上圣之法也",而《索隐》乃训以三卿、五大夫,其谬显见。[4] 惠氏泥守汉人之说,妄谓古之"参"仅得读为"三",即在《韩非》本书,已为不可恃。至如《易传》本文,其当为"三五"抑为"相参伍"之义,自可细加推究,若谓所指为三才五行,则《说卦》固

---

[1] (清)惠栋:《周易本义辨证》(上海:上海古籍出版社,1995—2002年,影印北京大学图书馆藏清惠氏红豆斋抄本),《续修四库全书》,经部第21册,卷5,第352页。

[2] 顾氏又疑《主术》"行之"二字为衍文,"参五阴考"四字连读,与下"并用周听"对文。参见何宁:《淮南子集释》(北京:中华书局,1998年10月),卷9,第644页。

[3] (东汉)荀悦:《前汉纪》(台北:台湾商务印书馆,1976年6月,《四部丛刊初编》)第6册,《高后纪》见卷6,第40页;《孝武纪》见卷14,第100页。

[4] 说本刘师培:《周书补正》(台北:华世出版社,1975年4月,《刘申叔先生遗书》)第2册,卷1,第870页。

有"兼三才而两之"之文,唯通全《易》,无有一涉"五行"者,以五行入《易》,盖出后世,非原书所本有。

至孔氏所解"错综"之义,疑承三国王肃而来。王肃《易》注不传,今见《文选》李善注引:

> 错,交也;综,理事也。[1]

王氏的时代约与虞翻相近而稍晚,孔氏以交释错,与王氏不异;以总聚为综,亦似可相通。孔氏的疏文已嫌简略,无如王氏的注文更只余字诂,其实质内涵如何,莫可究诘,因此二人的具体说法,都是不易明确细说的。

"交错"一词在各种古籍与后世应用上本不止一义,因此如要勉强追究孔颖达的用义,不得已仍就孔氏自身去求解。但古籍用例,既未一致,孔氏随文疏义,自难画一,故宜以《周易正义》为准限。《正义》数言"交错",如云:"'利牝马'下句,论凡所交接不可纯阴,当须刚柔交错"[2]"天之为体,二象刚柔……刚柔交错,相饰成文",[3]皆指刚柔相杂,故所谓交错,是间杂、错杂之义。其疏释韩康伯注文"刚柔交错",更明曰:"言万物递相错杂……若相与聚居间杂成文",[4]其义益显。故其以"交错总聚其阴阳之数"解"错综",错似就诸爻九六相间杂言,综则就六爻整全卦言。果使孔疏含义如此,则与《易传》下文"通其变,遂成天地之文;极其数,遂定天下之象"义相复沓,其实也一如朱熹之说此句,都错看成既出阴阳之数之后。说详下文。然此仅属推断,是否符实,尚待征考。

(四)朱熹的解读

前文牵涉已略及朱熹的说法,继此稍详其义。《周易本义》云:

---

[1] 见《文选·江赋》注,《六臣注文选》(台北:台湾商务印书馆,1976年6月,《四部丛刊初编》),第100册,卷12,第244页。案:注引《易》作"错综群数"。
[2] 《周易正义》,卷1,第18页。
[3] 同上注,卷3,第62页。
[4] 同上注,卷8,第175页。

> 参者，三数之也；伍者，五数之也。既参以变，又伍以变，一先一后，更相考核，以审其多寡之实也。错者，交而互之，一左一右之谓也。综者，总而挈之，一低一昂之谓也。此亦皆谓揲蓍求卦之事。[1]

他将参伍错综皆纳入揲蓍求卦之事的范围来求解，理应可从。虽读"参"为参互义，然所谓"三数之""五数之"，既无其实数，则无异虚设之借代，故"更相考核，以审其多寡之实"才是实旨。《语类》又言：

> "参伍"，是相牵连之意。[2]

此一训释说得更为明白。但如要说"数之"，《易》文明言"揲之以四"，何以弃实用虚，朱熹无进一步的说明，唯《本义》注文续云：

> "参伍""错综"，皆古语，而"参伍"尤难晓。按《荀子》云："窥敌制变，欲伍以参。"《韩非》曰："省同异之言，以知朋党之分；偶参伍之验，以责陈言之实。"又曰："参之以比物，伍之以合参。"《史记》曰："必参而伍之。"又曰："参伍不失。"《汉书》曰："参伍其贾，以类相准。"此足以相发明矣。[3]

所谓"古语"，约犹熟语或成语，既为约定俗成之定格，故不必实执三五字。窃谓朱熹遗留后人之最大启发正在此一提点。大抵他已意会其义，而终感难以更明白言诠，故仅条举书证，虽谓可足相发，终则仍感喟"参伍"之尤难晓。此处需补充说明者，朱熹所指古语，谓"参伍""错综"皆然，实则真正的古语应只有"参伍"，以其在先秦旧籍中常见，尚不止于《本义》之所揭；然"错综"一词，则似只一见于《易传》，实与"参伍"殊科。我们从上引《本义》的注文来看，朱熹不但是把"参伍""错综"同样看作古语，同时也将之定位为揲蓍过程中的节目，而他看待两者不同之处，则在他知道"参伍"是虚拟，

---

[1] 朱熹：《周易本义》，第246—247页。
[2] 《朱子语类》，卷75，第1920页。
[3] 朱熹：《周易本义》，第247页。案：所引《韩非》"伍之以合参"，"参"当作"虚"，朱熹殆沿《荀子》杨注而误。

却把"错综"说成实指了。

"错者,交而互之,一左一右之谓也。综者,总而挈之,一低一昂之谓也",此一注文是不易明白的。我们只能参考《语类》的记载来掌握。《语类》云:

> 错者,有迭相为用之意;综,又有总而挈之之意,如织者之综丝也。

> 错综是两样;错,是往来交错之义;综,如织底综,一个上去,一个下来。[1]

盖训"错"为左右往来交错,"综"则如织机综丝之一上一下。若谓所指皆揲蓍程序所有,《易》言"错综其数",固然也可为一说。《语类》又载:

> "错综其数",便只是七八九六。六对九,七对八,便是东西相错。六上生七为阳,九下生八为阴,(元本云:"七下生八为阴,八上生九又为阳。")便是上下为综。(义刚)[2]

七八、九六为揲蓍"四营成易"后可能出现之四数,七少阳,八少阴,九老阳,六老阴。少变老,爻性不变;老则变少,爻性相变。《语类》尚录存一"手指画",以"二、三、四、五"四指并列于下,顺列"九、八、七、六"四数于其上,九七高而八六低,如是正可与"六上生七为阳,九下生八为阴"相应。然"六对九,七对八"之阴阳相对则未呈现于"手指画",朱熹对此也未再申言。正因朱熹的说法有其模糊部分,《本义》则言之太简,故门人读后别有体会而提问:

> "'错综其数。'《本义》云:'错者,交而互之,一左一右之谓也。'莫是揲蓍以左揲右,右揲左否?"曰:"不特如此。《乾》对《坤》,《坎》对《离》,自是交错。"又问:"'综者,总而挈之',莫是合挂扐之数否?"曰:"且以七八九六明之:六七八九便是次序,然而七是阳,六压他不得,便当挨上。七生八,八生九,九又

---

[1] (宋)黎靖德编:《朱子语类》,卷75,第1920页。
[2] 同上注,第1921页。

须挨上，便是一低一昂。"（学蒙）[1]

此条林学蒙所录，其言"七生八，八生九"，与上条黄义刚所录附注之"元本"云云相同，而并与"义刚"所录本文相反，揆以揲蓍之实，"元本"及"学蒙"所录并误，当以"义刚"本文为是。唯门人原先对《本义》的理解，亦紧扣揲蓍之操作过程，朱熹虽未予否定，然皆另作补充。尤其是对"错"的解说，又添出"《乾》对《坤》，《坎》对《离》"的歧义。下逮明代来知德便采此说，云：

> 错者，阴阳相对，阳错其阴，阴错其阳也，如伏羲圆图《乾》错《坤》、《坎》错《离》，八卦相错是也。综即今织布帛之综，一上一下者也，如《屯》《蒙》之类，本是一卦，在下则为《屯》，在上则为《蒙》，载之文王序卦者是也。[2]

盖以卦之阴阳正对者为错，反对者为综。此两者即孔颖达所言"变"之与"覆"，名目不同，其实则一。六十四卦，二二相耦，只此两种形态。[3] 然"八卦相错"本《说卦传》文，孔颖达、朱熹立义重点虽稍异，而说为八卦交互相重，相交其位以成六画之六十四卦则一。来氏不从唐、宋旧解，《说卦》之"相错"则限于八卦，《系上》之"错综"则推及六十四卦。其以伏羲八卦圆图说错，又本织机上下说综，虽反朱熹之说，然似仍有朱熹影响的痕迹，唯朱熹《本义》明著其为"揲蓍求卦之事"，其于章旨尚未支离太远；来氏并综之为义，亦以卦之反复说之，未思《说卦》《序卦》之言八卦相错与反复成卦，一明重卦之义，一序其所以相承之义，而并与揲蓍占筮所言性质原非一事，《系》文中"变"之与"数"，遂致两皆落空。后人援以名此两型相耦之卦，以取代孔氏覆变之旧称，固无不可，若径以为即《系》文之本义正解，恐怕是比朱熹的差距更为悬远了。

---

[1] （宋）黎靖德编：《朱子语类》，卷75，第1921页。
[2] （明）来知德：慈恩本《易经来注图解·系辞上传》（台北：天德黉舍影印本，1976年1月），下册，卷13，第1295页。
[3] 《周易正义》，卷9，第186—187页。

（五）"古语"中的"参伍"

朱熹揭发了"参伍"之为"古语",似乎大致可以体会其含义,是近乎参互、相牵连之意,至何以用此二字立义,则始终无以发覆,故非止《本义》注文简略未明,《语类》所载亦嫌于支辞蔓说,尚无以透达其义蕴。

五、伍同字,五人为伍,与人为伍亦曰五,故《说文》训"伍"为"相参伍",已见前述。"参互""参合"之"参",亦源于"三",[1] 故三、参亦一如五、伍,同字通用。《论语·述而》子曰:"三人行,必有我师焉。择其善者而从之,其不善者而改之。"朱熹《集注》:"三人同行,其一我也。彼二人者,一善一恶,则我从其善而改其恶焉,是二人者皆我师也。"是我参入二人而与之成三。《礼记·曲礼上》:"离坐离立,毋往参焉。"孔氏《正义》:"'离坐离立',离,两也。若见彼或二人并坐,或两人并立,既唯二人,恐密有所论,则己不得辄往参预也。"盖谓两人在室中安坐或并立时,唯恐彼等谈及私密,我便不应贸然参预进去。宋方悫曰:"两相丽之谓离,三相成之谓参。彼坐立者两人,而我一人往焉,则成为三矣。"[2] 故参、伍并属动词而义相近,谓之相参、相伍、相参伍皆无不可。

先秦典籍用之最多者为《韩非子》,就中最显豁者为《扬权》:

> 虚静无为,道之情也;参伍比物,事之形也。参之以比物,伍之以合虚。

---

[1] 参,《说文》谓"商星也",(清)王筠以为当作"唐星"。见王氏《说文解字句读》(北京:中华书局,1988年7月),卷13,第250页。(清)钱大昕则谓《说文》原读"参商,星也",参商连文,以证参之从晶,本为星名,非商训参。见钱氏《潜研堂集文集·答问八》,《嘉定钱大昕全集》(南京:江苏古籍出版社,1997年12月),第9册,卷11,第173—174页。参字本从晶,像三星闪烁,星之三况其多。诸星唯参、晨(晨)独从晶,而它星之多者不得与焉者,盖农人验之以为田候,所以特重此二星。"参"后遂借用为数词"三"。说参王筠《说文释例》(台北:台湾商务印书馆,1968年,国学基本丛书),卷17,第1646页。

[2] 说详本书前篇《〈易传〉"参天两地"训义检讨》。

旧注：

> 参，三也；伍，五也。谓所陈之事，或三之以比物之情，或五之以合虚之数。[1]

《扬权》云云，"道"虚"事"实，"情"内"形"外，"虚"即"道之情"，其情即"虚静无为"，故注云"合虚"，即言"合道"。"参之以比物，伍之以合虚"，"参""伍"互文，"比物合虚"犹言"比事合道"，此在"参""伍"皆然。注文之意，是谓就其所陈之事，或以三数参入其事，或以五数与之相伍，以检验其情之是否合道。道虚难知，唯借赖于度数。"参伍"是一种检核的方法，从"参"及"伍"两个标准来检验其对象，是否与理想符合。其在法家之学中，是"循名责实"最典型运用的方法，或称"参伍之验"，或径称"参伍"，《韩非》书中屡见。《孤愤》：

> 不以功伐决智行，不以参伍审罪过，而听左右近习之言，则无能之士在廷，而愚污之吏处官矣。

旧注：

> 参，比验也；伍，偶会也。[2]

此注亦如前注，参、伍当互文综合为义，盖谓或参或伍而比验之，以核其是否与检核标准相合，若离二为训，得一遗一，尚非的解。再如《八经》之"立道"：

> 参伍之道：行参以谋多，揆伍以责失；行参必拆，揆伍必怒。[3]

一言赏，一言罚，皆须"行参""揆伍"，是参、伍虽分言，而意实相足。赏罚唯求其铢两悉称，无溢赏、无滥罚，故参伍之比验，乃所以求其相称相合，是以注以"偶会"为训。凡施此法，统括其义曰"参伍"，以之行道，《韩非》称之为"参伍之道"；以之为政，则称"参伍

---

[1] 韩非：《韩非子·扬权》（台北：台湾商务印书馆，1976年6月，《四部丛刊初编》），第20册，卷2，第10页。案：旧注不知谁作，元何犿谓李瓒注，亦未明何代，陈奇猷考定为唐人。参陈氏《韩非子新校注·韩非子旧注考》（上海：上海古籍出版社，2000年10月），下册，第1204—1206页。
[2] 《韩非子》，卷4，第18页。
[3] 《韩非子》，卷18，第94页。

之政"。若确实经此步骤检核，则知其为情实而无误，乃可以施行后续之相应对策。故《备内》云：

> 明王不举不参之事，不食非常之食，远听而近视以审内外之失，省同异之言以知朋党之分，偶参伍之验以责陈言之实，执后以应前，按法以治众，众端以参观，士无幸赏，无逾行，杀必当，罪不赦，则奸邪无所容其私。[1]

"参伍"是过程，"参伍之验"则是结果，悉遵此为责实之准，是谓"偶参伍之验"。言"明王不举不参之事"，"参伍"约言为"参"，也可赞稽上述注文互补相足之义。

至此回顾朱熹《本义》所举《韩非》以外诸例，以此为说，莫不若合符节。如《史记·蒙恬传》"必参而伍之"，与下文"参伍上圣之法"呼应，其义无异于《韩非》。而《汉书·赵广汉传》一例，虽非先秦古籍，而义则承前，所述尤生动而足供参详：

> 广汉为人强力，天性精于吏职。见吏民，或夜不寝至旦。尤善为钩距，以得事情。钩距者，设欲知马贾，则先问狗，已问羊，又问牛，然后及马，参伍其贾，以类相准，则知马之贵贱不失实矣。唯广汉至精能行之，它人效者莫能及也。[2]

赵广汉为吏精明，善为钩距之术以探得民事之情实。史传设一譬喻以言钩距：如欲知马价虚实，彼先不问马价，而以次先问狗、羊、牛，所谓"以类相准"，心中先有了谱，最后才去问马，则知所开马价有无离谱失准。此一过程，便是"参伍其价"，也即是对马价施以"参伍"，参之伍之以为核验。以其所问者为马，故旁敲侧击的对象只限狗羊牛相去不远之物，而不妄索于他类。狗羊牛是即"三五"，此"三五"之数为虚不为实亦从可知；或于此或于彼旁问其价，则是"参伍"。史称

---

[1] 《韩非子》，卷5，第25页。
[2] （汉）班固撰、（唐）颜师古注：《汉书》（北京：中华书局，1987年12月），卷76，第3202页。

广汉之术为钩距，其义亦颇不易晓，总之当为两端之词，[1] 而钩距、参伍其义宜不相远。

同样可供推敲的用例，《本义》又举出《荀子·议兵》：

> 窥敌观变，欲潜以深，欲伍以参。

唐杨倞注：

> 谓使间谍观敌，欲潜隐深入之也。伍、参，犹错杂也，使间谍或参之，或伍之于敌之间，而尽知其事。韩子曰："省同异之言以知朋党之分，偶参伍之验以责陈言之实。"又曰："参之以比物，伍之以合参"也。[2]

《朱子语类》说之云：

> 兵家谓"窥敌制变，欲伍以参"。今欲窥敌人之事，教一人探来怎地说，又差一个探来。若说得不同，便将这两说相参看如何，以求其实，所以谓之"欲伍以参"。[3]

兵家"参伍"，杨注与《语类》，各强调了一半，而简略了另一半。杨以"错杂"为训，后人有径以此释"参伍"，因又与"错综"同义混解者，或即由此误会，盖以忽略杨注"错杂"之前更下一"犹"字，参、伍非可直训为错杂。下文"使间谍或参之，或伍之于敌之间"才是正解，盖谓间谍或参入二人之间，与之错杂成三，或参入四人之间，与之错杂相伍，以探其军情。此乃参伍之前半，后续另一半即杨所谓"尽知其事"，如何知之，注不复详言。《语类》"两说相参"云云，乃详杨注之所略，而如何窥探得敌情，则略其"犹错杂"之细节。故当

---

[1] 《汉书》注："苏林曰：'钩得其情，使不得去也。'晋灼曰：'钩，致；距，闭也。使对者无疑，若不问而自知，众莫觉所由以闭，其术为距也。'师古曰：'晋说是也。'"案：苏、晋二说，未知孰是。先秦兵器有钩距，距或作巨、拒，义同。《墨子·备穴》有铁钩巨，《备高临》说弩亦有钩距。《鲁问》公输班"作为钩距之备，退者钩之，进者拒之"，是应敌进退之战具，孙诒让云："退者以物钩之，则不得退，进者以物拒之，则不得进。"是钩距二字，亦同于苏、晋二说，皆相反两端立义。参孙诒让著，孙以楷点校：《墨子间诂》（台北：华正书局，1987年3月），第441页。

[2] 荀况著，杨倞注：《荀子·议兵》（台北：台湾商务印书馆，1976年6月，《四部丛刊初编》），第18册，卷10，第105页。案：注引《韩非》"伍之以合参"，"参"当作"虚"。参第61页注3、第65页注1。

[3] （宋）黎靖德编：《朱子语类》，卷75，第1920页。

综合两家解说，乃为此处"参伍"之全义。所当不惮烦再加补充说明者，即"参伍"所牵涉之"三五"，固非实数，故《语类》只举军探二人两说，以及《赵广汉传》参伍马价，只及四畜，皆无不可。

至此应先略探古语"参伍"之原始，方可续阐其义蕴。检索先秦用例，不见于《诗》《书》古经，姑且先依传统意见推说，以《易传》为最早，旧说以为出于孔子（前551年—前479年）。此下二百年间似未再见，可能直至战国中世以下，乃至战国末世，突见重用，荀子偶一用之，而韩非则屡用，汉世以下，遂沿用不绝。倘采诸书著成时代之旧说，其词之使用梗概大抵如此。

此外，尚有《司马法》一书，亦尝一涉"参伍"，却殊堪注意。其成书与流传都较复杂，历代异说甚多，至今仍未成定论。其书之性质，或归为兵书，或系入礼书（军礼）。传说与春秋末叶时齐名将司马穰苴有关，《汉志》著录一百五十五篇，宋世以后，仅得五篇，即今传本之《司马法》。《史记》以穰苴当齐景公（前547年—前490年在位）世，与晏婴同时，亦与孔子同时而稍早；而其兵法则齐威王（前356年—前320年在位）使大夫追论，已在战国中世。后代学者尚有疑穰苴为齐愍王（前300年—前284年在位）时人者，则为时更晚些。过去或疑其为伪书，现代学者一般相信今本非伪，唯内容所载纵有古制或源于穰苴者，其成书则可能在战国中期或更晚，然则上距孔子之卒，至少超出百年。[1]

假设其书真出齐景公时之穰苴，创用"参伍"一词，孔子继之，存于《易传》，则空战国之世几无人师法沿用，至战国末世，荀卿、韩非方来遥袭，此下才绳绳不绝，此一现象似颇违常理常情。若转循近时学者之疑辨考订，《司马法》殆出战国中世以下，其用"参伍"仍为最早；荀卿、韩非相继；《易传》则或早或晚，约略相近。下接汉世，

---

[1] 参屈万里：《先秦文史资料考辨》，《屈万里先生全集》（台北：联经出版事业公司，1983年2月），第4册，第435—438页。又参刘建国：《先秦伪书辨正·〈司马法〉伪书辨正》（西安：陕西人民出版社，2004年7月），第127—131页。案：刘氏共述四种意见，其主张为穰苴撰著之残篇，本文则倾向其第三种之战国中期说。

尚多知其本义而沿用；后世有不明其本者，或即因《易传》借用此词之难晓而转生歧义，遂觉先秦古义之未协，不知先秦义本一贯，歧出用义自后世始然。盖昉于战国中世以下，义虽有变，而未尝中断。词义之出现与发展，似此为顺。

所以谓以此为顺者，即无论上陈二说，皆以《司马法》为最早之用例。但其与《易传》之成书年代的定位判别，却呈现为语汇使用长期中断与绳绳衔接两种不同的结果。此其一。复次，荀、韩之应用，一用于议兵用间，一用以责实刑赏，以时言之，二人固密迩相接，而师徒二人之先后则可确定。可注意者，荀子的用例，无疑与《司马法》同在军事范围之内，如果可以作一大胆的推测，"参伍"之原始用义本为用兵之事而设。其言见《司马法·定爵》：

大小，坚柔，参伍，众寡，凡两，是谓战权。[1]

此一用例，如非其已明言为"战权"，实颇不易知"参伍"乃言兵事；又如非荀子之议兵用间，亦不易知其所涉的具体内容为用间潜敌窥情。而《定爵》云云之尤足参详者，乃称"参伍"为"两"，而与"大小""坚柔""众寡"等列。是知"参伍"在"古语"的词义应用上，实视为两端之词，其性质也如同"大小"诸词，乃一相对之两端，而无绝对之实值。此上文论述中屡言"参伍"虽语源"三五"而不必拘于实数之所由凭。《定爵》所言作战之权（权衡），当就两端执两用中，以求其适当之准绳。唯何以特取"参伍"而不取他数？盖依数而言，"三"是参互、参比、参杂之最小数目。前文曾提过的《论语》"三人行必有我师"，朱熹谓其一为我，以至《礼记》"毋往参焉"，"三""参"二义相关，并同此义。再往上扩增其数，则及于"五"。如云自身是一数，则三为己身左右各一；如左右再各增一，则合之为五，是取其近身左右之最小值与最大值而言。故虽说"参伍"两端之词，固非漫无边际，实皆以己身最相近之范围为限。自非尚有《荀子·议兵》的参证，《司马法》之以"参伍"与大小、众寡之相提并论，便确

---

[1]《司马法》，《四部丛刊初编》第20册，卷中，第4页。

也不易理解。如再回顾杨倞注言之"错杂",则无论参入成三、置身相伍,皆参杂其中,而三、五为数不一,故合言"错杂",固非茫无涯际之错杂。其实杨倞后续注文即范于三、五为言,后世离此以言"错杂",遂失其精确而已。

此外,古籍中尚有《逸周书·常训解》亦尝一用"参伍":

> 顽贪以(凝)〔疑〕,疑意以两。平两以参,参伍以权。[1]

顽贪者不明于道,故疑。疑者存两可之见而不能决。上"参"字犹"毋往参焉"之"参",谓参入以平其两以取"中"(合道)。中无定体,唯当参之、伍之,权衡斟酌以求得其中。[2] 秤锤曰权,秤杆曰衡,秤物轻重,乃移动秤锤以取得相称的平衡,是即其"中"。是故权训平,亦训变。[3] 此"参伍以权"与"参伍以变"无论句式、意涵并皆相近,唯一言为政,一言揲蓍而已。《逸周书》之成书时代也颇难确定,学者或谓其诸篇时代不一,自战国以前下迄秦汉之际,容皆有之。[4] 此篇或亦出《司马法》之后,唯与《易传》之先后,则未易裁定,然其义足以相发而不相妨。

窃意颇疑"参伍"源起于先秦兵家,所以言用间窥敌之浅深者,欲得精准之敌情,因遣间厕入敌间,或三或五,乃较其所获情报之异同以核其实,此乃一种细致而实际之操作,是必参伍而后可,故三言其寡,五则其众,而非藏一身于万人如海,樊然纷乱之所能为功者。以是韩非形名之学,审合形名,施之于政,承之而用以为循名责实。汉世之知其意者尚多,例如严遵《道德指归》云:

> 审实定名,顺物和神。参伍左右,前后相连。随时循理,曲

---

[1] 黄怀信等校注:《逸周书汇校集注》(上海:上海古籍出版社,1995年12月),卷1,上册,第50页。

[2] 诸家注释相歧,此参酌(清)潘振、陈逢衡、唐大沛、朱右曾义解为说。同上注,第50—51页。

[3] 参见本书《论语孟子所说的"权"》。

[4] 此采黄沛荣教授之说,相类他家意见,并可参见郑良树编著:《续伪书通考》(台北:台湾学生书局,1984年6月),中册,第1037—1040页。

> 因其当，万物并作，归之自然。此治国之无为也。[1]

又云：

> 正国纲纪，分明察理，元元本本，牵左连右，参伍前后，物如其所。正名以覆实，审实以督名，一名一实，平和周密，方圆曲直，不得相失。赏罚施行，不赢不缩，名之与实，若月若日。[2]

其言"参伍"，并以左右、前后为言，是皆不相远者。所谓"随时循理，曲因其当"，所谓"物如其所"，又可见其参伍左右前后者，非止于参互异同，而其目的更在于校准合度，犹如荀子言用间，参互异同，乃所以求得敌情之实。《韩非·孤愤》注所谓"偶会"，正可如此了解。《赵广汉传》之参伍马价，只从其近而同类者下手探测，决不漫涉不相干者，其义皆为一贯，胥可谓是从先秦"古语"导衍而来。

（六）《易传》的"参伍错综"

经由以上的探讨，对古代"参伍"本义已可知其概，进可推知《易传》之"参伍"，不当别出为义，也应一如韩非之借用，唯彼施之于形名，此则用之于占筮而已。

《易传》记古来传说，无论是说圣人"仰则观象于天，俯则观法于地，观鸟兽之文，与地之宜，近取诸身，远取诸物，于是始作八卦，以通神明之德，以类万物之情"，[3] 或说是"河出《图》，洛出《书》，圣人则之"[4]，总之是先画出八卦之象。而"八卦成列，象在其中矣；因而重之，爻在其中矣；刚柔相推，变在其中矣；系辞焉而命之，动在其中矣。"[5] 故说："圣人设卦，观象系辞焉而明吉凶，刚柔相推而生变

---

[1]（汉）严遵：《道德真经指归·出生入死章》（北京：中华书局，1998年5月，四部要籍注疏丛刊：老子），卷9，第41页。
[2] 同上注，《以正治国章》，卷10，第48页。
[3]《系下》第二章，（宋）朱熹：《周易本义》，第253页。
[4]《系上》第十一章，同上注，第248页。
[5]《系下》第一章，同上注，第252页。

化。"[1] 又说："圣人有以见天下之赜，而拟诸其形容，象其物宜，是故谓之象。圣人有以见天下之动，而观其会通，以行其典礼，系辞焉以断其吉凶，是故谓之爻。言天下之至赜而不可恶也，言天下之至动而不可乱也。拟之而后言，议之而后动，拟议以成其变化。"[2] 从三画八卦重而为六画六十四卦，六爻阴阳推荡相变，由一卦变而为他卦，其象遂亦随之而异。此等各各不同的卦爻之象，乃所以像似天地间各种不同的事物，更确实言之，卦爻之象，并非实事实物，所象征者为实事实物背后之理。故圣人画卦，实是仰观俯察了天地万物之理，而以卦爻之象表出之。圣人难遇，能因易象而晓易理者不可多觏，故复有圣人之观易象而先知易理者，乃系之以卦爻之辞以喻其象理，俾众人观辞以明象。换言之，所谓圣人作《易》，理未易明，借之于象，而理、象皆虚，乃又实之以卦爻辞。众人遇疑占筮，透过应用五十根蓍草，经过如《系辞传》"大衍之数"云云的复杂程序，便占出所得之卦或卦中之爻。此一圣人作《易》而众人占《易》的历程，即朱熹所谓"圣人所以观象而系辞，众人所以因蓍以求卦"。[3] 占者乃可据所得之辞，逆推之以反观其象，进而探寻其所寓之理。既明所占得之易理，则可以据理决疑应变。故《系辞传》又谓"显道神德行，是故可与酬酢，可与佑神"，[4] 道是抽象无形的，却能借由卦爻辞而得彰显。众人之德行，应事万端，未必皆能变通合宜而与道符同，但赖此揲蓍有以决其疑，有问必答，如与人酬酢，占者因其数而得卦象与辞，因是以明道，乃亦可以顺应万事，趋吉而避凶，则其人岂不是凭借蓍卦的功用，以之应事而有得无失，有如裁决于神明，这也就神化了他的德行。神明不能语言，本无以告人吉凶，但透过易占，却能代行此一功能，可说是佑助神明了。易因人之问，告以吉凶，而天下事物奚啻万端，答案不一，必须经由蓍卦的各种步骤，随其所问之事而调整较准以求得

---

[1]《系上》第二章，（宋）朱熹：《周易本义》，第 235 页。
[2]《系上》第八章，同上注，第 241 页。
[3] 同上注，《系上》第二章，第 235 页。
[4]《系上》第九章，同上注，第 243 页。

一个相应合宜的回复。大衍之数，揲蓍求卦之法，是即所谓"变化之道"，换言之，因数而变的过程，其实即是神明借易就人所问之事，微调变化以谋合于应事至当之理。五十之蓍，分合操作，似出人为，其实不啻暗出于神明。故曰："知变化之道者，其知神之所为乎！"

就抽象之"道"言之，"变化之道"总是一"变"；就具体之"数"而言，则"四营成易"乃称一"变"。三变成爻，十八变成卦，无非此变化以合道之过程。就数可以分言，就道则只能混言。故比诸数学之计算题，占者问疑是题干，揲蓍之所得是答案，而十八变的过程则如演算草。

今本《系辞上传》第九章述毕大衍蓍卦，即继以第十章言及"参伍错综"。章首开端即言"易有圣人之道四焉"，其中之一即"以动者尚其变"。本文首节即陈"参伍错综"所言应在筮占之数的过程范围内，但前章"大衍之数五十，其用四十有九，分而为二"云云，是说具体之数的"变"，即所谓"三变成爻，十有八变成卦"者。"参伍以变"所言乃抽象形上之"道"，故非唯"参伍"不真指实数，"变"亦无实数之系依，所谓"以"是介词，犹言根据、凭依，即是采用参伍的方法来变化，以谋得其象理与事物的吻合无间。

上析"古语"的含义，所谓"参伍"，是说或参或伍，验之以求其合（于抽象之道理或具体之人、事、物）。三、五不拘实数，然以相近、相类之小范围为限。三、五即此小范围内之两端，参伍是竭其两端以求其实之意。《韩非》注是正确的，只割裂了完整的含义分别训解参伍二字，便不易知道合而释之方得其全。究其实，此种检验亦不限于参伍两端，而是指在两端之内，多方微调验证之精准检核。

然所谓参伍以验，率凡两类：一为其先未知精确之标准，参伍求而得之者，如《荀子》之于窥敌、《赵广汉传》之于马价；一为其先已有一标准，参伍以验其是否相合相符者，如法家之循名责实。《易传》"参伍以变"近于后者，然其先之标准，即所谓易道、易理，占筮者参伍以变所求得者，则为与其所疑问之实事实物相应切合的卦爻之象，由此卦爻之象即可透显指示占者以顺应疑事所当秉持之易理。换言之，乃是就形而下之器以求所以相应的形而上之道。道（易理）无形无影，唯假易象以告，一阴一阳相变，所以蓍卦以数求象者，其义在此。以其能"显道神德行"，故谓之"至变"，"至"言其大，亦言其极，总以其决疑无碍，精准反应，神妙无方之故。

"参伍以变"之义已明，则自可顺推"错综其数"亦当在相同性质范围内立言，"数"应上文之"变"，也属虚不属实，乃统指前章蓍数之诸种变化。朱熹便是昧于二句皆在言此"至变之道"的原理，乃拘泥于前章大衍之数术中的具体数字，用来比附，忽略了此章所言者"易道"，其解读遂不免误入歧途。其言"参伍"，以有"古语"的体悟，所违尚不甚相远；至"错综"之说，所失便多。

所谓"变化之道"，实赖大衍之数蓍卦之法以呈显，此朱熹《本义》称为"数法"者。然七八、九六之数，乃其最后变化之所得，"参伍以变""错综其数"所言皆只是其中之过程："参伍以变"言其原理，"错综其数"言其方法，虽言其法，然仍是言其统括之原则，至其数术之详，具体之节，则已先见于前一章了。

朱熹误以虚为实，故两句都以实数当之，"参伍"便说成"三数之""五数之"，固然无当于筮法；"错综"说成七八、九六，一东一西，一上一下，总之是欲与前章实数连系立说，有此拘阂，不免左支右绌。

此种七八、九六阴阳之数，总聚六爻刚柔相错之爻，是揲蓍已毕，六爻已具之后事，此正传文"通其变，遂成天地之文；极其数，遂定天下之象"之所言。"参伍以变"，是逐爻在变；"通其变"，是通六爻之变，倘若尚未完成全部变化，也便不能"通其变"以成此"天地之文"。所谓"文"，注家也多知应参合《系下》"物相杂，故曰文"[1]来了解。"物相杂"之"物"，指六位（六虚），"相杂"指奇偶阴阳之位相间相杂，如初、三、五为阳位，二、四、上为阴位，此时尚不涉九、六。《系下》续云"文不当，故吉凶生焉"，此时才涉九、六，如初六、九二之类，方有所谓"文"之当与不当可言。[2]"文不当"仍是文，故

---

[1] 《系下》第十章，（宋）朱熹：《周易本义》，第263页。
[2] "物"就爻位言，参本书第十一篇文章《大学格物别解》。

无论就"物相杂"之六虚，以至或九或六之六爻而言，以其刚柔相杂，皆可曰"文"。所谓"天地之文"，已在"通其变"既有九、六之后，可以占其吉凶了。

"天地之文"，汉熹平石经作"天下之文"，与下文"天下之象"遣词一致，而与今本不同。所谓"天下"，自是天下万事万物之意。顷前占者将有为有行，问焉以言，"易"受命而借揲蓍以定其"文"与"象"以告。此"文"与"象"自与占者所问之事物相应如响。是则石经于义为长，即用今本，仍当如是理解。"之文"，陆氏《音义》谓"虞、陆本作'之爻'"，则以今本为胜，但由异文也可知今本之"文"，已就成爻而言。既已有九六、七八之数，因以定其本卦与之卦，遂知其所得之最终卦爻之象。此之谓"通其变，遂成天地（下）之文（爻）；极其数，遂定天下之象"，都是就其蓍卦之完成阶段言之；然则其前"参伍以变，错综其数"，自当是说其前面一段之过程。

既然"通其变，遂成天地之文"与"极其数，遂定天下之象"所述为一体之两面，则视"错综其数"与"参伍以变"为同一位阶之陈述，也并非不合理。是则"数"与"变"亦处相同地位，皆没有固定具体的数字指涉，而是说"参伍以变"透过"错综其数"的操作，最后总体"通其变"而"极其数"，便可得出筮者占问的答案，于是便出现了具体筮数的卦爻之"文"与"象"，而此文与象则已精准地与所问之事物贴合对应，占者体玩其卦爻象与卦爻辞，明得其背后所寓之道理，便可据之以应事接物，趋吉避凶，有得而无失。这一"至变"的过程便是"显道"的步骤，而占者据是以决疑应事者，便是"神"其"德行"了。

如此说来，"错综"的内容所说的既是揲蓍筮数的操作过程中所有之事，而其字面又与"参伍"相对，"参伍"是两端之辞，"错综"也理应同样是相对的字眼。前人虽多未明"参伍"之为两端，而"错综"则不止一家是循此方向去思考解读者，如朱熹，如来知德，如焦循，他们的解释都不符本文上述分析的文理，但都不约而同视"错综"为相对两端之词。今知"参伍"词义的性质如此，则"错综"亦然，毫不足怪。

"综"的本义虽为"机缕",元胡三省云:"所以持经而施纬,使不失其理也,故谓能统领众事者为综理。"[1] 段玉裁也说其义引申为"兼综"。[2] 孔颖达《正义》即以"总聚"为训。因此,将"综其数"视为"综理、兼综、总聚"其数,于义可通。与此相对,孔氏以"交错"训"错",前文已析论其所指者可能为"刚柔相间"之六爻,已在产生九六之后,不见得是正解。但所谓"交错"之先秦古义,尚有东西交错之意,见《仪礼·特牲馈食礼》:"众宾及众兄弟交错以辩,皆如初仪。"郑注:"交错,犹言东西。"是故朱熹以一东一西为错,亦非无根。然此说"交错"乃浑言之如此,若析言之,则"交""错"尚有微辨。《诗·小雅·楚茨》:"献酬交错,礼仪卒度,笑语卒获。"毛传:"东西为交,邪行为错。"谓旅酬之时相献酬,少长交错,宾主尽欢,皆无算爵。《礼记·祭义》:"行,肩而不并,不错则随。"郑注:"错,雁行也。"孔疏:"不错则随者,若兄党为雁行之差错,是父党则随从而为行。"雁飞如"人"字斜线,故言差错。清朱骏声《说文通训定声》亦谓"差""错"双声字,故错亦为"差"。[3]《仪礼·聘礼》:"黍,其南稷,错。"清胡培翚《正义》引敖氏曰:"错者,取二物相间也。"[4] 其实训错为杂,即言其互不同而不一之义。焦循《易章句》释"错综"云:

> 错,谓较两数相差也;综,谓和两数相合也。[5]

是即犹今言加、减,所释本章整体文义,未必有当,然余之有取于焦氏之见者,一为认二字乃两端字眼,二为判二字为动词,皆与"参伍"相侔。若截取其字训,视"错综"为相对两端之词,以较差、和合为

---

[1] (元)胡三省:新校《资治通鉴注·晋纪十》(台北:世界书局,1972年11月),怀帝永嘉六年"使之内综心膂"注,第5册,卷88,第2788页。
[2] (清)段玉裁:《说文解字注》,第十三篇上,"糸"部"综"字注,第644页。
[3] (清)朱骏声:《说文通训定声·豫部第九·错》(台北:艺文印书馆,1966年7月),第3册,第1853页。
[4] (清)胡培翚撰、段熙仲点校:《仪礼正义》(南京:江苏古籍出版社,1993年7月),第2册,卷17,第1059页。
[5] (清)焦循:《易章句·系辞上传》(台北:汉京文化事业公司,1980年,《皇清经解》影印学海堂本),第2册,卷1083,第808页。

解者，窃谓也可粗合本章之旨。朱骏声亦尝引《书·中候考河命》"赤文绿错"注：

> 错，分也。[1]

错可训分，是"错综"也可换言为错分与综合，简言之即分之与合。

　　上已析言"错综其数"与"参伍以变"俱系属揲蓍过程之内，"其数"自应是揲蓍之数，但"参伍"之"变"既是虚指局部之变，则"错综"之"数"亦当是局部不定之数。从其前《系上》第九章所述以大衍之数占筮的操作内容，所谓"四营而成易"以成其一"变"者，包括"分二""挂一""揲四""归奇"，所以操作以成其数之最要步骤，不外"分"之与"合"。"分二"是分，左右手"揲四"也是分；左右手"归奇"以后，合"一卦二扐"之策则是合，至此完成一"变"。续行第二变，其始亦先合第一变左、右"过揲之策"，再循序"分二"如第一变。如是者凡十八变七十二营而得六爻之"文"与"象"。其整体过程无非操持筮蓍，分合其数。[2] 唯在四营一变过程中，"揲四"之分，皆以四分，其数相同，不足以言"错"。第二变先合左、右"过揲之策"，也只是自第一变过度至第二变之转折程序，独立之四营第二变仍当自"分二"算起。因此每四营之变，真正决定性的步骤是"分二"，即"中分四十九策"，而此"中分"，乃出占者无心信手为之，故所分之结果乃象自然之理数，不涉人为造作。分出的两部分之数必有相差而互不相同，此即是"错"。其实"分二"已决定了一"变"最后的结果，因为其后"挂一""揲四""归奇"的成法都是固定不改的，只是按部就班依次以完成其过程而已，故"分二"之"错"尤为关键之所系。

　　虽然"分二"之"错"已可定一"变"之数，毕竟仍必待后续的程序才能呈现其数。一"变"完成之前，其所呈现者为左手小指间之一挂，与中三指之两间所悬两扐，共三数，故须"总聚"而会合以得一最后总数，至此方有或"奇"（五、四）或"耦"（九、八）的策数

---

[1] 朱骏声：《说文通训定声·豫部第九·错》，第3册，第1852页。
[2] 详参朱熹《周易本义》所附《筮仪》暨《易学启蒙》的相关论述。

出现。[1] 就四营之一变而言，此一总聚其数的处理便是"综"。也可以说，"参伍以变"与"错综其数"所说的是同一回事，只一句说的是易理与事物谋合之调整变化，一句说的是此一变化借易数之操作以求显象的过程而已。"参伍"与"错综"都是就一"变"中的范围统概为说。"参伍"尚未涉数；"错综"才言蓍数，然仍未涉七八、九六之具体筮数。

经过了三"变"，便得一爻。自第四变至第六变，又重复了前三变的程序。故第一、第四、第七、第十、第十三、第十六，凡六变的情况是完全相同。同理其他各变，每隔二变也都相同。而每经三变，才能判定一爻之阴阳老少之数。到此才有七、八、九、六的数字出现，可以为一爻定性。[2] 传文所谓：

> 通其变，遂成天地之文；极其数，遂定天下之象。

便是就完成十八变之后，对各爻七八、九六之数所做的总结而言；而"参伍错综"之变与数，都是就局部之一"变"而言，要通连其局部之诸变，穷极诸变蓍策之数，才能完成六爻刚柔交错之"文"，同时也得以确定六爻全体之"象"。而占筮之实效，既由数得象，所得之象已含"本卦"与"之卦"，乃可以"考其卦之变，而占其事之吉凶"。是其"文"与"象"所寓之理，[3] 即所以酬酢占者所问之事。天下万事，莫不可因之而决疑，故所成所定者，特谓之"天地（下）之文""天下之象"。所以《系辞》的文字内涵，不仅"参伍""错综"如互文，"通其变"与"极其数"亦然，也是两面互补的同一指涉。[4]

---

[1] 详参朱熹《周易本义》所附《筮仪》暨《易学启蒙》的相关论述。
[2] 同上注。
[3] 《系下》第一章："夫乾……夫坤……爻也者，效此者也；象也者，像此者也。"朱熹《本义》："此谓上文乾、坤所示之理，爻之奇耦，卦之消息，所以效« 象之。"谓卦爻所像之"此"，即指易理。朱熹：《周易本义》，第252—253页。
[4] 近时学者唯汪显超尝以"分二"为错，"归扐"为综，以蓍草反复进行"分分合合"的操作为错综，其部分说法略与拙见相近。唯汪君未详言其所以，其以"错综"为三变一爻之过程，亦与鄙说只在一变者异；自余"参伍"以至"通其变"以下之总体释义，则相歧益远。参见所撰《〈参伍以变，错综其数〉与〈洛书〉》，《中山大学学报》（社会科学版）总164期（2000年第2期），第54—59页。

（七）参伍余响

朱熹谓"参伍""错综"皆古语，而"参伍尤难晓"。上文循朱熹的思路探讨了"参伍"的先秦含义，《易传》的使用，应是继承沿用而非开创；但"错综"则不然，在先秦典籍中，至少迄今所见文献中，《易传》似是唯一用例。从上节的析论看来，"参伍"是在两端一定范围内事"理"的变易，"错综"则是在一变之间著"数"的分合。"参伍"之义可延用于他处，"错综"则专属于占筮。如自此角度窥入，其词应为《易传》所创制而独用，严格言之不合称为"古语"；如仍要称之为"古语"，亦当知其不与"参伍"相伦而有辨。或正因其有所专属，故一旦漫失原旨，后世之袭用其词者，其义自必有所差移偏离而不符其本。语文之应用发展，原无拘定不变之例，后世或仅以"交错综合"为义，未究底蕴；甚至因不明"参伍"，几等视于"错综"，只要约定俗成，亦无可厚非，但当知未可反以后世用义逆溯套用于原典斯可矣。

"参伍"却是"古语"，非《易》所专用，故后世之传承应用得其影响而未相远者，犹未绝迹。唯向后又有不明其本义者，并此等袭承之文，亦仍有所误会，推想或由"错综"原义已漫失，驯致连类而及。

如上文曾引用过的《淮南子》《史记》《汉书》等两汉用例，固皆与先秦用义相一致；下至六朝，尚有知其义者。晋武帝时有明法掾张斐表上其注律，云：

> 用法执诠者幽于未制之中，采其根芽之微，致之机格之上，称轻重于毫铢，考辈类于参伍，然后乃可以理直刑正。[1]

毫铢是极轻极微，辈类是同辈同类，轻重则举毫铢，辈类则称参伍，是参伍非前后左右相近相类者而何？故余谓古之所谓参伍，是指在相近相类之小范围内两端之数。《易传》"参伍以变"，"参伍"转作动词，而为"相参伍"之义，若晰言之，正可借用张斐"称轻重于毫铢，考

---

[1] 见（唐）杜佑：《通典·刑法二》（北京：中华书局，1988年12月），第4册，卷164，第4219页。

辈类于参伍"二句，本此原则以变，即所谓"参伍以变"。

至梁刘勰《文心雕龙》尤数数用之，可以参观。《檄移》：

> 移者……意用小异，而体义大同，与檄参伍，故不重论也。

盖"参伍"本谓就其相近相类之对象，或三或五验核以求合，故此所谓"与檄参伍"者，文承"小异大同"，即是"参伍"本义之引申，正谓移与檄相近不相远。

又《通变》：

> 此并广寓极状，而五家如一。诸如此类，莫不相循，参伍因革，通变之数也。

是谓枚乘等五家之夸张描绘事物形貌，无不就相近相类者或因或革，只有小幅之改易，故说其莫不相循，又说五家如一。

又《物色》：

> 古来辞人，异代接武，莫不参伍以相变，因革以为功。

谓辞人之继承古人者，莫不就其相近相类者因革相变，此意并同上例，如非同类相应相求者，固不得说是步履相接了。此等用义，显然是直承《易传》而来。

又《练字》：

> 单复者，字形肥瘠者也。瘠字累句则纤疏而行劣，肥字积文则黯黕而篇暗，善酌字者，参伍单复，磊落如珠矣。

此论行文字形之繁简、笔画之多寡，多肥寡瘠，字形不合累句积文俱肥俱瘠之偏滞，当在上下相近处斟酌参互配置肥瘠，则如珠串般，不致模范为形，而有自然圆转之妙。此单复之斟酌互用，当然是指相近之小范围而言，而非指相隔悬远者。近时注家多沿对《易》之误解，泛谓交错、错杂、错综，又或谓联系、结合，总如隔靴搔痒，搔不着痒处。

刘勰稍前，沈约《宋书·州郡志》：

> 今唯以《续汉郡国》校《太康地志》，参伍异同，用相征验。自汉至宋郡县无移改者，则注云"汉旧"。[1]

---

[1]（梁）沈约：《宋书·州郡一》（北京：中华书局，1974年10月），第4册，第1028页。

谓以两地志就其相同、相近、相若者比校检核，舍相近相类而比之义，无以真明此之"参伍"。《宋书》尚有一更显例：

> （孝建三年，刘瑀）坐夺人妻为妾，免官。……侍中何偃尝案云："参伍时望。"瑀大怒曰："我于时望何参伍之有！"遂与偃绝。[1]

刘瑀为人颇为不堪，所谓"参伍时望"也者，是谓其所作所为委曲以求与当时有声望者相合。参伍求合于时望，乃邪佞之行，如在孔门，殆足与"乡愿"之无性情媚俗者为类，何偃评之如此，遂招其怒而与之绝。此处"参伍"如从相近相类以求其相符相称之义谋解，正相贴合；改依后人所谓交互错杂之义，则显然枘凿难入。[2]

（八）结论

对"参伍错综"的含义，本文检讨了传世《易》注中几家较有代表性的解说，似乎都不太让人满意，因此后世依然异解新说迭出，后生读《易》，倍感彷徨而无所适从。

本文就《易传》本章文字先后文理脉络，以及与前一章所述"大衍之数"云云，判定"参伍错综"所言应在揲蓍占筮范围之内。在探讨的方法上，基本上追随朱熹的思路，认为"参伍"既在先秦两汉并不罕见，当是"古语"而有其共同相通的特定含义。可惜朱熹也似乎并未彻底参透，故虽勉加解说，而仍语焉未详，故注中不得不感叹其"难晓"。本文即就朱熹所举古籍诸例，再增入其他相关用例，而尤用心于甄别其用义之时代先后，期能审酌《易传》使用"古语"之定位。

"参伍"原出"三五"，此无可诤，然若作"相参伍"之动词使用，

---

[1] 《宋书·刘穆之传》，卷42，第1310页。

[2] 《宋书·刘穆之传》尝载："时（刘）濬征北府行参军吴郡顾迈轻薄而有才能，濬待之甚厚，深言密事，皆与参之。瑀乃折节事迈，深布情款，家内妇女间事，言语所不得至者，莫不倒写备说。"刘濬为宋文帝刘义隆次子，宠信轻薄士顾迈，刘瑀乃曲意奉迎与之交。斯即"参伍时望"之一实例。今人语译史文，有以"刘瑀错综以求得当时的声望""我何曾错综以求取当时的声望"为言者，即误认参伍等同于错综，以致其义令人费解。见许嘉璐主编：《宋书》（上海：汉语大词典出版社，2004年1月，《二十五史》全译），第2册，第1031页。

而曰"参伍以变",则此动作之具体意涵如何,殊不易言。本文据《司马法》"参伍"与"大小""众寡"比类连文,知古语"参伍"其实为相对两端之词,其实亦犹言众寡,而所以设三五为两端之限者,则是拘定相近己身一小范围,与之相近相类者以为对象。其始当先出兵家用间窥探敌情的应用,至战国后期,法家用其义于循名责实,而儒家则施之于《易传》之占筮。

"参伍以变"虽言蓍卦,然与"大衍之数五十,其用四十有九"云云之述揲蓍具体细节程序者不同,简言之,彼实而此虚,彼详而此略。所谓实虚之别,即在彼言操作细节,此言其原理精神。而尤要者,彼述十八变一卦六爻之始末,此则但言"四营而成易"之一"变"的原理;当然,其余重复的十七变也尽同此理。

"参伍"如此,"错综"亦然。考"错综"一词,先秦唯《易传》最先一用,实为创义,非"参伍"古语之比。故"错综其数"虽是针对筮数为言,却不落入任何具体数字。"参伍"为相近相类之两端之内,"错综"也只在四营一"变"之范围立言,"错综"犹言分合,始于"分二"之错,以迄于"归扐"后之综,是为"错综其数"。故论其语言特质,"错综"之与"参伍",其含义虽不相同,而为限在一定范围内的相对两端之词则一。"四营而成易",此"易"只当得了一"变",也可说,"参伍以变,错综其数"所说的就是此一"易"道。

十八变以完成占筮的全程,无非是一而再、再而三地循此"参伍以变,错综其数"的原则来重复十八回而已。不过说到十八变以成一卦六爻,以至于审定其爻之变与不变,考其卦变以成占者,则是其下文"通其变,遂成天地之文;极其数,遂定天下之象"之事了。

近人范耕研《周易诂辞》尝云:

> 先儒或谓三为三变,五为再闰;又或谓三为三材,五为五行;三五一十五,为八七、九六之数;错综为卦之顺逆,务为深窅不可知之说,近于巫史,愚所不解也。[1]

---

[1] 范耕研:《周易诂辞·系辞上传》(台北:文史哲出版社,1998年2月),第262—263页。

他以为前人多所臆说，讥为巫史，而自为说，则谓二句所言不过是"事物交合而生变化""杂理天下之事"之意而已。所说虽与本文同为主张二句俱属虚笔而非关实数，却不免将其"变"与"数"之文都彻底落空了。余年来苦思冥索，欲承前人绪言余论，参伍以求古义之蕴而莫传者，敢以瞽说求正于有道。历代注家解说二词，樊然殽乱，致读者目迷五色，莫知其辨。千古难题，尽管宛如五里雾浓，或许转有难以抗拒的吸引力，乃使奕世学人甘冒巫史之讥而接踵投陷其中吧！

本篇曾于 2013 年 8 月 21 日南京大学"中国文学与东亚文明研究协同创新中心"、南京大学文学院、古典文献研究所、清华大学经学研究中心、扬州文化研究会主办之"经学与中国文献文化国际学术研讨会"宣读，并刊于 2014 年 6 月广西师范大学出版社《中国经学》第 12 辑

四、略论《周易》古占

有关《周易》古占,因其牵涉的范围相当复杂,故前贤议论已多。本文只就其中若干问题,略申管见,以就教于高明。

（一）筮法与变卦

朱子尝谓《易》本为卜筮之书,所以尽管他很崇拜程伊川,伊川已有《易传》之作,朱子也很欣赏,但他却始终认为程子对《易经》本来的意义有许多地方没有讲对,因此他自己另外写了一本《易本义》。所谓"本义",就是站在一个认定《易》为卜筮而作的立场来还它一个本来面目。今姑不论朱子《本义》书中有没有逐字逐句都说中了《易经》原来的意思,至少他这著书的态度和认识,应当是正确而无可怀疑的。何以朱子说"《易》为卜筮之书"此一认识是绝对正确的呢？因为以《易》为占,即使在后来的《左传》《国语》中,也有不少例子,可以拿来证明朱子的说法。下文所述的主题中,便要举出许多例子。

既然要说《易》本为占筮之书,又要研究他的本义,所以朱子不得不进一步研究占筮的方法。《易本义》书中附有一篇题曰《筮仪》的文章,朱子教人如何来占筮。占问以前要心存虔敬,要经过种种手续,才能得到一个结果。朱子是南宋人,距离《易经》的时代已相当远,且问他怎么知道古人是如何来占筮的？当然朱子自有他的一种考据工夫。因为在朱子之前,便已经有不少讲法,朱子是继承了这些相传的讲法,再加上他的考据,而建立起他的一套说法。但究竟朱子讲对了没有呢？我认为朱子的讲法要比他以前的人都讲得好。何以呢？因为只有他的讲法，可以和《易传》里的话相通；其他人的讲法，或者此处讲通了，而在另外一些地方便讲不通。如《系辞上传》说：

> 大衍之数五十，其用四十有九。分而为二，以象两。挂一，以象三。揲之以四，以象四时。归奇于扐，以象闰。五岁再闰，故再扐而后挂。乾之策二百一十有六，坤之策百四十有四。凡三百有六十，当期之日。二篇之策，万有一千五百二十，当万物之数也。是故四营而成易，十有八变而成卦。八卦而小成，引而伸之，触类而长之，天下之能事毕矣。[1]

这里其实已经很详细地叙述了占筮的方法，不过文辞古简，后人不容易了解。如果不照朱子的讲法，便有些地方不能通。自然朱子的解释，中间许多地方也是根据前人的说法而来，不过他作了若干修正。至于在他以前各家的讲法，哪点讲得对、哪点讲得不通，朱子皆一一有所考辨，详细载在他的《文集》《语类》之中。朱子之后，尚在宋朝，他的嫡孙朱鉴子明，便将他有关《易经》的一切文章讲话收集起来，编成一部《文公易说》二十三卷。此书已收入《通志堂经解》和《四库全书》，很容易看到，今不拟赘述。不过依我看，朱子以前人许多讲到细节的地方，与朱子之间的差异或许只有一点，却无论如何便与《易传》所言有不通，要靠朱子的修正才能将《易传》里的话解释得比较圆满。即就这种地方来看，便不由人不佩服前人做学问工夫的细密。

朱子的《筮仪》，我们读《本义》都会注意到，今扼要言之。照朱子讲法，要经过一个不算很简单的手续，才能完成占筮的过程。所谓"每三变而成爻，凡十有八变而成卦"。筮者可以筮得一个卦、六个爻。但是一个卦中间有卦辞、有爻辞种种不同的话。同一卦中，在不同的爻，便显出或吉或凶。因此不能根据一个卦中所有的卦爻辞来定一事的吉凶，而只能根据中间的一段话或某两段话参照着来判断。所以朱子在《筮仪》中便说："乃考其卦之变而占其事之吉凶"。经过

---

[1]（宋）朱熹：《周易本义》（台北：华联出版社，1971年，影印国子监刊本），卷3，第10上—11页下。

十八变的手续，可得到一个卦，而这个卦中的每一爻都已包含了"变"或"不变"的两种可能性质。根据卦中各爻的这两种可能性质，就可以拿来应用到《易经》的卦爻辞上；拿卦爻辞中间的一句话，或者是一部分的话，来断所问之事的吉凶。那么或吉或凶，《易经》上可以说都有肯定的话可供回答。但是要如何来判断筮者所得的究竟是哪一句话或哪几句话呢？此处便牵出"变卦"的问题来。朱子在《筮仪》夹注里说："卦变别有图，说见《启蒙》。"他详细阐述在《易学启蒙》一书中，《本义》里便略过去了。

什么叫作变卦呢？我们拿四十九根蓍草来作《易》筮。其实是要五十根，有一根不用，搁在一旁，所谓"以象太极"；只用四十九根。信手分成两半，所谓"以象两仪"。而挂右手一策于左手小指之间，所谓"以象三才"。再以四揲左手之策，[1] 所谓"以象四时"，而归其余数于左手第四指（无名指）间，所谓"以象闰"。又以四揲右手之策，而再归其余数于左手第三指（中指）间，所谓"以象再闰"。经过这样的手续以后，便算是完成了一个"变"。悬于小指之间的称"挂"，扐于中三指之两间的称作"扐"；一变之后，"挂扐之数"加起来，非五即九。五便称作"奇"，因为除掉了挂一，只余四，以四约之为一，[2] 故为奇，即两仪之阳数。九便称作"偶"，因为九除掉了挂一，只余八，以四约之为二，故为偶，即两仪中之阴数。

经过了一变之后，再拿剩下来的策，或四十，或四十四，再照前面的办法再来一"变"。第二变完成以后，挂扐之数加起来，非四则八。此次不算挂一，那么四便是"奇"，八便是"偶"。

然后再拿剩下来的策，或四十，或三十六，或三十二，再依同样的方法来作第三变。第三变之后的结果和第二变一样，也是非四则八。

三变完成以后，再根据他的奇偶来判别他的"阴阳老少"。三变都是奇，便是老阳，其数为九。两奇一偶，以偶为主，为少阴，其数为

---

[1] 朱子曰："揲，间而数之也。"见《本义》，第10页上。
[2] 朱子曰："以四约之者，揲之以四之义也。"见（宋）黎靖德编：《朱子语类》（台北：汉京文化事业有限公司，1980年，影印百衲本），卷66，第651页。

八。两偶一奇，以奇为主，为少阳，其数为七。三偶则是老阴，其数为六。不管筮得的是阴是阳，是老是少，总之，三变之后，可确定得到一个爻。所以要得到一个卦，便要再另外把以上所述的手续重复再演五遍；前后六遍。得一卦六爻，便共做了十八变。

经过了十八变，已经得到六个爻，或阴或阳，便即是得到一个卦了。但这个卦中的六个爻，却都已同时确定了每一爻的老少。朱子在《启蒙》一书中详列了一切可能出现的情形，并且都附有图，非常清楚明白。

（二）朱子占例

已经确定了得到那一个卦，而这一个卦的每一爻的老少阴阳都已确定。易爻老变少不变，老阳变为少阴，老阴变为少阳；少阳、少阴则不变。所以经过十八变之后，如果六爻都是不变的少阳、少阴爻，则只得到一个"本卦"。如果中间有一个爻或一个以上的爻有变，则除"本卦"外，尚可得一个"之卦"。如《乾》卦，六爻都是阳爻，如全体六个爻皆为少阳爻，则只得此《乾》卦的本身，所谓"本卦"。若其初九爻是老阳，其他五个爻皆是少阳，则初九爻变为八（少阴）。如是则本卦是《乾》卦，之卦是《姤》卦。然则究竟如何配合《易经》的经文来决定所占得的是那一条占辞呢？朱子归纳了一篇《凡例》，共有七项：

1、凡卦六爻皆不变，则占本卦彖辞（案：自注："彖辞为卦下之辞。"即今所称卦辞）；而以内卦为贞，外卦为悔。

2、一爻变，则以本卦变爻辞占。

3、二爻变，则以本卦二变爻辞占，仍以上爻为主。

4、三爻变，则占本卦及之卦之彖辞；而以本卦为贞，之卦为悔。

5、四爻变，则以之卦二不变爻占，仍以下爻为主。

6、五爻变，则以之卦不变爻占。

7、六爻变，则《乾》《坤》占二《用》，余卦占之卦象辞。[1]
朱子对他此一凡例，在《语类》里皆有解释其所以然之故，如：

> 所以到那三画变底第三十二卦以后，占变卦象爻之辞者，无他，到这里时，离他那本卦分数多了。到四画、五画则更多。

> 问："卜卦二爻变，则以二变爻占，仍以上爻为主。四爻变，则以之卦二不变爻占，仍以下爻为主。"曰："凡变，须就其变之极处看，所以以上爻为主。不变者是其常，只顺其先后，所以以下爻为主。亦如阴阳老少之义，老者变之极处，少者便只是初。"

> 变者，下至上而止。不变者，下便是不变之本，故以之为主。[2]

像这些条例的原理，朱子可算已说明得很清楚了。然且问他这些条例是如何知道的？朱子在《启蒙》上述《凡例》每条之下都举例加以说明。从这些例子看，可知朱子是从《左传》和《国语》中的材料归纳而得此结论的。但《左传》和《国语》两书中所提及有关《易》占的材料毕竟有限，并且有些处很不好解释，而朱子径自决定了解释；《左》《国》材料未及的地方，朱子也径自为之推论。因此朱子这一套《易》占的《凡例》，毋宁说是根据《左》《国》有关的材料归纳引申推衍出来的，这样说似乎更确切一些。

（三）《左传》《国语》占例

今且让我们将《左传》《国语》里有关《易》占的材料，作一番检讨，看看朱子讲法的可靠性究竟如何。

《左传》里提到《易》占的事例总共十九处；《国语》则只有三处。请先言《左传》里的例子。我们可把这十九条粗分成四类：

---

[1] 朱熹：《易学启蒙》（台北：广学社印书馆，1975年，影印清康熙中御儿吕氏宝诰堂《朱子遗书》刊本），卷4，第76—78页。案：分项号码系本文作者所加。

[2] （宋）黎靖德编：《朱子语类》（台北：汉京文化事业有限公司，1980年，影印百衲本），卷66，第651页。

1. 第一类：是所引占辞大体与《周易》经文相一致的。有以下十条：

（1）《左·庄二十二年》：

　　陈厉公，蔡出也……生敬仲。其少也，周史有以《周易》见陈侯者。陈侯使筮之，遇《观》䷓之《否》䷋，曰："是谓'观国之光，利用宾于王'，此其代陈有国乎？"（《观·六四》爻辞）

（2）《左·僖二十五年》：

　　秦伯师于河上，将纳王。……公曰："筮之！"筮之，遇《大有》䷍之《睽》䷥，曰："吉。遇'公用享（案：《周易》作"亨"。）于天子'之卦。战克而王飨，吉孰大焉？"（《大有·九三》爻辞）

（3）《左·宣十二年》：

　　知庄子曰："此师殆哉！《周易》有之，在《师》䷆之《临》䷒，曰：'师出以律，否臧，凶。'"（《师·初六》爻辞）

（4）《左·襄九年》：

　　穆姜薨于东宫。始往而筮之，遇《艮》䷳之八。史曰："是谓《艮》之《随》䷐。《随》，其出也。君必速出！"姜曰："亡！是于《周易》，曰：'《随》，元亨利贞，无咎。'元，体（案：《乾·文言传》作"善"。）之长也；亨，嘉之会也；利，义之和也；贞，事之干也。体仁足以长人，嘉德（案：《乾·文言传》作"会"。）足以合礼，利物足以和义，贞固足以干事。然，故不可诬也，是以虽《随》无咎。今我妇人，而与于乱。固在下位，而有不仁，不可谓元。不靖国家，不可谓亨。作而害身，不可谓利。弃位而姣，不可谓贞。有四德者，《随》而无咎。我皆无之，岂《随》也哉？我则取恶，能无咎乎？必死于此，弗得出矣。"（《随》彖辞、《乾·文言传》）

（5）《左·襄二十五年》：

　　（齐）棠公死，（东郭）偃御（崔）武子以吊焉。见棠姜而美之，使偃取之。……武子筮之，遇《困》䷮之《大过》䷛。史皆曰"吉"。示陈文子，文子曰："夫从风，风陨妻，不可娶也。且其繇

曰：'困于石，据于蒺梨（案：《周易》作"蔾"。），入于其宫，不见其妻，凶。'"（《困·六三》爻辞）

（6）《左·襄二十八年》：

蔡侯之如晋也，郑伯使游吉如楚。及汉，楚人还之……子大叔归，复命。告子展曰："楚子将死矣。不修其政德，而贪昧于诸侯，以逞其愿，欲久，得乎？《周易》有之，在《复》☷☷之《颐》☶☷，曰'迷复，凶'，其楚子之谓乎！"（《复·上六》爻辞）

（7）《左·昭五年》：

初，穆子之生也，庄叔以《周易》筮之，遇《明夷》之《谦》☷☶，以示卜楚丘。（楚丘）曰："……日之《谦》，当鸟，故曰'明夷于飞'。明而未融，故曰'垂其翼'。象日之动，故曰'君子于行'。当三在旦，故曰'三日不食'。离，火也；艮，山也。离为火，火焚山，山败。于人为言。败言为谗，故曰'有攸往，主人有言。'言必谗也。"（《明夷·初九》爻辞）

（8）《左·昭七年》：

姻始生子，名之曰元。孟絷之足不良能行。孔成子以《周易》筮之，曰："元尚享卫国，主其社稷。"遇《屯》☵☳。又曰："余尚立絷，尚克嘉之。"遇《屯》☵☳之《比》☵☷，以示史朝。史朝曰："'元亨'，又何疑焉？"成子曰："非长之谓乎？"对曰："康叔名之，可谓长矣。孟非人也，将不列于宗，不可谓长。且其繇曰：'利建侯。'嗣吉，何建？建非嗣也。二卦皆云，子其建之！"（《屯》彖辞及《初九》爻辞）

（9）《左·昭十二年》：

南蒯之将叛也……枚筮之，遇《坤》☷☷之《比》☵☷，曰，"黄裳元吉"，以为大吉也。示子服惠伯，曰："即欲有事，何如？"惠伯曰："吾尝学此矣，忠信之事则可，不然，必败。……元，善之长也。"（《坤·六五》爻辞、《乾·文言传》）

（10）《左·昭二十九年》：

秋，龙见于绛郊。魏献子问于蔡墨……。对曰："龙，水物也，水官弃矣，故龙不生得。不然，《周易》有之：在《乾》☰之《姤》☴，曰'潜龙勿用'；其《同人》☰曰'见龙在田'；其《大有》☰曰'飞龙在天'；其《夬》☰曰'亢龙有悔'；其《坤》☷曰'见群龙无首，吉'；《坤》之《剥》☶曰'龙战于野'。若不朝夕见，谁能物之？"（《乾·初九》《九二》《九五》《上九》《用九》爻辞、《坤·上六》爻辞）

以上十条，大体上来说，都引到了《易经》上的文字，可知确然是用《周易》来占的。但这十条例子中，有些明白说是在占筮，如庄公二十二年"陈侯使筮之，遇《观》之《否》"（第一条）、僖公二十五年"筮之，遇《大有》之《睽》"（第二条）之类；但也有一部分并非在讲占筮，而仅只是一种说理性质的陈述，如宣公十二年知庄子所谓"《周易》有之，在《师》之《临》"（第三条）、昭公二十九年蔡墨言龙，举《易》为证，所谓"《周易》有之，在《乾》之《姤》"云云（第十条）；可知古人是以变卦称爻，如《观·六四》称"《观》之《否》"、《乾·初九》称"《乾》之《姤》"。杜预说：

> 《周易》论变，故虽不筮，必以变言其义。[1]

其说已为此一现象提出了一个很好的解释。所以这几条少数"不筮"的例子，仍可视同占筮的例证来看待。

2. 第二类：虽然没有明白引据《易经》的文字，但是从其文句的内容可以看出来，是根据了《易》卦的爻辞或者是与《易传》里的话相关的。这类情况共有五条：

（1）《左·闵元年》：

> 初，毕万筮仕于晋，遇《屯》☳之《比》☵。辛廖占之，曰："吉。……公侯之卦也。"（《屯·初九》："盘桓，利居贞，利建侯。"）

（2）《左·宣六年》：

> 郑公子曼满与王子伯廖语，欲为卿。伯廖告人曰："无德而贪，其在《周易》《丰》☳之《离》☲，弗过之矣。"间一岁，郑人

---

[1]《左·宣六年注》，见（唐）孔颖达：《春秋左传正义》（台北：艺文印书馆，1965年，《十三经注疏》第6册，影印清嘉庆江西南昌府学本），卷22，第377页。

杀之。(《丰·上六》:"丰其屋,蔀其家,窥其户,阒其无人,三岁不觌,凶。")

(3)《左·昭元年》:

　　晋侯求医于秦,秦伯使医和视之,曰:"疾不可为也,是谓近女,室疾如蛊。"[1]……出,告赵孟。……赵孟曰:"何谓蛊?"对曰:"淫溺惑乱之所生也。于文,皿虫为蛊。谷之飞亦为蛊。在《周易》,女惑男、风落山谓之《蛊》䷑,皆同物也。"(案:巽下艮上《蛊》。巽为长女、为风;艮为少男、为山。)

(4)《左·昭三十二年》:

　　赵简子问于史墨……对曰:"……在《易》卦,雷乘乾曰《大壮》,天之道也。"(案:乾下震上《大壮》。乾为君父,震为臣子。)

(5)《左·哀九年》:

　　晋赵鞅卜救郑……阳虎以《周易》筮之,遇《泰》䷊之《需》䷄,曰:"宋方吉,不可与也。微子启,帝乙之元子也。宋、郑,甥舅也。祉,禄也。若帝乙之元子归妹而有吉禄,我安得吉焉?"乃止。(《泰·六五》:"帝乙归妹,以祉,元吉。")

3. 第三类:是所占的占辞其中一部分与《周易》相符,一部分却不相同的。此种仅有一条:

《左·僖十五年》:

　　初,晋献公筮嫁伯姬于秦,遇《归妹》䷵之《睽》。史苏占之,曰:"不吉。其繇曰:'士刲羊,亦无衁也;女承筐,亦无贶也。西邻责言,不可偿也。《归妹》之《睽》,犹无相也。'震之离,亦离之震。'为雷为火,为嬴败姬。车说其輹,火焚其旗,不利行师,败于宗丘。归妹睽孤,寇张之弧。侄从其姑,六年其逋,逃归其国,而弃其家,明年其死于高梁之虚。'"(《归妹·上六》:"女承筐,无实;士刲羊,无血。"《睽·上九》:"睽孤,见豕负涂,

---

[1] 此从王念孙以"女""蛊"为韵断句,说详杨伯峻:《春秋左传注》(北京:中华书局,1990年5月2版),修订本第4册,第1221页。

载鬼一车,先张之弧,后说之弧。")

这一条占辞都有叶韵,好像歌谣的体裁。"羊""盂""筐""赆""偿""相",古皆同部叶韵;"姬""旗""丘"亦叶;"孤""弧""姑""遄""家""虚"亦叶。此或是占者就所问之事,据《周易》爻辞变化出来的花样,至少有部分文字仍保留着和《周易》爻辞一样。孔颖达把这意思说得最清楚:

> 《易·归妹·上六》爻辞:"女承筐,无实;士刲羊,无血,无攸利。"此引彼文,而以"血"为"盂","实"为"赆",唯倒其句,改两字而加二"亦"耳;其意亦不异也。二句以外,皆史苏自衍卦意而为之辞,非《易》文也。[1]

史苏根据了《易》爻辞,参合所要占问的事实,增删成一段类似爻辞的文字。其实不止二句,像"寇张之弧"等语,仍当自《睽·上九》爻辞变化而来。孔氏虽未道及此,但他说"史苏自衍卦意而为之辞",就广义的卦意来解释,仍可说是不错的。

4.第四类,也就是最后一类:筮者的占辞中显然没有引用《周易》的文字。此类共得三条:

(1)《左·闵二年》:

> 成季子之将生也,桓公使卜楚丘之父卜之……又筮之,遇《大有》䷍之《乾》䷀。曰:"同复于父,敬如君所。"

(2)《左·僖十五年》:

> 秦伯伐晋。卜徒父筮之,吉:"涉河,侯车败。"诘之。对曰:"乃大吉也。三败,必获晋君。其卦遇《蛊》,曰:'千乘三去,三去之余,获其雄狐。'夫狐蛊,必其君也。《蛊》之贞,风也;其悔,山也。岁云秋矣,我落其实,而取其材,所以克也。实落材亡,不败何待?"

(3)《左·成十六年》:

> 苗贲皇言于晋侯曰:"楚之良,在其中军王族而已。请分良

---

[1]《左·僖十五年正义》,卷14,第232页。

以击其左右，而三军萃于王卒，必大败之。"公筮之。史曰："吉。其卦遇《复》䷗，曰：'南国蹙，射其元王，中厥目。'国蹙、王伤，不败何待？"公从之。

此三条，前人或以为并非以《周易》为占，如杜预便以为第一、三两条是筮者自为之辞，第二条则系引卜筮书杂辞以为言。孔颖达则谓第一条系筮者推衍卦意自为其辞，而后两条则并是出自《周易》以外的卜筮书。若照孔氏之意，闵公二年"《大有》之《乾》"之一条实可并入上述第二类中，因其虽未引述《大有·六五》爻辞，但仍是根据《周易》卦象为说的。至于后面两条，杜预一以为卜者辞，一以为卜筮书杂辞，但照文理看，此两条都有一段类似爻辞性质的话，基本上没有什么分别，似乎孔颖达的说法应更合理些。但是究竟在《左传》的时代，除了《周易》以外，有没有其他的卜筮书可供占者以为据，实未易遽加论定。若照杜、孔二氏说法，此数条岂非正足以作为一个正面答案的证据吗？然而这三条所占到的卦爻，都在《周易》六十四卦中；然则当时便应有其他的卜筮书与《周易》并存，而同样的是用此六十四卦为占的。当时的人，有时候用《周易》为占，有时候又转据其他的占筮书。而这部或这些占筮书后代都失传看不到，只留下一部《周易》。这样的解释虽然可以讲得通，但未免略嫌迂曲转折。窃意以为最后的两条在性质上，基本上和上一条并无太大差异；应可算都属于所谓"筮者自为之辞"。《周易》六十四卦的卦爻辞，取象各不同，如《乾》卦言龙、《坤》卦言牝马之类，未必有当于问占者所欲问之事实，甚或大多数的情况是不相一致的；故占筮者占得卦爻辞后，更重要的是将此卦爻辞拿来与所占问之事作比附、作解释。而史官占筮，作此种比附、解释时，或可先引述《周易》卦爻辞的原文，再作分析、比附；或可直接根据了卦爻辞之意而作解释，而更不引及《周易》的原辞，本无定格。《左氏》记史，固亦不烦另有增删。筮者引申比附之辞与《周易》卦爻辞的最大分别，前者应是讲到具体的事情上，而后者则是凌空的一句话。换言之，前者应是"实"的，而后者则应是"虚"的。倘说当时筮者果据《周易》以外其他的卜筮书杂辞以为占，照理说这些占辞在性质上也该与《周易》相类，不应反而句句都落实说着了所占问的事情。果使有此可能，只可说这种卜筮书要比《周易》"神验"得多，似乎更无理由失传。总之，照事理看来，这是不太可能的。如后面的两条，所谓"爻辞"之所述，竟一一与日后之史实相合，已可见其是后人附会而作之辞。至于这类筮者比附解释事实所作之辞，多采叶韵歌谣之体，此则占筮者之长技，在后代民间之筮书中并不罕见。彼辈自为之辞亦可说是仿效《周易》卦爻辞的模样。但如第二条僖公十五年筮遇《蛊》，其辞曰"千乘三去，三去之余，获其雄狐"，"去""余""狐"三字并与其遇卦卦名"蛊"字叶韵；第三条成公十六年筮遇《复》，其辞曰"南国蹙，射其元王，中厥目"，"蹙""目"亦与"复"字叶韵；其实《周易》卦爻辞又岂皆如此？于此更可见其附会之迹。若我此一看法果然不错，则上文第三类僖公十五年"晋献公筮嫁伯姬于秦"一条，亦正可作如是观。其实反过来说，那一条有些话是《易经》上的话，有些则是占者补充比附之言，实已留下很明白的痕迹，可为我此一说法作一旁证。所以前人以为最后这三条与《周易》无关，我们讨论《周易》的占例，自可抹去此三条而不论。若依我说，则《左传》十九例全用《周易》为占，这三条照理仍应参考；不过这三条没有用卦爻辞之文，就占例来看，确然不像其他各条之有迹可循而已。

至于《国语》里述及《易》占的，虽然只有三条，但要分析起来，实要比《左传》的更麻烦。此三条分见于《周语》及《晋语》：

（1）《周语下》：

（单襄公曰：）"成公之归也，吾闻晋之筮之也，遇《乾》☰之《否》☷，曰：'配而不终，君三出焉。'一既往矣，后之不知，其次必此。"

（2）《晋语四》：

公子亲筮之，曰："尚有晋国。"得贞《屯》☳悔《豫》☷，皆八也。筮史占之，皆曰："不吉。闭而不通，爻无为也。"司空季子曰："吉。是在《周易》，皆利建侯。不有晋国，以辅王室，安能建侯？我命筮曰'尚有晋国'，筮告我曰'利建侯'，得国之务也，吉孰大焉！……故曰《屯》。其繇曰：'元亨利贞，勿用有攸往，利建侯。'……故曰《豫》。其繇曰：'利建侯行师。'"（《屯》《豫》彖辞）

（3）《晋语四》：

董因迎公于河，公问焉，曰："吾其济乎？"对曰："……臣筮之，得《泰》☷☰之八。曰：是谓天地配，亨，小往大来。今及之矣，何不济之有？"（《泰》彖辞："泰，小往大来，吉，亨。"）

第一条因不及《周易》卦爻辞，故前人也有认为不是以《周易》为占的。若然，则亦可存而不论。不过，事实上这一条和前举《左传》最后一类的第一条是相同的性质，因此我仍认为是用《周易》来占的，虽然拿来看占例，材料本身没有太大的参考价值。至于第二、三两条，所谓"贞《屯》悔《豫》皆八""《泰》之八"，正与上文所举《左传》第一类之第四例，襄公九年穆姜筮于东宫，"遇《艮》之八"，同样牵涉到一个"八"字。究竟这个"八"字该如何解释，前人聚讼纷纭。但这个字释义的确定，又直接影响到我们对《周易》占例的理解，因亦不能不问。此点且留待下文讲到"用九用六"时再作讨论。

今且让我们先看看朱子所述《易》占的几个条例，在《左》《国》两书的例证中的可靠性究如何。

最显而易见的一点，朱子所理出的《凡例》中，第二项所谓"一爻变则以本卦变爻占"，在《左传》中例证最多，如上举《左传》第一类之第一、二、三、五、六、七、八、九、十各条，都是例证。特别是第十条，《乾》之《姤》，占《乾·初九》；《乾》之《同人》，占《乾·九二》；《乾》之《大有》，占《乾·九五》；《乾》之《夬》，占《乾·上九》；《坤》之《剥》，占《坤·上六》，更是清楚明确，可无疑问。

其次，朱子（《凡例》第一项）说："凡六爻皆不变，则占本卦彖辞；而以内卦为贞，外卦为悔。"他所举以为证的两条，一条是上列《左传》第一类之第八例，昭公七年孔成子筮立卫公子元，遇《屯》，可以说明是占本卦彖辞；另一条是第四类之第二例，僖公十五年秦伯伐晋，筮之遇《蛊》，曰"贞，风也；其悔，山也"，可以说明"内卦为贞，外卦为悔"。此外，《左传》中惟有成公十六年之一条（第四类第三条），亦属此情况。但这条并未引述象辞的文句，依我上文的解释，这是卜筮者省略不引述，而直接据卦意而比附在所占问之事上的情况。但无论如何，这条材料是不够清楚作为一个有力证据的。再如《国语·晋语四》董因筮得"《泰》之八"（第三条），用《泰》卦的卦辞来占，也是相同的例子。不过这又要先确定"八"字的解释才能成立。姑仍暂置不论。

至如朱子所列二爻变（《凡例》第三项）以及四爻变（《凡例》第五项）两项，《启蒙》自注皆已言："经传无文，今以例推之当如此。"上举《左》《国》共二十二条例子，果然俱无此两种情况。朱子是先确定了其他各项凡例，再据理自推而有此说法。至于为何如此推说，则上文所引《语类》那几段朱子的话已有所说明。总之，这两项是没有直接证据的。若我们承认朱子其他的说法都对，则这两项推说至少可说是一种合理的推断；若朱子其他各条并未一一站得住脚，则此两项的可靠性便要大打折扣了。

再其次，我们再看六爻变（《凡例》第七项）的情形，朱子说："《乾》《坤》占二'用'；余卦占之卦象辞。"这在《左》《国》二十二例中惟见于《左·昭二十九年》蔡墨之言（第一类第十条），《乾》之《坤》，以"见群龙无首，吉"为占。这应可说明了《乾》《坤》二卦遇到六爻皆变时，《乾》占《用九》，《坤》占《用六》。至于所谓"余卦占之卦象辞"，则全无例证，亦是朱子的一种推断。且问朱子何以有此推断？又《乾》卦六爻变，何不以《坤》卦象辞为占；《坤》卦六爻变，何不以《乾》卦象辞占？朱子在《启蒙》自注中已有说明，他说："群龙无首（案：《乾·用九》）即《坤》之牝马先迷也。（案：《坤》象辞：'坤，元亨，利牝马之贞。君子有攸往，先迷后得主。利西南得朋，东北丧朋。安贞吉。'）《坤》之利永贞（案：《坤·用六》。）即《乾》之不言所利也。"（案：《乾》象辞："乾，元亨利贞。"）意思是说《乾·用九》和《坤》卦辞、《坤·用六》和《乾》卦辞的文句虽不同，涵义却是一样的。然则朱子此一推断，仍可说是有根据的。

但是六十四卦中惟有《乾》卦有《用九》、《坤》卦有《用六》，以下六十二卦则更无之，究竟是何用意？朱子解释说：

> 用九、用六者，变卦之凡例也。言凡阳爻皆用九而不用七，阴爻皆用六而不用八。用九，故老阳变为少阴；用六，故老阴变为少阳。不用七、八，故少阳、少阴不变。独于《乾》《坤》二卦言之者，以其在诸卦之首，又为纯阳、纯阴之卦也。圣人因系以辞，使遇《乾》而六爻皆九、遇《坤》而六爻皆六者，即此而占之。盖"群龙无首"，则阳皆变阴之象；"利永贞"，则阴皆变阳之义也。[1]

其实朱子此处是采用了欧阳修的讲法，故朱子在上文之后的小注中，又抄录了欧阳修的话：

> 欧阳子曰："《乾》《坤》之《用九》《用六》，何谓也？曰：乾爻七、九，坤爻八、六。九、六变而七、八无为。《易》道占其变，故以其所占者名爻，不谓六爻皆九、六也。及其筮也，七、八常多而九、六常少，有无九、六者焉。此不可以不释也。六十四卦皆然，特于《乾》《坤》见之，则余可知耳。"[2]

朱子亟称此说，以为"发明先儒所未到，最为有功"，[3] 又说欧阳"初非理会象数者，而此论最得之"。[4] 所谓七、八、九、六，都是筮卦时所产生的数字。上文略述筮蓍之法，曾谓须经过"三变"才能得一爻，"十有八变"才能得一卦。经过了"三变"，这一爻的或阴或阳，或老或少，都可决定。究竟这一爻的阴阳老少是如何决定的呢？上文已言，三变已毕，若三变的"挂扐"都是奇，则为老阳，其数为九。这个数目，和"挂扐之数""过揲之数"两者有关。"挂扐之数"今姑不论。如老阳的九，乃由"过揲之数"三十六，以四约之而得出的。若

---

[1] 《易学启蒙》，卷4，第75页。
[2] 此朱子檃括之辞。欧文见《欧阳文忠公集·明用》（台北：台湾商务印书馆，1975年，《四部丛刊初编》缩印本第49册），卷18，第158页。
[3] 《易学启蒙》，第4，第76页。
[4] 《朱子语类》，卷68，第676页。

为两奇一偶，则为少阴，其数为八；因其"过揲之数"三十二，以四约之而得八。两偶一奇，则为少阳，其数为七；因其"过揲之数"为二十八，以四约之而得七。若三变的"挂扐"都是偶，则为老阴，其数为六；因其"过揲之数"只有二十四，以四约之，便得六。所以朱子说："挂扐之数，乃七、八、九、六之原；而过揲之数，乃七、八、九、六之委。"这都详见于《启蒙》一书中。《易》爻老变少不变，老阳变为少阴，老阴变为少阳；亦即九变八，六变七。因此欧阳修便说"九、六变而七、八无为"。说明了九、八、七、六这几个数目的意义，我们便可进一步继续来看朱子所余下的几条《易》占凡例了。

朱子谓"三爻变则占本卦及之卦之彖辞；而以本卦为贞，之卦为悔"（《凡例》第四项）。三爻变最清楚的一条在《国语·周语》"成公之归，筮遇《乾》之《否》"（第一条），但此条不及卦爻辞，故决定占例，无法引以为据。所以朱子根据了《国语》另外的一条，晋公子重耳筮得国，遇"贞《屯》悔《豫》皆八"（第二条）。依朱子的意见，重耳公子是占到《屯》卦，但三爻变而为《豫》卦。《屯》☳变为《豫》☷，初、四、五爻都变，二、三、上三爻则不变；而此不变之三爻在两卦中都是"八"，亦即都是"少阴"，所以说"皆八也"。而司空季子占之，曰"皆利建侯"，则恰好《屯》《豫》两卦的卦辞里都有这句话。故朱子据之推定此一占例。但《国语》中这一条《易》占究竟是否应作如此解释，似乎亦未能论定。孔颖达直谓"遇八之下，别言《周易》，知此遇八非《周易》"[1]，这诚然是一个问题。除此条外，《左传》"《艮》之八"一见，《国语》尚有一处说"《泰》之八"，这些"八"字照上面的说法，应是指少阴不变爻而言。但由《屯》变《豫》，为何不说成"《屯》之《豫》"，而改说"贞《屯》悔《豫》皆八"？这是很启人疑窦的。清儒胡渭、徐养原都认为这是"再筮"，初筮得《屯》，再筮得《豫》，皆六爻不变，故说"皆八也"。[2] 其实朱子亦尝有此疑惑，

---

[1] 《左·襄九年正义》，卷30，第526页。
[2] 说见（清）董增龄：《国语正义》（日本京都：中文出版社，1980年，影印清光绪会稽章氏式训堂刊本），卷10，第206页。

说见下文。这当然是讲得通的；但如此说来，这一条例证不是说三爻变的，对于这项占例竟是用不上了。

相似的情形，同样发生在五爻变的凡例上（第六项）。这在《左》《国》中亦惟一见；即在《左·襄公九年》穆姜往东宫，筮遇《艮》之八（第一类第四条），史谓"《艮》之《随》"，《艮》卦的五个爻都变，惟独六二爻不变，其数在《艮》《随》两卦中皆为八，所以不变。若依朱子的《凡例》，应以《随·六二》爻辞为占，其辞当为"系小子，失丈夫"；而《左传》中记载，占筮之史却泛以《随》之卦象为占，故说："《随》其出也。"[1] 而穆姜则转引《随》彖辞和《文言传》为说。穆姜的话中已有与《文言传》雷同之言，究竟是《文言传》抄袭了《左传》，抑是《左传》抄袭了《文言传》，可暂置勿论。要之，不论占筮之史抑或穆姜之言，皆无当于朱子所推的占例。朱子之意，以为或是史氏之失而妄载；或是占筮之史明知当以《随·六二》为占，其意不利，乃易以他说以取悦于穆姜；穆姜亦知其意，复又以《随》彖辞为言，是两人皆讳言失德而避以他语。其实朱子此意，唐朝人已先发之。刘禹锡尝云：

> 穆姜薨于东宫。始往而筮之，遇《艮》之八。史曰："是谓《艮》之《随》。"夫《艮》（艮下艮上）之《随》（震下兑上），唯二不动，斯遇八也，余五位皆九六，故反焉。筮法以少为卦主。变者五而定者一，故以八为占。《艮》之六二曰："艮其腓，不拯其随，其心不快。"史以为东宫实幽也，遇此为不利，故从变爻而占，苟以悦姜也。……惧不吉而更之，故曰："是谓《艮》之《随》。""是谓"之云者，苟以悦也。故穆姜终死于东宫，与《艮》会耳。[2]

不过刘梦得以为当以《艮·六二》占，朱子认为当以《随·六二》占，二人在占例上有不同的意见。不论《艮·六二》或《随·六二》的

---

[1] 震为足、为动，于位为东；兑为说。内动足而外说，故有出东宫之象。

[2] （唐）刘禹锡：《刘梦得文集·辩〈易〉九六》，《四部丛刊初编》缩印本，第39册，卷13，第87页。

爻辞，都是穆姜所忌讳的，所以占史与穆姜皆避而不提。这个意见，朱子显然是承袭了刘梦得的见解。朱子别有一篇《答程可久》书，有一段话：

> 晋公子贞《屯》悔《豫》之占，韦氏旧注固有不通，而来示之云，鄙意亦不能无所疑也。盖以穆姜东宫之占言之，则所谓《艮》之八者，正指其所当占之爻而言之也。今云贞《屯》悔《豫》皆八也，而释之以为指三爻之不变者而言，则非其当占之爻，而于卦之吉凶无所系矣。据本文语势，似是连得两卦，而皆不值老阳、老阴之爻，故结之曰："皆八也。"而占之曰："闭而不通，爻无为也。"盖曰卦体不动，爻无所用占尔。然两卦之中，亦有阳爻，又不为偏言皆八，则此说似亦未安。且东宫之占，说亦未定。恐或只是遇《艮》卦之六爻不变者，但乃"艮其背，不获其身；行其庭，不见其人"之占，史强为"之《随》"之说，以苟悦于姜耳。故传者记史之言，而曰："是谓《艮》之《随》"，明非正法之本然也。然其九三、上九，亦是阳爻，又似可疑。大抵古书残缺，未易以臆说断。惟占筮之法，则其象数具存，恐有可以义起者，推而得之，乃所谓活法耳。[1]

从这一段话中，我们可知朱子对"《艮》之八""贞《屯》悔《豫》皆八"实无一肯定不移的解释。此处亦疑"贞《屯》悔《豫》皆八"为再筮；又疑"《艮》之八"但当以《艮》象辞占，其说明与《启蒙》所述占例有不同。亦不知此说与《启蒙》说孰先孰后。惟《春秋内外传》言占及此"八"字者仅三处，除上述两条外，余一条亦在《晋语》中，董因筮得"《泰》之八"（上引《国语》第三条）。这一条明明白白是用《泰》卦的卦辞来占。若照朱子《答程可久》这一说法，反而《左》《国》三处似乎都可以讲通。但诚如朱子所疑，这几个卦都有阳爻，为何偏言八，终还是说不通。

当然最简单的解释莫如杜预。杜预释《艮》之八，谓周"杂用

---

[1] （宋）朱熹：《朱文公文集》，《四部丛刊初编》缩印本第58册，卷37，第603页。

《连山》《归藏》《周易》。二《易》皆以七、八为占"。又谓"《易》筮皆以变者占，遇一爻变〔以上〕，义异则论象，故姜亦以象为占"。孔颖达《疏》谓"若一爻独变，则得指论此爻；遇一爻变以上，或二爻、三爻皆变，则每爻义异，不知所从，则当摠论象辞"。[1] 首先，我们尚无法确认有无三《易》并存杂用之事实，而况若依杜、孔占法，从二爻以上的各种变化，占法竟无分别，独一爻变则例外，亦殊不合理。清儒钱大昕，他虽然尊崇朱子之学，但在占例上却并未接受朱子的意见。他根据了杜预三《易》杂用的解释，自行归纳了一个说法：

> 问：《春秋内外传》占筮之法。曰："春秋之世，三《易》尚存。其以《周易》占者，一爻变则以变爻辞占，如《观》之《否》、《归妹》之《睽》、《明夷》之《谦》之类是也。数爻变则以象辞占，如《艮》之八，《屯》贞（案：当作'贞《屯》'。）悔《豫》皆八是也。六爻皆不变，亦以象辞占，《泰》之八是也。以爻辞占称九六，以象辞占称八。九六、八之名，惟《周易》有之。若杂以他占则否。'千乘三去''射其元王'，不云《蛊》之八、《复》之八者，非《周易》繇词也。"[2]

这无疑是一种崭新的说法，但只有一爻变与二爻以上变两种占法，实与孔氏同病。他说以爻辞占称九六，以象辞占称八，实只倒过来归纳而得此一说，并未解释其所以然，亦不见得十分可靠。且如昭公七年孔成子以《周易》筮遇《屯》（上举《左传》第一类第八条），不称《屯》之八，足见钱氏云云，亦未为圆满。

综上所述，可知朱子所拟七条《易》占凡例，确然信而有征者惟第一、二、七三项，其余第三、四、五、六共四项，或经传无文可证，或虽有举证，而其解释尚有争议未能遽加论定者。上引朱子《答程可久》一段话，可见朱子对其所说占筮之法，十分有自信；至于占

---

[1] 杜、孔说并见《左·襄九年注疏》，卷30，第526页。案：[日]竹添光鸿据孔《疏》谓"《注》'一爻变'下，疑脱'以上'二字，今据补。详所著《左传会笺》（台北：凤凰出版社，1977年9月），上册，卷14，第58页。

[2] （清）钱大昕：《潜研堂文集·答问一》，《四部丛刊初编》缩印本，第97册，卷4，第45页。

例，则他本人亦并无十分把握。《启蒙》占例之说，推拟的成分超过了一半，若我们采取比较审慎的态度，实未能即说其必已得古史之真。然朱子所推想，就其本身说，仍不失其为周匝完密，且皆有理可言。假使上述那几条引起争议的材料果如朱子的决断，则他这一套占例可算是一种合理之推断。但毕竟无法让人毫无疑问地肯定承认；其他人的说法亦然，只因他们所遇到的困境与朱子并无二致，此即朱子所谓"古书残缺，未易以臆说断"，《左传》《国语》里有关的材料实在不足以归纳出一套使人满意的条例。《国语》三条且不论，《左传》十九条中，大部分是一爻变的例子，其次是六爻都不变的情况，但为数已极少；二爻变以上，只有上面讨论那两条有疑义不能确定的例子。这岂非一个十分可怪的现象吗？其实宋季隐士戴埴早有此疑，他说：

《易》说变卦起于《左氏》。如郑伯廖论公子曼（案："曼"下脱"满"字）为卿，自《丰》上六变为《离》。晋师救郑，自《师》初六变为《临》。子展论楚子之死，自《复》上六变为《颐》（案：论楚子之死者乃游吉，非子展）。蔡墨论龙见于绛，自《乾》初九变为《姤》，曰"潜龙勿用"；九二变为《同人》，曰"见龙在田"；九五变为《大有》，曰"飞龙在天"；上九变为《夬》，曰"亢龙有悔"；纯《乾》变纯《坤》，曰"见群龙无首，吉"；《坤》上九（案：当为"上六"。）变为《剥》，曰"龙战于野"。其说变卦，往往不过一爻及一卦泛立议论，固可；若以筮法言，自六爻皆有变动。《左氏》所载占筮，悉不出一爻之变。陈敬仲之筮，《观》六四变《否》；毕万之筮，《屯》初九变《比》；季友之筮，《大有》六五变《乾》；晋伯姬之筮，《归妹》上六变《睽》；卜偃勤王之筮，《大有》九三变《睽》；齐棠姜之筮，《困》六三变《大过》；鲁穆子之筮，《明夷》初九变《谦》；娴始生之筮（案：此当作"娴蛤生子之筮"），《屯》初九变《比》；南蒯叛之筮，《坤》六五变《比》；晋救郑之筮，《泰》六五变《需》。此十事更无重爻以上变者。惟晋伐郑之筮遇《复》，以全卦言；而季武子报聘之筮《艮》八之《随》，以六二不变爻取义（案：《艮》之八乃穆姜始往东宫之筮,戴氏误系襄公九年上一事)。岂一卦与一爻、变与不变者,其象纯一,可以立论。姑假是致附会之言。不然,春秋二百四十二年之间,筮占之应,何无两爻以上变者可书耶?《左氏》失之诬,予于此得之。[1]

"《左氏》艳而富,其失也巫",这是范宁的话[2],而戴氏乃就其所载占事说之。不过,他所疑惑的诚然是一奇怪之现象。何以《左传》里多半只占到一爻变的情形,而其他的情形极少,以至于没有呢?戴氏不得已提出一个猜想:是否"一卦与一爻、变与不变者,其象纯一,可以立论"呢?这同样也陷入史料不足够拿来说明的困境。不过我在此提出另一说法,从另一观点作一说明;虽然一样不够拿来充分解释《左传》此一特殊现象,却至少可作为一个从另一角度的观察与参考。

根据朱子所考订的占筮之法,每筮一爻都有四种可能出现的结果:即老阳(九)、少阴(八)、少阳(七)以及老阴(六)。但这四种情况出现的或然率事实上是并不相等的。少阴出现的或然率最高,也就是出现的机会最多,共有二十八路。所谓"路",犹言途径;即共有二十八种排比的情况都算是少阴。其次是少阳,出现的机会有二十路。老阴、老阳出现的机会大不如前两者:老阳只有十二路;老阴最少,只有四路。所以就或然率来看,筮卦时遇到少阳、少阴的机会远多于遇到老阴、老阳。少阳、少阴的机会约比老阳多出两倍;比老阴则更多至五到七倍。所以欧阳修要说"及其筮也,七、八常多而九、六常少,有无九、六者焉"。《易》筮之法,老变少不变,因此就孤立之一爻而言,是遇到不变的情况要更多些。若综合六个爻的或然率看,则是一个比较复杂的数学计算。但六爻都不变和只有一爻变的出现机会显然要比其他的情况要大得多。这虽不足以解释《左传》变卦的特殊现象,但我们却可借此知道《易》筮中的一种特殊性质。

---

[1] (宋)戴埴:《鼠璞》(台北:台湾商务印书馆,1983年,《景印文渊阁四库全书》第854册),卷上,第7—8页。

[2] 见(晋)范宁:《春秋穀梁传·序》,《十三经注疏》第7册,第7页。

(四)《火珠林》《易》占无当于古法

最后，我想附带提出一个小问题，以作为本文的结束。后世有所谓《火珠林》《易》占，乃以钱代蓍，用以筮卦。宋世有《火珠林》一卷，陈振孙《直斋书录解题》谓无名氏所作，"今卖卜者掷钱占卦，尽用此书"。[1]钱占之说，始见于贾公彦《仪礼疏》：

> 筮法，依七、八、九、六之爻而记之，但古用木画地，今则用钱。以三少为重钱，重钱则九也。三多为交钱，交钱则六也。两多一少为单钱，单钱则七也。两少一多为拆钱，拆钱则八也。[2]

所谓多少，犹奇偶耳。奇即少，偶即多。宋人项安世说：

> 以《京氏易》考之，今世所传《火珠林》者，即其法也。今占家以三钱掷之，两背一面为拆，此即两少一多，为少阴爻也。两面一背为单，此即两多一少，为少阳爻也。俱面者为交，交者拆之，此即三多，为老阴爻也。俱背者为重，重者单之，此即三少，为老阳爻也。盖以钱代蓍，一钱当一揲。[3]

这段话说得十分清楚。以钱的背面代表少，相当于爻中之奇；钱的正面代表多，相当于爻中之偶。赵翼根据朱子和项安世的话，考订钱卜始于京房，则以三钱代揲蓍，远源于汉世，不俟隋、唐而始有。[4]惟贾公彦和项安世的两段文字中间有一大不同。贾氏是说的记卦之法，而项氏所言则为筮卦之法。把这意思讲得最分明的是钱大昕，他说：

> 贾公彦《疏》本于北齐黄庆、隋李孟悊二家。是则齐、隋与唐初皆已用钱。重、交、单、拆之名，与今不异，但古人先揲蓍

---

[1] （宋）陈振孙：《直斋书录解题·卜筮类》，《景印文渊阁四库全书》第674册，卷12，第33页。

[2] （唐）贾公彦：《仪礼·士冠礼疏》，《十三经注疏》第4册，卷1，第4页。

[3] （宋）项安世：《项氏家说·京房易法以八卦变六十四卦》，《景印文渊阁四库全书》第706册，卷2，第7页。

[4] 说详（清）赵翼：《陔余丛考·以钱代蓍》（台北：新文丰出版社，1975年，影印清乾隆湛贻堂刊本），第3册，卷30，第21页。

而后以钱记之；其后术者渐趋简易，但掷钱得数，不更揲蓍。[1] 用掷钱来取代揲蓍，自然是一种省便的办法。项氏所云"一钱当一揲"，此所谓"一揲"，其实即取代了筮蓍中的一个"变"。用蓍来筮占，筮得一卦要经过十八变，每一变都得经过"四营"；换言之，得一卦须经过七十二营。而改用掷钱，不过拿三个钱掷六次，便可得出一个卦，而其每一爻的阴阳、老少照样可以决定；岂非简易得多？可是，倘参照上文所述，筮蓍为占，各爻之老少、阴阳出现之或然率，便知用钱占只可说是"苟简"，实无当于古法。因一个钱只有正背两面，三个钱一起掷出，其出现的或然率是老阴、老阳皆各为六路；少阴、少阳皆各为十八路，显然是与筮蓍的情形不同的。果使《易》道通神，固然筮《易》以蓍或以钱掷爻，神明皆可告示以一答案，但至少我们应知这两种筮法的差异，不能即认可以彼代此，更无分别。

本篇原为1983年1月8日台湾大学中国文学系第122次学术讨论会讲词，刊于同年6月台北《"国立"编译馆馆刊》第12卷第1期。

---

[1] （清）钱大昕：《十驾斋养新录·筮用钱》（台北：广文书局，1968年，影印清刊本），第1册，卷1，第77—78页。

五、孔子与易传相关问题复议

《易》分经、传,两者并有与孔子相关的传说。或谓经之卦、爻辞皆作于孔子,惟其事颇无理据,学者多不之信,[1] 可置勿论。至谓孔子作《易传》,则为传统旧说之主流;然亦不断有持异议者,千载争讼未已。本文即拟就其相关问题,重加检视,略陈管见。

(一) 司马迁述孔子所作《易传》之范围

《易传》作者,传世文献中最早提及的,是《史记·孔子世家》。司马迁说:

孔子晚而喜《易》,序《彖》《系》《象》《说卦》《文言》。[2]

必须指出,这段引文标点,是依近人一般理解来标示的。古人对其中"序"字则有不同的意见。《史记正义》解"序"为"《易·序卦》",那么后世相传《易传》十篇,所谓《十翼》,共为七种,除却《杂卦》以外,都已在内。换言之,司马迁已著录了《易传》的六种并认为是孔子所为。至班固《汉书·艺文志》便说:

孔氏为之《彖》《象》《系辞》《文言》《序卦》之属十篇。[3]

如以《史》《汉》两文对照,班固似将《史记》中"序"字换成"为之"二字,《系辞》也不用简称,并将《序卦》补述在后,却没有标列

---

[1] 说详黄沛荣:《易学乾坤·孔子与周易经传之关系》(台北:大安出版社,1998年8月),第157—164页。

[2] 司马迁:《史记》(北京:中华书局,1982年11月),卷47,第1937页。

[3] 班固:《汉书》(北京:中华书局,1987年12月),卷30,第1704页。

《说卦》。若《史记》的"序"字确如张守节所注，即指《序卦》，则《史记》原文造语独缺动词，故《汉书》用"为之"在篇名之前，是较合文理的。近人多将《史记》的"序"字视为动词，义为序次，如日人泷川资言《史记会注考证》便说：

> 序，次第也。[1]

其实古人对此亦早有怀疑，清崔述便曾说：

> 或以"序"为《序卦》，而以前"序《书》传"之文例之，又似序述之义，初无孔子作传之文。[2]

崔说大抵即由觉察到《史》文文理上的可疑处。至于班固理解史公原文，究竟是也一如近人，将"序"字理解为动词，而改写成"为之"，抑或是亦认"序"为篇名，然以《史》文文理未顺，特为补入动词，并将《序卦》移书于后；这一问题，今已无从确辨。总之，在班氏观念中，他已确认《十翼》统为孔子所作，所以在他的文字中已明白著出"十篇"两字，则他所列举的篇名，《说卦》标出与否，已非关键。他并未有全部列出十篇七种之名，所缺的反而是明见于《史记》的"说卦"两字，我们也可微窥其意，恐怕在班固的认知中，《史记》尽管未尽列十篇，当然是主张十篇都是全出孔子的。无论如何，班氏的文意，比起《史记》是清楚明白得多。近人标点《史记》此文，即使将"序"字理解为动词，然而一般引述，仍将《史记》这段记载，视为司马迁已言孔子作《十翼》的根据。

首先注意到《史》《汉》内容有异的是皮锡瑞。他在《经学历史·经学昌明时代》中说：

> 太史公书成于汉武帝时经学初昌明、极纯正时代，间及经学，皆可信据。云"孔子晚而喜《易》，序《彖》《系》《象》《说卦》《文言》"，则以《序卦》《杂卦》为孔子作者非矣。[3]

---

[1] [日]泷川资言：《史记会注考证》（台北：大安出版社，1998年9月），卷47，第743页。
[2] （清）崔述：《崔东壁遗书·洙泗考信录》（台北：河洛图书出版社，1975年9月，影印民国廿五年亚东图书馆顾颉刚标点本），第2册，卷3，第40页。
[3] （清）皮锡瑞撰、周予同注释：《经学历史》（台北：艺文印书馆，1996年8月），第87页。

他根据《史记》所载，说《序卦》《杂卦》太史公并未提及，从而可见其非孔子所作。首先，我们即此可知皮氏已先将"序"字视为动词，不作篇名解。其次，皮氏对《史》文的理解，他认为《系》并不是《系辞传》，而是指经文的卦爻辞而言；并且《说卦》一篇晚出于宣帝世，史公不及见，故"说卦"两字当是后人掺入的。所以他又曾明白说：

> 《易》自孔子作《卦爻辞》《彖》《象》《文言》，阐发羲、文之旨……而后《易》不仅为占筮之用。[1]

在今传《易传》的七种著作中，皮氏仅认《彖》《象》《文言》三种是孔子所作。他这一意见详述于《经学通论》中[2]，在《经学历史》中却没有细阐，因此周予同的注释对此也未曾明确指出，加以说明。总之，或者由于他主张卦爻辞皆出孔子，未免过于荒诞，遂致他此一新说并未受到近人太多的重视。他的说法，虽有大错，但我们仍得承认，他分辨《史》《汉》两者容有不同的观点，却是极有启发性的。

《史记》的原文，近时学者中，只有金德建先生《司马迁所见书考》提出过一个崭新的观点来解释，他在该书《〈史记〉"序〈彖〉系〈象〉说卦〈文言〉"的解释》一文中说：

> 这句话当中的"序""系""说"三个字实在应当作为动词用才对。这样，这句话就可以分成三小句，即"序《彖》"一句，"系《象》"一句，"说卦《文言》"又是一句。搞清楚了《孔子世家》里这句话的词类及文法结构之后，就知道这句里的"说卦"二字，不能够作为篇名解说。（后来的人看《孔子世家》有"说卦"二字，竟特意造作了一篇名叫《说卦传》的书。）《孔子世家》所称"说卦《文言》"的意思，实际上是指孔子当时敷说著述

---

[1] 皮锡瑞撰、周予同注释：《经学历史》，第2页。
[2] 皮氏谓今本《系辞传》中"系辞焉以明吉凶"等凡言"系辞"者，系即属义，系辞犹云属辞。今之《系辞》，乃"《系辞》（案：指卦爻辞）"之传，则孔子弟子所作。说详《经学通论》（台北：河洛图书出版社，1974年12月），《论卦爻辞即是系辞十翼之说于古无征》，卷4，第11页；又《论孔子作卦辞爻辞又作象彖文言是自作而自解》，同卷，第13页。又案：解"系辞"字义，谓系属其辞于卦爻之下，原即指二篇经文卦爻辞而言，唐孔颖达《周易正义》以至南宋朱熹《周易本义》并已先有其说。惟孔、朱诸儒并不以卦爻辞为孔子所作，亦不以《系辞传》出于孔门弟子，则与皮说异。

这《乾》《坤》二卦的《文言传》而已。司马迁这段话的原意不过是说《彖传》《象传》和《文言传》都是孔子的著作。司马迁这样讲，不过证明了这《彖传》《象传》和《文言传》的确是当时存在着并为司马迁所曾经看到过的书，但却并不能够用来作为当时的《易经》里会有这篇《说卦传》的一种证据。[1]

金氏此说极大胆，他立论的基础在于他认为《说卦》《序卦》《杂卦》三篇晚出于西汉宣帝世，为司马迁所未见，故《世家》文中云云，自得另作解释。如此反向思考，则不难得出晚出篇名反而是根据《史》文用语造出的推论。他说那三篇《易》传晚出于宣帝世，是否属实，尚难论断。今此三篇见于司马迁以前文籍之引述者，惟一见于《淮南子·缪称训》：

《易》曰："剥之不可遂尽也，故受之以复。"[2]

此与今本《序卦》内容相近。然《序卦》云：

剥者，剥也。物不可以终尽，剥穷上反下，故受之以复。

其文字颇有异同，而《淮南》则已称"《易》曰"，究为《淮南》节引，或是《淮南》之后传文复有所增改，不得而知。淮南王于建元二年（公元前139）献其书于汉武帝，尚在武帝立《五经》博士之前三年。而《序卦》不比《系辞》《说卦》，其文述六十四卦各卦先后承接之故，一贯成篇，不会是集录诸家成说拼凑而来。因此在司马迁以前，《序卦》或今本之前身应已存在。但有《序卦》存在是一事，司马迁是否认为《序卦》为孔子所作又是另一事。除非我们认定《世家》中"序"字确指《序卦》，否则司马迁的意指并非一无讨论的余地。

《战国策·齐策四·齐宣王见颜斶》载颜斶云：

《易传》不云乎："居上位，未得其实，以喜其为名者，必以骄奢为行，据慢骄奢，则凶从之。是故无其实而喜其名者削，无

---

[1] 金德建：《司马迁所见书考》（上海：上海人民出版社，1963年2月），第95页。
[2] 何宁：《淮南子集释》（北京：中华书局，1998年10月），卷10，第725页。

德而望其福者约，无功而受其禄者辱，祸必握。"[1]

此战国时人已引称《易传》，然所云云，则不见于今传十篇之中。且《战国策》颜斶又引及《老子》，所述内容实本于黄老之道，则此或亦战国晚世追述之辞，未必为齐宣王时实录。近年马王堆帛书《周易》，除经文以外，尚有《系辞传》及其他佚传，计为《二三子问》《易之义》《要》《缪和》《昭力》五篇。而帛书《系辞》原无上下篇之分，更未见篇名，今仍称《系辞》，乃因其内容与今本有相当程度的雷同而已。[2] 然两本相较，仍有不少异同：有些章节，只见于今本，而帛本所无；也有的是今本所有，而转见于如《要》《易之义》等佚篇。又今本《说卦》前三章，亦大体见于《易之义》中。帛本据张政烺先生推断，应抄写于汉文帝初年，诸篇内容，宜亦多有渊源于先秦者。是先秦的《易传》名实或颇纷纭，不尽为传本所限。

远在晋朝，先已有过一次规模颇大的文物出土，即在西晋武帝太康二年（公元281）汲郡所出战国魏王墓中简牍，其中如《卦下易经》一篇，史载"似《说卦》而异"；《公孙段》二篇，则记"公孙段与邵陟论《易》"。[3] 这些《易》说的内容虽不能具详，但与帛本《易传》诸篇内容应是性质相近的。可见自战国以至汉初，这类《易传》是很不少的。

至于汉世传籍，其称引《易》文而不见于今本乃至帛本者，亦尚有之。最常见的一条见贾谊《新书·胎教》：

《易》曰："正其本而万物理，失之毫厘，差以千里，故君子慎始。"[4]

---

[1] 《战国策》（台北：九思出版公司，1978年11月），卷11，第409—410页。案：或主《易传》至"从之"止。

[2] 张政烺先生以为篇末原有题尾，但字已残损，参所著《马王堆帛书〈周易·系辞〉校读》，陈鼓应主编：《道家文化研究》第3辑（上海：上海古籍出版社，1993年8月），第35页。其后陈松长、廖名春分别发表之两种释文，对此点皆不持肯定。陈文见同书，廖文见朱伯崑主编：《国际易学研究》第1辑（北京：华夏出版社，1995年1月）。

[3] 见（唐）房玄龄等撰：《晋书》（北京：中华书局，1974年11月），卷51，第1432—1433页。

[4] （汉）贾谊：《新书》（台北：商务印书馆，1975年，《四部丛刊初编》缩印本第18册），卷10，第79页。

此数语又见于《大戴礼·礼察》和《保傅篇》，此外《礼记·经解》《史记·太史公自序》《汉书·东方朔传》《说苑·建本》《列女传·贞顺传·召南申女》等都有相同的引述，只不过文字互有一二小同异而已。《史记集解》引徐广谓其言见《易纬》。今此文见于《易纬·通卦验》。诸书引述，皆称"《易》曰"，独《列女传》则称"《传》曰"。此外，如《盐铁论·遵道》：

> 《易》曰："小人处盛位，虽高必崩，不盈其道，不恒其德，而能以善终身，未之有也。是以初登于天，后入于地。"[1]

《说苑·敬慎》：

> 《易》曰："不损而益之，故损；自损而终，故益。"[2]

《说文解字》：

> 《易》曰："地可观者，莫可观于木。"[3]

这些话，都不见于今《易》，自然应该是当时传世《易》传之文，而汉人引述，似乎并不细分，将说解经文的话，都一例可称为《易》。这种称谓自是不经，然而即此亦可见今传十篇《易传》之外，传世的《易》传著作，宜不在少。尤如"失之毫厘，差以千里"一条，见于《易纬》，可推想纬书中的许多说法，或亦来自当时的传。所以司马谈说：

> 《六艺》经传以千万数。[4]

其语或略嫌夸大，然如《易》传，决不会只有后世附经的十篇而已。至于司马迁《太史公自序》中引其先人之言曰：

> 先人有言："自周公卒五百岁而有孔子。孔子卒后至于今五百岁，有能绍明世，正《易传》，继《春秋》，本《诗》《书》《礼》《乐》之际？"意在斯乎！意在斯乎！小子何敢让焉。[5]

---

[1] （汉）桓宽：《盐铁论》（台北：商务印书馆，1975年，《四部丛刊初编》缩印本第19册），卷5，第38页。案："初登于天，后入于地"，原为《明夷·上六》爻辞。
[2] （汉）刘向编：《说苑》（台北：商务印书馆，1975年，《四部丛刊初编》缩印本第19册），卷10，第45页。
[3] （清）段玉裁：《说文解字注》（台北：艺文印书馆，1970年，影印经韵楼本），第四篇上，"相"字注，第134页。段云："许盖引《易·观卦》说也。"
[4] 《史记·太史公自序》，《史记》，卷130，第3290页。
[5] 同上注，第3296页。

所谓先人，或说是先代贤人，或说是指他父亲司马谈，然这不重要；重要的是司马迁后续的文意，正以自己继承孔子自任。观其所列举各书，可知他以为《六经》都是经过孔子所整编的，这和《孔子世家》的说法相一致。也就是说，司马迁认为《易传》是孔子所作的。然特可注意者，乃在"正《易传》"的"正"字的含义。所谓"正"，是正其不正以归于正之意。此处"正""继""本"，皆不指孔子自身，而是就继承孔子的司马迁自身而言。此处的《易传》如指孔子已经撰著编定好的《易传》，那么司马迁要如何来"正"它呢？孔子的《易传》又有何不正之处，要待几百年后的太史公来订正呢？这恐怕是不通的。在司马迁心目中，当是以为当时传世的种种《易传》，未必尽出孔子，他人不辨，故须要有人来"正"。他要指出，只有若干篇传才是孔子的，这才是真正孔子的《易传》，所以《自序》中这句《易传》，如说是指孔子所作的，也应作如是理解。他人则无太史公此种辨正工夫，无论经传，也不管是否真出孔子，一律混称为《易》，这样的《易传》岂不成了不正吗？[1]

后人往往以后例前，看到班固的讲法，便容易类同等视司马迁的讲法，更不分辨。其实"十翼"总共才七种，篇目字数无多，马、班不列则已，既已列出篇名，何以独独漏列其中一、二种？此在班固，因已明著十篇，尚不易使人误会；但假令司马迁时明有十篇，他本亦以为此十篇为孔子所作，则何以不提篇数，又不备列篇目？所以金氏解《史》文，谓司马迁仅谓《彖》《象》《文言》三篇才是孔子之作，不为无理。巧合的是，这一结论正与皮锡瑞所主张孔子所作《易传》的三种不谋而合。

《易传》中更重要的一篇是《系辞传》，因为这篇内容在中国思想史上有非凡的意义。这些思想内容究竟是孔子的呢？还是后出儒者的呢？这不仅是经学上要解决的问题，在中国思想史发展的脉络上，也是必须探究清楚的，否则先秦思想的发展便呈现出一些难以解释的状

---

[1] 司马迁所说"正《易传》"，近年已颇受学者注意，亦每有论说，但解读发挥仍各有异同。

况。现在的问题不是孔子有没有写《系辞》，而是直到司马迁写《史记》时，他有没有看到如后世所传的这一篇《系辞传》？或即使他看到过，有没有判定为孔子所作？《史记》中引到过今本《系辞》的，仅有一处，见于《太史公自序》引述其父司马谈《论六家要旨》，其言曰：

    《易大传》："天下一致而百虑，同归而殊涂。"[1]

《史记》之《集解》《正义》并引张晏说《易大传》就是《易·系辞》。此两语见于今《系辞下》，作：

    天下同归而殊涂，一致而百虑。

司马谈所引述，与《系辞》两句先后正相颠倒。今不知司马氏所见究竟是否与今本《系辞》有异文，若谓基本上是同一本，则为何不称《系辞》，而改称《易大传》？今本《系辞》的内容，其见于汉初著作引述者，如陆贾《新语·辨惑》：

    《易》曰："二人同心，其义断金。"[2]

又同书《明诚篇》：

    《易》曰："天垂象，见吉凶，圣人则之。"[3]

惟今本"则"作"象"。又《韩诗外传》卷三：

    传曰："易简而天下之理得矣。"[4]

陆、韩二人皆在司马迁之前，所引或称"《易》"，或称"传"，可见当时已早有这类内容传世，而学者引述，名称似仍未固定。又《说苑·指武》：

    《易》曰："不威小，不惩大，此小人之福也。"[5]

今本《系辞下》作"不威不惩，小惩而大诫，此小人之福也"，帛本亦略同。又《淮南子·诠言训》：

---

[1] 《史记·太史公自序》，《史记》，卷130，第3288页。
[2] （汉）陆贾：《新语》（台北：商务印书馆，1975年，《四部丛刊初编》缩印本第18册），卷上，第8页。案：《说苑·敬慎》引作"其利断金"，与今本《系辞》同；见《四部丛刊初编》缩印本第19册，卷10，第46页。
[3] 《新语》，卷下，第16页。
[4] （汉）韩婴：《韩诗外传》（台北：商务印书馆，1975年，《四部丛刊初编》缩印本第4册），卷3，第20页。
[5] 刘向：《说苑》，卷15，第71页。

> 方以类别，物以群分。[1]

其言见于今本《系辞上传》，帛本《系辞》亦有此语，惟"别"并作"聚"，与《淮南》异文。《淮南》此两句不作引文，不称"《易》曰"，则其时有无今本《系辞》之成篇，殊为可疑。

《汉书·司马迁传》因袭《史记·太史公自序》之文，其引述司马谈《论六家要旨》仍称《易大传》，两句次序亦同。然班固在《艺文志》引到此两语，则云：

> 《易》曰："天下同归而殊涂，一致而百虑。"[2]

此则同于今本《系辞》之文，并亦称"《易》曰"，不复称《易大传》。可知班固所见文字已同于今本，对照于《汉书·儒林传》孔子作《易传》十篇的话，也可知那时已确有《系辞》篇名，因此班固直称为"《易》曰"，自然是可以理解的。但是为何在《汉书·司马迁传》里却仍称"《易大传》"呢？当然此一处我们或可解释为，这是由于他抄录太史公原文，不再改动。然而《汉书》中尚有另一处引到《易大传》，见于《郊祀志下》：

> 《易大传》曰："诬神者殃及三世。"[3]

这是刘向回答汉成帝问话时所引述，今此语则不见于今《易》中之任何一篇。《汉书补注》引沈钦韩曰：

> 《大戴·本命篇》："诬鬼神者罪及二世。"亦见《鲁语》。[4]

这些也只是文意相近，古语相传，各取所需，亦非不可能。《易大传》实质若何并不能恃此解决。

《史记》中除一称《易大传》外，更无一语及于《系辞》。若谓《易大传》乃旧称，《系辞》为后起之名，司马谈沿用旧名，班固亦抄袭《史记》原文，也都可通；但刘向已晚至西汉末世，何以又引及《易大传》，而其文又不见于今之《易传》？刘向尝领校《五经》秘

---

[1] 何宁：《淮南子集释》，卷14，第991页。
[2] 班固：《汉书》，卷30，第1746页。
[3] 班固：《汉书》，卷25下，第1258页。
[4] （清）王先谦：《汉书补注》（北京：中华书局，1993年11月），卷25下，第556页。案：《鲁语》略同其意，文不同。

书,得窥中秘旧籍,我们有理由相信在刘向的时候,他还能看到一篇《易大传》。虽然无法判定这一篇《易大传》和司马谈所引是否同为一物,但似乎不应在西汉初期和末期分别有同名而内容不同的两篇《易大传》存在。根据《汉志》著录《易》经十二篇,施、孟、梁丘三家,则在宣帝立《易》博士时,《易传》十篇应已结集。而《汉书·刘向传》向上封事引《系辞上传》"君不密,则失臣;臣不密,则失身;几事不密,则害成",[1] 又引"书不尽言,言不尽意",[2] 都称为"《易》曰"。是在刘向以至班固的时候,对早已经流传确立的《系辞传》都只有称"《易》",未有称"《易大传》"的。因此我们回顾《史记》以至刘向所引的《易大传》,自可疑及这篇文章究竟和《系辞传》是一是二?如说是一,则那时是否已出《系辞》之名?若已出新名,则这新名显非孔子所原定;何以司马迁仍用旧称,而却在《孔子世家》里又改用新名?若说是二,则何以内容又见于今本《系辞》?我想后一问题较易回答。第一,司马迁所引《易大传》与今本《系辞》两句先后颠倒,不见得同为一篇;纵谓古人引书,不必尽同,然同一雷同的内容分别为多种载籍所引述,即在前引的例证中,已可见古书中这类情况并不罕见。所以说,《易大传》与《系辞》原非一物,并非绝不可能。再退一步说,我们从马王堆帛本《系辞》来看,可知直到汉文帝的初期,《系辞》还未有篇名;而其内容异于今本,可知其时今本仍未编定完成。这些内容,有若干部分重见于《易大传》则是可能的。所以直到司马迁时,今本《系辞》的若干内容,或早以各种面貌出现存在,然当时尚无《系辞》之名,也尚未固定编成今本的形态。若以上推论正确,则《世家》中的"系"字当然不应是《系辞》的省称。

"大传"的名称,先秦未见,汉世以此为名者亦不多,最著名的是伏生的《尚书大传》,但《史》《汉》皆未引及此书,两书所引到的,只有《易大传》和《春秋大传》。引到《易大传》的,便是上举三处。《春秋大传》仅一引,见于《史记·三王世家》,其文云:

---

[1] 《汉书·楚元王传》,卷36,第1962页。
[2] 同上注,第1965页。

> 《春秋大传》曰:"天子之国有泰社。东方青,南方赤,西方白,北方黑,上方黄。"[1]

此亦不知是怎样一部书,类似之语亦见于若干经疏的引述,却说是《韩诗外传》的话,而今本《外传》也并无此等话。陈乔枞《韩诗遗说考》亦收入此文,并谓汉人书中尚有近似之言。要之,此已以五方色为说,当出战国后期以下人所为,即出汉人亦甚可能。至若《礼记》有《大传》之篇,陆氏《音义》引郑玄云:

> 以其记祖宗人亲之大义,故以大传为篇。[2]

大概因其所论述古代宗法礼仪制度的重大意义,并非如逐章逐句依经为传的一般传记,故称"大传"。《四库提要》说《尚书大传》云:

> 其文或说《尚书》,或不说《尚书》,大抵如《诗外传》《春秋繁露》,与经义在离合之间,而古训旧典往往而在,所谓《六艺》之支流也。[3]

其书所述,有些有关经义,有些则与经义无关。这类书引述既少,断墨残楮,很难确知其性质。《提要》甚至说其"于经文之外,掇拾遗文,推衍旁义,盖即古之纬书"。大概在秦汉之际,有此一种传体产生流传。至于近人或谓此等著作是通论一经的,又或谓是统称全传,如《易大传》乃统十传而言,这恐都是臆度之词。

我们尚可从司马迁对诸经的态度来观察他对《系辞》的态度。《史记·五帝本纪》云:

> 学者多称五帝,尚矣。然《尚书》独载尧以来;而百家言黄帝,其文不雅驯,荐绅先生难言之。孔子所传宰予问《五帝德》及《帝系姓》,儒者或不传。余尝西至空桐,北过涿鹿,东渐于海,南浮江淮矣,至长老皆各往往称黄帝、尧、舜之处,风教固

---

[1] 司马迁:《史记》,卷60,第2115页。
[2] (唐)陆德明:《经典释文》(台北:汉京文化事业公司,1980年2月,影印清卢文弨校抱经堂本),卷12,第195页。
[3] (清)纪昀等总纂:《钦定四库全书总目》(台北:艺文印书馆,1979年),卷12,第298页。

殊焉，总之不离古文者近是。[1]

此所谓"古文"，实指《六艺》古籍。[2]《六经》仅及尧舜，未备及五帝，惟《大戴礼》中《五帝德》《帝系姓》之类则有之，而太史公谓此等篇章乃孔子所传，虽非"古文"，而"不离古文"，故以为"近是"。其尊孔从孔之意甚显。又《伯夷列传》亦云：

> 夫学者载籍极博，犹考信于《六艺》；《诗》《书》虽缺，然虞夏之文可知也。[3]

因重《六经》、重孔子，故列传首伯夷、叔齐，至如诸子书中所载，如许由、卞随、瞀光之流，便不予采信而立传，亦视之如所谓"百家言黄帝，其文不雅驯"之类。这都是司马迁著史最基本立场的宣示。今《系辞》明明详述伏羲、神农制作，而司马迁述五帝只托始于黄帝，并不言伏羲、神农，可知纵使在他的时代已有《系辞》，他也并未视《系辞》为孔子所作。若说《系辞》为孔子作，则至少也是"不离古文"而"近是"，他不应视若无睹，全不理会。

不仅司马迁并未以《系辞》为孔子所作，再如《说苑·君道》载泄冶所说的一段话：

> 《易》曰："夫君子居其室，出其言善，则千里之外应之，况其迩者乎？居其室，出其言不善，则千里之外违之，况其迩者乎？言出于身，加于民；行发乎迩，见乎远。言行，君子之枢机；枢机之发，荣辱之主，君子之所以动天地。可不慎乎！"[4]

这一段文字见于今本《系辞上传》。泄冶谏陈灵公而被杀，其人远在孔子之前，显然不可能引据孔子。《系辞》以外，《象传》也有类似的例子，亦见《说苑·敬慎》，叔向对韩平子问，曰：

> 《易》曰："天道亏满而益谦，地道变满而流谦，鬼神害满而

---

[1] 司马迁：《史记》，卷1，第46页。
[2] 说见钱穆：《两汉经学今古文平议·两汉博士家法考》（台北：联经出版事业公司，1998年5月，《钱宾四先生全集》第8册），第203—204页。
[3] 司马迁：《史记》，卷61，第2121页。
[4] 刘向：《说苑》，卷1，第2页。

福谦，人道恶满而好谦。"[1]

此四句则见于《谦》卦《象传》。叔向，晋大夫，晋悼公即位（公元前572年），使傅太子；其事在孔子生前二十二年。晋平公二十二年（公元前536）郑铸刑书，叔向遗书子产表示反对；时孔子方十六。叔向对问之年，纵如《说苑》所称"臣年八十"，要之决不下及传说孔子晚年赞《易》之后。故叔向也并非引孔子的话。虽然此等记载应非史实，[2] 但我们即从其内容推论，亦可知初作此文者亦决不以此段文字出于孔子，是不烦深论的。

　　汉世引《易传》，多泛称"《易》曰"而不指实篇名，惟《京氏易传》卷上两引《系辞传》，其一见于《遁》卦，曰：

　　　　《係》云："能消息者，必专者败。"[3]

又一见于《丰》卦，曰：

　　　　《係》云："一阴一阳之谓道。"[4]

"係"通"繫（系）"，可无辨。但这两条引文，后一条见于今本；前一条则为今本所无，却见于孔颖达《周易正义·序》引，以为《易纬·乾凿度》语。《乾凿度》引作"能消者息，必专者败"，以文意论，似较《京氏易传》为长。谓此文出于《系辞》，未知究竟是京氏误引，还是意味着：即使到了汉元帝时的京房，他所看到的《系辞》和今本仍有异同？但至少可以推定一点，大概在宣、元之世，《系辞》之名是成立了。所以我在上文说，刘向仍一引及《易大传》，内容又非今《系辞》所有，很可能两者并非同为一物。再说《系辞》之省称为《系》，其实依然是不经的。"十传"之篇名，如《彖传》《象传》，可省称《彖》《象》，所省去的是"传"字。《系辞传》只宜省称为《系辞》，不应连

---

[1] 刘向：《说苑》，卷10，第46页。
[2] 《说苑》一书，乃捃拾遗闻逸事而成，其中多是古来传说，不必尽为信史，又其中有些记载和同出刘向所编的《新序》也有自相矛盾之处，即此可见这些故事乃刘氏各据其前流传文献采录，或有失于参校考订的地方，而决非出于其人之杜撰。参《四库提要》说，卷91，第1809—1810页。
[3] （汉）京房：《京氏易传》（台北：商务印书馆，1976年，《四部丛刊初编》缩印本第4册），卷上，第2页。
[4] 同上注，第9页。

省两字；就好比《文言传》不得省称为《文》，《序卦传》不得省称为《序》一样。京房以《系》为《系辞》，实已因误读《孔子世家》原文，不惟以《系辞》为孔子作，并亦以为《系辞》可径省为《系》。然至班固，虽已接受孔子作十传之说，亦以《史》文称谓不妥，故改作《系辞》《序卦》，而不用省称。后人不辨，就都如同京房一样，以为《系辞》可以省称为《系》，不知其他两字名篇者皆不可省，此篇独省，已是不词。实则参考前引金德建的讲法，司马迁又何尝是故意省掉几个字呢？在司马迁之后，有人将传世的各种《易传》分别整理分篇，因有《世家》中这几句话在先，于是《系辞》《说卦》《序卦》的篇名便附会而产生了。总之今本《系辞》之定名与编缀成为今本的形式，疑即在司马迁身后以迄宣帝一段期间，得名之由，正因附会于史公《世家》之文。王博先生据《汉书·武帝纪》，元朔元年（公元前128）立卫皇后的诏书引"《易》曰：'通其变，使民不倦'"，其辞见于今本《系辞》，而称"《易》曰"，因此推断先于此年，今本《系辞传》已经编定，且已有经的地位，故武帝乃得径称为《易》。[1] 这种推论，实缘于对《史》文的误解，遂认定了司马迁时确有《系辞》。至若以"《易》曰"为根据，则汉高帝时的陆贾和文、景时的韩婴，皆已先引此文而亦称"《易》曰"，其实都是不足为据的。

司马迁想要"正《易传》"，其结果只承认《彖》《象》《文言》三篇是孔子所作。至于他所引到的"失之毫厘，差以千里"，而亦称"《易》曰"，则不知是沿用时人习称，仍泛称《易》之各传为《易》，抑或司马迁所见所谓孔子《易传》诸篇，如《文言》之类，与今本复有出入。今已无由详论。要之《系辞》所言思想，有非孔子时代所能出者。《易传》中如《系辞》《说卦》《文言》等篇，不仅为晚出之篇，并亦不出一手。自北宋欧阳修《易童子问》以来，已指出这些文章的"繁衍丛脞"，不应出于一人之言。如画卦的传说，同在《系辞》中，或说"仰观俯察"天文地理，又或说则于《河图》《洛书》，总

---

[1] 王博：《从帛书〈易传〉看今本〈系辞〉的形成过程》，陈鼓应主编：《道家文化研究》第3辑（上海：上海古籍出版社，1993年8月），第154页。

之已成两说。诸如此类，欧阳修便据以疑《系辞》以下诸篇，不出孔子；但他所疑尚不及于《彖》《象》两种。[1] 后来到了清代乾嘉时，崔述《洙泗考信录》便连《彖》《象》都一体怀疑了。[2] 民初以来疑古辨伪学风兴起，大体赞成崔氏的学者便渐多了。近代学者如钱宾四师《易经研究》、[3] 冯友兰先生《孔子在中国历史中的地位》等文，[4] 已分就"天""道""鬼神"的观念比较《易传》与《论语》中的歧异，就思想的内涵来判定《易传》非孔子所作。

（二）孔子五十以学《易》

过去旧说认为孔子赞《易》的主张，还有一个很重要的旁证，也出于《史记》，即"孔子晚而喜《易》……读《易》，韦编三绝"的传说。[5] 如所言属实，孔子和《易经》的关系自是十分密切的。主张此说的学者，往往还补上一个相当坚强的证据，便是《论语·述而》载：

子曰："加我数年，五十以学《易》，可以无大过矣。"

论者每以此条为孔子学《易》的根据。黄沛荣先生《孔子与周易经传之关系》一文尝归纳后人对此章的解读，除上引《论语》今貌外，异读竟尚有六说之多，兹录如次：

假我数年，卒以学《易》，可以无大过矣。（朱熹）

加我数年，吾以学《易》，可以无大过矣。（詹道传）

加我数年，五、十，以学《易》，可以无大过矣。（俞樾）

---

[1] 说见《欧阳文忠公文集》（台北：商务印书馆，1975年，《四部丛刊初编》缩印本第49册），卷77，《易童子问》，卷3，第577—580页。

[2] 其实在欧阳修以前，宋人已先有疑《易传》者；南宋学者，亦有疑及《彖》《象》者；但以遗说未详，故本文但举影响后世最大者简略言之。详说叶国良《宋人疑经改经考》（台北：台湾大学文史丛刊之五十五，1980年6月），第1章第1节。

[3] 钱穆：《中国学术思想史论丛》（一），《钱宾四先生全集》，第18册，第262—269页。此文举十证疑《易传》非孔子所作，其中多例即本于崔述《洙泗考信录》。

[4] 冯友兰：《三松堂全集》（郑州：河南人民出版社，1992年6月），第11卷，第151—165页。此文原载《古史辨》第2册。

[5] 《史记·孔子世家》，卷47，第1937页。

> 加我数年，七十以学《易》，可以无大过矣。（惠栋）
>
> 加我数年，五十以学，亦可以无大过矣。（《经典释文》引《鲁论》）
>
> 加我数年，五、十，以学，亦可以无大过矣。（龚元玠、毛子水）[1]

六说中，前四说与今本《论语》基本相同者，在于都承认孔子学《易》的事实。然而使我们很感兴趣的是，他们都同意孔子学《易》，但却千方百计，想要替换出原文的"五十"二字。但如改说"吾以学《易》"，则"吾"字显为赘辞；改为"五、十，以学《易》"，"五"尚合说"数年"，"十"则不免牵强。他们何以如此费力而不愿即从原文作解呢？惠栋改"五十"为"七十"似正点出了关键，因为《史记》明明说孔子"晚而喜《易》"，孔子七十三岁而卒，五十无论如何都不能算"晚"。所以即如深信孔子撰"十翼"的朱子，也只能主张改"五十"为"卒"。《朱子语类》：

> 问"五十以学《易》"章，先生举《史记》，云："是时孔子年老，已及七十，欲赞《易》，故发此语。若作'五十以学《易》'，全无意思。"[2]

纵不改字，照《论语》原文，孔子要到五十，才来学《易》，于理已然难通，何以三十、四十不能学《易》；且要学《易》方可以无"大过"？况且一部《论语》，也从不见孔子以《易》来教门人的记载。朱子也注意到这些不合情理之处，所以他又解释说：

> 孔子当时教人，只说"《诗》《书》、执礼"，只说"学《诗》乎"，与"兴于《诗》，立于礼，成于乐"，只说"人而不为《周南》《召南》"，"《诗》三百，一言以蔽之曰：'思无邪。'"元不曾教人去读《易》。但有一处说："假我数年，五十以学《易》，可以无

---

[1] 黄沛荣：《易学乾坤·孔子与周易经传之关系》，第165页。
[2] （宋）黎靖德编：《朱子语类》（台北：文津出版社，1986年12月），第3册，卷34，第886页。

大过矣。"这也只是孔子自恧地说，不会将这个去教人。[1]

为何孔子自己学了，又不拿来教人？朱子说：

> "假我数年，五十以学《易》"，乃是圣人自说，非学者事。盖《易》是个极难理会底物事，非他书之比。如古者先王"顺《诗》《书》礼乐以造士"，亦只是以此四者，亦不及于《易》。盖《易》只是个卜筮书，藏于太史、太卜，以占吉凶，亦未有许多说话。及孔子始取而敷绎为"十翼"《彖》《象》《系辞》《文言》《杂卦》之类，方说出道理来。[2]

盖以为《易》道极难，非学者之事，所以尽管孔子自己已说出道理来，还是不用来教学生。这是就"五十学《易》"为说，尚只能如此解释，到后来朱子主张"七十学《易》"了，岂不更难以为词？学生问：

> 孔子少年不学《易》，到老方学《易》乎？

朱子回答说：

> 作《彖》《象》《文言》以为"十翼"，不是方读《易》也。[3]

又说：

> 《史记》"加"作"假"，古本"五十"作"卒"字。"加""假"声相近，"五十"与"卒"字相似，而并误也。此孔子系《易》之时，自谓"假我数年，卒以学《易》，可以无大过"者，为此自谦之辞以教学者，深以见《易》之道无穷也。[4]

如此一来，"学《易》"便说成"赞《易》"。实则异文作"卒"，唐以前载籍皆无人提及，在版本的依据上，朱子所听闻的异本是未必足据的。[5] 总之，我们从朱子自身前后的各种解说，以至继此而改字解说的种种思量来看，已可反映出今本原文于理难通的困境。

元陈天祥《四书辨疑》曰：

---

[1]（宋）黎靖德编：《朱子语类》，第4册，卷66，第1623页。
[2] 同上注，第5册，卷67，第1658页。
[3] 同上注，第3册，卷34，第886页。
[4] 同上注，第886—887页。
[5] 朱子《论语集注》中说是"刘聘君见元城刘忠定公，自言尝读他《论》"，有"五十"作"卒"的异文。事实上仅出传闻，朱子自己也没亲见过这种本子。

以"五十"为"卒","卒以学易",不成文理。《注》文准《史记》为断,谓无"五十"字,是时孔子年几七十。《语录》言孔子欲赞《易》,故发此语。王淖南曰:"经无赞《易》之文,何为而知为是时语乎?"此言甚当。《注》又言:"学《易》则明乎消长吉凶之理、进退存亡之道,故可以无大过。"予谓若以此章为孔子七十时所言,假我数年以学《易》,则又期在七十以后。然孔子七十三而卒,直有大过一世矣。只从五十字说,亦有五十年大过,小过则又不论也,何足为圣人乎?孔子天纵生知,不应晚年方始学《易》也。五十、七十义皆不通。又有说学《易》为修《易》,过为《易》书毂乱者。复有说学《易》而失之无所不至,孔子忧之,故托以戒人者。皆为曲说。此章之义,本不易知,姑当置之,以待后之君子。[1]

此一质疑甚是,惜乎后之君子,依然无法释其所疑。故如明孙应鳌《四书近语》乃谓"非以五十之年学《易》,是以五十之理数学《易》也"。[2] 则"五十"是指《易》中大衍之数,犹言孔子以数求《易》。清戴望又从而推益之,谓"大过"亦指《大过》卦。其言曰:

《大过》于消息为十月卦,阳伏阴中,上下皆阴。故《杂卦》曰:"《大过》,颠也。"颠则阳息,万物死。圣人使阳升阴降,由《复》出《震》,自《临》而《泰》,盈《乾》生《井》,终《既济》,定六位,正王度,见可不遇《大过》之世也。[3]

依此说来,则"无大过"并非指一身之过,乃谓圣人错综变化其数以使阳升阴降,可使无《大过》之世。其所以为推说之据者,惟在《杂卦》"《大过》,颠也"一语。然而《大过》卦辞云:

大过:栋桡。利有攸往,亨。

---

[1] (清)徐乾学等编:《通志堂经解》(台北:汉京文化事业公司,1980年),第39册,第22443页。案:是书不题撰人,《四库提要》从朱彝尊《经义考》定其为陈氏作,今从之。

[2] 见程树德:《论语集释》(北京:中华书局,1990年8月),第472页引。

[3] 说见《论语注》,(清)刘宝楠:《论语正义》(北京:中华书局,1990年3月),第268—269页引其说,并以为"亦备一义"。

《彖传》释之云：

> 大过，大者过也。"栋桡"，本末弱也。刚过而中，巽而说行，"利有攸往"，乃"亨"。大过之时大矣哉！

此卦四阳居中过盛，阳为大，故称大过，当大过之时，正须有大过人之才者足以济之，故说"利有攸往"则"亨"。故王弼《注》特明此卦名音读，曰：

> 音"相过"之"过"。

孔氏《正义》进一步说明：

> 过谓过越之过，非经过之过。……"相过"者，谓相过越之甚也，非谓相过从之过。[1]

则"大过"之"过"本不指过咎，而是说过越。《大过》四阳在中，二阴在外，本末指上下两阴，谓始终皆弱，故有"栋桡"之象。《杂卦》言"颠"，依韩《注》即谓其以此而致颠，这当然是说衰乱之世；然大过之世，正赖有大过之才以大过之行拯其患难，故利有所往而亨，如此又岂要不得？所以王弼《注》又云：

> 大者乃能过也。……是君子有为之时也。

正是此意。而《大象传》亦云：

> 泽灭木，大过；君子以独立不惧，遁世无闷。

泽本所以养木，今则至于灭木，岂不过甚？木虽为水浸，然始终不动，故君子不惧、无闷，正是处此大过之时所有的大过之行；此是君子之大过。其义依然与《彖传》相通一致，皆兼摄处境与处方两面义。与《大过》可相参照者有《小过》，孔氏《正义》云："过于小事，谓之小过。"并本《彖传》"小者过而亨"而推说："言因过得亨，明非罪过。"是以过非罪过，亦与《大过》相同。《小过·大象传》："君子以行过乎恭，丧过乎哀，用过乎俭。"盖谓此三者皆小者之过，并是不容不小过而俱善者；三者若不过或过甚，反为不正。是则《彖》《象》认为大过、小过之时，正须有大过、小过之人来善处之以正道。依旧说，此

---

[1] （唐）孔颖达：《周易正义》（台北：艺文印书馆，1965年，《十三经注疏》第1册，影印清嘉庆江西南昌府学本），卷3，第70页。

两篇传皆孔子所作,果如戴氏说《论语》云云,则孔子何以又只取片面之义?能不遇大过之世固属理想,然孔子所处之世已是大过,若真依《易》义,则正须非常之才、非常之行以挽其倾危,这才是"大过之时大矣哉"。由此可见将《易》之大过与《论语》之大过相提并论,其实还是附会,依然是陈天祥所讥的"曲说"。

因此近时学者,颇有主张改依《鲁论》为读的,谓"易"原当作"亦",连下文读,不连上文读,根本不涉及《易经》。孔子为此语时,约当五十之前数年。古人四十强仕,孔子四十以后,阳货亦曾欲强孔子出仕,而为孔子所拒。然以当时情势,孔子亦自知必将出仕,但孔子好学逾于常人,不想打断长期以来从事于学的生活,故说容我多学数年,至于五十,然后任事,庶可不致有大过失。"五十以学",是拿五十岁作准,用五十年来学,亦即学至于五十之意。[1] 如此说,《论语》此条便与《易》不相干,而今本文句所产生的疑义也将不复存在。

但是仍然有学者对《鲁论》的异文提出质疑。有一种意见,认为《释文》所言"《鲁》读"仅为标音,不是异文。此点已经平心举例批驳[2];黄沛荣先生更进而将《释文》所及"《鲁》读"二十二例全面归纳分析,证明"《鲁》读"确是异文,不是注音。[3]

尽管《鲁》读是异文已可确定,然而还有学者提出异议。李学勤先生《周易经传溯源》便根据罗常培、周祖谟两先生的古音研究,认为"易"在上古韵属锡部,"亦"则在铎部,两字并不能相通假。他引罗、周二氏的论断说:

> 西汉时期铎与职、沃、锡没有通押的例子,到东汉就有了。

---

[1] 古之学者,四十、五十为强仕,而养老之礼以五十始,故四十、五十乃亲学与养老一大界限,故孔子曰:"四十、五十而无闻焉,斯亦不足畏也已。"盖五十以前尚可为学,故孔子五十而为中都宰,未至五十,则游仕之余,犹思为学。此意详见清毛奇龄《论语稽求篇》(收入《皇清经解》,汉京文化事业公司,第14册,卷180,第9628页。)惟毛氏仍主"学《易》",与本文论旨不同。
[2] 平心:《关于周易的性质历史内容和制作时代》,黄寿祺、张善文编:《周易研究论文集》第1辑(北京:北京师范大学出版社,1987年9月),第316—319页。案:此文原载《学术月刊》1963年第7期。
[3] 黄沛荣:《易学乾坤·孔子与周易经传之关系》,第169—172页。

铎、锡在一起押韵的还比较多。[1]

于是便据以判定《鲁论》作"亦"上限不能过张禹。张禹则已在西汉末世。其实单凭古音来作论断，有时是颇为危险的。如说上古音韵，主要根据《诗经》为主，而《诗经》韵脚字数有限，未必能通括其全；而且《诗经》的时代和《论语》撰著的时代也差上了好几百年，也不能即以同属上古，便可据此例彼；更何况古代亦犹后代，仍有地域方音相殊的因素，也不能断言其必无。至少《鲁论》作"亦"，《古论》作"易"，学者已能承认其为通假，只在时代的定位上尚有异见而已。

一九七三年，河北定州汉墓出土了竹简《论语》，墓主据推定为卒于宣帝五凤三年（公元前55）的中山怀王刘修。书简的抄写，当然至少要比此年略早。张禹元帝时为太子师，定州汉简《论语》自然较早。这部简本《论语》也多所残缺，惟《述而》此章，则明白作：

……以学，亦可以毋大过矣。[2]

这和《释文》所著《鲁》读是相一致的。此一简本据研究，应属《鲁论》，同墓出土尚有萧望之的奏议。萧望之即为张禹前任之《鲁论》大师，亦为太子师。宣帝末，张禹入朝，即由望之主试。张禹本习《齐论》，自后改尊《鲁论》，遂得望之赏识。元帝尝从望之学《鲁论》，乃用禹为太子《论语》师。萧望之又曾从夏侯胜问《论语》，胜则是昭、宣时经学大师。今定州所出系属《鲁论》的简本，当然也出师儒传授，则在西汉时代，"易""亦"早应并存，固并不如李学勤先生所推定，谓此两字由音近造成异文，其出现不早于两汉之际。清儒惠栋曾举后汉灵帝时的《外黄令高彪碑》：

恬虚守约，五十以学。[3]

他以为此碑即从《鲁》读。是则两汉所传《鲁》读仍相一致。

抑有进者，清王引之《经义述闻》亦曾指出，《公羊传·僖三十二

---

[1] 见李学勤：《周易经传溯源》（长春：长春出版社，1992年8月），第60页引。
[2] 河北省文物研究所定州汉墓竹简整理小组：《定州汉墓竹简论语》（北京：文物出版社，1997年7月），第33页。
[3] 见程树德《论语集释》引惠栋《经典释文校语》，第473页。

年》:"匹马隻(只)轮无反者",《释文》:"一本又作'易轮'。"王氏说:

> 隻,本字也。易,借字也。易,古音神石反。(原注:《经典释文·叙录》曰:"徐仙民反'易'为'神石'。")[1]

"隻"在铎部,"易"在锡部,可见两部在西汉前期或更早是有相通的例证的。王氏更进一步说:

> (铎、锡)二部,古或相通。如"幕"在铎部,"幦"在锡部,而《檀弓》:"布幕,卫也;縿幕,鲁也",郑注云:"幕,或为幦。""亦"在铎部,"易"在锡部,而《论语·述而》篇:"五十以学《易》,可以无大过矣",《释文》云:"《鲁》读'易'为'亦'。""释"在铎部,而《楚词·九章》:"思蹇产而不释",与锡部之"积""策""迹""适""愁""益"为韵。"赫"在铎部,而汉书:"赫蹏书",邓展音锡部"阋墙"之"阋"。《说文》"迹"从"亦"声,"狄"从"赤"(今案:《说文》作"亦")省声,"䳑"或作"鷊",从赤声,则以锡部之字而谐铎部之声;"狛"从"白"声,读若锡部之"蘖"(今案:《说文》作"檗"),又读若铎部之"泊";皆是也。[2]

他此处即举及《论语》这两字异文。他胪列了古籍中铎、锡二部相通假的例子,来作为前述《公羊传》的佐证。当然这些例证中,不见得全都可靠,如"迹"从"亦",李学勤先生也注意到,他便根据段玉裁《说文注》的说法,认为此字原当从"朿",仍属锡部字。[3]这在文字学的立场来说,论据是坚强的,因为此字的籀文便从"朿",还有其他古文字可以为旁证。其实段玉裁还牵连说及"狄"字,他认为此字不从"亦"省声,而一如"迹"字,其古文、籀文亦必从"朿"。只他说前一字,在《说文》中确有籀文可证,说此字则纯是推测了。总之,段氏也和李学勤等一样,并不主张铎、锡二部可以相通,但他在"亦"字的注中却也说:"或假为易",可见并未自坚其说。古音铎、锡二部

---

[1] (清)阮元编:《皇清经解》(台北:汉京文化事业公司,1980年,影印学海堂本),第19册,卷1203,第14095页。

[2] 同上注,第14095—14096页。

[3] 说详《周易经传溯源》,第60—61页。

的字为量本就不多，见于载籍押韵可供验证的自然更少，然而王氏所举，即扣除有疑义的少数一两例，其他例证，依然可以说明自先秦以至两汉，这两部字相通互用的可能性是绝对存在的。此外，如《黄帝内经素问·气厥论》：

> 大肠移热于胃，善食而瘦入，谓之食亦。胃移热于胆，亦曰食亦。[1]

唐王冰《注》云："亦，易也。"又《骨空论》：

> 扁骨有渗理凑，无髓孔，易髓无空。[2]

《注》亦云："易，亦也。"其书究出先秦抑出于汉，学者虽有歧说，但即此亦可知"易""亦"之通假，恐怕也不会晚出于两汉之际。

若转就常理推想，假定《论语》此条原当依《古论》作"易"，则正好可以和《史记》所载孔子读《易》赞《易》等说法相配合；这是汉人的共同信仰，《鲁论》学者又并未对此等传说提出任何异议，然则缘何无端将这一大有关系的字眼改为易滋歧解的"亦"字呢？恐怕事实刚好相反，原当以《鲁》读为正，《古论》作"易"只是通假；到了郑玄，久已笼罩在孔子作《十翼》的氛围之下，遇此异文，自易将其义理解为孔子学《易经》，取《古论》而舍《鲁论》遂成为必然的抉择了。

论者又往往举《论语》亦引及《易经》，见《子路篇》：

> 子曰："南人有言：'人而无恒，不可以作巫医。'善夫！""不恒其德，或承之羞。"子曰："不占而已矣。"[3]

此处所引《易》辞乃《易·恒卦》九三爻辞，可见孔子确曾见到过《易经》，甚而可说确曾读过《易经》。一部《论语》明引《易》文者仅此一处。[4]《易》之卦爻辞据学者研究，多承认其出于殷、周之际，孔子

---

[1] 《黄帝内经素问》（台北：商务印书馆，1975年，《四部丛刊初编》缩印本第21册），卷10，第77页。案："入"，《新校正》谓应依《甲乙经》作"又"，读连下文。今引文从王《注》。

[2] 同上注，卷16，第116页。

[3] （宋）朱熹：《四书章句集注》（北京：中华书局，1989年4月），第147页。

[4] 此外，《论语·宪问》："曾子曰：'君子思不出其位。'"，其文亦见《易·艮·大象》；然此条殊不足恃，说参第150页注1。

能够读到，何足为奇？他与人论及人之有恒、无恒，偶及相关爻辞可以相发者，也是极自然之事。姑无论此条以《易》与南人言并称，对于《易》的看法其实已可思过半；毕竟《论语》曾一引及《易》辞是一事，孔子有无晚而喜《易》又是另一事，至于孔子有无将《易经》来教门人弟子，乃至于撰著《十翼》，则更是另一事，其间并无必然的相连关系。更明白言之，不能即一以推二，也不能即一、二以推其三；此数事，理应分别看待。如朱子，他是相信孔子作《易传》的，但他本于《论语》，也知道孔子生平教人，只言"《诗》《书》执礼"，只说"兴于《诗》，立于礼，成于乐"；其教亲子伯鱼，也只说"学《诗》""学礼"，何尝有一语教人读《易》学《易》？

此后下逮战国，善学孔子者莫如孟子。通《孟子》全书，又何尝有一言及《易》？即到了先秦的最后期，儒门荀卿最为大师，但《荀子》书中言及于《易》者，今仅三处，其中两处同出《大略篇》，其一是论《易》之《咸》卦，内容与今《彖传》所述内容略同，但并不称引及《彖传》篇名，也不称"子曰"；其二是引及《小畜》初九爻辞。不过《大略篇》自唐杨倞以还，多谓其文出荀子弟子杂录师说以成篇，非出荀子亲撰。篇中屡称"孔子曰"，若当时已有今本《彖传》，并认为是孔子所作，则此篇论《易·咸》云云，便不应采取如此方式叙述，这岂不有袭孔子言论以为己说之嫌？这两处既未必出自荀子本人，姑置勿论。另有一条引到《易经》的，则见于《非相篇》，荀子说：

> 凡言不合先王，不顺礼义，谓之奸言，虽辩，君子不听。法先王，顺礼义，党学者，然而不好言，不乐言，则必非诚士也。故君子之于言也，志好之，行安之，乐言之。故君子必辩。凡人莫不好言其所善，而君子为甚。故赠人以言，重于金石珠玉；劝人以言，美于黼黻文章；听人以言，乐于钟鼓琴瑟。故君子之于言无厌。鄙夫反是，好其实，不恤其文，是以终身不免埤污佣俗。故《易》曰："括囊，无咎无誉。"腐儒之谓也。[1]

---

[1] （清）王先谦：《荀子集解》（北京：中华书局，1988年9月），卷3，第83—84页。

这段文章和上述《大略篇》不同，应是荀子自己的话。他极言君子应重言，有所献替，不应默尔不言，故引《易·坤·六四》爻辞中括囊之象，对于人如此而得无咎无誉者，乃严词直斥之为"腐儒"。我们试看此爻《象传》，曰：

"括囊无咎"，慎不害也。

《文言传》亦曰：

"括囊无咎"，盖言谨也。

则括囊无咎，正是善处其势以远害之意，绝不是一句要不得的话。倘说荀子已读到这两篇所谓孔子作的传，此处岂不变成明目张胆地和孔子唱反调吗？所以在荀子之时，即令已有《象传》《文言》之文，恐怕也决不会认为是孔子所作的。汉人说孔子作《易传》，孔门传《易》，如为情实，传到了荀子，不应如此荒腔走板。所以无论《论语》或《荀子》，称引到《易》文，不过是就这部自古流传的占筮书中，遇其义理可相证发者，偶一及之而已，其在先秦孔门，决不与《诗》《书》同科，更不会如汉儒以下，视之为群经之首，其地位反而更高。《荀子》书中连类提到诸经名目，如《劝学》，如《儒效》，纵已提及《春秋》，却并无一言及《易》。[1] 即此可知不仅孔子不传《易》，孟子也不传《易》，直到《荀子》也还如此。此下秦始皇焚书而不及《易》，便不难理解了。

（三）孔门传《易》说

到了汉代，则孔门传《易》言之凿凿，自孔子以下，代代相传至于汉初，便有了清清楚楚的传授名单。但即就这份名单来看，《史记》

---

[1] 钱玄同谓"六经"之名，成立于战国之末，后之述者，往往"六者并举"。其所列诸例，亦及《荀子·儒效》；实则《荀子》并未举《易》。钱说见《答顾颉刚先生书》，收载《古史辨》第1册（上海：上海古籍出版社，1982年8月，影印北平朴社原本），第70页。又案：近年学者每有据新出土《郭店楚墓竹简》中《语丛一》《六德》两篇中已通举六经书名，推证战国中期六经已然成立。然此固可证汉人六经之说或远有端绪，而先秦时期，儒门孟、荀两宗师遗书中并无相同记录，则是事实。请参本书《经与经学——从先秦学术性质的演变论中国经学的形成》。

和《汉书》也互有异同。《史记·仲尼弟子列传》所说的传授系统是这样的：

孔子→（鲁）商瞿→（楚）馯臂子弘→（江东）矫子庸疵→（燕）周子家竖→（淳于）光子乘羽→（齐）田子庄何→（东武）王子中同→（菑川）杨何

而《汉书·儒林传》的系统则约略如下：

孔子→（鲁）商瞿子木→（鲁）桥庀子庸→（江东）馯臂子弓→（燕）周丑子家→（东武）孙虞子乘→（齐）田何子装→

⎡（东武）王同子中→（菑川）杨何……（夏阳）司马谈……司马迁

（雒阳）周王孙　　　　　　　⎡（沛）施雠

（梁）丁宽→（梁）田王孙→　（东海）孟喜

（齐）服生　　　　　　　　　⎣（琅邪）梁邱贺

⎣（梁）项生

田何以下入汉，汉人自述其《易》学传述之统，理应可信；但其中先秦部分，则并不然。《史》《汉》记诸《易》师的姓名里居颇不同，传授先后亦互异。日人本田成之已指出，这些传《易》者，多是楚、江东、燕等在边鄙的人物，最后在齐尤盛行。司马迁的父亲司马谈受《易》于杨何，孔子晚年喜《易》而作《十翼》之说，以至其前传《易》系统，或即源出于杨何。[1]

孔门高弟，依《史记·仲尼弟子列传》，共七十七人；《孔子世家》则云七十二；《孟子》亦只称"七十子"，《吕览》《淮南》等书亦并同此数；则无论何者为是，总之孔子门徒大抵约只七十之谱，而不会如

---

[1] 说参[日]本田成之：《中国经学史》（台北，广文书局，1979年5月），第81页。

《孔子世家》的传说，竟有三千之众。[1]司马迁就当时所见书传考得其名年者不过三十五人，其中见于《论语》者二十七人，余四十二人则无年事可考，其数已不及原来之半。他所搜考的依据，自言即以《论语》为主。今《论语》所载孔子弟子，诚如崔述所说，以鲁人为多，其次则卫、齐、宋，都是邻国近地。[2]商瞿固见于《仲尼弟子传》，亦鲁人，但其人未有一言见称于《论语》。若说孔子晚而喜《易》赞《易》，何以不传其他孔门高弟，而独传此一无籍籍名的商瞿？颜渊最获孔子钟爱，其卒时孔子年七十一，已当孔子的晚岁；[3]即谓其早死两年，但如子贡，在孔子卒后庐墓六年始去，可谓相从至终，然见于《论语》，则仍说"夫子之言性与天道，不可得而闻"；子游、子夏，乃后进从游弟子，孔门四科中为文学的魁杰；这些人都不获孔子传《易》，而商瞿独得垂青，这岂合理？而商瞿再传，却又多为人所罕知的边鄙人物，难道不可疑吗？所以钱宾四师《先秦诸子系年·孔门传经辨》便举出六项疑点，论断这一孔门传《易》系统之不实。[4]此处不——引述，姑举其所引崔适之说。说见《史记探源》：

> 自商瞿至田何尚止六传，案瞿少孔子二十九岁，是生于鲁昭公十九年，至汉高九年，徙齐田氏关中，计三百二十六年，是师弟子之年，皆相去五十四五。师必年逾七十而传经，弟子皆十余岁而受业，乃能几及，其可信耶？[5]

宾四师即举孔子九世孙孔鲋来对照，鲋为陈涉时的博士，而汉初最早传《易》的田何则距孔子仅得七世，可见崔适的质疑是有理据的。《史记》于诸经在先秦的传授世系，只详述《易》之一系，并未说到其他诸经，恐怕其他诸经传统的产生，还要在《史记》之后。宾四师说：

---

[1] 说参钱穆：《先秦诸子系年》，《钱宾四先生全集》第5册，卷1，第70—71页。
[2] 说参《崔东壁遗书·洙泗考信余录·孔门弟子通考》，第2册，卷3，第27—31页。
[3] 有关颜渊生卒年的考订，详见李启谦：《孔门弟子研究》（济南：齐鲁书社，1988年7月），第2—6页。
[4] 钱穆：《先秦诸子系年》，第97—98页。
[5] 崔适：《史记探源》（北京：中华书局，1986年9月），卷8，第217页。

《周易》本不与《诗》《书》同类,故秦人焚书不之及。而汉初之传授独广,故乃最先有孔门传统之说。[1]

这一传《易》的系统,汉初以下的,自应可信;至于先秦一段,便靠不住了。其实孔子并未特重《易经》,又哪来这一绳绳不断的专门传授呢?

(四) 帛《易》佚传与孔子

近年由于帛书《易经》《易传》的出现,孔子传《易》之说的讨论又重新兴起,受到学界的注意。据黄沛荣先生所统计,原见于今本《易传》之《系辞》《文言》二传引称"子曰"者凡三十条;而新出帛《易》中《二三子问》《易之义》《要》《缪和》《昭力》五篇引称"子曰""孔子曰""夫子曰"者,则凡一百零五条,即使扣除认定上尚有争议的若干条,为数亦相当可观。[2] 论者虽已知此等记载为问答之体,不出孔子自著,然仍以既称"子曰",便谓其为孔子生前说《易》之记录,而可为孔子传《易》之征验。其实未有出土文献以前,传世《十翼》古人固多直认为孔子所著。即如《系辞》《文言》所谓"子曰"三十条,亦岂皆孔子时代所能言者?岂是旧说认《十翼》皆出孔子,而今则转而只认其中所引称"子曰"者才是孔子的《易》说?这些材料,恐怕还须再加甄别,未必能即此论定。如过去学者曾经指出,《易经》上下篇不言"阴阳",而《易传》中则言之,因疑非孔子之所言。今帛传篇中亦多言"阴阳",我们是否可以承认孔子已有阴阳思想?今本《易传》固已言"阴阳",然尚不及"五行"。[3] 而《易之义》第三章云:

子曰:"五行□□□□□□□□□□用,不可学者也,唯

---

[1] 钱穆:《先秦诸子系年》,第99页。
[2] 黄沛荣:《易学乾坤·孔子与周易经传之关系》,第194—208页。
[3] 朱伯崑先生曾据《要》中论"三才"引到五行概念,指出不应出于孔子。惟朱先生认为"孔子曰"云云,是"后来的儒家学者,依孔子当年解《易》的学风,对《周易》经传文所作的解释",论旨与本文稍异。说见《帛书易传研究中的几个问题》,朱伯崑主编:《国际易学研究》第1辑(北京:华夏出版社,1995年1月),第59页。

亓人而已矣。"[1]

又《二三子》第八章：

孔子曰："……圣人之立正也，必尊天而敬众，理顺五行，天地无菑，民⊠不伤。"

此等所谓"五行"，究何所指？其内涵是否同于邹衍"五行"，抑或别有其他含义？纵谓先秦"五行"之说，远有渊源，毕竟我们在一部《论语》中，看不到一丝一毫"五行"的影踪；即通《孟子》七篇，也依然无之。直到《荀子·非十二子篇》才提及此词，然其含义应异于邹衍，[2]且荀子又明白把"案往旧造说"这"五行"的罪过归咎于子思、孟子，而并不指称孔子；这又当如何解释？只有《孔子家语》之类的载籍中屡见孔子道及"五行"，难道这些传记比《论语》还更可靠？所以诸如此类的记载，虽长埋地下，未为过去学者所见，而论其性质，其实与传世文献并无大异。若说传世《十翼》内容可疑，则这些新出土文献的内容亦未必不可疑。

陈鼓应先生曾撰两篇论文，举出不少论证，推定这几种佚传当出秦汉儒生之所为，其中多掺入黄老思想；[3]郑万耕先生在著成时代上也有近似的看法。[4]陈先生曾举出若干语汇，如"《尚书》""长日至""精白"等用语，证此等篇章之晚出。譬如《论》《孟》以至先秦典籍中引及《尚书》，但称《书》，不称《尚书》。学者谓其称起于汉，纵非定论，此一称谓也决不甚早。无疑这些观察是相当敏锐的。兹再补充数例：

1.《要》第三章：

---

[1] 本文所引帛《易》篇名、章次，悉据邓球柏《帛书周易校释》增订本（长沙：湖南出版社，1996年8月）。参本书第4页注1。以其各篇皆分章次，较易覆案寻检，本文以下即据此书，不再重注。

[2] 《荀子》所称"五行"，杨倞以仁义礼智信"五常"为注；近代学者多出异解；直至二十余年前，庞朴先生据马王堆帛书《五行篇》论证思、孟"五行"当指"仁义礼智圣"。说详庞著《帛书五行篇研究》（济南：齐鲁书社，1988年8月）。

[3] 陈鼓应：《帛书〈缪和〉〈昭力〉中的老学与黄老思想之关系》，《道家文化研究》第3辑，第216—222页；又《〈二三子问〉〈易之义〉〈要〉的撰作年代以及其黄老思想》，《国际易学研究》第1辑，第89—106页。

[4] 郑万耕：《帛书易传散议》，《国际易学研究》第1辑，第121—124页。

> 子曰:"仁义焉求吉,故卜筮而希也。"

此外,《易之义》第九章:

> 子曰:"……本生仁义,所以义,刚柔之制也。"

《缪和》第七章:

> 子曰:"……□□□□仁义之道也。"

此数处皆言"仁义"。仁之与义,固是孔子学说中重要的内容,然而《论语》中"仁""义"分言,并无合言之一例。孔子之后,墨子特倡言兼爱,以树异于孔子之仁爱。其所援据,则上溯于天志。天志属外,与人心属内不同,墨子之意殆谓依人心则爱有分别而不可恃,必遵天志乃能泯灭人心之私,斯所谓义。其后孟子起而辟墨,其视墨子之义,亦犹告子所谓义外,故将义挽而重归于内心之仁,故《孟子》书中始屡言"仁义"。上引三章,"仁义"一词已轻易用上,这至少应是孟子以后人的话。[1]

2.《要》第四章:

> 又君道焉,……能者繇一求之,所胃得一而君毕者,此之胃也。

此处下"君"字当读为"群"。[2] 得一而群毕,此意在先秦古籍中,见于《庄子·天地篇》:

---

[1] 近人首先指出"仁义"两字连用始于孟子者为梁启超《论〈老子〉书作于战国之末》,继有张寿林《老子〈道德经〉出于儒后考》续阐其义。可是到了近年,也有些学者提出反对的意见。如古棣、周英合著的《老子通论》(为《老子通》之下部,长春:吉林人民出版社,1991年8月)便以为《左》《国》以至孔子都"既讲'仁',又讲'义'",特拈《左传》庄二十二年:"酒以成礼,不继以淫,义也;以君成礼,弗纳于淫,仁也"为例,以为"仁义对举"之证。说详该书第100—101页。今案:庄公二十二年《左传》所载,明系"君子曰",未必出春秋时人语;且以不淫于酒为仁义,与孔子所谓仁之与义的内涵毕竟大不相同。孔子自言述而不作,好古敏求,其仁的观念前有所承,自无疑义,但孔子实综而发展为一整全体完美德性的内涵,而成为其思想中心主体。故《论语》中孔子绝不以"仁"字轻许人,若不淫于酒以至其他类似的含义,又何太难之有?至若"仁义"两字连缀成一词而为一统整之观念,则确自孟子始,梁任公之言是。

[2] 说参邓球柏:《帛书周易校释》增订本(长沙:湖南出版社,1996年8月),第484—485页。

《记》曰:"通于一而万事毕,无心得而鬼神服。"[1]

其意后来又为伪《子华子》和《淮南子》所袭用。[2] 总之,这是道家思想,非孔子所主张。清儒焦循所著《论语通释》和《论语补疏》两书中,对此都曾加分辨。何况《天地篇》亦不出庄周,乃晚出庄徒所为,孔子何得以之告诫弟子?

3.《昭力》第三章:

> 子曰:"……比卦六十又□冬,六合之内,四勿之卦,何不又焉?"

"六合"指天地四方,此词群经所无,首见于《庄子·内篇·齐物论》,曰:

> 六合之外,圣人存而不论;六合之内,圣人论而不议。[3]

《外》《杂》篇沿用则渐多。至若《列子·黄帝》仲尼告宰我曰:

> 动天地,感鬼神,横六合。[4]

此亦犹庄生书之寓言无事实。又《孔子家语·冠颂》孔子引周公《颂》曰:

> 钦若昊命,六合是式。[5]

此则晚出伪作所附会,[6] 不得谓周、孔时已有是语。《昭力》除已用到"六合"一词以外,又言"四勿之卦"。邓球柏据《易纬》谓当指"四维卦"或"四隅卦",则源于《说卦传》。[7] 要之,此等用语皆当出战国

---

[1] 王叔岷:《庄子校诠》,(台北:"中央研究院"历史语言研究所专刊之八十八,1988年3月),上册,第413页。

[2] 同上注,第416页。

[3] 王叔岷:《庄子校诠》,第72—73页。

[4] 杨伯峻:《列子集释》(北京:中华书局,1985年3月),卷2,第57页。

[5] 《孔子家语》:(台北:商务印书馆,1975年,《四部丛刊初编》缩印本第18册),卷8,第86页。

[6] 《家语》一书,清孙志祖《家语疏证》指为王肃所伪;近年出土文献中则有与所载相类之内容,故又有疑其不伪者。其实当时郑学之徒马昭便谓其书乃"王肃所增加",则其所载自有裒集传世文献之内容,不必尽属伪作。然即使是传世资料,大抵亦犹《说苑》《韩诗外传》之类,所述仍当分辨其为史实抑或传说。参皮锡瑞《经学历史》,第162页。

[7] 说见《帛书周易校释》,第546页。

后期以下，孔子之时所不得有。

4.《缪和》第六章：

> 子曰："明君□□□□□□□然，立为荆辟，以散亓群党，执为赏庆刲列以劝天下群臣黔首男女。……"

此处用"黔首"一词，谓出"子曰"。《史记·秦始皇本纪》：

> 二十六年……秦初并天下……分天下为三十六郡，郡置守监，更名民曰黔首。[1]

据此则此称出始皇一天下之后。泷川氏《考证》云：

> 亦本色尚黑之义。《吕氏春秋》《振乱》《怀宠》《大乐》诸篇，李斯《谏逐客书》，及《礼记·祭统》《黄帝内经》，已用"黔首"字，则此称不始于秦始二十六年，是岁遍及海内也。[2]

是亦谓其语晚出于晚周秦世，不过要到统一天下后才遍行全国而已。其词取义于尚黑，《集解》引应劭曰："黔，亦黎，黑也。"则是汉人旧解。总之这绝不会是孔子口中所能用到的词语。

除词汇外，今再就另一角度来探究帛书佚篇与今本《易传》是否可能同出孔子。在此诸佚篇中，其解释卦辞、爻辞的含义，有时亦互有歧异，故陈鼓应先生以为它们不是同一传系、同一作者之作品。[3] 今不论其彼此间的异同，姑举其说与传世《易传》相异者数例为说：

1.《二三子》第十一章：

> 《卦》曰："君子终日键键，夕沂若厉，无咎。"孔子曰："此言君子务时，时至而动□□□□□屈力以成功，亦日中而不止，时年至而不淹。君子之务时，犹驰驱也，故'君子终日键键'。时尽而止之以置身，置身而精，故曰'夕沂若厉，无咎'。"

---

[1] 司马迁：《史记》，卷6，第235—239页。
[2] [日]泷川资言：《史记会注考证》，卷6，第111页。
[3] 张立文《帛书〈易传〉的时代和人文精神》(《国际易学研究》第1辑，第71—80页) 亦以帛《易》六篇传不出一人之手，但在著成时代上则谓大体自战国初期至中期或中期稍晚。

此释《键·九三》爻辞,即今本《乾·九三》。今《小象》云:

> "终日乾乾",反复道也。

《文言》则云:

> 子曰:"君子进德修业……是故居上位而不骄,在下位而不忧。故乾乾因其时而惕,虽危无咎矣。"
>
> "终日乾乾",与时偕行。
>
> 九三,重刚而不中,上不在天,下不在田,中不在人,故乾乾因其时而惕,虽危无咎矣。

诸说纵有不同的发挥,但至少大致将朝乾夕惕认为是无时不惕,乃谓处九三地位所宜有的一贯态度;并未将爻离析为两段,谓朝夕各有不同的处方。《二三子》则显然主张分别以动静应日夕,谓君子务时,时至则动而驰驱,时过则止,静以处之。论其义涵,亦略近孔、颜用行舍藏之义。今本《易传》视九三一爻为一时,所以朝乾夕惕,即所以应时;《二三子》则谓九三一爻包言得时、失时两种处境,而君子应各以动静处之。此外,《易之义》第六章:

> 子曰:"……'君子冬日键键',用也;'夕沂若厉,无咎',息也。

同篇第七章:

> ……君子齐明好道,日自见以侍用也。见用则㸌,不见用则精。《易》曰:"君子冬日键键,夕沂若厉,无咎。"子曰:"知息也,何咎之有?"[1]

一爻之辞,皆分两面说之,与《二三子》皆同其义旨,而并与今本《易传》不同。然则何者才是孔子之意?《淮南子·人间训》说此爻,云:

> "终日乾乾",以阳动也;"夕惕若厉",以阴息也。因日以动,因夜以息,唯有道者能行之。[2]

---

[1] 今本《文言》云"虽危无咎",则爻辞应读为"夕惕若,厉无咎";参正文下述《淮南子》所引《易》说,帛书佚传似未以无咎与厉连结为义,故今仍依王弼《注》读为"夕惕若厉,无咎"。

[2] 何宁:《淮南子集释》,卷18,第1296页。

以阴阳动息言日夕，义同帛《易》。《汉志》《易》家著录有《淮南道训》二篇，班固云：

> 淮南王刘安聘明《易》者九人，号九师说。[1]

其书已不见于《隋志》《唐志》，殆早已亡佚。清马国翰《玉函山房辑佚书》就《淮南子》《文选注》等所引述者辑为《周易淮南九师道训》一卷，仅得十六条。其详虽不能具详，要之其解《易》已多涉黄老之意为说。今帛篇疑亦与此九师同类。

2.《二三子》第九章：

> 《易》曰："䋲囊，无咎无誉。"孔子曰："此言箴小人之口也。小人多言多过，多事多患，□□以衍矣，而不可以言箴之。亓猷'䋲囊'也，莫出莫入，故曰'无咎无誉'。"二三子问曰："独无箴于圣□□□"□□："圣人之言也，德之首也。圣人之有口也，猷地之有川浴也，财用所緐出也；猷山林陵泽也，衣食□□所緐生也。圣人壹言，万世用之。唯恐亓不言也，有何箴焉？"

此所解即今本《坤·六四》爻辞。其意盖谓此专针对小人而为言，因小人出言多过，若能如括囊之莫出莫入，则可以无咎无誉。门人复问何以不及于圣人，孔子回答说，圣人之言乃万世生民之所赖，不可以无言，故此爻乃非为圣人而设。

同样涉及此爻之义，《易之义》第九章则载：

> 《易》曰："䋲囊，无咎。"子曰："不言之胃也。□□□何咎之又？墨亦毋誉，君子美亓慎而不自箸也。"

这一段解释明与《二三子》不同，此处"子曰"云云，乃是说谨慎无言，故而无咎；至于爻辞之"无誉"，固是因为其"墨"（默），然其意亦在称美其人能"慎而不自著"。同篇第八章解释《川》(《坤》)卦辞"利永贞"云：

> 君子言于无罪之外，不言于又罪之内，是胃重福。

二义相贯，可谓同旨。然则所谓"无咎无誉"，自不是箴小人之言，而

---

[1] 班固：《汉书》，卷30，第1703页。

是君子审时度势所宜有的处世之方。试观今本《小象》曰"慎不害也",《文言传》曰"盖言谨也",其意并与《易之义》相近相通,而显然与《二三子》不协。上文尝引述《荀子·非相》讥"括囊"为"腐儒"之说,亦着意发挥君子应语不应默之意。[1]所以如依《小象》《文言》和《易之义》的说法,荀子是不能首肯的。至如《二三子》中孔子已明白指出此爻只针对小人,非关圣人君子,则荀子岂非不读孔子书,而徒然无的放矢?可见《二三子》云云,恐怕还要出在荀子之后。有了荀子的责难,儒者还要来讲《易经》,便生出变通的新说法。总之,这两歧的说法皆云出于孔子,容可皆非,不能两是,理应无疑。

3.《二三子》第二十八章:

《卦》曰:"公用射雉于高墉之上,无不利。"孔子曰:"此言人君高志求贤,贤者在上,则因☐用之,故曰☐☐☐。"

此释《解·上六》爻辞。盖谓此爻象贤者在上,人君求而得之,则无不利;如是则雉喻贤人。然今本《易传》的解释,一见于《小象》,曰:

"公用射隼",以解悖也。

再见于《系辞下》:

子曰:"隼者,禽也;弓矢者,器也;射之者,人也。君子藏器于身,待时而动,何不利之有?动而不括,是以出而有获,语成器而动者也。"

其意盖谓君子胸怀才德,有经国济世致用之具,而待时而动,可行而行,所以不出则已,出则必有所获,因而无不利。若其人无其器而妄动,则必有所窒碍而所行不遂。历代诸家理解此爻,释义容有参差,然自王弼以下,大体多本《小象》"解悖"之义,以"将解荒悖而除秽乱"[2]为说。程、朱诸儒,亦以《象》《系》二传为一义。若宏观《解》卦卦象、卦理,则射隼正所以除去乖戾者,亦符合卦义。孔氏《正义》

---

[1] 陈鼓应《〈二三子问〉〈易之义〉〈要〉的撰作年代及其黄老思想》已先注意及儒、道两家于"言说观"各有侧重。陈先生以为此两篇乃融铸道家"贵言"(无言)与儒家"重言"(慎重)为一,盖受黄老思想之影响。本文此处所论,重点略有不同。

[2] 此王弼《注》语。

云："隼者，贪残之鸟，鹯、鹞之属。"则隼喻乱国蠹民之小人。射隼获之，乃解去权奸，使海内宴安。《二三子》则竟以"人君高志求贤"说之。两者同称"孔子曰"，孰为正解？孰为真孔子？[1]

4.《二三子》第三十一章：

《卦》曰："丰，亨，王叚之，勿自忧，宜日中。"[2] 孔子曰："□□□也。'勿忧'，用贤弗害也。日中而盛，用贤弗害，亓亨亦宜矣。黄帝四辅，尧立三卿，帝□□□□□□□□□曰亓肝□□□鱼，大羹也，肝言亓内。亓内大美，亓外必有大声问。"

此处谓孔子释《丰》卦卦辞"勿忧"为"弗害"，意谓人君用贤而勿使之忧，乃亨之道，并举黄帝用四辅、尧立三卿为证。今《彖传》则云：

丰，大也。明以动，故丰。"王假之"，尚大也。"勿忧，宜日中"，宜照天下也。日中则昃，月盈则食，天地盈虚，与时消息，而况于人乎？况于鬼神乎？

历代学者释此传文，亦有出入，然多以"勿忧"关乎"王"之自身。如王弼《注》云：

为天下之主，而令微隐者不亨，忧未已也，故至丰亨，乃得"勿忧"也。用夫丰亨不忧之德，宜处天中以遍照者也，故曰"宜日中"。[3]

盖解"勿"为"无"，乃谓有王者之德，才可以到达天下咸亨，无复可忧之境；本此"勿忧"之德，宜照临天下，光被如同日中之盈。[4] 至如朱子《本义》，则曰：

然王者至此，盛极当衰，则又有忧道焉。圣人以为徒忧无益，但能守常，不至于过盛则可矣，故戒以"勿忧，宜日中"也。[5]

---

[1] 邓球柏《帛书周易校释》(增订本，第383页) 已历引虞翻、孔颖达、李鼎祚、《九家易》等诸说，指出其说与《二三子》不同；惟邓氏并未疑及是否孔子之说。
[2] 今本、帛本《丰》卦经文卦辞并作"勿忧"，此多"自"字，然下文孔子释辞，亦引作"勿忧"，是"自"字误衍。
[3] 孔颖达：《周易正义》，卷6，第126页。
[4] 解读参考孔《疏》。
[5] (宋) 朱熹：《周易本义》(台北：老古文化事业公司，1992年1月，影印清同治山东书局尚志堂本)，《系辞上传》第七章，第291页。

盖谓王者至于丰,则是盛极转衰之始,应可忧虑,而卦辞则告诫之,以为徒忧无益,惟当常如日之方中,明无不照,勿自有其丰而使之过盛,则可以永保其丰。王弼以为传文"日中则昃"以下才是孔子因丰设诫之词;而朱子则以为卦辞"勿忧,宜日中"即已是诫语,"日中则昃"以下,是孔子"发明卦辞外意"。[1] 诸家对《象传》文义的理解,虽各有不同,但并与"用贤"无涉。无论卦辞本义为何,至少《象传》"宜照天下也"已解释了经文"宜日中"三字;《二三子》则遗落了"宜"字,而串上"亨"字谓"其亨亦宜",论文理之通达似逊于《象传》。其实《象传》此处的"天地""鬼神"的观念,已非孔子所能言,何况又多出另一种孔子的异说。

5.《要》第四章:

> 故《易》又天道焉,而不可以日月生辰尽称也,故为之以阴阳;又地道焉,不可以水火金土木尽称也,故律之以柔刚;又人道焉,不可以父子君臣夫妇先后称也,故为之以上下;又四时之变焉,不可以万勿尽称也,故为之以八卦。

这段话和传世《说卦传》言及"三才"的一章相类,《说卦》曰:

> 立天之道,曰阴与阳;立地之道,曰柔与刚;立人之道,曰仁与义。兼三才而两之。

《说卦》此章内容,又见于帛书《易之义》第四章;而《要》此处增言"四时",已不止三才;又以"上下"言人道,实不如《说卦》《易之义》中的"仁义"为妥;但《要》却明谓这是孔子戒门弟子的话。其实就其思想内容来看,无论《要》或《说卦》两者都不应是孔子时代所会说的话。《易之义》第四章的内容,类同于今本《说卦》前三章,皆不标"子曰",而《要》第四章则标明"子曰"。两说不同。若说两者皆出孔子,自有窒碍。

---

[1] 程氏《易传》云:"丰之时,人民之繁庶,事物之殷盛,治之岂易周,为可忧虑;宜如日中之盛明广照,无所不及,然后无忧也。"则谓"宜日中"方可以"无忧"。类似而彼此互有小歧者尚多有之,可略参(清)李光地:《周易折中》(台北:武陵出版社,1989年1月),卷7,第545页。

以上约举数例，以见佚传诸篇中所载"子曰""孔子曰"等，都不见得可信。其实《缪和》第十六章载魏文侯与其仆李义的对话，魏文侯当公元前四四五年至三九六年在位，其前三十四年，在公元前四七九年，孔子已先卒。则此等篇章写成在战国以下，应无疑义。或又比诸《论语》，亦编成于孔子身后。然本文所揭疑处，不过一隅，时贤所发者固更多，则又焉可以与《论语》相提并论？《缪和》第十一章又载：

> 李平问……子曰："此言君臣上下之求也。……孔子曰：'夫无实而承之……善乎胃囗无所利也。'"

此一章之中，"子曰"云云，复称引"孔子曰"，则此"子曰"不指孔子甚明。所以廖名春先生也承认《缪和》《昭力》两篇中的"子曰"应是传《易》于缪和、吴孟、张射等人的先生之语，此即是欧阳修《易童子问》所谓"讲师之言"；其思想也具有战国末期学术的特点。[1] 然而对《二三子》《易之义》《要》三篇，则似谓即出后人之手，甚或混入了一些战国后期黄老思想，但仍有不少孔子传《易》的内容。[2] 尤其是《要》中一段有关孔子老而好《易》的记载，廖先生更深信不疑。此一记载也颇受学者注意，亦常为主张孔子赞《易》者援引为据。第三章：

> 夫子老而好《易》，居则在席，行则在囊。子赣曰："夫子它日教此弟子曰：'惪行亡者，神灵之趋；知谋远者，卜筮之蘩。'赐以此为然矣。以此言取之，赐缗行之为也。夫子何以老而好之乎？"夫子曰："君子言以矩方也。前羊而至者，弗羊而巧也。察亓要者，不趎亓福。《尚书》多于矣，《周易》未失也，且又古之遗言焉。予非安亓用也。"子赣曰："赐闻于夫子曰：'必于囗囗囗如是，则君子已过重矣。'赐闻诸夫子曰：'孙正而行

---

[1] 说见《帛书〈缪和〉〈昭力〉简说》，载陈鼓应主编：《道家文化研究》第3辑（上海：上海古籍出版社，1993年6月）。案：陈鼓应先生亦明确主张此两篇中之"子曰"乃"讲师之言"。参第135页注3。
[2] 说见《帛书〈二三子〉简说》《帛书〈易之义〉简说》《帛书〈要〉简说》，同载《道家文化研究》第3辑。

义，则人不惑矣。'夫子今不安亓用而乐其辞，则是用倚于人也，而可乎？"子曰："校哉！赐！吾告女，《易》之道……。"子赣曰："夫子亦信亓筮乎？"子曰："吾百占而七十当，唯周梁山之占也，亦必从亓多者而已矣。"子曰："《易》，我后其祝卜矣！我观亓德义耳也。幽赞而达乎数，明数而达乎德，又仁守者而义行之耳。赞而不达乎数，则亓为之巫；数而不达于德，则亓为之史。史巫之筮，乡之而未也，好之而非也。后世之士疑丘者，或以《易》乎？吾求其德而已，吾与史巫同涂而殊归者也。君子德行焉求福，故祭祀而寡也；仁义焉求吉，故卜筮而希也。祝巫卜筮亓后乎？"

这段记载好像借子贡之口，早提出了后人的质疑。大抵子贡是在《论语》中惟一提到"夫子之言性与天道，不可得而闻"的门人，故最合适作为质疑的人。而孔子的回答，便再三申明他之好《易》重在观其德义，与史巫惟重求福求吉者不同。说者尤重视"老而好《易》，居则在席，行则在囊"一语，以为此正可与《史记》"晚而喜《易》"之说相证。窃意此一段记载依然可疑。孔子口中已"仁义"连言，《论语》中无此词汇，说已见前。难道孔子晚年好《易》，亦俟晚年才造为"仁义"之语吗？至于又称"《尚书》"，则《论》《孟》《荀》等先秦典籍称引，只言《书》，亦无有此称。[1]试看"后世之士疑丘者，或以《易》乎"这等话，与孟子所引孔子自言其作《春秋》所说"知我者，其惟《春秋》乎？罪我者，其惟《春秋》乎"，岂不也有几分神似？说者坚信孔子要到晚年才好《易》，认为如此便可以解释了种种不合理的其他事实。谓孔子晚年始将《周易》列入《六经》为教材，前期学生未之得闻。晚年学生中如子贡仍不理解，以为孔子违背了往日之教，以至于其后《易经》的地位不显。所以孟子根本不提《易

---

[1] 陈鼓应先生已指出此点，见前文。但郭沂先生则谓"凡'上古之书'皆可谓之《尚书》"，然则《周易》宁非上古之书？又谓其与《周易》对举，"指的是《连山》《归藏》"，不知通先秦文献，究有无以《尚书》称任何其他古籍之一例？郭说见所著《从早期〈易传〉到孔子易说——重新检讨〈易传〉成书问题》，朱伯崑主编：《国际易学研究》第3辑（北京：华夏出版社，1997年7月），第154页。

经》，荀子列数经籍，亦仅有五经，而不及《易》。但孔子晚年弟子中，也不乏如商瞿之类嗜《易》的门生，彼等不但承认《易经》的地位，更在传授时置之于诸经之首。这些弟子便是保留孔子晚年大量《易》说的功臣。[1]

如果依照这样的推论，我们可以大略建构出自孔子下迄汉代经学发展的脉络：孔子晚年以前的教学，确与晚年时期有所不同，关键则是孔子到了晚年特别喜爱《易经》，不但将之纳入教材，恐怕还是传授的重心。先进弟子们有未之与闻者，也有始终从游的弟子，如子路、冉有、仲弓、颜渊，以至中年后从学的子贡，乃至于晚年学生如有若、曾子、子游、子夏、子张等等，却都不太认同孔子晚年的传授，而子贡最足为这一意态的代表。换言之，今凡见于《论语》所有孔门高弟，其实都并不欣赏孔子的晚学心得，故《论语》中并无一言及于这方面的讨论。但是别有一批名不见于《论语》的弟子，如商瞿可为代表，却是传《易》的。因此孔子殁后，孔门便歧分为两系，我姑名之为"反《易》派"与"传《易》派"。反《易》派只言《五经》，不言《易》；传《易》派则言《六经》，并标榜《易经》为群经之首。两派似乎势不两立，故《论语》一书虽编于孔子身后，但因是反《易》派的结集，便全没有传《易》派的痕迹；然亦删汰未尽，不免仍留下"五十以学《易》"等一二语。下至战国孟、荀，则承袭反《易》一派，故亦不言《易》，也不标列《六经》。到了秦始皇禁以古非今而焚书，其实却只禁反《易》派所主张的《五经》，究其实际，犹如接受了传《易》派的最要主张，独留《易经》不烧。下迄汉武，一反秦皇学术之禁，独尊《六经》，而汉人也特重《易经》，渐到后来也以《易》居诸经之首。汉人虽认同了传《易》派的主张，却也同时看重了反《易》派的《论语》，虽不列入《六经》，却附属于《六经》，[2]为学者所必读；然对于传《易》派传下的各种孔子遗说，反而只选择了其中一部分来

---

[1] 以上论点，详见廖名春：《帛书〈要〉简说》，《道家文化研究》第3辑（上海：上海古籍出版社，1993年8月）。

[2] 《汉书·艺文志》列《论语》于《六艺略》之后，作为附录。

提倡，即今传之十传；对其他为量甚丰的孔门《易》传——如今出土帛书佚篇，即其中之一部分——却不予重视。因此这些《易》传即使在汉文帝以前还能看得到，到了汉武帝提倡《六经》以后，却长埋地下，而直到二千年后，才重见天日。

　　以上所述战国以下以至于汉代的经学发展，究竟合不合理？我们不应忽略子贡不但追随孔子至于其卒，并在其他门人心丧三年纷纷离去之后，还再庐于冢上凡六年而后去，他对先生的感情是特别深厚的。《论语》中"仲尼不可毁"，便是出自其口；孟子也特别称赞他"智足以知圣人"。子贡虽自谦远不如颜渊，但"闻一知二"，其实已是过人，而决非下愚。即使说他原先对孔子晚而好《易》有所不解，孔子已对他详加解释，如《要》中所载云云，我们作为今天的读者，也觉并不难理解，何以子贡如此冥顽不灵，坚持抗拒？子贡一人还则罢了，何以其他高第弟子也都抱持一致立场；甚至四传以下，号称最善学孔子的孟子，也还一样不能理解；荀子亦学孔子，并不认同孟子，但在这一立场上却又站在孟子一边，这些诡奇的现象总应有一合理的解释，才能让人信服。

　　窃意以为，《要》中记孔子和子贡论《易》，说到"夫子老而好《易》，居则在席，行则在囊"，这其实并不能据以推证《史记》"孔子晚而喜《易》"之说为史实，但却可以证明《史记》之说，非出太史公杜撰。其实一部《史记》中记载失实处也很不少，清朝梁玉绳《史记志疑》以至崔适《史记探源》都曾提出了许多质疑。但在司马迁撰著当时，自应有其文献或传说的依据，不会是凭空捏造的；至于所述可信或不可信，便不能一概而论。他当时所看得到，作为撰著根据的材料，后世或多已亡佚，非后人所尽能目睹；如今出土文物中有些从未面世的材料，其中容有他当时看得到的在内。[1]前文提到司马谈说儒者经传以千万数，司马迁也说要"正《易传》"，诸如帛篇之类的《易》

---

[1] 如《二三子问》第25章有"绝甘分少"一词，陈鼓应先生谓此即司马迁《报任安书》"以为陵素与士大夫绝甘分少"之所从出。参第135页注3。案：此词未见于传世先秦文献，则史公见过此等篇章，而为其造语之本，可能性极高。

说,或即在他所谓的《易传》之内。如说孔子曾与这许多人谈《易》,那么何以《史记》又只说传《易》商瞿?战国末世,处士横议,诸般传述,未可尽以为信史。康有为曾说孔子托古改制,孔子恐怕并不如此,但此下战国诸子则确有些是近乎托古改制的。如庄子述事,他已昭告"寓言十九,重言十七",后人不易误会;若不明言,又不错诸鲲鹏寓言之中,则所述孔子、颜渊云云,岂不亦易使人目为信史?盖秦焚《诗》《书》,《易》独以卜筮得免,故传者不绝,诸儒传孔子之学者,往往于《易》中托言孔子,其实是毫不足怪的。《淮南子·修务训》曰:

> 世俗之人,多尊古而贱今,故为道者,必托之于神农、黄帝而后能入说。[1]

为道家学说者每伪托于神农、黄帝,则其时儒者伪托于孔子亦非难以理解。我们不能只因出土文献中有这许多说《易》而称"孔子曰"的,便谓其必信。即如传世《易纬》中称"孔子曰"者又何限,这些记载也未必尽出汉人伪造,或亦有传自先秦以至秦汉之际的材料。试举一例,如《易纬·乾坤凿度》云:

> 仲尼,鲁人,生不知《易》本,偶筮其命,得《旅》,请益于商瞿氏。曰:"子有圣智而无位。"孔子泣而曰:"天也!命也!凤鸟不来,河无图至,呜呼!天命之也。"叹讫而后息志,停读礼,止史削,五十究《易》,作《十翼》……[2]

若其言可信,则商瞿反变成孔子的前辈,孔子不明《易》,转赖商瞿的指教。其实商瞿少孔子二十九岁,孔子五十时,他才二十一龄,岂能指教孔子?又如《吕氏春秋·慎行论·壹行》:

> 孔子卜,得《贲》。孔子曰:"不吉。"子贡曰:"夫《贲》亦好矣,何谓不吉乎?"孔子曰:"夫白而白,黑而黑,夫贲又何

---

[1] 何宁:《淮南子集释》,卷19,第1355页。
[2] [日]安居香山、中村璋八辑:《纬书集成》(河北:河北人民出版社,1994年12月),上册,第118—119页。引文断句未悉照原书。

好乎？"[1]

类似的记载又见于《说苑·反质》：

> 孔子卦，得《贲》，喟然仰而叹息，意不平。子张进，举手而问曰："师闻《贲》者吉卦，而叹之乎？"孔子曰："贲非正色也，是以叹之。吾思夫质素，白当正白，黑当正黑，夫质又何也？吾亦闻之：丹漆不文，白玉不雕，宝珠不饰，何也？质有余者，不受饰也。"[2]

则孔子与子贡、子张都谈到《贲》卦，内容也相近。《说苑·敬慎》又载：

> 孔子读《易》，至于《损》《益》，则喟然而叹。子夏避席而问曰："夫子何为叹？"孔子曰："夫自损者益，自益者缺，吾是以叹也。"子夏曰："然则学者不可以益乎？"孔子曰："否，天之道，成者未尝得久也。夫学者以虚受之，故曰得。苟接知持满，则天下之善言不得入其耳矣。……"子夏曰："善，请终身诵之。"[3]

则孔子又与子夏言《易》。《论语》记载所及的高第弟子，与闻孔子《易》说者，固不止子贡、子张而已，且所言又已明及"天道"，然则子贡何以却说"不可得而闻"？子夏既闻，称善而愿终身诵之，似亦非如所谓子贡之不肯认同师门晚教之比。子夏孔门文学魁首，又何以让商瞿独为传《易》之嫡？可见此等记载若执以为实，不免有种种窒碍难通，无法通解之处。其他汉人载籍涉及孔子论《易》者尚多有之，这些文献传说，在当时皆著于竹帛，倘使不幸失传，而又幸而埋于地下，一旦地不爱宝，后人重见，其地位岂不与今出土诸篇一般无异？若说佚篇可证孔子赞《易》，则传世《十翼》早已如此，二千年旧说也

---

[1] 陈奇猷：《吕氏春秋集释》（台北：华正书局，1985 年 8 月），第 1505 页。
[2] 刘向：《说苑》，卷 20，第 94 页。案："质又何也"之"质"，当从《吕览》作"贲"。
[3] 同上注。案："接知"，一本作"不知"，于义较长。此又见《孔子家语·六本》(《四部丛刊初编》缩印本第 18 册，卷 4，第 41 页)，文字略有异同；《淮南子·人间训》亦有孔子论《损》《益》的记载，文字简略而其义相通；而《要》第四章亦载孔子论《损》《益》，所发义旨则有所不同。要之，可知此等传说已盛行于汉初。

早已如此。其实即如《论语》,学者尚疑其后十篇编成较晚于前十篇,少数篇章如《尧曰》之类,亦有疑其晚出而非孔子之言者,更遑论愈后之文献。

(五) 结语

孔子赞《易》,作十传,其说自《史记》以来,二千年成为传统旧说。然自北宋以还,即不断有学者提出质疑。下逮民初,疑古辨伪学风盛兴,主张《十翼》非孔子作者便渐居上风。可是到了近二十年,由于马王堆帛《易》的出土,除了与传世《周易》相若者外,还有若干久佚的说《易》篇章,其中记载了许多有关孔子与人论《易》的内容。因此,争议千年的孔子与《易经》关系的讨论,又重新掀起。不少学者根据新出材料,主张回归旧说。笔者见闻谫陋,略窥时贤论议,仍感尚有若干论点未能尽惬于心。盖前人疑《易传》,揭以质疑者亦云夥矣,主旧说者似亦未能尽释诸疑。窃谓过去学者所提疑义,实未宜尽束高阁。此一问题聚讼千载,亦非区区拙文所能论定。汉人所立,宋以下有所破;今欲重立,必复破其所破而后可。[1] 鄙意以为帛《易》出土,对研究古代《易》学自有相当大的贡献,时贤论著发明,珠玉具在;但在证成孔子赞《易》之说上,似仍未足恃以为

---

[1] 近年郭沂先生不但主张孔子有晚年《易》说,并谓孔子以前,亦早有《易传》,文中对历来疑《易传》论据屡有批驳。说详《从早期〈易传〉到孔子易说——重新检讨〈易传〉成书问题》,同第145页注1,第129—159页。该文对文献著成年代之定位与解读,笔者多不敢苟同。姑举一例言之:崔述曾据"君子思不出其位"一语,见于《象传》,《论语》中则明标此语为"曾子曰",因疑是作传者引曾子之言。郭文乃举《左传·昭二十二年》"仲尼曰:'古也有志:"克己复礼,仁也。"'"为证,以驳崔说,谓《论语·颜渊》孔子告颜渊"克己复礼为仁",亦未引"古也有志",故应是曾子引《象》文,亦犹《左传》之例。今案:《左氏》"仲尼曰"云云,未必足信,宋王应麟《困学纪闻》已疑其有所"更易"。即谓所载属实,《论语》所载曾子言亦非其比。假若有人问曾子君子当如何,曾子引其师前时之语,径答"君子思不出其位"而不说明来源,此一情况非全无可能。然今见于《宪问篇》者,只有"曾子曰:'君子思不出其位'"一句,独立成章。须知《论语》编纂于孔子身后,若此语原出孔子,只不过曾一度为曾子所引述而已,则编者录入此语,决当归诸"子曰",不当改称"曾子曰"。此意崔述本已说得明白,但郭文仍如此驳论,则亦无如之何。

定谳。其实前代学者如朱子等，他们是相信孔子赞《易》的，对于传世《系辞》《文言》中的"子曰"，也当然以为是孔子的《易》说，于是他们不得不为《论语》中孔子未尝教人读《易》等现象，作种种委曲迂回的解释。[1] 如果真像帛《易》所显示的情况，孔子常以《易》义告诫弟子，还和许多其他人谈论过，在材料的量上远逾今传十传，那么在《论语》中了无痕迹，岂不更怪？他将《易》学的心得，尽和缪和、吕昌、庄但、张射、李平、吴孟、昭力之类全是名不见经传的人说，却不跟子游、子夏等文学高弟说，甚至也不一及于所谓传《易》的商瞿，这如何合理？至于主张《论语》为孔子中年未定之见，《易传》方为他的晚年定论，这也似乎无视乎《论语》编纂于孔子身后，而也已记载及于孔子晚年言行的事实。[2] 再退一步说，即使说这是孔子晚年最后的学术心得，孔子卒后，他的门人弟子为何不加以称述？甚至孟子终身以学孔子为职志，对此也曾无一言道及？诸般疑窦，恐怕并不因近时发现更多孔子说《易》的文字而有所澄清，反而是益增旧说之可疑而已。

古人不愿怀疑《易传》，也许有"倒了《六经》"的疑虑，[3] 但如今我们自不妨平心实事求是。《六经》本身若有价值，纵使未经孔子制作编修，亦应可以树立。如说孔子未尝赞《易》，《易传》的思想内容是否即无价值？反过来说，是否去掉了《易传》，孔子的价值也将为之减折？是否诚如某些学者所主张，《易传》才是高义理，而《论语》还有所不足呢？又或谓孔门后学传《易》，著于竹帛时乃掺入后人的词汇与思想，故有今日所见之面貌。然若将历来学者所疑者尽勾抹去之，所余不知将成如何面目？难道如此才是孔子原来的《易》说？我们可注

---

[1] 除上文引述其说孔子晚而喜《易》之说外，朱子又曾说："《十翼》皆夫子所作，不应自著'子曰'字，疑皆后人所加。"见《周易本义》，《系辞上传》第七章，第291页。

[2] 《论语·为政》孔子自言己学进程，自十五而上，至于"七十而从心所欲"，明为七十以后语。又如《宪问》载陈恒弑其君，孔子沐浴请讨，其事在鲁哀公十四年，孔子时年七十一；越二年孔子卒。

[3] 《朱子语类》："《书》中可疑诸篇，若一齐不信，恐倒了《六经》。"第5册，卷79，第2052页。此借用其语。

意到近年出版的书籍，若触及孔子与《易》的论题时，依然呈现相当纷歧的情况。此一问题已存在千年，恐怕也不是一时一人所能全面解决的。拙文不过是旧案重提，略陈固陋，以俟高明而已。

最后附带一提的是有关"十翼"一名，后世习用以称《易传》十篇。然而此一称谓，似乎也并未见于汉人著作之中。近代学者或以其称出于《易纬·通卦验》，其实不然，大抵因误读孔颖达之文而有此错认。《周易正义·序》的原文说：

> ……《通卦验》又云："苍牙通灵，昌之成，孔演命，明道经。"准此诸文，伏牺制卦，文王系辞，孔子作《十翼》，《易》历三世，只谓此也。[1]

所以说孔子作《十翼》的，不是《易纬》，而是孔颖达。《易纬》中也确有"孔子作《十翼》"之说，则见于《易纬·乾坤凿度》卷下：

> 孔子……五十究《易》，作《十翼》，明也，明《易》几教。
>
> 若曰："终日而作，思之于古圣，颐师于姬昌，法旦。"作《九问》《十恶》《七正》《八叹》上下《系辞》《大道》《大数》《大法》《大义》。《易》书中为通圣之问，明者以为圣贤矣。[2]

此虽明出"十翼"一词，然所指自是《九问》等十篇，与自来所传《易传》十篇无涉。万一《易纬》所述确有其文，恐怕也当类似今所见诸佚篇的性质。十篇中惟上下《系辞》与今传同名，其具体内容如何，已不得详论。下及东晋释道安《二教论》云：

> 昔宓羲氏……始作八卦……文王重六爻，孔子弘《十翼》。[3]

这才是指的世传十传。其后《文心雕龙·宗经》亦云：

> 《易》张十翼，《书》标七观……[4]

下逮隋、唐，陆德明、孔颖达诸儒遂加沿用。因此"十翼"之目，虽

---

[1] 孔颖达：《周易正义》，第6页。

[2] 此即前引《易纬》孔子请益于商瞿一段之下文，参［日］安居香山、中村璋八辑：《纬书集成》上，第118—119页。

[3] （唐）释道宣编：《广弘明集·二教论·儒道升降》（台北：商务印书馆，1975年，《四部丛刊初编》缩印本第28册），卷8，第91页。

[4] （梁）刘勰：《文心雕龙》，《四部丛刊初编》缩印本第109册，卷1，第4页。

昉自《易纬》，然其始却别有所指，另有不经的传说；其后转而借用以称十篇《易传》的，先见于沙门著述；最后隋、唐以下，儒者才承用以为习称。

本篇曾以《孔子与〈易〉相关问题复议》为题，于 1999 年 5 月台北中国经学研究会第一届学术研讨会（《周易》《左传》国际学术研讨会）宣读。原稿共分六节，以篇幅太长，删去首节，略事修订，易名今题，刊于 2000 年 5 月台湾大学中国文学系《台大中文学报》第 12 期；复于 2001 年 2 月、5 月由山东大学周易学会《周易研究》第 1、2 两期转载。

六、论上博楚竹书《周易》的易学符号与卦序
——濮著《楚竹书〈周易〉研究》读后

（一）前言

　　2003年12月上海古籍出版社发行了马承源先生主编的上海博物馆藏《战国楚竹书（三）》，外界首次获睹迄今可见最早的一部《周易》——"楚竹书《周易》"[1]，广受治《易》学者的注意，并引起研究的兴趣。但是研究的盛况相较于三十年前长沙马王堆出土的帛书《周易》，似乎远为逊色。大抵由于帛《易》除包含今本《周易》上下经的全部以外，还有部分与今本《易传》雷同的内容，而更重要的是另外还有历代未见的若干佚篇，提供了许多研究易学的新材料；而楚竹书《周易》则既无佚篇，也无任何《易传》的内容，甚至连六十四卦的经文也并不完整。濮茅左先生所撰《出版说明》记其内容：

> 总五十八简，涉及三十四卦内容，共一千八百零六字，其中合文三、重文八，又二十五个卦画。[2]

这一千八百余字的内容，自然也有相当价值：其一，它是战国时代的抄本，可作为研究先秦古文字的素材；其二，它是居今可见最早的《周易》抄本，和后世流传的各本相较，可提供所涉三十四卦的经文来作异文校勘。但无论如何，在易学经传研究的参考应用上，它似乎不能和帛《易》相提并论。然而这个古抄本却有一处与众不同的地方，殊为触目。《出版说明》对此特加强调：

---

[1] 此为整理人所定名称。
[2] 濮茅左：《楚竹书〈周易〉·出版说明》，上海博物馆藏《战国楚竹书（三）》（上海：上海古籍出版社，2003年12月），第133页。

　　　　特别是楚竹书《周易》中出现一组失佚了二千余年的易学符
　　　　号，这些符号至少在马王堆汉墓帛书《周易》中已不见存在，这
　　　　是易学史上的大事，它的形式、内涵有着特殊的意义，这为我们
　　　　认识、研究先秦易学又提出了一个新的重要课题。[1]

濮茅左先生的《释文考释》对这些符号作了细致的分析推论，最后提出了他的结论：在先秦时代，楚竹书《周易》中存在着另一种与今本不同的卦序。

　　这一说法发表之后，便成为楚竹书《周易》面世以来最重要的发明成果，其后数年间也有提出异议者，也有本其说而作引申修正者。前者如姜广辉先生，[2] 后者如李尚信先生。[3] 到了2006年底，濮先生在《释文考释》的基础上修订增益，新发表了上下两大册的《楚竹书〈周易〉研究》。[4] 姜、李二人的质疑和修正，显然并未获得濮先生的接纳，他在新著中只就初说作了些补强；对李说虽略有提及而表示不认同；至于姜说，则更不提及，也不予驳辩；可见他对原先的看法，还是自信而坚持的。笔者初读濮著《释文考释》，颇佩服其深入的归纳与分析，对所推测的结论也认为不无可能；唯一不敢苟同之处，只在其以阴阳变化转换来解释五种符号的部分。想到濮先生躬自参与考释之役，对这问题思虑之周详，恐怕无出其右，个人对此并无研究，故而也不再多想，以免浪掷心神。近来偶然重读《释文考释》，与初读时不同，乃在逐卦将释文与原影彩印图版对读，忽然觉察到各简并非抄出一手；于是特别再就《附录二：关于符号的说明》的各项分类说明，一一与彩版复核，反复寻思，然后知濮说其实并不可恃。于是进一步追究楚竹书《周易》刊布以来一些专家发表的不同意见，继而又获读濮先生的新著，

---

[1] 濮茅左：《楚竹书〈周易〉·出版说明》，第133页。案：此等符号，濮先生称之为易学符号，另有学者称之为特殊符号或彩色符号者；本文以检讨濮说为主，故篇题依其原称。

[2] 姜广辉：《上博藏楚竹书〈周易〉中特殊符号的意义》，《中国思想史研究通讯》第2辑（2004年6月），第15—17页。

[3] 李尚信：《楚竹书〈周易〉中的特殊符号与卦序问题》，《周易研究》总第65期（2004年第3期），第23—27页。

[4] 濮茅左：《楚竹书〈周易〉研究》，上海：上海古籍出版社，2006年11月。

似皆未说到鄙见之所窥及。今草此篇，提出管见，以就教于方家。

（二）濮说大要及其立论依据

　　本文主要检讨的对象，是以濮说为主，故首先自应对其说法作一扼要的陈述。如前文所述，其说先发表于《战国楚竹书（三）》中《周易》的《释文考释·附录二：关于符号的说明》[1]，后再详于其独撰的《楚竹书〈周易〉研究》第一章《楚竹书〈周易〉概况与研究》第三节《楚竹书〈周易〉符号》。[2]后者的观点与前者并无不同，不过对原说补充增详，也对前者的疏失有所修正。补详的部分，例如为说明竹简中红黑符号的变化与《周易》的阴阳变化理论遥相呼应，增入了一些后世流传的《易》图，如《十二消息图》《十二辟卦方位图》《心易发微伏羲太极之图》《一年气象》《伏羲卦》以至《卦变图》等，这都是先前《符号说明》所未及的。修正疏失的部分，例如《符号说明》中分析"符号对卦名的分类"，其第一类，在《需》卦前漏列《蒙》卦，比照其他文例，对该卦首符的说明应为"首符残"，尾符则应为"未见"。[3]其第二类在《解》《姤》二卦之间，亦漏列《夬》卦，其说明应分别为"首符残"和"尾符为某"，而尾符当为〔红方内黑丁〕。[4]对《符号说明》中这两处遗漏，作者在《楚竹书符号》里虽不再交代，但改用另外的方式来表述以为弥补：在"二、符号位置的确定"一节中"占两简的卦名位置"部分，即首列《蒙》卦，其说明则云"尨（蒙）首简残，尾符在末简最后一字下，朱色褪"；[5]又在"四、对残简卦符号的判断"中续作补充："卦首符残，尾符朱色褪，可判断尨（蒙）卦

---

[1] 以下简称《符号说明》。
[2] 以下简称《楚竹书符号》
[3] 应补在《符号说明》，第252页。
[4] 应补在《符号说明》，第253页。
[5] 濮茅左：《楚竹书〈周易〉研究》，上册，第27页。

首符当为〔红丁〕。"[1]在"占三简的卦名位置"部分,也列入《夬》卦,说明云"首简残,次简无符号,尾符在末简最后一字下",[2]又在"四、对残简卦符号的判断"中将之归入〔红方黑丁〕一类之内,并云:"《夬》卦首符残,尾符为〔红方黑丁〕,可判断《夬》卦首符当为〔红方黑丁〕。"[3]故而在这一节的最后,总结各卦的分类情况,〔红方黑丁〕的一类中便已补入《夬》卦;然而〔红丁〕类中却依然未列入《蒙》卦,[4]其实既然之前已作好了推定,最后的总结自宜纳入。因此《楚竹书符号》对《符号说明》这两处疏漏尽管已作了补订,其实还不算十分彻底。何况《楚竹书符号》改变了叙述的方式,虽然修正了一些遗漏,但是却又新生出另一些缺失来。如"二、符号位置的确定"的叙述便很有问题:它将诸卦只分为"占两简"与"占三简"两种。对照原简彩印图版,其中《蒙》(简一)、《大有》(简十一)、《蛊》(简十八)、《解》(简三十七)、《革》(简四十七)、《旅》(简五十三)、《既济》(简五十七)等诸卦,皆仅存一简,却归类为"占两简";《萃》(简四十二)、《困》(简四十三)、《渐》(简五十)、《夬》(简三十八、三十九)等四卦或一简,或两简,却归类为"占三简"。假如这种占两三简的说法是连带缺文在内一起来推估计算,又或是缀合之断简分计的话,理应分别有所说明才不致混淆竹简存佚的实况。纵使承认这种情况,然如《困》卦所存的只有最末一简,而说明竟是:"首符在首简卦名后",[5]仍是不知据何而说?更何况还遗漏了《复》(简十九)、《丰》(简五十一、简五十二)、《小过》(简五十六)、《未济》(简五十八)等四卦没有述及。这些残缺不全的简牍,要作全面的整理而分毫不差,确是很不容易的,作者改变了一种写法,有时顾此失彼,后出者未必

---

[1] 濮茅左:《楚竹书〈周易〉研究》,上册,第33页。案:鄙意以为尾符当云"未见",而《楚竹书符号》则云"朱色褪",是双方所见不同,而此判断的歧异将影响后续的推论;说详后文。
[2] 同上注,第28页。
[3] 同上注,第33页。
[4] 同上注,第34页。
[5] 同上注,第28页。

转精，其中得失还未易论。

尽管如此，前后两文的论点意见既然大体一致，本篇随文引述，并不以后出者为限，但后出者毕竟较详，故仍以之为主。

濮先生的研究方法是先将见存的五十八简中，分别出现在卦名后的"首符"和末简最后一字下的"尾符"，归类为六种：

    A.〔红丁〕

    B.〔黑丁〕

    C.〔黑方红丁〕（〔黑方内红丁〕）

    D.〔红方黑丁〕（〔红方内黑丁〕）

    E.〔红丁黑方〕（〔红丁内黑方〕）

    F.〔黑方〕[1]

这六种符号是实际出现在竹简上的，可是濮先生后来在《楚竹书符号》中又补入一个新的符号——〔红方〕，并说它们"都以组合形式出现，无单独出现"。[2] 这两句话说得有点含混，会让人误以为它们一如〔黑方〕一样，出现在诸如《大畜》的尾符和《咸》的首符那种所谓"组合"中；其实并非如此，而是指诸如《蹇》《井》的首尾符〔红方黑丁〕（〔红方内黑丁〕）的"组合"。单独的〔红方〕根本不存在于全部三十四个卦的竹简之中，它只是一种推理的存在，或说是一种虚拟的存在。何以需要凑上这一〔红方〕？濮先生说：

> 楚竹书《周易》符号〔黑方〕（〔红方〕），也有"受物之义"，〔黑方〕（〔红方〕）中可受〔黑丁〕（阴）、〔红丁〕（阳），故有符号〔黑方内红丁〕、〔红方内黑丁〕。这两者所承的形、义是一致的。不同的是：字书匚部中的字是静态符号，楚竹书《周易》符号〔黑方〕（〔红方〕）、〔黑丁〕、〔红丁〕组

---

[1] 在《战国楚竹书（三）》《楚竹书〈周易〉研究》二书中，这六种符号皆以套色符号呈现，又各有原简彩印图版可供对照，这都是本文技术上所做不到的，不得已只好用文字表述方式来替代。又竹简卦名多异体，今为省节造字输入，也径易以今本卦名。

[2] 濮茅左：《楚竹书〈周易〉研究》，上册，第24页。

合则隐示着动态。[1]

原来为了配合此等符号是反映阴阳动态变化的理论，所以不能只有〔黑方〕而没有〔红方〕，否则〔红方黑丁〕（〔红方内黑丁〕）中的黑丁便无所依附了。总之，濮先生所说的〔红方〕，仅为解说〔红方黑丁〕中红方的部件的含义而设，而并无单独出现的存简。而〔黑方〕单独出现则有之，濮先生认为是竹书《周易》上下两部分的判分符号；说详下文。无论如何，出现在竹简中的符号，实只有上列的六种。

综合分析濮先生楚竹书《周易》另有与今本不同卦序之说，乃建立在三个认知基础之上：

其一，诸卦皆两两各为一组，每一组前后两卦间的关系是"非覆即变"。

其二，竹简中不同的红黑符号，分别代表不同的阴阳属性，正反映了《周易》的阴阳变化理论。

其三，今存各简，应为同时所书写，故得根据同一约定原则来标示其符号。易言之，尽管今存竹简尚多残缺，但仍视为一体，据以归纳推论。

（三）"非覆即变"不足以定卦序

今本六十四卦先后卦序之次，古今论之者不乏其人，《序卦》虽最先有说，然晋韩康伯已谓其所明，"非《易》之缊"，而是"因卦之次，托象以明义"，[2] 尽管如此，唐孔颖达却已明白指出今本卦次所呈现的一个现象：

> 今验六十四卦，二二相耦，非覆即变。覆者，表里视之，遂成两卦，《屯》《蒙》、《需》《讼》、《师》《比》之类是也。变者，

---

[1] 濮茅左：《楚竹书〈周易〉研究》，上册，第24页。案：原文中的红黑套印符号，本文一律改用文字表述，参见第158页注1。

[2] 见（唐）孔颖达：《周易正义》（台北：艺文印书馆，1965年6月，《十三经注疏》影印嘉庆江西南昌府学本），第1册，卷9，第186页引。

反复唯成一卦，则变以对之，《乾》《坤》、《坎》《离》、《大过》《颐》、《中孚》《小过》之类是也。[1]

其所谓"覆变"，明来知德则指称为"错综"。[2]他以爻之"正对"者为"错"，即孔氏所谓"变"；以"反对"者为"综"，即孔氏所谓"覆"，其称亦颇为后来学者所沿用。如依孔氏说，诸卦两两相对而成的各组，其两卦彼此间的关系实以"覆"（"综"）为主，共二十八对，五十六卦；倘遇不可覆，亦即上下各爻反复了之后，卦象之各爻悉还旧貌，则与之相为配对的卦就改为"变"（"错"），《乾》《坤》、《坎》《离》、《大过》《颐》、《中孚》《小过》等四对八卦即是。姑无论这些名目和定义的是非，今本上下经六十四卦两两先后各卦间所呈现的关系，确实如孔氏之所述。所难以明白者，不在各对两卦彼此的关系，而在对与对之间先后的次序。学者或有不满于《序卦》的成说而自出新意者，但至今似尚未获一不受质疑的定论。

濮先生云：

> 楚竹书《周易》对卦名的分类，明确地体现出二二相偶，对立统一的原则。[3]

他说"通过寻找"，楚竹书《周易》中各分类情况如下：

〔红丁〕类：需、讼、师、比。总四卦。

〔黑丁〕类：颐、大过、同人、大有、谦、豫、随、蛊、无妄、大畜。总十卦。

〔黑方红丁〕类：咸、恒、遯、大壮、家人、睽、革、鼎、震、艮、渐、归妹、丰、旅、中孚、小过。总十六卦。

〔红方黑丁〕类：蹇、解、夬、姤、萃、升、困、井。总八卦。

〔红丁黑方〕类：涣、节、既济、未济。总四卦。[4]

五类总凡四十二卦，实则竹简所涉者仅三十四卦，可知此处所述，乃

---

[1] 孔颖达：《周易正义》，卷9，第187页。
[2] 说详（明）来知德：慈恩本《易经来注图解·系辞上传》（台北：天德黉舍影印本，1976年1月）下册，卷13，第1295页。
[3] 濮茅左：《楚竹书〈周易〉研究》，上册，第33页。
[4] 同上注，第34页。

据所谓"二二相偶"的原则推衍而来，濮云"通过寻找"而得者，即此之谓。[1] 二二相偶的各组，其两卦并见存于竹简者，简首简尾的符号也往往残缺不完整，此外又如《颐》《大畜》《咸》三卦各有不一样形状的符号，濮先生另作解释（详下）。通检竹简原影，其首尾符完整确然可供验证者，只有《需》《讼》《谦》《豫》两组四卦而已；其他大抵或多或少，皆涉推论而得。不过总体而论，尽管整组两卦四个符号都完好无缺者不多，但如加上其余合理的推断，为数却也不少，归纳而谓简本一如今本，也是"二二相偶，非覆即变"，其可信度应该是相当高的。

濮先生谓简本诸卦二二相偶，从彼此覆变的关系体现对立统一的原则，这并无不是。也可说，两卦间关系，简本与今本正相同，但光是"二二相偶，非覆即变"顶多只能定某两卦之间的相连关系，如要进而论定此两卦之先后，如其序是先《乾》后《坤》，抑是先《坤》后《乾》？是先《屯》后《蒙》，抑是先《蒙》后《屯》？只凭相偶的前提来作推论，已嫌过度，固无论据此而论《乾》《坤》一组之后，当继以《屯》《蒙》或其他。故濮说简本卦序异于今本，必须同时建立在更多其他的支撑上，此即下述所谓"阴阳变化"与"诸简一体"之两项。

（四）竹书符号是否代表阴阳变化

濮先生在《符号说明》作出了结论，这段文字后来略经增补，再写入《楚竹书符号》中，而论旨无变：

> 楚竹书《周易》中的红黑符号的变化，与《周易》阴阳变化

---

[1] 至如《蒙》卦（简一），今验原简图版，实当是首符残，而尾符未见；参濮茅左：《楚竹书〈周易〉研究》，上册，第33页。同样的情况亦出现在《师》卦（简八），彼亦云尾符"朱色褪"。实则比观《无妄》卦首简（简二十），也没有画出符号，而濮先生则承认"在首简卦名后未见首符"（濮茅左：《楚竹书〈周易〉研究》，上册，第27页）。这三处情形是一样的，不应作两种不同标准的鉴别。所谓"朱色褪"，如《比》卦首简（简九）即是，而濮先生似径以为"首符在首简卦名后"，他是原简整理人，是否所获睹的原简与印出之彩影尚有色差？否则似不应存此异见。濮先生对《蒙》卦虽已作此论断，但在所列分类中却并未因此而列入《屯》《蒙》二卦。

理论的历史典籍记载遥相呼应、彼此印证。

〔红丁〕意味着阳盛,易穷则变,盛极必反,"阳盛则包阴,阴盛则包阳"(冯椅《厚斋易学》),于是阳往阴来,红阳往黑阴来(〔红方黑丁〕),红阳中产生了黑阴,"阴阳接而变化起"(《荀子·礼论篇》),然后黑阴盛,达极则成〔黑丁〕,"阴盛阳微则阳附阴,阳盛阴微则阳决阴"(宋朱震《汉上易传》),于是阴往阳来,黑阴往红阳来,黑阴中生红阳(〔黑方红丁〕),红阳又盛,至极,完成了一个由阳转阴、由阴转阳的完整过程,楚竹书《周易》用〔红丁黑方〕来表示一个分界过程,同时,意味着事物在阴阳变化中转换,事物在阴阳变化中发展,事物在阴阳变化中进入了新循环,如此"阴盛又阳生,阳盛又阴生,只管循环不已也。"(蔡清《易经蒙引》)因此,楚竹书《周易》中的符号类序为:

〔红丁〕、〔红方黑丁〕、〔黑丁〕、〔黑方红丁〕、〔红丁黑方〕

这是阴阳理论的形式表现,它与易辞是形式和内容的统一,易理精神的反映。楚竹书《周易》的符号变化,反映了事物发展、演化、衰退而又循环的过程。[1]

易道变化,阳盛转阴,阴盛转阳,循环往复,古今学者言之者不知凡几,易中自有是理。至于如何与竹书符号相配为说,实在颇费周章。符号共有六种形态,除了〔黑方〕外(濮先生以为是全经上下两部分的分隔符),对其余五种,濮先生就作出了如上的解释。可是假如要用符号来分别标示阴阳的转化,理论上应该用四种——也就是上述A至D四种就够了。假使要精细一些,就可以比照通行流传的《太极图》所示,还要多出阳极生阴、阴极生阳转关启端的两点,亦即《太极图》中阴阳鱼合抱图形中,白鱼的黑眼和黑鱼的白眼那两点。故而欲以符号表阴阳变化,不四则六,而不应是五种。如濮先生所释,这畸零无对的〔红丁黑方〕是表示"完成了一个由阳转阴、由阴转阳的完整过

---

[1] 濮茅左:《楚竹书〈周易〉研究》,上册,第38—39页。《符号说明》的原文则见《战国楚竹书(三)》,第259页。

程"的分界,如是则只足以表示阴阳转变一周而止,而并未能体现阴阳"循环往复"之义。当然由于〔红丁黑方〕出现于《既济》的尾符,以同卦同类符号的原则,可推定其首符也相同;又据二二相偶的原则,复可推定首尾符号皆残的《未济》卦也应一样。而《未济》正好是今本最后一卦,由此而对〔红丁黑方〕作出此一联想固非无根,但阴阳往复一周的完成分界何以不能由单一卦而须由两卦一组来显示?何况竹书〔红丁黑方〕总出现三处,另两处是在《涣》卦(简五十四、五十五)的首尾符,又当何说?由《涣》卦又可推与之相偶的《节》卦,其符号也应相同,难道体现这一周的变化竟要连用到四卦之多?

上文已提及,濮先生为将符号配合阴阳变化的理论,虚拟了一个"都以组合形式出现,无单独出现"的〔红方〕。既有〔红方〕与〔黑方〕相应,也有〔红方黑丁〕与〔黑方红丁〕相应,依理而推,又焉可独有〔红丁内黑方〕,而无〔黑丁内红方〕?姑无论实际上也并无〔黑丁内红方〕的存在,纵说理论上可有,试问在黑丁之内如何呈现出红方来?如何来与〔黑丁〕分辨?因此只能孤悬〔红丁内黑方〕来考虑,不免只考虑到阴阳变化的完成,而忽略了阴阳变化的循环。

相对于〔红方〕的〔黑方〕,便确有两种形态见存:一种就是〔黑方红丁〕,濮先生称为组合符号的形态;另一种则是单独出现,濮先生谓只出现于两处——《大畜》卦的尾符和《咸》卦的首符。《大畜》的首符是〔黑丁〕,《咸》的尾符是〔黑方红丁〕,这样便明显与同卦同类符号的原则相悖,而与之相偶的两卦——《无妄》、《恒》的首尾符号都可分别判定为〔黑丁〕与〔黑方红丁〕,因此可知例外的是两个〔黑方〕,必须另作解释。正如同上述解读〔红丁黑方〕相仿,这两卦中的《咸》卦,在今本《周易》的卦次恰好是第三十一卦,亦即下经的第一卦,与第三十的《离》卦为分判上下经的两卦。由于竹书这两个例外符号的出现,濮先生便推论这个〔黑方〕是全经上下两部分的分界符号,《咸》既不与《离》相接而转与《大畜》相接,可见竹书卦序,不同于今本。他的说法是:

⊏(〔黑方〕)符号的前后反映出一个现象,即〔黑方〕符号前为楚竹书《周易》之上部分，〔黑方〕符号之后为下部分，〔黑方〕符号可能是楚竹书《周易》上、下部分的分界符号。《大畜》尾符的〔黑方〕，表明上部分结束，这一部分可称之为"匚（音方）上"。《咸》首符的〔黑方〕，表明下部分由《咸》开始，这一部分可称之为"匚下"。[1]

"匚上""匚下"的称谓，也是比照今本经上、经下而姑为之名，亦非简文所本有。但一如解说《既济》的〔红丁黑方〕，对《涣》的〔红丁黑方〕便不易交代；此处对〔黑方〕的假设，在竹书中其实也存在一处矛盾——就是《艮》卦（简四十八、四十九）的首符是〔黑方红丁〕，而尾符却也正是〔黑方〕。这如何是好？总不宜推测更分出上下以外的部分罢！因此我们看到濮先生的处理，他说：

《艮》，首符为〔黑方红丁〕，尾符为〔黑方红丁〕（中红褪）。[2]

若不硬是认定它是本来内有红丁而褪了色，也就不知如何为说了。

濮先生为要强调卦画的阴阳演变内涵，特别列出详细的图表，从六阳之卦而五阳一阴，而四阳二阴，而三阳三阴，而二阳四阴，而一阳五阴，而最后为六阴之卦，谓此阴盛阳衰之象，〔红丁〕、〔红方黑丁〕、〔黑丁〕所反映即此现象。相反，由六阴、五阴一阳、四阴二阳、三阴三阳、二阴四阳、一阴五阳，最终至六阳之卦，则是阳盛阴衰之象，则由〔黑丁〕、〔黑方红丁〕、〔红丁黑方〕来反映；而〔红丁黑方〕即表示了这两段由阳转阴、由阴转阳的完成。[3]其实愈要讲得详细却愈难凑合，试问濮先生所分的五类各卦究竟如何具体与上述的阴阳转化一一分别相配？姑举一例言之，如《需》卦，首尾符皆是〔红丁〕，假如简中也存有《乾》卦的话，其首尾是否也应一样？然而《乾》是六阳之卦，如何分别其间差异？何况《需》在阴盛阳衰的阶段是四阳二阴之卦，在阳盛阴衰的阶段却又转是二阴四阳之卦，

---

[1] 濮茅左：《楚竹书〈周易〉研究》，上册，第36页。
[2] 同上注，第30页。案：濮云"朱色褪"者尚有《蒙》《师》二卦的尾符（第27页），实皆是缺写未见；参第161页注1。
[3] 详见《楚竹书〈周易〉研究》，上册，第39—41页。

简符又如何反映体现这种变化？可见要结合阴阳变化来解说这些符号，还真是困难重重。

"《易》以道阴阳"，远从《庄子·天下篇》早有此说，深入人心，今人见楚竹书《周易》忽出现此等前所未见的符号，自然容易就此线索联想，宜无足怪。简牍不全，本非完编，即使说法不尽圆满，原也不妨备此一说。然而竹书《周易》还有一个更大的问题存在，理应加入考虑，此即有关简文的抄写问题。

（五）简文非出一手所抄

这五十八简的《周易》，悉缘手写，究竟是一时一人所书？抑非出于一时一人？既出人手所抄，校对是否精确？有无讹误之可能？濮先生对此等问题虽无讨论，然其立说的前提，几乎是建立在同出一人所书，以及精确无误的假定上，而这一假定，如经检视，恐怕是靠不住的。

在《释文考释》的《说明》中，濮先生曾指出：

> 竹简行款：第一字起于第一道编线之下，最后一字终于第三道编线之上，一支完整的竹简一般书写四十四字左右。书体谨严工整，大小一致，字距基本等同，每卦所占简数，或二简，或三简。我们发现全书抄完后作过校对，抄者在第五十四简中发现了漏字，并将漏字补在两字的空隙间。[1]

所指第五十四简是《涣》卦《六三》《六四》两爻辞的内容："六三：涣其躬，无咎。六四……"，大抵初写时漏抄了"咎"字，其后在"无""六"两字间补写入内，遂使"无咎六"三字密比相连，与其他的字距有别。这一事实与"书体谨严工整，大小一致，字距基本等同"的描述，容易使人产生存简原属一人一体的印象，从而对其特别符号只就其存形作种种推想，而并不虑及其他可能性。

讨论楚简《周易》的文章，据笔者所见，似以房振三先生《竹书

---

[1]《战国楚竹书（三）》，第133页。

〈周易〉彩色符号初探》最先提出简文不只一手的意见。他的看法是"五十八支简中存在着两种抄本":

> 竹书《周易》共五十八简,涉及今本三十四卦内容,学者多从文字、文献的角度对简文进行研究而忽略一个明显的事实,即现存的五十八支简中包含有迥然不同的两种书体,这可以从两个方面得以证实,一是字体的特征:第一类是露锋行笔,结体宽散,线条粗细不均,风格略显粗犷豪放,包括第一、五、八、二十、二十一、二十二、二十三、二十四、二十五、二十六、二十七、三十七、四十九等十三支简;第二类是藏锋行笔,结体整饬,线条瘦劲均匀,风格含蓄内敛,包括除上述十三简以外的四十五支简。二是书写习惯,如第一简的"利"与第四简的"利",第二十二简的"涉"与第四简的"涉",第二十五简的"不"与第三十一简的"不",第三十七简的"初"与第四十简的"初"等等,皆有明显差别。[1]

在简文并非全出一人所抄写的意见上,管见和房先生大致是相同的。他所举出"字体的特征"和"书写习惯"两项差异,皆可说是信而有征。但对其"两种抄本"的认定,鄙意以为尚可商榷。

房先生所指出的十三枚简,与其余四十五枚简的笔法风格迥然不同,我完全同意这一判断。他对第二类四十五枚简书法的描述——藏锋行笔,结体整饬,线条瘦劲均匀,风格含蓄内敛——也相当切当,所以如果说这四十五枚简出于一手,是比较可信的。至于其他十三枚简,是否另出一人,可以归属为一类而判为独立的另一抄本,则是仍可存疑的。以拙眼辨识,这十三枚简不只与另四十五简出于不同写手,恐怕也难归为一类。以愚推测,这十三简中,书写笔法,粗看相近,细辨似仍有区分。此一看法如能成立,则这十三枚简竟有可能出自多人之手。笔者自身并非书迹鉴识专家,不敢自认确凿无误,毫厘不差,但若谓其不止一人所写,有执毫经验者或不致河汉斯言。

---

[1] 房振三:《竹书〈周易〉彩色符号初探》(《周易研究》总第72期,2005年第4期),第22页。

兹就愚见所及,将这十三枚简分为七组(每组后的阿拉伯号码为竹简原次,括弧内者则为组别),各组与他组书写相异字例附列其后,俾便检视:

1组:1、37
  (2)"五""晶"
  (3)"贞""咎"
  (4)"亡""利""九"
  (5)"晶""利""六""九"
  (6)"亡""六"
  (7)"亡""丌""拇"

2组:5、24、25、49
  (3)"五""命"
  (4)"亡""元"
  (5)"利""九""五"
  (6)"利""丌""初"
  (7)"五""丌"

3组:8
  (4)"贞""亡""咎"
  (5)"六""贞""中"
  (6)"六""贞""亡"
  (7)"五""上""亡"

4组:20、21
  (5)"中""元""利"
  (6)"亓""九"
  (7)"亡""六"

5组:22、23
  (6)"利""贞""九""晶"
  (7)"上""九""六"

6组:26

（7）"钦""六""亡""丌""拇"

7组：27

就中如第一简与第三十七简，其"利"字右半写法虽各有不同，以其他各字风格约略相似，姑且合归为一组。又如第八简与第二十七简，不易具体说明区分所在，因两简字数皆不多，尤其是第二十七简，仅得十四字，与他简可供作同字比较者更少，此处只姑举三字以辨其笔意。总之，第八简的抄者收笔多纤细，该简三个"子"字尤足见此特色，与他简应是有别的。又如第二十、二十一两简，字体风格亦与他简不同，严谨工整，多用方笔，从简中诸"亡忘"（"无妄"）字最易看出。整体而言，论书写的结体整饬，这十三枚简相较于另外的四十五枚简，自然是颇见逊色；但如专就这十三简而言，诸写手书法造诣的高下，严谨与草率，也是不能一概而论的。

尤其值得我们特别注意的，是《咸》卦（简二十六、二十七）的两简，比对今本爻辞，两简间仅缺六字，同属一卦，甚至连卦名"咸（钦）"的写法都不相同，其出于两手，更无可疑。

此外，《师》卦（简七、八）两简，《六五》爻题的"六"字居第七简之末，"五"字居第八简之始，其卦爻辞衔接无缺，但第七简书写系属前述四十五枚简的那一类，明显与第八简出自不同的写手。此两简如出同一来源，[1] 则第八简理应是补抄而后来参入者。

同样的情况也见于《艮》卦（简四十八、四十九），第四十八简亦属四十五枚简的一类，而第四十九简字体悬殊，无疑别出一手。

《讼》卦（简四、五、六）三简，也是卦爻辞衔接无缺，最末的第六简仅得四字，但却与卦首的第四简同属四十五枚简的一系，而独只中间第五简出自另一人手抄而厕于其间，这应与《师》卦的情况相若，也是后来补抄的。

由以上所述的现象来分析，今存五十八简的抄写，除了四十五枚简出于一人外，其余的十三枚简却出自众手，而其中不乏是补抄而参入

---

[1] 上博所藏楚竹书，据云系1994年3月在香港文物市场发现，传闻竹简来自湖北省，其原始出土及流传过程，皆未详悉。

其中的，至于补抄的时间，自然也不能排除不只一时的可能性。大凡手抄的文献，恐怕都不能保证完全正确无疵，既然连抄写相对严谨不苟的四十五枚简中，还有像《涣》卦漏抄"咎"字，事后再补入的情况，那么在其他后来杂抄补入的十三枚简中出现讹误，应也无足为奇。

（六）符号与卦序的关系

尽管上面为了证明十三枚简不出自一时一手，将之分判为七组，这种较细的判断未必能获得人人的认可，但如房先生粗分为两类，四十五枚的一组，和其他的十三枚决然出自不同的写手，则是不需鉴识专家，一般人也是易于判别并承认的。说到此处，不妨将存简中的符号作一总体观察，我们不难发现：诸卦以首尾符号相同占大部分，又以〔红丁〕、〔黑丁〕、〔黑方红丁〕、〔红方黑丁〕四种为常态。其他少数的例外，包括首尾符号不同以及上述四种以外的符号，其简次如下：

　　1.《蒙》尾符（简一）：未见。（濮云"朱色褪"。）

　　2.《师》尾符（简八）：未见。（濮云"朱色褪"。）

　　3.《无妄》首符（简二十）：未见。

　　4.《大畜》尾符（简二十三）：〔黑方〕。

　　5.《颐》首尾符（简二十四、二十五）：异形符号，首符似先写朱色，再以黑色补填盖之，故在〔黑丁〕之上，突出一拇指形。尾符遂比照而写。[1]（濮将首符定为〔红方黑丁〕，尾符为〔黑丁〕，与他卦皆不同，独立为一类。[2]）

　　6.《咸》首符（简二十六）：〔黑方〕。

　　7.《艮》尾符（简四十九）：〔黑方〕。（《艮》首符为〔黑方红丁〕，濮谓本简尾符亦应为〔黑方红丁〕，却未见红丁，故云

---

[1]《解》卦（简三十七）的首符为〔红方黑丁〕，其外框的红方也突出一拇指形，与此相似。

[2] 说见《楚竹书〈周易〉研究》，上册，第30页及第37页。

"中红褪"。[1]）

  8.《涣》首尾符（简五十四、五十五）：〔红丁黑方〕（〔红丁内黑方〕）。

  9.《既济》尾符（简五十七）：〔红丁黑方〕（〔红丁内黑方〕）。

这些例外的情况，除了最后八、九两项外，竟然全都出现在那十三枚抄自众手的竹简之中，这不是有点巧合吗？

  假如我们不为符号代表阴阳变化的思维所囿，或许可以试作另一不同的考虑，即承认手抄容有讹误。既然上述这些例外的情况都集中在那十三枚简中，包括这些变形的符号、不完整的符号，以至缺漏未见符号，能否假定出于抄写的疏忽或不太讲究所致？若然，依据同卦同符的原则，上列前七项，除《蒙》的首尾符皆不见无可推论外，《师》的尾符当为〔红丁〕；《无妄》的首符、《大畜》的尾符、《颐》的首尾符并当为〔黑丁〕；《咸》的首符、《艮》的尾符则并当为〔黑方红丁〕。至于最后八、九两项《涣》与《既济》的几个首尾符，虽属四十五枚简一类，但这三个〔红丁黑方〕（〔红丁内黑方〕）的符号，也有可能是本当为〔黑方红丁〕，先误写为〔红丁〕，再补画黑方以为修正。先所写的红丁已满相当位置，后加的黑方画在红丁内缘，遂成此三个所谓〔红丁内黑方〕的特异形貌。[2]

  果如上述，我们可归纳出一个结果：〔红丁〕、〔黑丁〕全部集中在今本的上经三十卦中；〔黑方红丁〕、〔红方黑丁〕则全部集中在今本下经的三十四卦中。按今本卦序排列，尽管由于竹简残缺约半，不过仍大致可知上经前面若干卦是〔红丁〕，后面接续的是〔黑丁〕。存简中从《大有》开始为〔黑丁〕，估计〔黑丁〕的卦数应较〔红丁〕略多。至于下经的部分，虽然也有不少缺卦，但由于不同符号的衔接比较清楚，可推定自《咸》至《睽》八卦是〔黑方红丁〕；自《蹇》至《井》十卦是〔红方黑丁〕；自《革》至《未济》十六卦又是〔黑

---

[1] 参第164页注2所属正文。

[2] 同样属于四十五枚简之内的《睽》卦首尾符（简三十二、三十四），皆是〔黑方红丁〕，但其形状也与其他〔黑方红丁〕略异，亦似是原只书为红丁，再补画黑方以为修正。

方红丁〕。总之，凡只有丁的符号皆在今本上经，凡丁外有方的符号皆在今本下经，而其红、黑二色之交错，先后有次，也与今本卦序相应。因此准此以推，简本的卦序与今本相同的可能性恐怕还大一些。

至于何以有此两色交错，乃至何以自某卦起改符，今皆不得而知。我们知道，每卦的简文是独立的，换卦即换简，且各卦皆可由六画阴阳爻的卦形来区隔，因此符号显然不是作为分卦的功用；倘作此用，也不必换色换形。这些符号是否如姜广辉先生所推想，乃划分"卦区"，以方便识别和翻查，今亦难为论定。窃疑此等符号殆出私订，并非一般通行应用的符号，故而后出补抄者已不了解其所代表的意义，遂有信笔草率书写的讹误以至遗漏的情况。大凡符号所代表的含义，其可以通行一时甚至流传后世者，必由约定俗成，传世古今易学文献，未有任何涉及此等符号的蛛丝马迹，若谓其在先秦曾经一度通行，而无缘无故又旋即成为绝响，灭迹人间，殆难凭信。

（七）结语

《周礼·春官·太卜》有《连山》《归藏》《周易》"三易"的传说。《连山》《归藏》，汉人谓其分别为伏羲、黄帝之易，又或谓是夏、殷之易。[1] 唐人疏义，说《连山》以《艮》为首，《归藏》以《坤》为首，《周易》则以《乾》为首。其说虽晚出，然《礼记·礼运》所称《坤乾》，郑玄以为即《归藏》，则卦首不同之说，或非全出杜撰。然则《周易》以外尚有他易，三易异首，当然卦序非一。[2] 是可见卦序相异，早有传说，然异序则异名，本非谓《周易》卦有异序。传说中三易卦有同名者，其内容究竟有无差别？旧说以文王、周公系卦爻辞，其文自应专属《周易》。而桓谭《新论》："《连山》八万言，《归藏》

---

[1] 或谓伏羲、黄帝但有卦画而无文，其文盖禹、汤代之所作。说详（宋）罗泌纂、罗苹注：《路史》（台北：台湾中华书局，1970年4月台二版，《四部备要》本），《发挥一·论三易》，册2，卷1，第15页下，罗苹注。

[2] 《周礼·春官·太卜》又谓三易"经卦皆八，其别皆六十有四"，郑注："三易卦别之数亦同，其名、占异也。"是三易卦名全异或局部相异，传说不一，亦未详知。

四千三百言。"[1]字数不同，亦理宜有别。但今本《周易》上下经文仅约五千言，卷帙与较近之《归藏》尚相若，与远古之《连山》反而差距极大。可见汉人此等传说纵有来历，其实也未可尽信。今简本《周易》卦爻辞内容，亦犹马王堆帛本，大致仍与今本相近，应属同一内容，既同是《周易》，向来也无异序的传闻，今谓卦序另有歧出，亦不免让人莫明其故。[2]纵如濮茅左先生所云是另一卦序，亦可能仅属以不同理论与规则将六十四卦重加编排组合，未必是不同卦序本子之流传。

本文所辨，主要指出濮先生别有卦序之说，必须"非覆即变""阴阳转化""诸简一体"三项结合相配支撑，才有成立的可能。首项实即源于今本之序，决不足以论定别有卦序。其他两项，细加疏析，恐怕都难以成立。尤其是末项的检讨，证明竹简的抄写，出于众手，也可能不出一时，故各种统将存简的符号视为一体所作的结论，都是危险的。

就居今见存于竹简的符号而言，窃谓尚难推定先秦《周易》另有与今本不同的卦序。至于竹简符号既存现象之所以然，书缺有间，文献不足，是以古事难稽，本该恪守不知盖阙之义，而走笔所及，仍不免有所溢出，鄙才短见，思虑容有未周，尚祈读者见谅。

本篇曾于2007年11月台湾大学中国文学系、

武汉大学简帛研究中心、芝加哥大学顾立雅中国古文字学

中心合办之"二〇〇七中国简帛学国际论坛"宣读；

并刊于2009年6月《台大中文学报》第30期；

又转载于2010年1月台湾大学出版中心《周易经传文献新诠》。

---

[1] 见（宋）李昉等编：《太平御览》（台北：台湾商务印书馆，《四部丛刊三编》本，1974年8月台二版），卷六百八引，第5册，第2867页。

[2] 马王堆帛本的卦序明与今本差异甚大，但此种序次，盖本于《说卦传》而重编，非固有之次第。说详黄沛荣：《易学乾坤·周易卦序探微》（台北：大安出版社，1998年8月），第23—32页。

七、杂论楚竹书《周易》异文的可能价值

上一世纪的后期，由于先后有几种《周易》的出土文献发现，学界取与传本结合研究，产生了不少可贵的成果。1973年湖南长沙马王堆汉墓的帛书《周易》，不但包含了相当于传本经文全部的《六十四卦》，还有卷后所附的《系辞》和其他几篇前所未见的佚传，尤为触目。根据帛本所作的研究，既多且广，成就斐然。相对而言，1977年安徽阜阳双古堆的汉简《周易》由于残缺过甚，相当程度影响了它的价值。而其后在1994年出现，后归上海博物馆收藏的战国楚竹书，尽管仅有58简1806字，内容也统属经文而无传，毕竟因抄写时代为目前可见之最早者，也涉及了34卦经文，因此其研究价值虽似逊于帛本，却无疑远胜于阜阳简本。楚简本自2003年上海古籍出版社《战国楚竹书（三）》正式发表以来，对此一年代最前的《周易》写本的各种研究，其成绩也已不少。专著成书的，如2005年刘大钧先生的《今、帛、竹书〈周易〉综考》，在原简的整理基础上对三本作了详尽的比较研究。同年季旭升先生主编的《〈上海博物馆收藏战国楚竹书（三）〉读本》，参考了各本，专就楚简全文释读。2006年楚简《周易》的整理人濮茅左先生也出版《楚竹书〈周易〉研究》两大册，其原简彩影图版、释文解读，以至各种相关的文献研究等等，更提供了研究者极多的信息与方便。新近还有2011年丁四新先生的《楚竹书与汉帛书周易校注》，虽就简、帛两本分别校注，而两本间相互牵涉的问题，皆彼此映照相发，也采撷了过去诸家研究的若干成果，当然也有不少他个人的创见，可谓相当完备。本文之作，主要即在吸收上述几部专著研究成果的基础上，提出几点个人对楚简在《易》学研究价值方面的浅见，

其中有些是有目共睹的，恐怕不是什么新鲜意见；篇题中加入"可能"二字，盖深以文献不足，未必即可论定，殆不敢自专之意。至于帛本方面，中华书局先前影印张政烺先生《马王堆帛书〈周易〉经传校读》和最近出版由李零先生所整理的《张政烺论易丛稿》，对本文而言，都是很重要的凭借。以下即从楚简出现后，连结帛、今两本一些异文所呈现的现象，按其书写的先后时序为基础，分别就今本经文、《彖》《象传》的形成过程、提供《易》文解读，以及判定帛本异文等四方面观察，各拈数例，杂而论之，不成系统，读者谅之。

（一）今本经文形成可能的过程

1.今本经文中有某些卦的爻辞，呈现出一种规律的现象。李镜池先生曾说过：

> 我们须注意的，是辞句的整齐。……这样整齐的句式，我疑心是出于编纂者的有意造作。这种造作，尤以《艮》《渐》两卦为显明。[1]

指出爻辞中的整齐句式，应系有意编排，所疑诚是；而诸卦之中，也的确以《艮》《渐》两卦最为典型。例如《艮》卦六爻爻辞：

> 初六：艮其趾。……
> 六二：艮其腓。……
> 九三：艮其限。……
> 六四：艮其身。……
> 六五：艮其辅。……
> 上九：敦艮。……

因此李先生要说：

> 我们看《艮》卦六爻之顺序上升，排列整齐，不能不令人疑心编纂者之有意造作。或者原来有其中一部分是象占之辞，当编

---

[1] 李镜池：《周易探源》（北京：中华书局，1991年7月），第124页。

者编纂时，不特修饰其文句，还增补其缺文。[1]

这当然是一个合理的推测。我们今天有幸看到楚竹简《周易》中《艮》卦爻辞，其中初、二两爻则作：

  初六：艮其止。……

  六二：艮其足。……[2]

与今本相较，"止"实通"趾"，"止"甲文作"✓"，象脚掌之形，先秦古籍中多有其义，直至《汉书·刑法志》："当斩左止者，笞五百"，颜师古注："止，足也。"尚用其本义。"趾"虽后出，所表仍是本义，《贲·初九》："贲其趾"，《释文》："趾，本作止。"简本无《贲》卦文，揆诸《艮》初爻例，作"止"理应较古。总之，二字通用同义，只须知其所指非今所谓脚趾头便可。此本无待细辨，唯牵连六二作"足"之义，则又颇可再作推敲者。盖"足"在上古，有广、狭二义：广义是整个下肢的泛称，包括股、胫、趾，字形上部中空者，即像股胫周围之形，下部即从"止"。[3] 其狭义则专指踝骨以下的部分，也就是"趾"，即脚掌。[4] 大抵由于下肢已有"股""胫"用以专称大、小腿，而足之行动又常赖脚掌来完成，故后来也成为脚掌的通称。此在先秦经、子书中皆有用例，直到《后汉书》尚有"左足心有黑子"之文，足心就是脚掌心。[5] 再下至颜师古以"足"训"止"，都是这一狭义的用法。楚简"止""足"分居初、二两爻，"足"字当然应用广义，初爻已以"止"取象，故足反而是指不含趾的股、胫部分。再上接九三"艮其限"，诸家多释"限"为"要"，即腰，如此则自脚掌而大小腿而及腰部，取象贯串而细密，李镜池先生所谓有意造作，诚不我欺。今本六二改"足"为"腓"，疑在"足"字的狭义用法大行之后，何时改

---

[1] 李镜池：《周易探源》，第126页。
[2] 本文所引楚简《周易》卦爻辞，悉据濮茅左：《楚竹书〈周易〉研究》（上海：上海古籍出版社，2006年11月），下不复注。
[3] 参杨树达：《释足》，《积微居小学述林全编》（上海：上海古籍出版社，2007年8月），卷3，第128页。
[4] 参王力主编：《王力古汉语字典》（北京：中华书局，2000年6月），第1350—1351页。
[5] 以上详参黄金贵：《古代文化词义集类辨考》（上海：上海教育出版社，1995年5月），第553—554页。

写虽不能确定,以帛本已改作"肥",推测或亦早在先秦已然。"腓"指胫肌,即小腿肉,其字《易》尚有之,《咸·六二》:"咸其腓",楚简"腓"作"脜",帛本作"躄",并与"腓"相通。[1]可见在楚简书写的时代,已有其字,《咸》用其字,而《艮》则不然,应是别有考虑。迨至"足"义嫌于与"止"相混,因改为"腓",虽在"止"之上,然所处部位为胫,上距其"限"尚漏脱了股的一截。所改其实不见得比楚简更佳,不过自语义改变之后,为厘清其义,自然也有此时代要求。即此可见李镜池先生所称有意造作的编纂者,应不止于一时一人,而最终则呈现为今本之面貌。

《艮·六四》:"艮其身",楚简作"艮丌(其)躳"。"躳"即"躬",同为会意字,前者是正篆,为身曲见吕(脊)骨;后者为其或体,为身曲似弓。[2]《说文》"身""躬"互训,故此异文,学者多认其为同义而换字。换字固是,是否完全同义,似仍有辨。盖卦辞:"艮其背,不获其身",楚简同书"身"字,[3]是简文同一卦爻,分用"身""躬"二字,恐怕仍是有所分别的。九三爻辞:"艮其限,列其夤","夤"通"胂""䏚",指夹脊肉。[4]朱子《周易本义》云:"夤,膂也。止于腓,则不进而已。九三以过刚不中,当限之处,而艮其限,则不得屈伸,而上下判隔,如列其夤矣。"膂是脊骨,在"限"之上,故说艮其限乃使上下判隔。"躬"之与"夤",其位置即约莫相当,若言"身",通指自颈下至大腿以上之躯干,反嫌于泛。《象传》:"艮其身,止诸躬也。"以"躬"释"身",转似为爻辞改字以后,身、躬同训后之所言;若所据原经文为"躬",何得言此?

2. 今本《咸》卦爻辞亦有类似《艮》卦的整齐文句:

初六:咸其拇。

六二:咸其腓……

---

[1] 参丁四新:《楚竹书与汉帛书周易校注》(上海:上海古籍出版社,2011年4月),第82页。

[2] 参黄金贵:《古代文化词义集类辨考》,第478页。

[3] 楚简未复卦名,丁四新:《楚竹书与汉帛书周易校注》,第150页。

[4] 同上注,第152页。

九三：咸其股……

九五：咸其脢……

上六：咸其辅颊舌。

此五爻，自人体最下之足大趾，上而小腿，而大腿，而背肉，至最上部张口放言之辅颊舌，循序取象，编排整齐。然此五爻，帛本、楚简并有歧异，两本爻辞依次如下：

（帛）初六：钦（咸）其栂（拇）。

（简）初六：钦（咸）丌（其）拇。

（帛）六二：钦（咸）其腓（腓）……

（简）六二：钦（咸）丌（其）腓（腓）……

（帛）九三：钦（咸）其腓（腓）……

（简）九晶（三）：钦（咸）丌（其）腓（腓）……

（帛）九五：钦（咸）其股……

（简）九五：钦（咸）丌（其）拇……

（帛）尚（上）六：钦（咸）其胶（辅）陕（颊）舌。

（简）上六：钦（咸）〔其〕頌（辅）夹（颊）舌。

在楚简尚未面世以前，研究帛书的学者，发现帛本二、三两爻取象重复，疑其有误。帛本的整理者张政烺先生也以为九三当从今本作"股"，帛本盖承上涉六二而误。[1] 及后因楚简出现，亦同帛本，学者方疑今本九三作"股"反而可能是后人有意地改易。[2] 我们看到楚简不但是二、三两爻同象，初、五两爻亦然，并作"拇"。帛本将九五改为"股"，而六二、九三仍复；今本又将帛本之"股"移前九三，九五则改为"脢"，如此诸爻便无重复者，且取象井然不紊，循序而上。果如此一发展，则三本之异，已见为两度改易。

3.今本《恒》卦初六"浚恒"，上六"振恒"；帛本两爻皆作"夐恒"，张政烺先生以为"夐"与"浚""振"音近通假，"唯王弼本歧为

---

[1] 张政烺著、李零等整理：《张政烺论易丛稿》（北京：中华书局，2011年1月），第139页。
[2] 丁四新：《楚竹书与汉帛书周易校注》，第83页。

二字，似误"。[1] 盖疑今本初、上分隶二字者非其原本。丁四新先生则采其声通之说，而仍从今本分系两字为解。[2] 今参前《咸》卦例，古本其始不见得都不出现重复爻象，一卦之中，同字而异读，毕竟使人难了，张先生的怀疑于今视之，依然合理。

4. 今本《丰》卦九三："丰其沛"，帛本作"丰亓（其）蔽"，"沛""蔽"声通；上六："丰其屋"，帛本并同。唯楚简此两爻皆作"丰丌（其）芾"。"屋""芾"声韵不近，不得通假，故季旭升先生转自字义释之，以为"屋"即"幄"之初文，帐幄义，与"芾"读作"旆"之为幡幔者义近。[3] 但楚简两爻既用同字，取象亦相同（或相近），今本何烦另改一声远之别字？丁四新先生则采何琳仪先生说，认为上六之"芾"，系"缘上文而误，当据帛本、今本改'屋'"。[4] 所谓"上文"，指九三，然观简文图影，九三、上六同在第五十一简，该简共四十二字，九三之"芾"居第五字，上六之芾为最后一字，[5] 相隔凡三十六字，中间尚有九四、六五两爻，谓其缘之而误，似嫌勉强。总因帛本、今本并同，象义又可区分，优胜于简本之同文重复。但若换一角度思之，简本或其初文之本然，而后人正病其复出而改其文，比诸上举数例合观，疑非无可能。且如今本《渐》卦的九三和上九，两爻同作"鸿渐于陆"，前人亦疑其不应重复，故多视上九之"陆"为误字，朱子《本义》本胡、程二氏意，谓当作"逵"，清儒又疑当作"阿"或"陸"。但帛本亦一如今本，两处并作"陆"，惜楚简虽有此卦，唯六四以下不存，仅见九三作"鸿渐于陆"，而无上九爻辞可参，然亦不能排除与帛、今本相同的可能。若然，则与《丰》卦本例不同者，乃在《渐》卦此两爻古今各本未尝修改而无变，而后代《易》家纷纷对之辨误，倒似效法古代未定本前的此种修订工夫。

---

[1] 张政烺：《张政烺论易丛稿》，第136页，并参李零案语。
[2] 丁四新：《楚竹书与汉帛书周易校注》，第88、91、349、350页。
[3] 季旭升主编、陈惠玲等合撰：《〈上海博物馆收藏战国楚竹书（三）〉读本》，（台北：万卷楼图书有限公司，2005年10月），第151页。
[4] 丁四新：《楚竹书与汉帛书周易校注》，第164页。
[5] 见濮茅左：《楚竹书〈周易〉研究》，上册，第4、55页。

由上诸例观之，卦爻辞的形成，应尝经后人修订，而修订者或亦不止一时一人。

（二）从简本异文推测《彖》《象》传的形成

《易传》十篇，汉儒所传旧说以为是孔子赞《易》所作。宋世以下，始有疑其晚出者；下迄清代以至民初以还，疑者渐多。唯自近时出土文献盛兴，又转有回归传统旧说之概。故居今而言，二千余年的老问题依然尚有难解处。

窃意以为，楚简中这些残存的卦爻辞，尽管不够全面，还是可以取资来作一些相关的推想。《易传》中直接和卦爻辞经文密切联系作解者为《彖传》和《小象传》，两者文例，前者往往夹引经文，后者则多先引部分经文，而续作阐释。故今楚简虽无此两篇《易》传的文字，然就其卦爻与今本传文中所引经文勘其异同，或可推测今本《彖》《象》传之形成，亦一犹经文，非只出于一时一手。

过去学者持宋世以下新说之疑《易传》为晚出者，一般也认为《彖》《象》相较于其他各篇，应较早出，故或推定其为战国以来之先秦时期作品。[1] 今自楚简异文推敲，或者尚有出在楚简之后者。试揭数例略言之如下：

1.《无妄》卦辞，今本有"其匪正有眚"一句，帛本作"非正有省（眚）"，简本则作"亓（其）非逶（复）又（有）禟（眚）"，所异重在"正""逶（复）"二字，王弼以下据今本为解者，多以"正"为正道。陈惠玲认为简本之"逶"为反复、回复，于义为佳。[2] 韩自强先生以阜阳汉简《周易》作"延"，故读今本"正"为"征"[3]，丁四新先

---

[1] 参屈万里：《先秦文史资料考辨》，《屈万里全集》（台北：联经出版事业公司，1983年12月），第4册，第314页。又刘大钧先生论各传先后，大致亦主张为战国作品，而以为《彖》与小《象》，同晚于大《象》。说详所著《周易概论》（济南：齐鲁书社，1988年1月修订2版），第13—24页。
[2] 《〈上海博物馆收藏战国楚竹书（三）〉读本》，第56页。
[3] 韩自强：《阜阳汉简〈周易〉研究》（上海：上海古籍出版社，2004年7月），第124页。

生从其读,以为今本"正"读"征",旧解盖误;而"复""延"则义近不殊。[1]其实"正"依本字或假字,于义并通,唯简作"复",与其前《复·六五》之残简"敦复"同字。"复"训往来、返还,与"征"之训正行或征伐者异义,未必无别。今《象传》阐经文"其匪正有眚,不利有攸往",曰:"无妄之往,何之矣?天命不佑,行矣哉?"丁先生以为正申"征"义。无论所阐者为"正"为"征",总之《象传》实协帛本与今本,而与简本有间。如是看来,这段传文很可能出在简本之后。

2.《随·上六》,今本作"拘系之,乃从维之",帛本作"枸(拘)系之,乃从䌸(维)之",两本其实同文;独楚简作"系而敏(拘)之,从乃䌸(维)之"。王弼读为"拘系之,乃从","维之"则属下读。如据简本,不但不能如此句读,同时也会有不同的义解。刘大钧[2]、季旭升[3]、丁四新[4]三先生并以简文为是。今姑无论二者之优劣,《象》曰:"拘系之,上穷也。"殆同帛本、今本。是亦可见《象传》之成,或出简本之后。

3.《渐·初六》,今本、帛本并作"小子厉,有言,无咎",唯简本"无咎"作"不冬"。"不冬"即"不终",《豫·六二》"不终日",楚简作"不冬(终)日";《萃·初六》"有孚不终",楚简作"又(有)孚不冬(终)",可证。是则楚简所述占辞为"不终",与帛本、今本之"无咎"大异。今《象传》云:"小子之厉,义无咎也。"朱子《本义》解此爻曰:"始进于下,未得所安,而上复无应,故其象如此。"爻无吉兆,何以"无咎"?王弼谓虽有厉有言,但"未伤君子之义",故曰"无咎"。朱子则谓"于义则无咎",意谓危厉而有言,由时命不偶,非其所致,故于义为无咎,却并不是真的无伤。两说相近而微异,而皆受《象传》解义的影响。以爻象而论,简云"不终"其实更协,帛本与今本易为"无咎",不免牵强。故《象传》本之而释,亦只能说"义

---

[1] 丁四新:《楚竹书与汉帛书周易校注》,第60、218页。
[2] 刘大钧:《今、帛、竹书〈周易〉综考》(上海:上海古籍出版社,2005年8月),第35页。
[3] 《〈上海博物馆收藏战国楚竹书(三)〉读本》,第48页。
[4] 丁四新:《楚竹书与汉帛书周易校注》,第52、418页。

无咎"。若帛本与简本之写定确实存在时间差,则此处《象传》显然本于晚出之帛本,而非较早期之简本。

4.《旅·初六》:"斯其所取灾","灾"帛本作"火",楚简作"悬"。丁四新先生以为"火""灾"同义。[1]而"悬"字因与"火""灾"二字声不相近,故季旭升先生以为是"瘥"字的通假,训病。[2]然则三字不同,义皆相近。窃疑"悬"通"誉"。《左传·昭公二年》:"宣子誉之",《正义》服虔训"誉"为"游",引《孟子·梁惠王下》:"一游一誉"为证。今《孟子》文作"一游一豫",赵注引《左传》文为证,"誉"则作"豫"。"誉""豫"通用,故服、赵可互引为证。《孙子兵法》:"人效死而上能用之,虽优游暇誉,令犹行也。"今本《孙子》无此文,见《文选注》李善引,善曰:"誉犹豫,古字通"。[3]"悬",字或作"懊",借为"誉",即游、豫。"豫",《释文》引马融:"豫,乐也。"声亦通"娱",娱亦乐也。旧解谓以其旅琐琐,故蒙祸灾;此则谓其所以旅琐琐,乃因以取乐。虽与旧解方向不同,然"悬"此一通假先秦经、子中并有书证,似非必无可能。"悬"无论借为"瘥"若"誉",总与火、灾异字,而《象传》既云:"旅琐琐,志穷灾也",实据今本,其义显然歧出于简文。

5.《解·九四》:"解而拇","而"字帛、简皆作"亓(其)"。丁四新先生辨二字义别,以为今本作"而"源自汉石经,其说是。但又谓《象传》引经亦作"而",疑系后人回改使然。[4]此与上例皆只从今本,并亦与帛本不同,尽管有可能为后人回改,其实也不能排除其写定尚于帛本之后。如前述《渐·初六》之例,即不易理解为后人所回改。帛本虽抄写于汉初,文本或沿先秦,要之自应在简本后。

6.《比》卦辞:"比,吉。原筮,元永贞,无咎。"帛同。简则作:"比,备(原)筌(筮),元羕(永)贞,吉,亡(无)咎。""吉"字

---

[1] 丁四新:《楚竹书与汉帛书周易校注》,第168页。
[2] 季先生读"火"为"祸",见《〈上海博物馆收藏战国楚竹书(三)〉读本》,第154页。
[3] 说详(清)焦循撰、沈文倬点校:《孟子正义》(北京:中华书局,1987年10月),第122—123页。
[4] 丁四新:《楚竹书与汉帛书周易校注》,第112—113页。案:《象传》原书误植为《彖传》。

位置不同。丁四新先生认为是不同的传本，推论简本为原本，其说或是。[1]然《象传》："比，吉也。比，辅也，下顺从也。'原筮元永贞无咎'，以刚中也。"丁先生谓依此观之，可知帛本和今本渊源亦久远。盖以《象传》为早出，故云然。今若推其所出晚于简本，其可能性或更大。盖《象传》启端"比吉也"一语，与传文体例不协，如朱子以为衍文，王念孙则以为错位，今姑无论朱、王二说，抑又如丁说认其非衍，任一皆当本于帛本、今本经文。此今本经传之文皆出简本之后，则最早自出战国中期以下。至于有无可能为后人回改，则参诸帛简二本皆无《彖》《象》二传，以前者之可能为大。

7. 以上诸例，似皆可以推测《彖》《象》之为晚出，但楚简中尚有一例则适得其反，见于《讼·九二》。今本爻辞："不克讼，归而逋，其邑人三百户，无眚"；帛本作："不克讼，归而逋，元（其）邑人三百户，无省（眚）"，实同今本；楚简作："不克讼，逞（归）肤（逋），其邑人晶（三）四户，亡（无）禚（眚）"。第三句楚简独作"其邑人三四户"，"三百"之与"三四"，多寡殊绝，何者为是？学者各有所主，亦各有经传记载上的依据。[2]尽管诸家对两本文字主张不同，但对"三四户"与"三百户"都同样认为是"小邑"。前者是小邑不必解释，后者之为小邑，则须引《礼记》郑注"小国下大夫之制"为证。何以诸家皆以小邑为义？因王弼、朱熹等历代注家分析爻象，无不指出"不克讼"而"归逋"者，其所据只宜是小邑。朱子《本义》云："邑人三百户，邑之小者，言自处卑约，以免灾患。"《语类》云："如此解时，只得说小邑。……'三百户'，必须有此象，今不可考。……今看得不解得怎地全无那象，只是不可知，只得且从理上说。"[3]这是从爻象所涵之理来作解，所以回答问者"解者牵强"的质疑。但朱子没有更进一步的辨证。《礼记·杂记》孔疏引郑《易》注释此三百户为小

---

[1] 丁四新：《楚竹书与汉帛书周易校注》，第28页。
[2] 说详濮茅左：《楚竹书〈周易〉研究》，第79页；季旭升：《〈上海博物馆收藏战国楚竹书（三）〉读本》，第14—15页；丁四新：《楚竹书与汉帛书周易校注》，第16页。
[3] （宋）黎靖德编、王星贤点校：《朱子语类》（北京：中华书局，2004年2月），卷70，第1751页。

国下大夫采地之制；《论语·宪问》"夺伯氏骈邑三百"，清潘维城《论语古注集笺》谓齐虽大国，下大夫亦三百家。[1]则主小邑说者自有据。唯先师屈万里先生尝摆脱旧说对爻象的理解，云："《论语》：'十室之邑，必有忠信如丘者焉。'十室为小邑，则三百户为大邑也。谓其邑人如有三百户之众，则逃归可无灾眚也。"[2]又尝引庄公九年《穀梁传》："十室之邑，可以逃难；百室之邑，可以隐死。"以证三百户为大邑。[3]但我们注意到《穀梁传》所说两面，主今本"三百邑"为小邑者亦同引之为说。由于文献不足，我们不易确说殷周之际卦爻辞时代的大邑、小邑，是否与春秋时制以至汉儒的解说相符，至少根据《论语》，则直到春秋时尚有十室之邑和三百之邑的存在。《穀梁传》的话，虽兼言二者，但其间是有分别的，所谓"隐死"，清钟文烝《补注》："藏隐死罪。或云犹《内外传》言逃死。"[4]以此谂爻辞含义，所谓"不克讼"而"归逋"者，逃难的性质似较逃死合理。如此说来，屈先生的解说摒弃了爻象，毕竟是不很圆满的；如果他能看到楚简的异文，不知会否赞成改从古本？古事难稽，即使出现了更古的本子，有时依然不易定夺。

尽管楚简此处与今本相差甚大的异文似尚未能定论，但此爻还有一处异文仍可再商酌。今本和帛本"归而逋"三字，简本无"而"字，而《象传》云："不克讼，归逋窜也。自下讼上，患至掇也。"一般断句如此，所引爻文，仅"不克讼"三字，而"归逋窜"连读尽管有点怪异，但因脱去爻辞的"而"字，似乎也只好如此看待。只有清末的马其昶依李国松的意见，主张在"归逋"下读断，"窜也"亦二字为句。[5]今见楚简无"而"字，正作"归逋"，则比方《象传》引述经文文例，极有可能应读为："'不克讼，归逋'，窜也。""不克讼，归逋"是所引

---

[1] 见程树德：《论语集释》（北京：中华书局，1990年8月），第964页引。

[2] 屈万里：《读易三种·周易集释初稿》，《屈万里全集》（台北：联经出版事业公司，1983年6月），第1册，第63页。

[3] 同上注，《周易批注》，第641页。

[4] （清）钟文烝撰，骈宇骞、郝淑慧点校：《春秋穀梁传补注》（北京：中华书局，1996年7月），第170页。

[5] （清）马其昶：《周易费氏学》（台北：新文丰出版有限公司，1979年8月，影印抱润轩刊本）卷1，第31页下—32页上。

经文，"窜也"才是传文的解释。李、马二氏的句读竟然可据此知其正确。但如此一来，一则可见王弼、孔颖达以"归而逋其邑""人三百户"为句之误读；再则可见《象传》此条便是遵从简本之文，而与帛本、今本实有不合。换言之，以本爻言，简本、《象传》在前，而帛本在后。帛本原无《彖》《象》，改易经文，不涉经传落差问题；汉人以传附经，其始亦经传分离；及后析传文逐条附经，此一落差方始呈现。如谓传文可据后本回改，此处则显然未改。古本经传分行，综上诸例推之，《彖》《象》或一如经文，纵有初本，亦屡经异时异人有所修订，不必为一人一时所写定。

清吴汝纶曾云："《彖》于他卦'元亨'，皆释为'大亨'，而《乾》《坤》则以'乾元'、'坤元'连读，《文言》亦称'乾元'，皆不以大为义。此见《彖》说非出一手。"[1] 黄沛荣先生也曾主张诸传"作者绝非一人，成篇时代有先有后"，[2] 兹篇所述，不知是否可以续貂？

（三）简本异文提供的可能解读

有些楚简异文或可以提供另一与今本不同的含义，又或可以据以判别后世《易》家解义的得失是非。兹条列数例：

1.《大畜》卦辞："不家食"，帛本同于今本，楚简则多一"而"字，作"不豪（家）而飤"。"飤"，古"饲"字，谓以食食人、物，饲养之义，与"食"声义并通。或谓是"食"之俗字，然其字实古，故楚简书之。[3] 唯"食"多用于饮食义，故自帛本、今本改书为"食"，注家多以"自食"为解。孔疏："己有大畜之资，当须养顺贤人，不使贤人在家自食。"朱子《本义》："谓食禄于朝，不食于家也。"解同王、孔。唯楚简"不家而飤"则是"不使之居家而我饴养之"，其义虽同朱子云

---

[1] （清）吴汝纶：《周易大义》（台北：台湾中华书局，1971年4月），第1页下。
[2] 黄沛荣：《周易彖象传义理探微》（台北：万卷楼图书有限公司，2001年4月增订一版），第10页。
[3] 丁四新：《楚竹书与汉帛书周易校注》，第66页。

云,"飤"自居上位者言,故有"而"为之转折,语意更明。盖所省略的主词是上位者,非谓贤人自身之不自食于家而赋闲处穷。《象传》虽引今本经文,而所谓"刚上而尚贤""不家食吉,养贤也",以"养"释"食",知同楚简文义。依简文,似更易显豁养贤之实。

2.《蹇·六二》:"王臣蹇蹇,匪躬之故。",帛作"非□之故",简作"非今之古"。帛本"非"下的缺文,在楚简尚未出现以前,张政烺先生已据帛书佚传补入"今"字。其说云:

> 非下缺文,王弼本作躬,帛书《二三子问》引作今,且释曰:"非独言今也,古以(已)状〈然〉也。"《昭力》引作今,且释为"非独今之故也",知此处当为今字。躬、今可以通假。[1]

今则得见楚简,可证张先生补缺之确。唯其说有两处似尚可商:其一,所本佚传两条,其《二三子》云云无误,《昭力》云云则不见于公布之篇,亦似未见于其他各佚篇。核张先生原稿影本,《昭力》一条是蓝笔初写,《二三子》一条是红笔添入,因张先生是帛书的整理者,他所说的《昭力》云云,不只是引文,还有解说文字,显非虚造;而况既有《二三子》之证,《昭力》便非必要,故也无须虚造。窃疑此或是张先生整理时之所见,而不知何故而未录入公布之诸篇。以其文关涉解义,应甚有参考价值。其二,是张先生认为"躬""今"通假,则此异文并不影响文义。但同样根据《二三子》的两句解读,刘大钧先生便认为作"今"较今本于义更胜。[2] 盖《二三子》的解释,"今"与"古"对言,意谓其事自古有之,非独于今之意。则与今本以"身"训"躬",谓是不以私身之故而不往济君,义解显有不同。楚简不但"躬"作"今","故"也作"古","古""故"通用是无疑的,问题是简文的含义是用"古今"之"古"抑或假用为"故"。《二三子》虽释为"非独言今也,古以(已)状〈然〉也",而其前一句则是"非今之故者",可见其所据即同帛本经文,因此可知其所谓"古以(已)状〈然〉也"

---

[1] 张政烺:《〈六十四卦〉校勘记》,《马王堆帛书周易经传校读》(北京:中华书局,2008年4月),第75页;又《张政烺论易丛稿》,第132页。

[2] 刘大钧:《今、帛、竹书〈周易〉综考》,第60页。

是引申的阐发,并非以"古"释"故"。如以此意回视简文,"非今之古","古"仍应是"故"的借字,义同帛本;若读如字,解同《二三子》,则"之"字似嫌不词。至此又可再参丁四新先生的意见,他认为"故"字应采用王引之《经义述闻》的解释,训"事",[1] 王氏举证,《易传》中屡用"故"字,如"又明于忧患之故""是故知幽明之故""感而遂通天下之故""是以明于天之道而察于民之故"等等,其论证是坚强的。是知简、帛分作"非今之古"和"非今之故"是其本来面目,"古"即"故",训"事",其义即如《二三子》云云,如再参张政烺先生所引之《昭力》中"非独今之故也"的解释,就更加确凿无疑了。

3.《师·上六》:"大君有命","大君",帛本作"大人君";阜阳汉简作"大君",同于今本;楚简则作"大君子"。今本"大君",孔疏指谓天子,其说是。古称在位者为君子,始指位尊居于人上者,嗣后约自春秋季世则渐及于才德之出于人上者。卦爻辞时代,"君子"尚以位言,楚简之称"大君子",乃君子之大者,孔氏所谓天子庶几近之。"君子"词义既有引申扩充,"大君子"亦随之而然。《荀子·王霸》:"官人使吏之事也,不足数于大君子之前。"杨注:"大君子,谓人君也。"[2] 同书《仲尼》:"齐桓,五伯之盛者也……彼固曷足称乎大君子之门哉!"则指才德之卓者。帛本作"大人君",其词不经见,今本经文中称"大君"者,尚有《履·六三》与《临·六五》,帛本《临·六五》"大"下缺文,但《履·六三》则明作"大君";而阜阳汉简则有《临·六五》残文,却有"大君"二字。是故刘大钧、于豪亮、王辉三先生并判定帛本《师·上六》衍一"人"字,[3] 其说殆是。窃疑《易》原称"大君子",帛本、阜阳本始改称"大君","人"字或为旁注而误衍。惜今简本不存《履》《临》两卦,无由据以为旁证。

---

[1] 丁四新:《楚竹书与汉帛书周易校注》,第107—108页。
[2] 王先谦《荀子集解》驳杨倞,以《仲尼篇》为说,谓只说君子之尤者,不指人君。其实《王霸》后文即接言"君人者",可证杨注之确。《语》《孟》书中"君子"亦有分指德与位言者,何尝谓一书之词唯限一义?王说太拘。
[3] 刘大钧:《今、帛、竹书〈周易〉综考》,第17页;又丁四新:《楚竹书与汉帛书周易校注》,第371页。

4. 传世有唐郭京《周易举正》一书，自称尝得王弼、韩康伯手写注定传授真本，有一百零三条与今流行本不同。例如彼尝称《姤·九四》"包有鱼"据王氏原本当作"包失鱼"，可正今本之误云云。宋人对其书疑信参半。如郑樵、洪迈、李焘等并加采信，晁公武虽知其托言得王、韩手札，但却认为彼以彖象相正，推究文义以知缺漏，往往近理，故所进《易解》，仍多引用。甚至朱子《本义》也有所采撷。只有赵汝梅非斥其挟王、韩之名以更古文，但似乎无大影响，下至元代胡一桂的《周易本义启蒙翼传》，也还称引其说。明末清初黄宗炎也认为"其义较长今本"。稍后清代惠栋的《九经古义》，虽重新力驳其谬，以为望文为义而无足取；《四库提要》甚至怀疑其书出宋人依托，并非出于唐人，更无论所谓王、韩手札了。[1] 可是往后的沈廷芳《十三经注疏正字》、黎世序《河上易注》、万年淳的《易拇》等，依然信用其说，万氏且以朱子只间引一二而未尽据之以正今本为憾。是其书自南宋以还，始终疑信未定。逮帛本出，作"枹无鱼"，"枹"通"包"，古今学者多释为"庖"，其文实同今本，已可见所谓郭本之无稽。今则再见楚简作"櫜亡鱼"，"櫜"亦与"枹""包"声通，益证自古传本之无变，而所谓郭本臆测擅改之谬妄，可判定案。

5.《咸·九四》："朋从尔思"；帛本作"傰从壐思"，"傰"通"朋"，"壐"通"尔"，义同今本。《系辞下》引"子曰"释此爻："天下何思何虑？天下同归而殊涂，一致而百虑。天下何思何虑？"自是以还，注家多以思虑释"思"。近人有别出新解者，如高亨先生《周易古经今注》以为此犹《诗·汉广》"不可求思"之"思"，乃语辞而无义。其《周易大传今注》特辨《系辞》《象传》与经义之不同。屈万里先生《周易集释初稿》并录两说，至其《周易批注》则只列"语词"一义。今楚简作"□□□志"，虽缺前三字，而帛本、今本之思，却明白作"志"。"思"固有计虑与语辞两义，"志"之义可通"思"之前

---

[1] 说参（清）朱彝尊原著，许维萍等点校：点校补正《经义考》（台北："中研院"文哲所筹备处，1997年6月），卷15，第313—318页；又（清）纪昀等：《钦定四库全书总目》（整理本）：（北京：中华书局，1997年1月），卷1，第8—9页。

一义,顾不得用为语辞。即此可判传统旧说转较后出新说为可恃。又援本文首节所述之旨窥之,《系辞》"子曰"云云,正配于帛本与今本,帛本《系辞》亦然,皆异于简本,究竟其文出简本后抑为后人回改,亦值深思。

6.《涣·上九》:"涣其血去逖出,无咎。"简本、帛本并无"无咎",可证二字系今本衍文。《象传》:"'涣其血',远害也。"王弼或受其影响,训"逖"为"远",所注爻义,则自"血"字断句,读作"涣其血,去逖出"。孔颖达疏释其义,以血为伤,谓上九爻象,"是能散其忧伤,去而远出者",既"散患于远害之地",是以"无咎"。程颐的《伊川易传》则以"惕"训"逖",认为当解读为"若能使其血去,其惕出,则无咎也"。朱子《本义》承其意,并明白主张"逖"当作"惕",取与《小畜·六四》"血去惕出"同文,而释之曰:"言涣其血则去,涣其惕则出也。"然则程朱句读,便应是"涣其血去逖出",或是"涣其血去、逖出"。两解的相歧,同时表现在义解和句读上,而关键在于是否将此爻文与《小畜·六四》连类看待。依王、孔,以今本"逖""惕"分别如字为义,故两卦殊解;依程、朱,无异视二字为通假,自然是二爻同释。其实二字古今同音,《说文》且以"逷"为"逖"之古文,而古籍"逖""惕"异文通用,亦有其例。按常理言,王弼亦应易于联想及于《小畜》,而不然者,恐怕是囿于《象传》"远害"二字的释文,而恰好"逖"又本训为远的缘故。今楚简"逖"作"易",独惜不见《小畜》之文,无由更进一步比对。但如再参帛本,则两爻同作"湯",固不如今本之异其文。故若使楚简有《小畜》爻文,疑亦应同作"易"。故以帛本两爻同文为基础,再参以楚简,宜可推断朱子所主本爻当同《小畜·六四》者并非无理。其实今本所衍"无咎",也很可能是涉《小畜》同文而衍。就中唯一复可再加推敲者,乃《象传》"远害"之文。此殆牵涉《象传》文例。窃尝论之曰:"察其文例,所引述爻辞的原文,应只相当于词书中词目的作用,因此也往往采用节引的方式。盖古者经、传分行,经、传配读时,如传中不立词目,读者不易知道传文针对经文何处作解。"[1] 如通读《小象传》的内容,自知各爻的传文固多就爻辞中文字作重点式的解读,未必逐句解字,无一遗漏,但也有分割爻义而解者,亦有综解爻义者。前者如《巽·初六》:"进退,利武人之贞。"《象》曰:"'进退',志疑也。'利武人之贞',志治也。"后者如本爻,《象传》中"涣其血"实即统代全爻,"远害"云者,非只释"涣其血去",而亦所以释"涣其逖(惕)出"。这一点程颐没有觑破,遂谓《象传》是"血"下脱"去"字。朱子则看得较分明,他批评程子解《涣》九五、上九两爻《象传》之失:"'涣王居,无咎'。《象》只是节做四字句,伊川泥其句,所以说得'王居无咎'差了。上九亦自节了字,则此何疑!"[2] 盖九五亦一如本爻,爻辞"涣王居,无咎",《象传》也省引一"涣"字,以致王弼和程颐都以爻辞的"涣"为一字读而另作解释了。不过无论程之脱字、朱之节字二说,都认为《象传》只释爻辞前半的"血去"而不及其下的"惕出",其实所谓"远害",自然是应含括了"血去"和"惕出"的。

(四) 简本有助于判定帛本异文之得失

古籍传本,无论其为出土文献的古代手写抄本,抑或是后世的刻印传本,都不能说哪一本是尽善尽美的。较古的本子,一般而言,少去了些后代反复传抄所衍生的错误和改造;但既出人手抄写,则一切传本可有的讹误照样不能完全避免。自从帛书《周易》经传出土以来,就有不少学者研究其与今本不同的异文,其中据之以正今本之误,不少是援其义胜以为说者,今若多得更早期的楚简本为之参证,自当益增其说服力。反之,也可以较易判断帛本的抄写得失。以下也姑述数例:

1.《大畜·九三》:"良马逐";帛本作"良马遂",阜阳简本同;简本则作"良马由"。季旭升先生认为"由""逐"音近相通,而帛本

---

[1] 见本书《〈易·坤·六二〉爻义重探》,第 2—3 页。
[2] 黎靖德编:《朱子语类》,卷 73,第 1865 页。

之"遂"则声远，推为"逐"的形讹。[1]丁四新先生采韩仲民先生的意见，以为帛书中"遂""逐"常因形近而混用。[2]至其训义，则并依孔疏以"驰逐"为义。然则楚简作"由"，即通今本之"逐"。帛本"遂"或形讹，或混用，要之其义仍当同于今本。以时代言，简本最先，帛本居中，今本在后，谓帛本反为今本之形讹，不免牵强。实则"由"训从、训行，"遂"训行、训进、训从，二字当同义。简、帛虽非音假，却可视为同义而易字。《大壮·上六》："不能退，不能遂"，今本"遂"字，帛本同文。李鼎祚《集解》引虞翻曰："遂，进也。"[3]爻辞"遂"与"退"对言，虞说是；孔疏以"进往"与"退避"两端为解，亦是。《大畜·九三》简之"由"、帛之"遂"，亦并当训进，行进之义。《睽·初九》："丧马勿逐"，"逐"楚简作"由"，帛本作"遂"，与《大畜》同例。唯良马之由（遂），言马之行进；而丧马之勿由（遂），则勿由者是人而非马，此则可训为"从"是已。今本悉作"逐"，则不知其以音通于"由"，抑是形近于"遂"而然。于义而言，"逐"固有驰逐、追随之训，与简、帛不甚相远，唯综观简帛诸例，其字自"由"而"遂"而"逐"，其迹居然可见。

2.《大有·六五》："厥孚交如，威如，吉。"帛本"吉"上多一"终"字，作"终吉"。帛佚传《二三子》引此爻辞则无"终"字。有无此字，于义并通。唯楚简亦同今本，无"终"字，可判帛本此字为误衍。

3.类似上例，《无妄》卦辞："其匪正有眚"，帛本无"其"字，而楚简同于今本，阜阳汉简亦有"其"字，知帛本脱误。此字之有无，似于义影响不大，唯丁四新先生引王引之《经传释词》释此"其"为"更端之词"，是则亦非无作用。[4]

4.同在《无妄》，其上九爻辞："无妄，行有眚，无攸利。"帛本作"无孟（妄）之行有省（眚），无攸利"，多一"之"字。楚简则作：

---

[1]《〈上海博物馆收藏战国楚竹书（三）〉读本》，第63页。
[2] 丁四新：《楚竹书与汉帛书周易校注》，第69页。
[3]（唐）李鼎祚集解，（清）李道平纂疏：《周易集解纂疏》（北京：中华书局，1994年3月），卷5，第336页。
[4] 丁四新：《楚竹书与汉帛书周易校注》，第60、217页。

"亡（无）忘（妄），行又（有）𥄤（眚），亡（无）卣（攸）利"，同今本，无"之"字。故丁四新先生云："帛本增字，疑涉《象传》而衍。"[1] 按丁先生判为衍文，极是。今本与简本，"行"并动词，帛本多一"之"字，"行"字遂转成名词。帛书无《象传》，而古代经传单行，谓其涉传而误，虽非必无可能，但推测其为涉上经文六三"无妄之灾"、九五"无妄之疾"而衍的可能更大些。至于《象传》"无妄之行"的用语，可参初九："无妄，往吉"，《象传》也以"无妄之往"为言，倒非衍文，而自王弼、孔颖达以下，历代《易》家多本之作解。盖"无妄"为卦名，显示一状态，在此状态下，若"行"则如何，若"往"则如何，细绎注疏之文，"行""往"皆连下为义。近年出版的注疏标点本，多以"无妄行""无妄往"连读，其实此一新的标点似乎并不理想。

5.《涣·初六》："用拯马壮，吉。"帛本作"撜（拯）马吉，悔亡。"如但依今本与帛本两本异文以判其正误，是有其难处的。如张政烺先生云："王弼本……无'悔亡'二字。《周易集解》引虞翻有'悔亡'，与帛书合。按帛书《明夷》之六二有'用撜马床吉'，与王弼本同，此处无用字、床（壮）字，疑是脱误。"[2] 此一推断，结论有二：其一，今本脱"悔亡"二字，有帛本与虞翻两证。其二，帛本也脱了"用""壮"二字，因帛本《明夷·六二》作"用撜马床，吉"，用字虽殊，文同今本。出现类似句子的两本四处，有三处相同，因此自易判断唯一相异的帛本《涣·初六》脱了两字。后来楚简出现，爻辞却作"拯马藏（壮）吉，怣（悔）亡。"就张先生的前一推论而言，益可证成今本确是脱去"悔亡"二字。但对其后一推论，却变为再须斟酌修正。因此我们可看到丁四新先生便根据此一更早期的古本，认为简、帛二本皆无"用"字，可见帛本非脱"用"字，反而是今本衍此一字。简本和今本都有"壮"字，则帛本所脱，仅此"壮"字而已。如此，不但修正了张先生的论断，张先生所援引以为推说的《明夷·六二》，也

---

[1] 丁四新：《楚竹书与汉帛书周易校注》，第64页。
[2] 张政烺：《张政烺论易丛稿》，第148页。

反转被丁先生推测为今本衍"用"字的依据。[1] 此例也可相当典型地说明，在既有帛本之后，这一更早的楚简残本对研究古《易》所发挥的作用。[2]

《涣·初六》《明夷·六二》今本既同文，故解《易》者自然容易视之为同义。王弼、孔颖达并以"壮吉"连文为读，故以今本言之，应作"用拯马，壮吉。"[3] 孔氏承王意，解《明夷·六二》爻义，谓是君子避难，不采"刚壮"之举，免招暗主所疑，故说"徐徐用马，以自拯济而获其壮吉也"。故至《涣·初六》，孔氏也同样以君子处涣散之初，"可用马以自拯拔，而得壮吉"为解，则依然是王弼"观难而行，不与险争"的意旨。及至朱子《本义》释《明夷》之六二，谓是时"见伤未切，救之速则免矣"。盖谓须见机而作，拯而免之，而所以拯之者，又马壮速之，而后可以得吉。"拯"字义训，孔训济，朱训救，相差不大，只孔谓爻旨为避难而自得壮吉，朱则说是救难而赖迅速（壮马）而得吉。依朱解义，爻辞当读为"用拯马壮，吉"，或"用拯，马壮，吉"。至于《涣》之初六，朱子的注解是："始涣而拯之，为力既易，又有壮马，其吉可知。"其所分析爻象，以为初六阴柔之才，本无力济涣，但能上顺如壮马般的九二，才可济涣而得吉。然则其与孔氏之异，依然一为逃难，一为济难，斯固可见双方对爻义的理解，其思想立场一偏于道而一偏于儒。至两爻字义之落实，孔氏几乎无辨，皆所以济己；朱子则以《明夷》为自救，《涣》为救人，"壮马"之象，一在其速，再则其力，《明夷》以况己之行动，《涣》则以喻所顺托之人。综观《涣》卦六爻，唯初爻不出"涣"字，我们知道一卦诸爻，爻义固然各别，总归是不脱其所属之整体卦义者，《涣》卦的大气候是人事的涣散，初爻犹如小气候，尽管不出卦名，而所拯者涣，是可以理解的。至于何以独初爻可藏此涣字？清李道平云："初不言涣者，拯之于早，

---

[1] 丁四新：《楚竹书与汉帛书周易校注》，第172、376页。丁先生还举出《集解》引虞翻亦无"用"字，更增一旁证。见第172页。

[2] 今本衍"用"字、帛本脱"壮"字，刘大钧先生已先有此判断。说见刘大钧：《今、帛、竹书〈周易〉综考》，第103页。

[3] 近年新出注疏标点本亦多误断为"用拯马壮，吉。"

不至于涣也。"[1] 这也许是一个还算合理的解释。现在我们看到《涣·初六》爻辞，简、帛两本并无"用"字，其与《明夷·六二》间的含义便有可能有所分别。如此说来，同样是根据今本同文作解，朱子硬是二之，虽不见得如其书名，尽符《易》之本义，但却似乎和简本所呈现的差异有所呼应。至于本爻帛本脱一"壮"字，则少却有力致远的象征意义，当然是不足的。

以上杂论所陈，从楚简虽不完整的有限卦爻辞资料，配合相关的既有《易》学文献，分别推论经文和传文中的《彖》《象》二传，其形成今本固定的面貌，可能是经不同时期和不同《易》家之手所完成的。由于简本于今而言其年代最早，又可据以参证检讨经文的解读；以至判定其前出土帛本文字的是非得失。只可惜楚简《周易》的原始出土来源不够明朗，难索其确凿的书写年代，学者研究，或推定与郭店楚简约莫同时或稍后。郭店楚简的抄写年代也并不能十分确定，而多信其为战国中期偏晚。然则楚简《周易》便有可能界于战国中期的后段以至战国的晚期。帛书《周易》则相对比较明朗，应抄写于汉文帝之前的西汉前期。如此看来，自战国后期以迄秦汉之际，甚至汉初，《周易》的经传文字，尚有局部的修订与改造，而终则形成比较定形的传本，时则已至汉世。前人多以古籍成书于一时一人之手的观点来考察其作者或著作年代；至如《周易》诸传，纵谓其不出一时一人，以独立篇章而论，亦多分而属诸一时一人。近数十年来由于大量出土文献的发现，已可充分证验古籍在以抄写为传播途径的时代里，尤其是尚未结集成比较固定的本子以前，无论出于有心抑或无意，其变动不居的形态实远超于后世一般传抄所致的版本歧异。宋世以下，或疑《易传》不出孔子；20世纪的前半叶，也有不少学者指出《易传》当成于战国以至秦汉间，遂成难解悬案。若知其屡经后人改造，则凡所新改，不免留下时代所特有的种种烙印痕迹，如将此已经改订的新本，视为一时一人之作，则前辈学者这些论断，也不能说是错了。唯既知今本

---

[1] 李道平：《周易集解纂疏》，卷7，第508页。

形成之前的历程,前人论断也不妨略作修正。类似情况,先秦典籍往往有之,《周易》决非孤例。鄙意以为此等修订改造,多出战国中期以下以迄汉初所谓"新儒家"学者之手。至于多托名孔子,窃谓清儒章学诚"言公"之说是较通达的看法。章氏以为先秦某家派的学术著作,往往尽归诸某家派之宗师。[1] 以此观点检视传世先秦各家典籍之收纳异时异人篇章,便历然可解。后世私人著述观念兴起,乃反觉其莫名,或又斥其为伪作之羼入了。

本篇曾于 2011 年 10 月 13 日济南山东大学易学与中国古代哲学研究中心、中国周易学会主办,德国埃尔朗根－纽伦堡大学国际人文研究院、韩国周易研究会协办之"早期易学的形成与嬗变国际学术研讨会"宣读;并于 2012 年 2 月刊于山东大学中国周易学会《周易研究》总 111 期;又转载于上海科学技术文献出版社《大易集思》

---

[1] 说详(清)章学诚著、叶瑛校注:《言公》上、中、下三篇,《文史通义校注》(北京:中华书局,1994 年 3 月),卷 2,内篇 2,第 169—217 页。又请参看本书《经与经学——从先秦学术性质的演变论中国经学的形成》。

八、《论语》"父在观其志"章义辨
——兼论孔门孝义

（一）两派主题的争议

《论语·学而篇》：
> 子曰："父在观其志，父没观其行；三年无改于父之道，可谓孝矣。"

孔子寥寥数语，却引发了历代学者的聚讼，几乎每一句都有不同的论点和解释，纷然杂陈，莫衷一是。这是由于《论语》文辞古简，记者又往往略去弟子所问的话，又或省去记事之文，遂使后世读者不易了解孔子所说究竟是一般性的教训，抑或是针对特定人物对象、特殊事件而发的。这一章便是典型的例子。

首先，我们应探讨孔子这番话的性质，亦即是他的主题、主旨之所在。此章可分为两小节，各两句；最后一句归结曰"可谓孝矣"，似乎很明显孔子乃论人子之孝。然而上半节"父在观其志，父没观其行"，两出"观"字，所以又有人主张这是孔子论观人之法。上半节是讲观察一个人的大概，后半节则是就其人的某一部分行为来看他的孝心。此一说法，大抵始于朱子，他说：

> 父在，子不得自专，而志则可知。父没，然后其行可见。故观此足以知其人之善恶，然又必能三年无改于父之道，乃见其孝。不然，则所行虽善，亦不得为孝矣。[1]

---

[1] （宋）朱熹：《四书章句集注》（北京：中华书局，1983年10月），《论语集注》，卷1，第51页。

朱子的批注，实承袭于汉儒孔安国，孔氏说：

> 父在，子不得自专，故观其志而已；父没，乃观其行也。孝子在丧，哀慕犹若父存，无所改于父之道也。[1]

朱子大体上是采用了孔说，不过他加进了一句"故观此足以知其人之善恶"，那么《论语》这一章便显然应该理解为以观人之善恶为主了。所以到了"三年无改"以下的一节，朱子便补充说，必须要能三年无改于父之道才算是孝，否则所行虽善，也不得为孝。其实不孝便是不善之尤，因此朱子之意，乃谓若三年改于父之道，则是恶而非善。故这一章乃重在观人之善恶，"三年无改"不过是观其人善恶显而易见然亦相当重要的一端而已。

支持朱子此一主张的，如元陈天祥，他说：

> 此章论观人之法。须当审其语言次序。于志行止可言观，不可直截便下知见二字。观志、观行，盖欲得其为人善恶之实。知与见当在观之之后，于得其为人之实处用之为是。[2]

依他此说，"三年无改"一节，也是观其人表现于外之行为事迹，以判别其为人善恶之实。同时许谦说"此章主于观人"、[3] 金履祥说"此章为观人而发"。[4] 此下如明张居正说此章乃"欲知其人"[5]，蔡清说"上二句看其人之善否，下一句则专就子道上看他"；[6] 清李塨说"此观人子之

---

[1]（魏）何晏、（宋）邢昺：《宋本论语注疏》（台北：鼎文书局，1972年，影印日本帝国图书寮藏宋本），卷1，第17页。案：孔《注》或疑为后人所依托，要之亦多承汉儒之说而来。兹为行文之便，仍称孔氏。

[2]（元）陈天祥：《四书辨疑·论语·学而第一》（台北：艺文印书馆，1966年，《无求备斋论语集成》本，第17函），卷2，第7页上。

[3]（元）许谦：《读论语丛说》，《无求备斋论语集成》本，第16函，卷上，第6页下。

[4]（元）金履祥：《论语集注考证·学而》，《无求备斋论语集成》本，第16函，卷1，第6页下。

[5]（明）张居正撰、（清）姚永朴节钞：《论语直解》，《无求备斋论语集成》本，第8函，卷1，第6页上。

[6]（明）蔡清：《四书蒙引·上论·学而第一》，《无求备斋论语集成》本，第18函，卷5，第14页下。

法"[1]，康有为说"此为观人于家而言之"；[2]这些都可说是秉承了朱子的观点。

但也有不赞成这观点的，如明林希元说：

> 此章愚意只是说为人子者。朱子小注谓上二句观人之大概，下句就观其行，细看其用心；《蒙引》谓上二句是看其人之善否，下一句则专就子道上看；恐皆未是。夫观人自有许多术，如何就人父之存没上看？[3]

他认为《论语》此章的重点应放在后半节"三年无改"上。如此说来，与其说是"观人"，毋宁说是"观人子之孝"更为确切。林氏此一意见，其实也是根据朱子另一些话来的。因为朱子对这一章的解释，前后有过不同的议论（说详后文），林氏便采用了他另外的意见来驳《集注》中的说法，以为孔子的话，是针对某种特殊情况而发的。这真可谓是"以子之矛，攻子之盾"了。明僧释智旭亦说：

> 此总就孝道上说。观其志，观其事父之心也；观其行，观其居丧之事也。[4]

直到清初，吕留良亦云：

> 开口便说"父在""父没"，则志行原从孝上观也。若到"三年无改"句才讲孝，则上面说个甚？[5]

这都更明白地把此章的主旨落实在孝上。日人龟井鲁也说此章"语观人之有见于孝"，[6]他和林希元一样，都把重点落在孝上。这些论点，都可说是反对朱子《集注》之说的。

---

[1] （清）李塨：《论语传注·学而第一》，《无求备斋论语集成》本，第9函，第4页下。
[2] （清）康有为：《论语注·学而第一》，《无求备斋论语集成》本，第13函，卷1，第10页上。
[3] （明）林希元：《四书存疑·上论·学而第一》，《无求备斋论语集成》本，第18函，卷4，第11页下—12页上。
[4] （明）释智旭撰、（民国）江谦补注：《论语点睛补注·学而第一》，《无求备斋论语集成》本，第8函，卷上，第7页上。
[5] （清）吕留良：《四书讲义·论语一·学而篇》，《无求备斋论语集成》本，第20函，卷4，第14页上。
[6] ［日］龟井鲁：《论语语由·学而第一》，《无求备斋论语集成》本，第15函，卷1，第15页。

（二）由主题认知差异所衍生的文字歧解

因于此一基本观点之不同，遂致对于《论语》文句的解释生出歧义。朱子《集注》从孔氏说，以为"观其志""观其行"两"其"字并指为人子者而言。在朱子前，范祖禹则谓两"其"字并当指父言，其说曰：

> 父在观其志，则能先意承志，谕之以道；父没观其行，则能继志述事，显扬其美。[1]

与朱子同时，张栻解此章有两说：一从孔氏说，另一说则云：

> 旧说谓父在能观其志而承顺之，父没观其行而继述之；又能三年无改于父之道，可谓孝矣。此说文理为顺。[2]

此一说即本于范氏。张氏原主孔说，朱子与之反复辩论，以为当以范说为顺。[3]张氏或已接受朱子的意见，故其《论语解》遂有改本。今所见本则两本之说并存，其实中间已有过曲折。岂知朱子到后来写定《集注》时，却仍采用了孔说，竟是回头来依从了张氏原来的主张。朱子并且说明最后不用范说的原因，他说：

> 范氏以为子观父之志行者，善矣。然以文势观之，恐不得如其说也。盖观志而能承之，观行而能述之，乃可为孝；此特曰观而已，恐未应遽以孝许之也。[4]

要了解此一争议的关键，仍得回到原来的问题上来：即是此章究竟在讲观人，还是在讲孝？今将"其"字指父，便是主张讲孝。但《论语》原文只用"观"字，"观父志""观父行"不一定就是讲孝；要说是孝，

---

[1]（宋）朱熹：《论语精义》：（台北：艺文印书馆，1969年，影印清康熙中御儿吕氏宝诰堂《朱子遗书》刊本，第7册），卷1上，第23页上引。

[2]（宋）张栻：《癸巳论语解·学而篇》，《无求备斋论语集成》本，第16函，卷1，第6页下。

[3]（宋）朱熹：《朱文公文集》（台北：台湾商务印书馆，1975年，《四部丛刊初编》缩印本第58册），卷31，第491页。

[4]（宋）朱熹：《论语或问·上》，《朱子遗书》本，第3册，卷1，第20页上。

则须增意以解经;所以朱子说以文势看,不能如此解释。这是朱子最后的定论。

可是支持范说者仍不乏其人。朱子同时而稍前有郑汝谐,他说:

> 曰"观其志""观其行",人子当以心体之。[1]

明李诩说:

> 父在,观父之志;父没,观父之行。先意承志,继志述事之教,非孔子观人也。若曰"父在,子不得自专,而志则可知",是启人以阴蓄叛父之志也。此是朱近斋之说,考亭闻之,当亦心肯。[2]

朱近斋名得之,是王守仁的门人。其后焦竑亦以"其"字指父。[3] 下逮清代,李光地说:

> 父在则志可得而观,故当观父之志;父没则行可得而考,故当观父之行。[4]

钱大昕也说:

> 孔子之言,论孝乎?论观人乎?以经文"可谓孝矣"证之,其为论孝,不论观人,夫人而知之也。既曰论孝,则以为观父之志行是也;不论观人,则以为观人子之志行非也。子之不孝者,好货财、私妻子,父母之养且不顾,安能观其志?朝死而夕忘之,又安能观其行?[5]

钱氏这段话,尤其可以看出此章"论孝""论观人"主旨的争辩,与两"其"字之理解,有其决定性的关系。而钱氏是赞成朱子先前的说法,

---

[1] (宋)郑汝谐:《论语意原·学而第一》,《无求备斋论语集成》本,第16函,卷1,第5页下。

[2] (清)赵良猷:《论语注参》,《无求备斋论语集成》本,第22函,卷上,第5页下—6页上,引李氏《戒庵漫笔》。

[3] (明)焦竑:《焦氏笔乘·续集》(台北:台湾商务印书馆,1965年,《丛书集成简编》本),卷1,第155页。

[4] (清)林春溥:《四书拾遗·论语上》,《无求备斋论语集成》本,第24函,第6页上,引李氏《榕村语录》。林氏案云:"(赵翼)《陔余丛考》引杨循吉说,意亦似此。"

[5] (清)钱大昕:《潜研堂文集·答问六》,《四部丛刊初编》缩印本第97册,卷9,第77页。

以"其"字指父而言的。直到清末,王闿运仍主张此说。[1] 日人之从此解者亦不少,如佐藤坦[2]、冈田钦[3]、照井全都[4]、广濑建[5]皆是。

(三)若干异解的检讨

以上列举诸家异说,归纳言之,大抵可分为两派意见:一派主张此章主在观人,"其"字指人子言;可以朱子《集注》为代表。另一派主张此章论孝,"其"字指父言;可以范祖禹为代表。当然亦有主张此章论孝,却仍以为"其"字指人子的,如释智旭。但"观"字当为通览之辞。子曰:"视其所以,观其所由,察其所安"[6],视就其人之某一节看,观则看其大体,察则从细微处看,三字义各有差。智旭谓"观其志"是"观其事父之心"、"观其行"是"观其居丧之事",皆指其人之某一节言。或谓观字独用,亦可不必有此分辨。然而何以父在时,只能观其事父之心,而不能观其行?又何以父殁以后,其行又专指居丧之事而不及其他?且居丧之事,岂不亦出于其人事父之心?此皆因受下文"三年无改"一句的影响,为要把全章集中在孝道上说,要说句句是孝,在文意的解释上便不免有所窒碍。这一说可以暂置不论。

所以,就义理上看,上述两派主张都可以说得通。但若遵范氏说,则朱子所疑始终是一个问题(已见前引)。钱大昕曾试图解决此一疑难,他说:

> 《礼》曰"视于无形,听于无声",观其志之谓也。又曰"善继人之志,善述人之事",观其行之谓也。孟子论事亲为大,以曾元之贤,仅得谓之养口体,则孔子所称观其者,惟曾子之养

---

[1] (清)王闿运:《论语训·学而第一》,《无求备斋论语集成》本,第12函,卷上,第6页上。
[2] [日]佐藤坦:《论语栏外书》,《无求备斋论语集成》本,第28函,上帙,第9—10页。
[3] [日]冈田钦:《七经札记·论语》,《无求备斋论语集成》本,第28函,卷7,第4页下—5页上。
[4] [日]照井全都:《论语解·学而第一》,《无求备斋论语集成》本,第15函,第20页。
[5] [日]广濑建:《读论语·学而》,《无求备斋论语集成》本,第28函,第3页。
[6] 《论语·为政》,《四书章句集注》,第56页。

> 志足以当之。如是而以孝许之,奚不可乎?至云父之志行容有未尽善者,不得概以承述为孝,其说固善;然但曰"观",而不曰"承"曰"述",则诤过、干蛊之义已在其中,而与三年无改之文亦无触背。此正圣人立言之妙,而前所疑观志与行恐未应遽以孝许之者,亦可以不解解之矣。[1]

他根据《小戴礼记》的话来解释《论语》,同于范氏。惟以"承""述"解两"观"字,又要牵连同时解决下文"三年无改"所生的疑难(说详后文),因此又说"观"不完全就是"承""述",陷入两难,却说"此正圣人立言之妙",认为朱子的诘难,"亦可以不解解之"。至于在"观"字上作文章,其意实已由郑汝谐发其端。[2]总之,范、钱二氏都不免增意以解经,似乎都不够圆满。

再者,就行文而言,以"其"为父亦有可议之处。日人竹添光鸿说:

> 以"其"字指父,则何不云"三年无改于其道",而必曰"于父之道"邪?[3]

这是一个相当有力的驳辩。正由于下文说"三年无改于父之道",更可证明上文的两个"其"字,当指人子而言。所以综合以上两个论据,朱子《集注》的解释应更站得住脚。

日本学者中尚有另出异说者。一说谓"观其志""观其行"为互文。东条弘说:

> "志""行"互文,二"其"字指父。犹言"父在观其志、观其行;父没观其志、观其行"。犹"危邦不入,乱邦不居"之互文。下文不言"其道",而言"父之道"者,为避重复。"三年"以上省"父没"二字,故不曰"其道",是照略法。[4]

他的话,似乎可以视作反驳竹添光鸿的一番说辞。"三年"以上省去

---

[1] 钱大昕:《潜研堂文集》,卷9,第77页。
[2] 郑汝谐:《论语意原》,卷1,第5页上、下。
[3] [日]竹添光鸿:《论语会笺》(台北:广文书局,1977年7月),卷1,第73页。
[4] [日]东条弘:《论语知言·学而第一》,《无求备斋论语集成》本,第28函,卷1,第51页。

"父没"二字,当然是没有问题的。但是说不言"其道"而言"父之道",是为避重复,则极为牵强。且说"志""行"互文,像他这样解释,孔子又何必分开"父在""父没"两段为说?而且"危邦""乱邦"义近,"父在""父没"又岂能相提并论?其后照井全都说:

> 一堂曰:"其字指父,志行互文",得之矣。但可察古人之用辞,虽互文不苟一字也。何也?则观其志者,必就其行而察之也。然而行谓观行事之迹,迹则无变动矣。是以行附于没后,而志言于在生。凡古书中互文,其配当字,皆此例也。是亦书生辈之所不知也,不可不熟察焉矣。[1]

他所引的一堂,便是东条弘。一堂说已不通,此则更故作深文,附会愈甚。

再有一说,则谓上两句是古语,孔子引述之,"三年无改"以下才是孔子自己补足其意的话。物茂卿说:

> "父在观其志,父没观其行",观人之法也。然"三年无改于父之道,可谓孝矣",则父虽没,犹有未可观其行者也。此上二句盖古语,下二句孔子补其意。[2]

依其意,孔子的话是针对人子遵行先父之道而所行则有未尽合义者言之。乃观人之道,有取于其人之孝,非专着重于义。此一解说,"其"字仍指人子。不过古语泛言一般观人之法,孔子补此二句,便重在观其人之孝。一转手间,似乎轻易地从中国学者的困境中跳出来,仍可主张论孝,而越过朱子所发的问难。其后皆川愿则说:

> 上二句,盖古语;下二句,乃因其语以论孝道者也。父之道者,谓承顺父志而行之者也。言古于礼文有是言,则父已不在,即改其行以自任其志者,似宜在不讥之列者。然兹又有人三年无改其所尝承顺行之道者,是亦可谓之孝矣。[3]

---

[1] [日]照井全都:《论语解·学而第一》,《无求备斋论语集成》本,第15函,第20页。
[2] [日]物茂卿:《论语征·甲》,《无求备斋论语集成》本,第26函,第18页。
[3] [日]皆川愿:《论语绎解·学而第一》,《无求备斋论语集成》本,第14函,卷1,第12页。

其说虽承物茂卿而来，而涵意略有不同。至以为孔子因古语以论孝道则一。假使真如他们所说，上两句是古语，下两句才是孔子之言，则揣度文意，二家之说未尝不可通。但我们不妨试看《论语》中其他一些例证。《八佾篇》：

> 祭如在，祭神如神在。子曰："吾不与祭，如不祭。"

宋陈善便认为"祭如在"两句是古语，"子曰"以下才是孔子之说。[1]《论语》记者列古语在前，孔子的话，则另冠"子曰"二字于后以示别之。不过，朱子《集注》以为这两句是"门人记孔子祭祀之诚意"；如此便是记事之文，陈说似不能作为定论。我们且再看另一章，《子路篇》：

> 子曰："南人有言曰：'人而无恒，不可以作巫医。'善夫！""不恒其德，或承之羞。"子曰："不占而已矣。"

此章孔子引南人之言而称善之。"不恒其德，或承之羞"是《易经·恒卦》九三爻辞，故《论语》记者复加"子曰"，以别《易》文。[2] 此处《易》爻辞亦当为孔子所引述，而记者必加"子曰"以别之。《论语》文例，于此明白可见。若果如物茂卿、皆川愿所言，"观其志""观其行"二句为古语，则"子曰"二字应移在"观其行"之下、"三年无改"之上，方合《论语》文例。所以，这两家说法亦似辩而实不可从。

朱子《集注》最后采用了孔安国的训解，其实是经过长期反复斟酌，才下此定论的。孔安国以下，东汉郑玄亦云：

> 孝子父在无所自专，庶几于其善道而已。[3]

可见这是古来相传的说法，两汉儒皆承之；于此亦可见古注之可贵。不过朱子用心在此章上下两段文意的转折处，因此在孔说之外，补充了几句话，使其意更为周匝而已。固然观人与观孝有其相通之处，百行孝为先，孝为人之一大德，故观人亦以此为最大端。其人已不孝，

---

[1]（清）林春溥：《四书拾遗·论语上》，第14页上，引陈氏《扪虱新话》。
[2] 说参朱子《论语集注》，《四书章句集注》，第147页。
[3]《太平御览·人事部·孝上》（台北：台湾商务印书馆，1980年，影印日本静嘉堂文库藏宋本），第4册，卷412，第2030页引。

则复何善之可言？所以孔子说观人，紧接着便补一句，要先看其人在父没以后开始那三年，从他可以自作主张的行为上来判别他是否一孝子，亦即判别他是否一善人。总之，讨论此章主旨之为观人、观孝，是一个畸重畸轻的问题而已。但此一问题若不明确解决，则种种歧义，终难论定。

本章又重出于《论语·里仁篇》，惟仅存后半，作：

> 子曰："三年无改于父之道，可谓孝矣。"[1]

朱子《集注》只引宋胡寅之言曰：

> 已见前篇，此盖复出而逸其半也。[2]

对此一章的重见，并无特殊的其他意见。然下逮清代陈鳣却说：

> 汉石经亦有此章，当是弟子各记所闻。[3]

王闿运也说：

> 此别记居丧之礼，与上言观志行者非一时之言。[4]

竹添光鸿更说：

> 前出，言观人之法，故多二句；此主孝子之行，而类列之。[5]

则意同陈鳣。如果这些看法正确，则尤可对照而旁征《学而》本章之旨乃在于观人。

（四）"三年无改"的质疑

继此讨论此章的下半段。历代依然有很多争论，当然焦点是集中在"三年无改于父之道"这句话上；而其解释又往往牵涉到对上文的理解。最早的解释仍是孔安国，他说：

> 孝子在丧，哀慕犹若父在，无所改于父之道也。[6]

---

[1] 《四书章句集注》，第73页。
[2] 同上注。
[3] （清）陈鳣：《论语古训》，《无求备斋论语集成》本，第22函，卷2，第16页下。
[4] （清）王闿运：《论语训·里仁第四》，卷上，第34页下。
[5] 《论语会笺》，卷4，第266页。
[6] 《宋本论语注疏》，卷1，第17页。

这是就孝子居丧时的心情来说解的。上面既说孝子父在，无所自专，今则父没，然在三年之丧的期间，哀思之情，宛如父在，故其所行仍秉顺父道，不自另作更张。《礼记·坊记》曰：

> 子云："君子弛其亲之过，而敬其美。"《论语》曰："三年无改于父之道，可谓孝矣。"

郑玄《注》：

> 弛，犹弃，忘也。孝子不藏识父母之过，不以己善驳亲之过。[1]

这是从另一角度来阐释孝子的内心。孝子心中，不觉其父母之有过，故居丧三年，不改父道。若三年期间，遽改父道，则此子心中，显认己所行为善，而其亲所行之为有过。后来吕留良说：

> 凡急改父道者，不定要非其亲，只是要急见己美耳。[2]

急见己美，最后亦无异于非其亲，总之是不得为孝。合孔、郑二说，孝子三年无改父道的原因，当可无遗漏。

首先对此句生疑的是宋欧阳修，他说：

> 或问：传曰"三年无改于父之道，可谓孝矣"，信乎？曰：是有孝子之志焉，蹈道则未也。……事亲有三年无改者，有终身而不可改者，有不俟三年而改者。……衰麻之服，祭祀之礼，哭泣之节，哀思之心，所谓三年而无改也。世其世，奉其遗体，守其宗庙，遵其教诏，虽终身不可改也。国家之利，社稷之大计，有不俟三年而改者矣。禹承尧舜之业，启嗣之，无改焉可也。武王继父之业，成王嗣之，无改焉可也。使舜行瞽之不善，禹行鲧之恶，曰俟三年而后改，可乎？不可也。凡为人子者，幸而伯禹、武王为其父，无改也；虽过三年，忍改之乎？不幸而瞽、鲧为其父者，虽生焉犹将正之，死可以遂而不改乎？……然则言者非乎？曰：夫子死，门弟子记其言；门弟子死，而书写出乎人家之

---

[1]《礼记·坊记》，(汉)郑玄、(唐)孔颖达：《礼记正义》(台北：艺文印书馆，1965年，《十三经注疏》第5册，影印清嘉庆江西南昌府学本)，卷51，第867页。

[2] 吕留良：《四书讲义·论语一·学而篇》，卷4，第14页上。

壁中者，果尽夫子之云乎哉？[1]

欧阳修此一质疑，偏重在政道上着眼，以为若父恶而子承之于施政，则祸及社稷，不可胜言。因而大胆地怀疑这话不是孔子说的。其实他所疑的意思，皇侃《义疏》中已隐约地透露了一点消息。皇侃说：

> 子若在父丧三年之内，不改父风政，此即是孝也。所以是孝者，其义有二也：一则哀毁之深，岂复识政之是非。故君薨，世子听冢宰三年也。二则三年之内，哀慕心事亡如存，则所不忍改也。或问曰：若父政善，则不改为可；若父政恶，恶教伤民，宁可不改乎？答曰：本不论父政之善恶，自论孝子之心耳。若人君风政之恶，则冢宰自行政；若卿大夫之心恶，则其家相邑宰自行事；无关于孝子也。[2]

他所说孝子的二义，其后一义原于孔氏，其前一义则为新出。谓父死，其子陷入哀痛之思中，更无暇再管政事，所以古制人君死，三年之丧期间，由冢宰执政，继世之君不复过问。总之，皇侃解"道"为"政道"，认为《论语》此章是针对执政者说的。他所设的或问，就是后来欧阳修之所疑。"君薨，听于冢宰"之说，本于《论》《孟》。[3]但三年之丧，自西周之初以还，已不见行；至于古之是否确有此制，抑是孔子所倡而为儒家所引申之义，今姑不详论。[4]若诚如皇侃所释，则孝子居丧，政不在己，欲变其父之道，亦将无由，孔子这句话岂不成了一句赘语？然而后代学者从其说者不少。如宋陈祥道云：

> 父之道为可行也，虽终身无改可也。以为不可行也，三年无改可乎？曰：古之人君有三年之丧，皆以其国听于冢宰。虽父之

---

[1] （宋）欧阳修：《欧阳文忠公集·经旨·三年无改问》，《四部丛刊初编》缩印本第49册，卷60，第450页。

[2] （魏）何晏、（梁）皇侃：《论语集解义疏》（台北：广文书局，1977年，影印清乾隆刊本），卷1，第25—26页。

[3] 说见《论语·宪问篇》"子张曰书云高宗谅阴"章、《孟子·滕文公上》"滕文公薨"章。

[4] 案：亦有疑古无是制者，参胡志奎：《论语辨证·论语编撰源流考证》（台北：联经出版事业公司，1983年修订再版），第36—40页。

> 道为不可行，吾犹不与改也。[1]

陈氏又说：

> 三年无改于父之道，则过乎此而改之可也。[2]

照这样说，孔子讲一句白说的废话，而其言外之意，倒教人子等到三年之期一过，便可立即改变父道了。清宋翔凤则说：

> 道，治也。三年无改于父之道，谓继体为政者也。若泛言父之教子，其道当没身不改，难以三年为限。惟人君治道，宽猛缓急，随俗化为转移，三年之后，不能无所变易。然必先君以正终，后君得有谅闇不言之义；苟失道而死，则为诛君，其子不当立，何能三年无改也？[3]

其意即谓政随俗变，有不得不改者，但凡能守此三年无改之义者，其父必不甚恶，否则身死政灭，子亦不得继位。若此，则改与不改，实无关乎大政方针善恶之根本。总之，如此解说，"三年无改"一句依然无意义之可言。宋氏稍前，钱坫云：

> 道谓父之臣与父之政。三年，居丧之岁也。能终丧不改父之道，则孝可知。[4]

他的话，源于《论语》另一章，《子张篇》：

> 曾子曰："吾闻诸夫子，孟庄子之孝也，其他可能也，其不改父之臣与父之政，是难能也。"

此章争议亦多，非关本文论旨，兹不及。钱氏以此释彼，而不援"听于冢宰"之说，于义较为可通。但以此章专为执政而言，则终嫌太狭，而且对于欧阳修的疑问，依然未能解答。

宋代叶梦得便曾提出一个新见解，他说：

> 当以"三年无改"为句。终三年之间，而不变其在丧之意，

---

[1] （宋）陈祥道：《论语全解·学而第一》，《无求备斋论语集成》本，第5函，卷1，第2页下。

[2] 同上注。

[3] （清）宋翔凤：《论语说义·学而为政》，《无求备斋论语集成》本，第24函，卷1，第5页下—6页上。

[4] （清）钱坫：《论语后录》，《无求备斋论语集成》本，第21函，卷1，第3页下。

>则于事父之道，可谓之孝。[1]

他主张从"无改"断句，"于父之道"便成另一句，如此则"三年无改"只指孝子居丧的心情，而不牵涉到改或不改父道的问题。所以清翟灏要说：

>如叶水心说，以"无改"为句绝，则永叔可无疑于经矣。[2]

然而"三年无改"若作此解，则与上文"观其志""观其行"两句的文义究将如何连贯？且以"于事父之道"为解，亦有增字解经之失。此一新奇之说，可谓似是而非。

欧阳氏之疑，乃以为如父之行合义，则应终身无改，不必限于三年；如不合义，则不应再俟三年。他把"道"字偏在政治的行为上来理解，实则推扩开去，泛指一般行为，依然可以生此疑惑。所以清汪中又另作一解，他说：

>三年者，言其久也。何以不改也？为其为道也。若其非道，虽朝没而夕改可也。何以知其然也？昔者鲧堙洪水，汩陈其五行，彝伦攸斁，天乃不畀洪范九畴，鲧则殛死。禹乃嗣兴，彝伦攸叙，天乃畀禹洪范九畴。蔡叔启商，慭间王室；其子蔡仲改行帅德，周公以为卿士，见诸王而命之以蔡。此改乎其父者也。不宁惟是，虞舜侧微，父顽母嚚象傲；克谐，以孝烝烝，乂不格奸。祗载见瞽瞍，夔夔齐栗，瞽瞍亦允若。曾子曰："君子之所谓孝者，先意承志，谕父母于道。"此父在而改于其子者也。是非以不改为孝也。然则何以不改也？为其为道也。三年云者，虽终其身可也。[3]

他以为"三年"的"三"非实数而是虚数，只示其多之意。所以三年不应胶着于文字，而以居丧为解。既以三年为久，则底下的"道"字，

---

[1] （金）王若虚：《滹南遗老集·论语辨惑一》，《四部丛刊初编》缩印本第72册，卷4，第25页引。

[2] （清）翟灏：《四书考异》（台北：汉京文化事业公司，1980年），重编本《皇清经解》第17册，卷451，第12524页。案：此本叶梦得说，参王若虚：《滹南遗老集》；翟氏引称叶适《习学记言》，误。

[3] （清）汪中：《述学·内篇·释三九下》，《四部丛刊初编》缩印本第98册，卷1，第2页。

便专指合乎道义的行为而言。如此便一举而解决了欧阳氏所提出的疑难。后来刘宝楠《论语正义》、黄式三《论语后案》，都采用汪氏此说。其实在汪氏之前，牛运震已先有类似的解说：

> 三年，言其久；道指父处家之事。既谓之道，大段是好一边的。……凡经文说三年者，总是言其久。三年之后，时殊事异，或稍有变易处，亦不可知。圣人正不必说到此。[1]

只是牛氏专以处家之事释"道"，与汪说广狭略有不同。亦只说道大段是好一边，故非绝不能改；日久渐改，自非可议。汪氏则认道为没有不好，故便径将三年之久推说为终身了。

《论语》文义，以"三年无改"接叙于"父没观其志"之下，自当如日人东条弘所说，"三年无改"之上，是省略了"父没"二字，那么这"三年"，当然应指守丧之三年。古籍中固有"三"字虚指之例，但此处宜非其比。《论语》中言及三年者，如"三年不言"[2]"比及三年"[3]"三年有成"[4]"三年学"，[5]岂可尽以虚数说之？"子生三年，然后免于父母之怀"，[6]故父母之卒，为人子者能三年不忘哀思，才算是孝。只可说三年之期已久，不便即说三年以上，凡久皆可称三年，又推而谓即是终身。所以比较起来，牛氏的话，语病还少些。日人伊藤维桢尚有一说，云：

> 道者，指其良法而言。……人之父，固有良有不良。其不良者，盖置而不论。夫子特就其良者而言之。三年无改者，谓永久守之。非谓三年之后，便可改之也。其以三年言者，盖以过三年而后，即己之道，不可谓父之道也。[7]

---

[1]（清）牛运震：《论语随笔·学而第一》，《无求备斋论语集成》本，第21函，卷1，第12页下、第13页上。
[2]《论语·宪问》，"子张曰书云高宗谅阴"章，《四书章句集注》，第159页。
[3]《论语·先进》，"子路曾晳冉有公西华侍坐"章，《四书章句集注》，第130页。
[4]《论语·子路》，"苟有用我"章，《四书章句集注》，第144页。
[5]《论语·泰伯》，"子曰三年学"章，《四书章句集注》，第106页。
[6]《论语·阳货》，"宰我问三年之丧"章，《四书章句集注》，第180页。
[7][日]伊藤维桢：《论语古义·学而第一》，《无求备斋论语集成》本，第14函，卷1，第9—10页。

谓三年无改,即是永久不改,说同汪氏。但以三年为实指,故说过了三年,只能算是己道,不能说是父道。这真是曲为之说了。

不过,从上面这些说法来看,不难发现,他们尽管解释不同,而就义理上看,其实都认同于欧阳氏。因此将三年讲成长久或终身,道都偏指良法。这里便触到问题的关键:如果三年确指居丧的三年的话,下面的道字该如何解释?如说善道,何以只守三年?如说是恶,何必守此三年?且如欧阳修、汪中所举古代人物事例,皆是改父之道而备受儒者所称美的,又当何说?

(五)孔子论孝的其他言论

要解决此一问题,应先参考《论语》中孔子论孝的其他言论。孔子曰:

> 事父母几谏,见志不从,又敬不违,劳而不怨。[1]

可见事父母之道,非可以不论是非,若父母有过,亦当微婉而谏;但更重要的是,若父母不从其谏,则仍当恭敬而不违逆。几谏之与敬不违,都是操之在我、尽其在我之一面;必求父母之依从,则是责求他人,非儒义之所主。因此后来孟子便说:

> 责善,朋友之道也;父子责善,贼恩之大者。[2]

父子乃属天伦,其亲亦是天性;不应相责以善,以害天性之恩。《论语·子路》:

> 叶公语孔子曰:"吾党有直躬者,其父攘羊,而子证之。"孔子曰:"吾党之直者异于是:父为子隐,子为父隐,直在其中矣。"[3]

其父盗人之羊,其行之为不义可知,然子若责善于父,证父之恶,自以为行直道,则夫子不之许。盖违逆父子天性之亲恩,其心曲折之甚,

---

[1]《论语·里仁》,《四书章句集注》,第73页。
[2]《孟子·离娄下》,《四书章句集注》,第299页。
[3]《论语·子路》,《四书章句集注》,第146页。

何得言直？孟子回应弟子桃应"舜为天子，皋陶为士，瞽瞍杀人，则如之何"的问题时，甚至说：

> 舜视弃天下，如弃敝蹝也。窃负而逃，遵海滨而处，终身䜣然，乐而忘天下。[1]

杀人之恶，又非攘羊之可比，而舜身为天子，其心中只知有父，其他一切，不复计较。此是儒家一寓言，能明斯义，为人子者无有不能处者。但孔子决非主张人子当承顺父意以为恶。《论语·为政》：

> 孟懿子问孝，子曰："无违。"樊迟御，子告之，曰："孟孙问孝于我，我对曰'无违'。"樊迟曰："何谓也？"子曰："生，事之以礼；死，葬之以礼，祭之以礼。"[2]

孟懿子之父僖子命其学礼于孔子，故及其问孝，孔子告之曰"无违"。假使懿子无违于父命，自知守礼。樊迟御，孔子恐其不达其意，故再告之，一切无违于父，非即是孝。父母生时，子女之事奉；父母死后，子女之葬祭，一切都应以合礼者为指标。若父母有不合礼，子女只以从亲之令为孝，致于所行非礼，是陷父母于不义，认其父母之不足与为善，此对父母为大不敬，实为不孝之甚。曾子曰：

> 君子之所为孝者，先意承意，谕父母于道。[3]

便是这意思。《孔子家语》载孔子告曾子曰：

> 舜之事瞽瞍，欲使之，未尝不在于侧；索而杀之，未尝可得。小棰则待过，大杖则逃走。故瞽瞍不犯不父之罪，而舜不失烝烝之孝。[4]

《家语》或疑为王肃所伪，然此段所申子道，实深得孔子之旨。执一不通，决非孔子本意，所以孔子要说：

> 可与立，未可与权。[5]

父之攘羊、杀人，此是父所已行之恶，子不应证成其恶或绳之以法；

---

[1] 《孟子·尽心上》，《四书章句集注》，第359页。
[2] 《论语·为政》，《四书章句集注》，第55页。
[3] 《礼记·祭义》，《礼记正义》，卷48，第820—821页。
[4] （魏）王肃注：《孔子家语·六本》，《四部丛刊初编》缩印本第18册，卷4，第42页。
[5] 《论语·子罕》，《四书章句集注》，第116页。

但决非谓父命其子去攘羊、杀人,子便当秉命不违而行之。父之所为,有非子所能左右者;子之所自为,则不能尽诿过于父命。操之在我的行为,亦即可自由作主的行为,尤为儒家所重视,故孔子告樊迟的话,更为吃紧。此则必待读者之深切体会,方不致误解孔子的遗教。

日人物茂卿云:

> 孔子之意,无论善不善,三年无改,可谓孝矣。……如后世杨、墨、佛、老,奉之者自以为道,苟有不善,改之为是;而尚且不改,亦可谓之孝矣。虽可谓之孝,而不可谓之义矣。故观人之道,于是乎取其孝也。古人之言,各有所当者如此。后儒言孝,则必欲孝备百德;若孝必备百德,则君子之道,一孝而足,何烦立友悌忠信仁义勇智种种之目哉?……其人所为,或未尽合于道;而苟合于孝德,则圣人取之,古之道也。后儒之不知圣人之道,宜其有疑于圣人之言也。[1]

谓孝非备百德,这是不错的。但谓孝可不合义,三年无改,乃不论其善不善,圣人只取其孝,则是义理不明,致有此论。所以,欧阳修所说的意思是对的,他所根据的是儒家的道理;但他径疑"三年无改"不是孔子的话,又似乎太过武断。然则有没有其他的说法,可以说得通,并且能符合孔子的一贯论旨的?我们且回过头来看看朱子的主张。

(六)朱子的主张

朱子对此章亦蓄疑甚久,尝以此问于其师李侗:

> 问:"……东坡谓可改者不待三年。熹以为使父之道有不幸不可不即改者,亦当隐忍迁就于义理之中,使事体渐正,而人不见其改之之迹;则虽不待三年,而谓之无改可也。此可见孝子之心,与几谏事亦相类。"先生曰:"三年无改,前辈论之详矣,类皆执

---

[1] [日]物茂卿:《论语征·甲》,第18页。

> 文泥迹，有所迁就失之。须是认圣人所说，于言外求意乃通。所谓道者，是犹可以通行者也。三年之中，日月易过，若稍稍有不惬意处，即率意改之，则孝子之心何在？……东坡之语，有所激而然，是亦有意也。事只有个可与不可而已。若大段有害处，自应即改何疑。恐不必言隐忍迁就，使人不见其改之之迹。此意虽未有害，第恐处心如此，即骎骎然所失处却多。……几谏事，意恐不相类，更思之。"[1]

可见朱子对"父之道"之是善是恶，是否应该三年无改，本亦有疑，于是委曲地以"几谏"之义来比附。但经过李侗的启示，说这个"道"字，当是指"犹可以通行者"言之，朱子再深加体察，最后在写《集注》的时候，便另录了尹焞和游酢的两段话：

> 尹氏曰："如其道，虽终身无改可也。如其非道，何待三年？然则三年无改者，孝子之心有所不忍故也。"

> 游氏曰："三年无改，亦谓在所当改而可以未改者耳。"[2]

他在《或问》中解释所以有取于此二家之言的缘故，他说：

> 尹氏得其用心之本，而游氏得其制事之宜。二说相须为不可易。……为人子者，本以守父之道，不忍有改为之心。至有所遇之不同，则随其轻重而以义制之耳。三年而改者，意其有为而言也。其不可改，则终身不改，固不待言；其不可以待三年者，则又非常之变，亦不可以预言矣。善读者推类而求之，或终身不改，或三年而改，或甚不得已则不待三年而改；顾其所遇如何，但不忍之心，则不可无耳。[3]

尹氏意，重在言孝子不忍之心，其义实无大逾于汉儒之所述；故朱子特所称美而加以发挥的，尤在游氏之说。所以朱子又尝说：

> 三年无改，尹氏说得心，于事上未尽。游氏于事理上说得好，故并载之，使互相发。

---

[1] （宋）朱熹:《延平李先生师弟子答问》，《朱子遗书》本，第1册，第1页下—2页上。
[2] 《四书章句集注》，卷1，第51页。
[3] （宋）朱熹:《论语或问·上》，《朱子遗书》本，第3册，卷1，第20页上—21页上。

> 诸说唯游氏说得好。"在所当改而可以未改",此说极稳,此正指在所当改可以未改处。深味之,孝子之心可见。
>
> 圣人之言,未有若此曲折者,疑当说时,亦有事在所当改而可以未改者,故圣人言此。
>
> 尹氏说得孝子之心,未说得事。若如其说,则孔子何必更说三年无改?必若游氏说,则说得圣人语意出。[1]

这真说得再透辟不过了。若其父之道为恶,大不合义,则在世时犹不可从,岂有三年无改之理?故孔子的话,决不合此义,不辩可知。若其父之道为善,合乎道义,则应终身承顺不违,何必定以三年为限?因此朱子要说唯有游氏才说中了圣人语意的底蕴。清刘开曾驳此说,他说:

> 夫子不曰"无改于父之行",而曰"无改于父之道",言"道"则非不善可知。既非不善,自不必急于更端。君子有不忍遽死其亲之心,即有不忍遽忘其亲之事,其遵而弗变宜也。然道不偏于一,三年以外,时有不同,天下无执而不通之法,无久而不变之事,以周公之继述文王,尚兼三王之道行之,不尽取法先人。故苟有宜变之理,三年后亦不必固执。非改父道也,道当可改之时,即父在亦必因时制宜。故其改也,即所以体父志也;而第不敢行于三年前者,思慕未忘,自有不能骤改之情。……惟其为道,则有可行可由之理,故三年内可以无改,无改所以见其孝。唯其为道,则有通权达变之用,故三年后不妨于改,改之亦无损于孝。……游氏谓理在所当改而可以未改,是介两可之论,而不能有当于一。且何以知夫子之言无改专指可以改可以不改者乎?影响之谈,殆难从信。……盖由看"道"字不真,故疑而为曲解之耳。此理不明,人心终无定准,所关非细。[2]

---

[1] (宋)黎靖德编:《朱子语类》(日本京都:中文出版社,1979年缩印本,影印明成化覆宋本),卷22,第827、828页。

[2] (清)刘开:《论语补注》,《无求备斋论语集成》本,第24函,卷上,第3页下—4页下。

他说"道"非不善，或源于汪中之说。但他这番话，似乎想将"道"讲成合乎义的行为原则之意，所以说道是随时通权达变的，而三年无改的道，则又要讲为具体的父所行之事，不过这"事"是合符道义的罢了。其实他这样解释，就是将"道"字指"可以改可以不改者"，而他反以此攻击游氏。事实上游氏的说法是"在所当改而可以未改"，与"可以改可以不改"之说尚差一间，不可不辩。张栻便主张"可以改可以不改"，他说：

> 三年无改者，言其常也，可以改而可以未改者也。……父之道，则固非悖理害常之事也。[1]

刘氏之说，细按其实，无逾乎此。然朱子便不赞成，他说：

> 向时南轩却改作"可以改而可以未改耳"。某与说：若如此说，则虽终身不改可也。

> 某旧日朋友亦看此处不透。与南轩说，他却改作"可以改而可以未改者"，此语与"在所当改者"大争。"在所当改"，正是这样事，若不改，则不当于理；若要改，则亦未为急。故迟之者，以孝子之心不忍也。[2]

这一争辩，便要从《论语》语意中细细揣摩，才能判分其间的得失长短。后来李塨说：

> 子三年在丧，于父之道可姑行者不忍改之，斯谓之孝。不然，亲甫没而变更，是有死其亲之意矣。所行即善，而心亦薄矣；岂孝也哉？[3]

他说"可姑行者不忍改之"，便较合朱子之意。何以必要在此处计较？这是由于朱子对《论语》文意的体会，认为孔子是"有为而言"，"疑当说时，亦有事在所当改而可以未改者，故圣人言此"。朱子甚至说：

> "父在观其志"，此一句已有处变意思，必有为而言。

---

[1] 《癸巳论语解·学而篇》，卷1，第6页下。
[2] 《朱子语类》，卷22，第825—827页。
[3] 《论语传注·学而第一》，第4页下。

观其文意，便是父在时，其子志行已自有与父不同者。[1]

其后林希元云：

此必人子父在志不相合，父没遂改所为，其事本善者，圣人不全许之而为此语。[2]

其说即本于朱子，而推断孔子为特定人物有所为而言。清黄式三承其说，云：

此为人子不能承顺父道与守道不久者言之也。[3]

清龚元玠则谓此章盖为孟庄子而发。[4] 孟庄子不易其父之臣与父之政，孔子尝称其难能；龚氏遂据之以说此章。《论语》文辞古简，在当时或有具体的事实，但记者无载，则亦无以确考。细审其词意，孔子究竟是见其人能如此而称许之，抑或是见其人不能如此而不全许之，实亦难断。要之，孔子以为非如此不足以为孝，则可确定。故林、龚二氏之说非无可能；而朱子只说"有为而言"，则下语更为稳妥矜慎。

既然"父之道"的"道"可确知非指不合道义在所必改的行为，也不指合乎道义必不应改的行为，所以朱子又说：

道，犹事也。言道者，尊父之词。[5]

龚元玠则进一步说：

所谓道者，治家之条例，如冠昏丧祭之经费，婚姻戚故之馈问，饮食衣服之丰俭，岁时伏腊之常式，诸无关于典礼之大者，皆道也。诸家未加细玩，多以事与行解之，遂有纷纷之论。[6]

上文曾述有些学者专把"道"字看成治道，龚氏则只说为处家之事。此一意见同于牛运震（已见前引），但龚氏说之更详。日人如中井积

---

[1] 《朱子语类》，卷22，第823、828页。
[2] 《四书存疑·上论·学而第一》，卷4，第12页上。
[3] （清）黄式三：《论语后案·学而一》，《无求备斋论语集成》本，第10函，第24页下。
[4] 程树德：《论语集释》（北京：中华书局，1990年8月），卷2，第45页引。
[5] 《朱子语类》，卷22，第824页。
[6] 《论语会笺》引，卷1，第73页。

德[1]、丰岛干[2]、竹添光鸿[3]等都主张此说。孔子之言，固通指父子而言，未必专指执政之君；但若父子同操政柄，则政事似亦不必独摈除于外。龚氏既以此章为孟庄子而发，则"道"又岂止于一般的家事？故朱子之但以父事之虽不改而无害者为言，则政事、家事皆可在内；此亦可见朱子下语矜慎之一斑。孔子之言，或为非常之人事而发，而其义则可以作为常人常行的准则；于此更可见孔子言论之广大。

（七）结论

析论至此，可归结言之，如推究孔子文意的本旨，当以朱子《集注》之说最为得之。汉儒说本无误，但是文辞亦嫌简略；朱子补充其意，更见为妥帖而圆满。至如张栻、龚元玠之意，或与《论语》原旨尚有一隔，然其义则无悖于孔子所主张。读者当于此中善求圣人之教训，则种种议论，皆可以有所启发；否则徒为纷纭之辩，终是无益。钱宾四师说：

> 《论语》所言，固当考之于古，亦当通之于今；固当求之于大义，亦当协之于常情。如据三年之丧为说，是专务考古之失也。如云父行非道，何待三年，是专论大义之失也。其实孔子此章，即求之今日之中国家庭，能遵此道者，尚固有之。既非不近人情，亦非有乖大义。孝子之心，自然有此。孔子即本人心以立教，好高骛远以求之，乃转失其真义耳。[4]

这是最圆融通达的话，能知此意，读《论语》自可得受用。

至于此章上下两段文义的贯连，当亦以朱子的说法最好，他说：

---

[1] [日]中井积德：《论语逢原·学而第一》，《无求备斋论语集成》本，第27函，第22页。

[2] [日]丰岛干：《论语新注·学而第一》，《无求备斋论语集成》本，第27函，卷上之上，第15页上。

[3] 《论语会笺》，卷1，第73页。

[4] 钱穆：《论语新解》（台北：作者自印本，台湾商务印书馆经销，1965年4月台北再版），上册，第19页。

不必做两截说，只是折转说。上二句观人之大概，下一句就观其行细看其用心之厚薄如何。行虽善矣，父道可以未改，而轻率改之，亦未善也。[1]

此则贵读者之沉潜涵泳，细加体味，然后知其说之为斟酌尽善，无有遗义。

后记

幼诵《论语》，但知有朱《注》，而未有深会。十余年前，读《欧阳永叔集》，至《三年无改问》，大叹赏；然于其遂疑此章非夫子语者，终未敢轻信。后见朱子与张南轩反复辩论文字，乃谓朱说为未定之论；惟亦不复深究。近日重读《论语》，胸中蓄疑一发不能已，遂翻检古今诸家传说，旁及若干日本学者论著，略加条理，寻绎其义，草为此篇。然后知朱子所谓"《论语集注》，如秤上称来无异，不高些，不低些"者，诚不我欺。谫陋寡学，十年于兹，亦止见山还是山也。作者附识。

本篇原刊于1986年11月台北《孔孟月刊》第25卷第3期

---

[1]《朱子语类》，卷22，第824页。

九、《论语》"子畏于匡"义解

（一）前言

《论语》"子畏于匡"的记载凡两见，一见于《子罕》：

> 子畏于匡。曰："文王既没，文不在兹乎？天之将丧斯文也，后死者不得与于斯文也；天之未丧斯文也，匡人其如予何？"

再见于《先进》：

> 子畏于匡，颜渊后。子曰："吾以女为死矣。"曰："子在，回何敢死？"

此两章所载，应为同一时事。然何谓"畏"，历代解者尚多歧见。虽谓此两章所呈现圣人知命之学，与乎孔、颜师弟之间相知之情谊，并不因此一字义的争议不定而有所减损，然而孔子是千古至圣，昔人亦视《论语》为圣经，此两章既为了解孔门师弟人格的重要篇章，此等问题亦宜可追究。若干年前，笔者在课堂中讲论及此，觉朱注殊不足恃，但对后人歧解，亦感未安。后得近人陈奇猷"畏"通"围"之新说，一时以为拨云见日，可成定论。尔后反复思之，则仍觉有所扞格。近年重读汉儒旧解，再三寻绎，脱然悟得汉儒旧说。只以一孔之见，对儒门义理，无关宏旨，再以种种杂务羁系，故未暇录为文字。重以疏懒，未曾遍检古今著述，稽查前贤有无相同先见。直至去年，忽见学者《论语》新著，以及新出辞典，其训解"畏"字渐多采录陈氏新说，而亦仅有简单叙述,未详其论据。[1]因思捉暇将鄙见写出,以求正于方家。

(二)《论语》"子畏于匡"的歧解

"子畏于匡"一事,两载于《论语》如前述,至其事之详则《论语》未有进一步记载。其后言之较详者为《庄子·秋水篇》:

> 孔子游于匡,宋人围之数匝,而弦歌不惙。子路入见,曰:"何夫子之娱也?"孔子曰:"来!吾语女。我讳穷久矣,而不免,命也;求通久矣,而不得,时也。当尧舜而天下无穷人,非知得也;当桀纣而天下无通人,非知失也;时势适然。夫水行不避蛟龙者,渔父之勇也;陆行不避兕虎者,猎人之勇也;白刃交于前,视死若生者,烈士之勇也;知穷之有命,知通之有时,临大难而不惧者,圣人之勇也。由处矣!吾命有所制矣。"无几何,将甲者进,辞曰:"以为阳虎也,故围之。今非也,请辞而退。"[2]

这段孔子被围,弦歌不辍的记载,把孔子描写成一个安时处顺的道家式圣人,其义蕴与《论语》所载儒家知命之旨不同。此事见于《庄子》外篇,而义不弘深,故清林云铭乃批评说:"讳穷求通等语,以拟圣人之言,恐觉不似;且笔颇平庸,非庄所作也。"[3]其事又载于《韩诗外传》,则曰:

> 孔子行,简子将杀阳虎,孔子似之,带甲以围孔子舍。子路愠怒,奋戟将下,孔子止之。曰:"由,何仁义之寡裕也!夫《诗》《书》之不习,礼乐之不讲,是丘之罪也。若吾非阳虎而以我为阳虎,则非丘之罪也,命也。(我)歌(子)〔予〕和若!"

---

[1] 如邓球柏:《四书通说·论语通说》(长沙:湖南人民出版社,2000年)、贾顺先等:《论语新编注译》(成都:四川大学出版社,2001年),主要即采"围困"说;而在《汉语大词典》(上海:汉语大词典出版社,1991年)第7册,以及《王力古汉语字典》(北京:中华书局,2000年),其释《论语》"子畏于匡",亦并用此说。

[2] (清)郭庆藩:《庄子集释》(北京:中华书局,1989年10月),第3册,第595—597页。

[3] (清)林云铭:《增注庄子因》(台北:广文书局,1968年1月),卷4,第15页上。

子路歌，孔子和之，三终而围罢。[1]

有关匡简子之所以带甲士以围孔子，《庄子》书便说是误为阳虎，但明白指出乃因孔子貌似阳虎而误会者，似首见于此。类似的记载还见于《说苑·杂言》和《孔子家语·困誓》；三处文字略有小出入，惟《家语》说尚有不同：

> 孔子之宋，匡人简子以甲士围之。子路怒，奋戟将与战，孔子止之，曰："恶有修仁义而不免世俗之恶者乎？夫《诗》《书》之不讲，礼乐之不习，是丘之过也。若以述先王好古法而为咎者，则非丘之罪也。命（之）夫！歌，予和汝。"子路弹琴而歌，孔子和之，曲三终，匡人解甲而罢。[2]

这段记载与前两者最大的不同，在于并不说孔子貌似阳虎。《家语》一书，前人或疑其中有王肃所增加，至今尚不能论定，如此之类，或亦先秦以来相沿传闻，而彼此互有参差者。若说此事与孔子外貌无关，然则何以会招致匡人之围？则说是因"述先王好古法"。两说相较，貌似阳虎似较易取信。然三书皆谓其后匡人终于解甲而罢，若说只因听了孔子师弟子的弦歌，就不免嫌于牵强而令人不解了。[3]

到了司马迁作《孔子世家》，本于《论语》而详述其事，曰：

> （孔子）去卫，将适陈。过匡，颜刻为仆，以其策指之曰："昔吾入此，由彼缺也。"匡人闻之，以为鲁之阳虎。阳虎尝暴匡人，匡人于是遂止孔子。孔子状类阳虎，拘焉五日。颜渊后，子曰："吾以汝为死矣。"颜渊曰："子在，回何敢死！"匡人拘孔子益急，弟子惧。孔子曰："文王既没，文不在兹乎？天之将丧斯文也，后死者不得与于斯文也。天之未丧斯文也，匡人其如予何！"

---

[1] （汉）韩婴：《韩诗外传》（台北：商务印书馆，1975年，《四部丛刊初编》缩印本第4册），卷6，第55页。案：此本"命也"下原作"我歌，子和若"，参《说苑》作"由歌，予和汝"，《孔子家语》作"歌，予和汝"；且下文既谓"子路歌，孔子和之"，则"我"字疑衍，"子"当为"予"字讹。

[2] （魏）王肃注：《孔子家语》（台北：商务印书馆，1975年，《四部丛刊初编》缩印本第18册），卷5，第61页。案："命之夫"，"之"字疑衍。

[3] （清）儒崔述即疑所谓"以歌退师"之无稽。参《崔东壁遗书·洙泗考信录》（台北：河洛图书出版社，1975年月），第2册，卷3，第4页。

> 孔子使从者为宁武子臣于卫，然后得去。[1]

由《史记》所述，可知西汉人理解此事，是认为《论语》两处"子畏于匡"乃同一时事。其事则缘于其前鲁季孙氏掌政家臣阳虎曾率众施暴于匡人，当时为阳虎驾车的是孔子弟子颜刻，[2] 匡人因此记恨于阳虎。此时孔子过匡，御者适又是颜刻；《史记》又谓孔子的面貌与阳虎类似，这便采用了与《韩诗外传》《说苑》相同的传说，如此更易坐实了匡人的误认，于是便"拘焉五日"，引起了孔子"文王既没"之叹；在纷乱中与颜渊失散，颜渊赶上会合孔子后，便有师弟子间那两句对话。

《经典释文》引司马彪解《庄》，云：

> 宋当作卫。匡，卫邑也。卫人误围孔子，以为阳虎，虎尝暴于匡人。又孔子弟子颜刻，时与虎俱，后刻为孔子御。至匡，匡人共识刻。又孔子容貌与虎相似，故匡人共围之。[3]

司马云云，本《论语·子罕》包咸《注》，[4] 实同是采用了《史记》的说法；尤如《庄子》明是说匡地属宋，司马则改云为卫，显然是改从《史记》。[5]《史记正义》引《琴操》亦述其事，情节则略有不同：

---

[1] （汉）司马迁：《史记》（北京：中华书局，1982年11月），第6册，卷47，第1919页。案：[日]泷川资言《史记会注考证》（台北：大安出版社，1998年9月）云："据《左传》，宁武子在时孔子未生，孔子畏匡时，则宁氏族灭已久，此必无之事。说详于胡氏《读史管见》、毛氏《四书索解》、崔氏《洙泗考信录》。"见该书第734页。然则谓"孔子使从者为宁武子臣于卫"，其事不足信。

[2] 即《史记》之颜刻，古籍往往同名异字，皆同一人。

[3] （唐）陆德明：《经典释文·庄子音义·中》（台北：鼎文书局，1972年9月，影印通志堂刊本），第383页。

[4] 说见王叔岷：《庄子校诠》（台北："中央研究院"历史语言研究所专刊之八十八，1988年3月），中册，第618页。

[5] 匡地何在，前人亦多所讨论。盖春秋名匡者凡四：其一郑邑，《左传·定公六年》"公侵郑，取匡"，其地在今河南扶沟县。其二卫邑，《左传·文公八年》"归匡、戚之田于卫"，今河南长垣县西南。其三宋邑承匡，《左传·文公十一年》"会晋郤缺于承匡"，今河南睢县西。其四鲁邑，《左传·成公十七年》有"匡句须"，《广韵》《通鉴注》并引《风俗通义》佚文《姓氏篇》："匡，鲁邑，句须为之宰，其后氏焉。"今地未详。孔子畏匡，或谓卫地，本《史记》；或谓宋地，本《庄子》《说苑》《家语》。清沈涛《交翠轩笔记》尝考唐以前皆以孔子所畏在卫之匡地，应与蒲城相近，故《孔子世家》言孔子去即过蒲；其说可从。沈说见《水经注疏》（南京：江苏古籍出版社，1989年1月），第706—707页，（清）杨守敬《疏》引。

> 孔子到匡郭外，颜（渊）〔剋〕举策指匡穿垣曰："往与阳货正从此入。"匡人闻其言，告君曰："往者阳货今复来。"乃率众围孔子数日，乃和琴而歌，音曲甚哀，有暴风击军士僵仆，于是匡人有知孔子圣人，自解也。[1]

这段记载略与《史记》相近，而情节则颇不合理。依《史》文所载，孔子过匡，颜剋为御，经过昔日他载阳虎攻入匡城的城垣缺口，忍不住告诉孔子说，此正昔时从入之处。"匡人闻之"，乃是闻颜剋言，其时究竟是否亲见孔子面貌，不得而知。若未直见孔子面貌，由剋所云"昔吾入此，由彼缺也"，推想御者既是同一人，还炫耀昔日攻入之所，则车上主子自应是主攻的阳虎，这样的判断也不足为奇。若匡人不但见到颜剋，还亲见孔子，仍得此判断，则除非真如《史记》所说，孔子面貌本来就与阳虎相像，否则便不易解释。至如《琴操》云云，颜剋的话已明说"往与阳货正从此入"，则无论匡人是否见到孔子容貌，皆易知车上主人不会是阳虎，如何竟得出"往者阳货今复来"的论断，实在并不合理。至于说孔子过匡被围时曾弦歌，在《庄子》书中所描写，不过谓孔子知命而毫不忧惧而已，《琴操》所述发生的奇迹，过于荒诞，自是神化圣人的传闻，恐怕是更不足信的。不过《琴操》本文却真未明说及孔子面貌与阳虎是否相像，而围困得解的原因，也并非由于匡人最终从容貌上了解认错了人，而是据近乎神迹的显现以判断来者应当是圣人。

姑不论孔子是否因为自己面貌近似阳虎，抑或二人先后皆由颜剋为御，总之孔子在匡蒙难乃是众说所同的。惟《论语》两处述及此一事件，均称"子畏于匡"，当然关键的字眼是在"畏"字上。何谓"畏"？《论语·子罕篇》此章的解读，今所见最早者应为东西汉之间的包咸，但仅说"匡人误围夫子，以为阳虎"云云，[2] 上引司马彪解

---

[1] 《史记》，卷47，第1919—1920页。案：举策语孔子者，三家注诸本并作"颜渊"，宜据《史记》本文正作"颜刻"，或作"颜剋"。

[2] 说见（魏）何晏、（宋）邢昺：《论语注疏》（台北：艺文印书馆，1965年，《十三经注疏》第8册，影印清嘉庆江西南昌府学本），卷9，第77页引。

《庄子·秋水》即略袭其文,故后人不认为其于"畏"字文义有所解释。直到东汉后期的郑玄,才说:

> 匡人以兵遮胁之。……孔子见兵来,恐诸弟子惊怖,言以此言照之……[1]

"畏"训恐惧、害怕,乃最常用的释义。孔子在匡遭兵厄,其内心究竟有无恐惧?上引先秦以来各种载籍的传闻,不但绝无这种内容记载的痕迹,道家传述,甚至说孔子师弟间还弦歌不辍,其临危不惧自无可疑。何况即从《子罕》原文,孔子说"文王既没,文不在兹乎……匡人其如予何",便正可见其不惧。但郑玄此处乍看似以"恐弟子惊怖"来解释,意谓孔子自身无畏,乃担心弟子们惊惧,因此便用"文王既没"云云的一番道理来安慰和稳定学生的情绪。信如此解,则郑玄仍是以"恐"释"畏",仍是常训,只强调孔子当时所畏者不在外来的兵难,而是从行弟子们的心理反应。然而郑玄的语意粗看也并不十分明朗,究竟是否确如此解,还不能即此坐实;说详后文。

下逮东晋,孙绰便似不明郑说,遂批评诸家解说没有解释这个"畏"字。说见梁皇侃《论语集解义疏》引录:

> "畏匡"之说,皆众家之言,而不释畏名,解书之理为漫。夫体神知几,玄定安危者,虽兵围百重,安若太山,岂有畏哉!虽然,兵事阻险,常情所畏,圣人无心,故即以物畏为畏也。[2]

孔子本身无畏,是古今学者共同的认知,故孙绰便说圣人无心,以众人之心为心,所谓"以物畏为畏","物"犹言众,意谓他人。这种清谈家玄理化的解释,非但迫使孔子穿上道服,抑且穿上魏晋时期的道服。又皇侃在引用孙说之前,尚别出"心服为畏"的训释,此训则本

---

[1] 王素:《唐写本论语郑氏注及其研究》(北京:文物出版社,1991年11月),第105页。此文乃据伯希和二五一〇号写本。王素《校勘记》谓据其所谓"午本"[吐鲁番阿斯塔那二七号墓二九(a)、三〇(a)号本],引文末句"言以此言照之",作"教以此言强之曰"。今案:杜预《春秋序》孔颖达《疏》云:"孔子过匡,匡人以兵遮而胁之,从者惊怖,故设此言以强之。"见(晋)杜预、(唐)孔颖达:《春秋左传正义》(台北:艺文印书馆,1965年,《十三经注疏》第6册,影印清嘉庆江西南昌府学本),卷1,第17页。比对郑《注》,知孔文本郑,则"午本"异文较胜。

[2] (梁)皇侃:《论语集解义疏》(台北:广文书局,1977年7月),上册,第297页。

于《礼记·曲礼上》"贤者……畏而爱之"郑《注》文,言畏,犹心服而畏敬之。此意于《论语》,可施于《季氏篇》之"君子有三畏",而无当乎孔子之畏匡,实亦与孙绰云云不协。

至宋邢昺为何晏《集解》作疏,仍略据孙说以补注所未详,其言曰:

> 子畏于匡者,谓匡人以兵围孔子,记者以众情言之,故云子畏于匡,其实孔子无所畏也。[1]

不知孙绰玄言,就玄学对圣人的内涵而言,尚自有其立场,亦可自圆其说;邢昺袭用其"众情"之说,而袪其玄思,则孔子明明无畏,畏者乃众弟子,而记者却偏记为"子畏",于理又焉能得通?

因此到了南宋朱子作《论语集注》,便改采了程子门人吕大临的说法。《集注》云:

> 畏者,有戒心之谓。[2]

所谓"有戒心",殆本《孟子·公孙丑下》:

> 当在薛也,予有戒心。

赵《注》:

> 戒,有戒备不虞之心也。时有恶人欲害孟子,孟子戒备。[3]

其后朱《注》亦承其说。前述皇、邢二疏无疑都太牵强,所以朱子不之从,而特有取于吕氏说。朱子门人辅广申其师说,云:

> 圣人非若常人,妄有畏惧,但临危涉险,则戒备之心自不可无。[4]

总之自来学者,皆知常人怵迫惧死,至圣孔子决不尔,因之"畏"字决不训恐惧,遂转借《孟子》戒惧之意以为训,如此亦可与"临事而惧"之义相近。可惜"畏"字训"有戒心",毕竟在先秦典籍中并无他

---

[1]《论语注疏》,卷9,第78页。
[2]（宋）朱熹:《四书章句集注》（台北:大安出版社,1994年11月）,第148页。案:朱说本于蓝田吕氏,别见朱熹《论孟精义》,《朱子遗书》（台北:艺文印书馆,1969年,影印清康熙中御儿吕氏宝诰堂重刊白鹿洞原本）,第9册,卷5上,第6页上。
[3]（汉）赵岐、旧题（宋）孙奭:《孟子注疏》（台北:艺文印书馆,1965年,《十三经注疏》第8册,影印清嘉庆江西南昌府学本）,卷4上,第75页。
[4]（宋）赵顺孙:《论语纂疏》,《通志堂经解》（台北:汉京文化事业有限公司,1980年影印本）,第36册,卷5,第20732页引。

证。若然，何以不书"戒于匡"而曰"畏于匡"？况且"畏"字无论释为"畏惧"以至"戒心"，皆是指述其心理状态之词。故纵使在《子罕篇》此条能说得通，同样的解说用在《先进篇》另一条中则仍觉有其不通。盖《先进篇》是记述"颜渊后"的背景，此一背景依一般记叙文理，应是交待匡人兵围孔子之事，而不应独述其事过程中孔子一人当时的心理状态。

自汉迄宋，这一"畏"字似乎始终找不出一个令人满意的解义。直到晚清，俞樾《群经平议》才提出一个新说，曰：

> 《荀子·赋篇》："比干见刳，孔子拘匡。"《史记·孔子世家》亦云："匡人于是遂止孔子，拘焉五日。"然则畏于匡者，拘于匡也。《礼记·檀弓篇》："死而不吊者三：畏、厌、溺。"郑《注》即以孔子畏于匡为证。而《通典》引王肃《注》曰："犯法狱死谓之畏。"是畏为拘囚之名，后人不达古义，曲为之说，盖皆失之。[1]

俞氏谓畏为拘囚，固可援《荀子》《史记》为证，然二书所述乃其事，未必解"畏"字义。而且《史记》拘囚五日之说亦遭清崔述的质疑。崔氏说：

> 拘之五日，亦当出一言以相诘，乃至竟不知其非阳虎，岂人情耶？[2]

此疑亦非不近理。不过俞氏已不用"畏"字一般字训，转而在古籍中求其特解，因此引及《礼记》所谓"畏、厌、溺"。此一"畏"字，郑玄即举孔子畏于匡为说，但郑《注》解文原与王肃"犯法狱死"云云不同，郑云：

> 人或时以非罪攻己，不能有以说之死之者。孔子畏于匡。[3]

---

[1] （清）俞樾：《群经平议》（台北：河洛图书出版社，1975年5月），下册，卷30，第1970页。

[2] 《崔东壁遗书·洙泗考信录》，第2册，卷3，第4页。

[3] （汉）郑玄注、（唐）孔颖达疏：《礼记正义》（台北：艺文印书馆，1965年，《十三经注疏》第5册，影印清嘉庆江西南昌府学本），卷6，第120页。案：末句"孔子畏于匡"，别本作"若孔子畏于匡""孔子若畏于匡"。参见［日］山井鼎辑、物观等补遗：《七经孟子考文并补遗》（台北：新文丰出版社，1984年6月），第3册，《礼记》卷6，第800页。

可见将《礼记》三不吊中的"畏"和孔子畏于匡合并理解，俞樾便是沿着郑玄的足迹。但郑玄注《论语》时则并未引述及此。俞氏引及郑《注》，其可启发吾人者：在古代，"畏"字实别有特解，《礼记》正可见。但是《礼记》这处也不好解。对郑玄的注文，孔颖达进一步疏说云：

> "畏"谓有人以非罪攻己，己若不有以解说之而死者，则不吊。郑玄《注》引《论语》以证之，明须解说也。……孔子自说，故匡人解围也。自说者，谓卑辞逊礼。《论语注》云："微服而去。"谓身着微服，潜行而去，不敢与匡人斗，以媚悦之也。[1]

此说大为清儒毛奇龄所讥。毛氏《经问》答沈昌祚问：

> 此汉儒解经之最不通者。《檀弓》"畏"字原难解，大抵畏者，患也，谓以忧患死也；又害也，谓害死也。第古无畏死之据，惟《论语》有子畏于匡"畏"字可证。而郑氏、孔氏皆谓孔子自行解说，故免于患害，遂不主畏字而反主解说字，谓不吊者，以不自解说致死，则误甚矣。夫孔子畏匡未尝解说，即夫子不解说而死，亦岂可为夫子罪而竟置不吊？此不通之论也。夫子畏于匡，虽同此畏字，而不吊之畏实大不同。……从来吊法问亲疏不问贤否，惟此三等之死，所云死于非命者，则当辨是非而审可否：可则吊，不可则不吊。是此三不吊专以死于非命而又有罪者为言，并非死于非罪而又无解说者为言，其理易明。[2]

郑玄解注云云，本含两义：一曰非罪攻己，一曰不有以解说而死。总之"畏"是已死。但若说孔子畏于匡即是此训，则孔子终于未死，故孔《疏》便将重点放在自行解说上。姑无论孔子在匡有无解说，其实要将"畏"字和"解说"串讲，依然不易使人信服。故毛氏便指责郑、孔为曲解，并且不主张以《论语》《礼记》两"畏"字合观。但纵使他此处解了《礼记》，《论语》还是依然无解。

近时学者对《论语》此字，固多不主畏惧之常训，但也不从朱

---

[1]《礼记正义》，卷6，第120页。案："匡人解围"，原误作"匡又解围"，参阮元《校勘记》。
[2]（清）毛奇龄：《经问》（台北：商务印书馆，1983年，《景印文渊阁四库全书》第191册），卷15，第12页下—13页下。

《注》有戒心之说。如钱宾四师《论语新解》云：

> 古谓私斗为畏，匡人之拘孔子，亦社会之私斗，非政府之公讨。[1]

毛子水师《论语今注今译》则曰：

> 畏，受危难的意思。[2]

此说似近毛氏《经问》所谓"患也"。此等解释，于文义并通，而都碍于古训无征。

十余年前，读近人陈奇猷《吕氏春秋校释》，见其考论"畏"字，牵连与《论语》相证，初以为最为精善。《吕览》原文见《劝学篇》：

> 曾子曰："君子行于道路，其有父者可知也，其有师者可知也。夫无父而无师者，余若夫何哉！"此言事师之犹事父也。曾点使曾参，过期而不至，人皆见曾点曰："无乃畏邪！"曾点曰："彼虽畏，我存，夫安敢畏？"孔子畏于匡，颜渊后，孔子曰："吾以汝为死矣。"颜渊曰："子在，回何敢死？"颜渊之于孔子也，犹曾参之事父也。古之贤者与，其尊师若此，故师尽智竭道以教。[3]

这一段记载很明显是将曾点、曾参父子的一番经历和孔子、颜渊师弟相提并论，而尤值注意者，乃在曾点的话中正屡次用到这"畏"字，和下文"孔子畏于匡"相应。然则《吕览》曾点所谓"畏"，究当何义？高诱注"无乃畏邪"：

> 畏，犹死也。

刘师培则以为：

---

[1] 钱穆：《论语新解》（台北：联经出版事业公司，1998年5月，《钱宾四先生全集》第3册），第312页。钱师"私斗"之说，又尝另申之云："虽以孔子之圣，而畏于匡。盖横逆之来，侵暴之及，在古社会为常事，有君子所不料者，故可畏也。"则所谓以私斗为畏者，乃以其事之可畏为言，似仍从畏字常训所引申。详参所著《儒礼杂议之一——非斗》，见《中国学术思想史论丛（二）》，《全集》第18册，第260页。

[2] 毛子水：《论语今注今译》，《毛子水全集》（台北：《毛子水全集》编委会，1992年4月），《学术著作》分册，第127页。

[3] 陈奇猷：《吕氏春秋校释》（台北：华正书局，1985年8月），卷4，第196页。案：陈书末句原作"古之贤者，与其尊师若此"，然"与"字似当为语词，属上读，今径改。此承台湾师范大学张素贞教授惠正，谨致谢意。又案：顷见王利器《吕氏春秋注疏》（成都：巴蜀书社，2002年1月）第413页正如此断句，与陈著不同。

> 盖（高）《注》"死"上挩"畏"字，当云"畏犹畏死也"。

陈奇猷辨此两说之非，而谓"畏"当是"围"之假借字。其说曰：

> 高训畏为死，于此尚勉强可通，但下文"孔子畏于匡"而谓孔子死于匡，与事实不符。盖孔子不死于匡，史有明文。且孔子既死于匡，安可与颜渊对话？高氏之谬可知矣。刘改为"畏犹畏死"，亦不通。盖孔子被困于陈、蔡，弦歌不辍，详《慎人》。其为匡人所困，亦当无畏死之理，其谓弟子曰："天之未丧斯文也，匡人其如予何？"正可明孔子之不畏死。且训畏为畏死，未闻。则刘说之谬亦可知矣。案"畏"乃"围"之假字，畏、围古音同部，自可假借。《论语·子罕》及此作"孔子畏于匡"，《淮南·主术训》作"孔子围于匡"，尤为畏、围通之明证。"围"，本字作"囗"，《说文》："囗，回也，象回匝之形"，则以物回绕谓之围。被他人回绕不得出固可谓之围，自我以物回绕而不出当亦可谓之围。被他人以物回绕不得出即是困，自我以物回绕而不出即是藏。此文"无乃畏邪"犹言无乃藏而不出耶？下文"彼虽畏，我存，夫安敢畏"，犹言彼虽藏，而我尚存，彼岂敢藏而不出耶？下文"孔子畏于匡"，犹言孔子被围困于匡。文义了然。高、刘不得"畏"字之义耳。[1]

《吕览》此文所深值玩味者，正在曾点云云与《论语》之对应，故上下文义求其相通并解是最要点。若如高诱径以"畏"为"死"，则孔子虽畏于匡而实未死；至刘师培以"畏"为"畏死"，则曾参过期不至，人问"无乃畏耶"，语义已显为不相衔接，何况连及孔子畏匡，则自古皆知孔子当时无畏，更不畏死。故陈奇猷所辨殊为有理；而其发明"畏"为"围"之借字，初读更觉拨开迷雾，以为大有廓清之功。尤以所举《淮南·主术》："孔子围于匡"，比于《论语》"畏于匡"，自见围、畏之通用，论证当甚确凿。若"畏"果为"围"之借，则先秦以还，自《庄子》《韩诗外传》诸家传述，无不谓是匡人"围"孔子，岂不亦正

---

[1] 陈奇猷：《吕氏春秋校释》，卷4，第203页。

相合？

嗣后重读陈著，反复推求《吕览》此段文义，渐疑其解读中尚有未尽足恃之所在。因陈氏之前，近人范耕研尚有一说，以为《吕览》原文有错字。盖曾点云："彼虽畏，我存，夫安敢畏？"范氏云：

> 按因畏而致死，畏与死非一事，以死训之，似非。"夫安敢畏"与下文"回何敢死"句法同，亦当作"夫何敢死"。夫与彼同，指曾参而言。前后"畏"字甚多，因以致误。

陈奇猷则驳之，云：

> 范盖不知畏乃围之假字，故有此说。下文"回何敢死"，与"吾以汝为死矣"相应。此文"夫（何）〔安〕敢畏"与"彼虽畏"相应。若改作"夫何敢死"，与"彼虽畏"句不相蒙矣。范说之谬甚明。[1]

范氏提出"夫安敢畏"与下文"回何敢死"句法相应；陈氏则谓曾点语前后自相应，若依范氏主张更改原文，便变成不相应。两家着眼点各有不同，陈说是注意到曾点自身语句上下文的照应，而范氏则指出曾点的话和颜渊的话对应。窃意以为此两者皆不容忽视。陈氏发明"畏"为"围"义，其实用在《论语》孔子畏匡一事上是畅通无碍的，倒是在《吕览》曾点云云，则仍颇难解。故陈氏引而申之，谓"围"有相对两面：一是被他人所围，为一般常解；另一则是自身布围，则义同于"藏"。他以为曾点云云，所用即是后义。但我们若将此训义套回原文情境之中：曾参过期不至，人何以疑其藏？人疑其藏，虽嫌突兀，犹不得谓绝不容有此想；而曾点回语，乃谓"彼虽藏，而我尚存，彼岂敢藏而不出耶？"则殊嫌无理。若曾点不存，曾参是否即可长藏而不出？且所谓不藏而出，与孔子畏匡，颜渊之不敢死，事不相侔，何得相提并论，而谓事父、尊师可以一其道？可见范氏改字之说纵有未是，他说上下两节相应的观点，和《吕览》那段记载的整体文义应是相协的。我们可以猜测陈氏之所以委曲以"藏"解"围"，是因为不

---

[1] 陈奇猷：《吕氏春秋校释》，范说见该书第203页引，陈说见第204页。

只是孔子畏匡而未死，曾参不畏亦同样不死，故不得以死为解；若易以围困之义，虽可以释孔子之畏匡，而以释曾点语，却仍不能无碍，为求上下文义通解，故姑为迁就。总之，"孔子畏于匡"的文义因《吕览》这段记载已略透曙光，然牵连相关文义，仍有葛藤纠缠未解。故即就《吕览》原文，"畏"是否即是"围"之借，实亦不能遽定。古籍中似无"畏"借为"围"之他例；不过二字之可以通假，古音条件是符合的，若有《淮南》异文，可相旁证，自可有助其说服力。可惜检视《淮南·主术》原文，则是：

> 孔子之通，智过于苌弘，勇服于孟贲……春秋二百四十二年，亡国五十二，弑君三十六，采善鉏丑以成王道，论亦博矣。然而围于匡，颜色不变，弦歌不辍，临死亡之地，犯患难之危，据义行理而志不摄，分亦明矣。[1]

可见《淮南》亦犹诸子、《史记》之文，乃叙其事，则"围于匡"未必能视为《论语》"畏于匡"的异文。

说拘囚、说围困，不只是字训上缺乏证据，且于说明当时情势，似亦尚差一间。朱子的门人尝问朱子：

> "子畏于匡"一节，看来夫子平日不曾如此说，往往多谦抑，与此不同。

朱子笑云：

> 此却是真个事急了，不觉说将出来。[2]

若非生死关头，也不会逼得孔子说出天命在己云云。至于匡人是否能"违天害己"，其实并不可必，故程子尝云："夫子免于匡人之围，亦苟脱也。"或以此问朱子，朱子亦云："谓当时或为匡人所杀，亦无十成。"而孔子云"匡人其如予何"，朱子也只说："理固如是，事则不可知。"[3]《先进篇》所载畏匡一段，正见当时兵荒马乱，颜渊相失在后，

---

[1] 张双棣：《淮南子校释》（北京：北京大学出版社，1997年8月），第1009—1010页。
[2] （宋）黎靖德编：《朱子语类》（台北：文津出版社，1985年12月），第3册，卷36，第957页。
[3] 同上注。

孔子疑其与匡人相斗而死,故一旦师弟重逢,孔子惊喜莫名,便脱口而说:"吾以汝为死矣。"其时境况,真可谓之死生相与邻;身处险恶,其结果实亦未可逆知。故但说围困,语态仍嫌太缓。至如《史记》,却谓匡人以孔子"状类阳虎,拘焉五日",不免招来崔述的质疑。所以如俞樾据以说"畏"为拘因,更未必与当时真相相符。

(三)《礼记》"三不吊"之"畏"

上文提及《礼记·檀弓上》:"死而不吊者三:畏、厌、溺。"所谓"三不吊"的"畏、厌、溺",自郑玄以降,学者亦多感费解,然自郑氏举"孔子畏于匡"为说,此后讨论《礼记》此文解读者亦往往牵连及之。郑《注》语焉未详,孔颖达牵强为疏,可推两处文义之相关,大抵亦应有所受,出古来相传,否则郑氏亦不必牵附为说以自找麻烦了。

历代对此章文义的争议也相当纷繁,主要的歧点首先在于"死而不吊"于礼而言究竟是惩罚性的措施,抑或是正面的哀悼行为。由以上认知的不同,连带便会影响对"畏、厌、溺"三者的解读:主惩诫说者自会判定此三者应属违理不义,主哀悼说者则推此三者非关理义,而可以哀怜。当然我们也可以反过来说,是由于对"畏、厌、溺"是否符合义理的解读不同,导致对死而不吊性质的认知也可随之而不同。总之,两者是有因果关系的。

主前说者应本于《注》《疏》,因郑玄即以"轻身忘孝"为此三者定调。所谓"轻身忘孝",郑解"厌"为"行止危险之下",孔补充"为崩坠所厌杀也"一句,盖读"厌"为"压";郑又解"溺"为"不乘桥舡",孔亦补"而入水死者"。此两字之训解向无异议,争议的重心仍只在其最前"畏"之一字。骤看郑、孔之文,似并未明白直解"畏"字,而反在临难"解说"上着墨,不免引起后人的质疑,其说已见上文。且"畏"与"厌、溺"之为意外死于非命者显有不类,故孔氏乃说"此一节论非理横死不合吊哭之事"。以"非理横死"通括三者,自可说得通。清代朱轼便曾说:"孔氏云'非理横死',谓以非理而横死于畏、厌、溺者，非谓畏、厌、溺皆非理横死也。"[1] 诚如其说，则孔《疏》亦并不尽如《经问》所指摘。但孔氏在《疏》中乃又补说："除此三事之外，其有死不得礼亦不吊。"举《左传·昭公二十年》宗鲁死，琴张往吊之，孔子止之之事为证。如此又在"非理横死"之外，增言"不得礼"而死之事，显然其义已溢出《记》文三不吊之外。

宋方悫便从郑孔《注》《疏》中修正其"畏"义，曰：

> 战陈无勇，非孝也，其有畏而死者乎？君子不立岩墙之下，其有厌而死者乎？孝子舟而不游，其有溺而死者乎？三者皆非正命，故先王制礼在所不吊。[2]

此一解说，其实亦本于郑氏"忘孝"之义而来，但厌、溺可谓之"轻身忘孝"，而战阵无勇以畏而死，即指在战争中畏避不能死难却到最后仍不免于死者，这种人则似不能谓之"轻身"，故方氏改曰"皆非正命"；所解云云，于载籍亦皆有援据，其于"畏"字，亦得从字面实解，似较郑、孔差胜。惟其所援据，战阵无勇非孝、孝子舟而不游皆本《礼记·祭义》，[3] 而不立岩墙之下则本《孟子·尽心上》。依《孟子》所谓"非正命"，与"立岩墙之下"相同者尚有"桎梏死者"，指犯罪而死者，皆人所取，非天所为，故并属非正命。[4] 因此"立岩墙下"与"舟而不游"应可相提并论，至"战阵无勇以畏而死"是否同类，则不无可商。况战阵而死，其为有勇而壮烈牺牲，抑或以畏而死，有他人所不能知者。且在《祭义》原文提及"战陈无勇非孝"乃与"居处不庄""事君不忠""莅官不敬""朋友不信"四者同列，并谓"五者不遂，灾及于亲"，以此为孝子所当敬承以成之者，否则灾害必及于亲。此等与孟子所谓非正命者仍应有辨。

另一派主张畏、厌、溺而死者无关乎非孝或非礼，而是此三等之

---

[1] （清）方苞：《礼记析疑》（台北：商务印书馆，1983年，《景印文渊阁四库全书》第128册），卷3，第8页上引。

[2] （元）陈澔：《礼记集说》（成都：巴蜀书社，1989年3月，影印明善堂重梓怡府藏板本）上册，卷2，第15页下引。

[3] 亦见《大戴礼记·曾子大孝》。

[4] 参《孟子·尽心上》"莫非命也"章并朱《注》，《四书章句集注》，第490页。

死特可哀怜，故于礼以不吊别异。其说发于张载：

> "知死而不知生，伤而不吊。"畏、压、溺可伤尤甚，故特致哀死者、不吊生者以异之，且"如何不淑"之词无所施焉。[1]

这一解说与旧说正相反对，但张载并未明解"畏"义，总谓三者皆不得其死，可伤尤甚。而其解"不吊"则据《礼记·曲礼》"知死而不知生，伤而不吊"中的"不吊"为说，谓此等死况惨于一般，故但致悯于死者而已，其哀有余，而不暇于文。这个说法好像很特别，但是也是有据的。《礼记·曲礼上》：

> 知生者吊，知死者伤。知生而不知死，吊而不伤；知死而不知生，伤而不吊。

郑玄对此段礼文的注解是：

> 人恩各施于所知也。吊、伤，皆谓致命辞也。《杂记》曰："诸侯使人引吊，辞曰：'寡君闻君之丧，寡君使某，如何不淑！'此施于生者；伤辞未闻也。说者有吊辞云：'皇天降灾，子遭罹之。如何不淑！'此施于死者，盖本伤辞。辞毕，退，皆哭。[2]

则所谓不吊，非谓不致哀悼之谓，仅是指未致吊辞而已。张载即本此立说。所以不致吊辞，宋杨简便解释说：

> 《礼》曰："死而不吊者三：畏、压、溺。"畏死于兵，压死于岩墙，溺死于水，非不吊也，不忍为吊辞，不忍言之也。使孔子果死于匡，则亦不可吊乎？屈原之死，亦不可吊乎？而先儒有谓直贱之而不吊，此乃固陋，执言失意，人心所不安也。[3]

清方苞也说：

> 伤死之礼，起于生前之恩义，设周亲昵好而死于非命，则痛隐更深，岂反有不吊之礼！盖奔赴而号泣呼抢，不复置吊辞以重伤主人之心也。[4]

---

[1]（宋）张载：《张载集·正蒙·王禘篇》（台北：里仁书局，1979年12月），第62页。
[2]（汉）郑玄注、（唐）孔颖达疏：《礼记正义》，卷3，第54—55页。
[3]（宋）杨简：《慈湖遗书·家记三》（台北："国防"研究院，1966年10月，影印《四明丛书》本），卷9，第292页。
[4] 方苞：《礼记析疑》，卷3，第8页上。

这些意见，应都是承张载之说而来。《杂记》吊辞有其固定格套用语，所谓"如何不淑"，不淑即不善，犹今语所谓不幸。古籍言"不淑"者，可分指人死、生离、失德、国亡，总皆不善，而《杂记》自是指人死。[1] 故此语遂为汉魏以下墓志铭文及祭文所习用。吊辞是慰问之意，意为何为而遭此凶祸。张载之意，殆谓此三等死者可伤尤甚，故特致哀以别于吊生之礼，且死非其道，于生者之前难于措辞，故不当吊。[2]

以上略叙过去学者对《礼记》三不吊两派迥然相异的意见。惟主前说者到最后还是说三不吊是有条件的，亦即凡不得正命而死者才不吊，正命者如杀身成仁者则并不包括在内。如上文所引《经问》须辨死于非命之有罪无罪，即属此类主张。主后说者则视三等之死纯属意外灾厄，不惟无所谓惩诫，反而更堪哀悯。同时对于"不吊"的认知也有所不同：前者以为"吊"是广义的哀悼慰问；而后者则认"吊"为相对于"伤"，是指命辞而言，一施于生者，一施于死者，故此"吊"字乃是狭义的解释。两说于古事皆可得其援证。[3] 居今而论古，因未有更多文献可为佐证之资，实亦不易辨其孰是孰非，恐怕也只能存其所疑，以俟知者。尽管如此，有一点大体上是持歧义的双方所共同同意的：即"畏厌溺"皆属横死。厌、溺之为意外横死，可无疑义，如我们从此处参入，则"畏"之性质理应相类。自此角度探索，古来传说则尚有可以进窥的余地。

---

[1] 说见（清）顾炎武：《原抄本日知录·不淑》（台北：明伦出版社，1970年10月），卷32，第931页。

[2] 说参（清）王植：《正蒙初义》（台北：商务印书馆，1983年，《景印文渊阁四库全书》第697册），卷16，第32页下。

[3] 王凤阳谓古之"吊"皆专指"吊生"，东汉以后始渐转向"吊死"之义；故《说文》"吊，问终也"，实ср汉以后的观念，先秦不尔。说见所著《古辞辨》（长春：吉林文史出版社，1993年6月），第773—774页。今案：先秦时期"吊"之应用似甚广，凡于不幸者往往得而用之，也不限于对生者而言。如《庄子·养生主》："老聃死，秦失吊之，三号而出"，"吊之"的"之"，即同后文"老者哭之，如哭其子；少者哭之，如哭其母"两"之"字，并指死者老聃而言。故或可谓先秦"吊"之用法未若东汉以下之专主一偏，似不能即谓其用与东汉以下适相反对。至于"知生者吊"，则不是一般的用法，已详上文。

（四）论"畏""威"相通

上述张载云云，虽属创说，然远自郑玄立说未久，即有王肃不服其说，王肃尝云：

> 孔子畏匡，德能自全也。设使圣人卒离不幸，可得不痛悼而罪之乎！非徒贤者，设有罪愚人，亦不得不哀伤之也。[1]

孔子当时，虽有"天生德于予"之自信，然自客观形势而言，其死生固亦可谓未卜，王肃对郑玄这一番论难，其意正犹后代的程、朱所谓"苟脱"。张载的新说不知是否受到王肃的启发，但是王肃对三不吊中的"畏"却已明白作了不同于郑玄的解释，他说：

> 犯法狱死谓之畏。《尔雅》曰畏，刑者也。[2]

王肃盖读"畏"为"威"，故以威刑为解，谓犯法狱死为畏。[3] 当然犯法得罪正法而死，与压、溺之意外横死显然不同；且纵是说中了三不吊，孔子畏于匡仍明见其不合此义，可见王肃的说法是靠不住的。然而他这一说却揭出了"畏"字义解的端倪来。前述陈奇猷以为"畏"为"围"之借，不仅在解读原典时尚非圆满，而古籍也并无其他旁证；但"畏""威"互通却是古籍所常见。

《书·皋陶谟》：

> 天明畏。

《释文》引马本"畏"作"威"。[4]《吕刑》：

> 德威惟畏。

---

[1] （唐）杜佑：《通典》（北京：中华书局，1992年6月），卷83，第2258页引王肃《圣证论》。

[2] 同上注引。案：此为王肃解《礼记》文。

[3] 《孟子·尽心上》："桎梏死者，非正命也。"赵注："畏、厌、溺死，礼所不吊，故曰非正命也。"自孙《疏》以下，以至焦循《正义》，莫不据郑注《礼记》说之。细玩赵文，厌、溺无与乎桎梏，故彼引《檀弓》三不吊以注桎梏之非正命，特在"畏"之一事，疑赵氏亦犹稍后王肃之以威刑解畏，而两家疏义皆失赵义。至王肃是否承自赵解，则不能确指。

[4] 《尚书音义上》，陆德明：《经典释文》，第39页。

《墨子·尚贤中》引作"德威维威"。[1]《老子·七十二章》：

  民不畏威，则大威至。

"畏威"，马王堆帛书《甲》《乙》本并作"畏畏"；"大威"，《甲》本残，《乙》本亦作"大畏"。[2]《释名·释言语》：

  威，畏也，可畏惧也。[3]

《广雅·释言》：

  畏，威也。[4]

《左传·襄公三十一年》：

  有威而可畏谓之威。[5]

畏、威二字在上古事实上是音义并通的同源字。凡显示使人畏惧慑服的力量皆可谓之威，是故武力、胁迫、刑罚之类通属其范围之内。我们尤可注意到畏、威二字的两面性，即自施威此方而言，固可谓之畏，自受威之彼方而言，同亦可谓之畏。如王肃以威刑解畏字，在《檀弓》三不吊之畏，是受威之畏，然实与同列之压、溺性质有差；而转稽于《论语》，则施受两义皆不合套用，并见为落空，宜非正解。

  分析至此，且让我们回顾重录郑玄的《论语》解注：

  匡人以兵遮胁之。……孔子见兵来，恐诸弟子惊怖，言以此言照之……

所谓"以兵遮胁之"，明即是"畏"、是"威"。然则此处"匡人以兵遮胁之"，郑《注》正解"子畏于匡"四字。只可惜郑注《论语》久佚，

---

[1] （清）孙诒让：《墨子间诂》（台北：华正书局，1987年3月），第57页。孙氏云："《礼记·表记》引《甫刑》，二'畏'字亦并作威，与此同。"今案：《书》本只一"畏"字，当云《表记》引畏亦作威，与此同。

[2] 参见（魏）王弼等：《老子四种》（台北市：大安出版社，1999年2月），《老子王弼注》，第61页；《马王堆帛书老子甲本残卷》，第9页；《马王堆帛书老子乙本残卷》，第29页。

[3] （汉）刘熙：《释名》（台北：商务印书馆，1975年，《四部丛刊初编》缩印本第5册），卷4，第16页。

[4] （魏）张揖撰、（清）王念孙疏证：《广雅疏证》（台北：新兴书局，1965年11月，影印原刻本），卷5上，第150页。

[5] （晋）杜预、（唐）孔颖达：《春秋左传正义》（台北：艺文印书馆，1965年，《十三经注疏》第6册，影印清嘉庆江西南昌府学本），卷40，第690页。

后世辑佚之书如《汉魏遗书钞》《黄氏逸书考》《玉函山房辑佚书》等所集者亦不及此，而惟幸见于唐写本敦煌残卷，然亦流传不广，鲜为人所注意。郑氏注《礼》则历代盛行不辍，然其解三不吊之畏，则虽已解云"人或时以非罪攻己"，与注《论语》相通，惜乎又增出"不能有以说之死之者"，则为解释"孔子畏于匡"何以未死，而语焉不详，孔《疏》亦似于此未确了，故着重在解说之意上发挥，以致后人误以为郑氏未解畏字。[1] 复以后世解义纷披，莫衷一是，即读敦煌残卷，亦易误认其亦如诸子、史书之叙事，而忽略其为解注。至此可知，王肃虽驳郑玄，其读"畏"为"威"实仍一如郑玄。至所谓"威"之具体含义，王谓指"刑威"，实于《礼记》《论语》两失，而郑玄解为"兵威"，则可以两通。

由是言之，以兵刃攻杀人，可谓之畏；遭人以兵刃攻杀而致死，亦可谓之畏。孔子畏于匡，乃匡人举兵来攻杀，故其时情势危急，千钧一发，乃迫出了"文王既没，天生德于予"之叹。兵乱中乃与颜渊失散，担忧其已死乱中，及出险后师弟重逢，不禁惊喜脱口而说"吾以汝为死矣"。本此解，我们再回视《吕氏春秋》所载曾点父子那段文字，亦与此相类，便知范耕研的怀疑是合理的，只不过因他不知"畏"字可含有被攻杀而死之义，故径谓"畏"为讹字，当正为"死"字，犹不达一间。曾参既逾期而不至，人或疑其已遭兵厄而死；曾点回人的话，意谓其子曾参纵遭兵厄攻杀之险，然以我为父者尚存，必不敢率尔轻身赴斗而被杀。其语意正与颜渊之言相仿，只在曾氏父子，言出于父；而在孔颜师弟，则言出于弟而已。故其文三"畏"字：上"畏"字指被攻杀而致死；次"畏"字则指被攻杀之事，指动作行为而言；末"畏"字义同首字，指其动作行为所引生之结果。如此说来，则原文第一个"畏"字那句"无乃畏耶"之下，高诱所注"畏，犹死也"，已特下一"犹"字，明"畏"并不径训为"死"，意谓在此语中其义相当于死，注语虽略，其实是正确无误的。

---

[1] 孔颖达疏杜预《春秋序》，已明引郑注《论语》文（参第224页注1），但未加说明，且彼于郑玄此义似未有领会，故疏《檀弓》三不吊并未引录为说。

我们试再考察一些在郑玄以前的论述,可证郑玄的解说也是远有传承,而非出自己意虚造。在东汉初班固所编的《白虎通·丧服》中便有一段专论"三不吊"之文:

> 有不吊三何?为人臣子,常怀恐惧,深思远虑,志乃全身。今乃畏、厌、溺死,用为不义,故不吊也。《檀弓》曰"不吊三,畏、厌、溺"也。畏者,兵死也。[1]

此处解释三不吊的基本立场近于前述所谓惩诫说,以为所以不吊乃因于死于不义。但尤可注意者,乃其解说"畏"义,指为"兵死"。所谓兵死,以兵而死之谓,犹云战死。《礼记·曲礼下》:

> 死寇曰兵。[2]

郑《注》:"异于凡人,当飨禄其后。"孔氏《正义》:"言人能为国家捍难御侮,为寇所杀者,谓为兵。兵,器仗之名,言其为器仗之用也。故君恒禄恤其子孙,异于凡人也。"盖兵即是兵器,故此谓为国御寇死于战阵者为兵。《释名·释丧制》:

> 战死曰兵,言死为兵所伤也。[3]

而王肃于"死寇曰兵",乃径注云:

> 兵,死也。[4]

此亦犹高诱之注《吕览》"畏"字,惟高氏曰"犹死也",下一"犹"字,较王氏更为精确一些而已。可见"畏"犹言"兵"或"兵死"。"兵"字本身亦含两面意义:以兵器攻击他人曰兵,如《史记·伯夷列传》"左右欲兵之";为兵所杀亦曰兵,如此处谓"死寇曰兵"。其义亦犹"畏",皆可两面言之;而"畏"之或训"兵死",或径训"死",即由"畏"通"威"之指兵威义而来。所以不惟郑玄以"以兵遮胁"解《论语》之"畏",并于《礼记》三不吊之"畏"亦举孔子畏匡为说;与郑玄同学于马融的卢植,解释三不吊之"畏",也说:

---

[1] (清)陈立:《白虎通疏证》(北京:中华书局,1994年8月),卷11,第524页。
[2] 《礼记正义》,卷5,第99页。
[3] 刘熙:《释名》,卷8,第33页。
[4] 《通典》引王肃:《圣证论》,卷83,第2244页。

> 畏者，兵刃所杀也。[1]

后代学者中，倒是前文已引述过杨简所说的几句话，最为贴切：

> 畏死于兵，厌死于岩墙，溺死于水。[2]

可惜杨氏也只有这么一句话，没有进一步的发挥解说，也无由推定他所认知的确切含义。

今再旁征诸王充《论衡》。王氏约与班氏同时，皆早于郑玄，其言人生意外灾害致死者，往往以"兵烧压溺"并言。《气寿篇》：

> 凡人禀命有二品：一曰所当触值之命，二曰强弱寿夭之命。
> 所当触值，谓兵烧压溺也；强寿弱夭，谓禀气渥薄也。[3]

盖王充主张有正命、遭命二品之殊，百岁之命，所谓正命；兵烧压溺，非人所冀，乃遭逢于外而得之凶祸，则所谓遭命。王充主张"凡人受命，在父母施气之时，已得吉凶"，故于兵烧压溺等意外灾害之为遭命者，也叫作"所当触值之命"。[4]《偶会篇》亦云：

> 或客死千里之外，兵烧厌溺，气不相犯，相贼如何？[5]

《刺孟篇》亦云：

> 人禀性命，或当压溺兵烧，虽或慎操修行，其何益哉？[6]

死于火者曰烧；所谓"兵"，即是《曲礼》之"死寇曰兵"；[7]烧与压溺兵同为意外可以致死之灾。《礼记》曰"畏厌溺"，《论衡》则曰"兵烧压溺"，凑成四字，若除去了烧，所谓"兵压溺"便正与"畏压溺"相当。可见在郑玄以前，言兵或畏，往往与压、溺相提并论，举以为意外灾祸之常言。

若再往下看魏晋人的著作，如王弼注《老子》。《老子·十五章》：

> 犹兮若畏四邻。

---

[1] 《通典》，卷83，第2258页引。
[2] 杨简：《慈湖遗书》，卷9，第292页。
[3] 黄晖：《论衡校释》（北京：中华书局，1990年2月），第28页。
[4] 其前旧说，有正命、随命、遭命三品之殊，王充不主随命，说详《命义篇》，故此只说二品。
[5] 黄晖：《论衡校释》，第104页。
[6] 同上注，第468页。
[7] 参《论衡·刺孟》，黄晖校释，同上注。

王弼《注》：

> 四邻合攻中央之主，犹然不知所趣向者也。[1]

以"四邻合攻"解"畏四邻"，是以"攻"训"畏"。若不知"畏"通"威"，义同于兵，以兵攻之可谓之畏，便不易明白王弼此处实亦是训释字义。[2] 然则自班固、王充、郑玄、卢植以至王弼，自古相传，皆知"畏"字有此一义。然自孙绰、皇侃以下，其义已湮；逮宋以下，新义纷披，古义更渺不可寻了。

至于何以古常以"畏压溺"或"兵压溺"并言，则或可从钱宾四师《儒礼杂议》一文所考述得知，先秦盛行私斗，即如儒家其始亦所认许，故遭兵难而死，固不必尽属为国公战。[3] 后世社会风气不同，私斗之风不复昔时，故言意外灾厄，往往只言"压溺"，不再及"兵"，此在后世史乘所经见，不遑枚举。

（五）结论

《论语》两处"子畏于匡"之"畏"字，自魏晋以降，失其古义，一般学者多沿宋儒"戒心"之说。其说本于《孟子》，虽有援据，然就当时情境语意而论，似终嫌不协。故近人屡出新义，或谓为拘囚、私斗、危难、围困等等含义，于义则俱通，于字解则仍不能相洽。且《礼记》有所谓三不吊的"畏、厌、溺"，其"畏"字，自郑玄以来多牵合孔子畏匡为说，而《礼记》此处之"畏"，亦是历代学者深感难解之所在。此外，《吕氏春秋》还有一段记述曾点父子的故事，与颜渊回应孔子的话并举，也屡提到这个"畏"字；而这几句话也成为学者争议之所在。三种古籍的记载既有其相关性，因此，解决这个困扰历代学者难题的锁钥，应在索求《论语》《礼记》《吕氏春秋》三书诸"畏"

---

[1] 《老子王弼注》，《老子四种》，第12页。
[2] 此处王弼《注》文，若以上文所提陈奇猷所谓"畏"通"围"观之，似亦可相合，然"围"有合义，无攻义，且就上文所及古籍各相关处综合以判，似仍当以训"畏"为"威"，故得有兵攻之义为是。王氏言"合"，应从"四邻"之义而来。
[3] 钱穆：《中国学术思想史论丛（二）》，《全集》第18册，第257—277页。

字的通解，而非孤立解说某一书某一处于义可通所可为功的。

本文钩稽典籍，推原旧义，考证《论语》《礼记》《吕氏春秋》共六处"畏"字应同属一义，与"威"为同源字，其实际含义则指兵威，以兵威人或受人兵威同谓之畏，受兵伤而死亦谓之畏，皆一义之引申。故畏有攻胁、受攻胁义，复有死义。《论语》两处"子畏于匡"即用其前义；《礼记》三不吊即用其后义；《吕氏春秋》记曾氏父子事，凡三"畏"字，其首尾两畏字皆用后义，中间的畏字则用的是前义。

故本文所提解义，自魏晋以下诸家解读视之，似为新说，实则本文作意，仅在还原汉以前固有旧义。但此等旧义或因语焉不详，如郑玄注《礼记》，或因长期亡佚，如郑玄注《论语》，遂致千余年来索解人而不得。故本文考得之解读，一合于《白虎通》解三不吊之"畏"为"兵死"，二合于敦煌残卷郑注《论语》"匡人以兵遮胁之"，三合于《礼记》郑注"人或时以非罪攻己，不能有以说之死之者"，四合于卢植所谓"兵刃所杀"，五合于《吕览》高诱注之"畏，犹死也"，六则合于王弼注《老》之"畏四邻"，七则合于《论衡》以"兵"与"压""溺"并提之古人观念。有此七合，而可以三书通释，则知古人流传古注之辞虽略，若善加推寻，有时反而胜却后人妄测之纷纷。

后记

本篇初稿今年（2002）五月间曾在台湾师范大学国文学系、台湾师范大学文学院、中国经学研究会合办之"儒道学术国际研讨会"中宣读。会后就初稿略事修订，即以应龙宇纯师七秩晋五寿庆论文集征稿。旋于七月间购得新刊已故学者王利器先生遗稿《吕氏春秋注疏》（巴蜀书社2002年1月初版），亟翻阅其《劝学篇》疏语，欣见其说与本篇大旨相契。其释曾点云云，曰："曾点之言盖谓：彼虽遇兵刃之事，而我尚在，彼安敢冒兵刃而死也。"正与拙解相合。又引《韩诗外传》卷二："鲁监门之女婴曰：'越王句践起兵而攻吴，诸侯畏其威，鲁往献女，吾姊与焉，兄往视之，道畏而死。'"而释之曰："道畏而死者，谓于道遇兵刃之祸而死也。"此条辅证则为本篇所未及。而本篇本于敦煌《论语》郑注以申"畏""威"相通之义，则为王氏所未言。又王疏疑高诱注"畏犹死也"当为"畏，兵死也"，鄙见则以为高注不误；此亦微异。总之，本篇推证从入之途虽与王氏不尽相同，详略亦迥殊，然其结论则有可以互发相通者。鄙意酝酿有年，未暇写录，闭门造车，不期出门合辙，深幸与前辈名家灼见相合，今乘校稿之便，补缀数语，一者未敢掠美，再则用识其欣欣鼓舞之情云尔。[1]

本篇原刊于 2002 年 11 月台湾学生书局
《龙宇纯先生七秩晋五寿庆论文集》

---

[1] 本篇原稿送交《论文集》付编，校对时适新得《吕氏春秋注疏》一书，因添写《后记》一段，然因编辑助理疏忽，致最后漏印，今重予补入。

十、《论语》《孟子》中所说的"权"

（一）《语》《孟》言"权"诸条与"权"义的引申

《论语》《孟子》中说到"权"字的，各凡三条，兹列举于下：

子曰："可与共学，未可与适道；可与适道，未可与立；可与立，未可与权。"[1]

谓："虞仲、夷逸，隐居放言。身中清，废中权。"[2]

谨权量，审法度，修废官，四方之政行焉。兴灭国，继绝世，举逸民，天下之民归心焉。[3]

权，然后知轻重；度，然后知长短。[4]

淳于髡曰："男女授受不亲，礼与？"孟子曰："礼也。"曰："嫂溺则援之以手乎？"曰："嫂溺不援，是豺狼也。男女授受不亲，礼也；嫂溺援之以手者，权也。"曰："今天下溺矣，夫子之不援，何也？"曰："天下溺，援之以道；嫂溺，援之以手。子欲手援天下乎？"[5]

孟子曰："杨子取为我，拔一毛而利天下，不为也。墨子兼爱，摩顶放踵利天下，为之。子莫执中，执中为近之。执中无权，

---

[1]《论语·子罕》，（宋）朱熹：《四书章句集注》（北京：中华书局，1983年10月），第116页。
[2]《论语·微子》，同上注，第186页。
[3]《论语·尧曰》，同上注，第194页。
[4]《孟子·梁惠王上》，同上注，第210页。
[5]《孟子·离娄上》，同上注，第284页。

犹执一也。所恶执一者，为其贼道也，举一而废百也。"[1]

《广雅·释器》："锤谓之权。"[2]《语》《孟》此六条权字悉用此义。锤指秤锤。秤中最主要的两个部分便是秤杆与秤锤。秤杆曰"衡"，秤锤曰"权"。若称来物，则移动秤锤，即知来物之轻重。一秤之中，亦惟独权可以移动，移到一个恰当处，与来物的轻重相当，则可使秤杆不昂扬、不低偃，而成一平衡状态。此正是《论语》所谓"谨权量"、《孟子》所谓"权然后知轻重"所取之义。不过《论语》的权字作名词用，孟子的权字作动词用，只此不同而已。由是引申，权字遂有"权平"义，如《礼记·王制篇》：

> 必原父子之亲，立君臣之义以权之。

郑《注》："权，平也。"[3] 便是取它能平衡的意义。又有"权变"义，如《荀子·臣道篇》：

> 权险之平。

杨《注》："权，变也。"[4] 则是取它移动不居的意义。因此，权字的含义，至少可说是变动不居，而绝非执一不移的；而其移动之目的，则端在因应外物而求得其平衡。正因有外物之来，且来物轻重有所不同，然后方须用权；若无来物，或来物并无轻重之殊，则将无所谓用权。《语》《孟》中涉及权字的六条中，除上举"谨权量"和"权然后知轻重"两条外，其余四条都是喻意在人生的日用行为上，亦即是讨论人如何来应接外来的事物或因应外在不同的境况。移动秤锤以量物之轻重，其事简单，且有一定标准可循；人类应事接物的行为，其事则远较复杂，而行为的"用权""行权"，究竟是否也有一定的准则可供凭依？此一问题便引发了历代学者的关注和讨论。

---

[1]《孟子·尽心上》，朱熹：《四书章句集注》，第357页。

[2]（魏）张揖、（清）王念孙：《广雅疏证》（台北：新兴书局，1965年，影印清高邮王氏原刻本），卷8上，第253页。

[3]（汉）郑玄、（唐）孔颖达：《礼记正义》（台北：艺文印书馆，1965年，《十三经注疏》第5册，影印清嘉庆江西南昌府学本），卷13，第259页。

[4]（清）王先谦：《荀子集解》（北京：中华书局，1988年9月），卷9，第257页。

(二)《公羊传》的界说及其流衍

孔子曰："可与共学，未可与适道；可与适道，未可与立；可与立，未可与权。"此见依孔子意，苟非好学之深，守道之笃，能强立而不反者，未足以语权。孔子又尝自述其一生进学之阶程："吾十有五而志于学，三十而立，四十而不惑，五十而知天命，六十而耳顺，七十而从心所欲不逾矩。"[1] 则行权至少宜在四十不惑之后，否则难免要生疑惑；至于己尚未有所立，则更不足论。因此，其后之先秦典籍，至于汉儒以下的著作中，莫不郑重视之。《庄子·秋水篇》：

> 知道者必达于理，达于理者必明于权。明于权者，不以物害己。[2]

必先要知道达理，才能够明权，此亦当犹孔子所说三十而立、四十而不惑以后的境界。《淮南子·泛论训》：

> 唯圣人为能知权。……权者，圣人之所独见也。[3]

王弼也说：

> 权者，道之变。变无常体，神而明之，存乎其人，不可豫设，尤至难者也。[4]

这些话，都可以反映后来学者郑重其事不敢轻忽的态度。然则怎样的行为才是权呢？孔子并未有更详细的说明。到了孟子，才明白地举出例子来加以阐释，此即上文所录《孟子·离娄上》"男女授受不亲，礼也；嫂溺援之以手者，权也"的一条。男女授受不亲，是一种礼，或说是一种常礼；今遇嫂溺，则是一种非常的状况，亦即是处在一个变态的环境，便不应再拘守常礼，反而应即施以援手。援手救嫂自然违反了男女授受不亲之礼，而孟子称之曰权，也就是一种权变或权宜的行动。以其变于常态，故说权变；以其理应如此做，故说权宜。然而

---

[1]《论语·为政》，《四书章句集注》，第54页。
[2]（清）郭庆藩：《庄子集释》（北京：中华书局，1989年10月），卷6下，第588页。
[3] 刘文典：《淮南鸿烈集解》（北京：中华书局，1989年5月），卷13，第442页。
[4]（魏）何晏、（梁）皇侃：《论语集解义疏·子罕》（台北：广文书局，1977年，影印清乾隆刊本），卷5，第326页，"可与共学"章引。

孟子依然未为权字下一界说,直到《春秋公羊传》,才正式提出一个说法。《公羊·桓十一年传》:

> 权者何?权者,反于经然后有善者也。[1]

《公羊传》首先将"权"字与"经"字对称,以为反于经叫作权,而所以要反于经者,则因非此不能致善。经者,常也;亦即常道、常法,这是先秦以来的常训。因此,依《公羊》说,权是一种反常道、反常法的行为或做法。汉儒以下的学者,多承袭此说。董仲舒《春秋繁露》云:

> 前枉而后义者谓之中权。[2]

此处所谓"枉",相当于《公羊传》之"反于经";"义"则犹"善"。枉者曲而不直,似乎是违反了常道,但是必如此然后合乎道义,才能说是符合了权的真义。后汉赵岐注《孟子》,说:

> 权者,反经而善也。[3]

则是明白沿用《公羊传》的话。下逮三国,荀悦云:

> 权者反经,无事也。[4]

所谓"无事",荀悦的说法是"权无制,制其义,不制其事"。[5] 此处的"义"字,亦即《春秋繁露》所说的"义";意谓权的准则在合义,至于行事上则无一定不变的作法。与荀悦同时,徐干也说:

> 明哲之士……见变事则达其机,得经事则循其常。[6]

"机""常"对举,机犹言权,常则犹言经。即如王弼所谓"权者,道之变"(见前引),道便指常道,实也是根据于《公羊》之说的。北齐

---

[1] (汉)何休、(唐)徐彦:《春秋公羊传注疏·桓十一年》(台北:艺文印书馆,1965年,《十三经注疏》第7册,影印清嘉庆江西南昌府学本),卷5,第63页。

[2] (清)苏舆:《春秋繁露义证·竹林第三》(台北:河洛图书出版公司,1974年,影印清宣统庚戌刊本),卷2,第41页下。

[3] (汉)赵岐、旧题(宋)孙奭:《孟子注疏·离娄上》(台北:艺文印书馆,1965年,《十三经注疏》第8册,影印清嘉庆江西南昌府学本),卷7下,第135页。

[4] (汉)荀悦、(明)黄省曾注:《申鉴·时事》(台北:台湾商务印书馆,1975年,《四部丛刊初编》缩印本第19册),卷2,第18页。

[5] 同上注。

[6] (汉)徐干:《中论·智行》,《四部丛刊初编》缩印本第19册,卷上,第23页。

刘昼亦言：

> 循理守常曰道，临危制变曰权。……权者，反于经而合于道，反于义而后有善。[1]

他解释权的两句话，显然是由《公羊传》的话敷衍增添而成的。"反于经而合于道"，补充了《公羊》的原意；但"反于义而后有善"则是不妥当的，既反于义，如何能合于道？此说似犹不及《春秋繁露》所谓"前枉而后义"来得更少病。无论如何，这些说法总不离《公羊传》的范畴，或竟可说都是根源自《公羊传》的。直到唐代章怀太子李贤，依然说：

> 于正道虽违逆，而事有成功者谓之权，所谓反经合义者也。[2]

这还是《公羊传》的话，不过用"于正道虽违逆，而事有成功者"来解释《公羊》，其实是有隔的。

总之，以"经""权"两字对举，以反经为权，其说始自《公羊》，而汉儒以下，直至唐代，多相习成说，大体言之，未有异议。但到了宋代，却出现了反对的意见。

（三）宋明儒的经权合一说

宋儒的意见，可以程颐为代表。他说：

> 权，秤锤也，所以称物而知轻重者也。可与权，谓能权轻重，使合义也。[3]

这是程子解释《论语》"未可与权"的话。他开宗明义便强调权必须"使合义"，显然与《刘子新论》"反于义而后有善"以至章怀太子"事有成功者"的意见有所不同。本此立场，他遂明白反对《公羊传》以

---

[1] （北齐）刘昼著、傅亚庶校释：《刘子新论·明权》（北京：中华书局，1998年9月），卷8，第410—411页。案：《新论》旧题刘勰撰，或曰刘歆、刘孝标作；《郡斋读书志》据唐袁孝政注序，称刘昼，今从之。

[2] （南朝宋）范晔、（唐）李贤等注：《后汉书·冯衍传注》（北京：中华书局，1987年10月），卷28上，第963页。

[3] 《四书章句集注》引，第116页。

下的说法,他说:

> 汉儒以反经合道为权,故有权变权术之论,皆非也。权只是经也。自汉以下,无人识权字。[1]

他指摘汉儒"反经合道为权"的解释,其末流将成为诡谲奸诈者行为的理论依据。谓"自汉以下,无人识权字",这样的批评可算是极严厉的。他的意见与汉儒最基本的歧异,在于汉儒认经与权为二,两者并相反,他则认为经权是一而非二,更无所谓相反。其实在唐朝,陆贽已先对汉儒之说所衍生的毛病产生不满,他说:

> 夫权之为义,取类权衡。衡者,称也;权者,锤也。故权在于悬,则物之多少可准;权施于事,则义之轻重不差。其趣理也,必取重而舍轻;其远祸也,必择轻而避重;苟非明哲,难尽精微。故圣人贵之,乃曰:"可与适道,未可与立;可与立,未可与权。"言知机之难也。……以反道为权,以任数为智……历代之所以丧乱而长奸邪,由此误也。[2]

这番议论,已可说是程子意见的先声。不过,陆贽的话仅针对替换李楚琳此一特殊事件而发,并未就经与权的关系如程子般明白地提出与汉儒对立的见解。

依汉儒意,经所以处常,权则以处变;依程子意,则无论常变,皆须用权,因此权便与经更无分别,故说"权只是经"。若此,则程子所说权的含义,实与《中庸》之"中"相近。此一"中"字,也犹"权"字,是活动的,而非有一定点可固守不变的。程子说:

> 中字最难识,须是默识心通。且试言一厅,则中央为中;一家,则厅非中而堂为中;一国,则堂非中而国之中为中,推此类可见矣。[3]

故释《孟子》"执一无权,犹执一也",遂说:

---

[1] 《四书章句集注》引,第116页。
[2] (唐)陆贽:《陆宣公翰苑集·论替换李楚琳状》,《四部丛刊初编》缩印本第38册,卷16,第120页。
[3] 《四书章句集注》引,第357页。

中不可执，识得则事事物物皆有自然之中，不待安排，安排着则不中矣。[1]

至其释"中庸"二字，则曰：

不偏之谓中，不易之谓庸。[2]

朱子秉其意，释"中"字曰：

中者，不偏不倚，无过不及之名。

此一不偏不倚，无过不及之中，据程子的阐释，实是变动不居的，亦可谓必待权然后可以得中。"不偏之谓中"，犹彼所谓权；"不易之谓庸"，犹彼所谓经。经权合一，则只是一个中、一个权；此意毋宁可说更近于《荀子·正名篇》所谓"故人无动而不可以不与权俱"。[3]

程子的门人杨时，有一段话发挥乃师的理论，见于他的《语录》：

或曰："中所以立常，权所以尽变。不知权，则不足以应物；知权则中有时乎不必用矣。是否？"曰："知中则知权，不知权，是不知中也。"曰："既谓之中，斯有定所，必有权焉，是中与权固异矣。"曰："犹坐于此室，室自有中；移而坐于堂，则向之所谓中者，今不中矣。堂固自有中；合堂室而观之，盖又有堂室之中焉。若拘今之所守向之中，是不知权，岂非不知中乎？又如以一尺之物约五寸而执之，中也。一尺而厚薄大小之体殊，则所执者轻重不等矣。犹执五寸之为中，是无权也。盖五寸之执，长短多寡之中，而非厚薄小大之中也。欲求厚薄小大之中，则释五寸之约，唯轻重之知，而其中得矣。故权以中行，中因权立。《中庸》之书不言权，其曰'君子而时中'，盖所谓权也。"[4]

或人之问，其意实即如孟子所谓子莫之执中而无权，故杨龟山详告之"中""权"无异的道理。若执中而不知权，此一所谓中，其实也非真的中。他举堂室之中为喻，便是程子的话；他又明白引《中庸》"时

---

[1]《四书章句集注》引，第357页。
[2] 同上注，第17页。
[3]《荀子集解》，卷22，第430页。
[4]（宋）杨时：《杨龟山先生全集·语录·荆州所闻》（台北：台湾学生书局，1974年，影印清光绪癸未刊本），卷10，第469页。

中"之义来说权;这都可说是继承了师意。

杨龟山一传而罗豫章,再传而李延平,三传而有朱子。朱子集理学之大成,为《四书集注》,屡采程、杨二氏之说。他对后人凡事假权之名以行权谋、权术的不满,亦一如程子。这其实仍是孟子所说的义利之辨。权仍当在义的范围以内,不应脱离了义而唯利是求。所以他说:

> 泰伯、夷齐事,鄙意正如此。盖逃父非正,但事须如此,必用权然后得中,故虽变而不失其正也。[1]

谓权然后得中,又强调变而不失其正,依然是程子的宗旨。他又尝言:

> 权不离正,正自有权;二者初非二物也。[2]

此所谓"正",即犹程、杨所谓之"中"。一室之中、一尺之中,其事尚具体易言;应接事物,行为之中,则并不易言。推求程、朱之意,其实关键端在一个"义"字上。离开了义,则不中不正,自亦非权。

朱子读书著书,可说是十分精细缜密的。《论孟集注》中对权的释义,虽然大体上根据于程子,但他在《论语·子罕篇》"可与共学,未可与适道"章下注文中有一段按语:

> 先儒误以此章连下文"偏其反而"为一章,故有"反经合道"之说。程子非之,是矣。然以孟子嫂溺援之以手之义推之,则"权"与"经"亦当有辨。[3]

这显然与程子"权只是经"的意见有歧。这里便引生出问题来:究竟《语》《孟》所说的权有无异同?经与权的分别何在?朱子一方面以程子非汉儒反经合道之说为是,另一方面又主张经与权终须有辨,岂非依违其间?事实上权的含义并不简单,而朱子也确实不全赞成程子经权不分的意见,因而在《集注》中才有此一语。这在《朱子语类》中尚可找到许多明白的话可供参考。这些问题且留待下文再来讨论。

此下明儒胡居仁论经权,则曰:

> 权与经本非二理。权者,秤锤之名,能知轻重,而不失其当。

---

[1] (宋)朱熹:《朱文公文集·答吕伯恭》,《四部丛刊初编》缩印本第58册,卷35,第555页。
[2] 《朱文公文集·答魏元履》,同上注,卷39,第652页。
[3] 《四书章句集注》,第116页。

经是常法。如两事同至，皆当依经而行；或不能兼尽，必有一轻一重，则当从其重者；如两事皆重，则当详审而并处之。如夫妇人伦，重于告礼，如告则得娶，得以两尽，是经也。告不得娶，则废人伦，而重父之过，故不告而娶，所以从其重者，而处不失当，岂不是权？如尧、舜得子贤，以继其位，此常道也；又使其宗庙享之，是两尽其道。然使不肖子居君位，必至亡国，是误天下生民，而宗庙亦灭，故传位于贤，则生民不失所，朱均亦无后患。是以传子为轻，君天下为重也。权所以济经，如一两是一两，如十两是十两，不失分铢，此正天理之精微处，非圣贤不能用。后世学不及此，有以苟且从俗为权者，以机变处事为权者。故权变、权术之学兴，于是背乎经，非所以济经也。[1]

其后冯从吾亦云：

程子谓权只是经，可谓独见。若外经言权，则权谋、权变矣。[2]

胡氏谓经权非有二理，冯氏谓权不能外于经，并同抨击世俗之以权为权谋、权术、权变，皆可算是支持程子主张的。总之，宋明儒之非议汉儒之说者，大抵皆源于程子，当可无疑。

（四）清儒的趋时变通说

下逮清儒，似乎又回过头来承认汉儒的意见。焦循云：

圣人之道，以时为中。趋时则能变通，知变通则权也。[3]

他说知趋时变通才是权，此意则承戴震《孟子字义疏证》而来。戴震说：

权，所以别轻重也。凡此重彼轻，千古不易者，常也，常则

---

[1] （明）胡居仁：《居业录·经传》（台北：台湾商务印书馆，1983年，《景印文渊阁四库全书》第714册），卷8，第36页下—37页下。

[2] （明）冯从吾：《少墟集·语录·疑思录三·读〈论语〉上》，《景印文渊阁四库全书》，第1293册，卷2，第61页上。

[3] （清）焦循：《孟子正义》（台北：文津出版社，1988年7月），卷27，第918页，《尽心上·杨子取为我章》注"执中"至"变也"条。

显然共见其千古不易之重轻;而重者于是乎轻,轻者于是乎重,
变也,变则非智之尽,能辨察事情而准,不足以知之。……孟子
曰:"执中无权,犹执一也。"权,所以别轻重;谓心之明,至于
辨察事情而准,故曰"权"。[1]

他将权字的意义放在能辨察事情的心智之明上,此一论点其实是为要
与宋儒争辩天理人欲的问题;可不详论。焦循谓"知变通则权",此一
"知"便是戴震所谓"智之尽"的"心之明"。他又说:

说者疑于经不可反。夫经者,法也。制而用之谓之法,法久不
变则弊生,故反其法以通之。不变则不善,故反而后有善。不变则
道不顺,故反而后至于大顺。如反寒为暑,反暑为寒,日月运行,
一寒一暑,四时乃为顺行;恒寒恒燠,则为咎征。礼减而不进则
消,乐盈而不反则放。礼有报而乐有反,此反经所以为权也。[2]

他此处解释汉儒反经而善的议论,其实是用了《易传》"一阴一阳之谓
道"的道理。对于此一新见,焦循再三强调,他另有《说权》八篇,
反复申明此意,见于他的《雕菰集》中。其实孟子何尝有这一番意
思?汉儒说反经而善,只为此一处变应变的权字画出一范围、定下一
界说;若照焦循的说法,不变则不善,不变则道不顺,则一切只是一
个变,更无一个常。如此,岂非成了有权而无经?本来一切事物,常
者为多,变者为少,经以处常,权以处变;并且权变是一种不得已;
这应是孟子以至汉儒的意思。今则以变为常,权遂成了经,反经云云,
都成虚语。所以,焦循此一理论,只可以说是他个人的思想,用为疏
解汉儒之说,其间是有差距的。程子也只说权不应反经,并未主张只
要权,不要有经。即若戴震,也只强调知变之权,亦并未抹杀了常。
因此,焦循虽似又回归到汉儒的意见上,细按其实,又有大不然处。
他的说法,非汉非宋,可谓一种独特的新见;但发为注疏之体,依傍

---

[1] (清)戴震:《孟子字义疏证·权》(台北:里仁书局,1980年1月),卷下,第321—
327页。
[2] 焦循:《孟子正义》,卷15,第522页,《离娄上·淳于髡曰章》注"权者反经而善
也"条。

据守于古籍以为言，是不够妥当的。

刘宝楠为《论语》作新疏，于此似并未再有发明。他和焦循解《论语》"可与共学"一章，皆从何晏《集解》的意见，将"唐棣之华，偏其反而"以下一段连合为一章来了解，并据之以支持其反经合道的主张。刘氏注此一章，两引焦循《说权》之文，其一即上文所录《孟子正义》之一段；另一段则云：

> 权之于称也，随物之轻重以转移之，得其平而止。物增损而称则长平，转移之力也；不转移，则随物为低昂而不得其平。故变而不失常，权而后经正。[1]

权而后经正，则只需有权，无所谓经。这是焦循一贯的看法，而刘宝楠是赞成此一见解的。

（五）对《公羊》经权说的误解

讨论至此，可知对于《语》《孟》中"权"义的争议，大致是汉、宋两派对立。汉儒主张"反经而善"，宋儒的抗议，则主要集中在"反经"二字上。汉儒既以反经为权，则经与权为二；宋儒认为此一主张可流为权谋、权术、权诈的凭借，特别是程子，乃转而主张经权合一。

宋儒此一指摘，对汉儒来说，其实是有点冤枉的。此因宋儒将"反经"的"经"理解为"道"，违反了道的行为是不合理且不应做的。从上文的叙述中，我们可知"反经"之说，源自《公羊传》；但《公羊》在"反于经然后有善"之下，还有一段话：

> 权之所设，舍死亡无所设。行权有道，自贬损以行权，不害人以行权；杀人以自生，亡人以自存，君子不为也。[2]

---

[1]（清）刘宝楠：《论语正义》（北京：中华书局，1985年11月），卷10，第360页，《子罕·可与共学章》注"适之"至"之极"条。
[2]《春秋公羊传注疏·桓十一年》，卷5，第63页。

这分明无异于《孟子》"行一不义,杀一不辜而得天下,皆不为也"[1]的意思。所以依《公羊》意,权是合乎义,而不是为私利打算的。其实《公羊》既说"反于经然后有善",又哪有不合乎义的行为而可以称之为善的?所以《春秋繁露》说"前枉后义"(见前引),便特别标举了"义"字。《繁露》又尝云:

> 夫权虽反经,亦必在可以然之域。不在可以然之域,故虽死亡,终弗为也。[2]

所谓"可以然之域",即在义的范围以内,这可算是很能发挥《公羊》的原意。直到荀悦,仍说"权,义制也",也还相去不远。但徐干便只强调了权在"明哲保身"上的功用了,他说:

> 殷有三仁:微子介于石,不终日;箕子内难,而能正其志;比干谏而剖心。君子以微子为上,箕子次之,比干为下。故《春秋》大夫见杀,皆讥其不能以智自免也。且徐偃王知修仁义,而不知用武,终以亡国;鲁隐公怀让心,而不知佞伪,终以致杀;宋襄公守节而不知权,终以见执;晋伯宗好直而不知时变,终以殒身;叔孙豹好善而不知择人,终以凶饿;此皆蹈善而少智之谓也。故《大雅》贵"既明且哲,以保其身"。[3]

从这些话,不难理会出徐干处在三国乱世中的心情和想法。我们不能说他所举的例子不是权,但毕竟他似乎是太着眼在一己的存亡安危上,更看重了智,而偏轻了善和义。到了《刘子新论》,便说"反于义而后有善",已是走了样。此语的毛病,已详上文。《新论》又云:

> 有道则无权,道失则权作。[4]

若此,非要违背了道,才算是权。到了唐代,乃有章怀太子"于正道虽违逆,而事有成功者谓之权"(亦见前引)之说。其后冯用之《权论下》云:

---

[1] 《孟子·公孙丑上·夫子加齐之卿相章》,《四书章句集注》,第234页。
[2] 《春秋繁露义证·玉英第四》,卷3,第55页上。
[3] 徐干:《中论·智行》,卷上,第23页。
[4] 《刘子新论·明权》,卷8,第411页。

反于常而致治,违于道而合利,非权其孰能与于此乎?[1]
此等意见,只能说是法家思想,焉能再说是儒家思想?然则程子的指摘,也非无的而放矢了。

程子为要矫救这种弊病,遂刻意要把"权"挽回到"道"的范围之内。他以"中"说权,于是不论外在事物的或常或变,都该取中用权,于是而即权是道。权之与道,乃更无分别。他所谓权即是经,经等同于道;而这一个道,就是合乎道义的一切行为的最高原理准则。

然而《孟子》书中,明明只称嫂溺援之以手曰权,男女授受不亲,则不能称权。不能说前者合道,后者反而不合道了。因此,朱子注《论语》,虽援引程子之说,但同时又说以《孟子》书揆之,经与权终应有辨。可见朱子其实并未十分赞成程子的意见,《语类》中有许多明白的话,如说:

> 经与权须还他中央有个界分。如程先生说,则无界分矣。程先生权即经之说,其意盖恐人离了经,然而衮来衮去,则经与权都鹘突没理会了。
>
> 权者乃是到这地头,道理合当恁地做,故虽异于经,而实亦经也。且如冬月便合着绵向火,此是经;忽然一日暖,则亦须使扇当风坐,此便是权。伊川谓权只是经,意亦如此,但说经字太重,若偏了;汉儒反经合道之说,却说得经权两字分晓,但他说权,遂谓反了经,一向流于变诈,则非矣。[2]

此见朱子对汉儒解义,亦认为说得分晓,只以其说一向流为变诈为病,然而这又岂是汉儒的原意?朱子对经权还有极精辟的话:

> 经者,道之常也;权者,道之变也。道是个统体,贯乎经与权。义可以总括得经权,不可将来对权。义当守经则守经,义当用

---

[1] (宋)姚铉编:《唐文粹》,《四部丛刊初编》缩印本第103册,卷37,第287页。

[2] (宋)黎靖德编:《朱子语类》(日本京都:中文出版社,1979年缩印本,影印明成化覆宋本),卷37,第1575—1576页。

权则用权；所以谓义可以总括得经权。[1]

程子"权即是经"之说，其着眼便落在这个统体的道上，遂把这经权常变的分别看轻了。汉儒分辨了经权，其意并未悖于朱子后一条之所述。惜乎后人将其说转为变诈，遂使汉儒蒙上不白之冤。

孟子说男女授受不亲是礼，嫂溺援之以手是权，不论守礼、用权，其背后都只应是合乎道义的。前者以居常，后者以处变，其为道义则一。礼之本在仁义，若嫂溺而拘守男女授受不亲之礼而不施救，则是不仁非义，宜乎孟子要说是豺狼。由此可见，临变无权，囿于常礼，此一礼亦将变成为非礼。《孟子》原辞，只以"礼"与"权"两字对举，并未涉汉儒所用的"经"字，因此日人伊藤源佐说：

> 汉儒以经对权，谓反经合道为权，非也。权字当以礼字对，不可以经字对。[2]

此一说可谓似是而非。孟子以"礼"对"权"，汉儒以"反经合道"为权，则汉儒所谓"经"，自指经礼而言。不过由伊藤氏的话，正可透露出宋儒所以误解汉儒的消息。汉儒所说反经，其实只是反常礼之意。若必说为反常道，则此一常道，亦不过指居常合理之行为途径言之，决非如朱子所说的统体之道。至于此一统体之道，则汉儒"反经合道"之"道"字适足以当之。就《孟子》书所举之例言，这个统体的道即是仁义。居家处常，叔嫂不通问，谨守常礼，乃根于仁义之道；今则嫂溺，处此变局，断然援手，是之谓权，亦非如此不能符合仁义之道。故此一所谓权，或竟可称之为变礼。宋儒则直认经为道，故以反经为非是；不知汉儒之所谓经，相对于宋儒所谓"道"而言，只能算是"迹"。换言之，汉儒所指，是行为的途径；宋儒所指，则为行为背后的精神或原理。宋儒自程子以下之非斥汉儒者，大抵皆由此一误会而起。只有朱子读书仔细，敢说：

---

[1] 同上注，第1578—1579页。
[2] [日]安井衡：《四书集说·论语集说·子罕》（台北：广文书局，1977年7月），卷3，第289页，"可与共学"章《集疏》引。

"反经合道"一句,细思之亦通。[1]
但一因于汉儒以下承《公羊》说者确有把话说偏了的,再因于撇开《孟子》原文不论,则程子所论,未尝不是一番精当的义理,故朱子始终未肯截然地说此是而彼非。

(六)孔孟所言"权"的真实含义

今且再问,《语》《孟》中凡六言"权",其涵义究有无差异?上文已提过,除《论语·尧曰篇》"谨权量"与《孟子·梁惠王上》"权然后知轻重"这两条用在"权"字的原来层次上外,其余四条,都指行为上的权,其涵义依理说应是无异的。历代学者多谓非圣人不足以知权,即朱子亦屡言须是大贤以上方见得这道理。今观孔子曰"可与立,未可与权",又称逸民虞仲、夷逸"隐居放言,身中清,废中权",则朱子所言权的地位在大贤以上,似亦并未过甚其辞。但若转就《孟子》嫂溺援手之例言,此又岂待圣贤而后可?孟子曰"今人乍见孺子将入于井,皆有怵惕恻隐之心",岂有坐视嫂溺而毫无恻隐的?即如朱子所举例,冬月着绵向火,忽遇暖日,则使扇当风之类,几可谓不待学而可知。然而墨氏兼爱,杨氏为我,而子莫执中无权,孟子讥之犹执一,则此种权又岂可不学而知?仁者爱人,然如汤武征诛,则有时杀人亦并不违仁,此种权又岂是穿衣扇风之类所可比?由此可见,同样是权,浅深有殊,其间显然是有差的。

其实孟子说嫂溺援之以手为权,乃回复淳于髡之问。淳于髡之意,乃欲借此以难孟子,使之枉道以援天下。孟子非之,以为天下溺,则当援之以道。此则孟子之权。知以手援嫂溺,其事易;知以道援天下溺,其事难。然则孟子所要强调的权,恐怕亦不在前者。如此说来,孔子、孟子所说的权,究其实,似乎都不在人人易知者上。最后还是朱子说得好:

---

[1] 黎靖德编:《朱子语类》,卷37,第1587页。

周公诛管、蔡与唐太宗杀建成、元吉，其推刃于同气者虽同，而所以杀之者则异。盖管、蔡与商之遗民谋危王室，此是得罪于天下、得罪于宗庙，盖不得不诛之也；若太宗则分明是争天下。故周公可以谓之权，而太宗不可谓之权。孟子曰："有伊尹之志则可，无伊尹之志则篡也。"故在伊尹可以谓之权，而在他人则不可也。权是最难用底物事，故圣人亦罕言之。自非大贤以上，自见得这道理合是恁地，了不得也。[1]

本篇原刊于 1985 年 11 月台北《孔孟月刊》第 24 卷第 3 期

---

[1] 黎靖德编：《朱子语类》，卷 37，第 1581 页。

十一、《大学》格物别解

（一）前言

《礼记·大学》一篇，自宋代程朱大儒表出之，元代以下悬为功令，几为此后六七百年间士人所必读。朱子编定《四书》，其教人读《四书》之序，谓当先读《大学》以定其为学之规模；而《大学》篇首有所谓"三纲八目"，"格物"又居八目之首。若谓《大学》乃影响我国近世学术教育文化至深至巨之最要文献，应非过论，其开始"格物"一义，尤为学者所必先涉及。惟此一词义，自汉儒以下，解者纷纭，几成讼府。晚明以来，称历来言格物义者凡七十二家，[1] 而有清三百年另出新义者尚不在内，可见此词歧义之纷出，争议之不断，纵谓其居古文献之冠，宜不甚相远。以一争论未确之命题，乃成为数百年间学者共同承认为学第一要目，此诚中华文化一大奇事。民国以还，学者仍续有所探讨，笔者业师中有专文及此者，如钱宾四先生《大学格物新释》、毛子水先生《"致知在格物"：一句经文说解的略史》、戴静山先生《大学八条目覆说》等诸篇，或申新义，或综旧说，多所发明。笔者学识谫陋，于昔贤旧说、师长心得，惟领略之未遑，遑论自为新说。但以历年为诸生讲解此篇，时间所限，未能广陈前人旧义；且于流传异说，亦未有以决其是非；故惟依宋明以下，朱子、阳明两家影响最大之解义，略加申说而已。然胸中蓄疑，则历年盘桓不去，时时反复，

---

[1] 此说似先发于（明）刘宗周《大学杂言》，曰："格物之说，古今聚讼有七十二家。"文见《刘子全书》卷38，《刘子全书及遗编》（日本京都：中文出版社，1981年6月，影印清道光间刊本），下册，第854页。其后清儒多袭用其说。

终未豁然。偶读《易传》"物"字，忽有所悟，乃思"格物"之义，未尝不可自此窥入理解，其义亦或可与师长论说相发。自惭孤陋，固不足以论定古今是非，故本篇所论，虽号别解，实非敢于前人各种成说外，别立新义，但略陈胸臆，庶可供读《大学》者思索之另一参考云尔。

毛子水师的《"致知在格物"：一句经文说解的略史》[1]，曾将自汉迄清历代学者对"格物"的若干家重要解说，依其时代先后，已有介绍，故本篇不拟重叙此一解义的历史演变，而以申述个人的理解为主。但为铺陈浅见，亦不免要牵涉或借助前人论说以资说明，因此我们还得回顾"致知在格物"此一命题最早的汉人解说。为方便下文的讨论，爰仍效法子水师，先将《大学》相关原文抄录于下：

> 大学之道，在明明德，在亲民，在止于至善。知止而后有定，定而后能静，静而后能安，安而后能虑，虑而后能得。物有本末，事有终始，知所先后，则近道矣。古之欲明明德于天下者，先治其国；欲治其国者，先齐其家；欲齐其家者，先修其身；欲修其身者，先正其心；欲正其心者，先诚其意；欲诚其意者，先致其知；致知在格物。物格而后知至，知至而后意诚，意诚而后心正，心正而后身修，身修而后家齐，家齐而后国治，国治而后天下平。自天子以至于庶人，壹是皆以修身为本。其本乱而末治者，否矣；其所厚者薄，而其所薄者厚，未之有也。

（二）郑玄"来事"说及其解读

"格物"一词之所以难解，只因其词不见于先秦其他文献，即于《小戴礼记》中，亦惟独见于《大学》一篇，无他篇记载可供参证。后世流传最早的解说，自是郑玄的注解，则已至东汉末世，所述是否即是先秦本义，已难认定，而况对郑玄注文的理解，后世还生出分歧。郑玄解《大学》"致知在格物"，云：

---

[1] 此文原刊于《辅仁学志》第11期（1982年6月），第15—34页；今已收载《毛子水全集》（台北：《毛子水全集》编委会，1992年4月），《学术论文》分册，第232—250页。

> 知，谓知善恶吉凶之所终始也。格，来也；物，犹事也。其知于善深则来善物，其知于恶深则来恶物，言事缘人所好来也。

唐孔颖达《礼记正义》疏解其义，云：

> 致知在格物者，言若能学习招致所知；格，来也；已有所知，则能在于来物。若知善深，则来善物；知恶深，则来恶物。言善事随人行善而来应之，恶事随人行恶亦来应之。言善恶之来，缘人所好也。[1]

这两段话都有费解之处，当然正如毛子水师所指出，孔颖达在"知"前增入"学习"，在"知善""知恶"之后补释了"行善""行恶"，似较郑氏注文显白一些。然在郑玄，以行文较简，并未沾着经文"在"字；孔颖达则不能闪躲，乃谓"已有所知，则能在于来物"，此一语却依然费解。因此其后到了清代，同是尊崇汉唐旧说的学者，遂生出其他解读。如徐养原《格物说》申郑《注》，云：

> （郑氏）格之训来，见于《释言》，非臆说也。盖知者，非昭昭灵灵之谓也，谓其能知物也。物不来，则何所知乎！所谓"致知在格物"者，言欲致吾之知，在因夫事物之来以审夫善恶之几而已。天下之物，有善有恶，皆缘人所好以招致之。唯因其来而有以审其善恶之几，则自然知所当好，知所当恶，故曰"物格而后知至"。[2]

其对郑《注》的申述，颇有点朱子解说"慎独"的意味，只朱子从内心善恶之几立说，而徐氏则转着眼于外在的事物。[3] 乃谓因事物之来，

---

[1] （汉）郑玄、（唐）孔颖达：《礼记正义》（台北：艺文印书馆，1965年，《十三经注疏》第5册，影印清嘉庆江西南昌府学本），卷60，第983—984页。

[2] （清）徐养原：《格物说》，（清）严杰补编《经义丛钞》引录，（清）阮元编：《皇清经解》（台北：汉京文化事业公司，1980年，重编影印学海堂本），第20册，卷1388，第15005页。

[3] 朱注《学》《庸》"独"字，并云："独者，人所不知而己所独知之地也。"而尤详其意于《中庸章句》，曰："言幽暗之中，细微之事，迹虽未形而几则已动，人虽不知而己独知之，则是天下之事无有著见明显而过于此者。是以君子既常戒惧，而于此尤加谨焉，所以遏人欲于将萌，而不使其滋长于隐微之中，以至离道之远也。"见《四书章句集注》（台北：大安出版社，1994年11月），第10、23页。

审察其善恶之几而自然知所好恶。然则"致知在格物"与"物格而后知至"实只是一样工夫，不过裁分成两截说而已。此一解说，文意自较郑、孔明晰，然而郑玄明明说是事之善恶缘人所好来，故孔颖达虽增意解注，而其言下之意，先知后行，既行而来事之善恶，其先后之序尚未悖郑意；今徐氏却说是知所当好恶乃缘审乎事来之善恶，则显与郑说因果并不相符。究其实，乃移郑解"致知在格物"以说"物格而后知至"；而增善恶之几一意以接释前句。不过从徐说中，我们已不难觉察到，解"格物"为"来事"，若再进一步要解释"致知在格物"为何样工夫时，显将面临困境。所以宋翔凤《大学古义说》同样根据郑《注》来解"致知在格物"一语时，便说：

> 郑君释此文云："格，来也。言知于善深则来善物，知于恶深则来恶物。"是格物者，诚正修齐治平之效验也。故言"在"而不言"先"，言其效验无往不在。"天降膏露，地出醴泉，山出器车，河出马图，凤皇麒麟皆在郊棷，龟龙在宫沼，其余鸟兽之卵胎，皆可俯而窥。"此格物之谓也。[1]

我们姑不论他以天地山川鸟兽所出现的种种特殊事物来解"来物"，是否有当于先秦原义以至郑《注》本旨，总之这一解便将格物说成是诚正修齐治平的效验，而他继此解"物格而后知至"以下一段话，便又说：

> 此一节皆明物格之效，阴阳调而风雨时，群生和而万民植，五谷熟而草木茂，天地之间被润泽而大丰美，四海之内闻盛德而偕徕臣。诸福之物，可致之祥，莫不毕至，而王道终矣。此物格以至天下平之谓也。[2]

如是经文"必先"与"而后"两段之覆说，基本上无大分别。而况从宋氏解说中，只见专举祥瑞善物之一面，即可见其并不合郑玄言来物并包善恶两者的原意。盖言"格物"犹可分言善恶，言"物格"则不

---

[1] （清）宋翔凤：《大学古义说·一》，（清）王先谦编：《皇清经解续编》（台北：汉京文化事业公司，1980，重编影印南菁书院本），第11册，卷387，第8276页。

[2] 同上注。

得含恶物;前后两物字偏全异解,亦无说以通。故如孔颖达《正义》说"物格而后知至",云:

> 物格而后知至者,物既来则知其善恶所至:善事来则知其至于善,若恶事来则知其至于恶。既能知至,则行善不行恶也。[1]

其说纵嫌牵强,毕竟前后两物字不致歧义。清洪震煊盛称《正义》之说,并进而引申之,云:

> 言初始必须学习,然后乃能有所知晓其成败,故云先致其知也。"致知在格物"者,格者,来也。言若能学习招致所知;已有所知,则能在于来物。若知善深则来善物,知恶深则来恶物。由斯言也,学习当居致知之先,格物实在致知之后。善恶之来,惟致知者能知之也。"物格而后知至",言物既来,则知其善恶所至。若善事来,则知其至于善;若恶事来,则知其至于恶。既能知其至,则行善不行恶也。审若是言,则格物为身外之事,非有关于学问也。惟物之未来,我则先学习招致所知,有以待之;物之既来,我则知其善恶成败所至,而有以处之。……《大学》之第一义,在先学习招致所知,以待物来而知其至耳。……知格物本非第一义,尚何纷纭辩难之有哉![2]

这段解释或可将孔氏《疏》语说得更清楚明白,前后两物字的解说算是一致了,然而"物格而后知至"与下句"知至而后意诚"两"知至"间仍不得不添入"行善不行恶"之一意,其实依然上下文异解。故洪氏可谓有得于孔义,至于是否有得于郑义以至古义,则似尚未易遽断。不过经他此一细说,指出"学习当居致知之先,格物实在致知之后",却已将郑、孔解经的盲点暴露出来,因为经文明明说"致知在格物",若依他们解说,岂非转成"格物在致知"!尽管孔、洪都保留了一句"已有所知,则能在于来物"的怪话,以期贴合于原经,然而格物与致知先后次序的矛盾,仍不可掩。

---

[1] 《礼记正义》,卷60,第984页。
[2] (清)洪震煊:《格物说》,收《皇清经解》,第20册,卷1388,第15004页。

（三）程朱"穷理"说

　　大抵贴合《大学》经文，通释其文义者，自以程、朱之说最获后世认同。姑无论前代科举功令的影响，即如上文所提及笔者几位师长的论文，其实都在不同程度上赞成程、朱的意见。但这并不意谓程、朱之说，向无争议；事实上自有程、朱之说出，后代即不断有学者起而持异议，此所以晚明儒乃谓格物有七十二解之多。程、朱以"穷理"解格物，伊川曰：

　　　　格，至也。物，事也。事皆有理，至其理，乃格物也。[1]
又曰：

　　　　格犹穷也，物犹理也，犹曰穷其理而已也。[2]
朱子在《大学章句》中本伊川说，先以"穷至事物之理"注"格物"，又谓《大学》格物致知有缺传，因撰《补传》，则曰：

　　　　所谓致知在格物者，言欲致吾之知，在即物而穷其理也。
朱子以为《大学》不但有错简，又有缺文，遂以己意更易、补传，其作法颇遭后人非议，此一问题姑置勿论。[3] 即就文义的解说而言，质疑其说者主要秉持两种观点：第一，就文字的训释而言，"格"既训"至"，其上转出"穷"字；"物"训"事"，下又转出"理"字，疑其支离。第二，就其内在之义理而言，格物之物，程、朱所谓即凡天下

---

[1]（宋）程颢、程颐：《二程集·河南程氏外书》（台北：里仁书局，1982年3月），上册，卷2，第365页。

[2]《河南程氏遗书》，《二程集》，上册，卷25，第316页。

[3] 朱子前，二程兄弟已分别有《大学》改本。对《大学》有无错简、缺文的认知，或多或少都与格物的理解有关。清初毛奇龄撰《大学证文》（台北：台湾商务印书馆，1983年，《景印文渊阁四库全书》第210册）尝谓"元明改本约十余本，不能全列，第举其行世者五本"，见卷1，第280页。其门人林文虣《大学偶言》（台南县：庄严文化事业公司，1997年，《四库全书存目丛书·经部》，第176册）则称"朱竹垞（彝尊）先生自言曾见有三十余改本"，见第8页。叶国良《介绍宋儒林之奇的大学改本》（台北：《幼狮学志》，18：4，1985年10月）谓王大千《大学正简》（台北：台湾师范大学国文研究所硕士论文，1974年6月）就今内容可考者，得至少二十三种，而叶文所述林氏本尚未在内。

之物而格，将使人穷老尽气莫底其境，安得以言八条目之初阶？若此则格物、致知，皆向外物求理，是亦支离。

为程、朱辩解者，多谓其训字纵未铢两悉称，而其大意则无悖经旨。又或谓程、朱所谓穷理，要以人事之理为主。如戴静山师云：

> 伊川和朱子……虽主穷理，却不重视自然界的物理，而重视人事之理，亦即是伦理。[1]

此在伊川议论，亦可得其证。盖伊川云：

> 凡一物上有一理，须是穷致其理。穷理亦多端：或读书，讲明义理；或论古今人物，别其是非；或应接事物而处其当；皆穷理也。[2]

所示穷理三途：一曰读书以讲明道义，二曰评论古今人物以辨别其是非邪正，三曰应接事物以求处得其当。此等可谓皆在人生伦理道德范畴以内事，而并未牵涉无穷无止之自然界真理。而且他尚有更明白的宣示：

> 格物之理，不若察之于身，其得尤切。[3]

所以伊川之真意，确如戴静山师所说，乃以人事之理为主。但伊川他处又尝云：

> 凡眼前无非是物，物物皆有理。如火之所以热，水之所以寒，至于君臣父子间皆是理。[4]

这毕竟还是留下物理一路。朱子显然是接受了伊川的观念，加之先后解说多方，见于《文集》《语类》语意详略不同，自更易引起理解上的歧异。如朱子尝云：

> 一身之中，是仁义礼智，恻隐羞恶、辞逊是非，与夫耳目手足视听言动，皆所当理会。至若万物之荣悴，与夫动植小大，这底是可以如何使，那底是可以如何用，车之可以行陆，舟之可以

---

[1] 戴君仁：《戴静山先生全集·大学八条目的覆说》（台北：戴静山先生遗著编辑委员会，1980年9月），第3册，第1421页。
[2] 《河南程氏遗书》，卷18，第188页。
[3] 同上注，卷17，第175页。
[4] 同上注，卷19，第247页。

行水,皆所当理会。[1]

吾生有涯,而知也无涯,此人尽知之者,朱子无不知之理,故他也一如伊川,明确指出务博求必尽穷天下之理之为非,曰:

> 格物之论,伊川意虽谓眼前无非是物,然其格之也,亦须有缓急先后之序,岂遽以为存心于一草一木器用之间而忽然悬悟也哉?且如今为此学而不穷天理、正人伦、讲圣言、通世故,乃兀然存心于一草木、一器用之间,此是何学问?如此而望有所得,是炊沙而欲其成饭也。[2]

因此其后王阳明本朱子格物之旨,去格庭前竹子,竟七日而病,乃谓朱子说错了,其实朱子何尝是要如此去格物?因此戴静山师的看法应是符合程、朱本意的。不过即从上两段引文中,朱子实并未排除自然之理于格物之外,其意亦不容否认。故钱宾四师为之说解曰:

> 朱子谓格物乃"穷至事物之理",既言人事,自亦不当忽略物理。即孝子之夏凊冬温,岂不仍兼自然物理在内?故知朱子之说,宜与《大学》本文原义无大违碍。[3]

又曰:

> 朱子《补传》已明言之,曰:"即凡天下之物,莫不因其已知之理而益穷之。"又曰:"物,犹事也。"则孔孟之所传,固为修、齐、治、平之理乎?抑鸟兽草木之名乎?《大学》亦明言之,曰:"为人君止于仁,为人臣止于敬,为人子止于孝,为人父止于慈。"此皆已知之理,而犹待于后人之益穷之,何尝是欲穷乎鸟兽草木之名乎?抑且《大学》本文又言之,曰:"'缗蛮黄鸟,止于丘隅。'子曰:'于止,知其所止,可以人而不如鸟乎?'"是《大学》亦未尝不格及于鸟兽之理。岂可于格物"物"字,必抹去鸟

---

[1] (宋)黎靖德编:《朱子语类》(日本京都:中文出版社,1979年缩印本,影印明成化覆宋本),上册,卷18,第304—305页。

[2] (宋)朱熹:《朱熹集·答陈齐仲》(成都:四川教育出版社,1996年10月),第4册,卷39,第1792页。

[3] 钱穆:《中国学术思想史论丛(二)·大学格物新释》,《钱宾四先生全集》(台北:联经出版事业公司,1998年5月),第18册,第219页。

兽草木自然之理于不谈不论之列乎？故朱子言格物穷理，既包有人文事为之理，亦兼有自然万物之理。至其本末、先后，当务之急，稍治孔孟书者皆知之。惟至于近世，西方自然科学日益发展，于是读朱子《补传》，乃易联想及于自然物理，而朱子若已先发其意于五六百年之前。此亦见朱子论学，其精神气魄之卓越。……朱子《补传》，则实未有先物理后人事之稍微痕迹之嫌疑，此固细读朱子《补传》本文而可知也。[1]

此处解说朱子格物穷理之义，自然之理亦不能截然剔除在外，亦甚通达。故近世泰西传入声光化电之学，国人乃以格物之学称之，不感窒碍；而历来格物异解，亦惟其说可与自然科学之研治相接榫，亦即此可知。惟即说孝子之冬温夏凊亦兼及物理，然《大学》通篇则只着重人事，更不及此类之发挥，且此等物理亦当在一般常识范围之内，而不必有俟乎吾人之用心穷格；"缗蛮黄鸟"云云乃所以借寓，非所以言穷人事止于至善之理与夫草木鸟兽自然之理之相关。故我们或可承认如钱宾四师所说，《大学》于如何格物致知，实所未详，纵无缺文，必有缺义，朱子《补传》至少是补出了《大学》缺义。然而《大学》八条目宜皆属人事，且"格物"居其最初一目，即只就君臣父子人伦之理而言，其常变得失之所以然，求其豁然贯通之一境，亦非初学一蹴可几。即如伊川所谓穷理三途，谓其为致知之方、从入之途则人人可行，期其如朱子所谓"众物之表里精粗无不到，吾心之全体大用无不明"，即在天纵之将圣如孔子，恐亦当在其四十、五十而后可。八目初阶，仍疑不致若斯之难。

戴静山师曾解说经文中八条目的覆说，特分辨"格物致知"和"物格知至"之差异，其意甚佳，曰：

"格物致知"和"物格而后知至"，有程度上的不同。格物致

---

[1] 钱穆：《中国学术思想史论丛（二）·大学格物新释》，《钱宾四先生全集》（台北：联经出版事业公司，1998年5月），第18册，第229页。

知是学问初步事,而物格知至,则是到了成熟的地步。[1]

"致知在格物"言"在"而不言"先",朱子亦有说,云:

> 知与物至切近……物才格,则知已至,故云"在",更无次第也。[2]

其辨"致知"之与"知至",则曰:

> 上一"致"字,是推致,方为也。下一"至"字,是已至。[3]

静山师本此意为之推说,云:

> 致知格物,意为推知着物,是一时俱了的,所以无"后"字。可是"物格而后知至"这一句却有"后"字,物格不与知至一时俱了,便不能说推知着物便是格物。因此这物字必定具有某种意义,不是泛称事物。伊川和朱子都以为格物就是穷理,这是很有道理的。[4]

朱子虽以事训物,然其所指实为事理,静山师的分析是颇能掌握朱子命意的。故孟子曰:"万物皆备于我矣。"朱子《集注》云:

> 此言理之本然也。大则君臣父子,小则事物细微,其当然之理,无不具于性分之内也。[5]

所释"万物",亦指万物之理。所举君臣父子之大者,乃如仁义礼知之发于四端者之类;事物之细之小者,则当指饮食起居者而言。故王夫之曰:

> 《集注》之言"物",必以君臣父子为之纪,而括其旨于事物之细微,终不侈言飞潜动植之繁芜……其旨严矣。[6]

然则朱子此解"万物"亦一犹《大学》之解格物,其与近代科学格天地万物之理者并不相同。但朱子《孟子或问》中解此章又云:

---

[1] 戴君仁:《戴静山先生全集》,第3册,第1420页。此意戴师又申于《阳明批评孟子尽心章朱注》,见同书,第1435页。
[2] 黎靖德编:《朱子语类》,上册,卷15,第270页。
[3] 同上注,第265页。
[4] 戴君仁:《戴静山先生全集》,第3册,第1420—1421页。
[5] 《四书章句集注》,第491页。
[6] (清)王夫之:《读四书大全说·孟子·尽心上篇》,《船山全书》(长沙:岳麓书社,1991年12月),第6册,卷10,第1119页。

> 万物之生,同乎一本,其所以生此一物者,即其所以生万物之理也。故一物之中,莫不有万物之理焉。所谓"万物皆备"者,亦曰有其理矣。[1]

《语类》亦云:

> 万物之理皆备于我,如万物莫不有君臣之义,自家这里也有;万物莫不有父子之亲,自家这里也有;……所谓万事皆在我者,便只是君臣本来有义、父子本来有亲、夫妇本来有别之类,皆是本来在我者。[2]

此亦如同其说格物,在朱子意,所举尽为君臣父子人事之理,然亦并不截断其与自然万物之关联。自近代人观点言之,固可因其得与科学格物相衔接而欣赏其气魄,然自孔孟以至《大学》本文,似未见有重在探求万物之理的主张。尤如《大学》,自诚正修齐治平,皆主人事,亦未见有诸如万物一本同寓其理之理论。故钱宾四师亦不得不承认:

> 《格物补传》实有自"事物"混入"物物"之嫌。[3]

然则朱说所以会招致后来王阳明的不满,自是不无缘故的了。

(四)象山"穷理"说与阳明"正物"说

在王阳明之前,早在朱子同时,陆象山便另解"格物",与朱子大异其趣。象山云:

> 格物者,格此者也。伏羲仰观俯法,亦先于此尽力焉耳。不然,所谓格物,末而已矣。[4]

以"格此"为"格物","此"者何?象山并未说破,故后人颇感费解。戴静山师另有一篇《象山说格物》的论文[5],把《象山集》中涉及格物

---

[1] (宋)朱熹:《孟子或问》,《朱子遗书》(台北:艺文印书馆,1969年,影印清康熙中御儿吕氏宝诰堂重刊白鹿洞原本),第5册,卷13,第5页上。
[2] 黎靖德编:《朱子语类》,上册,卷60,第717页。
[3] 钱穆:《再论大学格物义》,《中国学术思想史论丛(二)》,第241页。
[4] (宋)陆九渊:《陆九渊集·语录下》(台北:里仁书局,1981年1月),卷35,第478页。
[5] 此文收入《梅园论学集》,《戴静山先生全集》,第2册,第399—405页。

的论学语归纳分析，说明象山解"格"字为"至"，与"穷""究"同义，亦谓格物即穷理，骤看似与朱子并无大不同；然其所谓"物"的具体含义，实指"此心此理"，故如朱子所主，先向外面事物上穷理，在象山则斥之为"末"。象山的解说，其实即是他向来最大的学术宗旨，所以静山师说：

> 象山的格物，等于发明本心，等于先立乎其大者。

用这一义来说《大学》，亦可自成一系义理，但是否有当乎《大学》原文的训解，恐怕是很成问题的。所以静山师说：

> 这是象山用主观的见解来解《大学》，超训诂的解释，也可说是不顾语言文字的解释。……他只是以古人的话来印证自己所见到的理，所谓六经注我。

其后王阳明虽学宗象山，然年十七谒上饶娄谅，与论朱子格物大指，知其始读《大学》，亦先依朱子。只因对朱子有所误会，便去格庭前竹树，遂疑圣人不可学。游九华归，筑室阳明洞中，泛滥二氏学，数年无所得。及后贬谪龙场，穷荒无书，日绎旧闻。忽悟格物致知，当自求诸心，不当求诸事物，乃发明其良知之学，以为《大学》致知即"致良知"，究其义则无异于回归象山，总之是将此理自外物挽回内心。论者或以其说亦一如象山之"六经注我"，然在阳明之解说，其形式则仍循训诂旧轨，并未沿袭象山成说。阳明之说详见于其《大学问》，曰：

> 《易》言"知至至之"，"知至"者，知也；"至之"者，致也。"致知"云者，非若后儒所谓充广其知识之谓也，致吾心之良知焉耳。……然欲致其良知，亦岂影响恍惚而悬空无实之谓乎？是必实有其事矣。故致知必在于格物。物者，事也，凡意之所发必有其事，意所在之事谓之物。格者，正也，正其不正以归于正之谓也。正其不正者，去恶之谓也；归于正者，为善之谓也。夫是之谓格。……今焉于其良知所知之善者，即其意之所在之物而实为之，无有乎不尽；于其良知所知之恶者，即其意之所在之物而实去之，无有乎不尽；然后物无不格，而吾良知之所知者无有亏缺

障蔽，而得以极其至矣。[1]

阳明又尝言：

> 意之所在便是物。如意在于事亲，即事亲便是一物；意在于事君，即事君便是一物；……某说无心外之理，无心外之物。[2]

对照着《大学问》的解说来理会，自知其意实指事父、事兄皆是一事，自吾心之所发之对象，各有其事，而此事则物也。故说当致吾心所以知善知恶之良知来正物，就此物上正其不正以归于正，所谓为善去恶者，是即格物。是则所谓格物者，即正其事之意。何以能正其事？亦曰本诸其事之理而已，不过此理则原于吾心之良知，而不假外在事物之索求。此是朱、王之根本歧处，亦阳明基本精神与象山相符之所在。

惟在阳明当时，便有湛若水、罗钦顺与之持异议。若水论学，以"随处体验天理"为宗，故其论"心"与阳明"致良知"之旨不同；然此尚属道学内部学术宗旨的分殊，钦顺则质疑阳明格物之说与《大学》原旨相悖。史称钦顺尝致书阳明，略谓圣门设教，博学于文，若但反观内省，则"正心诚意"已足，何俟再先加以格物工夫。阳明答书，则略以理、性、学皆无分内外为说。然此实未足以折服钦顺。钦顺复修一书与之论辩，曰：

> 执事云："格物者，格其心之物也，格其意之物也，格其知之物也。正心者，正其物之心也。诚意者，诚其物之意也。致知者，致其物之知也。"自有《大学》以来，未有此论。夫谓格其心之物，格其意之物，格其知之物，凡为物也三。谓正其物之心，诚其物之意，致其物之知，其为物也一而已矣。就三而论，以程子格物之训推之，犹可通也。以执事格物之训推之，不可通也。就一物而论，则所谓物，果何物耶？如必以为意之用，虽极安排之巧，终无可通之日也。又执事论学书有云："吾心之良知，即所谓天理。致吾心良知之天理于事物，则事事物物皆得其理矣。致吾

---

[1]（明）王守仁：《王阳明全集·大学问》（上海：上海古籍出版社，1992年12月），下册，卷26，第971—972页。

[2]《语录一·传习录上》，《王阳明全集》，上册，卷1，第6页。

心之良知者，致知也。事事物物各得其理者，格物也。"审如所言，则《大学》当云"格物在致知"，不当云"致知在格物"，与"物格而后知至"矣。[1]

这一辨，亦犹如后来清代洪震煊推说郑、孔二氏之义，不期而得出"格物实在致知之后"的结论。可见阳明的解说，即使鞭辟近里，简易明白，然而要依傍《大学》经文，终有难通之处，如此阳明虽费心逐一训解字义，而恐亦难逃"六经注我"之讥。可惜钦顺书尚未送达，阳明便已先卒，学术史上便只留下这么一件悬案，不知阳明当日若能读到钦顺这一番质难，究将作何辩解。

（五）明末清初以下格物新义

如我们撇开朱子格物说中有关自然之理与人事之理那一点模糊的争论，改从一个比较宏观的角度来看，也可以说对"物"字的训释，程朱、陆王实皆同在汉儒"物犹事也"的旧诂之下作引申，只汉儒未牵搭到"理"的层面，而宋明儒则多推到事理为说。宋明儒之于事理，程朱偏主向外，陆王则重在内求；其大别如此。[2]

其后到了明末清初，则有据《礼》家义释"物"字者，其义则颇别出。主此说者，有瞿汝稷、万斯大，略见于黄宗羲《答万充宗论格物书》之引述：

兄以《大射仪》若丹若墨所画之物，即格物之物。圣人不过

---

[1] （清）张廷玉等：《明史·儒林一·罗钦顺传》（北京：中华书局，1987年11月），卷282，第7237页。
[2] 明末清初有孙奇逢，尝为朱子、阳明格物歧义作调停，曰："朱、王入门原有不同，及其归也，总不外知之明、处之当而已。"见徐世昌编纂：《清儒学案·夏峰学案·答常二河》（台北：燕京文化事业公司，1976年6月），第1册，卷1，第13—14页。其《格物论》亦云："紫阳穷理说的浑成，阳明正物说的直截。……紫阳与阳明其实何尝相背？"见（清）陈梦雷编：《古今图书集成·理学汇典·学行典》（台北：鼎文书局，1977年），第59册，卷90，第879页引录。然两家异同的争议，实并未因之而泯灭。又案：程朱、陆王学术异同乃近世学术大题，所涉极复杂深细，此处只就物字义解粗言之。

乎物,即是尽其性;因物付物,即是尽人之性。此是兄读书自得,而先儒已有言之者。瞿汝稷云:射有三耦,耦凡二人,上耦则止于上耦之物,中耦则止于中耦之物,下耦则止于下耦之物。画地而定三耦应止之所,名之物也。故《大学》言物是应止之所也。格,至也。格物也者,至于所应止之所也。在瞿元立虽创言之,然与罗近溪训格为式,事皆合式为格物,字异而义则同也。[1]

盖格物二字联缀为一词,惟一见于《大学》,然分字而诂,则先秦旧籍中固不乏异义,清儒谢江尝言"格"有十八解;[2]"物"字义解则不多;然合而释之,仍可有各种新解。质而言之,"格物"中"格"字训释,多系乎对"物"字的理解。如司马光以物为外物,故以扞格义释格,谓"扞御外物"即是格物。[3] 以"物"为万物,乃一般最常见之释义,然历来解者采此义者反不多;以事为解者则较多,自郑孔以至程朱、陆王,几无不用此训释,但或专主于事,或推引于事理而已。由其认定"物"为事义,其上"格"字遂依各家不同体会,乃或训来、至、止、正等诸义。清徐灏《说文解字注笺·口部》:

> 各,古格字,故从夂。夂有至义,亦有止义,故格训为至,亦训为止矣。[4]

可知来至之与终止,似若相违,其实依然是一义之引申。此意阮元《揅经室集·大学格物说》中亦有所说明。至于"格"之训正,如《尚书》"格其非心"、《孟子》"格君心之非"即是其例。《论语》"有耻且

---

[1] (明)黄宗羲:《黄宗羲全集·南雷诗文集上·答万充宗论格物书》(杭州:浙江古籍出版社,1993年10月),第10册,第193页。

[2] (清)谢江:《格物说》,《皇清经解》,第20册,卷1388。

[3] (宋)司马光:《温国文正司马公文集·致知在格物论》(台北:台湾商务印书馆,1975年,《四部丛刊初编》缩印本第46册),卷71,第519页。案:司马光所谓"外物",意指物欲之诱。其意殆近乎唐人李翱《复性书》之说。李氏云:"物者,万物也;格者,来也,至也。物至之时,其心昭昭然明辨焉而不应于物,是致知也,是知之至也。"其所谓"心不应于物"内涵即近乎司马云云,但李氏实以此解致知,非解格物,彼仍是以"来、至"释"格",与司马训"扞御"者不同。李说见《李文公集》(《四部丛刊初编》缩印本第40册),卷2,第10页。

[4] 据丁福保:《说文解字诂林正补合编》(台北:鼎文书局,1977年3月),第2册,第1270页引录。

格","格"或训至,谓民耻于不善,而有以至于善;或训正,谓民有以日迁乎善;则至之与正,其义亦可相通。[1]然而瞿、万对"物"字的理解则与诸家大异其趣。其"物"义本出射礼,《仪礼·乡射礼》:

> 射自楹间,物长如笴,其间容弓,距随长武。

郑《注》:

> 物谓射时所立处也。谓之物者,物犹事也,君子所有事也。[2]

又《礼记·投壶》郑《注》:

> 间相去如射物。

孔《疏》:

> 物,谓射者所立之处,物长三尺,阔一尺三寸;两物东西相去容一弓。[3]

其他如《大戴礼·虞戴德》云:"规鹄,坚物。……履物以射其地,心端色容正,时以敺伎";《仪礼·乡射礼》《大射仪》并云:"(上射、下射)皆当其物,北面揖,及物揖,皆左足履物,还,视侯中,合足而俟",物义皆同此。可知古代举行射礼时,射者所站立之固定位置,即称之曰"物"。至立义之所以然,郑玄似已不甚了了,故仍由"物犹事也"之训曲折引申,谓射为君子所有之事。若然,则当泛指射事为物;射事所涉多方,何以独指其所立处为"物"?阮元则引《礼记·仲尼燕居》郑《注》:"事之谓立,置于位也",及《释名·释言语》:"事,倳也。倳,立也。"谓物之事即倳。如此迂曲为说,已非郑玄本旨。

此义虽颇罕用,然《大学》原属《小戴礼》之一篇,字义训释参考本书他篇,宜亦不失为一途。学者固不妨平心细究,此一训解施于《大学》原文上下文理是否能通。例如清儒凌廷堪亦《礼》学名家,著《慎独格物说》,即主以《礼记》释《礼记》,其言曰:

> (《礼器》)曰:"君子曰:'无节于内者,观物弗之察矣。欲察物而不由礼,弗之得矣。故作事不以礼,弗之敬矣;出言不以礼,

---

[1] 参(宋)朱熹:《论语集注》,《四书章句集注》,第70页。
[2] (汉)郑玄、(唐)贾公彦:《仪礼注疏》,《十三经注疏》,第4册,卷13,第148页。
[3] 《礼记正义》,卷58,第966页。

弗之信矣。故曰：礼也者，物之致也。'"此即《大学》格物之正义也。格物亦指礼而言。"礼也者，物之致也"，《记》文亦明言之。然则《大学》之格物，皆礼之器数仪节可知也。后儒置《礼器》不问，而侈言格物，则与禅家之参悟木石何异？[1]

特谓"物"之所指，限于礼之器数仪节。然所谓礼，固有动容周旋之礼仪礼容，但亦有礼意，则几可谓关乎人生之全部。《大学》原篇虽系《礼》，并不意谓所涉内容只如此狭隘。即捋诸《礼器》原文上下脉络，其所谓"物"，亦明指万物而言，岂可独截其"礼也者，物之致"一语，便谓其专指礼器仪节？此不惟误说《大学》，即在《礼器》，亦非的解。此凌氏因不喜宋明儒穷理之说，欲以"礼"代"理"，意若礼说皆得相通；不思《大学》尚有诚正修齐治平诸项，又安可以此一义通说？此即在《大学》本文亦难寻依据。

虽然，瞿、万以"射者所立之处"训"物"，引申之以"至于所应止之所"解"格物"，则于《大学》原文诚然可通。钱宾四师尝阐申其义，云：

> 若训格为止，物为所止处，此即《论语》所谓"君子思不出其位"。格于物，即不出其位也。《诗》曰："天生烝民，有物有则。"《易》曰："君子以言有物而行有则。"此皆"物"与"则"并言同义，犹言法则、准则。以今语说之，犹云榜样或标准。在外言之为标准，在己言之则为其地位或立场。……故人性之明德，人事之至善，即《大学》格物"物"字义。古者射以观德，射以择士，故每以射事喻德行。《中庸》云："射有似乎君子，失诸正鹄，反求诸其身。"……此云"正鹄"，乃所射之目的。射贵乎中的，中的即射事之至善也。若以人事言之，为人子者即应止于人子之地位，孝则譬之如射。若人子虽欲孝，而不得爱于父，则如射不中的，失诸正鹄；在外未见亲民之效，即在我未可谓已明其明德，而其事亦未可谓已止于至善。子欲孝而父不爱，为子者仍

---

[1] （清）凌廷堪：《校礼堂文集·慎独格物说》（北京：中华书局，1998年2月），第144页。

> 只有孝，别无他道。故曰："行有不得，则反求诸己。"……故射不中的，只有站在原地位好好再射，终不能埋怨自己地位站差了。故万氏所释《大学》格物义，实即《大学》止至善工夫。[1]

此说扣合《大学》义旨，可谓条畅。然宾四师又以先秦典籍"物"字此训少见，《大学》无缘忽用此义，因此进而复申万氏稍前顾亭林之说。顾氏《日知录》曰：

> 致知者，知止也。（原注：董文清槐以"知止"二节合"听讼"章为"格物"传。）知止者何？"为人君止于仁，为人臣止于敬，为人子止于孝，为人父止于慈，与国人交止于信"，是之谓止。知止然后谓之知至。君臣、父子、国人之交，以至于礼仪三百、威仪三千，是之谓物。《诗》曰："天生烝民，有物有则"，孟子曰："舜明于庶物，察于人伦。"昔者武王之访，箕子之陈，曾子、子游之问，孔子之答，皆是物也。故曰："万物皆备于我矣。"惟君子为能体天下之物，故《易》曰："君子以言有物而行有恒。"《记》曰："仁人不过乎物，孝子不过乎物。"[2]

宾四师以为顾氏所述义，与万氏训义虽有通专之殊，其实内涵并无二致，且顾训所引古书较万氏更为明通。此外阮元亦本物事之训，兼采瞿、万解义，而说又不同。其说云：

> 物者，事也。格者，至也。事者，家国天下之事，即止于五伦之至善，明德、新民，皆事也。格有至义，即有止意，履而至，止于其地，圣贤实践之道也。……格物者，至止于事物之谓也。凡家国天下五伦之事，无不当以身亲至其处而履之，以止于至善也。格物与止至善、知止、止于仁敬等事皆是一义，非有二解也。必变其文曰格物者，以格字兼包至止，以物字兼包诸事，圣贤之道，无非实践。[3]

---

[1] 钱穆：《大学格物新释》，《中国学术思想史论丛（二）》，《全集》第18册，第222—223页。

[2] （清）顾亭林：《原抄本日知录·致知》（台北：明伦出版社，1970年10月），卷9，第183页。

[3] 同本页注1。

阮元亦不脱乾嘉学者不喜宋儒穷理说之意态，自认所说异于宋儒之所在，即虚实之辨，谓己说为实践，而宋儒为虚义。要之，明清儒解格物，几莫不挽而归诸人事范畴内作解；此诚较合《大学》本文文理，亦似更近先秦古义。然宾四师则评阮说实与宋儒训解同病，云：

> 阮氏若只谓格物乃至于事、止于事，依然语气不完，依然与朱子同病。故朱子必以"至事"变成"穷至事物之理"，语气始足；阮氏亦必以"至事"变成"至于事之至善"或"止于事之至善"，而后语气始足；则依然是增字诂经也。[1]

若只言"至事"，则只当得朱子"即物穷理"之"即物"一截。毛子水师则盛称曾国藩"心当附丽事物以求知，不可舍事物以言知"，以及陈澧"至事者，犹言亲历其事"两说。[2] 夷考两家之义，亦得清儒章学诚所谓"古人未尝离事而言理"之意，所重者则亦一如阮元所说之实践。无如此等说法终无以解前引戴静山师所提八条目覆说"格物"与"物格"层次之异。故钱宾四师乃云：

> 格物"物"字，本不训事，而当为事之至善处。格物者即至于事之至善而止之义。

此说即自阮说修正而来，而直以"事之至善"训"物"，则举《日知录》所集各条为义证，云：

> "万物皆备于我"，决非"山河大地皆是我法身"也，亦非得谓"万事皆备于我"也，只可谓"万善（或万德）皆备于我"始明白。"明于庶物"即"明于诸善（或众德）"也。仁人孝子"不过乎物"，即"至于至善""止于至善"也。[3]

曰"善"曰"德"，则仍与"理"相通。"不过乎物"本出《礼记·哀公问》：

> 公曰："敢问何谓成身？"孔子对曰："不过乎物。"

---

[1] 《再论大学格物义》，《中国学术思想史论丛（二）》，《全集》第18册，第243—244页。
[2] 曾说见王启原辑《求阙斋读书录》卷2，陈说见《东塾读书记》卷9；说详毛子水：《"致知在格物"：一句经文说解的略史》，《毛子水全集》，《学术论文》分册，第247页。
[3] 《再论大学格物义》，《中国学术思想史论丛（二）》，《全集》第18册，第243—244页。

元陈澔《集说》引应氏（镛）曰：

> 物者，实然之理也。性分之内，万物皆备。仁人孝子不过乎物者，即其身之所履，皆在义理之内而不过焉，犹《大学》之"止于仁""止于孝"也。违则过之，止则不过矣。夫物有定理，理有定体，虽圣贤岂能加毫末于此哉？亦尽其当然而止耳。[1]

其说即本于朱《注》"万物皆备于我"而来，亦明引《大学》为证。可见宾四师之解义，论其实质内涵，所异于朱子者，更在"格"字义训上；而所谓"事之至善"，易言之，即事理之当然；至其义解的转折，则本于"射者所立之处"之训而引申。然纵说宾四师此解"物"字与朱义可相证发，毕竟由"格"字的异训，终令宾四师的说法，亦一如大多数明清诸儒的共通意见，实即主张《大学》所谓格物仍应不越人事范围以外。

（六）《易传》"物"字别义

窃谓"物"字训解，其在先秦，尚有一义可得而说。《易·系辞下》云：

> 道有变动，故曰爻；爻有等，故曰物；物相杂，故曰文；文不当，故吉凶生焉。

此称爻之有等曰物。韩康伯《注》：

> 等，类也。乾，阳物也；坤，阴物也。爻有阴阳之类，而后有刚柔之用，故曰"爻有等，故曰物"。

孔颖达从而疏之，曰：

> "爻有等，故曰物"者，物，类也。言爻有阴阳贵贱等级以象万物之类，故谓之物也。[2]

---

[1] （元）陈澔：《礼记集说》（成都：巴蜀书社，1989年，影印明善堂重梓怡府藏板本），下册，卷9，第8页上。

[2] （魏）王弼、（晋）韩康伯、（唐）孔颖达：《周易正义》，《十三卷注疏》，第1册，卷8，第175页。

韩氏明以类释"等",而孔氏则转以释"物"。韩氏实以阴阳刚柔之位言物,故续解《易·系辞传》下文"物相杂",谓是"刚柔交错";而孔氏则改言"万物递相错杂"。此处其实《注》《疏》异义。下逮朱子《本义》,则曰:

> 等,谓远近贵贱之差。相杂,谓刚柔之位相间。[1]

朱子似兼采韩、孔之义,然终避去"物"字并未明白注出,即在《语类》中亦无更清晰的解说。窃谓清张尔岐言之最了,其言曰:

> 爻何以谓之物?以爻有远近贵贱之等差,故曰物。物也者,从其不齐之质而名之也。物何以谓之文?是物也,刚柔之位相间而立,故曰文。文者,从其错杂而名之也。……爻、物、文,都就爻位说。[2]

这是说,"物"是指不同的爻位而言,至于何以称之曰物,张氏解释为"从其不齐之质而名之",是即指爻之初二三四五上而言,故谓有远近贵贱之等差。此解物义,较朱子更明朗可从。盖物字本义,从牛从勿。勿者,《说文》以为"州里所建旗,象其柄,有三游,杂帛,幅半异,所以趣民。"古文字学者或据卜辞谓勿当象弓弦之振动,与物字所从者初非一字;物所从勿则象耒刺田起土,由起土而训为土色,土色非一,故引申为杂义。故卜辞中"物"为杂色牛,又古者谓杂帛为物,载籍中如《周礼·地官·牧人》之"掌牧六牲,阜蕃其物"、《载师》《草人》之言"物地",诸物字并有不同种类、品级之义。姑无论勿字何说为当,总之凡言"物"者,皆取杂类不一以为义。[3]物之训事,事亦非一,亦当由此义引申而出。即如人亦得称物,如言"尤物""人物",仍不脱此义。故《易传》言"爻有等,故曰物",自当如张尔岐所释,乃指有远近、高下、贵贱等差不齐之六爻爻位而言。此不齐之各爻位,乃有初三五与二四上阴阳刚柔之相间,自此言之则谓之文。张氏谓"爻、

---

[1] (宋)朱熹:《周易本义》(台北:大安出版社,1999年7月),第264页。
[2] (清)张尔岐:《周易说略》(济南:齐鲁书社,1993年12月),第346页。
[3] 王国维《释物》云:"物本杂色牛之名……因之以名杂帛,更因以名万有不齐之庶物。"见《海宁王静安先生遗书·观堂集林》(台北:台湾商务印书馆,1976年7月),第1册,卷6,第275页。

物、文"皆就爻位说,至为明确。如是"物"乃有远近贵贱等差不齐之位之意,故《礼》家称射位为物,亦宜自此义引申,则并不嫌其为特解。

(七)由《易传》"物"义会通《大学》"物有本末"

惟《礼》家射事之物,但偏取其位义,以之解说格物,于义已通,而于串讲上下文义,则嫌犹有未周;然此一解说,实已为诠释《大学》提供了一个崭新的思考角度。窃谓如言《大学》格物,似不如径取《易》爻各等之位之义,更较周全。《易》一卦六爻,爻各有其爻位;每一爻位,各有其爻象,亦各有其爻理或爻义。如《乾·初九》:"潜龙,勿用",初九居六爻最下,乃其位;潜龙是其爻象;勿用则其占,然亦可谓是其爻义或爻理。处初居下,固宜有沉潜勿用之理,故戒占者如此。占者筮遇此爻,《易》之象占,不啻开示其所当行之理;而居此位而有此象、宜遵此理而行者,则正属占者自身。故《大学》之物,当不指他人,亦不指人我之间,而实即指己身而言。己位则非孤悬,必有与之相对者:有射物,则有射侯;爻位则更然,有己位,即有成其所谓远近贵贱高下之位与之相对应;不过言"格物"则只就己位而言。而《易》爻之物,变动不居,尤合用来说明《大学》之意。孔孟儒家所谓"君子思不出其位""行有不得,反求诸己",《中庸》所谓"失诸正鹄,反求诸其身"者,其义固皆可相通,都是强调但求诸己之意,而《大学》格物亦不外此义。"为人君,止于仁;为人臣,止于敬;为人子,止于孝;为人父,止于慈;与国人交,止于信",此即格物。谓为人君当守其为君之道,而其道则在仁;为人臣、为人子,亦莫不各有其当守之道。以之比方《易》道,则君臣、父子,犹爻之二、五,有其尊卑上下之别,因亦各有其当守之义理。故所谓"格物"者,实无异于孔门君君、臣臣、父父、子子"正名"之义。君臣、父子各皆一名,亦各皆一物,一名有一名当行之道,亦犹一物有一物当循之理。格于此物,即守居此位者所宜循之义理。则此格字,或训至而止,或训正,皆无不可,盖犹格局、及格之格,总之是不逾越此物之范围。而《易》爻位之物,固已蕴含此义。《易·乾·文言》:"乃位乎天德。"孔氏《正义》:"位当天德之位。"朱子《本义》:"天德,即天位也。盖唯有是德,乃宜居是位,故以名之。"是亦以其爻位所宜有之德以称其位,乃就其所当然以为言。故《大学》所谓"知止",亦即是知其所当止处,其义即犹"格物"。所当止处即是至善,故或谓格物即止于至善,其义亦近,但当知格物只如钱宾四师所说之立场,乃为学做人的基本立场,是初步起端的第一步,而只当"知止而后有定";止于至善则已达此最理想的标准,斯即戴静山师所说"物格"之义,此即当定、静、安、虑而后有得。[1]

由是而言,能格物则可谓知止,"知止而后能定、静、安、虑、得",有得乃始是物格。格物非工夫,工夫当自致知以下,故前文所引清儒已谓"格物本非第一义";若转自此一角度参入,则古本《大学》之无格物传,亦非无说可通。

若本此解进窥《大学》本文,其言"物有本末,事有终始"者,亦自可贯串而解。朱子《章句》释此两句云:

> 明德为本,新民为末。知止为始,能得为终。本始所先,末终所后。此结上文两节之意。[2]

朱子盖认此两句为上文两节的总结语,本末与终始分系,而皆各有所当先后。阮元则主事即物,故说:

> "事有终始",即"物有本末",重言以申之也。"先后"者,兼本末、终始言也。[3]

谓"先后"兼承本末、终始以为言,与朱子不异;而谓事、物乃一义之重申,则与朱子所解不同。朱子于格物既以事训物,此处又二之,宜乎阮氏不之从。大抵一般读《大学》经文者,往往熟于朱注,先入

---

[1] 朱子说:"定、静、安、虑、得五字是功效次第,不是工夫节目。"见《朱熹集·答王子合》,《朱熹集》,第4册,卷49,第2374页。

[2] 《四书章句集注》,第5页。

[3] (清)阮元:《揅经室集·揅经室一集·大学格物说》(北京:中华书局,1993年5月),上册,卷2,第56页。

为主，总易将此数句认为是结括上文之语。稍后陈澧曾记清初王复礼别有一说，其言曰：

> "物有本末，事有终始，知所先后，则近道矣。"朱子《章句》云"结上文"。王氏复礼《四书集注补》以为"起下文"；引高中元《私记》，云："'本末'二字，即下文'本乱末治'字；下文六'先'字，即此'先'字；七'后'字，即此'后'字。盖此条总言其意，而下二条详列其目也。""自天子以至于庶人，壹是皆以修身为本。其本乱而末治者，否矣。其所厚者薄，而其所薄者厚，未之有也。此谓知本，此谓知之至也。"《集注补》云："'此谓知本'，正应'修身为本'，非衍文也。人能'知本'，非'知之至'而何？故后文只单疏诚意，无烦补格致也。"此二条，不从朱《注》，实可以备一解也。[1]

所录后一条涉及古本与改本之是非，非本篇论旨所在，姑置勿论；然其谓"物有本末"四句所以起下文，非如朱子说为结上文，则极有见地。[2]"物有本末"之本末，与下文"本乱末治"同其所指，紧扣文义，正可与拙解格物相配为说。盖若知物非即事，则"物有本末"固非如阮元所说即"事有终始"；亦非如朱子所说，物、事分承前文之两节。此数句乃所以起下文，则此有本末之物，正是下文"格物"之物。何谓物之本？经文固已明言"自天子以至于庶人，壹是皆以修身为本"，则修身是本；"修身为本"即承上"物有本末"之本而言。何谓物之末？此则必配合下文"本乱末治"以为说而后可。因为本末即犹树木之根本与枝叶，根本虽一，而枝叶则可以非一，故本有定指，而末无定谓。

今试略阐此义。《大学》所以言"格物"者，正因人之地位各有等差不同，故同一人，可以为君，亦可以为臣；可以为父，亦可以为子；其名之不同，端视其相对一方与己身之关系而定。故自天子以至

---

[1] （清）陈澧：《东塾读书记（外一种）》（北京：三联书店，1998年6月），第175页。

[2] 主张"物有本末"为起下文之句者，实有多家，说详下文。即如阮元，虽谓"物有本末"与"事有终始"同义，然亦以为不当离本末以言格物。

于庶人,即是所谓"物",此犹乎"爻有等"之物;以其位不同,故名不同,而所以为修身者亦各异,所谓"为人君止于仁,为人臣止于敬,为人子止于孝,为人父止于慈,与国人交止于信"者是也。人各就其所当之名而正,即无异就其所当之物而格;然不曰正名而曰格物者,乃就其同一身之本与相对之末有其不同之伦理而言。如一人为君,其下有臣民,然其上尚可有其师父。自此一君自身相与之上下而言,彼等皆是末,而其伦理则各有分殊:于其臣民,当"体群臣""子庶民";然于其父,则依然为子,固当孝;虽位居九五,于其师则仍当"尊贤";此皆尽属其"为人君止于仁"之所当涵括。《中庸》言:"期之丧达乎大夫,三年之丧达乎天子,父母之丧无贵贱一也。"朱子《章句》:"丧服自期以下,诸侯绝,大夫降;而父母之丧,上下同之,推己及人也。"盖期丧,谓诸父昆弟之丧。大夫之贵,犹不得臣其诸父昆弟,故为之服,但比常人少降;诸侯则得臣其诸父昆弟,故绝不为之服。[1]惟父母不以其子之尊卑变,故子孙虽为天子,乃上祀先公以天子之礼,亦同遵三年服。又如《礼记·学记》言:"当其为师,则弗臣也。大学之礼,虽诏于天子,无北面,所以尊师也。"故虽居君位,但不得臣视其师。此等皆是因其所当物之不同,而其伦理之实亦随而相异。亦可谓因其伦理之不同,其礼节亦随而相异。故凌廷堪以为格物皆礼之器数仪节,其义亦非不是,只端就其发于外之用而言,实亦与朱子专就事理而言者同病,盖皆遗落"格物"与"物有本末"之相关而独立求解所致。若谓物指等差不同之地位而言,自其本之对末,内固不离事理,外亦不离礼节,是皆"格物"义所可有而相通包括者。

由是言之,同一人也,当其"物"之为子,则正其为子之名,循其为子之理,至其本分,亦止其本分,是谓"格物";他日为父,则正其为父之名,循其为父之理,至其本分,亦止其本分,是亦"格物";此亦所谓"壹是皆以修身为本"。故自人之身而言,身是本,相与之对象是末;自其事而言,则修身是本,齐家、治国、平天下则是末。物

---

[1] 说参[日]简野道明:《补注学庸章句》(台北:广文书局,1981年12月),《补注中庸章句》,第20页引卢未人说。

既指位，自就人言，然言"物"则必有其相与者，犹《易》爻位之有其相应，此则《礼》家射位之与射侯，良堪比拟。故就八条目而论，致知、诚意、正心，皆不在"物有本末"所言范围之内；自修身以下，始得言"物有本末"。传言齐家在修身，曰"人之其所亲爱、贱恶、畏敬、哀矜、敖惰而辟"；言治国必先齐家，曰"其家不可教而能教人者，无之"；言平天下在治其国，曰"所恶于上，无以使下"等等所谓絜矩之道，无弗明白就己身与相与对象之事言之。故知《大学》所谓格致诚正，其修身之道固未尝离人事，宜不与方外枯槁寂灭者同科；然物之非即是事，亦于此可知。若端就事而言，自格物以下，八条目无不是事，故王复礼谓"物有本末，事有终始"四句乃所以起下文者，实为有见。故言事，则八条目俱是，乃有其先后；至言物之本末，则惟修身以下始可副之；否则《大学》当言"自天子以至于庶人，壹是皆以格物为本"，而不应说"壹是皆以修身为本"了。

再进而言之，经文结句云：

> 其本乱而末治者否矣，其所厚者薄，而其所薄者厚，未之有也。

所谓"其本乱而末治"，作为主词之"其"字，正承上句"自天子以至于庶人"而来，天子以至庶人，皆当先治其本，亦即各先讲求修身。"其所厚者薄，而其所薄者厚"，两"其"字仍当同上句之所指，亦谓自天子以至庶人。朱子《章句》说之曰：

> 本，谓身也。所厚，谓家也。[1]

以身释本极确，因经文已明言"壹是皆以修身为本"，故无争议。然所厚谓家，则易启人疑。朱子此处亦未进一步注出"所薄"，然其说另见于《语类》：

> （朱子）曰："修身是对天下、国、家说，修身是本，天下、国、家是末。凡前面许多事，便是理会修身。'其所厚者薄，所薄者厚'，又是以家对国说。"问："《大学》解所厚谓家，若诚意、正心亦可谓

---

[1]《四书章句集注》，第5页。

之厚否?"曰:"不可。此只言先后缓急,所施则有厚薄。"[1]

此说所施方有厚薄之可言,故诚正不得与,亦殊有理;[2]但家厚国薄之说终嫌牵强。日人太田元贞《大学原解》为之开脱,曰:

> 所厚,家人也。所薄,国人也。遇国人非可薄也,虽然,比诸家人则薄乎云尔。[3]

此或可谓得朱子意,然未必即是《大学》意。既言"厚薄",自当依朱子所解,谓"所施"方得言厚薄,不涉诚意、正心。惟朱子以家、国、天下为末,又以家、国相对为言释厚薄,则疑非是。盖"其本乱而末治"之"其"字既上承"自天子以至于庶人",则既可以指代天子,也可以指代诸侯、卿大夫、庶人。天子固得兼言齐治平,诸侯已不得言天下,卿大夫则仅得言齐家,至如庶人,则并齐家亦不得与。何以言庶人不得与乎齐家?因《大学》所言之齐家主要乃指大夫以上之家政,决非指如孟子所谓"百亩之田,数口之家"。传释修身齐家,曰:"人之其所亲爱、贱恶、畏敬、哀矜、敖惰而辟",试问数口之家如今之小家庭者,何所贱恶、哀矜、敖惰?可见即就《大学》本文,已可证其非言庶人之家。若谓其"末"指家国天下,则最少是要剔除了庶人,如此上面"自天子以至于庶人"便无法说了。由是可以推知,"本乱末治"之本末,仍是上文"物有本末"之本末,乃指物位之本末而言,具体的指代仍是灵活的,端视当事人不同的地位而定。庶人自有其父兄、夫妇、昆弟、朋友,相对于己身,固可有其本末,而得行其修身。故窃谓"其所厚薄"两句,其文理大义仍当依孔氏《正义》之说。孔氏曰:

> 此覆说"本乱而末治否矣"之事也。譬若与人交接,应须敦厚以加于人,今所厚之处乃以轻薄,谓以轻薄待彼人也。其所薄者厚,谓己既与彼轻薄,欲望所薄之处以厚重报己,未有此事也。[4]

---

[1] 黎靖德编:《朱子语类》,上册,卷15,第269页。
[2] 《孟子·尽心上》:"于所厚者薄,无所不薄也。"可与朱解"厚薄"相证。
[3] 据[日]简野道明:《补注大学章句》,第4页引录。
[4] 《礼记正义》,卷60,第984页。

若依前文鄙说，如其物为子，修身之对象为其父，孝其父，即其厚；不孝其父，即其薄。今于其所当孝之父，反不之孝，是即所谓"其所厚者薄"。就此种情况而言，"其"即指此不孝之子。有此不孝之子，其父则转成为"其所薄者"。若其父不计较子之不孝，依然慈爱以报，便是"其所薄者厚"。然一般世情，遇此不孝之子，其父亦将难为慈。故"其所厚者薄，而其所薄者厚，未之有也"，正说"本乱而末治者否矣"之所以然。此处几个"其"字，自天子至庶人，皆无定指，而其身之本则或可为子，或可为父，或可为臣，或可为君。其人之遇家人、国人，莫不皆然，"其本乱而末治者，否矣"，即此之谓。本乱则身不修，即缘物之未格。君之于臣民，君为本，臣民为末，视群臣犹吾四体，视百姓犹吾子，即是其格物，亦即其所以修身，是即其治平之事；至其孝于亲，弟于长，慈于幼，无有偏失，亦是格物，亦所以修身，是即其齐家之事。故八条目，于"事"则当知其"终始"；于"物"则当知其"本末"；而综之曰"自天子以至于庶人，壹是皆以修身为本。"《大学》之意，固非谓父遇不孝之子，己便可不慈；父而如此，其物亦已不格，如是则其身之本，亦将随其子之乱其本而亦自乱其本，此就其子之地位而言，适成其本乱而末亦乱。此非儒家反求诸己之义，故《大学》经文末处乃言世情因果之效验，所倡人生义理，固在彼而不在此。如是说来，格物之"物"，固包其位与理而言，是即孟子所谓"万物皆备于我"之"物"。朱子彼处以"大则君臣父子，小则事物之细"中本然、当然之理为解，亦可与格物相发。《礼记》所谓仁人、孝子"不过乎物"，其义亦可相通。

（八）若干旧解的回顾

如依照上文所阐释，回视前人旧说，亦有若干论旨虽与拙见未尽相同，而部分见解仍与本文相仿佛者。除瞿、万二氏之说以外，上文亦曾提及，至晚明格物之说已号称有七十二家；刘宗周则特许阳明弟子王艮之"淮南格物说"。王艮之言曰：

> 格物,即"物有本末"之"物",身与天下、国、家一物也。格知身之为本,而家国天下之为末,行有不得者,皆反求诸己。反己,是格物工夫,故欲齐、治、平在于安身。[1]

其后全祖望《经史答问》亦极称其说。卢镐问:

> 七十二家格物之说,令末学穷老绝气不能尽举其异同。至于以"物"即"物有本末"之物,此说最明了。盖物有本末,先其本则不逐其末,后其末则亦不遗其末,可谓尽善之说,而陆清献公非之,何也?

祖望答之云:

> 以其为王心斋之说也。心斋非朱学,故言朱学者诋之。心斋是说,乃其自得之言,盖心斋不甚考古也,而不知元儒黎立武早言之。黎之学……亦程门之绪言也。朱子《或问》虽未尝直指"物有本末"之物,然其曰:"以其至切而近者言之,则心之为物,实主于身;次而及于身之所具,则有口鼻耳目四肢之用;又次而及于身之所接,则有君臣、父子、夫妇、长幼、朋友之常。外而至于人,远而至于物;极其大则天地古今之变,尽于小则一尘一息。"是即所谓身以内之物,曰心、曰意、曰知;身以外之物,曰家、曰国、曰天下也。盖语物而返身至于心意知,即身而推至于家国天下,更何一物之遗者?而况先格其本,后格其末,则自无驰心荒远与夫一切玩物丧志之病。……心斋论学未必皆醇,而其言格物则最不可易。蕺山先生亦主之,清献之不以为然,特门户之见耳。总之,格物之学,《论语》皆详之……程子亦尝有曰不必尽穷天下之物矣。参而观之,则草木鸟兽之留心,正非屑屑于无物之不知,而如阳明所云也。是则格物之说,可互观而不碍也。[2]

全氏可谓善为朱、王作调和。惟所述即于程、朱子之意,亦只可说有

---

[1] 见(清)黄宗羲:《明儒学案·泰州学案一》(台北:华世出版社,1987年2月),中册,卷32,第710页。

[2] (清)全祖望:《经史答问·大学中庸孟子答卢镐问》,(清)阮元编:《皇清经解》(台北:汉京文化事业公司,1980,重编影印学海堂本),第18册,卷308,第13340页。

所得而未尽是，盖朱子《章句》明谓"物有本末"乃结上文意，复又明注"明德为本，新民为末"，何得与心斋文义解说相侔？至心斋明著身之为本，以反己为格物，是亦反求诸己之意，亦似非自此身之本，又复分内外两面而言物。心斋固谓身之为本而家国天下之为末，若如全氏推说，则身内之心意知，究当谓之本之本，抑亦得谓之末？可知此应非心斋原意。要之，心斋之说格物，自身以至家国天下，扣紧人事范围立说，宜较符先秦本义；其以格物即"物有本末"之物，尤殊有见，特于"物"字训解尚差一间，又云"格知身之为本而家国天下之为末"，又与"反己"分属知行，难免招人非议。[1] 若如拙解格物之义，则心斋所谓反己，所谓身之为本，所谓格物即"物有本末"之物，其义皆可取用，但不得谓身与家国天下俱为一物而已。

全氏指心斋之说，远在宋元之际的黎立武已先发之，今黎氏《大学本旨》原书具在，可以覆案，足见其言不差。[2] 其实在全氏之前，毛奇龄著《大学证文》，亦根据朱彝尊的著录，更早指出此一事实，并且录列近于黎、王之义者，尚有湛若水、蒋信、罗洪先、姚舜牧、郝敬、刘宗周、朱鹤龄等诸家。[3] 此外，与毛奇龄同时的李颙，撰《四书反身录》，亦主"古之欲明明德于天下"与"物有本末"应当"一滚说"，可见元、明以来，确有不少学者肯定"物有本末"节是起下文而非结上文的观点。[4] 李颙又云：

> "物"即身、心、意、知、家、国、天下。格者，格其诚、

---

[1] 钱宾四师云："心斋乃谓格物是格物之本末……惟《大学》本文……屡言'必先'云云，是已将物之本末、先后明白确定，更不待读者之再格。故知心斋训格物为'物有本末'之'物'，其说似亦未可信守。"说参《大学格物新释》，《中国学术思想史论丛（二）》，《全集》第18册，第219—220页。

[2] 说参《大学本旨》（台北：台湾商务印书馆，1983年，《景印文渊阁四库全书》第200册），第742页。

[3] 参（清）毛奇龄：《大学证文》，《景印文渊阁四库全书》，第210册，卷1，第282—283页。

[4] 此一见解，除上文陈澧所引王复礼外，毛尚忠《四书会解》亦明谓"物有本末"是所以起下文者。余未见其书，其说略见于《四库全书总目》（台北：艺文印书馆，1964年），第1册，第769页引述。

正、修、齐、治、平之则。[1]

其析言"物",则有"知";合言"格",则遗"知",盖若言"格其致之则"实为不词。此解似尚不如心斋说之较通达。

至晚清郭嵩焘曰:

> 格者,限也,物有所限而遂止也。《大学》明言"物有本末,事有终始","物"与"事"自别。意、心、身、家、国、天下,物也;诚、正、修、齐、治、平,事也。意心身家国天下之为物,其义皆有所极,其行之也皆有其程。格者,穷极其所以然,推类至义之尽而仍不逾其则。朱子《章句》精矣,而训物为事,犹循郑《注》,终有未协。[2]

解格为限,亦如止,所述实亦未逾阮元"至而止"之义,亦未与朱子即物穷理之说相悖。然郭氏分辨"物""事"异指,则大与阮元相异,而与笔者所主相同,但彼以"意心身家国天下"为物,[3] 实只离"修身"等词为二,动词属事,宾语属物;如是不得不独遗"致知"不提,盖以"知"为物,确难为词。是知其训物亦与李颙同病,自非正解。

约与郭氏同时的俞樾则另出新说,曰:

> 格物之说,何其纷纷也!夫格物乃大学教人之始,非可索之元妙,亦不必求之过高,要使学者有可以入手之处,乃为得之。是故格者,正也。格之训正,经传屡见。……欲致其知,在正其物;其物不正,知不可得而致也。《内则》曰:"六年,教之数与方名。"此即格物之始事也。……必先正其物,然后从而推致之。……盖即数与方名中,其理有不可胜究者矣。……是以黄帝治天下,必先正名百物;孔子论为政,必也正名;而《大学》之教,始于格物,其

---

[1] (清)李颙:《二曲集·四书反身录·大学》(北京:中华书局,1996年3月),卷29,第404页。

[2] (清)郭嵩焘:《礼记质疑》(长沙:岳麓书社,1992年4月),第694页。案:此段引文标点略有改动,未悉照原书。

[3] 乾嘉学者程瑶田亦同以"意心身家国天下"为物,但说格物则与郭异,此不具详。说参程氏《通艺录·论学小记上·诚意义述》,《安徽丛书》(台北:艺文印书馆,1971年,《原刻景印丛书精华》,方域类),第7册,第25页上。

义一也。周公作《尔雅》，自天地以至草木禽兽，一一训释之，盖亦格物之事。推而言之，则君君臣臣、父父子子、夫夫妇妇，皆格物也。物不格，则君不君臣不臣、父不父子不子、夫不夫妇不妇，尚足与言君臣、父子、夫妇之道乎？是故格物一言，所包者广，自童子六岁始受数与方名，以至欲为君尽君道、欲为臣尽臣道，尽人物之性，赞天地之化育，举不外乎格物以致知。[1]

"格"之训正，其实与训至之与止，其义自可相通，说已见上文。俞氏释"物"，兼包今语之物与事，论其实质内涵，无以大异乎朱子之所主，朱子则尚未牵附至小学之数与方名，俞氏乃竟谓格物工夫"是小学之事，不在大学之中"，[2] 此尤节外生枝，引而益歧。然拙文颇有取其所申孔子正名之义，故上文尝谓格物与正名其义相通。总之，因于对"物"字训义的不同，自会生出不同的理解。俞说或更近乎近世人之观念，而似无当乎先秦人原旨。

（九）结论

本篇主要论点，乃本于《易传》"爻有等，故曰物"之旨，配合《礼》家"物"为"射时所立之处"之说，认为《大学》"格物"之"物"，当即指等差不同之地位而言。"格"之训至与止，乃至于训正，义并相通。所以称"物"者，不止指其人所处之地位或立场，尤重在其位之变动不居，亦即兼顾"物"字本身所含有不一的"杂"义为说。故此"物"之所指，不在外在之天地万物，亦不在意之所在之人与事，而是端就其人一己之身而言。其人随其自身之时位不同，而各有其变动不居之身份地位，是所谓"物"；其人循其为"物"之不同而格，至而止于其位之所当为之义，即其正，如"为人君止于仁，为人臣止于

---

[1] （清）俞樾：《达斋丛说·致知在格物》，《皇清经解续编》，第20册，卷1350，第16411页。

[2] 说见（清）俞樾：《九九销夏录·格物之说》（北京：中华书局，1995年6月），卷3，第22页。本文前举毛子水师论文尝详引其文，亦不以为然。

敬，为人子止于孝，为人父止于慈，与国人交止于信"，是即所谓格物，其义亦近乎孔门"君君臣臣、父父子子"之正名，亦与儒家"反求诸己""思不出其位"之义相通。然格物乃八目之始，实为学做人（修身）之基本立场与方向；逮其身之已修，功德圆满，乃始是"止于至善"。由是而言八目所涉，仍应在人事伦理范畴以内。

本此理解，乃可进一步贯串经文上下的文义。"格物"之"物"，即"物有本末"之"物"，与"事有终始"殊旨。所谓"本"即己身，故云"修身为本"，而己身虽定，而其地位则无定，故"修身为本"之上，必增言"自天子以至于庶人"。凡与己身相与之对象，则为"末"，而末亦无定：子为本，则父为末；臣为本，则君为末。格其本位而修，则是修身之事，故自其事而言，亦可谓修身是本，齐家、治国、平天下是末。然当知身、家、国、天下非即是物，须谓修齐治平皆格物之事，然后差可。事则不止修身以下，其上则尚有致诚正，而其事则有先后；经文所言"先"者六、"而后"者七，即所谓"事有终始"。故"物有本末，事有终始"非所以结上文，乃所以启下文者。故不惟身家国天下之不得为物，知意心尤不得为物。物只就身上说起，可说修身是格物之事之本，相对而言，齐家、治国、平天下则是格物之事之末，故云"其本乱而末治者否矣"。本乱即指其人之出位，于事而言即是身之不修；末乱则是其人相与之对象亦出位，于事而言即家之不齐，或国之不治，或天下之不能平。因此在"本乱末治"之后，经文复申之以"其所厚者薄，而其所薄者厚，未之有也。"此诸"其"字，并指为"本"之人而言，"所厚者薄"，即是"本乱"；"所薄者厚"，则是末之不治。若谓修身而上，就齐治平而言，齐家本而治国末，治国本而平天下末，此则前文"终始""先后"已明其义矣。

后世亦以"物"称人，或合称"人物"，疑即自物字原所含杂而不一等差之义而来。"人物"一词，甚至有用作动词，以谓辨别评述人之流品者。[1]"格物"一词，在后世史籍中尚有一较特别的用法，颇堪注

---

[1] 如（晋）司马彪《续汉书》："(乔)玄字公祖，严明有才略，长于人物。"见（晋）陈寿：《三国志·魏武帝纪》（北京：中华书局，1982年7月），裴《注》引，卷1，第3页。

意。如《三国志》裴《注》引《傅子》曰：

> 邴原性刚直，清议以格物，（公孙）度已下心不安之。[1]

《晋书·陆晔传》：

> （陆）玩翼亮累世，常以弘重为人主所贵，加性通雅，不以名位格物，诱纳后进，谦若布衣，由是搢绅之徒莫不荫其德宇。[2]

《旧唐书·房玄龄传》：

> （房玄龄）明达吏事，饰以文学，审定法令，意在宽平。不以求备取人，不以己长格物，随能收叙，无隔卑贱。论者称为良相焉。[3]

此诸"格物"字，无论自郑孔以下，程朱陆王诸家解义，皆有未协。《资治通鉴·汉纪·孝献皇帝辛·建安十四年》亦有一段记载：

> 丞相掾和洽言于曹操曰："天下之人，材德各殊，不可以一节取也。俭素过中，自以处身则可，以此格物，所失或多。"

胡三省《注》：

> 格，正也。[4]

是"格物"犹言"正物"，其义则为正人。正己身曰格物，求正于他人之身亦可曰格物。《通鉴》中"处身"与"格物"对言，其义甚显。此处以"物"言人，亦应自其品第不齐之义而来。孟子曰："物之不齐，物之情也。"其义自指万物，然世人流品之不齐，实亦相当。故人之称物，宜可就此义着眼。史籍中此一用例，亦正可与拙解《大学》格物之义互发。

---

[1] 《袁张凉国田王邴管传》，《三国志》，卷11，第354—355页。
[2] （唐）房玄龄等：《晋书》(北京：中华书局，1987年11月)，卷77，第2026页。
[3] （后晋）刘昫等：《旧唐书》(北京：中华书局，1987年11月)，卷66，第2461页。
[4] （宋）司马光撰、胡三省注：《新校资治通鉴注》(台北：世界书局，1972年11月)，卷66，第2099页。案：《通鉴》此段记载亦见《三国志·魏书·和洽传》。又《通鉴·汉纪·孝献皇帝乙·初平二年》胡《注》"邴原性刚直，清议以格物"，亦云："格，正也。"见卷60，第1930页。

（十）余论

　　历来对《大学》的争议，最主要便是集中在格物的歧解上。朱子本程子之意，以为《大学》有错简，有缺文，遂改订古本次序，而所作《格物补传》，后世非议尤多。故后世有古本、改本之争，此即其根源所在。主古本者谓"此谓知本，此谓知之至也"系在"其所厚者薄，而其所薄者厚"下，正应上文"修身为本"，人能知本，即是知之至，故后文只单疏"诚意"，固无烦补格致之传。[1]李惇《群经识小》曰：

　　　　《大学》《中庸》二篇，程朱自戴《记》取出，以配孔孟之书，《大学》改正尤多，如临淮入汾阳军，一号令之，壁垒皆变，数百年来遵而从之，无可议矣。但戴《记》中犹当载其元文，使学者知二书本来面目，并知程朱改订之苦心。今惟注疏本尚载元文，而不能家有其书，坊刻读本，止存其目，学者有老死而不见元文者。窃谓急宜补刊，庶得先河后海之义。[2]

彼虽谓程朱义无可议，亦未言古本之不当改，然力主兼行古本，其意最为持平，而从古本之得另有理解，亦从而可知。至如钱宾四师曰：

　　　　"知止"可谓即"知本"，乃是起步处，"知之至"始是歇脚处。……朱子……发明"知本"与"知至"之不同，可谓深切而著明矣。然则纵谓《大学》无缺文，亦必有缺义。朱子《格物补传》，至少补出了《大学》之缺义。[3]

此则自另一角度窥入，而其以古本于义有所未足之意，亦至明显。然无论致疑于古本或改本者，大抵皆未疑及《大学》本篇义理。惟清初陈确《大学辨》极论其文必出秦后，又斥之为禅学。其论旨甚夥，而主要则质疑于《大学》之"知止"，其言曰：

　　　　未至而知止，如弗知而已，而何遽定、静、安、虑、得之可

---

[1] 如283页注1所举，陈澧《东塾读书记》引王复礼《四书集注补》即主是说。钱大昕亦云："致知者，知本之谓也。"见《嘉定钱大昕全集·潜研堂文集·大学论上》（南京：江苏古籍出版社，1997年12月），第9册，第22页。大抵主古本者多持此见。
[2] （清）李惇：《群经识小·大学中庸》，《皇清经解》，第18册，卷722，第13031页。
[3] 钱穆：《大学格物新释》，《中国学术思想史论丛（二）》，《全集》第18册，第230页。

> 易言乎?且吾不知其所谓知止者,谓一知无复知者耶,抑一事有一事之知止,事事有事事之知止;一时有一时之知止,时时有时时之知止者耶?……《大学》之所谓知止,必不然也。必也,其一知无复知者也。一知无复知,惟禅学之诞有之,圣学则无是也。君子之于学也,终身焉而已;则其于知也,亦终身焉而已。……天下之理无穷,一人之心有限,而傲然自信,以为吾无遗知焉者,则必天下之大妄人矣,又安所得一旦贯通而释然于天下之事之理之日也哉![1]

实则纵谓《大学》晚出之篇,亦不能知禅学顿悟之说,盖即以"知止"之起步处认作歇脚处,遂生此疑。此等疑处,总由格物致知之解读而起。今若谓格物固无涉乎天下无穷之理,自不致疑及其何以居八目之首。

前于陈确,远在南宋,陆象山弟子杨简已先疑《大学》,乃本于心学立场认为八目分裂身、心,先后层累,支离害道,遂斥之为非圣害道。然后世学人,又以转訾慈湖之近禅。[2] 可见对文义理解的不同,以至论者自身的学术立场,皆可以影响其对经典本文评价的高下,有时彼此竟致是背道而驰的。

最后引录清汪中《大学平义》一文,其言曰:

> 《大学》其文平正无疵,与《坊记》《表记》《缁衣》伯仲,为七十子后学者所记,于孔氏为支流余裔。师师相传,不言出自曾子,视《曾子问》《曾子立事》诸篇,非其伦也。宋世禅学盛行,士君子入之既深,遂以被诸孔子。是故求之经典,惟《大学》之格物致知可与傅合,而未能畅其旨也。一以为误,一以为缺,举平日之所心得者著之于书,以为本义固然;然后欲俯则俯,欲仰

---

[1] (清)陈确:《陈确集·别集·大学辨》(台北:汉京文化事业公司,1984年7月),卷14,第554—555页。
[2] 杨简对《大学》的批判,主要见于《慈湖遗书·家记七·论大学》(台北:"国防"研究院,1966年10月,影印《四明丛书》本)。刘秀兰《化经学为心学——论慈湖之经学思想与理学之开新》(台北:台湾大学中文研究所硕士论文,1999年6月),第二章第一节,第38—43页有较详论述。

则仰,而莫之违矣。习非胜是,一国皆狂。即有特识之士,发瘝于心,止于更定其文,以与之争,则亦不思之过也。诚知其为儒家之绪言,记礼者之通论,孔门设教,初未尝以为至德要道,而使人必出于其途,则无能置其口矣。[1]

此论似即针对程朱而发,而汪氏还归《礼记》原篇地位之主张,亦意在言外。惟朱子教人先读《大学》,盖以为此篇是为学纲领,修身治人的大规模,学者由是以奠基,然后可以进阶以窥《四书》之其余三种。朱子解说此规模云:

> 所谓"规模之大",凡人为学,便当以明明德、新民、止于至善,及明明德于天下为事,不成只要独善其身便了?须是志于天下,所谓"志伊尹之所志,学颜子之所学"也。[2]

其意复详申于《大学章句序》中,辨《大学》乃异于"俗儒记诵词章之习""异端虚无寂灭之教""权谋术数功名之说""百家众技之流"。无如后之学者,竟又以禅学疑之,或又嫌其支离,陈确甚至说《大学》纷纷曰"欲"曰"先",悉是私伪。苟得朱子为学规模之旨,则格物之或汉或宋,或朱或王,以至诸家解读,于儒门教义,固无伤也。纵其书非孔门设教之旧,亦已为数百年来设教之先。汪中谓其文平正无疵,若由朱子为学规模之观点论之,亦允称平议。本篇所论,亦笔者受启发于师友,平日心得,一隅之见,得无汪氏俯仰之讥乎!

本篇原刊于2000年12月台北汉学研究中心《汉学研究》第18卷第2期

---

[1]（清）汪中:《述学·大学平义》,《皇清经解》,第18册,卷800,第13176—13177页。
[2]《朱子语类》,上册,卷14,第250页。

十二、《老子》首章旧义新解

（一）前言

自一九七三年十二月湖南长沙马王堆三号汉墓出土《甲》《乙》两部帛书《老子》以还，二十多年来有关《老子》书的研究，尤其是在文字校订与文义阐释上，便步入了一个新方向。此期间利用帛本校释今本，或直接对帛书进行整理，据郑良树先生所列举，已有十七种；[1]其实海内外此类著作，尚不止此，[2]尤如陈鼓应先生旧著有《老子今注今译》，[3]嗣后得见帛书相关资料，即据之着手进行修订，更名为《老子注译及评介》再行付梓。[4]这一趋势明显地指出，此下研究《老子》者，都不能对这两本新出土的早期实物钞本视若无睹，置诸不问。

---

[1] 参见郑良树：《老子新校·序论—— 帛书与西汉〈老子〉传本》（台北：台湾学生书局，1997年4月），第 XVI—XVII 页。

[2] 郑氏参校诸书，除所举出的十七种书外，他在《序》末小注中续列了七种参考书，但这七种之中，有部分写成在帛本出土之前，未尽参用帛本。至其所未列举者，如王光前《老子笺》（高雄：前程出版社，1980年）、陆元炽《老子浅释》（北京：北京古籍出版社，1987年）、徐梵澄《老子臆解》（北京：中华书局，1988年）、常梅茵《老子道德经真义》（台南：宏大出版社，1990年）、周春生《白话老子》（西安：三秦出版社，1990年）、冯达甫《老子译注》（上海：上海古籍出版社，1991年）、严灵峰《老子研读须知》（台北：正中书局，1992年）、顿占民、于义坤《老子精旨指要》（香港：天马图书公司，1993年）、朱恩田《老子考辨》（沈阳：辽宁人民出版社，1994年）、黄瑞云《老子本原》（北京：人民文学出版社，1995年）、陈国庆、张爱东注译《道德经》（西安：三秦出版社，1995年）、天谷子《老子道德经经解》（成都：四川大学出版社，1996年）、孙以楷、杨应芹《老子注译》（合肥：黄山书社，1996年）等诸种，或多或少亦皆已参用帛本。其他笔者所未寓目者，尚未与焉，实际数量应更多。

[3] 是书初版于1970年，台湾商务印书馆印行。

[4] 是书1984年由北京中华书局印行；本文以下有所引用，则据香港中华书局1990年12月重印本。

在帛书本尚未出土以前，历来研究《老子》的学者恐怕都不会否认，《老子》书由于版本繁多，其异文校勘问题的歧见以及释义争议之纷纭，在古籍中是少见的。[1] 按理说帛书不过是在传世的众多版本以外，增多两种可供参考的版本而已。并且帛书亦非老聃亲笔，也同样是传钞自先秦的本子，其中也尽有错讹，有不少地方确还比不上通行的传本。可是相较于复杂多歧的传世诸本，它们毕竟少却了三四百年辗转传钞的增删改变[2]，何况我们今日所见传世刊本，又未必自汉魏以后便能保留完貌，一无改动。[3] 因此，帛本经历后人改动的分量，相对来说应较其他传本为少，理应获得学者的承认。本文即根据帛本的异文，配合旧注以至时贤的新论，对《老子》开宗明义第一章的文义重加检讨；贯通《老子》全书义旨，参酌古本古义，尤为本文特别用心之所在。古今学者无不治《老》，著作亦不啻汗牛充栋，笔者见闻谫陋，虽云新解，实本旧义，所陈管见或颇异于时贤，不过在众多解说之外，提出另一角度的理解，聊备一说，倘或一言可采，此亦不过刍荛狂夫之议而已。

（二）"无名""有名"与"无""有"的异读

《老子》第一章：[4]

---

[1] 姑举朱谦之《老子校释》为例，其书所据版本总凡一〇三种，考订参考书目则共一四六种。此书原为北京中华书局《新编诸子集成》之一种，本文所据为台北里仁书局1985年3月印本，与他书共收载《老子释译》。

[2] 帛书据学者考证，《甲》本钞成于汉高祖年间，《乙》本则在惠帝、吕后间。而传世古本，如河上公《注》，旧传其人当战国末年，然学者考定，其实是后汉中叶迄末造间黄老学者所伪托；说参王明：《道家与道教思想研究》（北京：中国社会科学出版社，1984年6月）。

[3] 如河上本今有王卡点校：《老子道德经河上公章句》（北京：中华书局，1993年8月），校勘较备。王卡虽亦采信王明所考，推定此本约成于后汉桓、灵，然而他又说："这样说也不否认现存《河上章句》传本中有魏晋以后所增益的文字。"说见是书卷首《前言》。再如魏王弼《注》本，其注文经楼宇烈《王弼集校释》（原北京中华书局；今据台北华正书局印本，1992年12月）校订注文之错讹脱漏者又何限，则经文亦不能必其无变。

[4] 本文所引《老子》章次文字，如未另加注明者，仍依通行本。

> 道可道，非常道；名可名，非常名。无名，天地之始；有名，万物之母。故常无欲，以观其妙；常有欲，以观其徼。此两者，同出而异名。同谓之玄，玄之又玄，众妙之门。

论者多谓《老子》此章为全书总纲，八十一章不出其大范围。然而此章含义却无疑是历代治《老》者聚讼焦点之所在。亦可谓此章的句读和释义，古今纷纷，似无定论。实则重点所在唯在二、三两句。大抵旧读如上文所引，然自有宋司马光、王安石等以还，这两句就有了一个新的读法：

> 无，名天地之始；有，名万物之母。故常无，欲以观其妙；常有，欲以观其徼。

由于句读的不同，对文义的理解也就随之而异。两种读法都各有其支持者；也有些学者，前一句主张旧读，从"无名""有名"读断，而下一句则改从新读，从"常无""常有"读断。至于后文的"两者"所指，更莫衷一是，或说"道"与"名"，或说"可道"与"常道"，以至于"无名""有名"、"无欲""有欲"、"无""有"、"始""母"、"妙""徼"，几乎本章中凡有相对之词，都有人来主张。"此两者"三字既承上文而来，则如能先解决了上面几句的文义，自可有助于了解"两者"所指代。

上述这些异见，可说基本上是缘于断句不同而生出不同的理解，当然也可以说成是由于理解不同而产生不同的句读主张，这两者是二而一的。也就是说，这些还未牵涉到异文的问题。我们可以参考帛本，试看能否提供一些判断上的帮助。帛本此章的文字是：

> 道，可道也，非恒道也。名，可名也，非恒名也。无名，万物之始也；有名，万物之母也。故恒无欲也，以观其妙；恒有欲也，以观其所徼。两者同出，异名同谓，玄之又玄，众妙之门。[1]

试看第三句[2]，作"无名万物之始也有名万物之母也"，与今本唯有两处

---

[1] 帛本引文为求排印方便，此据高明：《帛书老子校注》（北京：中华书局，1996年5月）所整理之《帛书老子甲本勘校复原》，《乙》本文字大致相同。

[2] 句数取便说明，姑从原引文标点。

不同：其一，帛本多两"也"字。其二，帛本上下两处并作"万物"，与今本分作"天地""万物"者不同。前一点无关宏旨，可无论。后一点，依古本流传之实况考察，原当以帛本为正，大抵自东汉以下始改前句为"天地"。[1]如说"天地""万物"互文同义[2]，事实上亦可以无辨。如此则帛文此条文字的歧异，实无助于上述句读诤议的澄清，因为帛文也同样可以作此两种断句，而意并可通。但若旁参其他典籍，又有可得而说者。《史记·日者传》引此作：

> 无名者，万物之始也。[3]

这很明白是以"无名"为读。而从河上公《注》、王弼《注》以来，注家也多自"无名""有名"读断，可知自来都是如此理解的。但宋代新说一出，也有不少注家改而遵从。所以这两种就今而言，其实都属传统旧说的分歧，便一直沿袭到现在。为便于指称，姑分以新旧名此两说。主新说者或谓理解古籍当在求真，不能唯古是从，更不应少数服从多数。[4]这自是无可质疑的，其实引申推开来说，唯应求真求是，其他之或古或今，或众说或独议，自可不问。然而摆在我们面前的，只如庄子《齐物论》所指出的，各家莫不因其所是而是，因其所非而非，往往使读者莫知所从。既然自西汉以来，皆主旧说，何以后人又别出新义呢？我们可试看近来著作中主新说者所持的论点。如陈鼓应先生云：

> 主张"无名""有名"为读的人，也可在《老子》本书上找到一个证据，如三十二章："道常无名，始制有名。"然而若以三十二章的"无名""有名"作为本章上标点的根据，则"无名"犹可通，而"有名"则不可通。因为"始制有名"的"名"是

---

[1] 马叙伦、蒋锡昌并曾考证古本"天地"原作"万物"，今帛本尤可作证。自严遵《老子指归》已改为"天地"。说参蒋锡昌：《老子校诂》（台北：东升出版事业公司，1980年4月），第3—4页；又郑良树：《老子新校》，第1页。

[2] 说参古棣、周英合著：《老子校诂》（为《老子通》上册，长春：吉林人民出版社，1991年8月），《上篇》第5页。

[3] （汉）司马迁：《史记》（台北：明伦出版社，1972年1月），卷127，第3220页。案：末"也"字或以为非《老子》语，然此无涉解义，可置勿论。

[4] 古棣、周英合著：《老子校诂》，上册，《上篇》第4页。

指区分尊卑名分的"名",这种"名"乃是引起争纷的根源。引起争纷的"名",则不当成为万物的根源("万物之母")。再说,"名"是跟着"形"而来的,如《管子》说:"物固有形,形固有名。""有形"不当成为万物之母。所以似不宜以"有名"为读。[1]

卢育三也说:

> 只有有形的具体事物才有名。按照老子的逻辑,有形的具体事物如牛马、草木、金石等有限之物是不可能成为"万物之母"的。[2]

两者的观点是一致的。古棣的《老子校诂》同样主张以"无""有"为读,他说:

> 此章如读作"无名""有名"就扞格不通了。"无名",怎么能成了万物的创始者?"有名"怎么成了万物的母亲?也不能说给它起个名叫"无名",起个字叫"有名",这于理难通。[3]

诚如诸家所论,如果"有名""无名"确是这样的含义,那么我们自该承认,这是决说不通的。可是汉魏人的句读又如此清楚明确,他们何以都不知此义呢?若我们回头去细读古注,自会明白古人对此句的句读虽如此主张,对文义的理解却并不如后人所想象。我们仍举河上《注》与王《注》为例。河上《注》云:

> 无名者谓道,道无形,故不可名也。始者道本也,吐气布化,出于虚无,为天地本始也。有名谓天地。天地有形位、〔有〕阴阳、有刚柔,是其有名也。万物母者,天地含气生万物,长大成熟,如母之养子也。[4]

王弼则云:

> 凡有皆始于无,故未形无名之时,则为万物之始。及其有形有名之时,则长之、育之、亭之、毒之,为其母也。言道以无形

---

[1] 陈鼓应:《老子注译及评介》,第57页。
[2] 卢育三:《老子释义》(天津:天津古籍出版社,1987年7月),第42页。
[3] 古棣、周英合著:《老子校诂》,上册,《上篇》,第4—5页。
[4] 据王卡点校:《老子道德经河上公章句》,第2页。

无名始成万物,〔万物〕以始以成而不知其所以〔然〕,玄之又玄也。[1]

两家释义用语容有相异,若就大旨观之,则可谓都认为这两句乃是在说明"道生成万物"的过程。王《注》更近古本经文[2],我们且先看他的说法。我们应特别注意王弼在解释"无名""有名"两词的字面之前,固然分别加上"未形""有形"两词来补充区分其义,但他并没有直接以"无名"为"万物之始",更没有以"有名"为"万物之母"。《注》中在"无名""有名"之下,都明有"之时"两字,是别有一"物",在"无名之时"如何,在"有名之时"又如何。此"物"为何?即"道"之谓。是王弼之意,万物何由以生?乃由于道;何由以成?亦由于道。万有皆从无中生出,若非原来是"无",便无所谓"始",故说"凡有皆始于无"。但并非说道就是"无"[3],而是说无中何以能生出有,乃由于道使然。而既生之后,不即遽成,其在"有"的阶段中,尚有长育亭毒种种,此亦无不由于道使然。这个"无",就是"有"尚未生出以前的状态,都是就万物存在而言的。所以王弼是说,道是彻始彻终无所不在的。《注》文所谓"故未形无名之时""及其有形有名之时",是就"道"的处境,分开两阶段而为言。"及其有形有名"以下的后一段,四个"之"字,以至"为其母也"的"其"字,自很清楚是指万物的"有"而言。至于"为万物之始""为其母也"这两语所略去的主词,无疑不指"无名""有名",而是他在下文所点出的,同指"道"而言。再简而言之,王《注》谓"道"分别在"无名""有名"两阶段时为"万物之始""万物之母"。"始""母"皆指"道"而言。

河上《注》便与王弼不同。第一,他的上下两句显然已确然以"天地""万物"分述了。其次,他明指出,"无名"就是"天地之始",

---

[1] 据楼宇烈:《王弼集校释》,第1页。
[2] 马叙伦、蒋锡昌并据王《注》"故未形无名之时,则为万物之始"一语,推证王本经文两句原皆作"万物",与《史记》所引相同。参蒋锡昌:《老子校诂》。
[3] 道包有无两面而言,乃一整体。楼宇烈径以"道"解"凡有皆始于无"之"无",疑与王弼此处文意尚不甚合。见《王弼集校释》,第2页。

"有名"就是"万物之母";不过他同时又说,"无名"即道,"有名"即天地。换言之,其意即无异谓"道为天地之始,天地为万物之母"。所以河上认此处所言为道生万物的过程,此与王弼相同;但他在"道"与万物之间,增出"天地"作为中介。这一方面符合古人对万物生成的看法[1],而更重要的,必得如此解释,才可以直接认"无名"为天地之始,否则就诚如上引一些现代学者所疑,"无名"何得创始万物,而"有名"又焉得为万物之母。如此说来,今本两句分作"天地""万物",若依河上之解,实分道、天地、万物三层,也不如古棣所说"天地""万物"为同一义。[2]虽然我们只能大略推测,而不能确断"天地"两字是何时改进去的,总之这一改动,在文义的理解上还是有影响的。而河上这一解说,我们也只能拿来和其他说法较其高下,或者辨别其说产生的时代,似乎也不能即说他全不可通。

明白了以上两家的注语,我们可知古读以"无名""有名"为断者并非不可通。今从帛本并作"万物"来看,王弼《注》似应更近先秦古本原义。[3]

(三)"常无欲""常有欲"与"常无""常有"的异读

今进一步去看本章下面一句,也有"常无欲""常有欲"与"常无""常有"两组异说。这亦如同上句,前者是较古的读法,帛本、河上、王弼莫不皆然;后者也是自宋司马光、王安石、苏辙等开始才有此新读。至近代学者,多采新说,反对旧说。帛书《甲》《乙》两本虽

---

[1] 何浩堃、黄启乐:《从道的二重性看老子哲学体系的特点》说:"在老子看来,世界是统一的,由'道'的运动产生的。古人认为,从世界产生的时间顺序来说,是先有天地的分化,然后才有万物的出现,'有天地,然后万物生焉。'(《易传·序卦》)老子也认为'天地相合,以降甘露,民莫之令而自均。始制有名。'(三十二章)由于天地相合,产生万物之后,才有名(概念)的出现。"(转引自陈鼓应《老子注译及评介》,第56页)其说非即河上意,而所述天地生物之义,可借以说明河上增入"天地"一层之用意。

[2] 古棣、周英合著:《老子校诂》,上册,《上篇》,第5页。

[3] 对"万物之母"的解说,本文与王《注》有异;说详下文。

然俱作"恒无欲也""恒有欲也",但是学者仍多未采信。最足代表此一观点者为严灵峰先生,他说:

> 《老子》全书言"无欲"者多……反之,见"可欲",则"心必乱"。此句关键在于"观"字,即如何"以观其徼"(依通行本)。老子观物方法,以虚静为本……常常有欲之人,自难虚静,何能"观妙""观徼"?是知帛书虽属古本,"也"字应不当有,而此句亦当从"有"字断句;而"欲"字作"将"字解,为下"观"字之副词。[1]

大抵反对以"常无欲""常有欲"为读者,基本上便是持类似严先生所说的观点,因此即使看到帛书作"恒无欲也""恒有欲也",从行文语气来看,决不能另读,而仍然认为这两部较传世通行各本更早的古钞本不足为据。当然也有少数主张以帛本为是的,特别是以帛本为主的校释著作,如张松如《老子说解》、黄钊《帛书老子校注析》、高明《帛书老子校注》等,然而相对于反对的主张,他们的声音显然微弱得多,难以相抗。但是有趣的是,"无欲"是老子所极力提倡的,"有欲"自然与其主张大相径庭,此略知道家思想者无不知,何以古注如河上、王弼仍主此句读?试看河上《注》,他说:

> 人常能无欲,则可以观道之要,要谓一也。……常有欲之人,可以观世俗之所归趣也。……名无欲者长存,名有欲者亡身也。[2]

可知河上亦非不知"有欲"有违老子之旨,但把两句的"其"字,上面说成道,下面却说成世俗;又牵连及于下文"异名"为"无欲""有欲"其名各异;这般解释,自然很难获得后人的赞同。王弼则说:

> 故常无欲空虚,可以观其始物之妙。徼,归终也。凡有之为利,必以无为用;欲之所本,适道而后济。故常有欲,可以观其终物之徼也。[3]

---

[1] 严灵峰:《马王堆帛书老子试探》(台北:河洛图书出版社,1976年),第59页。
[2] 王卡点校:《老子道德经河上公章句》,第2页。
[3] 楼宇烈:《王弼集校释》,第1—2页。案:"常无欲空虚",楼宇烈疑"空虚"二字为读者释文误入而衍;其说可从。

此章既以"无欲""有欲"并说,王弼则以十一章"有之以为利,无之以为用"之"有""无"并说者为解。但我们可注意到他特别将十一章此语来注"观其徼"一句。这是因为他认为"徼"是"归终",而他所说的"终",实和他解经文前句时所说的"及其有形有名之时,则长之、育之、亭之、毒之,为其母也",其义是相贯相承的。也就是万物自无生有,既有则长育亭毒,发展至尽,复归于无,这才是归终。[1]所以他所说的"无欲""有欲"依然是分承道之"始""成"万物这两方面来作解的。万物要到最后,复归于无,才算是真正的完成,故说"适道而后济"。我们可参看严复一段话,他说:

> 不言"无物",而曰"无欲",盖物之成,必有欲者。"物"果而"欲"因也。弃果言因,于此等处,见老子精妙,非常智之可及也。[2]

照这讲法,"无欲""有欲"其实相当于"无物""有物"。不过若说"无物""有物",好像只在存有上立言,把话说滞了;说"无欲""有欲"就带有一种行动趋向的意味,从无生出有,从有之始生以至成长终了的动进都可包含在内。姑勿论他这一说法是否有当于老子的本义,这一番话也许可以帮助我们对王弼注语的理解。果如此说,自然和老子的宗旨也是毫不矛盾的。但十一章只是强调了有皆赖于无而为用[3],却似并不涉及王弼所谓始终万物之意,他牵连说此章"有欲",恐怕是稍嫌牵强的。[4]

根据上述的说明,我们可以知道无论河上公或王弼,都知道世俗所谓"有欲"是不符老子所主张的。在处理这个问题上,河上不另作

---

[1] 王弼实以十六章"夫物芸芸,各复归其根"之意释之,是即彼所谓"归终"之义。
[2] 严复:《评点老子道德经》(台北:广文书局影印本,1975年1月再版),第1页。
[3] 《老子·十一章》王弼《注》:"言有之所以为利,皆赖无以为用也。"案:"言"下原有"无者"二字,楼宇烈《王弼集校释》引[日]波多野太郎以为二字衍文(第27页);今从其说。
[4] 亦有以六十四章"欲不欲"以说此处之"有欲"者,意谓所欲唯无欲,则有欲犹无欲。参郑曼髯:《老子易知解》(台北:台湾中华书局,1985年3月二版),第2页。然"欲不欲"之语法,亦犹"学不学""为无为""事无事",老子未尝改云"有为""有事"等,而视为同义。纵有此义,亦只应独自为义,不应与"无欲"相提对立为说。

解,只沿用了一般语义的用法,而认为"有欲"云云,是会"亡身"的。王弼则改从《老子》的内部含义来作解释,认为此处的"有欲"非即世俗物欲、私欲之谓,那么便与老义无悖。河上之说,于文理不顺;王弼之说虽深微,亦不免迂曲。我们若比观宋以下的新句读、新解释,自然觉得明畅舒朗得多了,所以难怪近来学者多从新说。至如力主帛本句读者,他们所作的解释,也不能尽如人意。张松如解"常有欲"一句,说:

> 不言自明,物或道之"名",乃是由人之志欲情欲(善恶、爱憎、喜怒)而命名,从而成为观念中的物或道,也就是为我之物或为我之道了。所以"恒有欲,以观其徼"。只有"有欲",就是带着人的功利目的、志欲要求,才能观察到"道"之所循所求,也就是"有名"的"为我"的万物的施用、运行。……总之,上股"恒无欲,以观其妙",是指自在之物,自在之道;下股"恒有欲,以观其徼",是指为我之物、为我之道。……这个"欲"字……与世俗之声色狗马,宠辱尊荣所谓"人欲横流"者,是风马牛。[1]

如此辨别"欲"字非指世俗人欲,以"客观自在之道"与"主观为我之道"来说解两者的不同,亦煞费苦心。但是若依此说,则一面站在"道"的立场,一面又站在"人"的立场,岂老子"人法道"之旨?

黄钊释此两句,则说:

> 经常保持无欲的精神状态,就可以静观无名之"道"的微妙;经常为欲念所纠缠,则只能粗察有名之物的显露之处。[2]

这一说,似乎稍近河上之义,"常有欲"还是要不得的。只是对于道的了解,"有欲"可以粗知,"无欲"才能精察,这一意思,通《老子》书别无痕迹可寻,找不到其他支持的论据。

高明的《帛书老子校注》于此基本上接受了蒋锡昌的说法。蒋氏

---

[1] 张松如:《老子说解》(济南:齐鲁书社,1987年4月),第9—11页。案:张氏训"徼"为循、求。
[2] 黄钊:《帛书老子校注析》(台北:台湾学生书局,1991年10月),第5页。案:黄氏读"徼"为"皦",本义为玉石之白,因引申为显明义。

以"无名"为泰初时期,"有名"为泰初以后之时期。高明引其说云:

> 蒋氏所谓"无名时期",系指远古时代宇宙间一切空虚清静,既无人类,亦无所谓思欲。他说:"此种境界不易体会认识,故为道之极微妙深远处。二十一章所谓'道之为物,惟恍惟惚',即指此境界而言也。"所谓"有名时期",系指近古时代,既有人类和人类之欲望,因欲望无限发展,必至互相争夺,而不能长保。他说:"故《老子》之'常无欲,以观其妙',欲使人知无欲之为妙道,而迫于虚无也;'常有欲,以观其徼',欲使人知有欲要求之危险,而行无欲以免之也。"[1]

这依然有河上《注》的影子,《老子》上下两句,一句是他要提倡的,另一句则是意在言外,他告诫人不要去犯的。这一解,大义是说通了,但"徼"便与上"妙"字绝无干涉,与全章遣词每相对为义者不协;而且从欲求而致相争,以致于危亡,引申也嫌过远;所以蒋说虽甚早,却并未受到太多学者的认同。倒是郑良树引杨丙安《老学新诠》云:

> 这两句有两种读法。王《注》……言无事无为,可以体察"道"生万物的深微玄奥;而有事有为,则需体察"道"终万物之边际。……当并存以资参较为善。

姑不论杨氏阐说王《注》是否悉称王氏原旨,他认为两说理可并存,这是一个比较宽广的主张。郑良树继之以案语云:

> 二说虽皆可通,然以前说为古耳。[2]

前文中提到,汉魏古人都从旧读作解,后人则多感古注不够理想,然而解说不够理想,古人难道全无感受吗?何以他们仍不作其他句读的考虑呢?郑良树所谓"前说为古"恐怕正揭出了真相。今从两本帛书看来,只许有一说,不能有二说。因此河上、王弼都不作他想,恐怕

---

[1] 高明:《帛书老子校注》,第226—227页。案:蒋氏亦以要求释"徼"字。
[2] 并见郑著《老子新校》,第2—3页。案:笔者未获睹杨著,仅从郑书见此简引数语,自难断其是否全符王意。然而从其文字表面看,他这一说法与鄙意却略较相近。未知杨著是否尚有更详之发挥,但他既本于王解,则纵有亦未必与本文所述悉合。

是在他们的时代,相传确知当如此读,所以他们会尽在这个句读模式下来求解。虽然我们不能确定帛本即为《老子》初文,但此两句中的"也"字正使其不得有两可之异读。而古注的通行本,尽管都已无两"也"字,而实并同这一读法,可证古读向来只此一说。否则不会一千几百年间,一无异读的痕迹留存。况且帛本第三章:

> 恒使民无知无欲也。

今本作:

> 常使民无知无欲。

帛本第三十四章:

> 恒无欲也,可名于小。

今本亦作:

> 常无欲,可名于小。

这两句今本也同样省去了"也"字。只不过这两处"无欲"在意义上不发生疑义,故无可争论而已。因此首章中这种情况也不是孤立的例子。若谓宋以下之新说于义更佳,此则可以无辨。因为一切古籍之流传,无论其为本文之改动,以至注解之新出,苟非浅人妄改或无根臆测,自然是可以后出转精的。

(四)从《老子》文意用语来考察古读

除了校勘学的根据外,还有没有其他征候可供判断古读是如此的呢?窃意以为即就文意用语的角度来观察,亦有可供参证者。若依新读,"欲"字属下读,与"以"连文,则此"欲"字自应如严灵峰先生所说,训"将",而为下文"观"字的副词。[1] 此类句型,经传中亦有其例。但就文意的实质含义论,如从"常无""常有"为读,则作"故常无,以观其妙;常有,以观其徼",于义已足,何必多加此将然之词的"欲"字?况且"欲以"连文,而"欲"字作"将"义副词的用法,

---

[1] 如将此两"欲"字作动词,训释为思或想,则于文义并不甚通。

在《老子》的其他篇章中找不到任何例证。《老子》全书"欲"字共出现二十五次[1]，除却本章两处外，尚有二十三次，大致归纳其用法，仅得两类：其一作名词，欲望、贪欲义，如：

少私寡欲。（十九章）

化而欲作。（三十七章）

其次则用作动词，期求、愿望义，如：

保此道者不欲盈。（十五章）

是以欲上民，必以言下之。（六十六章）

至作副词"将"义者，竟无一例。如要作这种用法，在《老子》书中，乃径用"将"字，如：

涣兮若冰之将释。（十五章）

夫亦将知止，知止可以不殆。（三十二章）

其与"以"字连文者，亦是如此。如：

强梁者不得其死，吾将以为教父。（四十二章）

古之善为道者，非以明民，将以愚之。（六十五章）

这都直接用本字，作"将以"，而不作"欲以"。特别是《老子》中还有以"将欲"连文的，如：

将欲取天下而为之，吾见其不得已。（二十九章）

将欲歙之，必固张之；将欲弱之，必固强之；将欲废之，必固兴之；将欲夺之，必固与之。（三十六章）

此等"将"字便是严先生所指的副词，其下诸"欲"字自是动词，非副词。全书中"欲以"二字相连者仅得一例，即：

无名之朴，夫亦将无欲，不欲以静，天下将自定。（三十七章）

这数句帛本作：

镇之以无名之朴，夫将不欲。不欲以静，天地将自正。[2]

河上本则作：

---

[1] 此以通行本文字为据。
[2] 帛书《甲》《乙》二本两"不欲"并作"不辱"，高明以"辱""欲"二字古为双声叠韵，音同互假。说见《帛书老子校注》，第427页。

无名之朴，亦将不欲。不欲以静，天下将自定。

依此看来，似应以作两"不欲"者为古，"不欲"即不起贪欲之意，与"无欲"义相通相近而微有别。总之，"不欲以静"中，"欲"与上"不"字连文成词，而不与下"以"字文意连读，是很清楚的。所以这一条实亦不是"欲以"连文，非首章这两例之比。如此说来，岂不可说通《老子》全书用字，无有"欲以"连读之例。所以综合来看，可判定古来首章这两句是以"无欲""有欲"为读的，也就是说，即使这样的读法不能令后人满意，老子的原意，恐怕是即此立义的。

　　再简单地总括说，今既知古本原都从"欲"字读断，则只应再问其义与老子义旨有无违背，若能通说，则至少当如杨丙安所主，应新旧两说并存。甚或可本郑良树所谓"前说为古"之义，进而推定旧说方为老氏本旨；新说就算义理再精善，再能和老子的宗旨相配，也只是后人一种在义理上尚属正确的误解。

（五）古本句读的通解

　　上文已讨论过河上与王弼两注的解说，虽然不致如近人所疑，与老子的主张基本相乖，但他们对局部语句以至于通章义旨的全盘阐释，都嫌勉强迂曲，因此也难获后人的首肯。那么，依照古本的句读，《老子》第一章究竟能否通解呢？依笔者拙见，应该是可以说得通的。以下试就个人所体会，略加申述。

　　我们首先当问，《老子》首章所言主旨为何？自是言"道"，这毋庸多言。然而"道"究竟是什么？王弼说：

　　　　夫"道"也者，取乎万物之所由也。……涉乎无物而不由，则称之曰道。[1]

然则万物之以生以长以成以毁，莫不由于道，故道包"有""无"，承学之士无不知之。所以就时间的观点而言，亘古未有天地之先，以至

---

[1] 语见《老子指略》，收载楼宇烈《王弼集校释》，第196—197页。

生发万有，万有之发育成长，衰老毁灭，从不存在到存在，从存在复归不存在，都是道。老子本章的道是否说这意思呢？鄙意以为通全书而言，固即指此道；然而本章之所重，老子则特别在"无""有"之间指出道的一个特质，教人效法。

章首开宗明义的两句，此可道之道，可名之名，自非老子所主之道，故老子开始只批评一切可道可名的，都不是常道常名。既非"常"，则自会"变"。至于世间究竟有无一种不变的常道存在；如有，则我们的人生，究竟是应遵照这个常道呢？还是既然一切无有不变，我们是否即当接受这一切日新日变呢？这两句中固未提出答案，然而我们若通读五千言，自然知道老子确然是主张有这一常道存在的，当然他也主张我们人生当遵从这一常道。老子可谓从世间种种无常中，要寻出一常，我们甚至可说，老子或许还厌恶此无常之万变。只他所说的这个常，是不可道、不可名的；否则他的道也将与世间一切可道可名的道同类，一般的无常，这样在老子的标准来说，就不足以为道了。[1] 因此接下来老子其实就立刻说到他的常道。

这个常处在哪里？这个道中的常处只见于万物的"无""有"之间的接榫处。万物的生发，就时间而言，自无中生有，[2] 无有之间有临界点。自此溯前，一往俱无；自此向后，并是一有，而此一有此下自可有种种发育成长变化，未必保其初貌，然其为有则一。倘使我们想象这种发展形态为一直线，则一端为无，另一端为有，中间一点为其交接点，老子的道常，即此之谓。其实更好是借用后世流传的太极图来

---

[1] 朱谦之说："盖'道'者，变化之总名。与时迁移，应物变化，虽有变易，而有不易者在，此之谓常。"见《老子校释》，第4页。是朱氏亦知此义，唯其继之极推与时应变之义，与本文所论殊旨。

[2] 《老子·四十章》："天下万物生于有，有生于无。"又案：本篇初发表后不久，新见郭店楚简《老子》，此章见于《甲》本，作"天下之物生于有，生于无。"学者或谓"生于无"上脱"有"字，则同今本；或谓简文方为《老子》原本，"有""无"并列而为万物之所从出。若简本文字果得其真，则尤符本篇述旨，其义正可相发。本篇正文仍依今本文字为说，不复改动。

说明。(参见附图)[1] 依一般讲法,太极以黑白双鱼环抱成圆图,犹阴阳二气,此消彼长,此盛彼衰;而又动静互为其根,动中涵静,静中涵动,循环往复不已。图中鱼尾为其气之初起,鱼头为其气极盛;白鱼之黑眼乃阳极所蕴之阴,黑鱼之白眼则为阴极所蕴之阳。今借以状有无,阳犹有,阴犹无;则老子所指即是这条黑鱼的白眼。

〔附 图〕

老子自言这一道中之常,即指出:

无名,万物之始;有名,万物之母。[2]

黄钊云:

"无名""有名"皆为"道"之别名,奚侗曰:"无名有名皆谓道。"不过二者又稍有区别:"无名"指"道"处于剖判未分之时;"有名"指"道"已化生为具体有名之物。故"有名"由"无名"演化而来。易佩坤曰:"无名生有名也。"[3]

---

[1] 太极图旧传有三种,此采清胡渭《易图明辨》所载流传甚广之阴阳鱼图。此一种阴阳鱼图形最早见于宋张行成《翼玄》,称"先天图";明赵仲全《道学正宗》则称"古太极图";明赵㧑谦《六书本义》则又称"天地自然之图",并谓南宋蔡元定得之蜀之隐者。各款虽略有参差,要为同一图式。参《易图明辨》卷3(重编本《皇清经解续编》,台北:汉京文化事业公司影印本,1980年,第1册,第160页);李申:《太极图渊源辩》(《周易研究》,济南:山东大学中国周易学会,1991年第1期);束景南:《中华太极图与太极文化》(苏州:苏州大学出版社,1994年9月),第12—14页。

[2] 此从古本文字,其辨已详上文。

[3] 《帛书老子校注析》,第4页。

此一说近是，而似尚不如王弼《注》之无病。王《注》上文已引述，他用"未形无名之时""有形有名之时"来释"无名""有名"，这两处"之时"字面，骤看似有增字解经之嫌，然而正如此解，始可避免径以"无名"或"有名"为道的误会。无名时期、有名时期，道无不在，只是老子此处所要说的道的常处，则既非无名，亦非有名；也可说既是无名，又是有名；就在这一而二、二而一的接榫处。若说"有名"为道，或"有名"即"万物之母"，此说之不通，近人驳辩已多；即以"无名"为道，则"无名"实亦非不可道。唯独此"无""有"之接榫处，是不可道的，不可名的。惚兮恍兮，恍兮惚兮，说此即遗彼，不足以尽之。我们姑借用苏东坡的一句诗"横看成岭侧成峰"来作比喻说明。在此一点上，前后各有一方，即无与有。若站在"无"的一边来说，这时节尚无万物，自然是无名，但自时间的连续言之，可说不待刹那，万有即由此生出；站在"有"的一方来看，这将出未出之际实为一切"有"的源头，在观念的分际上，已可视为有名的一个最早开端了。何以能自此生出？乃由于道，所以说道在这一刻既是"万物之始"，同时也是"万物之母"。若借太极圆图来说，这一处就好比那黑鱼的白眼。其实黑鱼的白眼和白鱼的白尾是很难分的，因为它们几乎继踵相禅，难以分割；但老子所说的这处毕竟只能是白眼，不能是白尾，因它是无中之有，或说是无中含有。所以白眼是白色的，属有，但却要放到黑鱼头去；若是白鱼尾，则纯是有而不含无了。所以这一白眼，就其位在黑鱼之身而言，可称"万物之始"；就其色白而言，则可称为"万物之母"。"始"居"无"的尽头，"母"居"有"的始端。通《老子》中所谓"母"，皆言其"本"。二十章：

    我独异于人，而贵食母。

二十五章：

    有物混成……可以为天下母。

五十二章：

    天下有始，以为天下母。既得其母，复守其子；既知其子，复守其母，没身不殆。

五十九章：
> 有国之母，可以长久。[1]

母所以生子者，因此母为子之本。"万物之母"，是指万有皆由此生出，只是万有的一个起源处。王弼把这处的"母"字错认了，便把既生以后的长养畜育发展，都算到这个"母"的范围内，不知道这个"母"依然无形；一旦有形，成为真正具体的"有"，便是"子"。"母"仍是黑鱼中的白眼，"子"便已是白鱼的鱼尾了。因此这"万物之始"和"万物之母"，其实是同一所指，都是指此道，不过成岭成峰，唯视立言的地位不同而异其说法而已。此处的"始"与"母"义近，如必欲分辨，则勉强借用《易传》中的讲法，"始"近乎"乾元"的"万物资始"，"母"则近于"坤元"的"万物资生"。

这一个"无""有"的交接点，便是万物的起源处，自其无的一边言之，无以名之，因说"无名"；自其有的一边来说，万物由之而生，不过这一个有的端倪处，则可称为"妙"。王《注》：
> 妙者，微之极也。万物始于微而后成，始于无而后生。[2]

无中生有，事实上先要无中生微，微已是有，这个微之极的端倪处便是妙。所以后世又有"妙有"一词。《文选》孙绰《游天台山赋》：
> 太虚辽廓而无阂，运自然之妙有。

李善《注》：
> 妙有，谓一也。言大道运彼自然之妙一而生万物也。……《老子》曰："道生一。"王弼曰："一，数之始，而物之极也。"谓之为妙有者，欲言有，不见其形，则非有，故谓之妙；欲言其物由之以生，则非无，故谓之有也。斯乃无中之有，谓之妙有也。[3]

既称"妙有"，其立名自是靠在"有"的一边，如换在相对"无"的一边看，其实也同是一般非有非无，似有似无，然并不得以"妙"称之，

---

[1] 王《注》谓"国之所以安，谓之母"，是即犹云有国之本。
[2] 见楼宇烈：《王弼集校释》，第1页。
[3] （梁）萧统编、（唐）李善注：《文选》（台北：五南图书出版公司，1991年10月），上册，第270页。案：此与佛家"真空""妙有"相对为言"妙有"，其旨不同。

所以是"无名"。所谓"无名""有名"、"万物之始""万物之母",所指同此恍惚一点。这一个"妙",犹今语所谓"新生",即我所谓的端倪处,虽尚无形,而有形即自此出,故是自"有"的立场为言的。

事物一旦有此新生,自会接踵赋形成"徼",渐次长成发展,循至于巅峰极盛,然后折转陵夷,渐趋终结。这一个转折回旋点,便是"徼"。《易传》:"日中则昃,月盈则食",所谓物极必反,正指此处。陆德明《老子音义》:

> 徼,边也。[1]

徼是边际、界限之义。其实"妙"之与"徼"皆是临界转变处,只前者由无而有,后者由有而无而已。"徼"就好比是太极圆图中白鱼的黑眼,与"妙"正相对应。此两种过程,老子皆主张要去"观",故就"妙""徼"两面分系"无欲""有欲"之词;而这两句是不易讲的。我们从他的动词"观"字来看,主词自然是人,是说我们当观察物自始至终,来回往复的发展过程,如此才可以知得万物生成和变动的真相。何以要观物?自然是要吸取教训,好来指导人生。两句中上下两"其"字,依然是"道"的代词。所以王弼分别用"可以观其始物之妙""可以观其终物之徼"来作解,那么"妙"和"徼"字都是指道在万物所施之作用而言[2],即一面要观察道始万物的极微妙处,看它自无生出有的生发;另一面则要观察道终万物的尽头,看它盛极而衰的转折。[3]这样说来,所谓观物,其实是观道,观道彻始彻终在万物的作用。

---

[1] (唐)陆德明:《经典释文》(台北:鼎文书局影印本,1972年9月),卷25,第356页。

[2] "以观其徼",帛《甲》《乙》两本并作"以观其所噭(徼)",多一"所"字,更与王《注》语意相协。

[3] 王《注》:"徼,归终也。"因释观徼为观其反本,其所谓"终",与本文此处所指不同。本文所谓"尽头",实只指此物极处而言。参305页注2及307页注2。又案:陆氏《音义》另录"徼"字两解:一曰"小道",一曰"微妙"。若说其恍惚微妙,难以执以为有,或执以为无,则"妙"之与"徼"固有其相似处;但用"微妙"字面,则自亦可视同于王弼"归终"之所指。至于"小道"云者,古与"邪途"相提并说(说参清王念孙:《读书杂志·汉书叙传》"据徼"条,台北:乐天出版社影印本,1972年,第403页),则只能与本文所解相合,不得同王《注》。

十二、《老子》首章旧义新解 -315-

今再进一步来说,就"无""有"两面来说"道",只是就人的思想观念而有此分别;若就道的自身来说,其终始万物固是一以贯之,无此分际。这两句便是老子观此不可道不可名之常道的全体,而就其全体中指出其道中之常。此道之常乃表现在两方面:其一即上述所谓道恒在无处生有;其二即在既有之后的一种不变的动向原则。万物既生,以长以成,莫不仍是道之使然,亦可谓都是道的作用,此即道的一种动向。严复说:

> 动必有复,故观其徼。[1]

我们也可以反过来说,观其徼,便见其动之必复。所以四十章又说:

> 反者道之动,弱者道之用。天下万物生于有,有生于无。

前一句正是"观其徼"所宜得的结论;后一句则是"观其妙"的注脚。这个"反"字,自是"复"义。[2] 道的动向是回头返回到它的原本。从何处开始回头?到了万物的徼,万物的尽处,它便回头。"观其妙"是本章主旨所在;"观其徼"则为后面第二章的张本。张尔岐云:

> 徼,如边徼之徼,物之尽处也。朱子云:"如边界相似,说那应接处。"盖事到尽处,必有相承接底,如下章(案:指第二章。)"美恶""善不善"之类。人于此留心,方可处事。[3]

张氏其实也并不赞成从"无欲""有欲"断句,但他说下章即承此句而来,则大有思致。有关这一意思,下文将再补充说明。

现在我们再回过来看"常无欲""常有欲"的解释。无论照河上公

---

[1] 《评点老子道德经》,第1页。案:严氏乃自王《注》引申其义,今只借用其语。

[2] 此句注家或强调其对立相反与转化,因主张"反"为相反义;或强调其返本循环义,则以通"返"或以"复"为训;亦有学者兼取两义。案:河上以"反本"为解;王弼亦以"以无为用"为说,而且他在解二十八章"复归于婴儿""复归于无极""复归于朴"三语时,即举此句互发相证。可知古注是以复其本始,返而归无为义的。况且下文即承此句而言"弱者道之用",盖弱者虽有而不离于无;最后两句即释其所以返无用弱之所以然;故就文理而言,亦似以古注义长。二十五章:"大曰逝,逝曰远,远曰反。"可以参证。

[3] (清)张尔岐:《老子说略》(济南:齐鲁书社,1993年12月),第4页。案:是书与张氏《周易说略》合刊。

也好,依王弼也好,都认为"观"的主词是人,这应是没有问题的;但一牵连上文的"常无欲""常有欲",便不好解。上文已引河上、王弼的讲法,论其义旨,应皆无大悖老子所主张,毛病只发生在未能与经文协合。我们可再参看严遵《老子指归》的说法,他说:

> 谓无欲之人,复其性命之本也。且有欲之人,贪逐境物,亡其坦夷之道,但见边小之徼,迷而不反,丧其真元。[1]

这或可说是汉人留下来最早的一种解释了。[2] 我们可以注意到,他也是以"无欲""有欲"为读的,可见古注无不如此,未有异见。而他的解释,意谓无欲的人见道,有欲的人不见道,[3] 基本上和河上所谓无欲长存,有欲亡身的道理较为相近。但我们可以发现严遵和河上、王弼有一点不同,就是他遗落了两个"以"字不说,因此"观"者便分别是"无欲"和"有欲"这两种人。

从以上的分析,我们可知如果将"无欲""有欲"同属之"观"者,这观者如为同一人,则一忽儿无欲,一忽儿又有欲,是决不可通的。至如严遵分别系诸两种人,这边是讲通了,却又对两个"以"字存而不论,似乎也不理想。其实只要我们理会这两句是老子教人观道之法,亦即分从两面来看道在万物之施用,文意上是承接上文所谓"始""母"的"道"而自两面来续作发挥,则汉人一正一反的观点便正相契合。亦即正面教人看合道守道的人的结果,反面则教人看违道离道的人的下场。此即犹二十三章所说的道理:

> 故从事而道者同于道,德者同于德,失者同于失。同于德者,道亦德之。同于失者,道亦失之。[4]

---

[1] (元)刘惟永:《道德真经集义》引,转引自王德有:《老子指归全译·老子指归辑佚》(成都:巴蜀书社,1992年7月),第233—234页。

[2] 严遵传说生西汉中叶,王莽篡政以后隐遁。《指归》一书,后人有疑其出伪托者,郑良树《从帛书老子论严遵道德指归之真伪》考其应为西汉末严遵真著,文见《古文字研究》(北京:中华书局,1982年),第七辑。

[3] 严遵因此将"徼"释为"边小之徼",以与"性命之本"相对。案:此说亦可与《释文》"小道"之说相通。

[4] 此段各本异文参差甚多,今从帛《乙》本,以其文意最通畅而完整。然此章在帛本中为第二十四章,与通行本章次不同。

这样说来，如汉人旧注的解释，将"无欲""有欲"说成是"无欲之人""有欲之人"，也不是不可以的。只需知道这两种人并不是观者之自身，而是观者观道之所根据、所凭依。欲得此句确解，对句中两"以"字是绝不应轻易放过的。至此我们回头去看河上和王弼不约而同地都用"可以"两字来注经文的"以"字，其实并不错。"可以"不是"能够"之意，而是相当于"可以凭""可以用来"的意思。[1]我们可以根据他的"无欲"，拿他合于道的一面来看，道在他身上的作用是生生不已而自无得有，因而得以"长存"；反之，可以依据他的"有欲"，从他悖于道的一面来看，道在他身上的作用是使他走到尽头，因而遂致"亡身"。[2]

进一步来说，这里的"无欲""有欲"若推扩而以"物"言，当更周延。固然人本来就是万物中之一物，以人为言或更见其为深切著明，而在《老子》书中，也不乏其例；但亦当知老子所言，属此两类的例证，固不止于人。前者如：

  天长地久。天地所以能长且久者，以其不自生，故能长生。（七章）

  上善若水。水善利万物而不争，处众人之所恶，故几于道。……夫唯不争，故无尤。（八章）

  三十辐，共一毂，当其无，有车之用。……（十一章）

  大国者下流，天下之交，天下之牝。牝常以静胜牡，以静为下。故大国以下小国，则取小国；小国以下大国，则取大国。（六十一章）

  合抱之木，生于毫末；九层之台，起于累土。（六十四章）

  江海所以为百谷王者，以其善下之，故能为百谷王。（六十六章）

  万物草木之生也柔脆……柔弱者生之徒。（七十六章）

---

[1] 经文"以"字，当训资、由、用。参清王念孙：《广雅疏证·释诂》（台北：新兴书局影印本，1965年），第132页。

[2] "长存""亡身"乃借用河上《注》语，然此处是言外推衍之义。

>天下莫柔弱于水，而攻坚强者莫之能胜，其无以易之。
>（七十八章）

这些都是处无近道，如同人之无欲无为，因之而得生得有之类。后者如：

>飘风不终朝，骤雨不终日。（二十三章）
>
>夫兵者，不祥之器。物或恶之，故有道者不处。（三十一章）[1]
>
>物壮则老，谓之不道，不道早已。（五十五章）
>
>万物草木……其死也枯槁。故坚强者死之徒……兵强则不胜，木强则兵。（七十六章）

若此之类，则与人之有欲有为相似，因而不能保全。故凡"无欲"之类，常守其无，因亦常得其妙，此即所谓"长生久视之道"（五十九章）；"有欲"之类，背无求有，反速其徼，此即所谓"不道早已"。

（六）"同出异名"解

本章最后几句话也有不同的句读："此两者同出而异名"，多主作一句读，然亦有主张从"同"字逗者。[2] 帛本并作：

>两者同出，异名同谓，玄之又玄，众妙之门。

或者认为这几种读法不同，不过使得句型不同，或某些字的词性有所改变而已，论其含义，应无大歧。[3] 这一意见，其实也不尽然。关键在于"两者"究何所指？前文已提及，这"两者"，历来注家几乎将本章所有相对为文的词组都作过了解释，何以如此难以论断？窃意正因对本章主旨未能充分把握，所以帛书异文出现以后，本来可以彼此证发者，反而引起疑惑。如黄钊云：

---

[1] 今本作"夫佳兵者"，帛本无"佳"字，今从帛本。说参陈鼓应：《老子注译及评介》，第191—192页。

[2] 主自"同"字断者，如陈景元、吴澄、释德清、严复、马叙伦、蒋锡昌。严复云："'同'字逗。一切皆从'同'得'玄'。"见《评点老子道德经》，第2页。至或断为"此两者，同出而异名"，则自与读为一句者同义。

[3] 如依严读，"两者同"的"同"字为形容词；如"同出"连读，则"同"字为副词。又如帛本"异名同谓"的"谓"字名词，通行本"同谓之玄"则为动词。案：高明即以为各本异同于经义"无原则差异"，参《帛书老子校注》，第227页。

> 帛书甲乙本前句并作"两者同出,异名同谓。"两相比较,通行本义长。因为"异名同谓"一语不通。……"名""谓"义近,既"异名",怎么又能"同谓"呢?[1]

假如帛文确实是如此解释的话,则"两者"无论作"无""有"或"无名""有名"等各种解释,都显然是说不通的。其实此处"谓"即指谓之意,实即与指趣、意义同意。所以帛文不但是讲得通的,并且文义比通行本更为明确。只要知得"两者"指义,便不致生疑。近数十年来论著,以主张指"无""有"者居多,由其前文既多已主张以"常无""常有"为读,则此一后续之解释自是顺理成章了。然而若以"常无欲""常有欲"为读,则这"两者"显然不能说是"无欲"和"有欲",[2]我们不妨再看王弼的注解:

> 两者,始与母也。[3]

他说"两者"是指"万物之始"与"万物之母",这一个讲法近人几无人采用,但依上文所述本章章旨,自知王氏这一说法自非向壁虚造。盖上文所述,皆在说明这一个不可道不可名的道常,这道常就其施为的不同两面来看,在"无名"的一边道始生万物,所以叫作"始";及至"有名"的一边,则也是万物之所由生,所以叫作"母"。既言"同出",此同出处,自是同一点。[4]

所谓"同出",犹言同时并生,同时并起。因这"始""母"先后的分别,只是观念上有这样一种辨别而已,究其实可说是难以判分的,所以帛本才说"异名同谓",名虽殊,所指的内涵则实为同一物。因此帛本这两句文义其实是比传本更清楚的。至于这同出异名的一点,更

---

[1]《帛书老子校注析》,第5页。
[2] 河上《注》则确是以"无欲""有欲"作解,云:"两者,谓有欲无欲也。同出者,同出人心也。而异名者,所名各异也。名无欲者长存,名有欲者亡身。"见《老子道德经河上公章句》,第2页。但这说法极牵强。
[3] 楼宇烈:《王弼集校释》,第2页。
[4] 王弼既误解"万物之母"为通"有"之全程而言,故释"同出"乃谓"同出于玄",而又以玄言解"谓"字,辨其与"名"字不同所在。所谓歧路亡羊,失之远矣。

无以名之，只能谓之"玄"而已。[1] 何谓玄？《说文》：

> 玄，幽远也。象幽而入覆之也。黑而有赤色者为玄。

段《注》说末句云：

> 此别一义也。[2]

苏辙《老子解》则云：

> 凡远而无所至极者，其色必玄，故老子常以玄寄极也。[3]

范应元《老子道德经古本集注》亦云：

> 玄者，深远而不可分别之义。[4]

若如此说，则深远之与玄色，其义亦非无关涉。玄色为黑中带红，亦或泛指黑色。其实一日之中，日薄虞渊之际，向晚之天色即近之。此时视野模糊，不易分辨景物。深远无所至极，亦得此感。[5] 这一种无从分别、不能分别之感，若以《庄子》语言之，则犹"浑沌"，盖一片"糊涂"，更无分别。老子所指此两者同出之点，言此则遗彼，无以名之，不可道，不可名，欲加分别，末由也已；此非"玄"而何？"玄之又玄"，犹说玄而更玄，则其玄乃更难辨。[6] 然而一切新生之"有"，皆自此一点而生发，故谓"众妙之门"，一切的"妙有"都从这个门户走出来。严复说：

> "众妙之门"，即西人所谓 Summum genus。[7]

---

[1] 严复所主"同"字逗，固不止"两者同"一语，其下"同谓之玄"盖亦主读为"同，谓之玄"，意谓此两者实属相同，而此相同处则谓之玄；于义亦通。参 319 页注 2、3。又案：依帛本文义，"玄"但为形容词，并没有"同谓之玄"之名词意味，其实语意更显豁。

[2] （清）段玉裁：《说文解字注》（台北：艺文印书馆，1970 年，影印经韵楼本），第 161 页。

[3] 苏辙：《老子解》，卷 1。收入《无求备斋老子集成初编》（台北：艺文印书馆，1965 年），第 5 函。

[4] 范应元：《老子道德经古本集注》，卷 1。同上注，第 7 函。

[5] 《易·坤文言》："天玄而地黄。"玄之为色，学者亦有异见，有以青色为说者。要之，即如其说，其义固当如《庄子·逍遥游》所谓"天之苍苍，其正色邪？其远而无所至极邪？"其所指，亦犹大鹏九万里而视下，一切更无分别。

[6] 若依严复读，"同，谓之玄，玄之又玄"，玄既指此同处，则"玄之又玄"犹云"同之又同"，是亦犹言"大同"，乃亦指此最无可分辨处。

[7] 《评点老子道德经》，第 2 页。

此词源自拉丁语,以英语字面直解之,即 the highest genus,盖"最高种"或"最高类"之谓,乃为一切分类所从出。物各有其妙,自其妙端继进发展,即各成其物。众妙皆自此道之常处而出,而渐成万物。

朱子说:

> 玄只是深远而至于黑窣窣地处,那便是众妙所在。[1]

这话也可说是对的,只此黑窣窣之处,便是那看不清其是有是无的糊涂处罢了。

综上论述,可知《老子》首章固言"道",而实有一纲领为其中心,此即道之生发万物之处。此一"无""有"接榫之点,即他所说的"玄之又玄",不可道、不可名的大糊涂处,却是道生发万有唯一不变的常处。它总在这一点生出"众妙"来,生生不已。而一部《老子》,便都是教人走回这一点,固守勿离。请续再略申此义。

(七)《老子》"本无生有"之旨

《老子》的第一章,可说是就时间的观点来说宇宙万物的生成过程。第二章,以"天下"二字始,此"天下"固指天下之人,然亦可谓《老子》此章乃自空间而言人生。第三章谓"不尚贤,使民不争",则进而及于政治社会问题,然亦犹第二章,自一"圣人"而言之。所以《老子》也像很多先秦古籍一样,各章的篇次虽不见得尽皆有理可说,但开始的几章显然不是随意编排的。准此推想,则前引张尔岐即以第二章"美恶""善不善"之类来说"以观其徼",似乎不是无迹可寻的。

一切事物的发展,都在"有"的范畴内进行,而其发展至极尽,亦即到其"徼",就会转化成相反的一面,如所谓"美""恶"、"善""不善"等等。自道之施用于万物而言,万物何以会步上徼而转反?老子意,乃由于"有欲"。证之第二章:

> 天下皆知美之为美,斯恶已;皆知善之为善,斯不善已。故

---

[1] (宋)黎靖德编:《朱子语类》(日本京都:中文出版社,1979年缩印本,影印明成化覆宋本),下册,卷125,第1346页。

>有无相生，难易相成……是以圣人处无为之事……

此章学者多说是讲的相反相成，对立之双方，相互排斥，又相互依存，互为条件。[1] 如此，这一章的重心便在"有无相生"以下那几句。窃谓相反相因之说固不误，然此章之宗旨则不在此，而应在最后一段"是以圣人处无为之事，行不言之教"云云。既以"是以"为连接语，则前文自是述说圣人如此作为的因由。但是相反相因不得为圣人无为的缘由[2]，则前文的重点应在更前面的"天下"两句；后面"有无""难易""长短""高下"等等，不过是续举对立并生之目。此一切对立之目固然是相比较而有，然更重要者，乃此对立并生的一方会转化为其对立之另一方。意谓此等相对并生者，其相与循环之理，皆与"天下"二句所言者相同而已。所以比照前两句，我们自亦可说"天下皆知有之为有，斯无已""天下皆知高之为高，斯下已"之类。今且问：何以"天下皆知美之为美"，便反而会变成不美？这问题是出在"知"上。我们都知道，老子是反知的，书中反对"知"的话不止一处。何以要反对知？第三章云：

>常使民无知无欲。

这里便道出了原因。原来老子认为"知"是"欲"的根源，有一知，便生一欲，无知较易无欲。到了"天下皆知美之为美"，大家便争扬此美[3]，反为不美；"天下皆知善之为善"，大家便争相为此善，反为不善。

---

[1] 参卢育三：《老子释义》，第49页。

[2] 如陈鼓应先生因认本章主旨皆在说明相反相因的观念，所以在下文就采高亨说，以为本章"是以"以下"文意截然不相联"。高氏尚只谓"是以"二字为后人所增，陈先生甚至怀疑其下整段文字是错简。说见《老子注译及评介》，第66页。然而传世各本以至帛本并有此段文字，亦非绝不可解，则所疑未必是。何况如陈先生所释前二句，谓"天下都知道美之所以为美，丑的观念也就产生了；都知道善之所以为善，不善的观念也就产生了。"所谓"天下"当然是"天下的人"，何以要天下的人都知道了美之为美，才能产生出丑的观念？"有无相生"以下所说的相反相因之意，自是不成问题的，但前面加上这"天下皆知"云云，若作如是理解，则于理不通，也显为不必要之辞。这"天下"是相对于下文"圣人"而言的；圣人之治，便是针对"天下"。所以去掉了下文，上面的文字便变成无着落。

[3] 河上《注》云："自扬己美，使显彰也。"见《老子道德经河上公章句》，第6页。揆诸《庄子·山木》逆旅人之二妾，美者自美，不知其美，恶者自恶，不知其恶之义，河上义自可通。

换言之，相反相因的对立两方，之所以会自此方反转为彼方，皆由于"有知有欲"，进而"有为"。天下皆知，于是天下皆生欲求而有为，这便违背了道，遂转化为对立面。圣人不愿如此，欲救此弊，唯有取消"有为"，重归于道，也就是"无为"，才可以避免这种转化。本章"是以"以下云云，便是说圣人明白此道，故采"无为"的处事方式。所以老子不是不要此美此善，反而是要长有此美此善。最后三句"功成而不居，夫唯弗居，是以不去"，将这意思表现得再清楚不过了。照老子的观察所得，世人争于有为以求，不但求不到所欲，结果适得其反，欲得而反失，欲有而反无。这便是上章"常有欲，以观其徼"所蕴含的意思。一旦反于"无为"，便是回到那个道常之"无"处，如此便可以常生常发，恒得其"有"。此即上章"常无欲，以观其妙"所昭示的道常。王弼将十一章"有之以为利，无之以为用"的道理来注"常有欲，以观其徼"，其实并不合适；但若移上来作为"常无欲，以观其妙"的一个辅助说明，却是相宜的。所以人若要长保不失其"有"，其唯一方法便是回头走向这个永恒生发的"玄之又玄"处，则自有种种微妙生发不已。

  如再问：何以从道则得，违道则失？此即前引四十章"反者道之动"云云之故。我们可以说，这一个道，站在这一个生生不已的众妙之门来看，它的动向是生出万有，而又总要循环走回头，回到这原点的"无"处来。而在这段起步向前，而又还归其本的过程里，它所表现于万物的作用则如七十七章所言：

    天之道，其犹张弓与！高者抑之，下者举之；有余者损之，不足者补之。天之道，损有余而补不足。

天道何以要如此？其实用今天的话来说，不过是要求取一种平衡的存在而已。对不足的，它增补一点；对过盛的，它减损一点；好让取得一种相称的平衡，这其实才是道的唯一的一个常。天地之间，它不会让它万古常无，这样便不平衡，它将自无中生出有。有臻盛极，它便损之折之，复返于无；循环往复，万世不已。"徼"便是它的折返点。此即观于昼夜四时之变化更代，岂不已极其彰明较著？道只是一个道，但却有"有""无"的两面；亦犹天只是一个天，却有昼夜的不同，虽然有此不同，其实亦只是这一天。所以就全体来说，可谓在这一面多得一分，在另一面实即等同减损一分；在这一面减损一分，在另一面则多得一分。老子说："出生入死"（五十章），即就各人的人生而言，出乎生，即入乎死，生一日无异于死一日。所以说，这一个维持相称均衡之道，是它最大的一个常然。就这一大常然中，又可分别归纳而从数处见出其为常例之大者：其一即"观其妙"而可知其"补不足"，常自无而生有；其二即"观其徼"而可知其"损有余"，盛极必衰。总而又可知"反者道之动"，自妙而徼，自徼而妙，必返本复初而归于无。故人法道，则当返本复初，固守其无，斯可以长得其妙；决不当纵欲有为，奔赴趋徼，以自取灭亡。所以老子除了上引第二章以外，他又说：

圣人之治……常使民无知无欲……为无为，则无不治。（第三章）

圣人后其身而身先，外其身而身存。非以其无私邪？故能成其私。（第七章）

曲则存，枉则直……是以圣人抱一，为天下式。不自见故明，不自是故彰，不自伐故有功，不自矜故长。夫唯不争，故天下莫能与之争。（第二十二章）

以其终不自为大，故能成其大。（三十四章）[1]

柔弱胜刚强。（三十六章）

天下之至柔，驰骋天下之至坚，无有入无间，吾是以知无为之有益。（四十三章）

知足不辱，知止不殆，可以长久。（四十四章）

治人事天莫若啬。……重积德则无不克……可以有国……可以长久。是谓深根固柢，长生久视之道。（五十九章）

牝常以静胜牡，以静为下。（六十一章）

---

[1] 六十三章亦云："是以圣人终不为大，故能成其大。"

> 欲上民，必以言下之；欲先民，必以身后之。……以其不争，故天下莫能与之争。（六十六章）
>
> 我有三宝……慈，故能勇；俭，故能广；不敢为天下先，故能成器长。（六十七章）
>
> 抗兵相加，哀者胜矣。（六十九章）
>
> 天之道，不争而善胜，不言而善应，不召而自来，繟然而善谋。（七十三章）
>
> 圣人云，受国之垢，是谓社稷主；受国之不祥，是为天下王。（七十八章）
>
> 既以为人己愈有，既以与人己愈多。天之道，利而不害。圣人之道，为而不争。（八十一章）

这些都是观其妙之所得，而法道而行的例子。当然，反之老子对于悖道而行的举证，书中也俯拾即是，不烦枚举。可见老子观妙当法，观徼当戒的主张，其实是要长得其"有"，只依他对道的认知，唯独本"无"可以得"有"，十一章所说"有之以为利，无之以为用"，正是此理。至于物之至徼转无，是老子所戒，所以老子"本无"，非即要无。"无"是老子所据而得"有"的一个永恒所在而已。王弼说：

> 天下之物，皆以有为生。有之所始，以无为本。将欲全有，必反于无。[1]

所谓"将欲全有，必反于无"，其实已将这意思说得很明白。朱子尝辨释老同异，曰：

> 佛氏只是空，豁豁然，和有都无了。……若老氏犹骨是有，只是清净无为，一向恁地深藏固守，自为玄妙，教人摸索不得，便是把有无做两截看了。

又曰：

> 老氏依旧有，如所谓"无欲观其妙，有欲观其徼"是也；若释氏则以天地为幻妄，以四大为假合，则是全无也。[2]

---

[1] 《老子·四十章》王《注》，《王弼集校释》，第110页。
[2] 《朱子语类》，并见下册，卷126，第1353页。

近人刘咸炘也说：

> 佛家所主，不与道家相混。……佛家主空，一切俱不要；道家主大，一切俱要。[1]

准于上文对老子观妙、观徼的分辨，便知他们对老子有无之旨的认知，可说是信而有征的。

（八）结论

以上所讨论，可归结为数点意见：

一、北宋以前，无论从古本或古注，或即从《老子》自身用语各种角度来检验，都可证明《老子》首章向来是以"无名""有名"、"常无欲""常有欲"为读的。这应是《老子》的原始读法。

二、宋以下主张改以"无""有""常无""常有"为读的，或对古注有所误会，以为其与老子本旨有大相违背处。其实古注解释经文固有不贴合处，但大旨则并无违背。然古注既与经文文义未尽贴合，自亦不能悉据。

三、依旧读作解，宜先求其章旨之所在，就其本章自身，以及本章和他章，特别是次章的关系来论断。本文即就此论本章几个重要字眼的含义，虽源于古注，而解说并与古人不同，务求避免玄虚之言，而以最平实的方式通贯全章文义，又贯通而及于全书总体义旨求其解义。

四、通过对本章此一诠解，将更可体认老子之道，实是"本无生有"。

最后笔者必须声明，本文的撰作，实无意挑战自宋以来新句读的解释。即此提出一新解，亦未否定新句读义解的价值和义理上的正确性。只缘于近时帛书的出土，在传统的版本流传上更加上了一个坚实而明确的证据，使笔者不得不对古代千余年间的句读，重加审视，重

---

[1] 刘咸炘：《推十书·庄子释滞》（成都：成都古籍书店影印本，1996年），第2册，第1099—1100页。

作思索，遂疑及古人未必能如宋以下的新思路。旨欲求是，至于是否依然"彼亦一是非，此亦一是非"，则非我所知，尚幸方闻君子有以教之。

本篇原刊于1998年5月台湾大学中国文学系
《台大中文学报》第10期

十三、《老子》"宠辱若惊"章旧义新解

（一）前言

成语中有"受宠若惊"一语，源出《老子》十三章"宠辱若惊"，而义已有变。世人习用今义，理解《老子》原文时，往往即以今义牵附，夷考其实，殊不如此。而《老子》本章章首此四字的义解不明，又连带影响全章其他文句的解释。本文试图根据本章立旨所在，并配合《老子》他章义旨，对全章文句义理重加诠解，目的在发掘《老子》本义。所述义解，虽若翻新，实亦多沿旧义。笔者曾草《老子首章旧义新解》一文，[1] 同样本此途径对首章提出拙见。今续作此篇，径以章首四字为题，略异前篇，取便指称，非有他意。

《朱子语类》记黄义刚问"宠辱若惊，贵大患若身"，朱子曰：

> 从前理会此章不得。[2]

朱子生平对先秦典籍如《易》《诗》《四书》等都曾作过详细的解注，对《老子》则并无类似著作。但即从《语类》所涉及各章，以至《文集》中对老子所发各种言论来看，可知他对《老子》亦甚有深诣。然而他竟自认对此章理会不得，可见本章之难解。从古至今疏解《老子》全书的著作为数甚多，莫不对此章有所解释。所以异说纷纭，正因既有成说未必尽符人意。朱子一代大儒，尚守阙如之义；小子何知，敢事饶舌。但以愚者千虑，未必一无所得，因略陈固陋，以就教于高明。

---

[1] 原刊《台大中文学报》第10期，1998年5月，今已收入本书前篇。

[2] （宋）黎靖德编：《朱子语类》（日本京都：中文出版社，1979年缩印本，影印明成化覆宋本），下册，卷125，第1346页，《谷神不死章第六》，"沈庄仲问谷神不死"条。

自知僭妄，读者谅之。

（二）"宠为下"异文的讨论

先录本章原文，以便讨论：

> 宠辱若惊，贵大患若身。何谓"宠辱若惊"？宠为下。得之若惊，失之若惊，是谓"宠辱若惊"。何谓"贵大患若身"？吾所以有大患者，为吾有身，及吾无身，吾有何患！故贵以身为天下，若可寄天下；爱以身为天下，若可托天下。[1]

历来对本章的争议，几乎都集中在两处异文之上：其一是"宠为下"一句；其二则为章末最后四句。

"宠为下"，计有"辱为下"、"宠为上，辱为下"两种异本。[2]学者主张"辱为下"者最少，郑良树先生云：

> 辱之为下，何烦老子多言乎？此浅人所改也。[3]

此言甚是。其实作"宠为上，辱为下"者，又何尝不如废话一句？所以主张此本者，则必如劳健说，然后其义可得而说。劳氏云：

> "宠辱"，谓宠辱之见也；"为上""为下"，犹第六十一章"以其静为下""大者宜为下"诸言为下之义也。盖谓以为上为宠，以为下为辱，则得之失之，皆有以动其心，其惊惟均也。[4]

其意以为：常人多抱有一种看法，认为"为上"是宠，"为下"是辱，胸中一有此见，则得失俱惊。此义虽可通，而置诸本章上下文理之中，则依然有不可通之处。周学武先生尝论之云：

> "得之""失之"皆承"宠为上，辱为下"而言，得宠、失

---

[1] 本文下引《老子》原文，如未另加说明者，仍依通行王弼《注》本。
[2] 作"宠为下"者，王弼、傅奕、范应元、开元诸本；作"辱为下"者，景龙本、河上本；作"宠为上，辱为下"二句者，景福本、《道藏》陈景元、李道纯、寇才质诸本。参见朱谦之：《老子校释》（台北：里仁书局，1985年3月），第48—49页。
[3] 郑良树：《老子新校》（台北：台湾学生书局，1997年4月），第53页。
[4] 劳健：《老子古本考》（台北：艺文印书馆，1970年，《无求备斋老子集成续编》，第17函），卷上，第13页。

> 宠、得辱固皆可惊，失辱则缘何而惊？若因"以为上为宠，以为下为辱"，故而"得之失之，其辱惟均"，则二"之"字究何所指？若宠、辱并指，则义不可通；若单指宠字，则文不可通，是两难也。[1]

这正指出了两"之"字是判定上文的关键因素。故自文理言之，唯作"宠为下"为可通，其下两"之"即承"宠"字而言。然于义又何以遗辱而不言？周学武续释之曰：

> 若称常情以论，"辱"乃人之所恶，其可惊固不待言；而"宠"乃人之所欲（常人误以为上），其可惊非人人皆知。故老子于"何谓宠辱若惊"下，专释宠之可惊：以其为下也，故无论得之失之，其惊一般。得之失之皆承"宠"字而言，文义两明，何烦诡诡而喋喋也！[2]

此解文字之承接，以至释专言宠不言辱之义极明。近年马王堆帛书《老子》《甲》《乙》两本并只有此一句，分作"宠之为下"及"宠之为下也"。[3] 有此两种较古版本为据，对此说自然也是极有力的支持。可见另外两种异文都是由于不明"宠为下"的道理，误以为有脱讹而添改的。

至于何以"宠为下"之故，学者的意见也非一致。或主明释德清之说，其言曰：

> "宠为下"，谓宠乃下贱之事耳。譬如僻幸之人，君爱之以为宠也，虽厄酒胾肉必赐之。非此，不见其为宠。及其赐也，必叩头而啖之，将以为宠。彼无宠者，则傲然而立。以此较之，虽宠，实乃辱之甚也，岂非下耶！故曰"宠为下"。[4]

其说甚巧，故为学者所乐从。但如此说，得宠反为辱甚，失宠却可

---

[1] 周学武：《老学杂记》，《台大中文学报》第5期，1992年6月，第198页。
[2] 同上注。
[3] 帛本多用假字，今为避免繁复说明，悉据高明《帛书老子校注》（北京：中华书局，1996年5月）所附《甲》《乙》两本之《勘校复原》。
[4] （明）释德清：《老子道德经憨山解》（台北：新文丰出版公司，1974年12月再版），上篇，第65页。

傲立，则"得之若惊"可也，又何以"失之若惊"呢？所以释德清接着是用"患得患失"之意以解下面"得""失"两句。然老子"得之""失之"和"患得患失"相较，一在既有得失之后，一在未有得失之前，释德清的解释和《老子》的文义是有差异的。

又或如蒋锡昌之说，曰：

> 宠与辱皆若惊，则宠辱相等，而宠亦下矣。故下文云"宠为下"。[1]

是谓辱之为下，人尽皆知；至宠之为下，实与辱一般无异，故亦为下。何以谓二者相等？因"宠与辱皆若惊"。此说实较释德清说圆通，然有两个问题必先厘清，方能成立：第一，失宠是否即等同得辱？若然，这一解释文义才能衔接。第二，既然"宠辱若惊"是决定宠辱皆下的援据，则"宠辱若惊"自然应该是负面的意义。

尤如后一问题，实至关本章义旨的判别。依蒋氏说，"宠辱若惊"自不是正面意思。即如释德清以患得患失来解，也不会是正面的。但若参酌上引周学武的话，常人既以宠为上，也即是不明道，不明宠之为下，自亦不知其可惊，因而不惊。然则"宠辱若惊"究为常人之行乎？抑为得道者之所为乎？惜周文札记为体，限于主题，未再继为推说。若依劳健的说法，乃谓常人不明道，抱持"宠为上，辱为下"的看法，因此才有"宠辱若惊"的行为反应。若依周说推论，则常人但知遇辱而惊，不知遇宠而惊，老子申明"宠为下"之旨，则明道者自然遇宠亦宜知惊。这两种不同的认知，对"宠辱若惊"的理解是适得其反的。我们可再参考一段宋苏辙的解说：

> 古之达人，惊宠如惊辱，知宠之为辱先也。……所谓"宠辱"，非两物也。辱生于宠而世不悟，以宠为上而以辱为下者皆是也。若知辱生于宠，则宠顾为下矣。故古之达人得宠若惊，失宠若惊，未尝安宠而惊辱也。[2]

---

[1] 蒋锡昌：《老子校诂》（台北：东升出版事业公司，1980年4月），第69页。
[2] （宋）苏辙：《老子解》（台北：艺文印书馆，1965年，《百部丛书集成》影印《宝颜堂秘籍》本），卷1，第15—16页。

苏氏亦以失宠为辱。他分辨常人和"古之达人"的分别，常人是"安宠惊辱"，达人则"宠辱若惊"。然则"宠辱若惊"是明道达人宜有的行为反应，是一句正面的话。

　　因此，上面所讨论，主要似乎是"宠为下"和"宠为上，辱为下"异文得失的问题，推衍下来却牵扯到"宠辱若惊"的义旨问题。而这一反客为主的问题实远较重要。我们看上引劳健，他在异文中是主张两句的；蒋锡昌，他是主张一句的；但他们同认为"宠辱若惊"是常人之行，只在因果的关系上，双方认定上有差异而已。劳氏以为"宠为上，辱为下"的意见是因，故有"宠辱若惊"的果；蒋氏以为"宠辱若惊"是既有之现象，因而可推知"宠为下"。至若与这一意见相反，谓"宠辱若惊"为达人之行，如苏辙，则必是主张"宠为下"一句者，且"宠为下"必为因；必明此理，然后始知"宠辱若惊"。无论谓常人但知"宠为上，辱为下"之见，或谓达人始知"宠为下"之理，两者皆合老子之旨，但却可推衍出截然不同的结论。可知两种异文，作此作彼，只要加以合理的阐释，都可以与老子的整体义旨不相悖逆。即如据版本源流断以一句为是，也依然可以对首句"宠辱若惊"四字作出正反两面的解释。而"宠辱若惊"究竟是属常人抑达人，换言之，即此四字究是老子所主张还是老子所反对，这是关系较大的。这一问题的厘清，应尤重于辨明前述异文之为一句抑或两句。可惜这问题，不但自其本身文字上不能解决；即据其下异文的论辩，似乎反而治丝益棼，也依然无法决断。

　　窃谓欲解决此一问题，须先确定本章的论旨或主题。既明主题，自可就其论旨思入求解。欲知本章主旨，不在章首，而在章末。故欲明前文，先当求其后文之正解，然后如网在纲，可以逆推其前文之义。

（三）以《庄》解《老》与魏晋以下的诠解变异

　　章末四句，历代各本文字极为分歧，兹据高明《帛书老子校注》

迻录如下：

帛书《甲》本：故贵为身于为天下，若可以托天下矣；爱以身为天下，如可以寄天下。

帛书《乙》本：故贵为身于为天下，若可以托天下矣；爱以身为天下，如可以寄天下矣。

王本：故贵以身为天下，若可寄天下；爱以身为天下，若可托天下。

景龙碑：故贵身于天下，若可托天下；爱以身为天下者，若可寄天下。

景福碑：故贵以身为天下者，则可以寄于天下；爱身以为天下者，乃可以托于天下。

敦煌丙本：故贵以身于天下，若可托天下；爱以身为天下，若可寄天下。

遂州本：故贵以身于天下者，可托天下；爱以身于天下者，可寄天下。

河上本：故贵以身为天下者，则可寄于天下；爱以身为天下者，乃可以托于天下。

顾欢本：故贵以身为天下者，若可寄于天下矣；爱以身为天下者，乃可托于天下矣。

傅奕、范应元二本：故贵以身为天下者，则可以托天下矣；爱以身为天下者，则可以寄天下矣。

司马光本：故贵以身为天下者，可以托天下矣；爱以身为天下者，则可以寄天下矣。

吴澄本：故贵以身为天下，则可以寄天下；爱以身为天下，则可以托天下。

林志坚本：故贵以身为天下者，则可以寄于天下；爱以身为天下者，乃可以托于天下。

焦竑本：故贵以身为天下者，可以寄天下；爱以身为天下者，可以托天下。[1]

各种文字上的小差异，多半是意义相同相近，无关宏旨；但有些却可影响文字的了解。举例来说，二、四两句"寄""托"两字的先后，各本便有两歧，河上《注》解前句云：

> 言人君贵其身而贱人，欲为天下主者，则可寄立，不可以久也。

解后句则云：

> 言人君能爱其身，非为己也，乃欲为万民之父母。以此得为天下主者，乃可以托其身于万民之上，长无咎也。[2]

这是说，"寄"是暂时不可长久的，"托"才可以长无咎，含义并不相同。但如此解说，上面的"贵""爱"也必然变为相反的意义，"贵其身"是自私的，"爱其身"才是为人的；而二、四句也要同时都多一"于"字，意义才更明朗。这样解释当然是附会为说，十分牵强。《论语·泰伯》曾子曰：

> 可以托六尺之孤，可以寄百里之命。[3]

《韩非子·守道》：

> 托天下于尧之法，则贞士不失分，奸人不徼幸。寄千金于羿之矢，则伯夷不得亡，而盗跖不敢取。[4]

这都是先秦典籍"寄""托"二字义近之证。因此这两字的孰先孰后，实于文义并无太大影响。是则《老子》此二句其义相近，亦不必在"贵""爱"之间求其分别。

先秦以至汉初古籍引到这几句话的，首见于《庄子·在宥》，作：

> 故贵以身于为天下，则可以托天下；爱以身于为天下，则可以寄天下。[5]

其次则见于《淮南子·道应训》，作：

> 贵以身为天下，焉可以托天下；爱以身为天下，焉可以寄天

---

[1] 高明：《帛书老子校注》，第279—280页。
[2] 并见王卡点校：《老子道德经河上公章句》（北京：中华书局，1993年8月），第49页。
[3] （宋）朱熹：《四书章句集注》（北京：中华书局，1983年10月），第104页。
[4] 陈奇猷：《韩非子集释》（台北：河洛图书出版社，1974年2月台初版），卷8，第492页。
[5] （清）郭庆藩：《庄子集释》（北京：中华书局，1961年7月），卷4下，第369页。

下矣。[1]

再则见于《文子·上仁》,作:

> 贵以身治天下,可以寄天下;爱以身治天下,所以托天下。[2]

将此三处所引文字与王本对照,可知今本所谓"为天下",实即"治天下"之意,"为"训"治";[3]而今本上下两"若"字,实同"焉",皆是"则""乃"之意。[4]然则诸本间文字参差,若知其可以互训,则其实可谓差异不大。惟《庄子·在宥》所引"贵以身于为天下""爱以身于为天下",则与帛书二本相同,并较今本复出一"于"字。王叔岷师释之曰:

> 王念孙云:"于犹为也。……'于天下'即'为天下'也。(《庄子》)今本作'故贵以身于为天下,爱以身于为天下',此后人依《老子》旁记为字,而写者因误合之也。……"王氏《集解》引苏舆云:"身下两于字当衍,四语见《老子》。"案王氏以为《庄子》两于字下本无为字;苏氏则以两于字为衍文。(奚侗说同。)……帛书……首句正以"于为"连文,"于为"为复语,可略其一,故第三句"为天下"上无于字。然则《庄子》……正可以探索《老子》之旧观矣。此最可贵者也。……至于甲、乙本《老子》"贵以"并作"贵为"。为、以同义。[5]

叔岷师以为《庄子》所引与帛本乃《老子》原文之旧观。然而郑良树则采信王念孙之说,以为《庄子》原只作"于",《老子》原只作"为",二字同义;后人读《庄》,依《老》旁注"为"字,写者不察,

---

[1] 张双棣:《淮南子校释》(北京:北京大学出版社,1997年8月),第1238页。
[2] 《文子》(台北:中华书局,1966年,《四部备要》本),卷下,第22页。
[3] 《左传·文六年》:"何以为民",《释文》:"为,治也。"《论语·子路》:"善人为邦百年",皇《疏》:"为者,治也。"《吕氏春秋·举难》:"说桓公以为天下",高《注》:"为,治也。"并是"为"作"治"解之例。《老子·六十四章》:"为之于未有,治之于未乱",《庄子·让王》:"道之真以治身,其绪余以为国家,其土苴以治天下",并亦以"为""治"互文同义。
[4] "焉"训"则",参(清)王引之:《经传释词》(长沙:岳麓书社,1984年1月),卷2,第38—43页,"焉"字条。"焉"作"乃""则"之义,经传诸子中不乏其例。
[5] 王叔岷:《庄子校诠》(台北:"中央研究院"史语所,1988年3月),上册,第377—378页。

讹为正文。而帛本复据此误本,乃亦转复出"于"字。《老子》原文,当如《淮南》《文子》所引,"身"下仅一字。[1] 从这两种不同的推论,可见纵有帛书出土,孰为原本,孰为后出,见仁见智,有时依然难断。但有一点却是诸家所相同的,即自王念孙、奚侗、苏舆以至王、郑二说,他们皆主张作一字解[2],所以尽管诸本纷然杂陈,其实即据今本文字推求其义,宜亦相去不远。

姑不论《老子》的原本究竟是作"于为"二字或作"为"一字,后代解释其文义无疑都受《庄子》的左右,也即是以《庄子》书中引此文所用之义,还归《老子》原章中作解。如王弼《注》:

> 无〔物可〕以易其身,故曰"贵"也。如此乃可以托天下也。
> 无物可以损其身,故曰"爱"也。如此乃可以寄天下也。[3]

其意盖谓以其身为天下最贵最爱之物,无以易之,如此人始可托付以天下。"贵身""爱身"为老子所主,此文意甚明,但怎样才叫作"贵身""爱身"呢?自王弼作此解说,承其说者便每以《庄子》之意作进一步的解释,如据《庄子·让王》子华子告韩昭僖侯身重于天下之理,以及"不以国伤生"的王子搜方为理想的越君等故事,把来论证《老子》此数句的含义。[4]

其实尊生、重身而轻天下,轻君位,视己身犹重于天下,此固是《庄》书之义,却未必尽符《老》旨。清末马其昶曰:

> 《老子》:"……故贵以身为天下者,则可寄于天下;爱以身为天下者,乃可以托于天下。""以""已"同字。《尔雅》:"已,此也。"河上公注《老子》释为"其身",义与此同。《老子》言贵爱此身,皆所以为天下也;是无身也,然后可以身寄托于天下。《庄

---

[1] 说参《老子新校》,第 57 页。
[2] 亦有主张《庄子》书中"于"字为介词而不可省者,如欧阳景贤、欧阳超合著:《庄子释译》(武汉:湖北人民出版社,1986 年 8 月),第 225 页注 29。
[3] 据楼宇烈:《王弼集校释》(台北:华正书局印本,1992 年 12 月),第 29 页。王《注》"寄""托"二字,陶鸿庆以为当互易;楼宇烈则以为王本经文原亦应同于帛本,注文不误。
[4] 参见卢育三:《老子释义》(天津:天津古籍出版社,1987 年 7 月),第 81 页。

子》引用《老子》之语，而意更有进，谓必能贵其身甚于贵天下，爱其身甚于爱天下，然后可以天下寄托于吾身也。[1]

马氏乃据河上本经文来说《老子》。姑不论其说是否悉当，他解《庄子·在宥》的语义无疑是正确的；而他认为此处《老》《庄》有辨，《庄子》虽引《老子》语，而"意更有进"，此意则甚有启发。通读《老子》全书，谓其有尊生、重身之意则可；谓其有轻天下、轻君位之意，则嫌无据。老子但主无为而治，故曰："取天下常以无事；及其有事，不足以取天下。"（四十八章）[2] 又曰："以无事取天下。"（五十七章）他只希望能有无为的圣人来治理天下，而这一圣人心中，究竟是否轻蔑君位，在《老子》书中实并不见有明白主张。老子说："域中有四大，而王居其一焉。"（二十五章）又说："天下神器，不可为也，为者败之。"（二十九章）此对王者以至天下，似皆无任何轻蔑之意。若综观老子论政诸语，我们甚或可说老子对治天下的高度兴趣，实远愈于庄子。庄周淡漠隐退，无意入世；老子则用世意深，不离人事；[3] 故循庄周之意，则必至如《外》《杂》篇中轻蔑君位；而在《老子》，恐仍无此意。

然而一旦以轻蔑天下之意来了解《老子》，便很容易再沿用庄子的意思来解说《老子》上文的"无身"。如清高延第曰：

> "无身"即"汝身非汝有，天地之委形也"之意。此晓世人一身尚非我有，更何宠辱得失之足云！[4]

这是本庄子天地万物一体之意，身之有形，特万古之一化，不得长有，故人当不为此一身之念所拘，始可无往而不逍遥，而宠辱自不足以撼动其心。其后佛家以身为幻，亦以身为苦，故如释德清云：

> "贵大患若身"者，是以身之患喻贵之患也。然身乃众患之

---

[1]（清）马其昶：《定本庄子故》（合肥：黄山书社，1989年11月），第72—73页。

[2] 河上《注》："取，治也。"是"取天下"亦与"为天下"同义。

[3] 老庄两家政治思想意态不同，其于"圣人"之本质的论述，也有相异。详参钱宾四（穆）师《庄老通辨》（台北：三民书局，1973年8月再版）中《道家政治思想》一文。

[4]（清）高延第：《老子证义》（台北：艺文印书馆，1970年，《无求备斋老子集成续编》，第8函），卷上，第11页。

> 本，既有此身，则饥寒病苦，死生大患，众苦皆归，必不可免。故曰："吾所以有大患者，为吾有身。"无身，则无患矣。故曰："及吾无身，吾有何患？"然位乃祸之基也。……故曰吾所以有大患者，为吾有贵；无贵，则无患矣。故曰："贵，大患若身。"[1]

此将"无身"与"贵大患若身"配合为说，谓"贵"为贵位，亦如同"身"，都是"大患"的祸源。可说引而益远，并是以佛义解老。其实老子主贵爱其身，又主长生久视之道，与庄周顺化与佛家厌世忘身之旨皆不相同。若由庄、释之义言"无身"，则章首"宠辱若惊"也就很自然成为"有身"所生的一种病态。

将"宠辱若惊"视为违道，可能渊源甚早。严遵《老子指归》云：

> 存亡变化，不以为异；尊宠卑贱，无所少多。贵大亡于身，故大患不能得，天网不能取也。[2]

这显然是以庄子齐物之旨为说。他虽未直解首句，但依所言推想，亦自知"宠辱若惊"之不合其旨。其后王弼云：

> 宠必有辱，荣必有患，（惊）〔宠〕辱等，荣患同也。为下得宠辱荣患若惊，则不足以乱天下也。[3]

这和严遵的诠解是相通的。总之"宠辱若惊"是不足以治天下的，那当然是违反老子的理想。笔者虽并不赞同此意，然而王弼此处将章首四字结合章末结语来作理解的思路，却是十分可取的。

自有此说以解"宠辱"，魏晋人乃益扬其波，以不怀宠辱为雅量。《世说新语》：

---

[1] 《老子道德经憨山解》，第65—66页。
[2] （唐）强思齐《道德真经玄德纂疏》引，录自王德有：《老子指归全译·老子指归辑佚》（成都：巴蜀书社，1992年7月），第244页。
[3] 此据楼宇烈《王弼集校释》校订文字。[日]石田羊一郎《老子王弼注刊误》本将"荣患同也"以下校改为"辱生于宠，故曰'宠为下'。得宠辱荣患若惊，则不足以托天下也"。盖楼氏以为王弼读经文为"宠，为下得之若惊，失之若惊"，故注文"为下"之上无缺文；"乱"训"治"，亦不必改为"托"。今观帛书《甲》本作"宠之为下"，《乙》本作"宠之为下也"，则读为"宠，为下得之若惊"，亦非是老子原本。又案：《老子·十七章》："太上，下知有之"，"下"指居下者言，若读"宠，为下得之若惊"，"为"字殆赘。

> 阮光禄在东山，萧然无事，常内足于怀。有人以问王右军，右军曰："此君近不惊宠辱，虽古之沉冥，何以过此！"[1]

宠辱不系于心，遂见其人之大量。直到后来唐代，还有卢承庆据此以考课官员。《新唐书》载：

> 初，承庆典选，校百官考，有坐漕舟溺者，承庆以"失所载，考中下"。以示其人，无愠也。更曰"非力所及，考中中"。亦不喜。承庆嘉之曰："宠辱不惊，考中上。"其能著人善类此。[2]

其人有雅量，对考核高下等第，不放心上，故不论考官评定如何，仍然容色自若。其人本有过，因之反得高等。卢承庆之改变原判，其实还是沿袭魏晋人品鉴人物的标准。佛徒亦以此点有合其忘身之义，故亦为修养之所重。《续高僧传》记空藏，谓：

> 藏……不扰荣利，不怀宠辱，济度群有，不略寸阴。[3]

以"不怀宠辱"与"不扰荣利"相提并论，似亦与老子义不相背。然唐释道宣等《叙朝宰会议沙门致拜君亲事九首》载左威卫长史崔安、都录事沈玄明等议曰：

> 必以山林独往，物我兼忘，混亲疏，齐宠辱，惠我不为是，损己讵称非？自当泯若无情，湛然恒寂。[4]

所谓"混亲疏，齐宠辱"，亦似同于庄生齐物之旨。然惠我不是，损己不非，此则佛家寂灭无情可有此义；老子长生久视，庄生逍遥养生，全身保生，同所重视，决无损己得辱无妨之说。释道两家于此似尚有一间之殊。而魏晋人以至佛家的讲法，恐怕都不是老子的原意。

---

[1] 杨勇：《世说新语校笺·栖逸第十八》（台北：明伦出版社，1972年4月三版），卷下，第500页。案：阮光禄即阮裕，阮籍族弟。其事又载《晋书》（北京：中华书局，1974年11月），卷49，第1368页。

[2] 《新唐书·卢承庆传》（北京：中华书局，1975年2月），卷106，第4048页。

[3] 见（唐）释道宣：《高僧传二集·唐京师会昌寺释空藏传十一》（台北：汇文堂出版社，1987年4月），卷38，第1085页。

[4] 见（唐）释道宣：《广弘明集》（台北：台湾商务印书馆，1975年，《四部丛刊初编》缩印本第28册），卷25，第369页。案：此议虽为反当时所谓沙门不拜君亲之论，然此所云云，实即据佛义以还攻沙门所主者。

（四）从"托天下"论本章主旨

前文曾提及，王弼《注》将章首四字的解释配合章末文句为义，在章旨的掌握以及文理的起承上，思路方法可谓正确；只嫌以《庄》解《老》，未必尽然。本章开首"宠辱"两字，实即与结句"托天下"遥遥相应。欲明此义，则当先知所谓"托天下"之义。

"托天下"一语，春秋以前古籍无之。先秦诸子史籍所载史事传说，其始亦仅及"托国"。如《晏子春秋》云：

> （齐景）公曰："岂过我哉，吾托国于晏子也。以其家货养寡人，不欲其淫侈也，而况与寡人谋国乎！"[1]

又载晏子自言：

> 今仆托国主民。[2]

《战国策》云：

> 甘茂相秦，秦王爱公孙衍……甘茂因入见王曰："王得贤相，敢再拜贺。"王曰："寡人托国于子，焉更得贤相？"[3]

"托国"皆指授以国政之宰相而言，其上皆有国君。此与曾子所谓"可以托六尺之孤，可以寄百里之命"，性质相类，只不过《论语》所指为先君临崩，孤子方幼，乃择大臣而委以重任，可当国摄君之政令，与上引"托国"之时君健在者略有不同而已；至其皆非让国之义，则并相同。若让国传贤之说，乃兴于战国中期，春秋时代尚未有之。而所谓"托天下"，其始实指让贤禅位而言，其义虽源于古代尧舜禅让而

---

[1] 吴则虞：《晏子春秋集释·内篇杂上第五·晏子饮景公酒公呼具火晏子称诗以辞第十五》（台北：鼎文书局，1972年4月），第324页。其事又见《说苑·反质》（赵善诒：《说苑疏证》，上海：华东师范大学出版社，1985年2月，卷20，第613页），"货养"作"贫善"，是。案：《晏子春秋》旧题春秋齐晏婴撰，然唐柳宗元已疑其书当出战国墨子之后。参屈翼鹏（万里）师：《先秦文史资料考辨》（台北：联经出版事业公司，1983年2月），第406—407页。又案：其书虽后出，然所记"托国"之说固为春秋以来之旧观念。

[2] 《晏子春秋集释·外篇第八·工女欲入身于晏子晏子辞不受第十一》，同上注，第510页。

[3] 《战国策·秦策二·甘茂相秦》（台北：九思出版社，1978年11月台初版），卷4，第161页。此事又见陈奇猷：《韩非子集释·外储说右上第三十四·说二》，卷13，第733页。

来,然其说之大倡,而造为此语,则应继战国让国思想益进而产生。所让非止一国而为天下,此一思想风尚,疑并不甚早。[1]

《尸子》云:

> 舜一徙成邑,再徙成都,三徙成国。尧闻其贤,征之草茅之中,与之语礼乐而不逆,与之语政,至简而行,与之语道,广大而不穷。于是妻之以媓,媵之以娥,九子事之,而托天下焉。[2]

是明以尧舜之事指为"托天下"。王弼注"若可托天下",即曰:

> 然后乃可以天下付之也。

"付之"即指传天下而言。[3]但战国以来有关尧舜禅位的传说,却是一桩相当慎重的事。《尸子》所述固如此;今见于《尚书·尧典》之所载,亦曰:

> 帝曰:"咨!四岳。朕在位七十载,汝能庸命,巽朕位?"岳曰:"否德,忝帝位。"曰:"明明扬侧陋。"师锡帝曰:"有鳏在下,曰虞舜。"……帝曰:"我其试哉!"……乃命以位。……帝曰:"格!汝舜。询事考言,乃言厎可绩,三载。汝陟帝位。"……正月上日,受终于文祖。……二十有八载,帝乃殂落。百姓如丧考妣,三载,四海遏密八音。月正元日,舜格于文祖……[4]

---

[1] 禅让思想始盛于战国,而"托天下"则指禅让天下之意,说详钱宾四师:《庄老通辨·再论〈老子〉成书年代》。钱师即据此以为《老子》书出晚周之一证。《老子》书之著作时代,近代学者尚多争论,然"托天下"之说,战国中叶以前,贵族世袭之制未坏,确无产生之背景,而在典籍中,亦无佐证,故纵谓《老子》成书较早,恐此意亦不得先有。

[2] 《尸子》(长沙:岳麓书社,1993年9月,《百子全书》第2册),卷下,第1618页。案:尸佼,《汉志》谓其商鞅师,《史记·孟荀列传》《集解》谓其商鞅客,要之其人在战国初。其书二十篇,《汉志》列杂家,然非出尸佼自为,大抵亦出战国后期。其书宋时已亡,清汪继培、章宗源、孙星衍、任兆麟并有辑本。

[3] "付之"之"付"字,《道藏》中《道德真经集注》本作"传"字,其实二字在此同义。参楼宇烈:《王弼集校释》,第31页。

[4] 旧题(汉)孔安国传、(唐)孔颖达疏:《尚书正义》(台北:艺文印书馆,1965年,《十三经注疏》第1册,影印清嘉庆江西南昌府学本),卷2,第28页,又卷3,第34—43页。案:引文"乃命以位"以下,今本《尚书》析归《舜典》。又案:《尧典》固战国时人追记之文,但姑勿论尧舜史实是否确然如所载,总之当时人所传述认知之禅让之实情如此。

按其所述传位的过程，先由朝中群臣共同推荐，乃拔擢试用三年，有了具体成绩以后，才摄位行政。又过了二十八年，待帝尧驾崩以后，舜再服丧三年，然后正式即政。尧之禅舜如此，舜之禅禹，依《书》之所载，其情节亦无大相远。可见战国所传说的传贤让位是慎重将事的，并不如《庄子》书中所述那些让王故事般随意，把君位视如敝屣。因此太史公要说"学者载籍极博，犹考信于《六艺》"，又说"天下重器，王者大统，传天下若斯之难"；故但得为伯夷立传，对明见于《庄子》的许由等人，则并不采信。[1] 而尧舜禹之禅位，所特应注意者，乃在继位之君，其摄政期间，前任之君虽已委政，实尚在位，并未飘然引去；故及其崩殂，继君尚须守丧三年，然后始正式即真。尧之选任舜，舜之选任禹，其自身皆并未引去，但将管理天下的职责付托其人；[2] 故《论语·卫灵公》："子曰：'无为而治者，其舜也与！夫何为哉？恭己正南面而已矣。'"《里仁》："子曰：'巍巍乎！舜禹之有天下也，而不与焉。'"皆指此等情况而言。凡言"托"者，必有一方为委托之主，另一方则为受托之人。以"托天下"而言，此双方则有上下之别。舜虽受命理事，尧仍在上。而舜之获选摄天下之政，亦可谓得尧之"宠"。理论上，若舜禹受宠任政失职不孚所望，自亦可以"失宠"去职，甚者可以受罚得"辱"。上古帝王禅让的传说固未有其事，然观于禹父鲧的传说，亦见《尧典》，曰：

---

[1] 说见《史记·伯夷列传》（北京：中华书局，1982年11月第2版），卷61，第2121页。并参（清）林云铭评注：《古文析义·伯夷列传》（台北：广文书局，1976年10月影印四版），卷3，第163页。

[2] 至后世之事，则情状各有异同。如《三国志·魏武帝纪》（北京：中华书局，1982年7月第二版）裴《注》引《魏书》载魏武谓王芬曰："霍光受托国之任"（第4页），"托国"义同宰臣摄政。《蜀先主传注》引《魏书》载刘表病笃，"托国于（刘）备"（第877页），此"托国"则义同禅位。《桓阶传》魏文帝谓桓阶曰："吾方托六尺之孤，寄天下之命于卿。"（第632页）又《北史·杨播传》（北京：中华书局，1974年10月），史臣论杨愔"及寄天下之命，托六尺之孤，旬朔未几，身亡君辱"（卷41，第1528页），此等"寄天下之命"实只如《论语》曾子所言"寄百里之命"，不指禅位。唯《宋史·王畴传》（北京：中华书局，1985年6月新一版），载畴上疏英宗曰："陛下在藩邸，以好古知礼、仁孝聪明闻于中外，此先帝所以托天下也。"（卷291，第9747页）此"托天下"则指继位为帝而言。然英宗初因仁宗无嗣，幼抱养宫中，后立为皇子，故其继位，乃略似禅位，此所以王畴云云；若嫡子继生父，史书亦绝无"托天下"之说。

十三、《老子》"宠辱若惊"章旧义新解

> 帝曰:"咨!四岳。汤汤洪水方割,荡荡怀山襄陵,浩浩滔天,下民其咨,有能俾乂?"佥曰:"於!鲧哉。"帝曰:"吁!咈哉,方命圮族。"岳曰:"异哉!试可乃已。"帝曰:"往,钦哉!"九载,绩用弗成。[1]

鲧亦得四岳共同推荐治水之任。尧始虽以其人不符理想,但亦不拂逆群臣之荐,使试于其位。此固非舜得总揽大政之比,然可谓鲧亦因群岳之意而得宠信任职。但惜其九年治水无成,故到帝舜秉政时便"殛鲧于羽山",此则转宠为辱了。由此可见,"宠辱"皆自下蒙上之辞,若无在上之人,则谁能宠之、辱之?所谓"受宠""受辱",自有所以受之者。自《老子》本章言,其实与其所受托以治天下者为同一对象。必明此义,然后始知此章首尾连贯相通为义。否则此一任天下重职之人,谁宠谁辱?又谁何人能以天下寄托之?至若所谓万民付托,乃近世思想,古人不能有此想法。亦必知战国尧舜禅位传说之情状,始知"托天下"尚可有"宠辱",否则一旦得宠继位,即巍巍独居万民之上,为天下一人,又何所谓辱? [2] 因此《老子》此处所言治天下,仍是慎重以治天下之义,并不如《庄子》之轻蔑君位。马其昶说《庄子》较《老子》"意更有进",若由此观之,此一分辨是有其必要的。

《荀子·仲尼篇》有几段话极论君臣上下的宠辱关系,甚可参照:

> 夫齐桓公有天下之大节焉,夫孰能亡之?倓然见管仲之能足以托国也。是天下之大知也。……持宠处位终身不厌之术:主尊贵之,则恭敬而僔;主信爱之,则谨慎而嗛;主专任之,则拘守而详;主安近之,则慎比而不邪;主疏远之,则全一而不倍;主损绌之,则恐惧而不怨。……求善处大重,理任大事,擅宠于万乘之国,必无后患之术:莫若好同之,援贤博施,除怨而无妨害人。能耐任之,则慎行此道也。能而不耐任,且恐失宠,则莫若

---

[1] 《尚书正义》,卷2,第26页。
[2] 上文引述释德清解宠辱,笔者虽未采用其说,然彼言宠辱,亦皆自上之对下着眼。参释德清:《老子道德经憨山解》上篇,第65页。经文"辱"字既与"宠"字并言,非独立为义,自亦应合并理解。

早同之，推贤让能而安随其后。如是，有宠则必荣，失宠则必无罪。是事君者之宝而必无后患之术也。故知者之举事也，满则虑嗛，平则虑险，安则虑危，曲重其豫，犹恐及其祸，是以百举而不陷也。孔子曰："巧而好度必节，勇而好同必胜，知而好谦必贤。"此之谓也。愚则反是。处重擅权，则好专事而妒贤能，抑有功而挤有罪，志骄盈而轻旧怨，以吝啬而不行施道乎上，为重招权于下以妨害人，虽欲无危，得乎哉！是以位尊则必危，任重则必废，擅宠则必辱，可立而待也，可炊而儳也。是何也？则堕之者众而持之者寡矣。……少事长，贱事贵，不肖事贤，是天下之通义也。……故君子时诎则诎，时伸则伸也。[1]

这一番话，几乎可视为老子此章的一段旁注。荀子曾批评老子，说：

老子有见于诎，无见于信；……有诎而无信，则贵贱不分。[2]

他在《仲尼篇》中所说的一番大理论，虽然装了一个"时诎则诎，时伸则伸"的门面，其实可说已把老子"有见于诎"之旨发挥得相当透彻了。他说的只是"托国"，但我们移用来推想老子所言的"托天下"和"宠辱"，其理亦宜可相通。而尤可注意者，在讨论上下宠辱的关系上，荀子并未有直接把"失宠"和"辱"画上等号。所谓"有宠则必荣，失宠则必无罪"，可见失宠而至于有罪，才是得辱。这一段明显是继《老子》之说而产生的议论，正可以帮助我们了解"宠辱"两端之间，并不是非此即彼，更无余地。

（五）"宠辱若惊"本义

由上文所述，乃可进而推求"宠辱若惊"之义。《说文》：

惊，马骇也。[3]

---

[1] （清）王先谦：《荀子集解》（北京：中华书局，1988年9月），卷3，第106—113页。
[2] 《荀子·天论》，卷11，第319页。
[3] 见（清）段玉裁《说文解字注》（台北：艺文印书馆，1970年，影印经韵楼本），卷18，10篇上，第471页。

此字本义指马匹受突然的刺激而恐惧，然古籍中亦往往与"警"字义通，[1]盖二字同源，[2]先有惊，乃可有警。《老子》原文既言"若惊"，则自用"惊"之本义，然能"若惊"，自能生警惕。"若惊"之"若"字，学者训释，或主张同于章末两"若"字，训"乃"或"则"；[3]此一解释殆囿于要将本章诸"若"字间求其尽量一致，[4]实则因文为义，未必不可以同字异解。[5]先秦古籍中本有"若惊"一词，尤多见于兵书。《尉缭子》：

> 令行无变，兵行无猜，轻者若霆，奋敌若惊。[6]

《六韬》：

> 巧者一决而不犹豫，是以疾雷不及掩耳，迅电不及瞑目，赴之若惊，用之若狂。[7]

"若惊"与"若霆""若狂"互文为义，并言其用兵之效，诸"若"字自训"如"。《吕氏春秋》：

---

[1] 如《易·震》："震惊百里"，郑《注》："惊之言警戒也。"〔见（宋）王应麟纂辑：《周易郑康成注》，收载《玉海》第八册附刊，台北：台湾华文书局，1967年，第4715页。〕《墨子·杂守》："即有惊，举孔表"，孙诒让《间诂》："惊、警同。"（见《墨子间诂》，台北：华正书局，1987年3月台初版，卷15，第576页。）

[2] 参王力：《同源字典·耕部》（台北：文史哲出版社，1983年7月台初版），第320页。

[3] 如黄钊说："本章共有九个'若'字，除两处'若身'之'若'外，其余均可训'乃'或'则'。"见《帛书老子校注析》（台北：台湾学生书局，1991年10月），第61页。至"若身"之"若"，黄氏则据高亨说以为"有"字形讹。高说见所著《老子正诂》（北京：中国书店，1988年10月影印本），第29页。

[4] 尤如严复，据王《注》以"如此乃"解章末两"若"字，遂云："通章'若'字皆作'如此乃'三字读。"见严氏《评点老子道德经》（台北：广文书局，1975年1月影印再版），第12页。实则以此说前诸字，未免牵强。

[5] 如本章诸"若"字，末二句语法全同，自当同义，然不必与章首两"若"字同解。至首、二两句语法本不一致，亦不必先入为主，讲成同训。

[6] 见《尉缭子·兵教上第二十一》，《百子全书》，第2册，第1171页。案：尉缭子，《隋志》以为梁惠王时人；经近人考证，则疑其书为晚周至秦始皇时人所作。参屈翼鹏师《先秦文史资料考辨》，第488—489页。

[7] 见《六韬·龙韬·军势第二十六》，同上注，第1120页。案：《六韬》，《隋志》谓周文王师姜望撰，自宋以还，学者多疑其为晚周以后所出。说参《先秦文史资料考辨》，第478—479页。

> 桀为无道……众庶泯泯，皆有远志，莫敢直言，其生若惊。[1]

此处"若惊"则以言暴政下民生之苦。但此词若用于居上治民者之心理，则不尽为反面义。如《国语》：

> 夫阖庐口不贪嘉味，耳不乐逸声，目不淫于色，身不怀于安，朝夕勤志，恤民之羸，闻一善若惊，得一士若赏，有过必悛，有不善必惧，是故得民以济其志。[2]

所谓"闻一善若惊，得一士若赏"，盖谓闻一善言而如受惊而知自省自惕，得一善士则如获赏而喜悦。[3]"闻一善若惊"，乃在其人未有过之先，内心先起警惕防范；下文"有不善必惧"则在既有过之后的惊惧反省。后世用其义者，如潘安仁《杨荆州诔》：

> 闻善若惊，疾恶如雠。[4]

此处"若""如"互文，义更明晰。《旧唐书》载魏征谏太宗曰：

> 昔贞观之始，闻善若惊，暨五六年间，犹悦以从谏。自兹厥后，渐恶直言，虽或勉强，时有所容，非复曩时之豁如也。[5]

《唐会要》载太常博士王彦威上表云：

> 伏以陛下自临宸极，懋建大中，闻善若惊，从谏不倦。[6]

皆言莅民者能虚怀纳谏，故"闻善若惊"，都是沿用《国语》原义。然则在上位者在此种情况下之"若惊"，正见其人之不刚愎自用，非但不可非议，反而是可取的。

至此我们可看河上《注》对本章有关"若惊"的解说：

> 身宠亦惊，身辱亦惊。……得宠荣惊者，处高位如临深危也。

---

[1] 陈奇猷：《吕氏春秋校释·慎大览·慎大》（台北：华正书局，1985年8月台初版），卷15，第843页。

[2] 《国语·楚语下·郑公辛与弟怀或礼于君或礼于父》（台北：宏业书局，1980年9月），卷18，第578—579页。

[3] （清）汪远孙《国语明道本考异》卷4："《后汉书》《文苑传》注，《文选》孔文举《荐祢衡表》、潘安仁《杨荆州诔》注引《国语》，'善'下有'言'字。"是此处"善"即指"善言"。同上注。

[4] 见《文选》（台北：五南图书出版公司，1991年10月），卷56，第1384页。

[5] 《旧唐书·魏徵传》（北京：中华书局，1975年5月），卷71，第2556页。

[6] （宋）王溥：《唐会要·谥法下》（北京：中华书局，1990年10月），卷80，第1472页。

贵不敢骄，富不敢奢。失者，失宠处辱也。惊者，恐祸重来也。[1]身宠之惊，乃居高位所抱一种临深履薄的心理使然，故有此惊，自知不骄满，防奢淫。如此身宠之惊，岂会是要不得的？河上又谓处辱而惊，乃"恐祸重来"，此与其上文"身辱亦惊"正相呼应，其解辱之可惊甚是；但径以"失宠"为辱，于经文文理尚未甚协。[2]参前引《荀子·仲尼篇》所述宠辱得失之故，可知有宠而惊，慎处以其道，可以长保其位而不失；失宠而惊，善处其势，亦可"无罪"而不及祸。失宠而尚不知惊，循至于祸及其身，则可谓辱矣。祸事至而怀惊惧之心，冷静沉着处理，至少可免祸事重来，寖假则或可转祸为福。至于失辱，则实无可惊之理；故下文"宠为下，得之若惊，失之若惊"，两"之"字只承"宠"而言。此前引周学武之文已明此意。何以谓"宠为下"？此处所当辨者，宠所以为下，非由于惊，乃因不善处宠，则得失两面皆可以致大患，其较诸辱之为患，只有在得之一面者，自为更下。正因"宠为下"，可以两面招患，故明道者乃两面防之，"得之若惊，失之若惊"。在"得之若惊，失之若惊"之上，等于是要添一"故"字来看。这两句话非但不是用来描述"宠"之不堪，反而是老子提倡用来处宠的正确态度。若知"宠辱若惊"既非要不得，则"得之若惊，失之若惊"自然也不会是反面的话。只因"惊"实无可崇尚，故易引起后人的误解。其实老子也非要提倡"惊"，而是"大患"在所必防必避，故处此不得不惊。而老子解"宠辱若惊"一句，所以特在宠之一面着墨者，其一当如过去学者所指出的，宠之可惊，其理非人人所能知；其次则当知本章乃在讨论可以"托天下"者的条件，"托天下"自属宠而非辱。老子意，实犹言知处宠之道者，乃可以宠之矣。

---

[1] 《老子道德经河上公章句》，第47—48页。
[2] 经文"何谓宠辱若惊？宠为下，得之若惊，失之若惊"，河上本作"何谓宠辱？辱为下。得之若惊，失之若惊"。王卡据俞樾、劳健、武内义雄等人说，认为河上本"辱为下"之上应脱"宠为上"三字。见王氏点校本，第50页。今案：即如其说，经文"得之""失之"分承宠辱，文理难通。又案：《释文》引简文云："宠，得也；辱，失也。"宠、辱何能直以得、失为义？盖涉其下经文"得之""失之"贯说其义，是简文亦同河上之见，以失宠为辱。

失宠、得辱之须惊,常人类能知之;唯有宠之须惊,则常人未必能知。亦可谓处宠之道,先须知惊,然后可以善处。老子之意,无异于告人以当处宠犹处辱,故一例须惊。若处宠不惊,肆骄奢,纵淫欲,擅权势,则其贵位亦将不保。两极相寻转化之理,《老子》各章中申言甚详,即如上引《荀子》之所述,亦已颇发其蕴。故老子教人处宠犹处辱,非不要宠,反而是要长保其宠。[1]《老子·二十八章》:

> 知其雄,守其雌,为天下溪。……知其白,守其黑,为天下式。……知其荣,守其辱,为天下谷。……

是老子之意,决非谓可以不辨雌雄,不分黑白,齐其荣辱,乃至于荣辱黑白之两忘双遣。所知在彼,所守在此,守此正所以得彼。至已得彼,则仍当守此,乃可长保。故曰:

> 功成而弗居,是以不去。(三章)
>
> 保此道者不欲盈,夫唯不盈,故能蔽不新成。(十五章)

这都是守道不失之意。否则,必如第九章所言:"揣而棁之,不可长保。"所以上文曾引苏辙的话,以为"古之达人,惊宠如惊辱",不像常人只"安宠而惊辱",自此观之,也可以说是正确的。老子这一见解,和《易·否·九五》所谓"其亡其亡,系于苞桑",居安思危之意是相通的。[2]

《广弘明集》载唐傅奕之言曰:

> 臣闻羲农轩颛,治合李老之风;虞夏汤姬,政符周孔之教。虽可圣有先后道德不别,君有沿革治术尚同。窃闻八十老父击壤而歌,十五少童鼓腹为乐,耕皆让畔,路不拾遗,孝子承家,忠臣满国。然国君有难则徇命以报雠,父母有痾则终身以侧侍。岂非曾参、闵子之友,庠序成林;墨翟、耿恭之俦,相来羽翊?乃有守道含德,无欲无求,宠辱若惊,职参朝伍。荆山鼎上攀附升龙,缑氏

---

[1] 前篇《老子首章旧义新解》亦已略申此义,请参看。

[2] 《易·系辞下》释此爻辞曰:"危者,安其位者也;亡者,保其存者也;乱者,有其治者也。是故君子安而不忘危,存而不忘亡,治而不忘乱,是以身安而国家可保也。《易》曰:'其亡其亡,系于苞桑。'"

坛边相从驾鹤。瑶池王母之使具礼来朝,碧海无夷之神周行谒帝。所以然者,当此之时,共遵李孔之教,而无胡佛故也。[1]

此段话悬想上古三代以上郅治之世的景象,在傅奕意想之中,彼时乃熏陶于老子、孔子之教,故所描绘,分两种理想:击壤鼓腹,是道家妙境;忠臣孝子,则儒术所倡。至下文乃谓"守道含德,无欲无求,宠辱若惊,职参朝伍",则"宠辱若惊"之朝臣乃无欲求、守道德者,岂非其义甚明?故释道宣箴驳之,便说:

> 潘崇、羿、浞,未肯若惊;季氏、阳货,亦居朝位。[2]

可知傅奕尚知旧义,故以此四字为有符李老之教。[3] 而道宣之箴,亦仅谓其时亦有如后羿、寒浞、潘崇、季氏、阳货等人厕身朝列,而未肯"若惊",则其对"宠辱若惊"之认知同于傅奕亦可知。若如后代所解,"宠辱若惊"变成为一种修养不够的反面话,这两人的话便转成颠倒黑白了。

(六)"贵大患若身"本义

至"贵大患若身",河上《注》:

> 贵,畏也。若,至也。畏大患至身,故皆惊。[4]

以"畏大患至身"来解释"贵大患若身",文义极为明畅,但因"贵"字此一训解颇为特殊,故后人多不敢采信。"贵""畏"古韵虽同在微部,但河上是否以通假为说,实未能确定;以"畏"释"贵",古籍中似亦未见他例。然陆德明《经典释文》云:

> 贵,重也。河上公:"畏也。"[5]

---

[1] 释道宣《箴傅奕上废省佛僧表》引,《高僧传二集》,卷11,第132页。
[2] 同上注。
[3] 傅氏谓羲农上古之世,亦符合儒道所倡之理想,自是古人一种推想。其时孔、老未生,谓其时"共遵李孔之教",则不免有语病。
[4] 《老子道德经河上公章句》,第48页。
[5] (唐)陆德明:《经典释文·老子道德经音义》(台北:鼎文书局,1972年9月,影印《通志堂经解》本),卷25,第356页。

所录第一解,以"重"释"贵",则为常训。"重大患"与"畏大患",其义引申本可相通。"重大患"是重视大患,而非轻忽不措意;"畏大患"则忧虑耽心大患,[1]含义并无大不同。故若说此处"贵"犹"畏",亦非不可通。河上少下一"犹"字,不免易启疑窦。而"若"字训"至",则固有其训。如《书·召诰》:

> 越五日甲寅,位成。若翼日乙卯,周公朝至于洛。[2]

又《国语·晋语五》:

> 病未若死,祇以解志。[3]

此等"若"皆"至""及"之义。故河上以"至"为解,并非特例。[4]

而王弼注"大患若身",则云:

> 人迷之于荣宠,返之于身,故曰"大患若身"也。[5]

亦似以"返之于"训"若",则与河上说并无大异。重大患之将及其身,不敢急忽,是即所谓"畏大患若身",此正说明何以"宠辱若惊"之故。如对大患临身毫不在乎,则宠辱固可以无惊;宠辱两惊,皆由大患之忧。辱可无论,今论"可以托天下",其人果得委以天下,则宠荣贵显,可谓一人之下,万人之上,然不以其道,则得之不永,反遭其殃,是以知道者未尝不惊。老子曰:

> 富贵而骄,自遗其咎。(九章)
>
> 不知常,妄作,凶。(十六章)
>
> 侯王无以贵高将恐蹶。(三十九章)
>
> 强梁者不得其死,吾将以为教父。(四十二章)

---

[1] 《史记·项羽本纪》宋义谏项梁曰:"今卒少惰矣,秦兵日益,臣为君畏之。"(卷7,第303页。)此"畏"字亦近此义。

[2] 《尚书正义》,《十三经注疏》第1册,卷15,第218—219页。《经传释词》:"若,犹及也。"(卷7,第152页。)"若""越"互文同义,《经传释词》:"越,犹及也。"(卷2,第29页)《汉书·律历志》(北京:中华书局,1962年6月)引《周书·武成》:"若翌日癸巳,武王乃朝步自周,于征伐商。"(第1015页)《伪古文尚书·武成》"若"正作"越"。(《尚书正义》,卷11,第160页。)

[3] 《国语·张侯御郤献子》,卷11,第402页。

[4] 《史》《汉》亦屡有"若"字用例,注家释为"预及之辞",或曰"豫及之辞",预、豫皆参与义,并与此义相通。

[5] 楼宇烈:《王弼集校释》,第29页。

>祸莫大于不知足，咎莫大于欲得。（四十六章）

>开其兑，济其事，终身不救。……无遗身殃，是为习常。（五十二章）

>古之所以贵此道者何？不曰以求得，有罪以免邪？故为天下贵。（六十二章）

大患凶咎，老子所畏，观上引诸章所述，岂不已再三痛切言之？所以老子屡言"不殆"之道，如：

>道乃久，没身不殆。（十六章）

>知止可以不殆。（三十二章）

>知足不辱，知止不殆，可以长久。（四十四章）

>既知其子，复守其母，没身不殆。（五十二章）

知此乃可谓"不失其所者久"（三十三章）。若如魏晋月旦人物，特重雅量，以为宠辱祸福不萦系于心者方为上品，则不惊正其雅量之表征，若惊则无足道矣。然老子谨小慎微、慎终如始，恐不乃尔。老子曰：

>古之善为道者，微妙玄通，深不可识。夫唯不可识，故强为之容。豫兮若冬涉川，犹兮若畏四邻，俨兮其若客……（十五章）[1]

曰"豫"曰"犹"曰"俨"，皆状其不敢妄为，不敢放肆之矜慎。又曰：

>人之所畏，不可不畏。（二十章）[2]

则老子固非无所畏，亦不止于"唯施是畏"（五十三章）而已。至如六十三章曰：

>图难于易，为大于细。

六十四章曰：

>为之于未有，治之于未乱。……慎终如始，则无败事。

统观这些话，可见老子乃一忧深虑远的谨慎人，故太史公《老子传》中即以"深远"二字评之。以魏晋雅量来想象老子，以为得道之人应

---

[1] 王本"善为道"作"善为士"，"客"作"容"，今据帛本、河上本。

[2] 帛本作"人之所畏，亦不可以不畏人。"义解不同，然所以主畏则一。

不介怀于宠辱，故喜怒不形于色，恐怕不是老子的真相。[1]

（七）"无身"解

继此再及本章下文所谓"无身"，便知亦承接上文而来，是说明如何可以防大患之方。此两字之义，古今学者已有很精确的说明。如陈鼓应先生，采宋范应元的解释。范氏云：

> 轻身而不修身，则自取危亡也。是以君子安而不忘危，存而不忘亡，故终身无患也。……是知有身斯有患也。然则既有此身，则当贵之、爱之，循自然之理，以应事物，不纵情欲，俾之无患可也。[2]

陈先生本此意说：

> 这是说大患是来自身体，所以防大患，应先贵身。按老子说这话是含有警惕的意思，并不是要人弃身或忘身。老子从来没有轻身、弃身或忘身的思想，相反的，他却要人贵身。但老子这里的意思被普遍地误解。[3]

这是正确的看法。卢育三也本范氏意而复加引申说：

> 这里的关键在于对"有身""无身"的理解上。为此，我们有必要重温七章老子所讲的道理："天长地久，天地所以能长且久者，以其不自生，故能长生。是以圣人后其身而身先，外其身而身存。""有身"，即以身为身，以身为身，就会丧身；进一步说，

---

[1] 庄子旷达，过于老子，虽齐彭殇，一死生，安时处顺，逍遥与造物者游，外境固不足以为累。然养生之主，则曰"为善无近名，为恶无近刑"；庖丁之解牛，每至于族，亦"怵然为戒，视为止，行为迟，动刀甚微"。至《人间世》所述涉足人间之事，尤为远祸自全之术，故曰"戒之、慎之，正女身"。全生尽年，庄子所明言，故其处世之慎，毋撄祸殃，与老子并无根本不同。若以魏晋人之纵肆放旷等视庄子，亦非其真。

[2] （宋）范应元：《老子道德经古本集注》，《续古逸丛书》之17，（上海：商务印书馆，1922年，影印江安傅氏双鉴楼本），卷上，第23—24页。案：引文"是知"以下一段，陈先生系为司马光之说。然揆范书文例，凡录他人说，皆著"曰"字，或著"云"字；此因范本《老子》原文"及吾无身"作"苟吾无身"，范氏乃在此处上下两段文字间阑入一句"苟字，应吉父、司马公同古本"，致易生误会，盖皆应为范氏之说。

[3] 陈鼓应：《老子注译及评介》（香港：中华书局，1990年12月），第110页。

"有身"，即执着己身，执着己身而有欲有求，就会大祸降身。"祸莫大于不知足，咎莫憯于欲得。"（四十六章）"有身"必然重物轻身，以身徇物。老子所以把大患与"有身"联系起来，道理就在此。"无身"即不以身为身，不以身为身，就不致丧身；进一步说，"无身"，即不执着己身，不执着己身而无欲无求，便可"没身不殆"。"无身"亦即"后其身""外其身"。"后其身而身先，外其身而身存"，表面上"无身"，实质上是"贵身"。[1]

这更把"有身"招大患，"无身"可不殆的道理阐释得非常清楚；"无身"即不为一身之欲打算营求，故不致骄奢淫逸。此即所谓"及吾无身，吾有何患？"[2] 没身不殆，终身无患，这才是老子天长地久，长生久视之道，所以"无身"才是真正的"贵身"。否则大患及身，又何贵之有？故老子的结论说：

> 故贵以身为天下，若可寄天下；爱以身为天下，若可托天下。

能贵爱其身[3]，无身无为，无欲无求以治天下者，才是一个理想的政权接班人。知贵爱其身，即知贵大患若身，自会宠辱若惊，这样的人才可以把天下寄托给他。二十六章云：

> 奈何万乘之主，而以身轻天下？[4]

此正与贵爱其身以治天下之意适相反。河上《注》曰：

> 奈何者，疾时主伤痛之辞。……王者至尊，而以其身行轻躁

---

[1] 卢育三:《老子释义》，第80页。

[2] 及，犹若也。说见王引之《经传释词》卷5引王念孙说，第107—108页。河上《注》："使吾无有身体"，以"使"释"及"，假使、如果之义，亦同王说。

[3] 河上以"人君贵其身""爱其身"为言，王弼则谓"无〔物可〕以易其身，故曰贵""无物可以损其身，故曰爱"，是并以"其"解两"以"字。（清）宣颖《庄子南华经解》（宏业书局，1977年6月再版）释《庄子·在宥》引《老子》此语，亦以"贵爱其身"为说。（第94页）马其昶以为"以"通"已"，训"此"，义亦通"其"；其说已见前正文引述。裴学海《古书虚字集释》（北京：中华书局，1954年10月）云："'以'犹'其'也。'以''其'为之部叠韵字，故'以'训'其'。"所举古籍十二例，《老子》此语居其一；说见是书上册第27—28页。又案：两"为"字训"治"，两"若"字训"乃"，亦并详前文；参336页注3、4。

[4] 二十六章此语，两帛本并作"若何万乘之主，而以身轻于天下"，"轻"下并多"于"字。"于"犹"为"，亦如本章之"为"，同可训"治"。

乎？疾时王奢恣轻淫也。[1]

"身轻"实与本章"有身"同其义指，故河上以"轻躁""奢恣轻淫"作解，正得其义。学者多知此语与本章义反，但或以解本章最后这四句，先已误会为把自身看得比天下还重，故转援其义以说二十六章，遂谓是把自身看得比天下还轻之意[2]，又或谓以己身为天下最轻最贱之意。[3] 然其上经文谓"重为轻根，静为躁君，是以圣人终日行，不离辎重"，结句云"轻则失本，躁则失君"，则所谓"轻""重"皆明指人君之行而言，岂是轻视或看轻之意？铜山西崩，洛钟东应，一章之义，必旁及他章；而牵一发可以动全身，故一章首尾之间，瞻前顾后，要之同为解《老》所宜有的态度。

因此《老子》本章所述，亦是在讲一个他理想中的政治元首的条件，亦即申其无为而治之主张。只在他章，往往明标"圣人"，[4] 此章则以战国传贤禅位思想兴起以后，遂转言"可以托天下"之理想人格，其实仍与其圣人的理想义相一致。既言"托天下"，然后才有所谓"宠辱"，否则如其前贵族世袭制度未坏，嗣君继位以血统不以贤能，进退由天不由人，纵谓其执政施为可招祸福，而固与宠辱无涉。是则本章章旨实只此一义，而前后文句，皆一义相贯。后人或以庄说老，或以佛说老，又或附会以魏晋之雅量，致使本章文旨殊异而难解了。

（八）成语"受宠若惊"的本义与转化

最后附带一提的是，成语中"受宠若惊"一词，一般词书常举清末《官场现形记》第十八回的故事为例：

> 过道台承中丞这一番优待，不禁受宠若惊。坐立不稳，正不

---

[1] 《老子道德经河上公章句》，第106页。
[2] 参卢育三：《老子释义》，第131页。
[3] 参高明：《帛书老子校注》，第361页。
[4] 近代学者已指出，《老子》书中言"圣人"凡三十二处，皆为其理想中之人物，尤多指政治上之最高统治者而言，亦即其心目中的理想君主。参钱宾四师：《庄老通辨·再论〈老子〉成书年代》，第63页；又卢育三：《老子释义》，第51、101页。

知如何是好。[1]

这是用来描写骤然获得意外的宠爱,而惊喜莫名,因而不安。这种不知所措的情状,正与魏晋人所看重宠辱不惊的雅量恰成反对。以此状说他人,其人修养之不堪亦可推想。但较早期的用法,亦有以此自状,则是一种自我谦虚的意思,如欧阳修《辞特转吏部侍郎表》:

> 受宠若惊,况被非常之命;事君无隐,敢倾至恳之诚。[2]

盖自谦才德未能孚其重任,受逾其分,故以此词状自身不堪其职之惶恐不安。[3] 自认不堪,正见其人未必不堪。然这一词无论用以正面直写,或是曲折自谦,总非高明之人所应有,则其义实皆承魏晋人之意见而来。

若再往上追溯,所谓"受宠若惊"之最早出处,很可能是宋初张洎的创语。《宋史》记载了一段张洎有趣的故事:

> 端拱初……会钱俶薨,太常定谥忠懿。洎时判考功,为覆状,经尚书省集议。虞部郎中张佖奏驳曰:"按考功覆状一句云'亢龙无悔',实非臣子宜言者。况钱俶生长岛夷,夙为荒服,未尝略居尊位,终是藩臣,故名不可称龙,位不可为亢。其'亢龙无悔'四字,请改正。"事下中书,以诘洎。对状曰:"窃以故秦国王明德茂勋,格于天壤,处崇高之富贵,绝纤介之讥嫌。太常礼院稽其功行,定兹嘉谥,考功详覆之际,率遵至公,故其议状云:'兹所谓受宠若惊,居亢无悔者也。'谨按《易·乾》之九三云:'君子乾乾,夕惕若厉,无咎。'王弼《注》云:'处下体之极,居上体之下,履重刚之险,因时而惕,不失其几,可以无咎。处下卦之极,愈于上九之亢。'《易例》云:'初九为元士,九二为大夫,九三为诸侯。'《正义》云:'易之本理,以二体为君臣。[4] 九三居下体之极,是人臣之体也。其免亢龙之咎者,是人臣之极,可以

---

[1] (清)李宝嘉:《官场现形记》(台北:桂冠图书公司,1984年二版),第267页。
[2] (宋)欧阳修:《欧阳文忠公文集》,《四部丛刊初编》缩印本第50册,卷92,第688页。
[3] (宋)苏轼《谢中书舍人启》:"擢置周行,遽参法从,省躬无有,被宠若惊。"亦是此意。见《经进东坡文集事略》(台北:世界书局,1975年1月),卷27,第472页。
[4] "体"上"二"字,据台北艺文印书馆影印武英殿本补。

慎守免祸。故云免亢极之祸也。'[1]《汉书·梁商传赞》云：'地居亢满，而能以谨厚自终。'杨植《许由碑》云：'锱铢九有，亢极一夫。'杜鸿渐《让元帅表》云：'禄位亢极，过逾涯量。'卢杞《郭子仪碑》云：'居亢无悔，其心益降。'李翰《书霍光传》云：'有伊、周负荷之明，无九三亢极之悔。'张说《祁国公碑》云：'一无目牛之全，一无亢龙之悔也。'况考功状内止称云：'受宠若惊，居亢无悔。'即本无'亢龙无悔'之语。斯盖张佖擅改公奏，罔冒天聪。请以元状看详，反坐其人，坐惩奸妄。"俄下诏曰："张洎援引故实，皆有依据。张佖学识甚浅，敷陈失实，尚示矜容，免其黜降，可罚一月俸。"[2]

钱俶是五代十国时吴越王钱镠之孙，镠子元瓘的第九子，继其兄佐、倧之后亦为吴越王。宋兴，屡次来朝。太宗太平兴国三年，献其两浙诸州，诏封淮海国王。雍熙元年，徙封汉南国王；四年，徙封南阳国王，旋改封许王。端拱元年二月，徙封邓王；八月而薨，追封秦国王，谥忠懿。[3] 其时张洎判考功，覆状中有"受宠若惊，居亢无悔"两语，被当时任虞部郎中的张佖告了一状，以为《易》"亢龙"乃惟天子可以当之，以称钱俶，实不相宜。张洎为人虽无行，然向以博雅文艺著称，[4] 便即草一对状为己辩驳。他的驳状中详征博引，援据古今，证明居人臣之极位者可以免亢龙之咎，古来素有其说。当然更关键之处是他指出，考功状中的原辞是"居亢无悔"，根本不是"亢龙无悔"，可见张佖乃擅改公奏，以无为有，罗织构陷，入人于罪。这一驳状振振

---

[1] 今《周易正义》无此等语，盖张洎引其意而加以推论之言。

[2] （元）脱脱等：《宋史·张洎传》（北京：中华书局，1985年6月新一版），卷267，第9209—9210页。

[3] 参《宋史》卷1至卷5《太祖》《太宗本纪》，又卷480《吴越钱氏世家·钱俶》。

[4] 据《宋史》本传载，洎本南唐后主宠臣，宋兵围金陵，力劝后主勿降，许以不虞当先死。及城陷，给同僚陈乔与俱死。乔自经，洎乃不死而归附宋太祖。太祖责以教后主不降，洎以"犬吠非其主"对，卒获贷死。入宋以后尤擅揣摩上意，故屡膺要职。史臣讥为谗毁正直之反复小人。始以从父礼事张佖，以议事不协成仇，遂不再拜。其相与者，凶终隙末者尚多有之。然其人"少有俊才，博通《坟》《典》"，宋太宗尝称之曰："张洎富有文艺，至今尚苦学，江东士人之冠也。"

有词，最后的结果自然是张洎落败。幸而太宗对他尚算宽容，并未降他的职，只罚一月薪俸了事。据史书所载，当时张洎所攻，仅为他所变改的"居亢无悔"一句，而未及其前句"受宠若惊"。但张洎考功状中此两语，都是用来颂扬钱俶之善处大臣高位，则所谓"受宠若惊"，显然不会如《官场现形记》中描写过道台那样地不堪；张洎也无缘替钱俶谦称才德之不孚其位，因此也不应如欧、苏文中的用意。若替他谦称才德不孚，也不能算是颂扬了。如此说来，从驳状中详引故实中对"居亢无悔"所以然之故的种种述说，几可谓无不指其因时而惕，慎守免祸之义。然则"受宠若惊"岂不是正用了老子的原义，是用来推崇钱氏得宠而知戒慎不骄满，故不撄嫌猜而无悔咎。驳状中重申钱氏"处崇高之富贵，绝纤介之讥嫌"，即为考功状"受宠若惊，居亢无悔"的说明，其实亦无异于《老子》"宠辱若惊，贵大患若身"之意。而张洎变其语曰"受宠"而不及"辱"，亦犹老子下文专就"宠"而为言之义，都是针对富贵居位者来立言。由此言之，张洎考功状此两语，一出《老子》，一出《周易》，文字虽有所转化，而其义固皆承袭无变。至后人沿用其"受宠若惊"成语，文字无变，而其义则有所转化。人莫不知"受宠若惊"出于"宠辱若惊"，故自《老子》本义漫失以后，遂以歧出之新义理会衍生之成语语义。故此一成语，亦不期而与其典据遭同一际遇，都自一句正面意义的话，转成为一句反面意义的话，乃竟真成为"正言若反"了。

后记

本文草就未久，友人夏长朴教授自北京出席学术会议返台，携回文物出版社新印《郭店楚墓竹简》相赠，内有一九九三年冬出土战国楚墓之简本《老子》三种，为迄今所见最早之《老子》抄本。此数种抄本合存二〇四六字，约当今本五之二。其内容分见于今本之三十一章；有相当于今本之全章者，亦有不足全章者。本文所讨论之第十三章，亦见于《乙》本，其中略有缺文，而大体与今本相若。唯首句文字，释文者据原简分章符号定为"人宠辱若惊"，较今本多一"人"字。多此一字，无妨解义。然此章简本上文为"人之所畏，亦不可以不畏"，二语在今本二十章，作"人之所畏，不可不畏"；而马王堆帛书《乙》本则作"人之所畏，亦不可以不畏人"（案：帛《甲》本"不"下残缺）。揆其文义，楚简《乙》本章首"人"字应属上读，文同帛本，原简符号盖误，爰识所疑于此。

本篇原刊于1998年12月台湾大学文学院《文史哲学报》第49期

十四、《老子》"上德""下德"义解及其相关问题

(一)"下德"问题的争讼和解决

今本《老子》书中有"上德""下德"之说,见三十八章;兹为后续讨论之便,先录全章:

> 上德不德,是以有德;下德不失德,是以无德。上德无为而无以为,下德为之而有以为。上仁为之而无以为,上义为之而有以为。上礼为之而莫之应,则攘臂而扔之。故失道而后德,失德而后仁,失仁而后义,失义而后礼。夫礼者,忠信之薄而乱之首;前识者,道之华而愚之始。是以大丈夫处其厚,不居其薄;处其实,不居其华。故去彼取此。

德分上下,先秦古籍中颇不经见,外此似仅见于《文子》;至《庄子·盗跖》则分上中下三德,所言不与《老子》相侔,可不论。[1]

何谓"上德""下德"?旧注中最受重视的河上公注与王弼注,其着眼点各有不同,而义皆可通。唯区分上、下德的"无以为""有以为"二语,后续经文尚以之分说"上仁"与"上义",如此则"下德"与"上义"同文,于是一般认为其中总有错讹,学者也各自提出修正的意见。但更关紧要的问题是:经文既胪叙"上德""下德""上仁""上义""上礼"五项,其仁、义、礼三者自亦属德目,道家异于

---

[1] 《庄子·盗跖》:"孔子曰:'丘闻之,凡天下有三德:生而长大,美好无双,少长贵贱见而皆说之,此上德也;知维天地,能辩诸物,此中德也;勇悍果敢,聚众率兵,此下德也。凡人有此一德者,足以南面称孤矣。'"案:此就人之智仁勇三德而言,与《老》义不涉。

儒家，其非上德固可无疑，然则三者究竟是与上德、下德递降而成五，抑或可统归为下德而与上德总括为两大类？

何以有提出此一问题之必要？河上公注对此虽似未明白交代，然在王弼注中则有明确的主张：

> 凡不能"无为"而"为之"者，皆下德也，仁义礼节是也。[1]

经文"仁""义""礼"的定义，皆以"为之"启端，而并同"下德"。也就是说，"上德""下德"的主要区分，乃在"无为"与"为之"；而"下德"的具体内容，即指仁、义、礼之属。如此说来，依王弼说，实只有"上德""下德"两大类之分。但下德中的"上仁"，经文说是"为之而无以为"，在"为之"上固然可隶属下德而与"无为"之上德树异，但在后缀的说明中却是同于"上德"的"无以为"。王弼解释"上德"的"无以为"，说：

> 上德之人，唯道是用，不德其德，无执无用，故能有德而无不为。

"无不为"应是"无为"的功效。[2]他接续发挥"下德为之而有以为"，也说：

> 下德求而得之，为而成之，则立善以治物，故德名有焉。求而得之，必有失焉；为而成之，必有败焉。善名生，则有不善应焉。故"下德为之而有以为"也。

如此看来，其言下德的"有以为"，也无异于"有不为"，也是就效应而言的。可是继此说到"上仁"时却说：

> 无以为者，无所偏为也。……本在无为，母在无名。弃本舍母，而适其子，功虽大焉，必有不济；名虽美焉，伪亦必生。不

---

[1] 楼宇烈：《老子道德经注》，收入《王弼集校释》（北京：中华书局，1980年1月），上册，第94页。案：由于王弼注传本异文参差，本篇所引，以采录楼宇烈教授校订本为原则，如有例外，另加注明。

[2] 近人奚侗甚至认为王弼本的经文原也应作"上德无为而无不为"，他说："今王弼本亦作'无以为'，是浅人据河上本所强改，观王注语自明。范应元亦云，韩非、王誗、王弼、郭云、傅奕本，同作'无不为'。"见所著《老子集解》（台北：艺文印书馆，1970年，《无求备斋老子集成续编》影印民国十四年刊本），卷下，第1页上。

> 能不为而成，不兴而治，则乃为之，故有宏普博施仁爱之者，而爱之无所偏私，故上仁为之而无以为也。

此处的"无所偏为"实指宏普博施者"爱之无所偏私"的态度，与上言"上德"之为效应者异。而其说"上义"，云：

> 爱不能兼，则有抑抗正直而义理之者。忿枉佑直，助彼攻此，物事而有以心为矣。故"上义为之而有以为"也。

如此则"上义"的"有以为"也是说行为的内心态度而非效应，显然也和他说明"下德"时异其解。

河上的解读纵有出入，也不同程度地陷入同文异解的困境之中。何以故？简言之，经文说明几种德目，以"无为""为之"和"无以为""有以为"为两类，分别组合以界定其不同含义。如此排列组合，只有四组可能：

1. 无为而无以为
2. 无为而有以为
3. 为之而无以为
4. 为之而有以为

经文相关名目，除去居于最末的"上礼"，因其说明方式有所不同，可不在内，总需以之为定义者计凡"上德""下德""上仁""上义"，亦恰好是四种；唯今本经文则无"无为而有以为"，而但有其余三组，以三述四，无论如何皆有所重复。历来学者，大抵都聚焦在"下德"一句，盖今本言"下德"是"为之而有以为"，明与"上义"复出；而今本"上义"，则与其前后的"上仁""上礼"，在语句形式以至内容义理上，并有合理的贯串，因此推断有问题的恐怕就确在"下德"一句。然则应该如何改才对？有一种改法，是据唐傅奕本改作"为之而无以为"，这固不与"上义"重复，却又转与"上仁"重复了。因此马其昶和朱谦之都认为当改作"无为而有以为"，马氏云：

> "无为"，旧作"为之"，误同"上义"句。傅本又误同"上仁"句。注家强为之说，皆非是，今为正之。德有上下，其无为

一也，以其不失德，故虽无为之中，而仍有以为。[1]

以四组不同的文字组合分别系属四个德目，在逻辑上自然没有矛盾，解决了上述重复的问题。但如此一来，这"上仁"以下三项，便与上、下德并立递降而成五，而并不得与乎下德之列，倘非谓道家贬儒太甚，排摈仁义礼于德之外，殆无以为说。况且所谓"无为之中，而仍有以为"云云，亦颇费解，何以"有以为"而仍可属"无为"？至于朱谦之以六十三章"为无为"所说即同马氏意，[2]则显为附会。"为无为"也者，谓圣人所为者无为，此章仍一如《老子》他章，是申述圣人循道无为之旨，焉得谓其独出一章来发明"下德"，以乱其全书一贯的义旨；此必不然者。因此马说纵然在语言形式上能作出明白的分别，在思想内容方面却并未能合理地解决。

此久经聚讼而向不可解的问题，在1973年湖南长沙马王堆汉墓出土的《甲》《乙》两本帛书《老子》面世后，居然顷刻之间便迎刃而解。盖两帛本此章皆无"下德为之而有以为"一句，[3]于是此下治《老》学者多知今本此句殆后来添入，其文字固不足恃。前人争议不休的问题，原本并不存在。这是出土文献提供古本异文对研治先秦古籍大有贡献之一显例。

（二）"失道"衍生的问题

既然本章原无"下德为之而有以为"一句，则《老子》原文分述诸德目，只有上德、上仁、上义、上礼四种。至此回溯王弼所注，谓仁义礼都因不能"无为"而"为之"，因此统归为"下德"，便觉其合理而可从。此可知王弼注云云，自当有其旧传援据。是则《老子》原是分述"上德""下德"，而下德之中又依次言仁义礼之三项，实只分

---

[1] （清）马其昶：《老子故》（台北：艺文印书馆，1970年，《无求备斋老子集成续编》影印民国九年周氏抱润轩刊本），卷2，第1页上。

[2] 朱谦之：《老子校释》（北京：中华书局，1984年11月），第151页。

[3] 马王堆汉墓帛书整理小组编：《马王堆汉墓帛书老子》（北京：文物出版社，1976年3月），第1、36页。

两层，下层复分三种。[1] 上节所提及的问题尽管已获解决，然而后续经文云"故失道而后德，失德而后仁，失仁而后义，失义而后礼"，"德"之外，又出"道"字。道、德二者关系如何？若说"失道而后德"，前文既有上德、下德之殊，则此失道而后之德，属之上德乎？则道与上德离之为二；属之下德乎？则仁即下德，何又言"失德而后仁"？而此一问题，前人则鲜有提及，窃谓亦应有所探讨。

首当辨明者，即道与德之关系。王弼说：

> 德者，得也。常得而无丧，利而无害，故以德为名焉。何以得德？由乎道也。何以尽德？以无为用。以无为用，则莫不载也。[2]

谓由乎"道"乃可以得"德"，是德必循道而致，决非违道而可成。其后朱子之注儒籍，亦云：

> 德者，得也，得其道于心而不失之谓也。[3]

儒、道所主"道""德"之关系，应无二致。

征诸先秦古籍，《语》《孟》《老》《庄》，其始皆"道""德"分述；即使同述于一处，亦并不连词言之。如《论语·述而》："志于道，据于德"；《老子》五十一章："道生之，德畜之……是以万物莫不尊道而贵德"，皆是。迨及《易·说卦》云："观变于阴阳而立卦，发挥于刚柔而生爻，和顺于道德而理于义，穷理尽性以至于命"，虽并举而言，而实仍为二词。至《荀子·劝学》："故学至乎礼而止矣，夫是之谓道德之极"；《儒效》："言道德之求，不二后王"；《强国》："有道德之威者，有暴察之威者，有狂妄之威者"，始确然结合而成一词。至如《庄子》书中，内篇亦无连用之例，逮外、杂篇而后有之。是皆可见其事当始于战国后期，汉世以下遂成习用而常见。"道德"之得渐趋结合为

---

[1] 本章后文"前识"云云，学者多谓即指"智"言，王弼亦以为"下德"之伦。若然，则宜可谓仁义礼智四者皆为下德。唯以其文居后，不与前述以"无为""为之""无以为""有以为"为言之上德、上仁、上义、上礼四种为伍，故姑言之如此。

[2] 楼宇烈：《老子道德经注》，第93页。

[3] （宋）朱熹：《四书章句集注》（台北：大安出版社，1994年11月），第126页，《论语·述而》"据于德"注。

一词，正足反映二字原义之紧密相关性。[1] 儒籍可无论，即如《老子》所言，如上揭五十一章云云，其义固甚显；他如二十三章：

> 故从事而道者同于道，德者同于德，失者同于失。同于德者，道亦德之。同于失者，道亦失之。[2]

又如四十一章：

> 上士闻道，勤而行之……明道若昧，进道若退，夷道若纇。上德若谷，大白若辱，广德若不足，建德若偷……道隐无名。夫唯道，善贷且成。

其所言之德，皆是由道而有得者之谓，道犹原则，德则循此原则而有所得，其间关系至为亲密，上述诸例已足说明。而《老子》书中言此尤为确凿者，则见于二十一章：

> 孔德之容，惟道是从。

倘不从道，何足以称德！故知儒、道所言道、德之具体内涵，诚如韩愈《原道》所谓"道其所道，非吾所谓道"，固迥不相侔，然道之与德，则不离不二，此在两家本无殊异。

本此义，本章章首"上德不德，是以有德"，上德自应如王弼注所云，是指"唯道是用，不德其德，无执无用"之人；如此人乃可谓"有德"，则此"德"即指同"上德"也可知。循此下文"下德不失德，是以无德"，"无德"之"德"字的内涵，亦即同"有德"之"上德"亦可无疑；既无上德，斯其所以为下德之归。是以唯"上德"可以称"德"；"下德"既然"无德"，自不得与乎"德"称，此亦不烦细辨而可知。

然而经文下云"失道而后德，失德而后仁，失仁而后义，失义而

---

[1] 本文初稿在台大宣读时，承同窗杨秀芳教授教以上古音"道"字幽部定母，"德"字之部端母，之、幽旁转，又同为舌尖音，语音关系密切，符合语词滋生的条件，是亦可为一旁证；谨此致谢。

[2] 今本此章文字，错讹不可理，兹改采帛本文字，甲本有缺字，故录乙本。唯本章在帛本中为二十四章，与今本异。马王堆汉墓帛书整理小组以为诸"德"字皆通"得"，王弼注亦以"与得同体"为解。说见《马王堆汉墓帛书老子》，第25、58页。又参高明：《帛书老子校注》(北京：中华书局，1996年5月)，第346—348页。

后礼",河上公注"失道而后德"云:"言道衰而德化生也";注"失德而后仁"云:"言德衰而仁爱见也";且问此两处之"德",其间有无差异?换言之,亦即可问经文"失道而后德,失德而后仁"前后两"德"字是否同其所指?以经文句法语义衡之,答案宜为肯定。倘谓仁义礼节即为下德,则"失德而后仁"之"德"自应指"上德",失去了上德,才轮到讲下德。探上再以之说"失道而后德",若说是"失道而后失上德",便显然窒碍难通。揆诸上文的分析,应说"得道而后德",或说"失道而后失德"。[1]

若必谓经文"失道而后德"云云无误,后世道流亦有其解。《文子·精诚》:

> 道散而为德,德溢而为仁义,仁义立而道德废矣。[2]

又同书《微明》:

> 道者,物之所道也,德者,生之所扶也,仁者,积恩之证也,义者,比于心而合于众适者也。道灭而德兴,德衰而仁义生,故上世道而不德,中世守德而不怀,下世绳绳唯恐失仁。[3]

谓"道散而为德""道灭而德兴"云云,其义正与今本文字相协;此或即河上公注之所本,但岂能说是即等同老氏"孔德之容,惟道是从""万物莫不尊道而贵德"之意?

诸如上引《文子》云云,多重见于《淮南》之书[4],其自身解说,亦非无歧异。如《文子·精诚》:

> 老子〔文子〕曰:夫道之与德,若韦之与革,远之即近,近

---

[1] 若谓河上主分为五层,则两"德"字皆可指下德而言,逻辑自通,而揆仁义礼于下德之外,以至五者文字之纠缠,依然有其不通。
[2] 李定生、徐慧君:《文子校释》(上海:上海古籍出版社,2004年3月),第67页。又见《淮南子·俶真训》。案:自宋以来,学者多疑《文子》为伪书,但1973年河北定县四十号汉墓出土竹简中有与《文子》相同者凡六章,另有若干疑似佚文,可证其中应存先秦旧籍。但原简凡称"文子曰",今本皆改为"老子曰";说详是书前言《论文子》。
[3] 同上注,第284页。又见《淮南子·缪称训》,文字大同小异。
[4] (清)马骕云:"《文子》一书,为《淮南鸿烈解》撷取殆尽。彼浩淼,此精微。"两书关系密切,往往互见。见所纂《绎史》(济南:齐鲁书社,2001年6月),第3册,卷83,第1693页。

之即疏，稽之不得，察之不虚。[1]

有毛曰皮，去毛曰革，熟皮曰韦，则韦之与革，本质其实相同。又同书《上礼》：

> 老子〔文子〕曰：循性而行谓之道，得其天性谓之德，性失然后贵仁义，仁义立而道德废，纯朴散而礼乐饰，是非形而百姓眩，珠玉贵而天下争。[2]

此谓"循性而行谓之道，得其天性谓之德"，以性统道德，故继之曰"性失然后贵仁义，仁义立而道德废"，道德一而不二，此意自较与老子本义相合。《淮南子·齐俗训》亦曰：

> 率性而行谓之道，得其天性谓之德。性失然后贵仁，道失然后贵义。是故仁义立而道德迁矣，礼乐饰则纯朴散矣，是非形则百姓眩矣，珠玉尊则天下争矣。[3]

其文显就《文子·上礼》后修，然其以性统道德亦一犹《上礼》，则"性失然后贵仁，道失然后贵义"虽分言，"性""道"实无异"道""德"，故下句亦云"仁义立而道德迁"，知两者义无大歧，要之并与前引所谓"道灭而德兴"者为殊旨。

《文子》虽多原《老》义，而所阐发，则颇不一致。试再举一例言之。其《道德》云：

> 文子〔平王〕问德？老子〔文子〕曰：畜之养之，遂之长之，兼利无择，与天地合，此之谓德。何谓仁？曰：为上不矜其功，为下不羞其病，于大不矜，于小不偷，兼爱无私，久而不衰，此之谓仁也。何谓义？曰：为上则辅弱，为下则守节，达不肆意，穷不易操，一度顺理，不私枉桡，此之谓义也。何谓礼？曰：为上则恭严，为下则卑敬，退让守柔，为天下雌，立于不敢，设于不能，此之谓礼也。故修其德则下从令，修其仁则下不争，修其

---

[1] 李定生、徐慧君：《文子校释》，第67页。又见《淮南子·览冥训》。王利器释之云："谓韦与革名不相近，实则相迩，故以取譬道与德也。"见所著《文子疏义》（北京：中华书局，2000年9月），第72页。

[2] 《文子校释》，第475页。

[3] 张双棣：《淮南子校释》（北京：北京大学出版社，1997年8月），下册，第1109页。

义则下平正，修其礼则下尊敬，四者既修，国家安宁。故物生者道也，长者德也，爱者仁也，正者义也，敬者礼也。不畜不养，不能遂长，不慈不爱，不能成遂，不正不匡，不能久长，不敬不宠，不能贵重。故德者民之所贵也，仁者民之所怀也，义者民之所畏也，礼者民之所敬也，此四者，文之顺也，圣人之所以御万物也。君子无德则下怨，无仁则下争，无义则下暴，无礼则下乱，四经不立，谓之无道。无道不亡者，未之有也。[1]

此谓德、仁、义、礼四者修立，方为道之行；否则为无道。试问此一"老子"，其与八十一章之老子，安得同为一人！故《文子》《淮南》乃后出黄老之说，其与老氏原旨，有合有不合，未可偏据。

复次，再及王弼之意。王弼云：

夫大之极也，其唯道乎！自此已往，岂足尊哉！故虽盛业大富而有，万物犹各得其德。虽贵以无为用，不能舍无以为体也。（不能）舍无以为体，则失其为大矣，所谓"失道而后德"也。以无为用，〔则〕（德）〔得〕其母，故能己不劳焉而物无不理。下此已往，则失用之母。不能无为，而贵博施；不能博施，而贵正直；不能正直，而贵饰敬。所谓"失德而后仁，失仁而后义，失义而后礼"也。[2]

王弼分辨道德，盖以"体用"为说，道体而德用，此所谓德，应指上德。德乃"以无为用"，"无"即指道言。"虽贵以无为用，不能舍无以为体"，其意即同后世体用一源之说，以为无其体将无其用，故又说倘"舍无以为体，则失其为大"，"大"即"道"之谓，故"舍无以为体"就是"失道"。何者为得道？王弼云：

天地虽广，以无为心；圣王虽大，以虚为主。

---

[1] 《文子校释》，第192—193页。
[2] 此据武英殿聚珍版引录，参取楼宇烈教授校改若干文字，如两"舍无以为体"，下句之前"不能"二字衍之类；唯"虽贵以无为用"以上，楼据《道藏》本及《道藏集注》本补入二十四字，因而影响断句有所不同，今以原文已可窥王氏主张，增入文义反见歧出，兹不取。见四部要籍丛刊《老子》所收《老子道德经注》（北京：中华书局，1998年5月），上册，第101—102页；又楼宇烈校释《老子道德经注》，第94、101页。

此天地、圣王皆能合道，由道以得德。故又说：

> 上德之人，唯道是用。

"道"是用之母，则"唯道是用"犹言得用之母。此皆德与道合，是所谓"孔德之容，惟道是从"者。何者为失道？王弼既陈上德，乃云："下此已往，则失用之母。"失用之母，易言之即失道，亦即彼所谓仁义礼之下德。仁义礼则不能"以无为用"，不能"无为"而"为之"，故是"失用之母"，因此统归为下德，实则也不足以称德。

以体用并举为说，或谓出于佛氏，然据顾炎武所考，则始于东汉魏伯阳《参同契》。[1] 王弼指言老氏本义如此，纵嫌武断，然今既知古本《老子》原无"下德为之而有以为"一句，老子盖仅分言上德、下德，而下德复依次分言仁义礼之属，则以"体用"结合"得母""失母"作解读，亦堪桴鼓相应，较诸河上以下，所谓"道衰而德化生""道灭而德兴"云云，应更与老义相近。但进一步看，王弼既云"舍无以为体，则失其为大矣，所谓'失道而后德'也"，则此"德"不应是"以无为用""唯道是用"的"上德"，而应是"失用之母"的"下德"。然《老子》下文接言"失德而后仁"，上仁已是"下德"，又安得谓失下德而后仁！因此依理而言，"失德而后仁"之"德"，必为"上德"而后其义可通。但若认此处所指为上德，则前一句"失道而后德"又不能同其所指。是王弼解读虽精，而套入《老子》原文，此两处衔接无隙之"德"字，除非解为分指"下德"与"上德"，愚固见其枘凿不能相入。若更严格言之，"下德"无德，又何能称德？故王弼解义，在此似尚有一间隙尚待弥缝。然若就此一问题的本质而言，其原盖出于经文本身，不应偏怪王弼。

讨论至此，可再提到《韩非子·解老》篇。此篇几乎全引《老子》本章，唯《韩子》书写文例，乃分段解说，每先之以发挥，终之"故曰"以引述《老子》经文。所引经文盖裁为九段：

---

[1]（清）顾炎武：《亭林佚文辑补·与李中孚手札》，凡四通，其一札考经传言体用者固多，但未有对举为言者；又一札考并举"体用"始于东汉魏伯阳《参同契》。见《顾亭林诗文集》（香港：中华书局香港分局，1976年4月），第249—250页。

1. "上德不德,是以有德。"
2. "上德无为而无不为也。"
3. "上仁为之而无以为也。"
4. "上义为之而有以为也。"
5. "上礼为之而莫之应。"……"攘臂而仍之。"
6. "失道而后失德,失德而后失仁,失仁而后失义,失义而后失礼。"
7. "礼者,忠信之薄也,而乱之首乎。"
8. "前识者道之华也,而愚之首也。"
9. (所谓"大丈夫"者,谓其智之大也。所谓"处其厚不处其薄"者,行情实而去礼貌也。所谓"处其实不处其华"者,必缘理不径绝也。所谓"去彼取此"者,去貌径绝而取缘理好情实也。

故曰:)"去彼取此。"

其异于今本《老子》之最要者凡四:一无"下德不失德,是以无德"句;二无"下德为之而有以为"句;三则今本"上德无为而无以为",彼作"上德无为而无不为","以"作"不";四则今本"失道而后德,失德而后仁,失仁而后义,失义而后礼",彼作"失道而后失德,失德而后失仁,失仁而后失义,失义而后失礼。",四"而后"下并多四"失"字。

与前所讨论相关者在第四项。有清以降学者对两本异同之意见,正反不一。主张依从今本者,如卢文弨、马叙伦。卢氏校《韩非子·解老》,云:

下"失"字衍,凡"而后"下俱不当有"失"字。[1]

以为当据今本《老子》以正《韩非》。

马氏云:

孔颖达《礼记正义》引同此,《后汉书·崔骃传》注引无四"而"字,《朱穆传》注引有,《辅行记》一之三引更有"失礼而后

---

[1] (清)卢文弨校:《群书拾补初编》(台北,艺文印书馆,1968年,《百部丛书集成》影印清乾隆卢文弨校刊《抱经堂丛书》本),第7册,第10页下。

> 智,失智而后信"两句。然各本及《庄子·知北游》引并同此,又
> 諴义亦不当有此两句及四"失"字。[1]

盖亦谓各本所引多同今本。以《辅行记》所多两句不当有之,自属正确;但连带说到《韩子》四"失"字諴义也同样不当,则仍有进一步探讨的余地。《韩子》与今本文字的含义,近人刘咸炘说:

> 吾谓有"失"字与无"失"字义同,要皆言其先后之次第耳。[2]

倘如其说,马叙伦的意见自不足据。但试再参考刘师培的解说:

> 据此文(案:谓《解老》)观之,则王本、河上本均脱四"失"字。《老子》之旨,盖言道失则德从,德失则仁从,仁失则义从,义失则礼从;后失者从之而失也。观《韩子》所解,以为德属于道,仁属于德,义属于仁,礼属于义,其旨可见。如王注、河上注之说,盖谓道失斯有德,德失斯有仁,仁失斯有义,义失斯有礼,与《韩非子》义殊。[3]

揆刘氏此段语意,或易认彼主《韩非》文,其实未必尽然。[4]但就今本与《韩非》所引两本异文,谓两者义旨相同,殆难从信,自当以刘解所分辨为胜。

然则依《解老》之文,盖谓道失而德从而失,德失而仁从而失,仁失而义从而失,义失则礼从而失;其义实与今本《老子》不同。谓道失而德从而失,此道德不离之说,理当不悖《老》义。然继此"失德而后失仁,失仁而后失义,失义而后失礼"云云,则诚如刘师培所

---

[1] 马叙伦:《老子校诂》(北京:中华书局,1998年5月),收入四部要籍丛刊《老子》,下册,卷3,第1657页。

[2] 刘咸炘:《推十书·诵老私记》(成都:成都古籍书店,1996年11月,影印刘氏家刻本),第2册,第1088页。

[3] 刘师培:《老子斠补》,《刘申叔先生遗书》(台北:华世出版社,1975年4月,影印民国25年宁武南氏校印本),第2册,第1041页。

[4] 如朱谦之《老子校释》即节引其说,而与马叙伦分属两种不同主张。然刘氏有《攘书·孔老》篇,主孔变出于老,云:"《论语》言'道之以德,齐之以礼',即矫《老子》'失德而后仁,失仁而后义,失义而后礼'之说也。"则从今本;见《刘申叔先生遗书》第2册,第766页。《攘书》成于光绪二十九年癸卯(1903),《老子斠补》后出于民国五年丙辰(1916),要之马之主张明确可无疑,刘则似只将两种文本作客观文义之分疏,并未有明白之主张。

言,《韩非》解说,以为德属于道,仁属于德,义属于仁,礼属于义,自身固并无扞格。若问前此致疑于王弼注中上德、下德之分合,其于《韩非》如何为解?通读《解老》一篇,根本无此问题之存在。试观上述《解老》所引《老》文九节,不只无今本"下德为之而有以为"一句,更无其前"下德不失德,是以无德"两句。易言之,其所言之德,并属上德,通《解老》所引本章全篇文字,了不涉"下德"之文。而彼既以道德仁义礼相属为说,故续谓后失者从之而失,贯串成义,自不相妨。过去治《老》学者,虽明知《解老》无"下德为之而有以为"之文,但以其裁句随在阐释,篇中所涉解读诸章,详略不一,故有辨其多四"失"字之义者;亦有就其"上德无为而无不为",辨其与今本"上德无为而无以为"之异者;[1] 独无据以疑今本"下德为之而有以为"为衍文者。迨至马王堆两本帛书出现以后,以与《解老》相证,然后知当去此一句者始渐多。至于《解老》所缺之"下德不失德,是以无德",则因帛本同于今本,亦已有之,故学者未再疑及。实则依《韩子》义解,自亦不得有此两句,否则依然将落入上下德的纠结之中。

《解老》篇虽然摆脱了下德的恼人问题,但以道德仁义礼相属为义,曰:

> 道有积而德有功,德者道之功。功有实而实有光,仁者德之光。光有泽而泽有事,义者仁之事也。事有礼而礼有文,礼者义之文也。[2]

---

[1] 王弼正以"无不为"为解,故两本亦无大歧异。唯近人陶鸿庆、奚侗皆主张当从《解老》作"上德无为而无不为",今本下句"下德为之而有以为"亦应随改为"下德为之而有不为";二人皆谓王弼注文即申此义,疑王氏所见本正作"无不为""有不为",今本经文先误,注文又随而误。陶说见陈引驰编校:《陶鸿庆学术论著·读诸子札记一·老子》(杭州:浙江人民出版社,1998年6月),第5—6页。奚说见所著《老子集解》参第361页注2。案:此说摆脱本篇前节所述文字、义理解读之纠葛,最为通论。唯此皆在今本之文字架构中谋解,今既知帛本、《韩非》皆无下句,自可不究。

[2] "德有功",清顾广圻谓"德"当作"积";"事有礼而礼有文",陶鸿庆谓两"礼"字皆当作"理"。近时注家多从其说;见陈奇猷:《韩非子新校注》(上海:上海古籍出版社,2000年10月),上册,第378—379页。

此一说法固然和其后"失道而后失德，失德而后失仁，失仁而后失义，失义而后失礼"相贯为义，但核诸《老子》本文："上仁为之而无以为，上义为之而有以为。上礼为之而莫之应，则攘臂而扔之"，仁义礼虽同系"为之"而显有等级之别。故就此而论，在看待道德仁义礼的关系上，韩非更近儒义，而与老子似尚有间。故端就区分仁义礼的等次关系而言，王弼应该更符合老子之意，也就是论"失德而后仁"云云，更能与十八章"大道废，有仁义"相应；但在其上道与德之关系上，《韩子》"失道而后失德"之义却更为合理。至于今本"下德不失德，是以无德"的删存问题，因非辨义关键所在，姑置勿论。[1] 若就以上分析来看，《老子》经文，如能结合《解老》与今本，前句取《解老》，后续则采今本，作"故失道而后失德，失德而后仁，失仁而后义，失义而后礼"，则无论保留"下德不失德，是以无德"与否，皆最可全章通解而无碍。惜乎迄今所见各本异文，无一足可佐证。尤可惜者，时代早于帛本的《郭店楚墓竹简》甲乙丙三组抄本，居然皆不及此章[2]，故今仅得就经文本身思想含义以至后来文献解读，推索而识其所疑，以俟知者。

（三）"崇本举末"与"崇本息末"的异同

王弼注《老》，对本章的注解可说是八十一章中最为用力的一章。王弼注书，辞尚简约清通，故各章多仅在关键处加注，且鞭辟近里，要言不繁，与汉人章句风格大异；甚如第六十六章，乃通篇不注一言，然如本章则撰注略逾千言，居各章注文字数之冠，其重视本章的解说也即此可见。

王弼在本章注文之末，特别说了一段仁义礼不足之故，而提出

---

[1] 以义言之，此两句仅可存于今本，而"下德"之义，解从王弼；若在《解老》，则不得有此。
[2] 《郭店竹简》本究为《老子》的节抄本，抑或是定本形成过程中的一种雏本，学者意见不一。若谓雏本，则本章犹在后；若谓节抄，则抄者不录本章与今本第一章，其选录标准亦与后世学者大相径庭。

对策：

> 守母以存其子，崇本以举其末，则形名俱有而邪不生，大美配天而华不作。……舍其母而用其子，弃其本而适其末……功在为之，岂足处也。

他在此提出"守母存子，崇本举末"的说法，"母子""本末"地位相当，在其前王弼也已说明：

> 本在无为，母在无名。弃本舍母，而适其子，功虽大焉，必有不济；名虽美焉，伪亦必生。

则"本""母"并指"道"而言。此意之本原即在《老子》之中。第一章：

> 无名，天地之始；有名，万物之母。

王注云：

> 凡有皆始于无，故未形无名之时，则为万物之始。及其有形有名之时，则长之、育之、亭之、毒之，为其母也。

盖谓"道"为天地万物之"始"与"母"。[1]

二十五章：

> 有物混成，先天地生。……可以为天下母。吾不知其名，字之曰道。

王注：

> 混然不可得而知，而万物由之以成，故曰"混成"也。不知其谁之子，故先天地生。……能生全大形也，故可以为天下母也。

三十九章：

> 天得一以清……天无以清将恐裂。

王注：

> 用一以致清耳，非用清以清也。守一则清不失，用清则恐裂也。故为功之母不可舍也。是以皆无用其功，恐丧其本也。

此皆以道为母之意。《老子》于"道"，又尝言"强为之名曰大"

---

[1] 说详本书前篇《老子首章旧义新解》。

（二十五章），故经中凡称"大"者，皆以合道取义。如三十五章：

> 执大象，天下往。

王注亦云：

> 大象，天象之母也。

道之为母，在王注中从不曾含糊。"母"亦可言"本"，王注"食母"（二十章）：

> 食母，生之本也。

其意尤明白昭示于五十二章：

> 天下有始，以为天下母。既得其母，复守其子；既知其子，复守其母，没身不殆。

王注：

> 母，本也。子，末也。得本以知末，不舍本以逐末也。

"道"为"母"之与"本"是毫无疑义的。但相对另一端的"子"与"末"，则不见得如此单纯。今且回顾王弼解说本章的一段话：

> 本在无为，母在无名。弃本舍母，而适其子，功虽大焉，必有不济；名虽美焉，伪亦必生。……以无为用，〔则〕（德）〔得〕其母，故能己不劳焉而物无不理。下此已往，则失用之母。……故苟得其为功之母，则万物作焉而不辞也，万事存焉而不劳也。……故仁德之厚，非用仁之所能也；行义之正，非用义之所成也；礼敬之清，非用礼之所济也。载之以道，统之以母，故显之而无所尚，彰之而无所竞。用夫无名，故名以笃焉；用夫无形，故形以成焉。守母以存其子，崇本以举其末，则形名俱有而邪不生，大美配天而华不作。故母不可远，本不可失。仁义，母之所生，非可以为母。形器，匠之所成，非可以为匠也。舍其母而用其子，弃其本而适其末，名则有所分，形则有所止。虽极其大，必有不周；虽盛其美，必有患忧。功在为之，岂足处也。

"本在无为，母在无名"，无为、无名便是本与母；末与子则是"形以成""名以笃"中的形、名。王弼意，盖谓仁义礼即是属于子、属于末。非谓仁义礼等要不得，而是仁义礼有两种：一种是"仁德之厚""行义之正""礼敬之清"的真正自然而理想的仁义礼;另一种则是"为之犹伪"的仁义以及徒务外饰、"忠信之薄"的礼。前者乃政治社会的理想效应,唯此种理想结果非刻意为之所可求得,只有恪守无为,自然不求而得,舍此别无他途。此即"以无为用"然后可以得"无不为"之大用,故可臻"形名俱有"而"大美配天";本章"载之以道,统之以母"的上德即是。若反之,"功在为之"以求,则功大而不济、名美而伪生,论其效应,"必有不周""必有患忧";本章下德之归的"上仁""上义""上礼"之属即是。在此王弼称前者"守母存子""崇本举末",称后者为"舍母用子""弃本适末"。

但在王弼他章注文中,往往又另用了一些不同而近似的表述方式,例如"得本知末""舍本逐末"(五十二章)、"立辟攻末"(五十七章)、"崇本息末"(五十七章、五十八章)。其中"崇本息末",王弼以为是通《老子》全书最大宗旨之所在,后代学者亦以之为王弼发明《老》义的重要命题,然其文字的解读,则颇有疑窦。此缘"息"之为义,本有生息、止息二训,若从前训,则"崇本息末"与"崇本举末"同义而弼之注语前后为一贯;若从后训,则字面显有矛盾,而必得另求区分其义的解释。

王弼《老子指略》曾专门针对所说"崇本息末"有一段详细而明白的解说:

> 《老子》之书,其几乎可一言而蔽之。噫!崇本息末而已矣。观其所由,寻其所归,言不远宗,事不失主。文虽五千,贯之者一;义虽广瞻,众则同类。解其一言而蔽之,则无幽而不识;每事各为意,则虽辩而愈惑。尝试论之曰:夫邪之兴也,岂邪者之所为乎?淫之所起也,岂淫者之所造乎?故闲邪在乎存诚,不在善察;息淫在乎去华,不在滋章;绝盗在乎去欲,不在严刑;止讼存乎不尚,不在善听。故不攻其为也,使其无心于为也;不害其欲也,使其无心于欲也。谋之于未兆,为之于未始,如斯而已矣。故竭圣智以治巧伪,未若见质素以静民欲;兴仁义以敦薄俗,未若抱朴以全笃实;多巧利以兴事用,未若寡私欲以息华竞。故

绝司察，潜聪明，去劝进，翦华誉，弃巧用，贱宝货，唯在使民爱欲不生，不在攻其为邪也。故见素朴以绝圣智，寡私欲以弃巧利，皆崇本以息末之谓也。[1]

此段申发"崇本息末"的义旨，专以邪、淫为对象，观其"尝试论之"的阐发以此启端即可知之，更无论其遣词用语之间，如云"闲邪""息淫""绝盗""止讼"，就其整体文义以至"息"字用义，皆明白可见"崇本息末"之"息"，当训止息义无疑。"崇本息末"中所谓"末"，应指邪、淫之属，"闲邪在乎存诚，不在善察；息淫在乎去华，不在滋章；绝盗在乎去欲，不在严刑；止讼存乎不尚，不在善听。故不攻其为也，使其无心于为也；不害其欲也，使其无心于欲也。谋之于未兆，为之于未始，如斯而已矣"云云，其意即谓"闲邪""息淫""绝盗""止讼"等"息末"之事，唯赖"存诚""去华""去欲""不尚讼"等诸"崇本"，而不在"善察""滋章""严刑""善听"等之"舍本攻末"。倘能崇本，息末自然而致，固不在舍本而"攻其为邪"。此亦一如"崇本举末"，都是自然而然，并亦舍此别无他途。因此结语说"见素朴以绝圣智，寡私欲以弃巧利，皆崇本以息末之谓"。

如此说来，"崇本举末"与"崇本息末"的"末"字，字面虽同，而所指实异：前者是指崇本之所兴举，后者则指崇本之所止息。而"举末"之与"息末"，实也可谓是二而一的。如同上文所说的仁义礼等形名，是所谓"末"，唯其实指则裂分为二，无为而自然产生之仁义礼即属于"崇本举末"；有心为之而终不免于浮伪的仁义礼，其实即是假仁假义假礼，此种"末"自应消弭，而止之之方亦只有回归无为之"崇本"，才可以"息末"。

任继愈主编的《中国哲学发展史》采取了商聚德的意见，说：

　　王弼的政治谋略思想集中体现在"崇本举末"和"崇本息末"这两个命题里。所谓"本"含有本原、根本原因、主要矛盾几层意思，"崇本"就是从大量事物的复杂关系中找出最重要最有决定

---

[1] 楼宇烈：《老子道德经注》，第198页。

> 意义的东西。所谓"末"指的是社会政治生活中的各种具体现象，正常的应该取得和掌握，不正常的应该取消和止息，所以有的要举，有的要息。[1]

这段话特别点明"末"是指社会政治生活中的各种具体现象，而有正反之不同，愚意以为这一看法是正确的。

学者皆知王弼同时并提的"崇本举末"和"崇本息末"不会有实质的矛盾，而或碍于"举""息"字面之相反，故谋为表面看来语义矛盾的两者作调和，往往将王弼所谓"本末"分析部居为两种不同的应用范畴。例如王晓毅教授便说：

> 王弼在用本末表达政治哲学观点时，其具体内容也随对象不同而变化，主要涉及两种关系：第一、无为与有为两种政策之间的关系时，无为是本，有为是末。王弼要求"崇本以息末"，即崇尚无为，抑制有为的政治手段。第二，宇宙本体与万物（社会）之间的关系。宇宙本体是本，万物是末，王弼则要求"崇本以举末"或"守母以存子"。即通过崇尚本体以达到完善万物（人类社会）的目的。[2]

所述"崇本以举末"的内涵，问题不大，但谓"崇本息末"，即崇尚无为以抑制有为，凡此类所谓"末"皆指统治手段而言，此则大有可商。其实这一解读不只将两个"末"说为不同层次，同时也把两个"本"字也离析为二，一指本体，一指政策。

前文已引王弼详述其"崇本息末"的论旨，"息"为止息义，大抵已多获学者之认同，但正因"崇本息末"与"崇本举末"的因果关系，在因的一面是相同的；在果的一面，则呈现为两种不同面相的陈述。勉有一比：如说有好的种子，可以栽植出好的果实；也可以换一角度说，有好的种子，可以防止长出坏的果实。这两种不只毫不矛盾，并

---

[1] 任继愈主编：《中国哲学发展史（魏晋南北朝）》（北京：人民出版社，1988年4月），第94页。其说本于商聚德：《"崇本举末"和"崇本息末"》，《中国哲学史研究》1985年第3期。

[2] 王晓毅：《王弼评传》（南京：南京大学出版社，1996年2月），第266—267页。

且相辅相成。而王弼论述，确也常常同时说到。如上引"守母以存其子，崇本以举其末，则形名俱有而邪不生，大美配天而华不作"，"守母""崇本"是因，"形名俱有而邪不生，大美配天而华不作"是果。在果之中，"形名俱有、大美配天"便是"举末"；而"邪不生、华不作"则是"息末"。

　　由于义理具有相通的关联性，若将王弼注文断章读之，自然易生误会。如《老子指略》中言"崇本息末"的结语云："故见素朴以绝圣智，寡私欲以弃巧利，皆崇本以息末之谓也。""见素朴""寡私欲"之为"崇本"可无疑，则极易径认"绝圣智""弃巧利"为"息末"。王教授便正据此而认为"竭圣智""兴仁义"和"多巧利"之类统治策略，属于"有为"范围，它们是"末"。[1] 本来无为与有为是势不两立的两种策略，能无为自必会绝有为，但王弼之言因如同其言果，有时也会从两面来说。所以"绝圣智""弃巧利"固然是策略，但这两者和"见素朴""寡私欲"是同一回事，都属无为，是皆同言"崇本"。因此，所谓"绝司察，潜聪明，去劝进，剪华誉，弃巧用，贱宝货"云云，当然也不是"息末"，这些都是所以"使民爱欲不生"者，使民无欲是"崇本"，则"绝司察"云者，乃是崇本之方。此须通篇求义，若断章为解，难免偏差。所以王教授所指"竭圣智""兴仁义"和"多巧利"之类，实非所谓"末"，而是"弃本适末"或"舍母用子"。如用前比，犹如以坏种子栽种，自然会得坏结果。"竭圣智""兴仁义"依然是"因"，不是"果"；坏因结坏果，假仁假义的邪伪才是果。王弼说：

　　　　夫素朴之道不著，而好欲之美不隐，虽极圣明以察之，竭智虑以攻之，巧愈思精，伪愈多变，攻之弥甚，避之弥勤。则乃智愚相欺，六亲相疑，朴散真离，事有其奸。盖舍本而攻末，虽极圣智，愈致斯灾，况术之下此者乎！夫镇之以素朴，则无为而自正；攻之以圣智，则民穷而巧殷。故素朴可抱，而圣智可弃。[2]

---

[1]　王晓毅：《王弼评传》，第267—268页。
[2]　《老子指略》，第198页。

可见"见素朴以绝圣智"是一体之两面,至"竭圣智以治巧伪",则是所谓"舍本攻末",或"舍本治末","竭圣智"不是"末","巧伪"才是"末"。

王教授同样的误解也出现在对五十七和五十八章王注的解读中:

> 王弼在行文中每次提出"崇本息末"的主张时,都是指统治手段而言。"夫以道治国,崇本以息末。"(五十七章注)"以光鉴其所以迷,不以光照求其隐慝也。所谓明道若昧也,此皆崇本以息末。"(五十八章注)"我之所欲唯无欲,而民亦无欲而自朴也,此四者(无为、好静、无事、无欲),崇本以息末也。"(五十七章注)[1]

所列举的三处,是王弼注文使用"崇本息末"为解的全部;此外,王弼如说到类似意见,则以其他用语表述。因此综合此三处用例,以与《老子指略》的说明相发,自当为探求"崇本息末"含义的最佳途径。可是王注呈现为依经裁截为解,更易为断章所误。若暂弃经文,尝试只将上下注文连结来作理会,或较易窥其真意。

今且将王注作较完整的接连引述,五十七章:

> 以道治国则国平,以正治国则奇(正)〔兵〕起也。以无事,则能取天下也。上章云,其取天下者,常以无事,及其有事,又不足以取天下也。故以正治国,则不足以取天下,而以奇用兵也。夫以道治国,崇本以息末;以正治国,立辟以攻末。本不立而末浅,民无所及,故必至于〔以〕奇用兵也。利器,凡所以利己之器也。民强则国家弱。民多智慧,则巧伪生;巧伪生,则邪事起。立正欲以息邪,而奇兵用;多忌讳欲以耻贫,而民弥贫;利器欲以强国者也,而国愈昏(多)〔弱〕,皆舍本以治末,故以致此也。上之所欲,民从之速也。我之所欲唯无欲,而民亦无欲而自朴也。此四者,崇本以息末也。

此章注文两出"崇本息末",唯结处所谓四者,对应经文为"我无为而民自化,我好静而民自正,我无事而民自富,我无欲而民自朴",其义

---

[1] 王晓毅:《王弼评传》,第267页。

实无异于"崇本举末"。此处粗看实易致误解。盖因崇本的效应自正面言之,是可以"举末",反面言之则可以"息末",两者是二而一的。今既知"息""举"字训之相反,故不能径以"民自化、民自正、民自富、民自朴"为"息末",这是毋庸置疑的。换言之,王弼在此结处只强调了"崇本",至于"举末"也好,"息末"也好,皆自然而致。这一写法也与《老子指略》论"崇本息末"的结处相近似。至于"本末"是否可以理解为不同的范畴观念?试观其上文:"夫以道治国,崇本以息末;以正治国,立辟以攻末。本不立而末浅,民无所及,故必至于以奇用兵也。"依王弼对《老子》的解读,"以正治国"是不可以的,因为这种治国的方式是"立辟以攻末",辟是法度,攻亦治也,此即犹王弼他处所言之"舍本攻末""舍本治末"。"立正欲以息邪,而奇兵用","立正欲以息邪"即是"立辟以攻末";至于何以谓反招奇兵之用,王弼的解释是"本不立而末浅,民无所及,故必至于以奇用兵也"。奇谓奇衺,与"以正治国"之"正"适为对反。王弼注五十八章"正复为奇",云:"以正治国,则便复以奇用兵矣",可互证。"本不立"犹言"舍母""弃本"。所谓"末浅",就类似于三十八章注中"弃本舍母,而适其子,功虽大焉,必有不济;名虽美焉,伪亦必生",以及"舍其母而用其子,弃其本而适其末,名则有所分,形则有所止。虽极其大,必有不周;虽盛其美,必有患忧"之意。如能守母崇本,其末自然不会浅。"立辟以攻末"与"末浅"之"末",是所谓形名之属,指政治社会之现象和效应,皆极为明白,王弼既以"以道治国,崇本以息末;以正治国,立辟以攻末"相提并论,"崇本息末"之"末"又何得独外此而得另指统治手段之其他范畴!"本不立而末浅"之"末"是谓其离本则所致正果不足。是"末"指形名,其为正为反,视所从言之异路而定;"立辟攻末""舍本攻末"所欲攻者恶果,以其弃本,所求未达,适得其反,而恶果益深。明乎此,然后可见崇本既可息末、也可举末而并存不悖之所以然。

再看王教授所引五十八章注:"以光鉴其所以迷,不以光照求其隐匿也。所谓明道若昧也,此皆崇本以息末。"孤立这几句来看,诚如王

教授所推论,"崇本息末"似皆指统治手段而言。但如接连其上注文观之,则殊不然。经文云:

> 是以圣人方而不割,廉而不刿,直而不肆,光而不耀。

注云:

> 以方导物,(舍)〔令〕去其邪,不以方割物。所谓"大方无隅"。廉,清廉也。刿,伤也。以清廉(清)〔导〕民,(令去其邪),令去其污,不以清廉刿伤于物也。以直导物,令去其僻,而不以直激(沸)〔拂〕于物也。所谓"大直若屈"也。以光鉴其所以迷,不以光照求其隐慝也。所谓"明道若昧"也。此皆崇本以息末,不攻而使复之也。

"以光鉴其所以迷,不以光照求其隐慝"二语是对"光而不耀"的说解。王弼注四十一章"明道若昧",即以"光而不耀"为注而相互证发。此外,五十二章"用其光,复归其明",王弼云:"显道以去民迷,不明察也",亦同其义。"以光鉴其所以迷"和"显道以去民迷"是一样的意思。假使以"显道以去民迷"取代"以光鉴其所以迷",再与"以方导物,令去其邪""以清廉导民,令去其污""以直导物,令去其僻"合观,归结而言"此皆崇本以息末",则其义岂不已甚分明!至于"以方割物""以清廉刿伤于物""以直激拂于物""以光照求其隐慝",则王弼"立辟攻末"之谓。"不攻而使复之","攻"即指"立辟攻末";"复之"即犹言"复归其明",其实是"息末"的必然效果。以此对照《老子指略》以"闲邪在乎存诚""息淫在乎去华""绝盗在乎去欲""止讼存乎不尚"以为说,其义亦见为一致。

综上所析,可知王弼所谓"崇本举末"与"崇本息末",不唯毫不矛盾,抑且义蕴相同。"本"所指是作为本源之因的道,而"末"则为所生的形名,在"崇本举末"与"崇本息末"的命题下,同为其末流之果,"举末"犹言扬善,"息末"犹言止恶,是一体之两面。若借用佛家造成善恶果报的业因为说,善业、恶业分别为乐果、苦果之因。"崇本"即犹善业,"举末"是兴乐果,"息末"则犹止苦果。如弃本舍母,而适末用子,是为无本之末,实为恶业,则无论其原来目的为

"举末"抑或"息末",其结果是必不能遂而适得其反。王弼的理论,有点类似传统中国医学中的一种基本理论,祛邪保健的最佳途径,不在治标,而在固本培元。

在王弼注中,"崇本举末"唯一见,[1] 而"崇本息末"则在注中凡三见[2],在《老子指略》中也使用了三次,并强调说《老子》一书几可以此一言而蔽,可见王弼意中,似乎后者更能掌握《老子》的思想核心。若就《老子》著成的学术背景来看,其书的确富含先秦诸子书共有的针砭时弊精神。第三章:

> 常使民无知无欲,使夫知者不敢〔不〕为。[3]

三十七章:

> 化而欲作,吾将镇之以无名之朴。

"镇"不是有为之镇压,而实有安定之义,盖谓以无为之道使之归于无欲而自致于静定。五十八章也说:

> 人之迷,其日固久。

针对既有的社会沈痾而言,疗治自是当务之急,然则王弼之重言"崇本息末",其于《老子》本书,亦可谓信而有征。

王注虽只一出"崇本举末",但尚有"守母存子"[4]、"得本知末"[5]、"固根营末"[6]、"图根营末"[7] 等相类似的其他表述方式。至与"崇本举末""崇本息末"的反面表述,亦有"舍母适子""舍母用子"[8]、"用子

---

[1] 三十八章。
[2] 五十七章二见,五十八章一见。
[3] 帛书《乙本》"敢"下有"弗"字,《马王堆汉墓帛书老子》,第53页。《想尔注》本亦作"不敢不为",见饶宗颐:《老子想尔注校证》(上海:上海古籍出版社,1991年11月),第6页。案:"不敢不为"与"无知无欲"对;无知斯无欲,不敢言心,不为言行。帛书、想尔本是。
[4] 三十八章,又见《老子指略》。
[5] 五十二章。
[6] 五十四章。
[7] 五十九章。
[8] 俱见三十八章。

弃母"[1]、"弃本贵末"[2]、"弃本适末"[3]、"舍本逐末"[4]、"立辟攻末""舍本治末"[5]、"舍本攻末"[6]等各种不同的字面形式，而其内蕴则是相通的。

（四）"愚"非愚暗

　　最后附带提到一个小问题，本章在仁义礼之下，又及"前识"，王弼谓亦"下德之伦"，并以"竭其聪明""役其智力"释之，故学者多谓其犹言"智"。经文云：

　　　　前识者，道之华而愚之始。

河上注：

　　　　言前识之人，愚闇之倡始。[7]

智愚相反，也颇符《老子》行文常有"正言若反"之风格，故后世注家多承其解。近人易顺鼎独持异议，曰：

　　　　窃谓"愚"当作"遇"，即《书·盘庚》"暂遇奸宄"之"遇"，又即《淮南》"偶睧智故"之"偶"。《吕氏春秋·勿躬》篇"幽诡愚险之言"，王氏《书义述闻》以为"愚"即"遇"，愚、遇古字通用；此书亦然矣。愚之始，谓邪伪之始也。[8]

是谓"愚"非智愚之愚，而当为假借字，读为"遇"，奸邪诈欺之义。指出古籍中多有此一假借用例者，为清王引之《经义述闻》，易氏即本其说。王氏考"暂遇奸宄"字义云：

　　　　经凡言"寇贼奸宄"……皆四字平列，此"暂遇奸宄"亦

---

[1]《老子指略》。
[2]　二十章。
[3]　三十八章。
[4]　五十二章。
[5]　俱见五十七章。
[6]《老子指略》。
[7]《老子道德经·河上公章句第三》（台北：商务印书馆，1975年，《四部丛刊初编》缩印本第31册），卷下，第13页。
[8] 易顺鼎：《读老札记》（台北：艺文印书馆，1970年，《无求备斋老子集成续编》影印清光绪十年宝瓠斋杂俎刊本），卷下，第1页下。

然。"暂"读曰"渐",渐,诈欺也。……"遇"读"隅眭智故"之"隅",字或作"偶",《淮南·原道》篇曰:"偶眭智故,曲巧伪诈",皆奸邪之称也。《本经》篇曰:"衣无隅差之削",高诱注曰:"隅,角也;差,邪也。"全幅为衣裳,无有邪角,衣邪谓之"隅差",人邪谓之"偶眭",声义皆相近矣。《吕氏春秋·勿躬》篇曰:"人主知能、不能之可以君民也,则幽诡愚险之言无不戢矣","愚"亦即"暂遇奸宄"之"遇",("遇""愚"古字通。《晏子春秋·外篇》:"盛为声乐以淫愚民",《墨子·非儒》篇"愚"作"遇"。《庄子·则阳》篇:"匿为物而愚不识",《释文》:"'愚'一本作'遇'。"《秦策》:"今愚惑,与罪人同心",姚本作"遇或"。)故以"幽诡愚险"连文,《荀子》曰:"上幽险则下渐诈",是也。"暂""遇"之义,唯《庄子》《荀子》《吕览》《淮南》可考而知,而说经者皆不寻省,望文生义,错迕滋多,盖古训之失传久矣。[1]

所考经传中"愚""遇"通用,可称详确。诸证独不及《老子》,乃成遗珠,而犹幸有易氏为之继起抉发。然而纵经易氏发明其字义,除一经朱谦之《老子校释》引述,似并未获得太多学者的注意与认可,故后起之新注,仍多沿河上误解,故今易说尚有重申之必要。

何以知易说之为是?此谂于《老子》书中而可知之。第三章:

> 虚其心,实其腹;弱其志,强其骨。常使民无知无欲,使夫智者不敢〔不〕为也。

老子反智,主无知无欲,书中屡屡言之,不烦枚举。智、愚既反,则所谓愚者,乃老子之所鼓唱,非老子所抨辟者,亦不烦细辨而可知。即观二十章云:

> 众人熙熙,如享太牢,如春登台。我独泊兮其未兆,如婴儿之未孩,儽儽兮若无所归。众人皆有余,而我独若遗。我愚人之心也哉!沌沌兮,俗人昭昭,我独昏昏;俗人察察,我独闷闷。澹兮其若海,飂兮若无止。众人皆有以,而我独顽似鄙。我独异

---

[1] (清)王引之:《经义述闻》,(清)阮元编:《皇清经解》(台北:汉京文化事业公司,1980年,重编影印学海堂本),第18册,卷1182,第13693—13694页。

于人,而贵食母。

"愚人之心",王弼注:

> 绝愚之人,心无所别析,意无所(好欲)〔美恶〕,犹然其情不可睹,我颓然若此也。

此绝愚之心,斯正圣人所以异于俗众之所关。又六十五章:

> 古之善为道者,非以明民,将以愚之。民之难治,以其智多。故以智治国,国之贼;不以智治国,国之福。

王弼注:

> 明,谓多(见)〔智〕巧诈,蔽其朴也。愚,谓无知守真,顺自然也。多智巧诈,故难治也。智,犹治也。以智而治国,所以谓之贼者,故谓之智也。民之难治,以其多智也。当务塞兑闭门,令无知无欲。而以智术动民,邪心既动,复以巧术防民之伪,民知其术,(防随)〔随防〕而避之。思惟密巧,奸伪益滋,故曰"以智治国,国之贼"也。

其言弃母用子、舍本治末之弊,亦前后一贯。是则老子所倡之政治理想,乃君民同愚;所同忌者,则在多智,而其责则尤在居上位者。"以智术动民,邪心既动,复以巧术防民之伪,民知其术,随防而避之。思惟密巧,奸伪益滋"云云,从知智术之所启,实为奸伪,而决非愚暗。至少王弼之认知如此,而此一认知,揆诸《老子》经文,可谓信焉不诬。且本章以"前识"与"礼"相提并论,曰:

> 夫礼者,忠信之薄而乱之首;前识者,道之华而愚之始。

孔颖达《礼记正义》引其文,则作:

> 礼者,忠信之薄,道德之华,争、愚之始。[1]

盖礼所以止争止乱,而反以启争启乱;智所以察奸察伪,而适足以导奸导伪。"礼""乱"字面并不相反,则此处"智""愚"自亦不相反,而并是前者有为,乃导致后者之恶果之义。易顺鼎的解读是正确的,

---

[1] (唐)孔颖达:《礼记正义·序》(台北:艺文印书馆,1965年,《十三经注疏》第5册,影印清嘉庆江西南昌府学本),第7页。案:此或是节引,未必为异文,且缺"前识",文义亦未完。

也和《老子》本文义旨相符。最后可以回视王弼对此的解注：

> 竭其聪明以为前识，役其智力以营庶事，虽（德）〔得〕其情，奸巧弥密，虽丰其誉，愈丧笃实。劳而事昏，务而治秽，虽竭圣智，而民愈害。舍己任物，则无为而泰。守夫素朴，则不顺典制。（听）〔耽〕彼所获，弃此所守，〔故前〕识〔者〕，道之华而愚之首。

其言前识之所致，只言"奸巧弥密""愈丧笃实"，何尝有一言及于愚暗？若再重读上文曾引过《老子指略》的一段话：

> 夫素朴之道不著，而好欲之美不隐，虽极圣明以察之，竭智虑以攻之，巧愈思精，伪愈多变，攻之弥甚，避之弥勤。则乃智愚相欺[1]，六亲相疑，朴散真离，事有其奸。盖舍本而攻末，虽极圣智，愈致斯灾，况术之下此者乎！夫镇之以素朴，则无为而自正；攻之以圣智，则民穷而巧殷。故素朴可抱，而圣智可弃。夫察司之简，则避之亦简；竭其聪明，则逃之亦察。简则害朴寡，密则巧伪深矣。夫能为至察探幽之术者，匪唯圣智哉？其为害也，岂可记乎！

以智治国，所招者则是以巧伪相欺之奸邪，此即本章所谓之"愚（遇）之始"之确解，也就是第十八章所谓"智慧出，有大伪"之意。以王弼的两段话相参，似乎有理由相信王弼早已以邪伪巧诈解此"愚"字，所惜由于王弼注书，对通假字不如一般注家另加揭明，而往往采用破字的释义直接行文，融入其注解之中。清言简约，久遭忽略埋没，《老子》的解读，遂长期为河上肤说所掩夺，易氏卓然发明老氏真义，乃亦只称及未直接揭发本章之王引之，而仍遗落王弼，是诚大可惋惜之事。

（五）结论

本文讨论今本《老子》三十八章中若干异文和解读上的疑义，进

---

[1] 此处"智愚相欺"，犹言上下相欺、君臣相欺，与本章之"愚之始"异义。

而延伸论及后世注解的一些相关问题,特别是对王弼本章注释的理解。全文分就以下四点论述：

（一）本章"下德"与"上义"的定义同文,学者皆知其中有误,而以臆改之,莫衷一是。自马王堆帛书本出土,知其原无"下德为之而有以为"一句,此一久经争讼的问题乃爽然而解。

（二）《韩非子》所引本章,不唯无"下德为之而有以为",复无"下德不失德,是以无德"；又今本"失道而后德"以下四句,《韩非子》"而后"下并多四"失"字。本文分析"道""德"的关系,以判异文之得失,并识疑义之所在。

（三）王弼阐发老子言"道"与"仁""义""礼"之关系,曾分别以"崇本举末""崇本息末"等类似的多种不同表述来说明,而其"本""末"的含义,学界尚有歧见,本文综贯王弼注文及其《老子指略》所述,论证"本"是指作为本源的"道",而"末"则为所生的形名。

（四）根据老子旨义论证"道之华而愚之始"中的"愚"字,非如大多数解者所说的愚昧之义,而是当依易顺鼎的意见,乃"遇"的假借,邪伪之意；王弼的注文很可能已先作此解,可惜后人多未注意及此。

> 本篇初稿曾在2009年5月27日台湾大学中国文学系第318次学术讨论会宣读,并刊于2010年4月台南成功大学中文系《成大中文学报》第28期。

十五、从《老子》传本的形成论老子生平异说

（一）老子生平的传说及其疑义——《史记·老子传》疏说

历代学者之言老子生平者，无有不根据于西汉太史公司马迁的《史记·老子传》。《史记》中老子这一篇传，是和庄周、申不害、韩非同传的，换言之，司马迁是将两位道家宗师和两位法家大师合在一起立传的。《史记》纪传为体，都是一篇篇人物的传记，司马迁并没有另写一篇"论先秦道家思想与法家思想的关系"的专门论文，但我们光看篇题，这四人同在一篇传里，便知司马迁自己是认为先秦道、法二家思想是有其相关性的。司马迁曾说过三句话来揭橥他的著述宗旨："究天人之际，通古今之变，成一家之言。"其意约略见于《史记·太史公自序》，而完整提出，则见于所撰《报任安书》。这三句话不只是中国史学追求的标的，也该是一切人文学所应研寻的最高境界。

司马迁所写的传记，主要是根据他当时的传说。传说有两种，一种是见诸传世的文献资料，是有文字的；另一种则是不见于文字，而为口耳相传的，他对二者皆有所采取。司马迁曾四处游历，访寻地方上代代相传的故老传说，不只《老子传》如此，其他的各传也无不如此。他书写的方式不比今人之撰写论文，所述都得注明援据出处，他写的这一段根据某一来源，那一段根据别一来源，拼凑在一起，讲出一个人的生平历史，他不会告诉你各自的根据出处。今人写论文，遇到有歧异的传说，哪一个正确，哪一个比较靠不住，须要考据辨证，还可以讨论，还可以加注说明出处；司马迁不会如此，他当然经过考证整理，但他就直接叙述出来，怎样得出这一事实，他不再告诉你。

如以数学计算题为比喻,他好比是只把答案写出,却并不出示算草,演算给你看。各传都一样,他就直接说,这个人是什么人,说过什么话,做过什么事,他在历史有什么地位和意义等等,这都不是司马迁创造出来的,他所谓"成一家之言",是他个人的一个判断,自有其考证与眼光。何者可信,何者不可信?《史记》列传首篇的《伯夷传》,这篇文章的写法十分奇特,开始并不说伯夷、叔齐,却尽说尧让舜,舜让禹,又说到卞随、务光等等,尽讲些奇奇怪怪的人物,其实就是讨论传说是否靠得住。一部《史记》中有无《卞随传》《务光传》?没有,但却有一篇《伯夷传》。换言之,历史传说尽管有卞随、务光的故事,但他并不采用,历史上即使有这等人,恐怕也不会有这等事。倘使有,他说:这等人可惜了,他们的行为并不比伯夷、叔齐更差,可是我不能替他们立篇传;伯夷我却可以替他立篇传。所以《伯夷传》中开宗明义即说:"学者载籍极博,犹考信于六艺",这就是司马迁自述他的史学立场。所谓"考信",有考才能征信,后来到了清代,有一个名叫崔述的学者,便写了一部对古代文献考证的名著《考信录》,即用了司马迁此意。司马迁的每篇传都有他的原始取材,其中有种种不同的传记,哪一说靠得住,哪一说靠不住,司马迁都下过"考信"的工夫。靠不住的,根本就淘汰掉;靠得住的,他就采信进来,组织成一篇传。哪些材料被淘汰掉?我们已不得而知,司马迁也没有告诉我们,但我们知道他有过这个工作。清朝梁玉绳的《史记志疑》,便专门在《史记》里挑骨头,找出许多《史记》里讲错的、自相矛盾的地方,有这么多可疑之处。一部《史记》,五十二余万言,贯串上下两千年,这篇文章讲到何人、何时、何地、何事,另一篇文章有互相相关的,讲到人、时、地、事,中间或有所出入而自相矛盾的地方。例如说一件事情发生的时间,这篇文章说在这一年,那篇文章说在那一年;这件事情是谁做的,这里说是张三做的,那里却怎么说是李四做的。在什么地方做这事?或说甲地,或说乙地,究竟是在何地?诸如此类的矛盾毛病,《史记志疑》纠出一大堆。如此说来,《史记》荒唐至此地步,如何还能读?其实此正司马迁伟大的地方,可见他并非瞎编出来的，倘使是凭空臆造，一个三流的作家尚且不致如此拙劣。如写小说，岂能前言不对后语到此地步？可见司马迁是做他考信的工作，可惜他的书未完成便先死。尽管其书已撰写多年，期间尚受了极大委屈，因李陵之祸受了宫刑，勉强苟活下来为此工作，但到最后还是没有做完。他死了以后，这部书就留在他家，到他外孙杨恽才将它献上朝廷，对外公布。其书本名《太史公》，下至东汉，才渐改称为《史记》，这是司马迁生前所未知的。

他所下的考信工夫，有他所能处理的，他就这样写下了。但也有他一时间未及处理完的，以至限于当时客观条件，例如文献不足之类，没有办法处理的，他用什么方法撰写？他便在此处照这个资料，那处照那个传说，就将那些自相矛盾的说法同时保留在书中。当然某些错误的记载，我们也不能排除是后人传抄失误所致的，须知这是任何古籍在流传过程中都有可能产生的人为失误。或者其中也有后来人改动的地方，因为司马迁死后，一部《史记》传说其中有十篇"有目无文"，可见是未完之书。可是今本却一百三十篇都完整流传，故知有后人所补入的。经后世考证，认为补其书者在东汉便有十九人之多，不过最重要的还是西汉元、成间的褚少孙，所谓"褚先生"。居今而言，我们只能说此书绝大部分为司马迁原笔，而小部分则为他人所补。各篇传中存在各种不同情形，而记载老子生平的《老子传》的许多内容，司马迁几可说完全不能考信，因此他就把这许多不同的传说摆在那里，以故读此传者之于老子生平，都一头雾水，正因在司马迁的时代，他所接收到的文献资料以至口耳相传的老子传说，对老子其人就已说不明白了。这些材料都摆在那里，后人看起来，觉得有不合理的地方，也有似乎自相矛盾的地方。《史记志疑》有时尚需要将这篇文章和那篇文章去对，才能纠出问题来质疑，《老子传》甚至不需另外去对，短短一篇文章之中，自身前后相对，矛盾和可疑的地方，就已很多了。然则这样一篇文章还值得读么？尽管如此，这篇传还是非读不可，因为舍却了这篇传，老子更不知从何说起。故言老子生平，从古到今没人能读得通，但也从没人跳过不读，我们还得从此传开始来检讨，以下姑且分述为九段：

1. **老子者，楚苦县厉乡曲仁里人也，姓李氏，名耳，字聃，周守藏室之史也。**

三家注《索隐》"苦"音怙。《正义》"厉"音赖。苦县地在今河南鹿邑，位在河南之东，已近安徽省界；厉乡曲仁里为县内更小的区段。王念孙谓"姓李氏"当在"字聃"之下，比照《史记》各篇所述姓氏文例，王念孙之说或是。但这不影响对文义的了解。古人先有姓，后有氏，递后又发展为以氏为姓，遂有"姓某氏"这种似通非通的表述。先秦无此说法，这是姓、氏的分别泯灭了界线以后，约自秦汉之际以至汉人才会有的说法。《史记》中便屡见类似的记述，如言刘邦，"姓刘氏"，刘究竟是姓还是氏？依古代原来本应是氏，但到后来便看成是姓。老子的姓也一样，其实"李"是于古为氏，后世则以为姓。然而后世习以"老子"称其人其书，以先秦诸子书惯例，孟子姓孟，书称《孟子》，庄子姓庄，书称《庄子》，则老子理宜姓老。故唐兰主张"老"乃其氏族之称，老姓尚出在李姓之前，故当姓老；郭沫若、马叙伦、陈独秀同其说。而高亨则谓"老""李"声转，"老"音变为"李"。是否果真如此，未能确知，是其人之姓名即有不一之说。至于三家注中引述了一些比较奇怪的传说，如说老子外貌的奇特，以至有些神异的传闻，出于《朱韬玉札》及《神仙传》之类后代道流书籍，时代都远远晚于《史记》，这应都是司马迁所未闻，而为道教兴起以后，将老子神化的产物。不过这些后出的传闻中又说到老子"字伯阳"，后世也多有称述，虽或晚出所造，因已成典据，学者亦宜知之。

《史》谓彼为周王室"守藏室之史"，"藏"，《正义》在浪反，是说老子曾任周朝皇家档案室的主管。这和《论语》郑玄注说老子是"周之太史"是同一意思。《索隐》说："老子为柱下史"，故后世或称老子为"柱下史"，甚至"柱下"也成了老子的代称。《索隐》在此解释为"盖即藏室之柱下，因以为官名。"在《张丞相传》中却说："周秦皆有柱下史，谓御史也。所掌及侍立恒在殿柱之下，故老子为周柱下史。"

这便容易引起误会。大抵老子只如汉武帝时司马谈父子所为的太史令，官职并不高，但或因所司包括了朝议记录，故得侍厕于殿柱旁，而又掌藏室图书、计籍，故称"守藏室之史"，或又称"柱下史"，非谓其在殿中居柱下，在藏室仍居柱下。小司马混为一谈，易滋误解。至于张苍在"秦时为御史，主柱下方书"，那时的御史或依如淳的讲法，是一掌理四方文书之官，与当年的老子相近。因此尽管《史记》没有"柱下史"之称，但这一称谓在后世也颇多沿用。

2. 孔子适周，将问礼于老子。老子曰："子所言者，其人与骨皆已朽矣，独其言在耳。且君子得其时则驾，不得其时则蓬累而行。吾闻之，良贾深藏若虚，君子盛德，容貌若愚。去子之骄气与多欲，态色与淫志，是皆无益于子之身。吾所以告子，若是而已。"孔子去，谓弟子曰："鸟，吾知其能飞；鱼，吾知其能游；兽，吾知其能走。走者可以为罔，游者可以为纶，飞者可以为矰。至于龙，吾不能知，其乘风云而上天。吾今日见老子，其犹龙邪！"

《史记》所载老子生平最关紧要的一件事，便是所谓"孔子问礼于老聃"的故事。即此可见，老子与孔子同时，当春秋之末叶，而孔子曾向他求教，料其年辈也当较长。所谓"孔子适周"，于时为东周，于地指洛阳。孔子向一前辈先生问礼，事无足怪，但老子何以知礼？于此当知我国古代"史"之与"礼"本是同源一事，就根本而言，是二而一之内容。何谓礼？礼是人外在行为的一种规范，在上层者曰礼，下层者曰俗。凡通行以为习尚的礼仪，无论其成文、不成文，究其原始，往往启端于某一突发的历史事件。例如《左传》中记"秦晋崤之战"，是春秋时极有名的一段战争故事，写得活灵活现，后来视为很好的古文范本，《古文观止》之类便都选录。其中记述到晋师埋伏于崤山的险要等待秦师从郑还师路过，要而袭击之，最后获胜。其时晋襄公面临一难局，因先君晋文公新丧，尚未安葬，依礼居丧期间，君臣上下都得穿上素服；而当时还另有一个礼俗，两军作战，战败的一方也是换穿丧服，如同国丧，例如往后秦师败绩，败军回国，秦穆公便"素服郊次"，以迎败将，并自咎己过，便是如此。此刻晋师若穿素服赴战，岂不有未战先败的不吉之意？故当时为此特别从权改穿黑色丧服，"子墨衰绖"，结果一战而胜，"晋于是始墨"。自是以后，古之山西人居丧遂改穿黑色丧服，与当时他国不同。这一故事，便可以很明白告诉我们，古代礼俗的形成，往往本于一时一地所发生的一件特殊历史事件，后来相沿成习，"史"便变成"礼"，或说"礼"其实也即是古"史"。传说中的老子既然是史官，他之通礼也就再顺理成章不过了。因此孔子问礼于他，是不嫌突兀的。倒是我们从一部《老子》书中知道，老子其实并不重礼，纵说他不反对礼，最少也是轻视了礼；至于古史，老子根本反对人文历史，故而一部五千言的书中，没有人名事迹，也即绝不牵涉到历史。如依此段传说，难怪他回复孔子的问话中绝口不及于史与礼。他回话中"子之所言"云云，可见孔子先有一番说话，其内容应即是有关古史的圣王和古礼之类，而老子认为这些人与骨俱已腐朽，言虽存，也不足恃。道家根本不重言传，《老子》开宗明义便说"道可道，非常道"；《庄子》书中也有"桓公读书于堂上"的寓言。桓公堂上读古圣人书，轮扁斫轮于堂下，质疑书中之意不可传。桓公怒，轮扁遂谓臣以所事知之，自言凿轮久之，不甘不苦，得之手而应于心，臣不能以喻臣之子，故行年七十而老斫轮。此皆可见老庄道家主张道不可言传，书籍文字固无足恃。以是求道于史之与礼，岂不枉然？不过老子继此所言"君子得其时则驾，不得其时则蓬累而行"，其义倒与孔子所言"用之则行，舍之则藏"相近。"良贾深藏若虚"的比喻，也别见于《大戴礼记·曾子制言》，文字尽管有些出入，但"问礼"的故事既经盛传，儒门礼书如大、小《戴记》等都加以采录，自然不足为奇。从先秦以至汉初，这些传闻分别在不同的载记中流传，司马迁便摘录入这篇《老子传》中。孔子见过老子之后，在弟子面前对其人大加称道，以为其言高妙，不可掌握，故以"犹龙"喻之。老子"犹龙"的美名，嗣后也成为老子的代称了。此本出《庄子·天运》，寓言纵不必无实，赞美之言亦非不合常理，但其中一段教训孔子的话，却说："去子之骄气与多欲，态色与淫志，是皆无益于子之身。"人内有骄高之气，则外便呈现出踌躇满志的神色；内心多欲，表现在外便多见其心志放荡。孔子进见时已有弟子从学，必非少年，其自述一生为学进境，曰："吾十有五而志于学，三十而立，四十而不惑，五十而知天命，六十而耳顺，七十而从心所欲，不逾矩。"试问孔子何年见老子，老子尚可斥其"骄气与多欲，态色与淫志"？这样对孔子过贬的记载，道流固所乐闻，儒门后学自不甘承认。总之，赫赫有名的"孔子问礼于老聃"的故事，依《史记》的记述，不外如此。

3. 老子修道德，其学以自隐无名为务。居周久之，见周之衰，乃遂去。至关，关令尹喜曰："子将隐矣，强为我著书。"于是老子乃著书上下篇，言道德之意五千余言而去，莫知其所终。

接着这一段，说老子修治道德，"道"之与"德"本是不同的概念，《语》《孟》《老子》以至《庄子》内篇中都是分用的，如《论语》"志于道，据于德"，《老子》"道可道，非常道""上德不德，是以有德"。但两字也有其密切相关性，故可连结成词。"道德"之如何成为一词，始自战国后期，《荀子》书中即有之，到汉初司马迁时代，那时自然已习用为文了。老子所致力从事之学，所修的道德内涵，也就是五千言的一部书中之所述的道术，乃求自隐而不求成名。人与所讲的学问是同一个道理，道家所讲求的学问，是隐退的一套，如果所喜欢的是积极进取、奋发有为的，建功立业，贡献人类社会，最好是去读读孔子、孟子的书，而不该来读老子、庄子的书。老庄都是讲一套隐退的道理，避在旁边、退在后面的道理。倘使讲老子、庄子，却还热衷名利，企求升官发财，其事困难。老子、庄子犹如给人浇冷水，若你发高烧，他可以让你降温。老子一辈子自隐无名，努力在此，所以孔子称他犹龙，神龙见首不见尾，故读其书也不易明白，他自隐无名。他在周室任职，因见周室衰微，不上轨道，东周到了春秋末期，即孔子身处的时代，诚然是衰了，老子便弃职离去。到了一个城关，这便是老子生平中另一个极著名"出关"的故事。守关的官员，所谓"关令尹喜"，现在通行北京中华书局标点本的《史记》在"尹喜"两字旁边画上一个人名号，这样便可以理解为关令是官名，尹喜是人名。这一人名标号是顾颉刚先生等人加上去的，这个判断，大抵根据于三家注中引到《史记》以后的一些书籍所载的传闻，不少是将"尹喜"看成是人名的。但古无新式标点，如果我们不受后来传说的拘束，"尹喜"也不见得一定是人名，"关令尹喜曰"便可有种种其他解读的可能。这五个字，前人就发现有各种疑点，无法说得清楚。有人说"关令尹"不是人名，"喜"是副词，关的令尹高兴地说话之意；如从"关令尹喜"读断，"喜"的词性还可以变为动词，不过"喜"之为副词、为动词，于义差别不大。如此"关令尹"便可理解为守此关之令尹。有无令尹的官称？先秦确有其官，但特见于楚国，著名者如谗毁屈原的令尹子兰。不过第一，令尹非中原普遍所设之官；其次令尹官高，为执政大臣，显然又非区区守关小吏可比。故又或以为"令"字为衍文，尹者，正也，为古代官之通称，则"关尹"只言此掌关之吏，而不涉高官之令尹。唯若谓此人为"关尹"，依然牵涉到人名，因为古籍所载，又有关尹其人，不但有其人，且其人自有著述，名《关尹子》。《庄子·天下》云："古之道术有在是者，关尹、老聃闻其风而悦之，建之以常无有，主之以太一，以濡弱谦下为表，以空虚不毁万物为实。"关尹与老聃相提并论，而且排名还在老聃之前，尽管如此，毕竟可视之为同时人。《庄子·天下》出于庄徒，应非庄周之笔。秦时的《吕氏春秋·不二》则云："老聃贵柔，孔子贵仁，墨翟贵廉，关尹贵清，子列子贵虚……。"关尹的排名却在墨翟之后，便难说是老子同时的关尹了。与老子碰面的人，究竟是《天下》篇的关尹呢，还是有一个守关的无名氏官吏，还是这个管关的官吏名字叫作尹喜？至少已经有许多不同的说法无法论定。这且不论，总该是有一个人和老子会面的，无论其人是否叫作尹喜，此人对老子说了一番话。他说你老人家即将归隐，再也找不到了悟道德的人，这样太可惜了，无论如何请你勉为其难把你的学问写下来再离开罢。于是老子便著书上下篇，今王弼本的《老子》正分为上下两篇，可见在司马迁的时代，便已有此传说，《老子》书是分为上下篇五千余言的，所讲是他修治道德的思想内容。写完书以后，就莫知其所终，真可谓神龙见首不见尾。那么老子的生平至此便该结束，但是传文尚有后文，司马迁便用"或曰"另作启端。

"或曰"也者,便是有另外一个传说。

这段出关的传说中,还有一个棘手的问题,便是老子所出的关是什么关?这一问题也出现争议,争议的所在,三家注中已经提出来了。一说是函谷关,一说是散关。后人一般说法,是认为老子所出的是函谷关,前文既说老子见周衰,便离开洛阳,过函谷关。函谷关在今河南灵宝市,在河南西陲,再往西越界则入陕西,故昔人谓老子去周入秦。《庄子·寓言》说:"阳子居南之沛,老聃西游于秦,邀于郊,至于梁而遇老子。"阳子居即杨朱,约生于公元前395年,已在孔子卒后八十四年,如谓其见老子也约当三十之龄,为公元前366年。老子年辈高于孔子,孔子生于公元前551年,老子既为前辈,虽不确知其年高若干,假设年长约二十年,则约生于公元前570年,那么岂不是说杨朱见他时,已二百岁高龄以上吗?《庄子》书多寓言无实,未必可以凭信,但造为寓言,也不能句句虚假,其中或也有"真实传闻"的成分,例如入秦之说,便可能是先秦确有传说,由函谷关入秦,顺理成章。所以后世歌咏的诗篇,例如杜甫《秋兴八首》有"西望瑶池降王母,东来紫气满函关"之句,老子"紫气东来"便成典故。春秋末叶的秦都还在雍,即今陕西凤翔县,要到战国秦孝公用商鞅变法,励精图治,国势渐强,秦国原来偏在西陲,向东方扩张,才从雍往东迁都到咸阳,下至秦始皇统一天下,国都仍在咸阳。若老子与孔子同时,那时的都城还在雍。老子从洛阳紫气东来,西过函谷关,入秦至雍,在地理上合理而毫无问题;但另有一个大问题却不能解决。地理上没有问题,年代上却有问题。函谷关建关在战国秦惠王时,秦惠王以前,尚无函谷关之名。秦惠王即位初年在公元前337年,关名只能在此年之后。这也如同见杨朱的传闻,老子非高年至二百数十岁才能出函谷关了。

这一问题似乎有点困难,所以便有另外一个说法,三家注中引到别有散关之说。散关古亦名大散关,地在今陕西宝鸡市,还要在凤翔的西边,再西出便已入今甘肃界,是偏处秦国老都城之西的一个关。但散关没有历史上建关的时间问题存在,故可避掉前面所说函谷关的困难。若说老子所出的是散关,便没有两百多岁才出关的问题。

可是却又另来一新的问题：紫气东来过函谷关是为了入秦归隐；若谓所出者散关，便非"入秦"而是"出秦"了。散关往西便是西域，古称流沙，且问老子去西域所为何来？于是后世又生出一个传说，谓老子"化胡"。老子化胡之说，在《史记》是没有踪影的，只因出关之说出了问题，便后续产生了更多更复杂的弥补解说。此说最早见于东汉后期襄楷上汉桓帝书，他说："或言老子入夷狄为浮屠。"浮屠为梵语音译，原可指佛陀、佛塔，甚至可用以称僧侣，襄楷所言自是指的佛陀。但这一讲法便非常严重了。因为道家本来只是一家学术思想，并非一宗教，也可说中国本无宗教，及后从印度传来佛教，讲浮屠的道理，这是一个外来宗教。到后来中国自己也慢慢产生一个本土的宗教，其事约与襄楷时代相近，就是东汉的后期。此一本土宗教在先秦的学术中找到老子、庄子作为思想根据，将之转化发展为民间信仰的宗教，即道教。一般人对"道家"与"道教"混而不辨，其实两者虽然相关，而自有区分。道家是一种思想、学说，道教则是宗教，宗教固有一套特别的内涵。后来的道教推崇《老子》与《庄子》作为他们宗教信仰上的经典，老子便成为教主，其事则始于东汉后期的张道陵，道教开始发展，至今依然存在。道教若只宣扬老庄，不会有问题，但其前佛教已到中国来传教，讲佛陀的教理，现在突然一下说，老子跑去夷狄，摇身一变变成佛陀了，佛陀就是老子，试问佛徒如何能忍受？于是酿成宗教冲突，事态便严重。此说应也不是襄楷所创，是其时社会上已有这种传说存在，否则襄楷也不会无缘无故提起。但从东汉有此说以后，下迄晋惠帝时的天师道领袖，时称"祭酒"，名叫王浮，他敷衍东汉以来这一传说，写了一部《化胡经》。当时佛教的领袖帛远便起而抗议，产生极大矛盾。宗教不比学术，学术可只在高层士大夫间讲论，宗教则求在社会中普遍传播，老子化胡之说对佛教本身当然伤害甚大。佛教初传至中国，中国人读不懂梵文经典，故需翻译，但印度佛教原有的思想观念，为中国所本无的，为要方便通俗传教，后来采用一个方法，找到中国固有的思想概念，例如阴阳五行、自然无为、无知无欲之类，源于六艺九流的"外书"者，尤重所谓"三玄"，相配拟而"生解",尽管精确的内涵不尽相同,只要有相近而可以攀附的,就借用来阐说佛义,在思想史上,这称作"格义"。及后信众益多,渐渐要求精确,才改为直接音译,由佛师加以讲解传授,格义便渐渐消失淘汰。儒、道本来都只是学术思想,和宗教河水不犯井水,彼此矛盾并不明显,如今道家中出了一个道教,也需传教,佛教格义用其术语又有所变易,自有龃龉,矛盾加深,而况造出老子化胡之说,如此可说佛陀也无甚了不得,不过是我们老子的化身,只到了夷狄,彼等听不懂清静无为的高深道理,不得已改用佛经的讲法来迁就。如此理论,试问佛徒焉能忍受?王浮造为《化胡经》,此书尚有其他别名,如《老子西升化胡经》《太上灵宝老子化胡妙经》之类,异名同实,最初只有一卷,因故事原来也很简单。但后来这些道流本事也大,居然愈讲愈多,增讲成十卷之书。一旦成为宗教冲突,双方都牵涉到人类心灵深处至高无上的信仰思想,因而无从化解。历史上便变成不可收拾的社会争斗,政治上的帝王也知道不能长此以往,任其恶化。下至唐朝,唐高宗、唐中宗都曾禁止《化胡经》的公开宣传,以避免再刺激佛徒。唯其书依然存在,收录在《道藏》之中,到了元朝,元世祖忽必烈才下令焚毁。但我们今日仍能见到此书,则是清末敦煌重新发现唐朝抄写的残本,以其内容推测,应是后来的十卷本,而非王浮原来的一卷本。老子紫气东来,乘青牛出关化胡的情节,不但在司马迁时所没有,甚至几乎整个东汉时代也没有,要到末期的襄楷才提到,而下至西晋,才由王浮写在书中。这些后世通俗盛行的传说,应即渊源于《史记》出关的传闻而再衍生出来的。这些晚出的传说只怕比《史记》所载的更靠不住。例如三家注中引到所谓刘向所撰《列仙传》的记载,说关令尹喜要求老子留下五千言之后,竟是陪同老子俱往流沙之西。《列仙传》本就可能是一部更晚的书,不必出自刘向,而尹喜既要老子留书,却又与他同去,好像连故事的基本逻辑都不太顾到是否自圆其说了。

4. 或曰:老莱子亦楚人也,著书十五篇,言道家之用,与孔子同时云。

"或曰"云云,最值得注意的是"亦"字,老子是楚人,老莱子也是楚国人。老莱子是否即是老子？司马迁没有肯定说，他只说别有一个老莱子的传说，此人有几点和传说中的老子相近似的：其一是同是楚国人；其二是同样有著书立说，尽管传说的篇数不同，但都是关于道家思想的；其三是其人所处的时代也是和孔子同时。司马迁既没肯定说，何以要写下来？可见当时应是有人认为老莱子的传说是二而一的，有人认为这就是老子。例如《庄子·外物》便有老莱子见孔丘的故事。司马迁不能判定，但他也不能排斥其可能性，此二人如此相像，是否只是著述传说的歧异而已，十五篇同样讲的是道家内容，是否和《老子》同一回事呢？如此巧合，疑似之间，民间既有此流传，姑且保留在此，并没有确凿来说。后来学者在《论语》中找到一个荷蓧丈人，认为可能就是老莱子。其实无论是荷蓧丈人还是老莱子，不啻都是无名氏。荷蓧丈人是挑负一竹器的老者，莱是耕田除草义，故二名义近。《论语》中荷蓧丈人的言行，亦近乎道家隐沦一流人物；孔子周游，屡遇此等人物，如楚狂接舆，都是无名氏。真相是否如此，也不能定说。

5. 盖老子百有六十余岁，或言二百余岁，以其修道而养寿也。

司马迁下面竟然补记了两个传闻，前面讲到年代疑难问题的答案来了，一个说法是老子活了一百六十余岁，另一说法是活了超过两百岁。好了，这样什么问题都解决了，因为随便你怎么说，你说他活多久都可以，前面提到年岁不合常理的问题便都迎刃而解。但一般人活不了那么久，他说是由于老子修道而养寿，当然非常人所可比。依生物学上讲法，我们一般人纵然活不到天年，但相差仍不至于太大，《列子》书中言"百年，寿之大齐"，在现实人生的经验中依然是个准则。经统计，如今世界最长寿国家，多年来都是日本居全球之冠，尤其是女性，但平均寿命也不过八十几岁。世界纪录上最高寿的人瑞也只有一百二十余岁，一百六十余岁不曾见过，二百余岁未之或闻。至如古代彭祖年八百的传说，只能说是一种神话。唐杜甫诗："人生七十古来稀"，唐人寿数一般不高，似尚不及后世。无论如何，老子寿数显然违反人类生理通则，殊不合理。一个人重视养生，清心寡欲，较可长寿，理无可疑，但也应有其极限。何况司马迁记下的传闻就有两个，以逻辑言，活一百六十就不是活两百，活两百就不是活一百六十，二者不能并存而同时为真，只可能其中之一为事实，倒有可能二者皆非。司马迁应也不会不知寿数常理，大抵总对各种传说之年代矛盾无解，只得统录并陈，留待后世参考解决，因此在此处既用了"盖"字，又用"或"字，都是疑辞，总之就是不确定之意。后文再有一个传说，还有一个所谓太史儋。

6. **自孔子死之后百二十九年，而史记周太史儋见秦献公曰："始秦与周合，合五百岁而离，离七十岁而霸王者出焉。"或曰儋即老子，或曰非也，世莫知其然否。老子，隐君子也。**

孔子卒于公元前479年，当春秋最后，死后不久便进入战国。太史儋的传说和老子的身份也有其相近之处：他同样是周王室中央的一个史官。身份虽有雷同，可是年代依然不对。《史记》原文说孔子死后129年，是不正确的，《集解》引徐广曰："实百一十九年。"注文便来驳正文，但依清汪中的考订，秦献公十一年见太史儋，在公元前374年，因此《史记》原文说孔子死后129年，以至《集解》的119年，也都不对，其实相差是105年，或说106年，这两数一计入本年，一不计入，实则一样。不过这几个数字，所差十余年之间，倒非问题关键所在。总之，即依汪中所考，若此人果为孔子同时的老子，秦献公见他时，他非得活到近两百岁不可，也难怪另有超乎常情高寿的传说，否则又如何解释这些其他的传闻？而太史儋对秦献公所说的一番话，则又奇怪之极。因此真要追究这些考据问题，几乎是无有尽头的。他说其始秦国和中央的周王室是相合的；下面隔了五百年，就分离了；分离之后又过了七十年，你们秦国会出一个霸王出来解决这个时代问题。读此预言的人或会认为其神准，因为他直讲到下面一百多年后秦始皇的兴起。但这段话还是有其复杂性，因为此事事关周、秦的兴亡，故在《史记》的《周本纪》《秦本纪》《封禅书》中都载入其事，《老子传》是第四处。《索隐》便已指出在那两篇《本纪》中的讲法有所不同，《周本纪》说："始周与秦国合而别，别五百载复合。"《秦本纪》说："周故与秦国合而别，别五百岁复合。"两者相同，而并与《老子传》文"离""合"二字正好相反,此说合,彼说离;可是很古怪,《索隐》却说:"离合正反,寻其意义,亦并不相违",意谓从表面看,字面是相反的,但究其内里含义,实质并无违背不同,是一样的。怎么说呢?要看你持何观点来理解这"离""合"二字,关键在第一句话中多生出一点花样来。《老子传》说"始秦与周合",一开始便说合;而二《本纪》则说"始周与秦国合而别","别"才是指《老子传》中的合。秦与周天子的关系始于秦的先祖非子。秦的先世,至大舜时赐姓嬴氏,传到周孝王时的非子,因为善养马匹,得天子的欣赏,分土为附庸,以秦为邑,延续嬴氏的祭祀,号曰秦嬴。到了西周末叶的幽王时,犬戎为祸,那时秦的襄公以兵救周。及平王东迁,秦襄公以兵护送,立了大功。当时周平王也无力操控岐山以东的土地,便将其地赐予襄公,封他为诸侯,叫他去驱逐当地的戎人。秦自此才独立出来,成为周王室所封的一个正式诸侯。《本纪》中便将这段由附庸进而为诸侯的过程称作"合而别","别"是指他分立为诸侯。《老子传》省去了附庸的一节,只就其为诸侯说起,故只说是"合"。而再到了后来战国后期的秦昭王时,秦的国力已今非昔比,成为西戎霸主。当时有一个小国叫西周,其君与东方各国合纵伐秦,结果打了败仗,献其邑三十六城以入秦。是年稍后依附于西周君的周赧王崩逝,周朝便算灭亡了。自平王东迁(公元前770年),下至秦昭王51年(公元前256年),西周君献城,凡515年,举大数而言,当然也可说是五百岁,所以《老子传》说"合五百岁而离"。依《索隐》对《本纪》的解释,西周君献地,秦受其献,便又算是"合"。这是为要弥缝两种异说的勉强解释,不见得是确解,例如《集解》便有不同的解读,可见司马迁分别记入不同文字的传闻,确已给后人留下难解的问题。

传文太史儋所言的末句"离七十岁而霸王者出焉",《索隐》以为这个"霸王"就是指秦始皇,可是这"七十"之数又似乎不能吻合,而《周本纪》则颠倒作"十七",《索隐》便改采此数,认为从秦昭王52年下迄秦始皇9年,正好是十七年。至于何以不从初立算起,是因始王之初,政柄操持在太后和嫪毐手上,到九年诛杀了嫪毐,才正式亲政，够格成为霸王。这一理解是否符实也颇难论定，清朝钱大昕说："太史儋语，《周本纪》《秦本纪》《封禅书》《老子传》凡四载，《秦本纪》作'七十七'、《老子传》作'七十'，皆传写之讹。"可见也赞成《索隐》之说。"十七"之与"七十"的歧异固然可能出于后人传抄所致，但前述所言离合的分歧，便很难等量齐观了。

　　此一预言出自太史儋，先于秦始皇百年以上。古史中言某人预言后世如何如何，不止一见，依理而言，应有些说准，有些不准，史所记载的自然多是准确的，才值得写下。预言准确者，虽不能排除偶中的可能，但更多的可能是出于事后附益，好事者增出，依托在某一古人身上。所谓太史儋云云，自历史考据而言，尽管有这些问题，精确以求，不能算准；但自大体来说，也可说还能算准。这个太史儋对秦献公讲述他们秦国自开国以来与周天子之间离合的关系，预言到将来最后的结局，最早周朝政府封他一个诸侯，这个诸侯渐渐壮大，扩张他的势力，最后出来一个霸王，取代周朝来统一天下。这样便大体符合春秋战国以来秦国几百年的历史。这一番话传闻是公元前374年时候说的，司马迁就看到这个传说。有人认为这太史儋就是老子，或又有认为是两个不同的人。司马迁又用到一个"或"字，他不是不要来作判断，而是不能判断，只好将这些不同的说法如实录下。他特别再作解释，非我特愚，乃"世莫知其然否"，没有人知道。何以故？因为老子是个隐君子，他的行事为人犹如神龙见首不见尾，隐晦而不张扬。传文至此，不唯老子其人其言其行依然不清楚，甚至他叫什么名字也不确定，究竟姓李还是姓老？名字是李耳，还是老聃，还是老莱子，还是太史儋？种种传说，疑似之间，年代颇有差距，有些地方要将他说到一百六十多岁才能解释的，有些甚至要说到两百岁以上才有可能的。故流传的老子事迹，如说是孔子同时一个前辈的老子，其间有这时间差距的存在，不易解释。读传文至此，我们所知如此。下面的一段记载又更让人惊奇。

　　7. 老子之子名宗，宗为魏将，封于段干。宗子注，注子宫，宫玄孙假，假仕于汉孝文帝。而假之子解为胶西王卬太傅，因家于齐焉。

老子不但有儿子，而且还代代相传。其子李宗是魏国的将领，而且有头有脸，还有封邑在段干。李宗的儿子李注，孙子李宫；李宫以下，他的子、孙、曾孙，共有三代人历史上没有留名，要到玄孙才知叫作李假（《正义》作"瑕"，音霞），在汉文帝下面做官；李假的儿子叫李解，曾任齐国胶西王刘印（音昂）的太傅。刘印的父亲是刘肥，刘肥是汉高祖刘邦的长庶子，汉惠帝是他的弟弟，地位崇高，封齐悼惠王；刘印即是汉文帝的堂侄，故在文帝时也受封为胶西王，后来到景帝时因参与七国之乱，事败自杀。胶西国的前身是胶西郡，为文帝十六年（公元前164年）所改，故刘印之受封，最早当在此年。李解为其太傅，不知何年始，但最早自亦不应在文帝十六年之前。而作为一个诸侯王的太傅，恐怕最小也得有三十岁以上才比较合理，故以此一宽松的假定，李解在汉文帝十六年时约三十岁，则当生于公元前193年。从李宗、李注、李宫、宫子、宫孙、宫曾孙、李假，到李解，共八代人，如果老子算是第一代的话，李解就是第九代。两代人之间有一段间距，九代人间共有八段间距，每一段间距自然并不一致，因每代人寿数各不相同，结婚生子的年岁也会参差，不过以历史经验而言，中国古人以三十年为一"世"，引申而言一辈子也叫一世，人到三十岁便应有后代，活到六十，应有第二代，大抵代数拉长了，取其平均值，用此一数来推算，总体来说便不会相差太大。《史记》这串记载，首尾二人的信息略多，最前面的李宗为魏将，封于段干，连结最后汉文帝时为诸侯太傅的李解，便可略推而得其起止点。李宗为魏将，语虽含混不明，但至少我们已知春秋时代无魏国。至周威烈王二十三年（403B.C.），三家分晋，始有所谓韩、赵、魏，宋代司马光编的《资治通鉴》即始于是年，并在此事之下发表了一番"惟器与名，不可以假人"的批评。其实三家独立为王不自威烈王二十三年，虽实际已瓜分了晋室，中央的周王室却并未予以承认，直到公元前403年终于承认其诸侯的地位，才算是名正言顺，因此司马光才指摘周天子的不是，从此王室便日趋式微。如说李宗为魏将，理应在此年之后，虽然当时魏文侯在位实已四十三年，但周室尚未正式承认以前，司马迁不应先予承认。而所谓"魏将",也不见得必然在某年,《史记》固未明言是在魏文侯还是魏武侯时代,文侯在位五十年,公元前403年以后的一段,也还有八年;武侯在位二十六年,都很长,李宗在其间任何时间甚至更往后才任职,都有可能,我们只能推定一个最宽松的定点,就是最早也不应早于公元前403年。为将亦犹为太傅,皆不会太年轻,姑且仍假定约三十岁,则李宗之生,不应早于公元前432年。以此年数下迄推设李解的生年公元前193年,以其共八代间隔七段除之,得数34.14,每代平均数约三十四年,与一世三十之数相较,似嫌略有超过。但若假定李宗晚生于公元前403年,其出任魏将在武侯之末年或更后,则与推设李解的生年相隔,适符三十年一世之数。因此如果撇开老子不列入考虑,谓李宗生于公元前403年,则其往下的族谱到李解共八代,年寿岁数都是合乎一般常理的,而且还相当标准。但若将其生年推前三十年,则世代间隔嫌于略长,较违常理。但无论李宗生于公元前432年抑或公元前403年,若其父果为传说中的老子,这一老子又是孔子所曾问礼的那一位,则都得超过百岁,前者老子得活到一百三十余岁,后者更得活到一百六十余岁。前文曾提到,这两数之中,以后者较为合理,那么难怪汉世果有老子年一百六十余岁的传说了。若使老子真能有此高寿,居然还能生子,依常理言,也不会一生子即便去世,如继续再活些时,便不难又可推说其活到超过两百岁了。总之,不论老子这一世的话,世谱所传的其他八代,应还合理;一旦加入老子,便不得不视老子是一个生理、寿数迥异于一般常人的人。假使我们不囿于固有传闻,视老子的生理也类同于先秦其他卓越的诸子,例如孔、孟、墨、庄、荀之类,则可能会推出另外的结论。须知史传前此所述各种故事,无论其本于文献抑或口耳传闻,总属自古相传,而影响无征;独李宗至解一系家谱,应原于李家,非社会影响传闻之比,况李解当文帝时,为司马迁近时的人,因此这一份资料是确凿的家谱,其中只有最早一代,九代前的祖宗是老子,他们出示家谱,自己是老子之后,倍感光荣。果使李宗有一父为老子,而此一老子之生理年寿亦无大违于常人,而约略与其后各代子孙相似,则此一老子,应为战国初期时人。

但这只孤立了李家世谱来考虑和推论,一旦联系以上各种其他传闻,当然依然无解。如谓这些传闻都出虚造,固然是一个最简单的解决办法;万一古来传说,虽出影响,而其背后仍或多或少尚有其实,又该如何看待,且俟后文再作进一步的分析。《史》文到此,已将老子的一切传闻胪述完毕,后续则谈及老子的思想。

8. 世之学老子者则绌儒学,儒学亦绌老子。"道不同不相为谋",岂谓是邪？李耳无为自化,清静自正。

"绌"音黜。黜,退而后之也。传说孔子问礼于老子,也并不排斥老子,可是老子的道家后学和孔子的儒家后学却彼此不相容。儒家之道和道家之道,彼此"道"的内涵并不相同,《论语》中孔子曾说过:"道不同不相为谋",司马迁便引述这句话来断双方的是非,很难定说张三是而李四非,各有向往、各有信仰,不必互相非斥,各从其是就是了。最后司马迁还再添上两句:"李耳无为自化,清静自正。"这两句文义和上文似乎在衔接上不很顺畅,因此清代梁玉绳怀疑其不是本段原文,说:"杭（世骏）太史《疏证》引南昌万承苍云：此二句是叙传中语,误入于此。""无为自化,清静自正。"倒是《老子》书中的话,文字尽管有点小出入,其意无疑是原自五千言的《老子》。无论群体的政治,以至个人的人生,老子都主张抱持着一种无为的态度,所谓"自化",依《老子》原文,讲的当然是政治学。一个理想的国君,他应该无为而治,其下的老百姓自然而然就会"化"。何谓化？化即一种改变,不曰变而曰化,变有形有迹,化则无迹可寻,可是他已改变掉。此字至今仍有此用法,如言"消化",你没看见,它在肚子里早改变了；又如教育曰"教化",人文变迁曰"文化"。政治上希望将百姓导入正途,趋向理想,不需有为,而是要无为。"清静"是指在上位者而言,国家元首能清静无为,老百姓自己会回归到正路上来。故两句话中,"无为""清静"是指居上的政治领袖说的,"自化""自正"是说的民众。这是《老子》书中政治哲学中最重要的原则,而司马迁将它抄在文章的最后,作为结束。故我们也可以将它视为是司马迁写到文章之末，归纳将《老子》的主旨，要言不烦地用两句话囊括出之，也不必定如清儒般视为误抄之羼入。《老子传》的正文至此而止，《史记》此下接述庄周、申不害、韩非三人的传记，兹从略。传文在四人终结之后，有一段"太史公曰"，是综述四人，无由分割，而并牵涉到老子，也应一读。

9. 太史公曰：老子所贵道，虚无，因应变化于无为，故著书辞称微妙难识。庄子散道德，放论，要亦归之自然。申子卑卑，施之于名实。韩子引绳墨，切事情，明是非，其极惨礉少恩。皆原于道德之意，而老子深远矣。

老子所珍重的"道"是何内涵？司马迁说，一言以尽，曰"虚无因应变化于无为"。今中华书局新标点本的《史记》，其断句如上引文，但我认为南宋朱子的断句更好，"虚无因应"应连读为义。如依后世观念，"虚无"是体，"因应"是用，有此本体，才能发挥这个作用。本体是虚无，何谓虚无？如上文所谓"无为""清静"即为虚无的面相，以此作为原动力，作为一个根本，犹如一个核心马达般，它会发挥它的作用，外面尽有种种变化，尽管万变，有此本体，即可因应。《朱子语类》云："'因者，君之纲'，道家之说最要这'因'，万件事，且因来做。……'虚无'是体，与'因应'字当为一句。盖'因应'是用'因'而应之之义云尔。"因是顺，顺应之义，依着、循着、顺着，故道家之理，绝无所谓蛮干的。要懂得道家的"因"字，道家文献中讲得最透彻的不在《老子》书中，而在《庄子》书中。《庄子·养生主》有"庖丁解牛"的寓言，其"依乎天理""因其固然"的道理，便正将这"因"字发挥得既精准而又淋漓尽致。"族庖月更刀"，用"折"，他用斫的，蛮干，牛体是解开了，但你这口刀也受伤了，只能用很短的时间，便得换张刀。若遇一好的屠夫，"良庖岁更刀"，他懂得用"割"的，刀刃受伤程度较轻，他的刀可用上一年再更换。而庖丁的刀却可以连用十九年而毫发无伤，何以故？因为我们一般人看牛体是无缝的，无从下手，庖丁却看到牛体皮肉筋骨之间的各处空隙，只要依顺着空隙下刀，刀锋不会硬碰硬撞而受伤，刀刃在其间游行，还"游刃有余"。这一个著名的道家寓言便是讲"因"的道理，有一个"天理"，所谓"天"，就是自然，牛体有其自然结构，有一个自然理路，一个自然空隙让你下刀。"固然"即本来如此之意，我只顺而不逆，找到空隙以后，"因"而施为，故谓道家无蛮干。若蛮干，事情能否解决？或亦可解决，但受伤者非牛体，而是你这口刀，你的生命、你的精神受伤了。故朱子说得对，道家最重要的就是要讲究"因"，一切外在的万事万变，都拿"因"来应付、来反应。但自身要有一个根本的主宰，就是"虚无"，不要把心中要这要那的人为私欲参入进去，此之谓"虚无因应"。外在的人事变化各不相同，人、事、时、地，万变无穷，都从这根本上，人事的"无为"来应付。正因老子所讲的是如此般的道理，可说是"微妙难识"。"妙"字见《老子》首章，读到该章自能明白其义。"微"之反是"显"，程伊川称《易》义"显微无间"，生物学工具有显微镜，老子之道非一望即明，其道微妙，其实难知。这是司马迁对老子学说最扼要的说明和评价，最重要即其前所言的政治学，"无为自化，清静自正"，再讲他根本的原理，就是"虚无因应，变化于无为"。故一部《老子》书的要旨，司马迁已举要揭示如此。所言是否有当，读五千言者自可复核检讨。

  其次则及庄周，他说庄周"散道德"。"散道德"之语亦见于《庄子》书，盖用以批评道家以外的学者，如儒家者流，认为他们离散道德，道德本来完整，却将之打碎破坏，故底下只好讲仁讲义等等，此之谓"散道德"。道德不在仁、义，道德本一，散遂支离。此所以用来訾议外道者的用语，指斥其离散道德。《庄子·天下》斥儒家"散道德"，何以《史记》反转以用来说庄子？故知《史记》此处固不得望文生义，须从文章之整体脉络、内在含义来理解。大凡读文章考索解决疑义，有些需要旁证，有些则自本身即可判断。《庄子·天下》以此斥儒，此明为负面含义，今言道家源头，庄子乃继承老子者，故依司马迁意见，庄子应是发扬老子，如何能说他也如孔孟般离散道德呢？故知决不能不加分辨地沿用其意以说庄周，因他下文还说："放论，要亦归之自然"，可见最后他也是回归到讲自然。老子讲自然，庄子也讲自然，两者道理是符合的而不相悖的，前所谓儒者之"散道德"是反自然，故关键在"散"字的了解。《史记》此处的"散"当解散播，扩充之义。《易·系辞》："风以散之"，散是宣发、散播之义，"散道德"在此当用此义。并且更重要的一点，我们千万别对"道德"一词认知错误，因先秦古籍各家所用词汇类多相同，如言"道"，儒家所指仁义，然自庄子立场即不然，以为毁坏了道才讲到仁义，第一等的道德是清静无为。故儒、道皆称道德，而内涵并不相同。不仅儒、道，先秦诸子莫不皆然，所以唐朝的韩愈《原道》要说："道其所道，非吾所谓道也。"儒、释、道都各以其道为道，实各有不同。故此所谓道德，是指老子的道德，庄子是发扬老子的道德，不是破坏老子的道德，"散"在此是一个正面而非反面的意思。可是尽管他散道德，而他的风格和老子不同，司马迁这点便说得高明。庄子放论，他高谈阔论，放纵出去，开放的，如刚才讲到的庖丁解牛之类，一部《庄子》书，开卷即见，诸如"北溟有鱼，其名为鲲，鲲之大，不知其几千里"云云，便是其放论，奇奇怪怪，不知所言何。五千言的《老子》书，"道可道，非常道；名可名，非常名"，老子正经八百，与庄子不肯为庄语者大不相侔。庄子总要跟你讲些古怪话，总要跟你讲些古怪的寓言故事，两人风格不同。所以司马迁用"放论"二字来说庄子，说得真好，但"要亦归之自然"，讲到最后，跟老子正经八百没有两样，他所要和你讲的也是这个正经八百的道理。不过在庄子意，似乎认为跟你讲正经八百的道理你不爱听，跟你放论或者才会听得进去。"自然"二字，依固有向来的解读，都是"自己如此"之意，与英语中的 nature 不同。如何以现在是白天，到黄昏以后就会变成晚上？它自己这样的，别无一物使之如此，此之谓自然。若如今之自来水，水固是自然，但天上下雨是自然，水管输来自来水则出于人为。今人所称自然科学者，大部分都是不自然的，都是人为的。中国人则以非人为的，才是自然，它自己本身这样的，自己这样一个客观的存在，没有外在的因素，此之谓自然。老子所讲的一切既是自然，庄子散道德，放论，也是讲的这个。

至于申不害呢？"申子卑卑，施之于名实"，"卑卑"二字，后来卑字多用为卑下义,故"卑卑"一词常用以状平庸而微不足道,与卓越相对;可是三家注都以"自勉励之意"为解,是知"卑卑"还有一个更早的用法,而后人罕有沿用。他并非说申不害不行,而是说他很奋发勉力、很勤勉努力之意。但这不是自然,是人为了。他努力从事施行到名实之学上面去。所谓名实之学,古人或称刑名之学,指的是循名责实,慎赏明罚那一套申、韩所尚的法家学问。他们要求名实要相符,如为人君,其下百官分掌各职,任命一官职,彼即有一名,而同时即有其实质职掌,既有其名,我便可循其名而责求其实,问你有没有尽你的职责做好任内的工作。申不害就是这循名责实之学,是法家的一套。

最后说到韩非子,"韩子引绳墨",绳墨原是木匠画直线用的工具,其义与规矩相近。《孟子》:"规矩,方圆之至也",规是画圆的,矩是画方的,皆木工所施标准所凭恃,此等规矩、准则也可以喻法度、法律。韩子引绳墨,就是援引法律,他的绳墨并非凭空讲理论,其种种规范是切合"事情"。情者,实也,事情是事物的真相,犹言实情。他所讲不是远离现实事情,凭空讲一套不切实际的一套法律,而是与现实生活相配合的。信赏必罚,与实际行为有合切的配搭,其间有一标准,明白有一个作为社会上绳墨的是非,这是韩非子的长处。社会上的赏罚不能完全违背是非,倒行逆施,社会便会动荡不安。赏善罚恶,道家说天道也是如此,法家也讲这套,不过出于人为就是了。但韩非这套推到极端,以致"惨礉少恩"。"惨礉"二字,三家注谓是"用法惨急而鞫礉深刻"之意。惨急是说严厉峻急;"鞫"通"鞠",审讯考问之意,"礉"是苛刻、峻刻,这是说他对人用法严厉苛刻,不讲感情,没有温情主义,缺少爱心,不会心慈手软。两个法家人物,一个是循名责实,一个更厉害,长处是切事情、明是非、清清楚楚,缺点是过了头,惨礉少恩。庄子是道家人物,可以无论,即便申、韩两个法家人物,司马迁说"皆原于道德之意"。"原"是本原,他们的主张有个来源,都渊源于道家道德的意义所发展出来的。此所以《史记》中将老、庄、申、韩四人合传,两个道家宗师,两个法家宗师,合在一起。

后人对老、庄同视为道家，尽管一放论，一不放论，总是都讲道德之意，清静无为，可无疑义。申、韩刑名绳墨、信赏必罚所谓法家之学，如何与道家表面看起来不相称的两个搭在一块？原来司马迁有他"一家之言"，他认为这两家有其传承上的某种关系，法家之道就是从道家发展出来的，不过走偏锋了。司马迁有没有讲错？最少有一个旁证可以辅助我们了解司马迁这一个理论或看法，就是今《韩非子》书中有《解老》《喻老》两篇专言《老子》，发挥老子之意。我们固然可以说，两篇所言老子，是韩非子借着老子来宣扬他自己的法家思想，他是引述老子的文章来作解释的，但一经他解释，老子的话便变成法家的话，老子原是主张法家的严刑峻法的，这岂不奇怪？司马迁固然未写一篇文章来论两家思想的关系，不过前面不是已说到，道家最要义是这个"因"字吗？"因"既是依、循、顺之类的意思，身为人君，如何能清静无为？依老子意见，你该无知无欲，不要多出私志便可。但实际上施诸政事，不得无事而实多事，求其清静无为，若问韩子，其事不难，循名责实，信赏必罚，其下诚惶诚恐，各司其职，规规矩矩，不敢逾越，人君居上，自然便清静无为。故道家言清静无为，法家也可以有其清静无为，只道家是一种无为无心的因应，而法家则另有循名责实、惨礉少恩的方法便是。最后司马迁的总批评："老子深远矣。"他用"深远"两字来说老子，此真见司马迁之高明，老子深，老子远，读五千言者恐怕不得不承认史公用词之贴切。深远可从两方面来理解，一方面是他内容的深远，另一方面是他影响的深远。先秦九流十家，儒、道两家固继继承承；但如名家、纵横家之属，后世断绝；阴阳家只流传于下层社会；墨家也长期失传，至晚清方才有学者重拾，而再后也不见复兴。只有儒、道两家代代相传，香火不断，对后世的影响至为深远。此外佛家也有其传统，都有资格厕身深远之列。就其思想内容而言，也可说司马迁用此二字十分精确，老子的思想学说微妙难识，"鱼不可脱于渊"，他讲得不浅，他所言不止眼前，他的眼光深远，高瞻远瞩。他的境界高，人到高处，便看得远。如老在一个平面上，眼前之事，尽属琐琐，老子的道理讲到明天，讲到千年万年。其实儒家道理也可说是一样，不过他此处讲到老、庄、申、韩，特言老子尤为深远；庄子也非不深远，但依司马迁说法，他是跟着老子来的。相对而言，申、韩自深远而论，便不足以与老子相比了。传文至此收笔，老子生平只见传说之铺叙，而无辨证之论断，各种问题依然存而莫解。诸所疑义，暂且搁置，待下文论及其书之后，再一并试图求取一个比较合理的解答。

（二）《老子》书的传本与出土文献

1. 今本（通行本）——王弼本与河上公本的异同

《老子》之书，后世相传主要有王弼注与河上公注两本，称通行本或今本。其实无论称今本或通行本都是相当模糊的称谓，因这两本代代相传，至于今日，而两本间自有异同。固然王弼和河上公都是注本，各自注解《老子》本文，但毕竟要有原文，底下才有注解，他们所依据的文本，彼此便有所出入，笼统称之而无辨，并不符实。严格言之，王弼与河上公的《老子》本文是两个不同的本子，但今则都算是通行本和今本，因尽管其间虽有这些小异同，大体而言，则还可说是一样的。如其第一章都是"道可道"，第三十八章都是"上德不德"，诸如此类，都一样，每一章除了少数文字偶有小出入外，大部分文字也是相同的，因此可谓大同小异。

王弼生年不永，只活了二十四岁，却留下两部不朽的著作，即《易》《老》二注，其实他尚有其他著述，如《论语注》之类，只没有完整留传下来。何以他有此天才？此因他有家学渊源，东汉后期、三国时代有所谓荆州学派，刘表和他下面一批学者，便是王弼学问的渊源，故虽只二十余岁，然其家中对《易》《老》却是世世代代有研究的。家里有这种学术传统，到他手上写下来，并不见得每一句话都是他个人的，可说家学的成绩由王弼来收成。这一部《老子注》是历代最受大家重视的。

河上公注论时代应尚在王弼注之前，是一部汉朝的书，只因在后世学术上，其地位似略逊于王注，故而受人重视的程度稍有不如。河上公也一如老子，生平说不清楚。最早有一个名字与之相近者，是战国时的河上丈人，是否为同一人，不得而知。河上丈人以至河上公，皆犹无名氏，只以传说生活于河畔而得名。《史记》言河上丈人是个道家学者，其道术自战国往后传授，六代以后在汉初出了一个盖公，盖公再传曹参。曹参因从盖公学道家思想，故历史上便有"萧规曹随"著名的故事，即是道家政治哲学的反映。河上丈人传说就是河上公，可是传说中这个河上公直至汉文帝时还活着，约六七代也已历两百年，这岂非一如老子般长寿得不可思议？据闻汉文帝曾见过河上公，河上公授以黄老治国之道，从此羽化升仙，然则竟是一仙人而非凡人，那便无可说了。然《史记》仅言战国时河上丈人后传至盖公而止，没想到往后又增出汉文帝时的一个神仙。但后世既流传一部河上公注的《老子》，其作者是否出自战国时代的河上丈人呢？这是不能的，因战国时尚没有像这样的注解文体。那么又是否传说中汉文帝时的神仙所为，是一部西汉前期的著作呢？也不是。目前学界的研究，一般就其思想内容推证，认为是产生在东汉中后期的一部著作；有人把它拉得更晚些，以为是汉魏之间的产物，就与王弼的时代相近。我则倾向同意它著成在东汉的最后期，约当汉之桓、灵时，与道教的兴起互为桴鼓。道教认为老子是其宗主，《老子》遂为教典，而特别看重这部河上公注，因河上公注的内容与古传养生家、卫生家、长生家所讲有密切相关，此与王弼本于玄学为注有很大的不同。"玄"字为《老子》书中一重要字眼，下至魏晋，兴起一种新的学术风气，社会流行清谈，清谈的内容最重要在《三玄》，即《易》《老》《庄》三书。王弼即本玄学家立场和观点来作注。这股思想风潮转变过去了，后人再来读王弼的注文，便觉不那么易懂，但在玄学流行当时，大家觉得那样讲才是容易明白的。居今而言，读者可能觉得王弼注比河上公注更难懂，河上公注时代尽管还略前些，但他那时尚未用到玄学的观点来注，故其注文反较易了解。换言之，王弼注与河上公注相较而言，王较雅，较多雅言；河上较俗，较能通俗。道教既为一宗教，不能不求通俗，文字当求浅白一些，一般大众可以领悟接受，故喜读河上公注。何以知河上公注为养生家言？看它全书第一个注就懂，"道可道，非常道"，第一个"道"字是名词，第二个"道"字是动词，一个道，如果你能用言语去讲明白的，便不会是一个恒久常存的真道。两句简言之如此，但这个"道"是怎么一种内涵？它第一个注讲得明白："谓经术政教之道也。"原来可道的道就是指像儒家所讲的那一套，根据经术来治理天下，如汉人通经致用，政治教化上讲求如何应用。谁可担当这个道？孔子、孟子便可以。这种道不是常道，换言之，即看不起孔子、孟子。接看第二个注，什么才是"常道"？永恒之道何在，指的是什么内涵？它注"非常道"，说："非自然长生之道也。"可见"常道"就是"自然长生之道"，即今所谓养生长寿术之类。开宗明义，河上公便将他的立场告诉你了。故此书的宗旨、观点和王弼是从不同方向切入的。至少两书有雅俗之别，王弼较雅，较合士大夫阶层，犹今所谓学院派所尚；至于宗教派，社会大众则较喜欢讲河上公注。且问《老子》书中有没有讲长生家言？《老子》原书本旨并非长生家言，但是循其理论，可以发展出长生家言，因此从长生家言的角度来研究《老子》，也是一条路，我们不必落入一种门户之见。《老子》之书可以从多方面来理解，有人从长生的观点来解读，也有其参考价值，并且河上公注由于较通俗的缘故，王弼注不好读的地方，有时转向河上公注求解，或也有所帮助。王弼注往往单刀直入，玄言清简，要言不烦，直探核心内涵，径作终极解读，反不像河上公注有许多文字的义解，比较近于后代的注解书，王弼注则看不到这种形态。故今日读者往往感到王弼注不易接受，即在其玄学家的风格，而河上公注尽管与《老子》的原意不见得相合，但有些文义上浅白的释义，可以帮助了解文字上的训解，故也有其价值。《老子》书最古最完整的一部便是河上公注，其次就是王弼注，还有无其他呢？不是没有，但是都不完整，完整的古注就这两种，因此也最为后人所重视。后世不断有新注产生，大体仍不出这两书的格局和系统。

今本河上公注本与王弼本往往有一处大不相同，此即王弼本但分上、下篇，每章只以章次为名，自第一章至第八十一章皆然。河上公注则不分上下，八十一章逐章之前皆有名目，如《体道第一》《养身第二》《安民第三》，直至《显质第八十一》。王弼注本各章皆无章名，应是《老子》本貌。前文已言，河上公注当出东汉季世，其始亦无章名，敦煌各本以至唐代其他版本都无章名，今本之有章名者恐怕是宋朝以后所添入。既为后人所加，好事者不一，名目也不止一种，如第二章也有称《美善章》，第三章称《无为章》之类，虽不致逐章不同，但也并不统一。此其一。其次，有章名者既出宋后新增，故所呈现出来的面貌便有些骤看不可解者。如《虚用第五》"橐钥"注有音读：

橐，他各反。钥，音药。

"动而愈出"，"愈"亦有注音：

愈，羊主反。

反切注音之法，始自三国时孙炎，河上公时固可有直音，却不得有反切。尤其下面还有"多言数穷"中"数"之注音：

数，王弼注音双遇反，谓理数也。明皇注音朔。

此等注文的内容，必出三国以至唐后，非河上公所本有，不言而喻。近时中华书局印行王卡点校本《老子道德经河上公章句》则将此等窜入音释、注文删去，而章名仍保留。

数十年前，严灵峰先生曾编有《无求备斋老子集成》初编、续编，将古今各种有关《老子》的论著，包括日本学者的著作，搜罗为一大部线装丛书，这些书本来分散各处，一般人不易看见，他汇为一编，由台北艺文印书馆出版，化身千万，读者要找《老子》参考书就很方便了。最近华中师范大学的学者又再新编一部标点校勘本的《老子集成》，由宗教文化出版社印行，据闻还增出87种前者所未收录的书，读者找参考资料时就更方便了。但读《老子》如从《集成》入手，这样会一辈子走不出来。这是学者研究《老子》所凭依的方便参考资料库，可大大省却翻搜寻检之劳，而决非初学入门之所宜。如要入门，还须从河上、王弼入手扎基。其实三国以下的《老子》著作，也莫不是走的这条路，以此为基础而发展。故这两部注本可说是传统注解书中最精要的两种。我们读书需要带路人，只看前人讲老子书，莫不常常提及王弼如何，河上公如何，即知其最受重视，非谓后代无精彩之作，但这不是初学者所能通读，而是学者进阶研究之事了。

2. 出土文献——马王堆汉墓帛书本、郭店战国竹简本与北京大学藏西汉竹书本

以上是就传统书籍范围内来说，至于近数十年来，先后有三种出土文献。其一是1973年出土于湖南长沙马王堆汉墓的帛书残卷，共两本，今分称为甲本与乙本以示别。其次则是1993年出土于湖北荆门郭店的楚竹简本，也是残简，共有甲、乙、丙三组。前者约抄写于汉初，后者推估约为战国中期或稍晚，但仍是居今所见年代最早的《老子》抄本。第三种是2012年底才正式公布发表的北京大学藏西汉竹书本，约抄于汉武帝前期，存逾5200字，为迄今最完整的出土古本。

（1）马王堆汉墓帛书甲、乙本

马王堆汉墓是西汉前期汉文帝时代一个贵族的墓，出土有各种各样的文献文物，大批的汉代资料，不只是两部《老子》，此外还有一部《易经》以至天文历法等其他文献和衣服用具等等古物，在史学上研究汉代史以至社会史，都很有参考价值。但自文献而言，最受瞩目的，还是在《老子》与《易经》上。两部帛书的《老子》都是从这个文帝时的汉墓中出土，抄写时自应略早于文帝。今本《老子》全书共八十一章，裁分为上、下两篇，上篇共三十七章，下篇自第三十八章至八十一章，共四十四章。上篇第一章是"道可道，非常道"，下篇的第一章，即第三十八章，是"上德不德，是以有德"。可是两本帛书便十分不同，它们开始第一章是"上德不德，是以有德"，就是从今本的下篇写起。今本上、下两篇，后来另又分别取其章首关键字眼以为名，称作《道经》和《德经》。故今本的次序是《道经》在前，《德经》在后；而两本帛书恰好颠倒，是《德经》在前，《道经》在后。此外，其中偶有少数章次排列的先后，也有所更动。例如仍依今本章名，帛本是24章在22章之前，41章在40章之前，80、81两章在67章之前等等。

甲、乙两帛本几乎可以说是一样的，所谓"一样"，是就其大致而言，其间当然也彼此有所差异，但一犹王弼本之与河上公本，都可谓大同小异。如第五十一章末句，甲本作"此之谓玄德"，乙本则作"是谓玄德"，意思相同，但彼此陈述所用文字略有出入。至于先秦书多用假借字，有些用到比较冷僻的假借字，两本风格，也有所不同，甲本时代较早，通假字一般更冷僻一些，因有今本的凭借，可资推定。至言其内容，亦约当与今本五千余言相近。尽管两本间仅有小异，而此等小异也很重要，可证明其不是渊源于同一个本子；若同原于一个底本，只由不同时的两人所抄录，不应有那么多的小异。可见在先秦时期，即使是大体上所谓《德经》在前、《道经》在后的一部《老子》，至少也不止一本在流传。故甲、乙各有祖本，各自抄录。

帛书的甲本未言字数；而乙本独在上、下篇末缀有篇题：上篇末为"《德》三千卌（四十）一"，下篇末为"《道》二千四百廿六"，《德》《道》原非篇目，乃因先秦书篇多为无题，尤其是较早期的作品更是如此，无题不好指称，故往往以篇首代表性的关键词以为称，《诗经》之《关雎》、《论语》之《学而》，皆是。故帛乙本篇末之"德"与"道"，实亦是无题之题，还是先秦的老规矩。甲篇则并此而无之。后人有以《道经》和《德经》分称上、下篇者，于是言帛书者，沿用后称，说是帛本《德经》在前，《道经》在后，此是以后说前，帛书固无此名目。所以今说乙本《德经》3041字，《道经》2426字，合共5467字。每一个不同版本的《老子》书字数都不尽相同，司马迁《史记》所记，他当时所看到的本子是五千余言。敦煌有唐朝天宝十年一个属于河上公系统的抄本，《道经》共三十七章之后，注明2184字，《德经》共四十四章之后，注明2815字，总共4999字，差一字便是五千言，其与帛乙本便相差达数百字。这种字数的参差，例如上举五十一章之末句，帛甲、乙两本便差一字，其他像"之乎者也"的虚字等等，用与不用，文字陈述的表达方式，繁简之间，也可以有所出入。唐人抄本与帛本差到四百多字，恐怕是五千言的说法大行以后，便尽量删削以凑合此数。此本无大意义之可言，但可提供我们参考的是，《老子》在古代的传抄过程中,并非已成定本,一个字都不许改动。帛书甲本便与乙本有不同,不仅如此,二十年后出土的郭店本又更有不同。

帛本两种间,除了上述乙本两篇之末各注字数为甲本所无者外,尚有一点不同。这一点不同,我认为比上一点更重要。甲本在若干地方有标出黑圆点,而乙本全无。究竟甲本有多少个黑圆点?1976年北京文物出版社由"马王堆汉墓帛书整理小组"所编的《马王堆汉墓帛书老子》,他们先排印了甲、乙两本的释文,后面又附了一个甲本、乙本、傅奕本对照表,也就是排了两次,但先后所列黑点数目不同,甲本释文列出19个,到后面附表只有18个,差了一个,难怪后来述帛书的著作中,便出现两个不同的数字。检核推断,应以19个点为是。

这19个黑圆点是否就是甲本的全部,尚不能确说。何以故?这很简单,因甲本残卷中有这许多空的方框,皆所残毁,也许在这些残毁的部分,还该有其他黑圆点的存在。原抄本应有更多黑圆点,这是合理的推论,不过今天从残卷中所可辨识的,就只剩19个而已。而这在乙本中,是没有的。这些黑圆点有什么作用呢?学者的推定,以先秦古籍的通例视之,应是分章的作用。古人无标点符号,又无分别的章名,此章与彼章如何分别?帛乙本便从头到尾一大片抄到底,再也不分。甲本就有这19个黑圆点,大体推断应该是分章的标识,因为这19点之中,不乏在后世流传的今本中居于章首的地方。当然这些黑圆点部分有比今本分章分得细一些的,并且也不是全部,因为今本有81章之多,而它只有19个点。这19个点很奇怪的是,其中18点都在前半部的《道经》,后半部《道经》仅有1个点,就在开首一章"道可道"之前,此下即再无黑点了。何以偏重在前半部?是抄录时祖本已如此,抑或是抄好以后,再有读者阅读时所加进去的呢?已无从详论,只可推测其为分章符号。但要分就该全体分,何以分一些,又不分其他的?我初读时也大惑不解,只好将此问题暂且搁下。及后读到郭店竹简,才恍然而悟,才敢判定,帛甲本的黑点,尽管残缺不完,确应是一个分章的符号。所以无论这些黑点符号也好,郭店的残简也好,虽然都不完整,但对于我们研究《老子》书形成的过程,都有极为珍贵的价值。且待后文谈到郭店竹简本时再一并合说。

试观帛本两种现今常见的整理本，我们可发现甲本中有大量的方框，是因帛本原书写于布帛，软料折叠埋入墓中，年代久远，或因受潮，或因其他缘故，总之出土时边上或其他部分有所毁损，不见其字，或无从辨识，依理本当有字，如以乙本和今本来比对，乙本基本与之相近，今本也有相同的内容，尽管手写不比如今排版文字的规范，但大致仍可从书写行款中推断其有若干文字，缺少了一字，便如实地补上一个方框。甲本残缺较多，到处都有空的方框；乙本并非没有空框，相较而言已算完整得多了。两本之间文字固有异同，然亦大致相近，所以若要参考帛本，乙本以其所存文字较多，参考价值似更大些。

这两本究竟抄写于何时？刚出土时，学者专家根据两个观点来考察推断。其一，是根据书体。两本基本上都是用隶书抄写，可是和后世习见的隶书风格略有不同，尤其是甲本，其用笔不像一般隶书之方折，而是方中带圆。隶书的特色是"蚕头雁尾"，两本于此都不太明显；但如两相比较，乙本较近后来汉朝人流行的隶书，甲本则稍有距离。秦代篆书传为李斯所定，书写费事。秦行法家之政，狱事频繁，据说程邈便发明较简便的隶书来应付。篆、隶风格方圆不同，由篆变隶，如何演变，过去不易了解，近时有不少出土文物，可以帮助填补书法史上的空缺。例如帛书的甲、乙本皆可谓是篆、隶之间的过渡产物。甲本还略有一点篆书的痕迹，基本上已蜕变为隶书；乙本年代稍晚，与后来正式的隶书就更相近了。故就书体而言，可见抄写时间甲本应较乙本略早。究竟早到什么时代？这便有第二个观点来了。

第二个观点便是从避讳上来作判断。讳是言所回避，古代一般对已故尊长者之名，皆所避讳而不敢言说书写，这种习俗，直至清朝，依然沿袭。对于特殊的人物尤然，如皇帝的名讳，当然要回避的，历代皆然。但避讳能否做到百分之百，则不能确知，古籍流传中偶尔会有例外，究竟是出自故意还是一时疏忽，固不详知，然而大体自流传文献观之，避讳远从先秦时代已然。何以要避讳？人类学上有一说，原出古人的迷信，犹如后世习俗有招魂，呼叫名讳，可招其魂，故不唯对于已故者，即于生者，亦所不宜。另一说法则是由于礼敬。名讳与生俱来，父母为之取名，为表客气，故不称名讳。此一风习后世常见。名外有字、号、谥号等，一人之名便有多样，文人学者更见为如此。名为父母所称呼，如我为其友，非其长辈，遂不宜也直呼其名，因改称字，而与初名晚出愈远者，为愈表尊敬。平辈尚然，更遑论对长辈。称名不如称字，更不如称号，当然更不如称先生与称子。然而明朝人避明讳，清朝人则不必照避，故写书、印书，遇其当朝帝王名讳，他们都要改用它字来取代。但若已改朝换代，后代人也可以改回来，其有沿用未改的，一是有意地以为无所谓而不改，一是不知或疏忽而未改回。如唐太宗李世民，"民"易见字，唐人便改为"人"字，"世"字也改为"代"字或"系"字；唐高宗李治，"治"亦普通常见，乃改"理"字，唐人书中屡见"理天下"其实原是"治天下"。但到宋朝人，前朝皇帝名讳毋须回避，再印古书时，自然可以改回去；万一有人照用不改，也不是无此可能。《老子》书中即有一显例，试看帛书第一章："道可道也，非恒道也；名可名也，非恒名也。"这是汉朝原本的文字，可是今本"恒"字都作"常"，是什么时候改的？是汉朝人自己改的，因为汉文帝名字叫刘恒，故文帝以后的汉朝人，抄《老子》书便得避讳，改用一个同义字，以"常"代"恒"。又如恒山，也改称常山。今本《老子》首章即非先秦原文，但后人觉得这不重要，常、恒意义无变，也习用已久，便没有再改回来。

今再有一问题，已故的帝王名讳必然要回避，但如果帝王还在位活着，究竟要不要避讳？今天流传的文献恐怕不够条件来回答这个问题。古有"生时不讳"之说，可是避讳的花样愈后而愈趋严重，特别是汉朝的后期到魏晋以下，发展成生时也要避讳了，那是更趋严格以后的现象。究竟刘邦时，他活着时要不要避讳呢？刘邦所处秦汉之际，那时很可能还是先秦的惯例，没有如此严格，还是生时不讳，死后则无疑是要避的。有无例外？也很难讲，因文献所呈现，颇为复杂，不过大体而言，先君名讳总是要避的。有此认知以后，学者观察两本帛书的时代，便根据这个角度来研究。

举例而言，如甲本第 61 章：

> 大邦者，下流也，天下之牝，天下之郊也，牝恒以靓胜牡，为其靓□□宜为下。大邦□下小□，则取小邦；小邦以下大邦，则取于大邦。故或下以取，或下而取。□大邦者，不过欲兼畜人；小邦者，不过欲入事人。夫皆得其欲，□□□为下。

乙本作：

> 大国□□□□□□牝也。天下之交也，牝恒以静朕牡。为其静也，故宜为下也。故大国以下□国，则取小国；小国以下大国，则取于大国。故或下□□□下而取。故大国者不□欲并畜人，小国不过欲入事人，夫□□其欲，则大者宜为下。

甲本凡作"邦"者，乙本皆改作"国"，与今本相同。此见在抄写甲本时，刘邦的"邦"字还不需要避，而到了乙本时，就要避讳了。故可推论，写甲本时，刘邦还在世，生时不讳，可以不避；或者说，还在战国的最后期，在刘邦稍前，尚未得天下，自然不必讳。乙本则已避刘邦之讳。一部《老子》甲本，凡见"邦"字者，如第 67 章"小邦寡民"，乙本改为"小国寡民"，诸如此类，今本也通为"国"字，即从乙本，可见后世也未再改回。

其次，再看甲本第 4 章：

> □□□□□□盈也。

乙本作：

> 道冲，而用之有弗盈也。

甲本缺文尽多，但最后还是留下"盈也"二字。"盈"字在《老子》他处亦尚有之，如第 9 章："持而盈之"之类。依理言之，汉人也应避此讳，因刘邦之子汉惠帝名叫刘盈，他是汉文帝的前一任，彼此是兄弟。甲、乙两本皆不避"盈"字。再参看上述首章"道可道"的一章，两本也一致不避文帝的"恒"字名讳。综合这三个资料线索来推论，两本对汉文帝、汉惠帝二人的名讳都不须避，而对汉高帝刘邦的名讳，甲本不避而乙本须避。如此便约可推断这两本的抄写年代：甲本应在战国最后期刘邦尚未称帝前，以至刘邦称帝在位这一段时期，故不必避其讳。当然如在他未称帝之前，也不会太早，因为还有书法体制风格的另外一个观测点，虽带有篆意，而已属隶书，可谓是篆隶之间的一种隶书，故也不会早于秦前。乙本定必在刘邦的身后，故避"邦"字，但却不必避"盈""恒"二字，可知其抄写约当汉惠帝时期，吕后、惠帝的一段。假使抄于文帝时，"盈"字便得避，以汉人后来讳例，便可能改为"满"字。当然乙本更不会是汉文帝以后的，一方面汉文帝以后"恒"字也要避，另一方面这个墓是文帝时所安葬的，故应在其前。

甲、乙两本可据这两个观点来将其抄写时间定位，其时间也相差不远，大概从战国最后期，也许在刘、项相争，或许更稍早晚，先为甲本。乙本则为刘邦逝世以后，吕后、惠帝当政时期所抄。归结言之，甲本早，乙本晚，但时代也可说约略相近。

（2）郭店战国竹简本

再说到郭店竹简本《老子》，时代就早了。竹简总共只有三十九枚，即三十九支简，它不是与后代相传《老子》分量相当的一个本子，总共只2046字，约当今本五分之二的内容。其内容牵涉及于今本内容之相关者，甲组共19章，乙组共8章，丙组共5章；三组合计本当为32章，但纪录报告上却只算是31章，此因甲组内有涉及今本第64章内容者，它是分开两处的，也就是它如同把今本64章的内容拆成两半，分别摆在不同的地方，故在郭店本中它算成两章，在今本中合为一章，故以今本为准而言，数目便得减去一章。这31章中，大概内容完整与今本相符者只有16章，其他的与今本对勘，都只有部分而非完整的内容。何以分成三组而又都残缺不全？这一个现象后来成为研究者的一个困扰，争论不休，至今难解。

郭店简出土，最早是由文物出版社正式印行，厚厚的一大册，《出版说明》中特别提到，发掘出土以后，他们发现一个困难，发现时墓穴内的文物零乱，因其前已遭数次盗墓，竹简有缺失，《老子》诸简出土时是否即是原来的简次，其实应打一个问号的。三组简文在墓中是否原就2046字？抑或其实原有更多，却有部分先经盗墓者窃去，只留下未及携去的？这两种情况都有可能，恐怕已无人能作肯定的回答。可后来的研究者似乎并不太考虑这问题，而径以印本所呈现的面貌，作为研究推论的基础，发表不少推论。我曾请教过相关研究学者，据说郭店简出土后不久，曾在美国召开过国际研讨会，会中有人提出过这一问题而引起大争议，最后经过讨论后，定调为郭店简次应是原貌，纵有盗墓，也未牵动及之。我不详审此一结论的依据细节，仅知其始的挖掘报告和《出版说明》曾提过有这一情况，后来学界又并不太考虑这一点，似乎已解决而不成问题。郭店楚简毕竟是今日所能见到战国最早的一部《老子》，尽管资料不免零碎，异文所能提供作为文义新解读的地方也不很多，却依然留有不少讯息可为研究《老子》成书过程的参考，其价值自然不容忽视。

它原共有三个本子，比马王堆的本数还多，整理者分别定名为甲、乙、丙三组，不称"本"而称"组"，因为残缺太甚，三组加起来才二千字出头，实在不够条件叫作本子。当然这也与许多研究学者的看法相关，因为有不少学者认为在郭店这三组抄本之前，已经先有类似今本的五千言内容的《老子》书存在，有人就这个本子来抄，某甲抄了19章，某乙抄了8章，某丙又抄了5章。就是我们今天看到的这三组。这无异于说其先早有一部五千言的书，而分别由三人节抄，犹后世的选本，各人眼光不同，于是就抄成三种，埋入墓中，两千几百年后重新出土。丙组之只有五章，分量最少，究竟是原来如此，抑或有所遗佚，以无从证验，故也无可深论。我不太认同一本分抄的看法，可若要我找明白的证据推翻此说，我也找不出。何以无证据仍不信此说？我在下文也将续陈看法。上文提及简本之涉及今本者31章中，内容较完整与今本相符者只有16章，其他则只有局部。刚才又提到一种"节抄"的看法，但节抄应该是选这章、选那章，而不选其他的章；一章之中会否截头去尾，都不要，拦腰抄几句，会不会用这种方式来抄呢？这就比较难以取信于人。如在《老子》书中选择这一章，放弃那一章，见仁见智，应是可以的，但《老子》一章的文字也很有限，都是短章，不比如《孟子》书之类有长篇大论，何必去头去尾，只抄一些，这颇费解。总之，郭店竹简就有这个现象，只有 16 章大体与今本相合，另外一半则表面看来犹如截肢，大略如此。

郭店简本存有三种不同形态的特别符号：方形墨钉、短墨线、蝌蚪曲形（或谓重文号）。墨钉多用于分章，墨线则多用于句读，两者偶有混用；蝌蚪曲形最少，仅存 2 个在甲组（简 32、39），似亦示分章。方形墨钉"■"明显用为分章者，甲组有 13 个，乙、丙组皆各 4 个。

（3）北京大学藏西汉竹书本

最后一种则是《北京大学藏西汉竹书》本。2009 年，海外捐赠给北大一批西汉竹简，委由专家负责清理整编，新近 2012 年底发表第二卷，即为其《老子》之部，整理者简称之为"汉简本"。此本最遗憾者乃来路不明，不比马王堆帛本和郭店简本，都有明确的出土时间、地点，帛本更有清楚的墓主及时代定位。尽管如此，经过学者的研究，其抄写时间仍可推估为汉武帝前期，而尚有一大胜处，则为此本为迄今出土几种古本中最为完好者。竹简共存 281 枚，相对完整者高达 176 枚，现存凡 5200 多字，整理的专家推测原书正文应有 5265 字（不计重文）。此本亦犹帛本，也是《德经》在前，《道经》在后，所异者乃帛本以《德》《道》名篇，而此本则分题《老子上经》与《老子下经》，也就是经分上、下的名称与后世通行本相同，而实质上、下仍颠倒。其上经 44 章，下经 33 章，合共 77 章，与今本分 81 章者有若干分合之异。两篇之末皆有"计字尾题"，分别是 2942 和 2303 字，如是合计 5245 字（不计重文），尚略逊于整理者所推算；以较帛书乙本自注 5467 字，尚少 222 字。司马迁说："老子乃著书上下篇，言道德之意五千余言而去"，虽不知其所见《老子》本之真确面貌，但此本之分篇名目和字数显然与之相近。

前述郭店简本与帛书甲本都遗留有若干近似分章的特点，此本时代最晚的北大藏汉简本，则每章均另起一简抄写，章首皆有圆形墨点"•"，其为分章提示符号明确。如果将郭店简本、帛书甲本、西汉简本的分章符号配合来观察思考,那么我们就能对《老子》书的形成或许会有新的认识。我的看法,《老子》的分章,原来并没有固定的内容面貌,不光是出土古本呈现如此,再联系到汉代以降《老子》版本的流传情况,我们可以得出一个结论:五千言81章不是先秦原有固定的面貌。战国郭店简最早,不如此;秦汉之际帛书继之,也不如此;西汉武帝初期的本子,也不如此。今本的形式,五千言截分为81章,究是何时所固定?文献上没有明确的记录,从时代来推论,可能在东西汉之间,即公元前50年前后,约莫在其时《老子》开始有此分法,而往后成为后人固定遵从的模式。故所谓通行本、今本的81章《老子》,并非自古已然,也可说形成甚晚。西汉两百年间,五千言早已在,但如何分章,尚未固定。

3.《老子》章次的沿革

(1)《老子》先秦无定本

居今而言,如谓自先秦以来,《老子》原无定本,应非惊人之论,盖此实先秦古籍之常态,不仅《老子》为然。古代无论书写于简牍或缯帛,皆由个人手抄,且抄录目的往往仅供私人诵读,非为贩卖营利或其他公共阅览用途,多写一些、少写一些,悉任自由,因此大部分先秦古籍,其实是以很多歧异的形态在社会上流传。职是之故,前文所述出土文献中的几种符号之或书或否,乃呈现随意分歧之貌。往后的发展,经过后人陆续整编,最后固定为一种稳定的面貌,大家觉得这样最理想,便不再更动。此一固定的本子,嗣后流传,当然还有抄写与刊刻过程中种种有意或无意的改变与错误,但是相较于定本尚未形成前的状态,后者的变动都只算是小变动。后世讲究版本、校勘,这方面的研究即希望能够对古籍原来的面貌有更精确的掌握。西汉后期的刘向,便是居于枢纽地位的人物,他和其子刘歆,对中国书籍影响甚大。父子两人皆尝任职掌管朝廷藏籍,犹今之国家图书馆馆长。古来流传的文献资料,多收藏于内廷,刘向很了不起,他将典藏的资料编辑成许多书,当时看到流传下来的文献,有些是他新编的,如

《列女传》《新序》《说苑》之类，原始材料是春秋、战国传下来的，本来零零碎碎，他加以整理，以类相从，归为一部书。而更多的是已经有书，但流传中有不同面貌，经由他的一番整理，纵使不挂上他的名字，而书经他手，往后遂变成定本。《老子》八十一章是否刘向所定，文献纪录虽不十分确凿，但以时代与相关迹象推定，至少不能排除其可能。

（2）严遵本章次不同

与刘向时代相近，约当西汉中期偏晚，元、成之间，就有一个严遵，研究《老子》者多知其人。后世流传的《老子》注，应以严遵为最早。旧说是河上公最早，但如将河上注推迟，就得让位给严遵。扬雄与之同时，而行辈稍晚，皆蜀人，扬雄年轻时代崇拜严遵，从之学道。严遵，字君平，是一道家人物，也通《易经》，在成都摆摊子为人占卜，实即一隐者。据说他曾写了一部《老子》的注，其书在后代流传有不少异名，普遍称作《道德指归录》或《道德指归论》，也有人在"道德"之下加一"经"字，或又称《道德指归》，"指"也作"旨"，异名同实。后来也有将《道德经》叫回《老子》，于是他的书又名《老子指归》，其实这恐怕才是此书的初名。他隐于四川，后亦不知所终。大家只知他原不姓严，本姓庄，叫庄遵。下及东汉明帝名庄，故他是在身后因避帝讳而被改了姓，而后世不再改回的，活了一辈子姓庄，死后反而姓严了。明帝以下，先秦老子、庄子称"老庄"者都得改称"老严"，严遵固可无论。更奇怪者，是东汉开国之君光武帝的同学严光，字子陵，与严遵时代相近，但年辈应较晚，因不肯在朝廷为官，归隐垂钓于富春江，永留一个清高的人格典范，他在历史上的大名，尤胜于严遵。但史载他也本姓庄，为后人改姓也一如严遵。而奇中之尤奇让人不解者，史言庄光又有一名庄遵。原来这时代相近的两人本来同名，一为蜀人，成都学道卖卜隐者；一为浙人，光武太学时的同学，史事上这种巧合也不多见。

《道德指归》应是居今所见最早的一部《老子》书的注本，尚早于河上公注约两百年，但一般看重河上公的注，而不重严遵的注，因他的书后来失传了。《道德指归》13卷，分上下两部分，前半7卷，后半6卷，著录称其书有一特色，即所谓《德经》在前而《道经》在后。在帛书未出土以前，学者虽知其事，而未加注意。宋代以后，只留下了前面的7卷，后面的6卷便失传了。后人谋求补救，便来辑佚，也有一百多条，连合7卷，勉强也见全书约略风貌。但明代以下，有人怀疑其为伪作，明人爱作伪书，这半部7卷、半部辑佚之书便被视为是假的，故号称为西汉所传的一部书，到后代反而不受重视。而况其排列，《德经》在前而《道经》在后，与传世各本相左，大家觉得莫名其妙，愈益轻忽视之。今人王德有的增订辑佚，所辑唐、宋书50余种，凡200处，与前7卷本大同小异，力证其书不伪。至于严君平书的分章，其书共72章，上篇的《德经》40章，下篇的《道经》32章。此72章是严氏所分，抑或是其前所传的本子已然，文献上也找不到更多资料可资推断。甚至如《四库提要》还认为章数是元吴澄《道德经跋》提及，其裁分为二，乃"好事者据吴澄七十二章之语所造而分"。盖后世学者也有不主张分成81章的，如吴澄的《道德真经注》便重新组分为上篇32章，下篇36章，合共为68章。但这于古无据，为后人一家之私见，便不足为准了。严君平分72章，至少可以知道直至其时，《老子》书尚无一致的固定分章。

（3）《韩非子》书中引述的章次

鄙意《老子》至少就分章而言，原来并未有既定的内容面貌。非独几种出土文献为然，传世文献也反映了相近的讯息。《韩非子》书中有《解老》《喻老》两篇，《解老》牵涉今本《老子》内容，依先后为第38、58、59、60、46、14、1、50、67、53、54共11章；《喻老》则为46、54、26、36、63、64（上）、52、71、64（下）、47、41、33、27共12章。两篇所及，共21章，约占全书四分之一强；所引虽有参差，并不都是先引《德经》才引《道经》，不过大体亦可谓与《德经》在前而《道经》在后者略近，最少《解老》是明白将第38章引在最前，第1章则在若干章之后。过去学者知有这现象，也没特加注意。严君平《道德指归》也是《德经》在前、《道经》在后，再加上现代出土的两本帛书与汉简本实物，串连起来便可知自先秦以来，《老子》确实非止一本，至少有一个《德经》在前、《道经》在后的本子，这个本子直到汉朝尚有继承者。先秦后期的《韩非子》便可能根据类似的一个本子，从汉初的帛书、简本，到西汉的后期，严君平还是这一个系统，可见汉朝这一系统未尝中辍。何以另有此一系统，至今未有答案。在帛书初出土时，研究的学者曾有一推测，根据《史记·老庄申韩列传》司马迁的话，认为法家申、韩亦原道德之意，可知先秦法家亦读《老子》书，《韩非子》中《解老》《喻老》便是明证。既然此书有道、法两类人在读，故猜测此一《德经》在前、《道经》在后的本子，可能是法家的传本，而今本则是道家传本。三十年前的讲法，今日鲜闻重提，但也似无更新的观点和讲法。若说有所谓法家传本，严遵可是彻头彻尾的道流。究竟是否曾有两本并存并行的事实，恐怕未能轻易定案。总之，出土实物以至传世文献记录，迄今尚未见西汉末叶以前而与传本章序雷同的明证，是则不免终有疑窦。当然，此外还有一部河上公注本，即今本章次，或谓出西汉，则为较早，也会连带影响上述的推测；但也有学者从其章句形式与思想内容考察，以为其书当出东汉后期，我个人认同此一判断。

综合来看，可得一推论：今本五千言81章不是先秦原有固定的面貌。战国郭店简最早，秦汉之际帛书继之，西汉以来下至后期的本子，皆不如此。今本的形式，五千言裁分为81章，且以《道经》居前，《德经》转后，究为何时所编定？最早提到这种形式的文献，应为刘歆《七略》，称其父向"定著二篇，八十一章。《上经》第一，三十七章；《下经》第二，四十四章。"见《道藏》所收南宋初谢守灏《混元圣纪》引录。但《道藏》另收稍后理宗时董思靖《道德真经集解·序说》，亦引《七略》同文，则称"《上经》三十四章，《下经》四十七章"，分章与今本异，疑"四""七"字当互易。刘向、严遵时辈相近，与今本相较，一同一异，是则今本形式或即可能成于西汉后期的刘向而为后世所承。

（三）从三种出土文献探究今本《老子》的形成过程

以上所述，知道了先秦有上、下篇两部颠倒的本子，同时又知道直至汉代，五千言的分章，还有歧异而未固定。何以知道先秦未有固定的本子，也没有固定的分章？今出土的战国竹简三组、汉初帛书两本和汉武简本即可提供很大的启示。以下可以举出几个例子来说明，便易明白。

1. 郭店简甲2—5（简次第2简至第5简，以下仿此），为今本66章：

> 江海（海）所以为百浴（谷）王，以其能为百浴（谷）下，是以能为百浴（谷）王。圣人之才（在）民前也，以身后之；其才（在）民上也，以言下之。其才（在）民上也，民弗厚也；其才（在）民前也，民弗害也。天下乐进而弗詀（厌）。以其不静（争）也，古（故）天下莫能与之静（争）。

下文续接简5—6，为今本46章的后半段：

> 辠（罪）莫厚虖（乎）甚欲，咎莫僉（憯）虖（乎）谷（欲）得，化（祸）莫大虖（乎）不智（知）足。智（知）足之为足，此亘（恒）足矣。

简6其后尚有两句：

> 以术（道）差（佐）人宝（主）者，不谷（欲）以兵强

这是今本30章的开首一段。以上引录，即是在66章与30章之间，夹抄了46一章。但试看今本46章：

> 天下有道，却走马以粪；天下无道，戎马生于郊。罪莫大于可欲（王弼本夺此句），祸莫大于不知足，咎莫大于欲得，故知足之足，常足矣。

简5—6的文字即使与今本46章小有出入，但可判定即同今本该章的后半部分。这个现象该如何解释？先抄一段"江海所以为百谷王"的66章，底下再抄一段"以道佐人主者"的30章，中间夹抄一段今本46章的内容，何以独略了"天下有道，却走马以粪；天下无道，戎马生于郊"二句不抄？字数不多，何以省去？66章是全章抄的，何以这章又

不全章照抄？一章中节抄一部分，究竟合不合理？今且搁下此一问题，转看帛书甲本的 46 章：

> ●天下有道，□走马以粪；天下无道，戎马生于郊。●罪莫大于可欲，䘵（祸）莫大于不知足，咎莫憯于欲得。□□□□恒足矣。

前曾提及甲本有 19 个圆形墨点，对研究《老子》成书过程是很值得重视的。这一章在"天下"和"罪莫"之前分别各有一个墨点，即是一例。何以解释？原来在先秦时代，今本 46 章的内容，本是两段文字，这两段是要到帛书时，才连在一起抄写，故在章首加一墨点，标示分章之处。到乙本，没有这些墨点了，便连抄下来；向后有人把它裁章时，认为这两大段可以读在一块，于是就变成今本的 46 章。汉简本即如帛乙本，连抄成一章，其间并增入"故"字为之串连，而章首亦有墨点分章符号，最可作证。是则今本的 46 章最少是经过两个阶段才完成的。郭店甲组只有后半，何以只有后半？因在郭店时期，"罪莫大于可欲"以下的后半是独立的内容。当时有没有"天下有道，却走马以粪；天下无道，戎马生于郊"的一章，不得而知；倘使有，便是"摘抄"，抄这一章，不抄那章。考据之事，有可考者，亦有不可考者，如郭店三组皆不见"天下有道"二句，我们只能推证此二句原先应别为一章，但它究竟在当时早已存在而未获抄录者的青睐，还是出于郭店简后的晚出文字，便属不可考，到此再也推不上去，无由论定。故居今视之，似是拦腰只抄一段，其实已是抄了一章，倒是后人以各种原因把两章合并起来。这是否凭空臆测？我尚可举出其他证据来旁征此一看法。

2. 郭店简甲 25—27，为今本 64 章的上半：

> 其安也，易枼也。其未菷（兆）也，易悔（谋）也。其霸（脆）也，易畔（判）也。其几也，易後（散）也。为之于其亡又（有）也。絧（治）之于其未乱。合□□□□困，九成之台作□□□□□□□足下。

甲简 27 文字至"足下"止，后续"智（知）之者弗言"以下已是今本 56 章内容，故知甲组这数简仅有今本 64 章上半章文，下半章自"为者败之"以下是没有的。然而64章下半段在甲组实是存在的，乃在其前简10—13：

> 为之者败之，执之者远之。是以圣人亡为古（故）亡败；亡执古（故）亡遊（失）。临事之纪，誓（慎）冬（终）女（如）忖（始），此亡败事矣。圣人谷（欲）不谷（欲），不贵难得之货，孝（教）不孝（教），复众之所＝也（过）。是古（故）圣人能尃（辅）万勿（物）之自肰（然），而弗能为。

"为之"之前，自简8—10则为今本第15章"古之善为士者"的内容，可知此为独立的一段。故可以说，今本64章的全章内容，在郭简甲组中是完整的，可是它却分为两大段，分居两处，而且先出今本的下半部，其后才出现上半部。如再参看丙组，自简11至最后的简14，又可再见到今本64章后半的内容：

> 为之者败之，执之者遊（失）之。圣人无为，古（故）无败也；无执，古（故）□□□。斳（慎）终若訒（始），则无败事喜（矣）。人之败也，亘（恒）于其臧（且）成也败之。是以□人欲不欲，不贵戁（难）得之货；学不学，复众之所＝迪（过）。是以能㭪（辅）塓（万）勿（物）之自肰（然），而弗敢为。

丙组分量很小，只有十四枚简，所涉今本五章而已，虽有64章后半之文，却无前半。甲组一章分成两半，分置两处；丙组重出，则只有后半，据此可作一推论：今本的64章，原也是两章之文，后来才合并成一章。而今所见帛书甲本64章，其文如下：

> •其安也，易持也。□□□□易谋□□□□□□□□□□□□□□□□□□□□□□毫末。九成之台，作于蠃（蔂）土。百仁（仞）之高，台（始）于足□□□□□□□□□□□也，□无败□无执也，故无失也。民之从事也，恒于其成事而败之。故慎终若始，则□□□□□欲不欲，而不贵难得之腸（货）；学不学，而复众人之所过；能辅万物之自□□弗敢为。

在"其安也"前亦有一圆形墨点，依理而言，在"为之者败之"前亦应有一墨点，但似已无法讨论及此了，因为很可惜那里恰好是一串残缺所在。若使其完好无缺，"为之"之前自应也有一个墨点，才可以和前者成对配搭。至于甲组、丙组重出的两段后半之文，与其后诸本文字显然同文而复各有小出入。丙组有"人之败也，亘（恒）于其叡（且）成也败之"两句，较与后来诸本为近，而甲组无之，疑丙组更出甲组之后。唯此两句置"慎终如始，则无败事"句后，而后之诸本，皆倒置于前。若再参看汉简本，果然分别在"其安易持也"与"为者败之"前各有墨点分章符号，几可作为上述推论的铁证。如再回视《韩非子·喻老》也是分别两段来引述，中间还夹隔了52和71两章，就爽然可解而不足为怪了。

  3. 郭店简甲23：

    ■天陞（地）之勿（间），其猷（犹）囷（橐）簋（钥）与？虚而不屈，逴（动）而愈出。■

此为今本第5章的部分内容。今本全章为：

    天地不仁，以万物为刍狗。圣人不仁，以百姓为刍狗。天地之间，其犹橐钥乎？虚而不屈，动而愈出。多言数穷，不如守中。

简甲之文，只当今本后半，而犹缺最末两句，但前后并有方形墨钉的分章符号，可见是独立的一章。尽管今本第5章本身只是很简短的篇章，但"天地不仁"与"天地之间"恐怕也原非一章之文，而是分属两章的，只因开首皆始于"天地"二字，后遂被连缀成为一章。分为两章，其义皆可得而说；若两段串讲，其义如何连接，实颇费周章；倘知其本不相连，便易理解。由郭店甲组所存之文来推断，今本最后两句也应是后增的，但以帛书与汉简虽有异文，但皆已有之，可推是郭店简后、帛书之前所写入。

  4. 郭店简乙13：

    閟（闭）其门，赛（塞）其逊（兑），终身不柔。启其逊（兑），赛其事，终身不逨。■

这一段独立的内容，是今本52章的部分内容。简乙13此下尚有"大成若"三字，则已是今本45章，故在"逨"下即有方形墨钉"■"。而今本 52 章是这样的：

> 天下有始，以为天下母。既得其母，以知其子。既知其子，复守其母，没身不殆。塞其兑，闭其门，终身不勤。开其兑，济其事，终身不救。见小曰明，守柔曰强。用其光，复归其明，无遗身殃，是谓习常。

自"天下有始"至"没身不殆"，简乙所无；简文内容，实约当今本"塞其兑"至"终身不救"中间的一段；"见小曰明"以下，又复无之。换言之，相较于今本，竹简只有今本中间一段，而前后皆缺。再看帛甲本：

> •天下有始，以为天下母。(既)得其母，以知其□，复守其母，没身不殆。•塞其阅（闷），闭其门，终身不堇（勤）。启其闷，济其事，终身□□小曰□，守柔曰强。用其光，复归其明。毋道〈遗〉身央（殃），是胃（谓）袭常。•

文字几同今本，但在"天下"与"塞其"前皆有墨点，如此说来，今本 52 章亦犹前例，是凑合而成的。"见小曰明"恰好也有残损，若使完好，应也有一墨点在"见"字之前。而西汉简则如同今本，已合为一章了。

5. 试再观一例，此例不见于郭店简，而仅见于帛书甲本残卷：

> •道生之而德畜之，物刑（形）之而器成之。是以万物尊道而贵□□之尊，德之贵也，夫莫之时（爵）而恒自然也。•道生之，畜之，长之，遂之，亭之，□之，□□□□□弗有也，为而弗寺（恃）也，长而弗宰也，此谓之玄德。•

此为今本第 51 章，作：

> 道生之，德畜之，物形之，势成之，是以万物莫不尊道而贵德。道之尊，德之贵，夫莫之命而常自然。故道生之，德畜之，长之，育之，亭之，毒之，养之，覆之。生而不有，为而不恃，长而不宰，是谓玄德。

其内容与今本也可说无大歧异，但甲本分别在两处"道生之"之前各有一个黑圆点，比诸上述各例，也可推断这原是两段文字，后来才凑成一章。故其形式颇似前举第 5 章之例，皆以章首字相同而连之，而其实仍有不同。盖汉简本在两段间增一"故"字，为帛本所无。有此一连接词，上下两段文义便形成一种因果关系，故汉简即标为一章，是其合一即在帛本与汉简之间的时段所为。然第 5 章则不然，其上下间并无因果连接关系，实不能加一"故"字，否则将更不成文理。

  6. 再举最后一个例子，郭店简甲 8—10：

    长古之善为士者，必非（微）溺玄达，深不可志（识），是以为之颂（容）：夜（豫）唐（乎）奴（若）冬涉川，猷（犹）唐（乎）其奴（若）悭（畏）四殹（邻），敢（严）唐（乎）其奴（若）客，觏（涣）唐（乎）其奴（若）怿（释），屯唐（乎）其奴（若）朴，坉唐（乎）其奴（若）浊。竺（孰）能浊以朿（静）者，酒（将）舍（徐）清。竺（孰）能庀以迬者，酒（将）舍（徐）生。保此衔（道）者，不谷（欲）端（尚）呈（盈）。

其内容为今本（王弼）第 15 章：

    古之善为士者，微妙玄通，深不可识。夫唯不可识，故强为之容。豫焉若冬涉川，犹兮若畏四邻，俨兮其若容，涣兮若冰之将释，敦兮其若朴，旷兮其若谷，混兮其若浊。孰能浊以静之徐清？孰能安以久动之徐生？保此道者，不欲盈。夫唯不盈，故能蔽不新成。

两相比较，文字固有异同，如今本"俨兮其若容"，"容"字郭店简、帛书、汉简等诸本皆作"客"，王弼本独讹；也有些通用字，以至表述方式的小出入，论其实质意义，应相差不大。

  由于帛甲本这一章残缺较多，甲、乙两本对照，可信其文相若，今再参考文字较完整的帛乙本：

    古之□为道者，微眇（妙）玄达，深不可志（识）。夫唯不可志（识），故强为之容，曰：与呵其若冬涉水，猷（犹）呵其若畏四殹（邻），严呵其若客，涣呵其若淩（凌）泽（释），沌呵其若朴，湷呵其若浊，湷呵其若浴（谷）。浊而静之，徐清。女〈安〉以重（动）之，徐生。葆此道□□欲盈，（甲本多"夫唯不欲□"

一句）是以能獘（敝）而不成。

今本之"敦兮其若朴，旷兮其若谷，混兮其若浊"，帛乙作"沌呵其若朴，湷呵其若浊，湽呵其若浴"，汉简本并同。比方今本，即"旷兮其若谷，混兮其若浊"两句先后次序互易。郭店简本无"旷兮其若谷"一句，只作"敦兮其若朴，混兮其若浊"；至帛本、汉简本则加入这句，但却加在郭店简本两句之后。而今本最末两句，简本原所无者，帛本和汉简都已有之，分别作"是以能獘而不成"与"是以能敝不成"，义相近，而并与今本"故能蔽不新成"大不同，以义言之，前二者为长，今本疑误。

归纳而言，郭店简本最原始，而帛本、汉简本有所改造：其一，是帛本、汉简本增入"旷兮其若谷"一句，但文句次序与今本不同。其二，是帛本、汉简同增入了最后两句，而文字含义也与今本有异。

就第一点而言，何本为胜？无疑今本次序较佳。何以故？因后接之文是"孰能浊以静之徐清"，今本诸"兮"句以"混兮其若浊"收结，与下句文义正相衔接；帛本、汉简本则"若浊"句下尚多出一句"若谷"，与下文"浊而静"句隔离，文意不相连属。我们回视郭店简本，因本无"若谷"一句，故亦犹今本一样，两"浊"句是文意相连的。帛本、汉简本之所以有此修辞毛病，乃因加入"若谷"句以描写道的形象，而诸"兮"句结构相同，因此便顺加在诸"兮"句的最末，本来并不错，但却忽略考虑后接文句的文理。直到今本，才调动其先后之次，还是保留了郭店本衔接的面貌，修正了这一缺点。

至于章末的一句话，"蔽"即破敝义、破烂义，与"成"义相反，成是完整。《老子》书几乎每章都有类似以相反两面词汇衬托为义的表述方式，"蔽"与"成"是对相反的字眼。"蔽"，帛作"獘"，汉简作"敝"，其义益明。郭店简本抄写时尚没有最后那两句，到帛本时已经加进去了。这两句换成今本的文字，应是"保此道不欲盈，是以能蔽（獘、敝）而不成"，明道的人便会守道，"蔽"才是对的，"成"是靠在"盈"那边的，是不合道的，因此老子之道是要守住"蔽"，不要求"成"求"盈"。到了今本，末句改成"故能蔽不新成"，"成"上加一"新"字。道岂有新、旧之分?帛本、汉简本原来可解的话,遂改成不可解。过去未有出土诸本可供参考,只能针对今本为说,勉强求解,便生出一些奇怪的说法来。今见郭店简本,才知《老子》原先根本没有这两句话;后来增入,末句是"蔽(獘、敝)而不成",到了今本,如依帛本、汉简本增入,理应作"故能蔽而不成"或"故能敝不成",意谓要"敝"不要"成"。但有人在旁又加入一个"新"字。何以会加入一"新"字?或谓今本第22章云:

    曲则全,枉则直;洼则盈,敝则新;少则得,多则惑。是以圣人抱一为天下式。

"曲""全","枉""直","洼""盈",皆为相反的两面,"敝"之与"新"亦然。因此"敝"就是"不新"之意,正与帛本、西汉简本"獘""敝"义相近,大抵后来有人以22章的"敝"字通过来作解读,于是作一旁注,犹如今人作笔记为正文旁解,以"成"类于"新"之义,故旁注"新"字,以致被认作正文而误入。旁注之误入为正文,在古书的传抄过程中并不是罕见的。但如此一来,"蔽"即偏在"旧"义,而与"新"义相反;但帛本原作"獘",衣败曰獘,破烂、破敝义,与"成"之为完好、完整义正相对反,"成敝"亦犹"成毁",与"新旧"义虽相近相通而仍有微辨。然像此之类的异文,则是定本成型后的小变动了。

故这一章从原始发展为今本,其形成过程,最少有三个阶段:

(1)郭店简本

应是较原始的样貌,至于此前有无更早的本子,就不得而知了,至少它是于今所见最早的。

(2)帛书本、汉简本

添进两处:中间加入"旷兮其若谷";最后加上两句结论:"葆(抱)此道者不欲盈,夫唯不欲盈,是以能獘(敝)而不成"。

(3)今本

改动两处,一好一坏:其一,将帛本"旷兮其若谷"位置调动,使描写道的形象诸句,"若浊"句仍居最末,以与后文"浊而静"句衔接，恢复郭店简本原初的文理；这是对的。其二，对末句文意有所误解，加入一"新"字，变成"能蔽不新成"，反而不好理解。无论其所改动是好是坏，总之已是第三阶段的改动了。

　　以上总共观察了六个例证，多半是两个阶段的改造，第二例与最后一例看出三个阶段的修订。所以可归纳而得一结论，今本《老子》非止一次写成，而可能经过多次修改变动。这些改造包括章次的分合，次序的调整，以至文字的增删变易，至于有无整章内容的新造，则关乎吾人对郭店简本性质的认知问题。倘认其为摘抄之本，则后之所改只偏重在章次与分合。至于郭店简本之后，是否仍有新造之章文，今虽无以明证，唯若谓三组皆是摘抄，而不约而同都割弃今本之首章与38章，其选录的标准与眼光，无乃与后世学者大相径庭，也令人不解。

　　上述三种出土文献，后两种的内容基本上已与传世通行本相近，所差者主要在分章和次序，其次才是异文。是故无论如何，今本的内容大抵已先完成于先秦的后期，自汉以还，则陆续作章次与文字的调整。至于再往前推，在帛本与郭店本之间，以至郭店本之前，那时《老子》的确切面貌，则未易论定。

　　帛书甲本的抄写年代，最晚约莫是汉高帝在位；乙本则约当吕后、惠帝时期，上文已曾详细交代。至于郭店竹简的时代，相对而言，比较麻烦一点。最早曾参与整理的两位学者，一位是北京大学的裘锡圭教授（现为复旦大学教授——编者按），另一位是清华大学的李学勤教授，他们共同的意见，都认为墓葬的时间约为公元前300年，抄写时间理应略前，故推定郭店简抄写时间约为公元前350年。因此说是战国中期，或说是中期偏晚，就是公元前300年至公元前350年之间，成为比较权威的意见，采用者也较多。但后来也有学者将年代往后拉一点，如王葆玹教授即主张更晚些。故至今学界并无一定论，为众所共识，毫无争议。考古学界推测郭店墓葬的时间，谓约当纪元前三世纪之初，至纪元前四世纪的中叶，即约自公元前200年至公元前350年，其上限虽与裘、李两位教授的推定是符合的，可是其区间却有150年之长，几乎已下至秦朝统一天下，郭店简显然不能定位到那么晚。整个战国也不超300年，其中还分成早、中、晚三段时期，如果区间太宽，便很难定位。且战国思想与其前不同，因战国是一个变动非常激烈的时代，历史并非平铺的，也并非按一定的规律在发展。有些时期很长的一段时间它很稳定的，变动不大；有些时期在很短的时间里就有很激烈的变动。中国几千年的历史，如上古三代远古一段，固然我们所知也有限，但好像一千年也没有什么太大的变动，各方面并不那么容易发展；可是到战国时代，无论各方面都有激烈的变动，社会、政治、经济、科技，以至思想、学术，一切一切都有激烈的变动。故在很短的时间里，它会有种种的变化，而郭店竹简的时代便不容易确定。科学上有以碳十四来测量古物以定其年代的客观而精准的方法，凡含碳分子的物质皆可以侦测，不知考古学者有无做过这种鉴定，倘有此一鉴定，可免学界许多无谓的争议。这一个年代的定位，可以帮助我们判断这一部《老子》究竟属于战国中期的前段还是偏晚，再简言之，究竟是在孟子之前抑或在孟子之后？这对我们论定学术的发展，便大有关系了，可惜今天尚未有一个让我们判准的确定界线，倒不像帛书，是汉文帝时的墓，又有避讳，书写体制风格等等许多观测点让人切入探讨推敲，以求得相对精准的一个定位。

（四）从《老子》传本的形成推论老子的生平传说

尽管如此，有郭店、马王堆、西汉竹书以及今本四种时期的不同本子，作为研究的基准，毕竟已大体可以了解《老子》的成书过程了。这绝非如过去一般所认知，有一老子其人，一口气写下这五千言的定本，便骑牛出关去了。民国以来，对《老子》成书的时代，一般不敢信从司马迁的《老子传》，而抱持怀疑的立场，只因传文语焉不详，有许多古怪的话，有很难以理解的传说，也有不能并存的传说，其人的时代和事为都说不清楚。

但如果我们摆脱老子其人，而专论其书著成的时代，也一样讲不清楚。于是便衍为两派主张：一派遵古，例如胡适之先生，主张孔子时的一个前辈老子所写成的一部书,成书于春秋末叶;另一派则疑古辨伪,顾颉刚先生《古史辨》以下一派学者多半都在怀疑《老子》之晚出。如梁启超、冯友兰,再如吾师钱穆先生,都疑《老子》为战国晚出之书,只晚到何时,学者还彼此各有不同的看法而已。今据以上所论,无疑可判定,如端就今本而言,当然应该是一部晚出书。前述第15章的成立过程,岂不是明明白白看出,直到帛书还依然没有写定吗?写定为今本文字,尚在帛书后,岂非已到汉朝吗?我们总不能说《老子》是汉朝著成的罢?所以只就今本的思想内容、语言现象,以至一些历史文物背景等等,从各方面考察,我们会发现这部书中所呈现一些产生于战国的现象,据此而认定其为一部战国书,理宜认可。但若原有一个较早的本子,在流传的过程中,有好事者从中增益修改,此一改动过的本子流传到后代,后代的人读到,便感糊涂,不知其有原型,但知其已改造者。故过去一个世纪,学者争论《老子》是否一部晚出战国之书,即据今本所呈现的现象立论,这是对的,以今本为判,其中确有战国才会有的迹象,故理应得此结论。今从出土文献得知,一本书往往不是一时所写成的,其实这不必从《老子》言之如此,研究目录学者向来知道古籍的形成很多都是这般情况,只是过去出土文物较少,只从著录上、理论上知道有此现象,古代无印版,只有抄写,有种种人为的因素可以加进去,经过不知几许人之手,最后终于写定,固定之本常至汉代以下才正式完成,先秦时期则往往是以各式各样可能的形态存在与流传。读过目录学的都知道这一道理,但遇到《老子》却很少往这个方向去想,都从今本去想,说这是春秋的作品,这是战国的作品。现在有实物出土,使我们更清楚,加强我们原先的印象,知道一本书的形成,常是经过长时期多人之手,究竟是经过两次,还是三次,还是超过三次以上,此即我在上面说过的,有我们所不知道的。反过来,我们只能确定,它绝非一次一人之手所写定,这点可以肯定。如此说来,《老子》有增写的,有改动的,章节也有所分合,章次先后原先也非固定。帛书好像比较固定,《德经》在前,《道经》在后,某些章次也与今本有部分不同,可见这个次序原来也不是固定，固定要到汉朝以后，才变成今天的面貌。这是我们了解《老子》成书过程的情形。如分章的情况，严遵是分72章，汉简本则分77章。至于帛书分成多少章，事实上我们是没有办法确定的。唯一有分章符号的，只有甲本中的19个点，其他的也没标示；乙本连一个点也没有，无从了解它分章的情况。我们只知汉以后的今本固定为81章。

已知《老子》书的真情如此，可再回顾前所读到司马迁的《老子传》，各种各样的传说，莫名所以，如以其书的实况联络来思考，司马迁的《老子传》也不见得是如此的荒唐。何以故？因为我们假定这个老子是一个人，便觉其荒诞矛盾而不可解；如果这个"老子"不止一人，便不会觉得那么荒唐了。原来可以不止一个老子，何以能如此？一个简单的说法，学此道者皆隐君子，如神龙之见首不见尾，不知怎么回事的。传文中最不可解的就是最前面的一个所谓"孔子问礼于老聃"的那个老子，因为他的年辈长于孔子二十岁的话，他要在公元前570年左右出生，这年龄太大了，倘要和后面战国发生的事情相配，都得活到一百多岁、两百多岁，才能相符。至于到战国以后的传说，如李宗以至李解先世那一老子，理应在战国前期出生。有可能真有那么一个老子，今天流传的《老子》，有一部分是经过他的手，他是李家的祖宗。至于秦惠王时出关的老子，在公元前337年之后，也有其可能。而见秦献公的周太史儋，在公元前374年，不但同有可能，二人时间接近，也有可能为同一人。至若《庄子》书中所讲到的一些寓言故事，究竟有无史实根据，不得而知。如言杨朱见老聃，杨朱也是战国时人。也就是说，最少有两个老子，或者两个以上的老子。到帛书所改动，究竟是帛书写下时所改，或是其前已先有人改动，帛书照录？这即是前述所谓不能推论之所在。今见帛书如此，总有人改的，则可确定，改的人究竟什么时代？我们只知其在郭店竹简时代之后，但是在战国的后期呢，还是到秦汉之际？这也同样不能论定其详细。如说这也是一个老子，这老子还不在司马迁所述的范围之内。换言之，司马迁所提到的老子，直到秦汉之际，其实还有新的老子陆续出现，所以是多个老子。甚至到汉朝，还继续有所加工，例如《道德经》的编定，章次的排定，文字的修改，诸如删去许多"也"字之类，亦有人所为，只不过我们不叫他老子就是，若你叫他老子，也未尝不可，他就是在《老子》书中增删修改的人。好比炒菜，旧菜新炒，很多人炒这个菜，厨师都是老子，将这旧菜重新炒一炒，炒成一个新味道出来。如果说这个老子不止是一个人，司马迁《老子传》便不显得那么荒唐。

（五）先秦学术的"言公"现象

可是有一个问题，为什么这些人不举自己的名字，都要假托到老子身上，而生出这许多有关老子的传说呢？疑古辨伪的学者便要认其为冒牌货，指斥他们作伪。然而清代乾嘉时期的大史学家章学诚曾对先秦古代学术提出过一个深刻的看法。章氏所著《文史通义》中有《言公》上中下三篇，揭发一个前人未尝道及有关先秦学术的一大现象。他说的不是考证，考证在文献上有根有据，白纸黑字，证据确凿，无法反驳，但这其实并非学问的最高究竟，最高的学问要像章学诚这种，不需特别的证据，此之谓目光如炬，文献放在那里，从古到今人人能见，就是没人能懂，他所谓"言公"之论，古来无人道及，即属于此一层级。何谓"言公"？先秦时代有所谓"三不朽"，立德、立功、立言，"言公"之言，即"立言"之言。言有两种，一种是讲话，一种是著书立说。写下来，能传诸后世，便是立言了，如一部《老子》书便立言至今，两千多年后的今天，我们此刻还在读它，岂不是已屹立不倒，老子其人不论其为一人、为多人，肉身俱朽，而其言则可算不朽。章氏谓上古先秦时代，"言"都是"公"的。公之反曰私，一人之言是谓私言。秦汉以后，大体渐趋于私言。如《史记》是司马迁所撰，但其实今传《史记》亦非尽出史公一人之笔，据传其中十篇"有目无文"，后人考察，为之补笔者可能超过19人之多，其中仅褚少孙一人较为人所熟知，其他的人在原书中并不留名，故直至汉朝尚有先秦古风之遗留。不过毕竟自汉以还，私人著作兴起，此下的著述，多各有主名，不得含混，如这首诗是李白的诗，就不是杜甫的诗；这是欧阳修的文章，就不是苏东坡的文章；《文史通义》是章学诚写的，你不得说是戴震写的。

可是先秦学术并不然，古人原无私人著述观念。例如五经是谁写的？《诗经》谁人所写？《关雎》纵谓所咏文王后妃之德，是文王所撰吗？至多只能论其撰著时代，至于由何人操觚，其实不知。《书经》何人所记？谓史官所为，此史官何人？一切经书，作者多说不明白，犹如都出于无名氏。当然也有部分有名字传说的，如《左传》传为左丘明所作，然司马迁说："左邱失明，厥有《国语》"，是说所撰者《国语》，虽有传说，而依然未明。甚至如《论语》，乃孔子的言行录，试问何人所撰？只知决非孔子本人，若谓门人所记，究是哪个门人？唐人谓或出有子、曾子之门人，何以知之？谓书中只此二人称子，颜渊尚不尔。是谓已出孔门第三代，若然，则又是有子、曾子的哪一弟子？也是无名没有传说的。可见古代的中国人有一伟大思想，"立言"是个公的，只要言可不朽便好，为此言者本人之名是否不朽，则不计较；只要这些话有价值流传下去，作者是否留名，他不在意。先秦人确有此伟大的胸襟和习行。

再说到先秦思想的百家言，有儒、道等九流十家，司马迁亦欲"成一家之言"。此一"家"字，其实即非止一人，"家言"本质上已是公的，即如普通数口之家，也有父母子女、兄弟姊妹，不止一人。儒家自孔子、墨家自墨翟以下，《韩非子》称"儒分为八，墨分为三"；道家至少有老子、庄子，其实此外尚有其他，家总不止一人。古代一家著作，往往归到这家思想的一个标杆性的宗师人物身上去。明白的例证见于今传的《庄子》书。其书分成内、外、杂三篇，书中题目就是分的。内篇7篇，外篇15篇、杂篇11篇，总为33篇，何以要分？因其间有不同的，前人所治目录学即讲究这种学问。如《诗经》之分风、雅、颂，何以同属一首诗，而措置的部位不同？十五国风，自《周南》《召南》以至《王风》，各不相同；雅中还分《大雅》《小雅》，也彼此有别，不能混淆不辨。《庄子》书分内、外、杂，向来治《庄》者多谓内篇为庄周自撰；外篇则为庄学之徒之所为；杂篇不连缀成义，芜杂不一,其中或尚有庄周自著而掇拾于身后者。换言之,今本《庄子》中便有不少不出庄周的文章掺入。庄学之徒、徒子徒孙所作,却收入庄周的书中,后人岂不可斥之为冒牌货?但他所为何来,既不卖钱,也不留名,有何好处?难道古人生性喜好作伪吗?当然绝非如此,章学诚说得对,这是"言公"。在这辈人的心目中,他讲的是他老祖宗的思想,承袭自这宗师,《庄子》书中有这许多庄徒的作品,应作如是观。同样,我们也看到先秦后来兴起的所谓"新儒家",他们所写的许多作品,如《易传》,也称说是孔子的;《大学》说是曾子的、《中庸》说是子思的,我们只能说他们的学术渊源,最早渊源于孔子、曾子、子思,至于撰写成篇的,甚至有出于战国后期的新儒家学者。今若秉持辨伪的立场,便可指为伪作,但在他们自身而言,本是一家之言,自可不分,是谓言公。

今再回顾《老子》,这许多老子,有增订的,有改编的,有改写的,有组合的,一个老子、两个老子,甚至三个老子,何以不另标己名?因为言公,因所讲的都是老子的道理。此非《老子》一书孤立的现象,先秦百家言,几乎一切书莫不皆然。如今传《管子》书,撰写于战国,管仲则春秋齐桓公时为相,书虽题名管子,书中则尽多战国时的思想和语言,非管仲所能出,盖战国传其学者本其思想,以之发扬补充,亦一如《庄子》书,都称管子,皆是言公。这是章学诚透宗之论,见人所未见,精彩绝伦。兹述老子其人其书,最后结论,可援章学诚言公的观点来看待《老子》这部书。

究竟有没有孔子以前的一个老子?倘使有,他所讲的恐怕只是大纲大领,开一个端,后来慢慢有人发扬他的思想,增订补充,直到帛书时代,五千言上下两部分的规模便已约莫完成。郭店竹简时期有没有五千言?我个人是存疑的。前曾提到有学者主张当时早有一部完整的《老子》,郭店简不过是节抄出来的,我不敢作此大胆的假设。要节选一部书的部分内容,总该有一标准,如后世称《老子》书为《道德经》,以上、下篇之首章各始于"道""德"二字,无论《道经》《德经》之孰前孰后,总是分成两篇,而各居其首的便是今本第1和第38

这两章。《老子》全书仅五千言,卷帙不大,宜可通读,但如必作筛选录入,固然见仁见智观点未必相同,唯此开宗明义两章的重要性与代表性,应为一般读者的共识,他章容可不选,此两章理应入选。可是郭店简本三组确是都没有这两章,除非假定其本有,而先为盗去,否则选抄者的眼光也未免独无慧眼,太与众不同了。然则有没有可能在郭店简本的时代,这两章尚未写成?尤其是第 1 章,是一个总括 81 章的文章,这章似乎不是一开始就有人已经写好,后续再写各章来阐发它的意思,而倒像是对整部《老子》了解以后,通体归纳起来写一篇最精粹的开头。如此说来,《老子》应是后来陆续补充完成的一部著作。不过谈到的这一点,亦犹章学诚所论,没有直接的证据。

(六)《老子》与《道德经》的名称

最后补充略述《老子》书的异名。《老子》是其书的本来名称,犹如《孟子》《荀子》一样,以人名为书名,百家言多见其如此,直至司马迁欲成一家之言,其书初亦名《太史公》,其时史学观念尚未独立,故就司马迁自身而言,他要学孔子的《春秋》。后人固以《春秋》为经,但孔子当然是儒家开宗一人物,故司马迁说他要成一家之言。汉人观念中,他们认为凡经过孔子整顿过的,他们归入《六艺略》中,就是后世所称六经,见于班固《汉书·艺文志》。此外最重要的就是《诸子略》,就是后世所谓的先秦诸子书。经与子是古代学术范畴中最重要的两类。《诸子略》中第一类是儒家,下面再有道家、法家、名家、阴阳家等,诸如此类,共有九流十家。《老子》放在《诸子略》中的道家类之中,此外当然还有《庄子》及其他道家人物的书籍。因此《老子》的书名,看《汉书·艺文志》即知其本称如此,古人引及其书,亦即用此名。

有一出现较晚的传说,三国东吴时,孙权手下有将领名阚泽者,曾与孙权有过一段对话,阚泽的回话中提到汉景帝时曾将《老子》"改子为经",本来《老子》是一部道家的子书,如今提升它的地位,变成一部经书了。此说见于《广弘明集》，而似乎汉人文献中未见引述。《老子》明明是一部子书，怎么变为一部经书呢？两汉四百年中找不到这一纪录，倒是四百年过去了，到三国时才有人提及，是否可信？我也不敢断定，但有一痕迹可资参考，即在《汉书·艺文志》中，有关《老子》的目录中，著录有《老子邻氏经传》《老子傅氏经说》《老子徐氏经说》三种。这些书早已失传，唯存其目于《汉志》之中而已。唯观其书名，称"经传""经说"，如参稽《六艺略》中书名，经书之下，颇多此种就经而作的第二层次的解读著述，或称传，或称说，其他名称不一。最易于明白的，如孔子编有《春秋经》，其下便有《公羊传》《穀梁传》和《左氏传》，合称《春秋》三传。倘使《老子》约当《春秋》的地位，则《邻氏经传》《傅氏经说》《徐氏经说》便好比《春秋》的三传。故阚泽云云，未必凭空臆造，否则何以有此等书名的存在？此外，前文所提到近年才面世的北京大学藏西汉竹书本的《老子》77章，裁分为上下篇，分题《老子上经》和《老子下经》，明出"经"字，这是直接证据，说明《老子》在汉初确曾为"经"。可是往后《老子》便不能长保这种地位，何以知之？因为下面到了汉武帝建元年间，从董仲舒议，《汉书·武帝纪赞》说："孝武初立，卓然罢黜百家，表章六经。""罢黜百家"并不如秦始皇焚书，只将之从政府博士官的专门学术讲座中除名而已。在汉武帝之前，博士官的范围是宽广的，并不一定限在经书的范围，经书以外也有其他的讲座，政府同样予以补助。武帝建元五年（公元前136年）以后，只立《五经》博士，建元是武帝所用第一个年号，原先其他内容的博士，其后便一概都取消废弃了。至于民间流传、研读这些已遭罢黜的书籍，是法所不禁的。《老子》是否在景帝时代曾经"改子为经"，一度立于学官，于今综观，非绝无可能。西汉简本《老子》虽抄成于武帝前期，其称上、下经，恐怕只是沿用景帝时的旧称，不见得仍保有学官的地位。无论如何，两汉时期，《老子》书的名称，还是它的本来面目，它的内容，自汉初以还，已趋固定；而章次则约至西汉末期，才慢慢奠定下来，分81章，书名则仍称《老子》。

远在先秦，其书可能已有两部分的裁分，只这两部分有没有名称，不得而知而已。因帛书乙本卷末分书"德""道"各多少字，可见它已分成上下两部，至"德""道"是否为篇名，此在后人视之或然，当时则并无名称。先秦较古的著述，本多无题，文之有题，昉于战国中期以下，或始自庄周之内篇。既无篇名，无以示别，故多标篇首字，无论书于竹简或缯帛，翻卷折叠起来，显在外面的反而是后面的，后来者居上，故书其标示于篇末，放置时反易于见识。故《史记》之述其书，亦仅言上、下篇而无特称。

大概到了东西汉之际，《老子》出现一种名称，叫作《道经》，见于扬雄《蜀本纪》，其书已佚，唯见于《太平御览》引录。后世也有此目，而所指与当时不同，当时所指，是涵括了《老子》全书的，但这并不常见，也未见承袭。渐到后来，就生出另外的称谓，至东汉的末期，与魏晋时期，即一百数十年之后，文献中称《老子》便出现了不少《道德经》的名目了。如东汉桓帝时人边韶的《老子铭》，就提到《道德经》。又如旧题刘向所撰《列仙传》，也提到，但此书或非真出刘向，而实亦作于东汉末以至魏晋之间。再如葛洪的从祖葛玄，祖孙俩皆曾称《道德经》。故综合言之，自东汉末至魏晋间，有此称谓。

把《老子》改称《道德经》，并且渐渐也分别将书中两部分立不同的名称，如以今本而论，上半称为《道经》，下半则称为《德经》，今见于《老子道德经想尔注》中。

何谓"想尔"？或谓人名，以想为姓，不免奇特。唐孙思邈谓想尔为仙人名，那就如同河上公的传说了。是人名抑或其他含义，已说不明白。其书向来未太受重视，故后世失传。隋唐著录，甚至书名也未明，称"想余"注，其实应是"想爾"，盖"爾"可书"尔"，形近而讹。此书何人所写？则有不同传说，《经典释文》便提到二人，一为张鲁，一为刘表。刘表当时在荆州，其下有一派读书人，颇有著述，称"荆州学派"。张鲁是张天师张道陵之孙，张道陵的五斗米道兴于东汉之末，为道教开宗，至其孙张鲁，应已至汉魏之际，张鲁后来投靠了曹操，乃建安时期道教的祭酒。后人不详知《想尔注》的作者，但往往提到张鲁或刘表。到唐代，唐玄宗和杜光庭都说其书本是张道陵所写，但也不排斥与张鲁有关，或是续有增改修订而完成；又或说根本是张鲁所撰，自以身份地位不够，托名于乃祖以高其价；总之是跟道教这对祖孙挂钩。此注本于道教观点立场来解读《老子》之书，故也有学者据以认为"想尔"非人名，而是道教内部养生、修养，自我修炼静坐存想的一种功法，坐在安静的房子内，存想外在的一个神，或谓之"尔"。其书久佚，近世又自敦煌遗籍中重新发现其古抄本残卷，英人斯坦因得之，携返英伦，遂收藏于伦敦博物馆，今可见其影本。但今只见"道可道"以下的前半部；下半部则连敦煌本都没有了。此半部书何时所抄？以其不避唐太宗的名讳"民"字（唐人改"人"字），如"小国寡民"，它不改字，故或以为是六朝时期，北方北朝的抄本，时代就很早了。此书有经有注，在上篇之末第三十七章之后，特标出篇题："老子道经上（想尔）"，在"老子道经上"之下分书"想尔"夹行两小字，"想"居左而"尔"居右。可见此一抄本已将《老子》分成上、下两部，并将上部单独称之为《道经》。可惜下半部失传，倘使仍在，其在第八十一章之末，理当标出"老子德经下（想尔）"，以相对称。这个篇题也有古怪之处，它虽分称《道经》《德经》，但其前仍冠以"老子"的旧称，则此"老子"当指人言。以《道经》《德经》名篇，当然很可能是自帛书乙本篇末著"德""道"二字所衍生出来。《想尔注》的原始作者是从张道陵到张鲁，自东汉末到三国之初，这一北朝的抄本所呈现的标题，是原始所书，还是后传时所衍，这也是难以确说的。但若假定其作时已然，则约当东汉末叶，与《道德经》名称的出现时代是吻合的。也就是说，最早当东汉的季世，《老子》有改称为《道德经》者，而同时也有将上半部称为《道经》、下半部称为《德经》的情形。这是文献上出现最早的时间点，但使用似并不普遍，普遍应用要到唐朝初期。唐初以后，这种名称便大行其道流行起来，而常见于各种典籍中了。后人以《道德经》为《老子》别名，对《老子》的研究和注解等各种著作，二名同时并行，视为当然，今略述其源流，知其汉前不尔。唐人特重《老子》，因老子姓李，唐帝以为先祖,而况经魏晋六朝之后,佛道二家思想在中国皆已占有相当稳固的地位,故汉自武帝罢黜百家后,《老子》便回到子书的地位,但到唐朝便奉之为经,儒经之外也应有道经,于是两部道家典籍遂皆高踞而为经,《老子》就称《道德经》,《庄子》则称《南华真经》。但《道德经》之目非唐人所创,而是远自东汉之末已出现,不过固定下来成为众所习用的名称,当在唐朝大力表彰之后。后人二名混用,例如严遵《老子指归》,应是西汉中后期的原名,其时《道德经》的名称尚未出现,将它改称为《道德经指归》的,这是后人的观念。

> 本篇据作者2011年秋、冬间在台湾大学"老子"课堂讲述概论部分之录音整理而成,"西汉简本"相关内容则为增补写入。
> 第三节《从三种出土文献探究今本〈老子〉传本的形成过程》
> 内容曾截取述于作者所撰李若晖著《老子集注汇考·序》
> (第一卷,上海辞书出版社)中。

十六、经与经学
——从先秦学术性质的演变论中国经学的形成

（一）经的名义原始与演变

首先谈何谓经与经学，"经"与"经学"的名义是如何产生的？居今可见对"经"最早的文字解释，皆出汉人。见许慎《说文解字》及刘熙《释名》，都已是东汉人。

许慎《说文解字》：

> 经，织从丝也。从糸巠声。
>
> 纬，织衡丝也。从糸韦声。

段玉裁《注》：

> 织之从丝谓之经，必先有经而后有纬，是故三纲五常六艺谓之天地之常经。《大戴礼》曰："南北曰经，东西曰纬。"抑许云："绞，缢也。""缢，经也。"缢死何言"经死"也？谓以绳直县而死，从丝之义之引申也。

"经"与"纬"相对而言，皆纺织之名，织布时直线曰经，横线曰纬。古之织机，其形制今已不易见，不过台湾的高山族，以至大陆若干少数民族纺织编布，其纺织机的形态虽不尽同于古，但其原理则一样，依然有经纬。纺织时先须竖立其经线，固定起来，继之以布置纬线，俗称"打纬"。穿线的工具曰"梭"，穿梭来去，动作快速，成语形容时间过得很快，便说"日月如梭"。所以朱骏声《说文通训定声》曰：

> 凡织经静而纬动。

织时一为静态，一为动态，经静纬动，说的便是这种纺织时的状态。

许慎之后，到了东汉的末期，刘熙首先从语言声音的角度来推求语源，其《释名·释典艺》云：

> 经，径也，常典也。如径路无所不通，可常用也。

他以因声求义的声训，提出另外一个训释，谓经如同一条路，照着这条路去走，其义即犹先秦所恒言的"道"字。以上许、刘两家是就语言文字上对"经"字所作出的释义。

至于对"经书"的含义流传的解释，最重要的说法应是东汉前期的班固。《汉书·儒林传》说：

> 古之儒者，博学乎《六艺》之文。《六艺》者，王教之典籍，先圣所以明天道，正人伦，致至治之成法也。

汉人的"六艺"，即指六经，所以这段话是说明经书的性质。就中最堪注意而易为今人所忽略者，是"王教之典籍"一语，汉人观念中，认为六经是"王教之典籍"。何谓王教？"王"便是中央统一王朝的天子。后续所言，反倒不必特别注意。

汉以下，学者基本上多沿用汉人对经书的理解，如梁刘勰《文心雕龙·宗经》：

> 经也者，恒久之至道，不刊之鸿教也。故象天地，效鬼神，参物序，制人纪，洞生灵之奥区，极文章之骨髓者也。

以为经之所言，是一种永恒存在的最高道理，其实班固《白虎通》也早已说：

> 经，常也。有五常之道，故曰《五经》，言不变之常经也。

经何以是常？上面已说过，自文字学的本义来看，经线常存不动，纬则变动不居，故经为常道，即自经纬义引申而来。

此等论说，习为后人承袭，历代述说，大抵不越汉人，毋烦多引。下逮有清乾嘉，复出新说。章学诚《文史通义·经解上》：

> 《易》曰："云雷屯，君子以经纶。"经纶之言，纲纪世宙之谓也。郑氏注谓："论撰《书》《礼》《乐》，施政事。"经之命名，所由昉乎？

谓"经"有经纶之义，亦犹"经世济民"之经，意指政治上找到大纲大节来治理国家,因此引郑玄"施政事"为说,是强调其与政治的相关性。他以经纶世宙的观点作解读,其实正与班固"王教之典籍"之说相洽。章氏之言先秦学术史,时有创见,有些发明是前人所少注意的,即缘其学问工夫扎根在班固《汉书·艺文志》上,对汉人所理解的先秦学术,有深刻的体会,故知强调经书政典性质的意义。

清末民初湖北学者甘鹏云,著有《经学源流考》,名为源流考,实即犹一部经学史,其序曰:

> 经者何也?谓经为常久之至道,所以经纶世宙,如径路之无所不通,可常用也。乾坤之所以不毁,人类之所以长存者,实赖有此常久之至道耳。常久之至道,莫备于《六经》。扶树立国之纲纪,范围天下之人心,巩固中夏之国基,维持社会之安宁秩序,岂能舍《六经》而他求哉?

他对"经"的界说,不啻是将上述古人所提出的解释,做了一个大总会,以为经学具有此等性质和意义。如此说来,远从汉代以迄近代,学者对经学性质的认知大抵不出此等范围。

民国以还,又出现了一些新的说法,我所注意到的,其说多仍从一般传统所认知的观念,以为经学与孔子有密切的关系引申而来。例如刘师培便认为六经是孔子门下教科书的总集,《易经》犹哲学教本;《诗经》犹文学教本,或说唱歌教本;《书经》即犹国文教本;《礼经》所讲则如伦理学,或礼俗学,近乎今之社会学;《春秋》则为孔子当时的一部近代史,即史学书;至于一部谁也说不清楚的,则是《乐经》。汉人传说曾有其书之存在,但都找不出来,所以其书果曾古有,或根本从无其书,而只与《诗经》合而为一,如同乐谱,便永为此下经学史中争议不定的疑案。总之,汉人纵谓六经中有此一经,却始终拿不出一部《乐经》来。职是之故,汉武帝时表彰六经,所立只能有五经博士,而非六经博士。倘使《乐经》诚如《诗经》之乐谱,有歌有舞,则又兼似一部体操范本。刘师培即持是见,六经为孔门教科书之总汇,孔子乃以之教育生徒。由此说引申而出,近人也有以六经的性质是分属于不同范畴的说法,如《易经》,是思想性的;《诗经》,是文学性的。故《诗经》大学课程置于中文系;《易经》在台湾仍设在中文系,其在大陆则早已转入哲学系了。《易经》既以哲学书而入哲学系,循此观念,《春秋》无疑是一部历史书,理所当然应入历史系中去。这是把六经分门别类的观念,究竟六经的性质是否果真如此?窃意以为有大不然者。盖《易经》以今观之,固然是一部思想性的书,可是汉人视之为经学,因此它不只是一部思想书,《诗经》也不只是一部文学书,甚至《春秋》也不只是一部历史书。鄙意若以今人用语说之,六经的性质应是一种综合性的人文学。此人文学系属一整体,乃综合而不可分的。如说它们所言分别各有所偏,自然是可以的,但当知它们有其共通性存在,其共通即在此综合的人文学上。

上文只申述了汉人和部分近人的观念,究实言之,影响深远的,仍是汉人所传的旧说。汉人之说,固然有其来源,而在汉人脑海中,认为从古以来,就是如此,不必怀疑。但如果我们去检视先秦时代的文献,汉人所言之凿凿者,却似乎不容易找出证据来支持。举例言之,且不说将六经的名称叫作《易经》《书经》《诗经》等,其事要晚出于西汉中叶以下,即观念上以《易》《书》《诗》为"经",在先秦孔孟时代,还找不出文献上的书证。这一点,我们在后文中还会提及。见存先秦典籍中首先以"经"字用到文献上的,却是《墨子》书中的《墨经》。《墨经》中这"经"字却和另外一个"说"字相配为言。例如《墨经·经上》:

体,分于兼也。

此句中之"体"字虽已定义为"分于兼",但仍不易理会,故在《墨经》的下文中,即进一步有《经说》来作补充解释。《经说上》:

说体。若二之一,尺之端也。

"体"是经文,"说"便是针对"经"而加解说。"二"和"尺"(线)即是"兼"之例,"一"和"端"(点)即是"分"之例,故知所谓兼,犹言全体。《墨经》此处的"体"正是局部或部分,"兼"才是整体之意,便易于明白。观此文献例证,可知"说"之于经,就如同后世的注解和文本的关系,此其一。其次,二者同存于《墨经》,也可推知

"经"之原始名义，或与汉人之认知略有出入。《墨经》的经是文本，而说则如注解，比方编年史书的纲目体，经如大字提要，说如小字的叙事。经字本有纲义，《左传·昭公十五年》：

> 王之大经也。

《疏》：

> 经者，纲纪之言也。

经如纲纪，岂非亦犹纺织之经，而说则如纬？宜乎汉世经书之外，亦有称纬书者，其间关系也可相比拟。章学诚《文史通义·经解上》：

> 因传而有经之名，犹之因子而立父之号。

"说"的地位，与"传"相当，这种说解性的文字，还有其他名目，下文还将再及。章氏书中对经名的释义不一，此处的说明，如用以理解《墨经》中经、说之间的关系和立名之所以然，却是再恰当也不过。《文史通义·经解上》的下文续云：

> 官师既分，处士横议，诸子纷纷，著书立说，而文字始有私家之言，不尽出于典章政教也。儒家者流，乃尊《六艺》而奉以为经。

依其说，上古经学是官师合一的，后来官师分离了，才形成诸子之学。换言之，经学是学术与政治合一的产物，而诸子则是学术离析于政治之外而始有。更值得注意的是，他这意见无异于认为儒家称经是随诸子之后而来的。如是说来，尽管典籍早在，但称之为经的观念却并不早，可能出在诸子之后。《墨经》经说并存互见的情况，在其他诸子书中还有一些不同名称和形式的保留，而儒籍中反而罕见。故检视先秦文献所呈现的事实，章氏此说是不能排除其可能性的。

　　无论如何，一旦儒家尊奉某些古籍以为经，即有所谓"经学"。盖以经为主体对象而产生之种种不同方面之研究与著述，皆可谓之经学。用最简单的陈述，也可说有了经，便有经学。尽管如此，语文上"经学"一词却出现得更晚。古籍中首见于东汉。《汉书·儿宽传》：

> 及（张）汤为御史大夫，以宽为掾，举侍御史。见上，语经学。上说之，从问《尚书》一篇。

这是史籍中用到"经学"最早的一例,所述事主已到汉武帝时的张汤,而见诸史书,则已属班固。可是同样的意涵观念,却非俟张汤以下才有,在《史记》中早有此义,唯不称"经学"而转用它称。例如《史记·魏世家》:

> (魏)文侯受子夏经艺。

"经艺"即同"经学"。何以知之?试看《史记·儒林传》一段记载:

> 及高皇帝诛项籍,举兵围鲁,鲁中诸儒尚讲诵习礼乐,弦歌之音不绝,岂非圣人之遗化,好礼之国哉?……夫齐鲁之间于文学,自古以来,其天性也。故汉兴,然后诸儒始得修其经蓺,讲大射乡饮之礼。

"蓺""艺"同字,玩其上下文,知"经艺"亦即同其上之"文学",我们很容易便可以联想到孔门四科中的文学之科,其代表人物岂不正是子夏?所以汉人所述孔子以下传六经的经师系谱,首先最喜标举的便是子夏。魏文侯受经艺于子夏,就汉人观念言之,实即子夏传授其经学,而自孔门言之,亦即传其文学。《史记》所记此事,复见于《汉书·儒林传》:

> 及高皇帝诛项籍,引兵围鲁,鲁中诸儒尚讲诵习礼,弦歌之音不绝,岂非圣人遗化好学之国哉?于是诸儒始得修其经学,讲习大射乡饮之礼。

《史记》的"经艺",到了《汉书》,便改称"经学"了,可知二者是异名同实。《史记》又或称"经术",如《史记·太史公自序》:

> 周室既衰,诸侯恣行。仲尼悼礼废乐崩,追修经术,以达王道,匡乱世反之于正,见其文辞,为天下制仪法,垂《六蓺》之统纪于后世。

"文学"之与"经术",《汉书》亦用之,《汉书·高帝纪》:

> 初,高祖不修文学……天下既定,命萧何次律令,韩信申军法,张苍定章程,叔孙通制礼仪,陆贾造《新语》。

《汉书·律历志》:

> 武帝元封七年……是时御史大夫儿宽明经术。

谓"儿宽明经术",可见"经术"之与"经学",还是一般。《汉书》之称"文学""经术",甚至也有"经艺"的用例,皆同《史记》,唯其所用"经学",《史记》独无,是即可见《史记》所用诸词为西汉前期所习用者,或沿用先秦,如"文学",或当时新出,如"经艺""经术";至于"经学",则显见为更晚出,而后世袭用《汉书》的用词,反不沿《史记》。愚见以为《史记》之称"文学""经艺""经术",有其特殊之背景意义,此意当于后文再加申述。

(二)孔子与六经的关系

时人所著经学史,以至国学概论之类,多谓经学与孔子密切相关,六经乃经由孔子之手,才建立起来,世俗相承,遂成大众之一般常识。事实上,此亦非今人之说,远从汉代司马迁《孔子世家》以来,即以孔子删《诗》《书》、订《礼》《乐》、赞《易》、作《春秋》,六经无不经孔子之手来完成。既然六经都经过孔子的一番整理,顺理成章便成孔门教科书,用以教导学生。本于《史记》传说,一般说法止此。但到了晚清,如湖南的皮锡瑞,广东的康有为,甚至认为六经皆孔子所创作。旧说只说六经是古代传下来,孔子顶多是有所删订改编;这些晚清的今文经学家更说都是孔子所作。此一新说的内容,后人或信或疑,并未广为今人所接受。

然而司马迁以来删《诗》《书》、订《礼》《乐》的传统旧说,依然成为今人普遍的国学常识。如是则孔子以前已有六经,孔子只不过施以一番整理,以之传人,遂开此下二千数百年之经学。且问其说是否正确?如果讲究考证,我们至多只能承认,汉人所流传下来的五经,其中部分内容在孔子以前已先存在。例如《诗经》,旧说古诗三千首,孔子删去了十分之九,只余三百首,自汉以来传说如此,但唐代人即已不肯相信。孔子固然重视《诗经》,曾告其子伯鱼:"不学《诗》,无以言",可见孔子确曾以《诗经》教人,但《论语》中屡言"《诗》三百",孔子当时所见《诗经》约莫应与后世流传者相当,也许最多可说大同小异，决不致其时能看见三千首，而后世只能看到三百首。《书经》就较说不明白，孔子所见的《书经》与今所见者是否同一内容？可肯定其不然。何以故？因无论孔子所见之《书经》为何，至少其书在汉代已不完整。汉人也有传说《书经》原有三千余篇，孔子亦删之为百篇。事实上也没有这回事。我们对古人的"传说"与真实存在过的"史实"，须加分辨。古代的事，无论经由何种管道传播，如书中读到、耳中听闻，所得讯息皆是传说。传说与史实能否画上等号？自有可能，但也不可必；传说可能是假的，也可能是真的，当然也有可能真假掺杂。因此对于传说内容的真伪，理宜认真审视分辨。如说孔子删《诗》《书》，此即传说。姑无论其真伪，至少在汉朝，已经看不到一部完整的《书经》了。汉人所读到的《书经》，史有明文，其来源是经由一老儒伏生所传。伏生乃秦始皇时一位《书经》博士，唯后来秦始皇焚灭《诗》《书》，不能再居朝为官，遂逃回他的家乡，即今之山东济南。秦朝国祚不永，始皇死未久，便有刘邦、项羽相争；刘邦诛除项羽以后，不满十年也死了；其子惠帝在位没数年，也死了；母亲吕后临朝称制，没数年也病逝。大臣迎立刘邦庶子代王刘恒为帝，便是汉文帝。故此就历史事件来看，好像变动已很多，其实自秦始皇焚书坑儒下至汉文即位，也不过三十余年，所以归隐故乡的伏生还活着，当然该算长寿，年事已高。其时自秦以来的"焚书令"和"挟书令"都已解除，再无禁忌，于是朝廷才开始搜求旧籍，知道伏生仍在山东，乃特派晁错前去抄取。伏生不仅年老，且操济南口音，晁错乃河南颍川人，对其语音未能全部掌握，遂使伏生的女儿充作传译，晁错据录于简册。《书经》文辞古奥，遇到一些虽经传译仍不确认的地方，晁错只好凭自己的理解，以意为之，补入成文。《书经》与《诗经》不同，《诗经》乃歌谣体，容易背诵，故焚书以后，尚可经由背诵一途而流传；而所谓"周诰殷盘，佶屈聱牙"，《书经》正不易记诵，故汉人传说，伏生乃"壁藏"其书。其流传细节已无可详说，总之经由晁错录存回朝廷的只有二十九篇，或说二十八篇，系将其中某篇多分出一篇而已，可不细辨。后代习称之为"《今文尚书》"。后来又出来一部

"《古文尚书》",何由而来?盖汉景帝诸子中有封鲁恭(共)王者,王宅所在与曲阜孔子故居比邻,有声色犬马之好,居常为豪奢之宴,嫌家中不够宽广,竟然动脑筋欲侵占孔府范围,拆毁其旧讲堂来扩建宫殿。那知打掉墙壁,壁中竟藏有一批儒家的旧籍,其中一种便是《书经》。这部《书经》总该是秦始皇焚书当时孔家的后人所藏,是用先秦古体文字书写的,并且较伏生所传者多出十六篇。依史书说法,鲁恭王入孔子宅,"闻鼓瑟钟磬之音,于是惧,乃止不坏",似颇灵异。然孔宅毕竟保住了,这部《古文尚书》也得保存在孔家。坏壁发生在景帝之世,下至汉武帝的晚年,孔家后人才把它献上朝廷。但其时适值朝廷骤生"巫蛊"之难,朝野骚动,无暇理会,此书虽入朝廷,却只束之高阁而已。直到西汉末期的刘向,在汉成帝时受诏负责校理内廷秘籍,先后近二十年,他在中秘发现了这一部《古文尚书》,曾以之与《今文尚书》相同篇章对校,发现今文脱去了数十字,文字相异的有七百多字。其子刘歆继承乃父的工作,认为这部中秘的古文和朝廷立博士官的《诗》《书》是性质同类的先秦旧籍,何况还多出了十余篇,当然大有价值,故在汉哀帝时便主张朝廷应将几种包括《古文尚书》在内的古籍增立为博士。哪知却招来已立学官的博士们群起排斥,刘歆为此特写了一篇有名的《移让太常博士书》,指责他们党同伐异的作风。此即近人讲经学史,有所谓汉世"今古文之争"的开端。但当时博士反对的势力太大,没有结果;下至汉平帝时,王莽秉政,刘歆得势,才如其所愿得立博士。但没多少年,王莽的新朝灭亡了,东汉光武中兴,博士立官的有所谓十四博士,刘歆所主张那几种又不在其内,可见《古文尚书》在两汉只有在平帝那短暂的数年间尚有地位,东汉以下二百年间也乏人问津了。

其实这些都是后话,且问孔子时的《书经》是相同的内容吗?其时有无此二十九篇?孔壁所出多出之古文十六篇,后来又有人析分为二十四篇;两者加起来也不到一百篇。且不论此一问题,即就二十九篇今文《书经》而言,其中如《尧典》《舜典》《禹贡》《洪范》,传说是尧、舜、禹时代的,是否属实?后人详细考据,知皆出于后代人的追述。这是后来人根据流传尧、舜、禹的传说写下来，并非当时实录。所谓"实录"，是当时人写当时事。今既非真出当时所记，何以知尧舜时有此等事？盖出于"传说"。《书经》中尧舜禹史事，皆后人据其时所知传说写下来，此亦犹今人来写清代康熙、雍正、乾隆皇帝一般，康雍乾是否真曾如此？即使不尽出于虚构而有所本，也可能有真有假。伏生所传今文《书经》所述远古传说，历经后人考据，多半是出于战国时人所追录的古代历史，虽非如同小说般虚造，但著于竹帛的却已是战国人。战国人所写的古代历史，试问孔子焉能目睹？因此今文二十九篇，便有孔子所不及看到的篇章存在，其事显而易明，不烦细辨。

复次，再举汉世《礼经》言之，汉人亦称之《士礼》，即《仪礼》，传世十七篇；至于《礼记》，则是"记"，是传记，犹后世"注"的地位，而非本经；《周礼》则更晚，汉人后来才发现出来，原本并没有的，所以汉人所说的《礼经》，就是今之《仪礼》。《仪礼》是谁写的？唯一的传说是孔子学生中有名孺悲者，从孔子学士丧礼，将孔子的意思记录下来，便是《仪礼》中的一篇《士丧礼》，说见《礼记·杂记》。《礼经》的来源，汉人的传说只此，其说纵可信，也只说书中某篇出于孔子的学生，亦非孔子亲笔所为；何况清儒考据，也有疑其书中内容有成于战国之世者。

再如《易经》，八八六十四卦的卦爻辞，旧说伏羲画八卦，周文王、周公父子作卦、爻辞，都远在孔子之前。至于所谓《易传》，共十篇，也称《十翼》的，此是"传"，与"经"不同，只世人不辨，混入"易经"，汉世以下的传说，都认为是孔子所作。然自宋代以还，便不断有人起来怀疑，于今而言，依我个人看法，其非孔子所作可以论定，这些篇章都应出在孔子之后。相传孔门传《易》者为商瞿，其人之名除见于《史记·仲尼弟子列传》外，并无多事，《论语》中无一语及之，在孔门地位远不如颜、曾等十哲高弟，却说孔子独传《易》于他，岂非怪事？这也如同传说《士丧礼》之授孺悲。孺悲也一如商瞿，虽亦列名为弟子，但在《论语》中却只记他一事：他求见孔子，孔子以生病为由推辞不见，却在传话者刚出门时，取瑟而歌，让他听见，知其托病拒见。此即孟子所谓"不屑之教"。孔门传经的传闻，舍高弟而系诸此等无籍籍名之辈，难免启人疑窦，也费思量。总之，我同意现代中国思想史家的一种看法，即在先秦后期以至秦汉之际，孔孟后学产生了一批所谓"新儒家"，此等儒家学者与孔孟不同，故曰"新"，《易传》当出此辈之手。后来直到宋明理学家，也称新儒家，与前一期之新儒家又不同，以其历经魏晋六朝、隋唐之演变，在佛、道盛行之后再重新讲回儒家，故与前不同了。过去历史上有过这两次新儒家，直到现代，才又有人称熊十力等学者为新儒家，能否一如过去历史的两次往例成立，需待历史来回答。

今若说孔子时代已有六经，恐怕靠不住，其时并无六经。只能说，孔子时已有后代六经中某些古代的成分，在孔子时代是存在的；但也有另外一些部分，事实上是要在孔子以后才写成、才出现，为孔子所未见，孔子如何能拿来教导学生呢？此理易明，故孔子与六经自有关系，但决非如《史记》以下以至历代承袭其说者的说法，这是不足恃的。当然，司马迁的话不是凭空捏造，他也是根据传说以为言，而传说则与史实有所出入。六经的若干内容，在孔子时代是他所读得到的，孔子也看重这些古代文献，《论语》提到《诗》《书》，甚至《易经》，此无可疑，但并不是六经已成一系统，要经孔子之手，或编或作，并拿来作为孔门之下教育学生的标准教本。所以我们若以《易经》和孔子完全脱钩，当然是错的，但如说成汉以下那种讲法，也是不符真情的。

如果我们坚持相信孔子已经有了六经，那么翻开一般国学常识的书籍，大家也都如是说，照本宣科，其事自然十分简单。然而我们面对要处理的，是古代传说史料的问题，这必须要用考据工夫。倘使既知此等传闻未必尽实，则需更进一步问：这些传说究竟是如何产生的？为要回答此一问题，以下姑借"经"的名义启端来作一说明。

所谓"经"，与之相对者为"传"；而所谓"传"，只是代表性的一个总名而已，具体细分，还可以有说、记、训、微、故、解故、章句等等各种不同性质的名目，亦犹后代注解的地位。孔颖达《诗疏》：

凡书非正经者谓之传。

传之所释,即孔颖达所说的"正经"。正经才是本经,如《诗》之"关关雎鸠",《书》之"曰若稽古",《易》之"乾,元亨利贞",便是正经、本经。正经以外,以正经为对象作解释,属于第二层次的,则是传。何以谓之"传"?孔颖达《礼记疏》:

> 传谓传述为义,或亲承圣旨,或师儒相传,故云传。

传述古人的文章,作一种注解、解说,相关的发挥,以至补充,只要在此层次,皆可谓之传。至如《论衡·书解》上所说:

> 圣人作其经,贤者造其传。

反倒是没有太大意义。即如其言云云,所谓"圣人"和"贤者"两者间一为至高的,一为诠释者之两层分别,仍是合拍的。古之所谓圣,往往也因其为创者而得其称。

"传"的名义,历来讲得最清楚而完备的,我认为是清代的赵翼,他在《陔余丛考·史记一》说:

> 古人著书,凡发明义理,记载故事,皆谓之传。《孟子》曰"于传有之",谓古书也。左、公、穀作《春秋传》,所以传《春秋》之旨也。伏生弟子作《尚书大传》、孔安国作《尚书传》,所以传《尚书》之义也。《大学》分经、传,《韩非子》亦分经、传,皆所以传经之意也。故孔颖达云:"大率秦汉之际解书者,多名为传。"又汉世称《论语》《孝经》,并谓之传……是汉时所谓传,凡古书及说经皆名之,非专以叙一人之事也。其专以之叙事,而人各一传,则自史迁始,而班史以后皆因之。

他认为古代的传,包括了三个不同的含义:一般而言,凡是古书都可以叫作传。先秦古籍中"传曰"如何如何,有《论语》的话,也有先秦诸子的话,都可以称作传。何以故?因为传既是传述之义,则传述一人之言以至古书之言皆可曰传,所以《孟子》"于传有之",以至《史记》所引"传曰"如何如何,正多其例。但正经则不能称传,如《诗》,便只称"《诗曰》",《书》便只称"《书曰》","传曰"则是《诗》《书》《易》正经以外的,才可有此称,包括《论语》;因《论语》在汉代尚未入经书之列,至于今视之为经,是沿自宋代的观念,汉人则只有《易》《诗》《书》《礼》《春秋》五种才属经,《论语》《孟子》皆不在内。解说这些经书的,则统称曰传,这便是赵翼所说的第二种,所举之例是《春秋公羊传》《春秋穀梁传》《春秋左氏传》,都是解说《春秋经》的。但是这种传并非独立的一部古书,它是针对正经作解说的。这类性质的书发展至汉朝,便分别为各种各样如上述的诸般名目,检视《汉书·艺文志》即可详知。赵说还有最后一类,则是史书中个人的传记,如《伯夷列传》之类。

故我们就经学的范畴而言,孔子的《春秋》是经,"春秋三传"是传,汉世以下,皆作如是观。然而若回溯先秦时代,究竟那时的古人是否也同此看法?至少在名义上似乎看不出这种分际来。就古代的文献上来验证,假使说孔子时已有经,那么且去《论语》中去找,有无称经的例证?《论语》中唯一的"经"字,如"自经于沟渎",那是说吊颈自杀,与书无干。《论语》中只有"《诗》云""《书》云",无《诗经》《书经》此等称谓,并亦不把《诗》《书》叫作经。《论语》如此,《孟子》亦然。儒家开山两大师,都无所谓六经。下逮先秦的最后期,儒家殿军有荀子,且看其书中所言,《荀子·劝学》:

> 学恶乎始,恶乎终?曰:其数则始乎诵经,终乎读礼。……故《书》者,政事之纪也;《诗》者,声之所止也;礼者,法之大分,类之纲纪也,故学至乎礼而止矣。

唐杨倞注:

> 经谓《诗》《书》,礼谓典礼之属。

《荀子》书中已提到"经"了,而且他所说的经也和我们观念中经的内容相符,然而杨倞的注骤看却很奇怪,他说"经"只指《诗》《书》两者。汉人五经中岂不也有《礼》?杨倞说荀子所谓"礼"是"典礼之属",就是礼法中制度礼仪之类的内容,而非指《仪礼》十七篇之书。唐人这一传世古注是对是错?古注的价值所在正在此等处,由于后代人的观念转变了,而古注中还保留了些古代原来的观念。他说"经谓《诗》《书》"便有价值,价值何在?是可见荀子时,虽尚未有《诗经》《书经》的名称,但已视《诗》《书》为经了,然而"礼"却不在内,他将《诗》《书》和"礼"分开来讲,"礼"不属于经。"始乎诵经,终乎读礼","诵"和"读"的含义也许和后代稍有不同,此一查其义蕴《说文解字》即可知,"读"字近乎今语理解的意思,是彻底理解研究之义,后来便与讽诵混言了。何以知唐人古注是对的呢?因不需另作考证,《荀子》的下文自身已说清楚了:"故《书》者,政事之纪也;《诗》者,声之所止也;礼者,法之大分,类之纲纪也,故学至乎礼而止矣。"他就讲这三种,分成两部分,其原文便是"经""礼"分言,"礼"并不在"经"之内,故杨注可谓十分精确,而此处鲜少为人所注意。

我们且再看《荀子·儒效》:

> 圣人者,道之管也。天下之道管是矣。百王之道一是已。故《诗》《书》礼乐之归是矣。《诗》言是其志也,《书》言是其事也,礼言是其行也,乐言是其和也,《春秋》言是其微也。

所引涉于后代经书的范围,已有多种,《诗》《书》固无论,"礼""乐"则已不能确定其必指书籍,"诗书礼乐"乃先秦所恒言,屡见于古籍。纵谓"礼""乐"指的也是书,他最后甚至提到了孔子所编的《春秋》,如果拿来和汉人六经相较,何以独独不见《易经》?如此成不了五经、六经。因此,直到荀子时代,已是儒家开始引用到有"经"的观念了,然而他提到经书与汉人所谓五经、六经,尚非一事。既无《易经》,故知"六经"的观念,不仅孔孟时无之,甚至下至荀子亦然,不过其时已有经的观念,并将《诗》《书》纳入其范畴了。此一事实居今视之似乎甚怪,然而见于文献的现象,客观分析之,却正是如此。倘使其时六经已成立如后世,则荀子万不应遗落不道。

然则在先秦时代,还有无言及后代人所说的经书呢?《礼记·王制》:

> 乐正崇四术,立四教,顺先王《诗》《书》礼乐以造士,春秋教以礼乐,冬夏教以《诗》《书》。

先秦时代"《诗》《书》礼乐"连言者,在《礼记》中称之曰"四术"而非"四经",故"礼乐"未必指书籍言。但先秦时确有"四经"一词,见《管子·戒》:

> 泽其四经而诵学者,是亡其身者也。

"泽"通"释",放下、废弃义,意谓学不可空言,放弃四经以言学者是错误的。然而唐尹知章《注》云:

> 四经谓《诗》《书》《礼》《乐》。

尹知章和前引的杨倞虽然同是唐朝人,但他此注却是百分之百注错的。何以知之?这也不需另外考证,因为只要把《管子》书的原文拿出来看它的后文,它所说的"四经"指的是"孝、弟、忠、信"而非《诗》《书》《礼》《乐》。其实先秦书云几经几经者,皆非指后来的六经。例如众所熟知的《中庸》:"凡为天下有九经","九经"绝不是九种书,此"经"字是"经纬"的经,犹言大纲,说的是治理天下的九项常规或原则,所说如"修身""尊贤"之类,都是指事情,以其在《中庸》接连的下文中说得明明白白,故后人不似对《管子》书般易生误会。诸如此类,不烦多引。总之,可以归纳出一个结论,汉代所说的五经、六经,成为一个独立系统,其前并无此一观念。儒家重《诗》《书》古籍,但也不如汉人般,孔子不称之曰经,孟子也一样,甚而至战国最后期的荀子,已经有经的观念了,但依然不似汉人之六经一系。

如此说来,六经的观念究竟什么时候才成立的?或者说,六经的名称什么时候才出现的?过去坊间出版一般的经学史中总会引到一段话,见《庄子·天运》:

> 孔子谓老聃曰:"丘治《诗》《书》《礼》《乐》《易》《春秋》六经,自以为久矣,孰知其故矣。……"

当然我们不应相信引述的一段话真出孔子,若信孔子已和老子讲过这段话,孔子已治六经,那么前文所讨论过的,便应全成废话。故此等记载顶多只能说是"传说",与"史实"须加分辨。这段话不但《诗》《书》《礼》《乐》《易》《春秋》六种书相提并论,并且连带"六经"二字也同时出现了。这是古籍中首见的现象,可是却从来没有人质疑,何以儒家向来重视提倡六经,儒家书中都不提,偏要持反对态度的道家书来讲?孔孟荀都不言六经,要让庄周来讲,岂不奇怪?不过,我们皆知《庄子》书分成内、外、杂篇三部分,《天运》篇是在外篇之中，元黄震《日钞·诸子》云：

> "六经"之名始于汉，而《庄子》书称"六经"，意《庄子》之书亦未必出于庄子。

他翻过来讲，说六经一词要到汉朝人才有，现在《天运》篇里有之，因此可知此篇是汉人所写，是出自庄学之徒，非庄周亲笔。黄震所谓"称六经"的讲法，今天可能需要略作修正。因为1993年在湖北荆门郭店出土了一批楚简，乃战国时代的古简，有涉及经书的文字，其中一篇订名《六德》，云：

> 观诸《诗》《书》，则亦在矣；观诸《礼》《乐》，则亦在矣；观诸《易》《春秋》，则亦在矣。

这便同时提到《诗》《书》《礼》《乐》《易》《春秋》，连次序都和《庄子》相同；但也有不一样的，即它并未出"六经"二字。与此相近者，还有另一篇订名为《语丛一》的，云：

> 《易》所以会天道、人道也；《诗》所以会古今之恃也者；《春秋》所以会古今之事也；《礼》，交之行述也；《乐》，或生或教者也……者也。

提到《易》《诗》《春秋》《礼》《乐》，可惜下文毁损严重，学者研究，认为下面应该提到《书》，我也认为这是合理的推论。故可说，以《郭店楚简》与《荀子·儒效》比较，荀子未列《易经》，而《郭店楚简》则已纳入。《郭店竹简》出于何时？研究出土文献的学者一般将它推定得比较早些，以为抄写于战国中期偏晚，墓葬推定约当公元前300年左右，抄写时间理当略早，故推测约公元前350年前后，如此便约莫与孟子的时代相近。我个人对楚简的时代较持保留的态度，因据考古学上考订古物的时间，一般采用科学方法，用碳的元素去探测，便可测出大概的时间，但是这种所谓科学方法，也有其不够科学的地方，盖科学贵精准，而此法却有个误差值，它只能告诉你涉及的一定范围，并不能告诉你一个定准点。考古学对郭店楚简的测定，是从公元前四世纪中期至三世纪初，具体的时间范围即自公元前350年下至公元前200年，中间可以相差150年。而战国却是一个学术变动快速的时代，一般人三十年为一世，相差到五代人，其间变化可有很大差异。一百五十年的时域毕竟过于宽泛，定在最早和最晚可以有甚大出入。我对考古学本无研究，不能裁夺其是非，但根据文献所呈现者推测，我颇疑学者所定位者过早，可能要晚一点，这样和《庄子·天运》配合来看，则不必定依黄震的怀疑，认为《天运》要晚到汉人才能写定。但如就另一角度来观察，毕竟直到战国楚简，还未正式出现"六经"二字，则黄震"六经之名始于汉"的前提也不必然错误。有可能在战国后期，便已有六经的六种书合并看待的观念了，故在传世文献中，见于《天运》；今又见于出土文献，则是楚简。可孔孟荀皆不然，尤其到了荀子，已当战国后期，岂不与其时代相近？那么我们便可续问：《郭店楚简》此等内容究竟是何人所写？我认为便是前文提及过的战国后期的新儒家。新儒家中无荀子。

新儒家与过往的儒家有何异同？如言孔子，孔子对《诗》《书》固然有研究，但我们似乎不能说孔子是一个经学家。当然从广义上言，孔子对经学有所研究是不成问题的，但如果将孔子和上文提及的、秦汉间传《尚书》的伏生来比看，便显然见其不相伦类。伏生终身研治《尧典》《舜典》等篇章，孔子如是吗？即读《论语》，孔子会解说经书的文字吗？显无其事。故孔子是一个儒者，或如传统观念，孔子是一个圣人。孟子亦然，他引《书》引《诗》，当然通经学，但也不单纯是个经学家，他的治学范围与风格，有超逾经书以外的，"乃所愿，则学孔子也"，他和孔子一样，是一个儒家。荀子尽管在某些论题上和孟子唱反调，然而在治学风格上，其实也一如孔孟，只可说是儒家，不宜即认为是经学家。然而自孔孟以下，儒家中另有一批人，后来汉人往往把他们牵连上孔子学生子夏，所谓孔门文学之科，他们特别重视读书，专门讲究书册的学问，一辈子治《诗经》或《书经》，其著作也专在经书的解说上，就成了其后汉代针对经书而作解读的传记之学的滥觞。这批儒家近乎后世所谓之"经生"，他们专门治经，与孔孟荀那种儒家有其相关性，但不能完全画上等号，以为更无分别。因此可说，从孔孟原来的儒家，发展到后期有一批儒家学者，他们近乎是孔门文学之科，专门针对古文献来用功为学并著述。这批人我们现在称之为"新儒家"，其持续的时间相当长，大抵远自战国中晚叶，绵延下至西汉的前期，都有这类学者。他们的著作，当然出在孔子之后，甚至出在孟子之后，他们所解说的，自有孔子以前的文献，但他们所作出的解读，孔孟是看不到的；这些撰著，传到汉朝，汉人不辨，认为都是古代孔子以前的，经过孔子之手所完成，于是合起来称作六经。因此，汉人六经，其中固有孔子以前的部分，但是也有孔子以后的部分，而这部分多半是出自这些新儒家之手；汉人对此不加分辨，统皆归诸孔子身上，谓是孔子一系列的学术成绩。

如此汉人岂非上了这些新儒家的当吗？恐怕也不能简单地如此认定。盖依后人观念，文献有真有伪，故有所谓疑古辨伪，这只是一个真假问题。但清代章学诚《文史通义》有一篇大文章《言公》篇，专言先秦学术，说话是"言"，著述也相当是"言"，所谓"立言"，他说先秦古人的立言是"公"的，而非"私"的，以今语言之，犹言古人并无私人著作的观念。例如《诗经》作者是谁？无由得知，他不留名的。再如《论语》，所载固是孔子的言行，然而著于竹帛，究竟出于何人之手？言称"子曰"，自必非出孔子；若以为学生所记，亦不确知为何人。《孟子》书与《论语》略有不同，唐人认为其书有可能是师生合作，近乎是私人著作，但学生中谁当其事？是万章，抑或是公孙丑？也不知道。又如《庄子》书，只有《内篇》七篇文章，一般承认是出自庄周手笔；《外》《杂》篇合二十六篇，学者多谓出于其后庄学之徒之所为。若谓其为冒名伪造，则庄子的徒子徒孙岂宜出此？所以我们以后世作伪的观念来看待是不对的，章学诚的看法才正确，这种现象是所谓"言公"。原来古人有此伟大的心胸，他只求所讲的话有价值，能流传后世便好，至于个人留名与否，可不计较。《史记·魏公子列传》中说到信陵君率领诸侯联军打败秦军之后，"威震天下，诸侯之客进兵法，公子皆名之，故世俗称《魏公子兵法》"。这部《魏公子兵法》没有一字是他写的，其实也是一种"言公"，依然是此风气下的现象。是故新儒家的著述，包括诸如《易传》十篇，当时说是孔子的，汉人皆概括承受，视为理所当然，若以今视之，不啻是上了战国人的当。孔子以下的许多后出言论，都算在孔子头上，大凡先秦子书，所谓诸子百家的"家"，家有家人，便不止一人，他们的思想学术，往往都归诸源头的祖师宗主。如《商君书》，岂尽出商鞅？盖渊源于商鞅，也有出于商鞅后学的。先秦学术这一特别现象，直要下至有清乾嘉时代的章学诚才算讲明白；但后人还是多不明白，仍要辨这是真、那是伪，而不知当就此学术变迁的大流来着眼。章学诚"言公"的发明，也可让我们对诸子百家言的"家"字有更深一层的体会。

故六经的概念，恐怕是建立在战国的后期，居今所见最早的文献资料就是《郭店楚简》，《庄子·天运》应该是承袭而来的。也就是说，在先秦的后期，开始形成这一概念，而为其后的汉朝人所接受承用。故从六经的名称和概念，知孔孟荀时尚未如此，并且儒家之中，有两种不同性质的，一种如孔孟般的儒家，虽重视古籍，但并不只依傍于古籍而为儒；另一种则如伏生，专为经书古籍为传记，伏生即属于新儒家，更多的新儒家不如伏生尚留名，而为无名氏，其所著述乃以言公而附属于其前的儒家宗师，这些作品流传到汉代，有部分收进六经的范围内，而成为经学的内容。

上面已述六经名称的来源，然尽管已出此名目，但汉人所称，却往往也称"六艺"。现在一般的词书，如查"六艺"，大概都分条述义：第一，是指"礼乐射御书数"；第二，是指六经，《易》《诗》《书》《礼》《乐》《春秋》。其实六艺之为礼乐射御书数，是有原始出典的，见《周礼·地官·大司徒》：

> 以乡三物教万民而宾兴之……三曰六艺：礼、乐、射、御、书、数。

《周礼》一书，历经考证，今日吾人固知其非如汉人所说是周公致太平之书，而应出于战国之世，也加进了这些新儒家的理想主义思想的内容，认为一个理想政府便该这样，当然也保有若干周朝遗留之古史传说，其中有真有假。是故此书须小心应用，不能全据以言周公的历史，因它是一部战国所写的书，很可能还到了晚期，其中掺杂了这些新儒家所造的成分。《周礼》把"六艺"的内容说得清清楚楚。

宋王应麟《困学纪闻》卷八《经说》曾说：

> 以《礼》《乐》《书》《诗》《易》《春秋》为"六艺"，始见于太史公《滑稽列传》。

他说以"六艺"为"六经"最早见于《史记·滑稽列传》。其实一部《史记》里说到六艺的不只一处，《滑稽列传》在《史记》中排列颇后，即如列传首篇《伯夷列传》开端云："学者载籍极博，犹考信于六艺"，亦指六经，但王应麟所言，是针对《滑稽列传》通列出六种书，而同在一条资料中明出"六艺"字样：

> 孔子曰："《六艺》于治一也。《礼》以节人，《乐》以发和，《书》以道事，《诗》以达意，《易》以神化，《春秋》以道义。"

这就如同前引《庄子·天运》明出"六经"的情况相当，故属之首出。于是从此六艺便变成六经。六艺如何即成六经？这在先秦是没有根据的，找不到任何文献资料有此称谓，此皆出汉人所为。窃以为这是汉人所强为，将六经说同六艺。何以故？前引《礼记·王制》言四术"诗书礼乐"，此先秦学者所恒言，孔门之重视"诗书礼乐"也是众所周知而不必存疑者。《周礼》说以六艺为教，礼、乐、射、御、书、数，在《论语》也可分别找出证据，是有这一套内容，作为一个"士"，需要学习具备这些技能。"儒，术士之称"，见于《说文解字》，儒士所具之术，即是六艺之术。故说孔门以六艺为教，无可怀疑；可是若改说孔门以六经教学，其中便有问题。但这是汉人的共同信仰，认定孔子是以这六种书来教学，证据何在？古有六艺一词，六经亦称六艺。故自汉以后，六艺便多一新的内涵，就是指六经这六种书，实是汉人所始有的称谓。

其中有一值得注意者，是《易经》。前引《郭店楚简·语丛一》："《易》所以会天道、人道也"，一般引述此条资料的学者都强调它已述及《易经》了，但且问此语当出自何时？它说《易经》贯通了天道、人道，然读《易》六十四卦的卦、爻辞"经"的部分，如《乾》卦"元亨利贞""潜龙勿用""见龙在田""君子终日乾乾""或跃于渊""飞龙在天","见群龙无首",那一句是讲到天道？卦爻辞皆只言人事，只属人道，无涉天道；言天道者乃汉人传说孔子所作的《易传》。所以说易言天道、人道，理应分别看待，言天道的是《易传》而非"《易》经"。《语丛》所言，定出在《易传》产生之后，不会太早，不会是孔子时候的话，思想发展的脉络应该如此，不难明白。《易》在荀子时尚不与《诗》《书》等伦看待，但另一方面，战国中晚期的新儒家，有人已开始注重《易经》。及后到了秦始皇从李斯之议，焚灭《诗》《书》，儒生所传经书遭禁，然而《易经》却不在焚毁之列。何以不烧？《史记》中说得明白，因在其时人观念中，《易》是一部卜筮之书，与医书、种树之类实用性、技术性的书籍同类。盖古人视占筮为实用，有事可问问鬼神，据以决疑，提供行事指导，其书有社会实用，故不烧而保留。这些新儒家不能再违朝廷禁令而讲《诗》《书》，乃移施其聪明，暗度陈仓，转而讲占卦书《易经》，而将孔孟儒家之义理暗中托寓其中。"立天之道，曰阴与阳；立地之道，曰柔与刚；立人之道，曰仁与义"，仁与义岂非是孔孟所主张的吗？会天道、人事，如今仁道在占筮中找到了，这些新儒家就在解说《易经》的过程中把儒家孔孟以来的思想，偷渡到这些《易》传之中。而这类解说《易》经的传记，流传到汉代，为数甚丰。盖自秦始皇焚书，《诗》《书》遭禁而没落，故如汉文帝时求能治《尚书》者，知有秦博士遗老伏生在济南，却已九十余，年老不能应召，只好派晁错往受之，才有汉世《今文尚书》的重现人间。可是《易经》却不然，在汉初传授特盛，因其前不能讲《诗》《书》，曲折潜移来讲《易经》，所以反而特别多。最后经过一番筛选，留下了十篇，附在经书里，此即后世读到《易》经后的十篇传。至于淘汰未入选的，依然散落人间，例如四十年前长沙马王堆汉文时代古墓出土的帛书《易》传，有一部分是今本所无，为二千年所未得见者，又如见于后人辑佚在汉世流传的《易纬》中的不同《易》说，其中有些便可能是当时筛选删汰的剩余品。司马谈曾说："六艺经传以千万数"，纵然看似夸张，当时所见，恐怕也不尽只如后世所流传，这许多经传，便多为新儒家的产物。这些新儒家之解读经籍，究竟是秉持何种态度及思想？方才谓《易传》中讲占筮掺入儒家思想，其实尚不止此，如"立天之道曰阴与阳"，且问孔子思想有没有讲阴阳？还是孟子讲阴阳？阴阳的观念渊源甚早，论其文字，甲金文中已有之，《左传》中也涉及有阴阳观念，可是要把阴阳讲成一个学说，拿天地万物一切来讲，要到与孟子同时的邹衍，为阴阳家大师。《易传》中即有阴阳。换言之，此辈新儒家的思想，自然有渊源于孔孟的思想，但也兼有孔孟以外的、孔孟所无的其他思想。至此可进言先秦学术的一个发展，经学是如何建立的。

（三）新儒家与经学的建立

前述汉人以经为王教之典籍，章学诚便说"六经皆史"，他所说的"史"，非今"历史"之谓，"史"是政府衙门所掌的文书档案，其内涵近乎是典章制度。近人有误解认为六经就等同历史资料，此虽非尽错误，但至少绝不是章氏的原意。《文史通义》中特别有《史释》一文，解释此一"史"的含义，即古之史官，史官所掌公文档案，亦谓之史，二者皆曰史。故秉承章氏之意，古代的典章制度见诸官司档案，就是六经，然则后代也有其典章制度，因此也应有后代的经学。章氏之意，大抵如此，"六经皆史"可说是一种开明的思想观念。然而依上文所检讨孔子与六经的关系讲下来，章学诚此言居今视之，至多可承认他只说对了一半。盖汉世所传六经，是否全是上古三代原来的典章制度呢？例如《书经》，有无所谓"六经皆史"的成分？固然有之，如《西周书》是周公时代的产物，可是《尧典》《舜典》《禹贡》则不是，而是战国时所撰，乃后人追述的传说，就不能说是"六经皆史"了。前文所论汉世六经中，后来新儒家所追述的部分，就不是真正的"六经皆史"。六经中确有一部分是符合章学诚"六经皆史"的标准的，但他这一命题最多是说对了汉人对经学的观念，"王教之典籍"即是"六经皆史"，但是与真正的史实不能完全对得上。也就是说，到了汉朝，六经有一部分是孔子以前的古史，也有一部分是孔子以后，特别是新儒家的东西。孔子所处，犹一转关地位。孔子以前虽无所谓六经，不精确地勉强借用章氏意，也可说是"六经皆史"，但到孔子时已起变化。《左传》尝言："王官失守，学在四夷"，这便讲到古代学术的一大转变，此一现象约当春秋时代，孔子以前即已开始有之，不过在孔子以后就更加强烈。那时古代的贵族开始堕落崩溃，而相对平民阶层开始上浮崛起。古之学术，原尽掌握在贵族之手，所以才有所谓"六经皆史"；平民没有学术，平民之有学术从孔子始，故孔子见称为至圣先师，非谓孔子以前无师，而是其前之师只教育贵族世子，不教平民。孔子有教无类，不分贵族、平民，皆蒙其教。孔子研究古代专属贵族的学术，将此学术下放到民间，遂下开战国以下所谓"先秦诸子"之学，而有百家之言。

汉人观念，古代学术只有两种：一曰王官学，一曰百家言。《汉书·盖宽饶传》盖宽饶引《韩氏易传》：

五帝官天下，三王家天下。

官言其公，家言其私，其在《汉书·艺文志》，则《六艺略》与《诸子略》之所由分。后世分古学为经史子集四部，与汉世大不同，其实是酝酿于六朝，下至隋唐以下而始然，其事正式首见于《隋书·经籍志》，自是直沿袭到清朝《四库全书》，成为后世普遍沿用的分类观念，视为理所当然，但其实并非秦汉所得而有。汉人的图书是如何分类的？根据《汉书·艺文志》所载类目：《六艺略》《诸子略》《诗赋略》《兵书略》《术数略》《方技略》。最要者为前面两类的《六艺略》与《诸子略》，《六艺略》即汉人之六经，所谓王教典籍，六经皆史，王官之学；《诸子略》即儒家、道家、法家之属，所谓先秦诸子或战国诸子，百家之言；一为官方之学，一为民间之学。《六艺略》六经是成系统的，《诸子略》各家各派则是分散的，儒家与道家不同，道家与法家不同；论其典籍之著成时代，《六艺略》在前而《诸子略》在后。当然如前文所论，《六艺略》中的部分，反而是成于《诸子略》之后的，不过在汉人的观念中，一个在孔子以前，一个则在孔子之后。而自秦汉人目之，他们认为在孔子以前的六艺叫作"古"，孔子以下的百家之言叫作"今",当时"古""今"的分野如此。当然随后的《诗赋略》《兵书略》《术数略》《方技略》等等,也都属诸平民。一边是古代贵族的官方之学,一边是平民后来兴起之学,先秦学术有此一大分野。谁是第一个平民兴起的学者?即是孔子。儒家是诸子的第一个,儒家孔子将古官学传下来以后,到战国便有百家言的继起勃兴。百家各说各话,各自有所主张,他们有一共通的背景,其出身都属于士之阶层。士并非贵族,其来源自贵族坠落下来,或者自平民而上浮,凭其学术来讲一套。《韩非子·五蠹》云:"儒以文乱法,侠以武犯禁,而人主兼礼之,此所以乱也。"儒之与侠,一文一武,皆属平民,人主则是王者贵族。韩非认为儒、侠各凭本事来干政,同样是要不得,这是他本于法家立场的意见,要之也可以反映出百家言兴起后的现象。其实以文干政者何限于儒,论其性质,墨家岂不然?法家岂不然?各家都提出治国之见,他们有一共通的主流精神,即对当时堕落腐败的贵族不满,同时由于士阶层的兴起,他们认为士可以来治天下,从前政治只掌控在贵族手中,轮不到他们的;现在他们自由学术,眼见当时的贵族不像样了,认为天下不能再只顺从这些没落的贵族,而可以由他们提出办法来,于是各家纷陈其见。先秦诸子尽管各家各派意见不同,但却有如此般共同的意见,即学术要来指导政治,士阶层可来领导政府,诸子大抵都有此派头,故皆称子,或称先生,自高位置。《战国策·齐策》记齐宣王见颜斶的一段故事:

> 齐宣王见颜斶,曰:"斶前!"斶亦曰:"王前!"宣王不悦。左右曰:"王,人君也。斶,人臣也。王曰'斶前',亦曰'王前',可乎?"斶对曰:"夫斶前为慕势,王前为趋士。与使斶为趋势,不如使王为趋士。"王忿然作色曰:"王者贵乎?士贵乎?"对曰:"士贵耳,王者不贵。"

其时士风之高涨,嚣张如此,竟敢说出士贵王不贵的话。

先秦诸子思想的发展,以最简单的说法,也历经了先后两阶段的演变。其兴起之初,各持主张,各说各话,故有所谓儒墨之是非,彼此相争,互相反对排斥。但并非自始至终皆然,到了先秦的中后期,渐渐各家皆有彼此吸收融和的现象。大概最早的是约与孟子同时的邹衍。《史记·孟荀列传》云：

> 驺衍睹有国者益淫侈，不能尚德，若大雅整之于身，施及黎庶矣。乃深观阴阳消息，而作怪迂之变……然要其归，必止乎仁义节俭，君臣上下六亲之施，始也滥耳。

邹衍本身在《史记》无独立之传，司马迁只简单叙及他，附述在孟子之后，其实在西汉司马迁的时代，孟子的地位远不能与阴阳家的邹衍相比，盖如不知阴阳家即不能真知汉代的经学，包括司马迁的老师董仲舒讲《公羊春秋》，其中便多阴阳家言。其时流传的作品，中间有出自所谓新儒家的作品，也有儒家以外其他诸子，如《易·系辞》《礼记·月令》《逸周书·时训解》《吕览·十二纪》《管子·幼官》《淮南·时则训》以及《小戴》之《冠义》《乡饮酒义》《乐记》之类，皆与阴阳家学说有所关涉。邹衍"深观阴阳消息，而作怪迂之变"，是其本色，然而"要其归，必止乎仁义节俭"，主节俭，却是诸子中多持的意见，同是看不惯当时贵族的荒唐奢侈浪费而生出的反对；至于仁义，与儒家的主张相同，可知邹衍也讲儒家思想，他先已受儒家思想教育的。往后各家各派皆互相吸收，其中儒家的吸收力较诸他家不得不说更强些。先秦诸子中，如《墨子》书，但观其篇题，曰"非乐""非命""非儒"，其非斥之立场已极鲜明；再如道家《老子》，开宗明义曰："道可道，非常道；名可名，非常名"，也是本于一种排斥；儒家相对而言，较是正面提出其主张出来。故往后各家各派，道家、法家亦皆对他家思想进行吸收，但以学术性格而言，儒家确是最强。故新儒家的著作，他们当然仍以发扬孔孟思想为主，但同时也掺杂吸纳了他家的思想在内，《易传》即是非常明显的例子。《小戴礼记》亦然，其中如众所周知的《礼运》"大同篇"："大道之行也，天下为公。选贤与能，讲信修睦，故人不独亲其亲，不独子其子，使老有所终，壮有所用，幼有所长，矜寡孤独废疾者，皆有所养。"《论语》孔子未言"大同"，只言"和而不同"，《礼运》便有道家思想、墨家思想，而为儒家所吸收。不唯儒家发展出新儒家，道家也发展出新道家，即所谓"黄老学派"。《庄子》书尚提到黄帝,《老子》悬空说理,近乎西方之哲学,其书中根本不提任何历史人物,更遑论黄帝?老子轻视人文历史文化,最好是文字也取消,返璞归真才是理想,既认一切为害的皆出人为,如何来讲黄帝?盖以儒家看重历史,尧、舜、禹、汤、文、武、周公,从历史文化直讲下来,战国后来的道家遂也来讲历史,乃更从尧舜翻上去讲更古的黄帝。及到西汉初期,司马迁之父司马谈《论六家要旨》言及道家:

> 道家使人精神专一,动合无形,赡足万物。其为术也,因阴阳之大顺,采儒墨之善,撮名法之要,与时迁移,应物变化,立俗施事,无所不宜,指约而易操,事少而功多。

道家中兼有阴阳家、儒家、墨家、名家、法家,统汇为一。后来《汉书·艺文志》言杂家:

> 杂家者流,盖出于议官。兼儒、墨,合名、法,知国体之有此,见王治之无不贯,此其所长也。及荡者为之,则漫羡而无所归心。

同样也是兼儒、墨,合名、法,岂不与司马谈所言道家相近?故从前胡适之先生便曾认为杂家就是道家的前身,正是建立在对汉初道家思想的内容性质上。其实道家自不合与杂家相混,杂家应出在后,司马谈云云正是所谓新道家,并非老庄原来的道家,此亦犹新儒家,是先秦思想发展到后期,有以老庄为主,吸收了其他家派的思想而成,故其中也包含有儒家、法家的种种思想内涵,此之谓"黄老"。因此司马谈所言之道家,不同于老庄之原始,即此新道家。这与杂家不同,杂家无宗主,黄老则以道家为宗主,再来吸收其他别家的思想,就如同新儒家以儒家为主来吸收其他是一样的。

何以要讲到这些?因为要论汉人经学的建立,其中由于掺杂了这辈新儒家的著作在内,尽管汉人不辨,认为全部都是"六经皆史",都在孔子以前的,而事实上有出在孔子以后,甚而在战国诸子以后,是战国后期的产物。到了汉朝,统视为儒家所传古代的典籍,混为一套一贯之物,称作六经。六经既为一贯的,便当归宗于一人,以为之贯彻，则孔子无疑适当其选，于是本先秦"言公"之义，将六经统归到孔子身上。康有为曾提出孔子"托古改制"之说，其实孔子并无托古改制，后来这辈新儒家倒有些是托古改制，例如在《周礼》中，他们心目中有一个理想政府的蓝图，便说成古代的政府就是如此，把它当真，其中有其理想性。新儒家吸收了新的思想，却说成是孔子所言，传到汉朝，当然就都认为是孔子的，孔子以六艺教，大家也易于接受，六艺、六经混一不辨，礼乐射御书数一转手便变为《易》《诗》《书》《礼》《乐》《春秋》，六经便成为孔门的教材。故严格言之，六经成为共通一致的系统，要到汉朝才正式建立起来的；当然也可以说，汉人是接受了其前新儒家的意见。到了汉武帝建元五年罢黜百家，表彰六经，博士官中只能有五经博士。汉武帝遂被近人指斥为专制皇帝学术归于一尊，以为从此只有儒家而没有别家。此全不符中国学术之事实，至少其后魏晋六朝儒释道三家鼎足分立，并非只有儒家的存在，或许儒家还占不到三分之一的地位，以故再后来有宋明理学又一回新儒家的重倡。不说后来，即汉武帝时代也并不如此，后人有此訾议，乃误以汉武帝等同于秦始皇之焚书之禁。《史记·秦始皇本纪》：

> 丞相李斯曰："……臣请史官非秦记皆烧之。非博士官所职，天下敢有藏《诗》《书》、百家语者，悉诣守、尉杂烧之。有敢偶语《诗》《书》弃市。以古非今者族。吏见知不举者与同罪。令下三十日不烧，黥为城旦。所不去者医药、卜筮、种树之书。若欲有学法令，以吏为师。"制曰："可。"

秦始皇时讲《诗》《书》是死罪，若根据《诗》《书》来批评当今政府，更致灭族。汉武帝罢黜百家则不然，只不过是朝廷所立博士官学术讲座，原先不限于讲《诗》《书》者，也包括一些诸子和其他的，至此只限在五经的范围而已。三国时曾有一传说，谓汉景帝时代《老子》便曾经立为经书，《汉书·艺文志》所录，有《老子邻氏经传》《老子傅氏经说》《老子徐氏经说》，都是以《老子》为本经而为的传和说；近年方才面世公布的《北京大学藏西汉竹书·贰》，是一部学者判定为抄写于汉武帝时代的简本《老子》，已出现了"老子上经"和"老子下经"

的篇题，也可以旁征其时《老子》确有"经"称，三国人的传说未必乌有虚构。不过到汉武帝立五经博士时，这些诸子和传记博士一概都罢黜废除了。赵岐《孟子题辞》曾云：

> 汉兴，除秦虐禁，开延道德，孝文皇帝欲广游学之路，《论语》《孝经》《孟子》《尔雅》皆置博士。后罢传记博士，独立五经而已。

赵岐是东汉后期与郑玄同时的学者，不过他也是在野的学者而非朝廷博士。从其所述，可见《论语》《孝经》《孟子》《尔雅》在汉文帝时也曾立博士，但到武帝立五经博士时便废除了，所谓罢黜废除，并非不许你读他的书；若然，又怎会留下一部赵岐的《孟子章句》呢？可见仍可读《孟子》。今以《孟子》为经书，此是沿袭宋人观念，故其后此四种并属十三经；在汉人则不然，他们只有五经，故赵岐所说的四种，在其时都只是"传记"而非"正经"，今武帝只许五经有博士，则原来的传记博士便一律取消。《论语》《孝经》《孟子》《尔雅》当然是儒家典籍，并且是重要的儒家典籍，以故其前可立博士，甚至易代以下至于宋代，还提升纳入为经书；然而在立五经博士时，却同遭罢黜的命运。《孟子》在《汉志》中列儒家类，在《诸子略》，不在《六艺略》；其余三种虽附《六艺略》，但属于传记而非正经。可知汉武帝罢黜百家，第一家要罢黜的便是儒家。儒家属百家，以今视之，其事似甚怪，然而证据昭然，《论语》《孟子》的博士皆在罢黜之列。原来在汉人观念中，孔子兼有双重身份：一面是王官学的身份，另一面则是百家言的身份，汉人所重视于孔子者，特在其前者，对孔子下开百家言的一面并不看重。我们不宜以现代的思想观念来评价其事，应尽空后人之见，还原汉人的观念，才能见出比较客观的真相。他们并非不重视《论语》《孟子》，但是在博士官中却予以裁撤，可见他们对于六经，有其特殊之观点。此一观点即班固所言的"王教之典籍"、章学诚所谓之"六经皆史"，《论语》非王教之典籍。然若问：《春秋》总是孔子所编，而六经中却有其书，何以故？可见孔子此书在六经中是很特别的一部。倘使就性质言，《春秋》如同是子书，非古王官学所本有，然汉人说法，它等同于王官学。如我们去看《孟子》，则汉人也不算错。盖孟子便说过："《春秋》，天子之事也。"又说："王者之迹熄而诗亡，诗亡然后《春秋》作。"故引孔子自言："知我者，其惟《春秋》乎！罪我者，其惟《春秋》乎！"孔子以为后世若要真知他，因他写了此书，汉人称之为"微言大义"；孔子又说后世要来怪罪他，也是因他写此书，因《春秋》是"王者之事"，本应是王官学，可惜春秋"世衰道微，邪说暴行有作，臣弑其君者有之，子弑其父者有之"，王者之迹熄，王官失职，学绝道丧，以致孔子忧惧，只得以一在野之私人而来作《春秋》。然而汉人却说孔子即是王官，认为孔子修《春秋》是代王者立法，虽无王者之位，实有王者之道，故称之为"素王"。传说左丘明作《左氏传》，详史事以阐明《春秋》之法，于是后人也尊之为素臣。一为君，一为臣，孔子在汉人心目中，如同一王，故《春秋经》当然是王官学。然则尧舜禹汤，上古三代，《春秋》究竟是何时的王官学？汉人认为孔子为汉制法，预为汉世订立大纲大法，预为汉世的王官学，职是之故，孔子是汉人的素王。

试问何以汉人不要诸子的一套，而要采用古王官学的一套？此须读《汉书·董仲舒传》董氏的"天人三策"方知其中因缘。盖汉前秦世，自始皇统一天下至二世即位，前后不过十三年；二世元年，陈胜、吴广即起事，刘邦、项羽继之，没几年便亡其国祚。秦始皇重"今"不重"古"，禁《诗》《书》，十余年间即告覆亡，此岂足效法？"古"则包括上古三代夏商周，四百年、六百年、八百年。然则汉朝该效法何者？无疑当学上古三代。董仲舒曰"更化"，更化犹今所谓改革，如何改革？以复古来更化，重讲古代的王官学。尽管于今或可认汉人上了战国人的当，此古之王官学未尽真为上古，已是变了质的王官学，然在汉人脑中，以为这些都是孔子传下的，孔子为汉制法，故六经等同于汉世一部宪法，为汉廷政治各方面指示出大纲大领，开出有汉一代之王治。故近代人盛推战国诸子思想自由，百花齐放，各说各话，百家争鸣，最堪向慕；汉人则不然，认为战国樊然淆乱，大一统时代须另来一套，董仲舒说要行孔子六经。汉武帝采其议，《汉书·武纪赞》：

> 孝武初立，卓然罢黜百家，表章《六经》。

于是立五经博士。《论语》《孝经》《孟子》《尔雅》因属诸子、传记，同时被黜，并非反孔子，端由汉人对经学有此一王官学，乃王教之典籍，为汉制法的概念使然。由此一观念主导，可续论汉世经学与政治社会的关系。

（四）经学与政治社会的关系

前曾说，严格而言，经学乃由汉人才建立起来。汉代经学与先秦后期的新儒家、新道家等，其间是有所不同的。百家发展到了后期，彼此吸收，乃民间学术对别一家派的学术精华，若觉其中有可取，与自身原先学说可互补者，即可加以吸收。儒家于百家中吸收力最强，有超越其他家派者。此外，儒家尚有一独特之点，即各家中亦唯儒家最重视历史。道家姑无论，前文也已提及，老子轻蔑人文，故不讲历史；庄子也不讲历史，其所述历史实皆等同寓言，重理不重事，故所言尧舜、孔颜，与其托言之鲲鹏、栎树、龟鱼不异，虽其中亦有传说之实者，但更多的是寓言。法家韩非，其实也差不多，所言历史也如同寓言，凡古帝王循名责实、严刑峻法者皆兴，反之者皆亡，重理不重事，与庄周亦无大相远。儒家以外，诸子中尚知重史者唯墨翟，故《墨子》也讲《诗》《书》，所引《书经》比《孟子》还多些，唯墨子所讲历史有一范围，他摩顶放踵，刻苦自励，故特重大禹，以其尤符其兼爱之精神，其历史非全体极致言之，故唯儒家乃贯彻始终讲一整全的范围。儒家传统性格如是，故后来这些新儒家吸收其他诸子，便非凭空高论，而是拉回在所谓王官学的范围来申述。如解释《易经》，讲古代的礼，是吸收了百家言中不同的思想，但这些新儒家要依傍于经书以立言为传记，回到历史上来讲，故到汉代六经统一的时候，有一部分是真正的"六经皆史"；而另一部分产生在孔子之后，这一部分其形式是经学，而其实质内容则已吸收百家言在内。因此，统一的经学在真正成立的时候，事实上已是经学与子学的综合体，已经包含了百家言诸子的成分在内。百家言的精神，要在学术领导政治，回视汉武帝从董仲舒议，罢黜百家，表彰六经，其旨畅宣在董仲舒的《贤良对策》，即在学术领导政治。

然而经学之作为政治之指导，只可谓正式以汉武建元五年立五经博士为标识，其前之新儒家早有其影响。如从汉初叔孙通征召儒生为汉高祖制订朝仪，已见儒生所习有切时用，可说远有端绪。凡言汉代经学史者，莫不知汉人经学之所重在此，有所谓"通经致用"。"通经致用"此词非汉人所本有，而为后人综括其时史事中经学现象之表述，特别显著表现于西汉时期，更足反映经学建立时的原始精神。其时政治上的措施，一代朝廷规模建设纲领之种种指导，包括太子继立的原则、泰山封禅祭祀的细节、对四夷的外交关系、用兵的策略等等，经学都可发挥作用。而人文之变，往往以渐不以骤，风气有自，亦不必硬性定位在汉武立五经博士之后。《史记·梁孝王世家》：

> 景帝与王燕见，侍太后饮，景帝曰："千秋万岁之后传王。"太后喜说。窦婴在前，据地言曰："汉法之约，传子适孙，今帝何以得传弟，擅乱高帝约乎！"于是景帝默然无声。太后意不说。……太后谓帝曰："吾闻殷道亲亲，周道尊尊，其义一也。安车大驾，用梁孝王为寄。"景帝跪席举身曰："诺。"罢酒出，帝召袁盎诸大臣通经术者曰："太后言如是，何谓也？"皆对曰："太后意欲立梁王为帝太子。"帝问其状，袁盎等曰："殷道亲亲者，立弟。周道尊尊者，立子。……方今汉家法周，周道不得立弟，当立子。故《春秋》所以非宋宣公。宋宣公死，不立子而与弟。弟受国死，复反之与兄之子。弟之子争之，以为我当代父后，即刺杀兄子。以故国乱，祸不绝。故《春秋》曰'君子大居正，宋之祸宣公为之'。臣请见太后白之。"袁盎等入见太后："太后言欲立梁王，梁王即终，欲谁立？"太后曰："吾复立帝子。"袁盎等以宋宣公不立正，生祸，祸乱后五世不绝，小不忍害大义状报太后。太后乃解说，即使梁王就国。而梁王闻其义出于袁盎诸大臣所，怨望，使人来杀袁盎。袁盎顾之曰："我所谓袁将军者也，

公得毋误乎？"刺者曰："是矣！"刺之，置其剑，剑着身。视其剑，新治。问长安中削厉工，工曰："梁郎某子来治此剑。"以此知而发觉之，发使者捕逐之。独梁王所欲杀大臣十余人，文吏穷本之，谋反端颇见。太后不食，日夜泣不止。景帝甚忧之，问公卿大臣，大臣以为遣经术吏往治之，乃可解。于是遣田叔、吕季主往治之。此二人皆通经术，知大礼。来还，至霸昌厩，取火悉烧梁之反辞，但空手来对景帝。景帝曰："何如？"对曰："言梁王不知也。造为之者，独其幸臣羊胜、公孙诡之属为之耳。谨以伏诛死，梁王无恙也。"景帝喜说，曰："急趋谒太后。"太后闻之，立起坐食，气平复。故曰，不通经术，知古今之大礼，不可以为三公及左右近臣。少见之人，如从管中窥天也。

此事尚在景帝时，乃是朝臣据《春秋》经义来解决汉室立太子的危机，还进一步平息了景帝母弟之间难解的纠结。清末皮锡瑞《经学历史》云：

> 武、宣之间，经学大昌……以《禹贡》治河，以《洪范》察变，以《春秋》决狱，以三百篇为谏书，治一经得一经之益。

这些本于六经学术来指导政治措施的具体事例，更是治汉史或经学史者无人不知者。如所谓"以《洪范》察变"，见《汉书·夏侯胜传》：

> 胜少孤，好学，从始昌受《尚书》及《洪范五行传》，说灾异。后事蕳卿，又从欧阳氏问。为学精孰，所问非一师也。善说礼服。征为博士、光禄大夫。会昭帝崩，昌邑王嗣立，数出。胜当乘舆前谏曰："天久阴而不雨，臣下有谋上者，陛下出欲何之？"王怒，谓胜为祆言，缚以属吏。吏白大将军霍光，光不举法。是时，光与车骑将军张安世谋欲废昌邑王。光让安世，以为泄语，安世实不言。乃召问胜，胜对言："在《洪范传》，曰'皇之不极，厥罚常阴，时则下人有伐上者'，恶察察言，故云臣下有谋。"光、安世大惊，以此益重经术士。后十余日，光卒与安世白太后，废昌邑王，尊立宣帝。

夏侯胜竟以天候之变附会《洪范传》，进而逆知霍光等之谋废昌邑王，此在后人视之,自属荒诞不经而不足信,其事或出巧合,然在阴阳家说盛行的时代,恐怕包括夏侯胜本人,都是深信不疑的。

至于所谓"《春秋》决狱"或曰"《春秋》断狱",根据孔子《春秋》所讲的道理来判断刑案的是非,则尤为后人所熟知者。董仲舒便有不少有名的案例,姑举《太平御览·刑法部六·决狱》所录二例:

> 董仲舒《决狱》曰:甲父乙与丙争言相斗,丙以佩刀刺乙,甲即以杖击丙,误伤乙。甲当何论?或曰:"殴父也,当枭首。"议曰:"臣愚以父子至亲也,闻其斗,莫不有怵怅之心。扶伏而救之,非所以欲诟父也。《春秋》之义,许止父病,进药于其父而卒。君子原心,赦而不诛。甲非律所谓殴父也,不当坐。"

> 又曰:甲夫乙将舡,会海盛风,舡没,溺流死亡,不得葬。四月,甲母丙即嫁甲,欲当何论?或曰:"甲夫死未葬,法无许嫁,以私为人妻,当弃市。"议曰:"臣愚以为《春秋》之义,言夫人归于齐,言夫死无男,有更嫁之道也。妇人无专制擅恣之行,听从为顺。嫁之者,归也。甲又尊者所嫁,无淫衍之心,非私为人妻也。明于决事,皆无罪名,不当坐。"

这种断狱的原则或精神,汉人称之为"原情定过,赦事诛意"(《后汉书·霍谞传》),或称"原心定罪,探意立情"(《汉书·王嘉传》),即主张重视寻求犯案的原始心理动机,否则"诛不原情,兹谓不仁"(《汉书·五行志》)。这种儒家所言之法律原则与法家大不相同,并非不要法律,而是法律须原情定罪。此等道理何所自?即缘经学而来,可见经学的致用是多方面的。

后来到了汉昭帝时,京城还发生过一件大案,也是幸赖当时的京兆尹隽不疑据《春秋》之理来裁断。事见《汉书·隽不疑传》:

> 始元五年,有一男子乘黄犊车,建黄旐,衣黄襜褕,着黄冒,诣北阙,自谓卫太子。公车以闻,诏使公卿将军中二千石杂识视。长安中吏民聚观者数万人。右将军勒兵阙下,以备非常。丞相、御史、中二千石至者,并莫敢发言。京兆尹不疑后到,叱从吏收缚。或曰:"是非未可知,且安之。"不疑曰:"诸君何患于卫太

子！昔蒯聩违命出奔，辄距而不纳，《春秋》是之。卫太子得罪先帝，亡不即死，今来自诣，此罪人也。"遂送诏狱。天子与大将军霍光闻而嘉之，曰："公卿大臣当用经术，明于大谊。"繇是名声重于朝廷，在位者皆自以不及也。

春秋时卫出公（辄）以子拒父蒯聩入卫，姑不论所谓"《春秋》是之"，其义与《论语·述而》子贡称"夫子不为（卫君）"是否相协，隽不疑确是援引当时《公羊春秋》的解说果断地处理了棘手的突发事件，其事也与决狱相伦类。

汉人实以经学与子学的综合体来建立起六经，作为其王政之大纲大领的指导，这是经学初立的原始精神，换言之，古代王官学与后起的诸子学，其间精神相通接榫之所在，西汉的经学是有所把握的，而施之于政治社会，并有实效。故也可说，其时的经学是活泼而有生气的。

然而中国学术的发展有一个共通的现象，大凡一种学术，其居在野地位时，往往踔厉风发，虎虎有生气，先秦诸子即然；一旦上进而为朝廷的身份，便开始堕落，这几乎成了历史不变的通例。如何堕落？因经学成为在朝唯一尊崇承认的学术以后，为学者便可赖以升官发财。《汉书·儒林传》：

> （公孙）弘为学官……为博士官置弟子五十人，复其身。太常择民年十八以上仪状端正者，补博士弟子。……一岁皆辄课，能通一艺以上，补文学掌故缺；其高第可以为郎中，太常籍奏。……昭帝时举贤良文学，增博士弟子员满百人，宣帝末增倍之。元帝好儒，能通一经者皆复。……成帝末，或言孔子布衣养徒三千人，今天子太学弟子少，于是增弟子员三千人。

《史记·晁错传》《索隐》引《汉旧仪》亦云：

> 太常博士弟子试射策，中甲科补郎，中乙科补掌故。

朝廷所立五经博士不但自身有好出身，还进而可以教授弟子员，弟子员也有很好的政治前途，当然吸引后生趋之若鹜，人数规模愈来愈盛。所以《汉书·儒林传赞》说：

> 自武帝立五经博士，开弟子员，设科射策，劝以官禄，讫于元始，百有余年，传业者浸盛，支叶藩滋，一经说至百余万言，大师众至千余人，盖禄利之路然也。

"禄利之路"，揭尽了经学盛兴以后的真相。博士官位阶其实并不甚高，且为学术顾问性质，并无实权职掌，但万一有机会补缺，则三公九卿亦非无可能；即为弟子员，也只需在学一年即可转仕。《汉书·夏侯胜传》：

> 始，胜每讲授，常谓诸生曰："士病不明经术；经术苟明，其取青紫如俯拾地芥耳。学经不明，不如归耕。"

《汉书·韦贤传》：

> 邹鲁谚曰："遗子黄金满籯，不如一经。"

此皆可见经学与富贵利达的密切关系。宜乎一个已立官的博士讲座，为维护自身地位，执持不让，不容他家挑战与威胁，坚拒增立他家，而未立者则千方百计汲汲以求增立。今谓汉世经学的今古文经学之争，论其实质，不过是这些古经籍的不同家说之间彼此互争利禄名位之相角攻讦而已。本来五经是整体一贯不分散的，争立博士的后效却是分家分派；而博士弟子员前来就学，也不过一年，能学多少？只能随一先生，专读一经中的一家，庶几差可。博士也一样，本当求五经大体，如今为教学生，更重要的是要把持博士地位，防堵他家的挑战和威胁，于是要在经说的解释上防御应敌，于是不单是要分家派，同时也要有"章句"的撰写，把经书的解说分章分句，逐一细说，至好是说得密不通风，无隙可乘，方足以辩论应敌。循是而家法分界愈趋愈严，章句也日趋烦琐。顾炎武《日知录》云：

> 秦延君说《尧典》篇目，两字之说十余万言。但说"曰若稽古"三万言。（桓谭《新论》）。此颜之推《家训》所谓"邺下谚云：'博士买驴，书卷三纸，未有驴字'"者也。

其前景帝、武帝时期的经学先师，他们的治经格局是通治诸经，粗通大义，而重其政治实务的应用；专立五经博士以后，其始先师尚有典型，还能维持其风，愈后利禄之途既开，其风浸变，宣、元以下，家法章句勃兴，博士的风格丕变，先师通经致用的精神意气便日渐涣散，转成一种书册之学。前文曾述西汉称六经为六艺，经学原也称经艺、经术，东汉以下，便出经学之称了。从名称的潜移，似也可反映经学致用精神的陵夷衰微之概。下逮东汉，在朝所立五经博士发展定型为十四家，弟子员却渐增渐多，章句的繁芜有增无已，其后一经的章句可以多至数十万言，甚至百万言，如此弟子来学，亦不烦再多细说。所以《后汉书·儒林传》云：

> 自安帝览政，薄于艺文，博士倚席不讲，朋徒相视怠散，学舍颓敝，鞠为园蔬，牧儿荛竖，至于薪刈其下。

学术堕落，则政事随之凋败。博士既然倚席不讲，太学却未即关门，学生仍时时相聚，学无所事，乃相率抨弹时政，最终太学生之议政，遂招汉末党锢之祸。两汉的博士官从初立五经博士伊始，精神焕发，历经长期名利的腐蚀，恶化发展至此，殊堪浩叹。《汉书·艺文志》云：

> 古之学者耕且养，三年而通一艺，存其大体，玩经文而已，是故用日少而畜德多，三十而五经立也。后世经传既已乖离，博学者又不思多闻阙疑之义，而务碎义逃难，便辞巧说，破坏形体；说五字之文，至于二三万言。后进弥以驰逐，故幼童而守一艺，白首而后能言；安其所习，毁所不见，终以自蔽，此学者之大患也。

这一总结式的评价，是符实而公允的。

综观中国学术发展，似有一公例：假使在野学术能影响到政治，支撑建立起一个政府，此一时代的政治必然是上升的；但是，一旦学者参加政府，深入其中，功名利禄覆盖其经纶世宙之初衷，继之则趋于堕落，政治也将转而向衰。易言之，凡是政治与学术分隔疏离者，其国政也必不堪设想。以两汉而言，东汉已有这方面的堕落了；至魏晋以下，学之与政，更见其疏离，西汉的精神渺不复见。驯致学术观念为之改变，从前汉人是有六艺王官学与诸子百家言的分别，如今却渐渐变成经史子集的分类，经学无复经世的精神，也如子史般只是古代留下来的一些书籍，于是九经也可以，十三经也无妨，增入一些大家重视的典籍，皆可目之为经。汉朝时《左传》《小戴礼记》等皆不得为经，《孟子》也只是一部子书，更不能为经；到唐朝，《左传》《小戴礼记》可以变成经，到宋朝，《孟子》也可以变成经了，因为认为这些都是儒家古书，性质一样。西汉的经学，当初所建立起来原始经学所留下来的经说材料，如其中言灾异多掺阴阳家言，上天谴告，不听便降灾；又如《公羊春秋》中的"三科九旨"等等，不少自后人观念视之，似乎奇谈怪论甚多，荒唐不可思议。但他们重视《春秋经》，又特重《公羊》一家，认为政治应该演进，实有一演进的观点；其次是民间的学术应参加政治而加以指导，便是将先秦诸子的精神吸收进来的，可惜这种精神后代言经学者都不知而漫失了。也可说，远在东汉，这种精神便已开始漫失，这是因为时代改变，他们所面对的问题，不再是政治大群的问题，而渐转为个人人生问题，于是解决时代问题的，道家、佛家更适于起来担当大任。其后宋明理学的背景也与此相当，他们所面临要解决的还是个人人生问题，而他们前面的对手是道家的老庄和佛家的释迦牟尼，故讲儒家要在古书里面加以挑选，便产生四书，以后尽管依然有所谓五经，但四书的地位便日渐提升甚而凌驾其上了。何以故？因要解决人生问题，四书以较古之五经，似乎是更为切用。故自宋后，经学便与道释鼎立，而远离当初西汉建立经学时的原始精神了。

由以上所述，认为西汉前期经学初立时的原初经世致用的精神，不啻综摄上古王官学以及后起百家言，会归而为当朝新的王官学，貌若复古，实为更化，最为可贵。而东汉以下博士守家法、为章句，似只如纸上学问，无涉世用；其实也不尽然。孔子辙环天下，周游列国，本求行道于世；及晚年倦而归鲁，亦唯教育之与著述，而政事终无与。故儒家教义，本有"用行舍藏"两面。经学亦犹是，两汉之世，通经致用的盛况，愈后而向衰，唯因博士经生之长期讲究，其于上层政治的影响活力虽日渐减弱，然于下层社会之潜移风教，其力量依然是不容忽视。顾炎武《日知录·两汉风俗》云：

　　三代以下，风俗之美，无尚于东京者。

日人本田成之撰《中国经学史》所述东汉经学,便有"经学底感化"专节,自经学之社会教育意义发挥此意。姑复拈史书一例,以终本篇,是可见经学无论兴衰,自上层政治之建构大业,乃至个人之立身人格熏陶,并皆可以各有其效验。《后汉书·杨震传》:

> 震少好学,受《欧阳尚书》于太常桓郁,明经博览,无不穷究。诸儒为之语曰:"关西孔子杨伯起。"……道经昌邑,故所举荆州茂才王密为昌邑令,谒见,至夜怀金十斤以遗震。震曰:"故人知君,君不知故人,何也?"密曰:"暮夜无知者。"震曰:"天知,神知,我知,子知。何谓无知!"密愧而出。……性公廉,不受私谒。子孙常蔬食步行,故旧长者或欲令为开产业,震不肯,曰:"使后世称为清白吏子孙,以此遗之,不亦厚乎!"

以上论述观点,多原本师钱穆先生的相关著述,苟有所窥,亦由之启发;其有差谬,咎归作者。

本篇为作者 2007 年 12 月 28 日应邀至花莲东华大学中文系以"经与经学"为题之讲词,副题后加,若干牵涉新出土文献内容亦修订时补入。

十七、略论中国传统文化中的"人定胜天"思想

（一）前言

中国成语中有"人定胜天"一词，因于近年天灾频仍，其含义之正确与否，乃至成语之文法结构与字义解释，都成为广泛讨论和争议的焦点，无论期刊、报章，甚至新兴网络上，先后有不少相关文章发表。[1] 讨论多、议论长，本无待再加申辩，但对此一成语之源流与文献资料的理解，笔者尚略有管见，对了解中国古人天人之际的观念，或不无小补，撰此小文，以申述拙见为主，旨不在批驳既有成说。其有与成说之相同相近者，随文注出；如有疏漏，或出暗合，由见识不周，非敢掠美。

首先当说明者，乃今人所认知"人定胜天"的现代含义。新近出版的词书多半解释为：

> 人的意志和力量可以战胜自然。

或者更简化为：

> 人力能够战胜自然。[2]

但任何成语的含义，对一般读者而言，都难以摆脱原来文字的制约，因此在类似的理解模式下，字义的对应便发生问题。较多的争议似乎不在天人的指义上，而是"定"字的词性和意义，以及"胜"是否即

---

[1] 近年已发表之相关讨论，以李伟国教授《"人定胜天"语义的演变》搜罗古今资料最详。本文撰写动机，实受其启发，部分例证及见解，亦有所参用；唯主要观点与诠解脉络，以及对若干文献的理解则颇有异同。该文刊上海《文汇报》2008年7月20日《学林》第8版，读者可对参。

[2] 参阅本文第八节。

是"战胜"？

华中师范大学的邢福义教授曾对三十位"高层次或较高层次的知识分子"作过一次很有趣的小调查，要求他们分辨"人定胜天"的主、谓语结构。结果认为"人（主）定胜天（谓）"者共二十八人；认为"人定（主）胜天（谓）"者仅二人。[1]

然而成语必有其来源，并亦经古人运用，因此涉及古汉语的词书，多会举出语源与书证。各种词书往往陈陈相因，有两句常被提起，一是南宋刘过的《襄阳歌》：

  人定兮胜天，半壁久无胡日月。

其次是与刘过时代相近的刘祁《归潜志》：

  天定能胜人，人定亦能胜天。[2]

以二刘分别在"人定"与"胜天"间插入"兮"和"亦能"等字样，可证古人对此语的文法理解，与大多数现代人不同，上述邢教授的调查，如衡以古人认知，只有那两位少数的意见，才是正确的。

（二）"人定胜天"的语源

词书对"人定胜天"的最古来源，皆指出两处：一是《史记·伍子胥传》，二是《逸周书·文传解》。这两处出典既为大多数词书所承袭，似乎也无人质疑；虽然也有学者倾向认为《史记》才是衍变为后世成语的真正所由，但也并不坚决否定《逸周书》也是一个来源。[3] 可是我们似应细究，所谓语源，究竟是指思想内容义理的来源，还是字面形式，甚至是局部文字形式的来源？如此或可帮助我们对此一成语有较精确而全面的了解，而人云亦云的词书简化说法，未必一无讨论的余地。

我们可先检看最被视为成语真源的《史记·伍子胥传》：

---

[1] 邢福义：《"人定胜天"的古代原本用法与现代通常用法》，《山西大学学报》（哲学社会科学版）第31卷第1期（2008年1月），第69—73页。
[2] 以上两例的讨论亦详本文第八节。
[3] 参李伟国《"人定胜天"语义的演变》。

>始伍员与申包胥为交，员之亡也，谓包胥曰："我必覆楚。"包胥曰："我必存之。"及吴兵入郢，伍子胥求昭王。既不得，乃掘楚平王墓，出其尸，鞭之三百，然后已。申包胥亡于山中，使人谓子胥曰："子之报雠，其以甚乎！吾闻之，人众者胜天，天定亦能破人。今子故平王之臣，亲北面而事之，今至于僇死人，此岂其无天道之极乎！"伍子胥曰："为我谢申包胥曰：吾日莫途远，吾故倒行而逆施之。"[1]

申包胥所言的"人众者胜天，天定亦能破人"，讨论者咸推为后世"人定胜天"以及"天定胜人"所从出的语源。申包胥既云本诸闻说，则此两语自是已在当时社会上流传，然既为历史文献所首出，后人径视之为申氏语，亦自不相妨。我们可注意到，申氏所言先后两句和后世成语在文字上皆有所出入：前句是"人众"，不是"人定"；后句是"破人"，不是"胜人"。

根据唐代张守节《史记正义》对这两句的解读，是这样的：

>人众者虽一时凶暴胜天，及天降其凶，亦破于强暴之人。[2]

申包胥之意，是说伍子胥凭借吴人兵强势众，不顾君臣伦理，对楚平王鞭尸，无异逆天而行，一时之间似或可见其功，但人是决不能矫强违背天理的，只因天意尚未定止下来，一俟天意已定，终会发挥惩恶之能，降下祸殃，毁灭这些违天强暴之人。申氏如此指斥，所以伍子胥便只好以"日莫（暮）途远，倒行逆施"来作回应。后世说部、戏曲习见一种反映果报思想的俗谚，例如"善恶到头终有报，只争来早与来迟""善有善报，恶有恶报，不是不报，时辰未到"之类，而申氏之言正相仿佛。如此说来，姑且撇开与"人定胜天""天定胜人"字面上的歧异不论，其实质含义顶多可说与"天定胜人"相符，而正与"人定胜天"相反，也就是申包胥的话竟可谓是人终不能胜天，所以断章取义直接认为申包胥的话是"人定胜天"的语源，是大可商榷的。

---

[1]（汉）司马迁：《史记》（北京：中华书局，1982年11月第2版），卷66，第2176—2177页。

[2] 同上注，第2177页。

然而"人定胜天"这句成语也确可说是与此相关,其间关系,却甚曲折。说详下文。

复次说到《逸周书·文传解》的出处:

> 文王受命之九年,时维暮春,在鄗。太子发曰:"吾语汝我所保所守,守之哉!厚德广惠,忠信爱人,君子之行。不为骄侈,不为靡泰,不淫于美,括柱茅茨,为爱费。山林非时不升斤斧……川泽非时不入网罟……不麛不卵……畋渔以时……土不失宜。……故凡土地之间者,圣人裁之,并为民利。……工不失其务,农不失其时,是谓和德。……天有四殃:水、旱、饥、荒,其至无时,非务积聚,何以备之?……无杀夭胎,无伐不成材,无堕四时。如此者十年,有十年之积者王,有五年之积者霸,无一年之积者亡。生十杀一者物十重,生一杀十者物顿空。十重者王,顿空者亡。兵强胜人,人强胜天。能制其有者,则能制人之有;不能制其有者,则人制之。令行禁止,王〔之〕始也。……"[1]

这一段出自周文王或周武王口中的议论,从整体文义看,其主旨是相当清楚的。主要是劝戒执政者重农渔林牧等生产事业,尤着重提点节用蓄积,配合天时,虽是古人论说,却颇符合现今世界日受重视的环保观念。这一论述和《大学》"生之者众,食之者寡,则财恒足"的主张是相通的。可在论述中忽然夹入"兵强胜人,人强胜天"二句,骤观殊嫌不伦。其所述内容,实无关乎用兵,故这两句话是一虚一实,"兵强胜人"是虚写,"人强胜天"才是实意。先秦文章本来就有这种写法,例如《老子》四十八章:"为学日益,为道日损",老子主绝学,反为学,其所主张只在下一句,上句是虚笔。即下至《史记·孙子吴起列传》赞引:"语曰:'能行者未必能言,能言者未必能行'",后文所及,则只言孙膑、吴起之能言而未能行,是偏取其下一句,亦其例。因此这段话所陈说的王天下之道,只强调了"人强胜天"。四字中难

---

[1] 王怀信等:《逸周书汇校集注》(上海:上海古籍出版社,1995年12月),卷3,第250—264页。案:"在鄗"下一本有"召"字,则下所云云,非周武王语,乃文王所以告之者。又末句"之"字,据清王念孙说补。详参《汇校集注》。

讲的是"胜"字。晋孔晁的旧注便特别注明:"胜天,胜有天命。"那么"胜"字的用法,便犹如"胜任"之"胜",是说能承受天命、承荷天命之意。此缘中国古来传统,未有人力可胜天力之想,故孔晁自然会就另一角度来作解读。但"兵强胜人"纵非文旨所在,但与"人强胜天"连属为文,前后两"胜"字自不应异解;况且文义亦无由阑入天命相关的论述。"兵强胜人"的"胜",是克胜义、制胜义,这是易于了解的;然则"人强胜天"仍应以同训理解。但人又何能克胜、制胜于天?故知此所谓"天",固不指天命,亦不指普遍的天力。以其前文揆度,应即指所谓"天有四殃:水、旱、饥、荒"之类而言,盖谓人事周赡得当,有备无患,则可以克制、制服天灾。《国语·晋语四》:"尊明胜患,智也。"韦昭注:"胜,犹遏也。"即同其用义。须知天命乃天的正面赋与,在人则为禀受、承受;天灾则是天的负面降咎,故自人而言则非乐意承受,而是力能承受,禁得起此等打击。《韩非子·扬权》:"枝大本小,将不胜春风。"即此用法。承受之与克胜,其实是一义之两面,并无歧义[1],但在本段中既与兵胜连文,则宜采克胜义以求取一致。再进一步,如就义理之关键言之,"胜"字的解读还不是挺重要的;最关紧要的是"天"之意涵,并不是孔晁所说的天命,而是指天灾。故此所谓"人强",其实际的内涵就是所谓"有十年之积者王,有五年之积者霸","生十杀一者物十重,十重者王"。如此说来,所谓"人强胜天"也和现代一般人对"人定胜天"的认知依然有所出入。

天不可胜,古无"胜天"之说。《吕氏春秋·先己》:"无为之道曰胜天"清王念孙说"胜犹任",故其下文续言"胜天顺性";王利器本之,谓"德配天地,即胜天之义"。[2] 此义恰与一般用义相反,孔晁之注或即本于此训。又《过理》记宋王盛血于鸱夷(革囊),高悬之以象

---

[1] (清)段玉裁说"胜"字云:"凡能举之、能克之皆曰胜,本无二字二音,而俗强分平去。"见《说文解字注》(台北:汉京文化事业有限公司,1973年9月),13篇下,第700页。

[2] 参见王利器:《吕氏春秋注疏》(成都:巴蜀书社,2002年1月),第315—316页。

天，自下射之，血流堕地，左右贺曰："汤武胜人，今王胜天，贤不可以加矣。"[1] 此真世俗所谓"胜天"，然《过理》所叙，皆是"亡国之主"之所为，故知古人从无"胜天"的正面主张。天命之正，固当顺受；天灾之眚，则宜克胜。若谓古人亦有倡言"胜天"者，有之即自《逸周书》始，而所针对之天，主要是对人类产生负面作用的天灾，所以胜之者，则在预防与消弭。这是传统文化中"胜天"的基调。

（三）荀子的"制天命而用之"与《中庸》的"赞天地之化育"

还有一种流行的意见，认为荀子的《天论》是后来"人定胜天"的本源。《天论》中固然并无"人定胜天"字面，但不少人以为篇中所呈现的思想，如言"天人之分"，谓即指个人以至国家社会的成败兴衰，皆操之于人事自身的努力，与上天渺不相干；而所提"制天命而用之"的主张，人力可以控制上天，也就是"人定胜天"之意了。

且看荀子是如何说明"天人之分"的，他说：

> 天行有常，不为尧存，不为桀亡。应之以治则吉，应之以乱则凶。强本而节用，则天不能贫；养备而动时，则天不能病；修道而不贰，则天不能祸。故水旱不能使之饥渴，寒暑不能使之疾，祅怪不能使之凶。本荒而用侈，则天不能使之富；养略而动罕，则天不能使之全；倍道而妄行，则天不能使之吉。故水旱未至而饥，寒暑未薄而疾，祅怪未至而凶。受时与治世同，而殃祸与治世异，不可以怨天，其道然也。故明于天人之分，则可谓至人矣。不为而成，不求而得，夫是之谓天职。如是者，虽深，其人不加虑焉；虽大，不加能焉；虽精，不加察焉：夫是之谓不与天争职。天有其时，地有其财，人有其治，夫是之谓能参。舍其所以参而愿其所参，则惑矣。[2]

他所说的"天人之分"，并不是天人相分别而彼此不相干，事实上荀子

---

[1] 王利器：《吕氏春秋注疏》，第 2841—2843 页。
[2] （清）王先谦：《荀子集解》（北京：中华书局，1988 年 9 月），第 306—308 页。

在《天论》篇和《强国》篇中都提到"人之命在天",并非要将天人分割。"分"是指职分,应读去声;故下即言"天职"。人有人的职分,人只要善尽人事,不要去管上天自然的职能,好算是"不与天争职",哪里是要与天争胜!他所说的"强本而节用,养备而动时,修道而不贰",便是尽人之分,而这些都在顺应自然的条件下完成。人倘能如此,则"水旱不能使之饥,寒暑不能使之疾,祅怪不能使之凶"。这岂非和《逸周书》所谓"人强胜天"一意?他只说人事的吉凶,只该由人自行负责,不能祈求或责怪于天。因此荀子也可谓并无征胜自然之想,但对于天有意志,本其好恶以降吉凶的说法,他大加驳斥,而特别重视人为的努力,更是显而易见的。

至于"制天命而用之"的说法,普遍被认为是制胜天命,也开出了后来"人定胜天"的思想。这一看法也不无可商。事实上荀子的话是这样说的:

> 大天而思之,孰与物畜而制之?从天而颂之,孰与制天命而用之?望时而待之,孰与应时而使之?因物而多之,孰与骋能而化之?思物而物之,孰与理物而勿失之也?愿于物之所以生,孰与有物之所以成?故错人而思天,则失万物之情。[1]

"制天命"与"物畜""应时""骋能""理物"相提并论,并不是制服、战胜天命之意,倘是此解,亦将无所谓"用之"了。《易·系辞上》:"制而用之谓之法。"孔颖达疏:"言圣人裁制其物而施用之。"所谓"制天命",不过是掌握自然的规律,如依式剪裁般从事人的种种作为罢了。荀子的论旨,是反对尊天太甚,至于听天由命而放弃人事的努力,实在也并无征服自然、战胜自然的意思。[2] 但他对于天人界线的划分,相较于孔孟,在程度上毕竟是过于清楚了,因此在儒家"天人合一"的主流传统中,荀子便只能屈居偏席。

众所周知,"天人合一"思想是先秦儒道两家的共同主张,而垂为

---

[1] (清)王先谦:《荀子集解》,第317页。
[2] 此意可详参雷庆翼:《"人定胜天"是对荀子〈天论〉的误解》,《学术研究》第11期(1997年),第45—47页。

传统中国文化思想的主流。

道家重天,故其"天人合一"是以人顺天,天无为,人亦应无为,《老子》二十五章:"人法地,地法天,天法道,道法自然",即是此意。

儒家重人,孔子有知命之学,《论语·尧曰》:"不知命,无以为君子。""命"虽有其不可必然,孔子则更重其所当然,此即所谓"仁",故孔子"与命与仁"。总之是不废人事,尽其在我,亦犹后人所谓"尽人事,听天命"之意。先秦后期有继起的新儒家学者,其最重要的代表著作如《易传》与《中庸》,[1] 其说理的模式效法道家,自天以及人,而其"天人合一"则还是孔孟血脉。故《说卦传》说:"立天之道,曰阴与阳;立地之道,曰柔与刚;立人之道,曰仁与义。"

《孟子·尽心上》说:"尽其心者,知其性也。知其性,则知天矣。存心,养其性,所以事天也。夭寿不贰,修身以俟之,所以立命也。"知性尽心,存心养性,即所以尽人事;修身以俟,则所以待天命。到了《说卦传》便说:"观变于阴阳而立卦,发挥于刚柔而生爻,和顺于道德而理于义,穷理尽性以至于命。"同样是要尽其在我,以达天所赋予我本来之可能性;只在人事之上,从阴阳、刚柔之天地说起,与孟子虽上通天命,而犹自人之心性立言者微别。

《中庸》开宗明义即说:"天命之谓性,率性之谓道,修道之谓教。"朱熹《章句》解说:"人物各循其性之自然,则其日用事物之间,莫不各有当行之路,是则所谓道也。修,品节之也。性道虽同,而气禀或异,故不能无过不及之差,圣人因人物之所当行者而品节之,以为法于天下,则谓之教,若礼、乐、刑、政之属是也。"他偏从人物立说,故人为修道之教,但举礼乐刑政之属以为言。实则"天命之谓性,率性之谓道"当兼该人与自然,"道"乃就天人之全体言;"修道之谓教"才专及人事。《中庸》又言:"天地之大也,人犹有所憾。"朱注:"如覆载生成之偏,及寒暑灾祥之不得其正者",此在天地自然的范围

---

[1] 旧说《易传》为孔子作,《中庸》为子思作;民国以来,不少学者考定皆为先秦后期所撰定,今从之。

之内,是即属于天道,对此可施以人为的救济。如遇祁寒、酷暑,可以房屋衣服以御寒,以摇扇饮冰以解暑。[1]这也是儒家"天人合一"之所可有。无论天人,总以补偏救弊之挽回为主,这和《逸周书》"人强胜天"的精神也是相协的。

当然《中庸》的"天人合一"也还有更积极的一面,又云:

> 唯天下至诚,为能尽其性;能尽其性,则能尽人之性;能尽人之性,则能尽物之性;能尽物之性,则可以赞天地之化育;可以赞天地之化育,则可以与天地参矣。

天、地、人事可以三合相配,孟子只说尽心、知性、知天,《中庸》更要从尽人性来尽物性,以成参赞天地化育之大功。朱熹曾对"赞天地之化育"加以申说:

> 人在天地中间,虽只是一理,然天人所为,各自有分,人做得底,却有天做不得底。如天能生物,而耕种必用人;水能润物,而灌溉必用人;火能爨物,而薪爨必用人。裁成辅相,须是人做,非赞助而何?[2]

这将人参赞天地的意思说得很清楚,也明白连结了《易·泰·象传》"后以财成天地之道,辅相天地之宜,以左右民"为说。尽管人能尽物性,但《中庸》必在"尽物之性"上冠以"尽人之性"为前提,是则人之应用发挥物性,必当本于人性。此一原则亦可谓早源于《左传》所谓"正德、利用、厚生",[3]尽物之性以为利用,以左右民而厚其生,然必以正德为主导。能尽人性以正德,然后可以效天地生生之大德,永续而不已;违背了人类自然之性,不得谓是尽人性,则其所利用之物性,不唯不足以厚生,或更将贻患。因此中国古人对人为之利用万物,向来保持一种节制的态度,不赞同无限制地利用开发。如近世勃兴的自然科技,如依循《中庸》之道,便应在人文学的指导下来谋求

---

[1] 说详钱穆:《中国学术思想史论丛(二)·关于中庸新义之再申辩》(台北:联经出版事业公司,1998年5月),《钱宾四先生全集》第18册,第161—163页。

[2] (宋)黎靖德编、王星贤点校:《朱子语类》(北京:中华书局,2004年),卷64,第1570页。

[3] 此见《左传·文公七年》引《夏书》,其后《伪古文尚书·大禹谟》袭用其语。

发展，而不应放任其无尽向前。此始是《中庸》所谓"致中和，天地位，万物育"的理想人文科学。

（四）唐代的天人讨论

先秦儒家所倡人参赞天地之化育、天生人成的思想流衍，下至中唐，刘禹锡有《天论》上中下三篇，他说：

> 大凡入形器者，皆有能有不能。天，有形之大者也；人，动物之尤者也。天之能，人固不能也；人之能，天亦有所不能也。故余曰：天与人交相胜尔。其说曰：天之道在生植，其用在强弱；人之道在法制，其用在是非。阳而阜生，阴而肃杀；水火伤物，木坚金利；壮而武健，老而耗耗；气雄相君，力雄相长，天之能也。阳而艺树，阴而擎敛；防害用濡，禁焚用酒；斩材窾坚，液矿硎铓；义制强讦，礼分长幼；右贤尚功，建极闲邪，人之能也。……天之所能者，生万物也；人之所能者，治万物也。[1]

先是同时的韩愈对柳宗元提出了"天之说"，柳宗元大不赞成，遂写了一篇《天说》来驳辩。刘禹锡虽也不同意韩愈的看法，但对柳宗元的意见，却同样认为是"有激而云，非所以尽天人之际"，所以他才撰写这篇《天论》来申论己见。刘禹锡认为韩愈以天有意志，可赏善罚恶，是"如有物的然以宰者"的"阴骘之说"；而柳宗元以天无意志，"功者自功，祸者自祸"，故特别强调天人之不相干涉，则是"茫乎无有宰者"的"自然之说"，两者皆各有所偏。所以他在这篇议论中提出修正的主张，认为天人各有所司，彼此不相能，结论是：天能生万物，而人则能治万物。

如此说来，刘禹锡《天论》的内容，其实也无以大逾乎荀子同名文章的观点，依然是主张天人各有其职分，依然是主张天生人成。如对照前引《朱子语类》"参赞天地化育"的话，更见神似。因此刘禹锡

---

[1]（唐）刘禹锡：《刘梦得文集·天论上》（台北：商务印书馆，1975年6月），《四部丛刊初编》第39册，卷12，第83—84页。

这篇文章，无异是先秦荀子、《中庸》的继承。他明白用出了"天与人交相胜"的表述，而"相胜"的含义，则是"天之能，人固不能；人之能，天亦有所不能"。他续说：

> 人能胜乎天者，法也。法大行，则是为公是，非为公非。天下之人，蹈道必赏，违善必罚。……法小弛则是非驳，赏不必尽善，罚不必尽恶。……法大弛，则是非易位，赏恒在佞，而罚恒在直；义不足以制其强，刑不足以胜其非，人之能胜天之实尽丧矣。……天恒执其所能以临乎下，非有预乎治乱云尔；人恒执其所能以仰乎天，非有预乎寒暑云尔。

此意将荀子的"礼义"替换为公是公非的"法"，天有寒暑是自然，人不能干预；而世之治乱，则责在人为，亦无预于天。尽管如此，刘禹锡也不是没有更进一步的发挥。他举出一个很浅显明白的譬喻来说明所谓"天人交相胜"的实际含义：

> 夫旅者群适乎莽苍，求休乎茂木，饮乎水泉，必强有力者先焉，否则虽圣且贤莫能竞也，斯非天胜乎！群次乎邑郛，求阴于华榱，饱于饩牢，必圣且贤者先焉，否则强有力莫能竞也，斯非人胜乎！苟道乎虞芮，虽莽苍犹郭邑然；苟由乎匡宋，虽郭邑犹莽苍然。是一日之途，天与人交相胜矣。吾固曰：是非存焉，虽在野，人理胜也；是非亡焉，虽在邦，天理胜也。然则天非务胜乎人者也，何哉？人不宰，则归乎天也。人诚务胜乎天者也，何哉？天无私，故人可务乎胜也。吾于一日途而明乎天人，取诸近也已。[1]

看来"胜乎人""胜乎天"的"胜"也不是说战胜，大抵不过是胜过、超过之意。所谓天胜乎人，或说"天理胜"，只是纯任自然，不参人为而已，故说"天非务胜乎人者也，人不宰，则归乎天"，只因人为不施，遂见天之超胜。一任自然，当然是优胜劣败，故说"天之道在生植，其用在强弱"。但如经人为宰制，则可以扭转此一自然律例，一旦树立了是非公法，即是人文道德超越了自然野蛮，这便是人胜乎天，

---

[1] 《天论中》，刘禹锡：《刘梦得文集·天论上》，卷12，第84页。

或说是"人理胜"了。

由上所述,可知刘禹锡所重,尤在人文价值观的建立,因此他并非只要"人理胜",来取代或消灭"天理胜"。他说:

> 动类曰虫,倮虫之长为智最大,能执人理,与天交胜,用天之利,立人之纪。[1]

由是可知,在刘禹锡之意,"人理胜""天理胜"是人存在天地间的两种现象,他所主张的是人应本其天赋的智慧,"与天交胜,用天之利,立人之纪",因此他又说:

> 万物之所以为无穷者,交相胜而已矣,还相用而已矣。天与人,万物之尤者尔。[2]

此等天人"交相胜、还相用"的申论,在人的一方,实只强调了人文社会纪纲的建立,可算把荀子"明于天人之分"的思想发挥得淋漓尽致了。他虽然修正了柳宗元天人互不相预的意见,认为天人之间是相互作用的,但在相互作用中,天人之间依然存在"互不相能"的各自本质,所谓"天恒执其所能以临乎下,非有预乎治乱云尔;人恒执其所能以仰乎天,非有预乎寒暑",人只应善于发挥天赋超卓万物的智慧,掌握利用自然的条件,以谋人类社会的致治定乱。如说这便是"人定胜天"的思想,其内容与现代人改造自然、战胜自然,以人力针对自然界挑战的偏向,当然是迥不相侔的。

(五)北宋的"人定胜天"思想内涵

无论荀子以至刘禹锡,在天人关系中,毕竟是更重视了人为的努力。尤其是刘禹锡,已说出"与天交胜,用天之利"的话了。

下逮宋代,首先本于《史记》申包胥语而改造其文者大概是北宋真、仁间的宋祁。他把《史记》"人众者胜天,天定亦能破人"二句约缩为"天定胜人"一句,见所撰《复州乾明禅院记》:

---

[1]《天论下》,刘禹锡:《刘梦得文集·天论上》,卷12,第85页。
[2] 同上注。

> 乾明院者，直谯门之东趣，唐为开元寺，会昌之难，剪焉荆棘，劫火沉烬，山灵见鞭。像法中兴，改题院额。祀不失物，益作四事之严；天定胜人，复会六合之众。[1]

也就是省去了《史记》的前一句，只就其最后结果言之。其始寺院惨遭劫火，至宋祁当世，终得复修之机，故其意即谓人为破坏不可久，待天意底定，前此的人为灾难就会消失。因此宋祁虽将《史记》前句中的"胜"字替出了后句的"破"字，并只说后一句，然而论其意义，实与《史记》一致，总认为人意终不胜天意。而尤可注意者，无论申包胥抑或宋祁意中的人意、人力，都是不合正理而是负面的。

继此而沿用其改文者为苏轼，有《祭柳仲远文》：

> 我厄于南，天降罪疾。方之古人，百死有溢。天不我亡，亡其朋戚。如柳氏妹，夫妇连璧。云何两逝，不愁遗一。我归自南，宿草再易。哭堕其目，泉壤咫尺。闳也有立，气贯金石。我穷且老，似舅何益。易其墓侧，可置万室。天定胜人，此语其必。[2]

此哀挽柳氏妹夫妇，贤德孝友，一生崎岖勤劳以殁，但"天定胜人"，终必可卜其昌盛于后代。同样的用例，苏轼有时也用回《史》文的两句，所不同者，只在他在后句依然采用了宋祁所改，使得前后两句都是"胜"字，字面上更趋一致。见《用前韵再和孙志举》：

> 人众者胜天，天定亦胜人。邓通岂不富，郭解安得贫。……穷通付造物，得丧理本均。期子如太仓，会当发陈陈。[3]

盖以为善人君子无终穷之理，天道不泯，自有福报。这是苏轼坚定的信仰，他屡屡说到这一层意思，例如为其弟苏辙所作的《子由生日》诗：

> 上天不难知，好恶与我一。方其未定间，人力破阴鸷。小忍待其定，报应真可必。季氏生而仁，观过见其实。端如柳下惠，

---

[1] （宋）宋祁：《景文集》（台北：商务印书馆，1986年3月），《景印文渊阁四库全书》第1088册，卷46，第22页上。

[2] 孔凡礼点校：《苏轼文集》（北京：中华书局，1996年2月），卷63，二首之二，第1955页。

[3] （清）王文诰、冯应榴辑注：《苏轼诗集》（台北：学海出版社，1983年1月），卷45，第2440页。

焉往不三黜。天有时而定，寿考未易毕。儿孙七男子，次第皆逢吉。遥知设罗门，独掩悬磬室。回思十年事，无愧箧中笔。但愿白发兄，年年作生日。[1]

"方其未定间，人力破阴鸷"，便是"人众者胜天"；"小忍待其定，报应真可必"，便是"天定亦胜人"。因此无论单用"天定胜人"抑或全用"人众者胜天，天定亦胜人"，在苏轼诗文中都是这种果报思想的反映。后来佛门中人撰文，也多如此运用，或即启自宋、苏。

苏轼又在《三槐堂铭并叙》说：

> 天可必乎？贤者不必贵，仁者不必寿。天不可必乎？仁者必有后。二者将安取衷哉！吾闻之申包胥曰："人众者胜天，天定亦能胜人。"世之论天者，皆不待其定而求之，故以天为茫茫。善者以怠，恶者以肆，盗跖之寿，孔颜之厄，此皆天之未定者也。松柏生于山林，其始也困于蓬蒿，厄于牛羊，而其终也，贯四时阅千岁而不改者，其天定也。善恶之报，至于子孙，而其定也久矣。吾以所见所闻所传闻考之，而其可必也审矣。[2]

同样用到这两句，明引申包胥，只改动了原词一字，而义蕴其实无变。如果我们再参看苏辙《古史·伍员列传》：

> 员曰："子之报仇，其已甚乎！吾闻：人众者胜天，天定亦能胜人。今子故平王之臣，亲北面事之，今至于僇死人，此岂天道乎！"员曰："为我谢申包胥，吾日莫涂远，吾故倒行而逆施之。"[3]

此本《史记》文而只易"破"为"胜"，一如其兄，可见苏氏兄弟都追随了宋祁的作法，即使用到申包胥所说两句，也改动了后句的文字，谋求字面的一致。曰"破人"，说得较具体；曰"胜人"，说得较笼统，意义相差不大。

苏轼特所赏誉接引者有所谓苏门四学士，其中秦观曾撰《送冯梓

---

[1] （清）王文诰、冯应榴辑注：《苏轼诗集》，卷42，第2319页。
[2] 同上注，卷19，第570—571页。
[3] （宋）苏辙：《古史》（台北：商务印书馆，1986年3月），《景印文渊阁四库全书》第371册，卷35，第3页上。

州序》：

> 呜呼！古语有之："人能胜天，天定亦能胜人"，信斯言也，方高平公被诬，上有明天子之无私，下有良使者之不挠，可以免矣。而二三子表里为奸，始终巧谮，至于抵罪而后已，可不谓"人能胜天"乎！然当时所谓用事之臣与诸附丽之者，今日屈指数之，几人为能无恙？而高平公方以故相之重，保厘西洛郊；冯侯亦通籍儒馆，持节乡郡，其福禄寿考，功业未艾也，可不谓"天定亦能胜人"乎！[1]

此文是哲宗时秦观为冯如晦所写的一篇赠序。先是熙宁年间，范纯仁拒行新法，忤王安石。时有讼其不法者，冯如晦受命往讯，为范纯仁辩诬。"二三子表里为奸，始终巧谮，至于抵罪而后已"，秦观称此为"人能胜天"。但这些构陷君子的人日后都难保无恙；而范、冯二人则福禄寿考功业未艾；秦观则称此为"天定亦能胜人"。可见他认为善人善报，也一如苏轼，只把"人众者胜天"改为"人能胜天"，以与后句取得另一形式的相称划一。

就在秦观的卒年，哲宗元符三年，同样曾经受知于苏轼的李新写了一篇《上皇帝万言书》：

> 自古及今，人不胜天。人定能胜天，天定亦能胜人。[2]

苏门师友，几乎都信仰"人不胜天"，李新似乎又从秦观的文字更求取前后两句的形式对称，而申包胥"人众者胜天，天定亦能破人"二语，历经几度变改，至此终改成"人定能胜天，天定亦能胜人"，而"人定胜天""天定胜人"也成为较固定和常用的文字形式，为后世成语所采用，取代了《史记》的原文。

---

[1]（宋）秦观：《淮海集》（台北：商务印书馆，1975年6月），《四部丛刊初编》第55册，卷39，第148页。

[2]（宋）李新：《跨鳌集》（台北：商务印书馆，1986年3月），《景印文渊阁四库全书》第1124册，卷19，第9页上一9页下。《四库全书总目提要》云："《上皇帝万言书》首称'元符三年五月十一日，兴元府南郑县丞李新'云云。……新受知苏轼，初自附于元祐之局，故其所上书，词极切直。然一经挫折，即顿改初心。作《三瑞堂记》以颂蔡京，《上王右丞书》以颂王安石，《上吴户部书》至自咎前日所言，'得疾迷罔，谓白为黑'，其操守殊不足道。"

因此我们可以说，后世成语文字形式的改造和趋于约定，大抵成于苏门师友，不过须知他们无论单用一句"天定胜人"也好，还是用上了"人定（能）胜天，天定（亦能）胜人"的完整两句，其实都是认为人终不能胜天，而其所谓"人"，皆指负面的人事作为，"天"则指天理、天命的正义。这是我们从苏氏等人在"人定胜天"文字形式凝定过程中所观察到的运用方法。也即是说，对于《史记》申包胥的原文，他们只作了文字上的转换更代，用义基本上是承袭而并无太大变化。既然用义基本无变，推想这种文字的改动应只在求取外在形式的整齐相称。这个目的虽然达到了，可是却造成了词义含混的不确定性。"天定破人"和"天定胜人"之间义旨并无太大差距，因此后来发生歧义的便集中在"人定胜天"一词之上。

（六）南宋以下"人定胜天"的语义转化及其应用

苏氏兄弟身后不久，到了南北宋之交，汪藻《为德兴汪氏种德堂作记》云：

> 天可必乎？跖也而寿，回也而夭；庆封也而富，原宪也而贫。天不可必乎？臧孙贤而有后，邓攸忍而无子；仲尼匹夫而世祀，庞公耕者而子孙安。故曰：人定者胜天，天定亦能胜人。世常疑天，以为不可知者，皆指未定言之也。然君子亦岂屑屑然常置盛衰兴废于其胸中哉！知修吾身以待其定而已。胡不以种木观之乎？百围之木，其始生也，数寸之蘖耳，所谓蔽日月扰云霓者，固已萌乎其中。如使足，可搔而绝；手，可攫而拔；牛羊践之，斧斤伐之，夫岂有木也哉！此以人胜天也。苟吾有以封殖之，润泽之，养之以风霜之坚，待之以岁月之久，顺其取受于天者而条达畅茂，则蔽日月扰云霓者，有时而至矣。非天定胜人而何！[1]

他以栽植树木为喻，"人定胜天"是说不当的人力施为；"天定胜人"

---

[1]（宋）汪藻：《浮溪集》（台北：商务印书馆，1975年6月），《四部丛刊初编》第57册，卷19，第150页。

则指回复天命之自然,借此来解释人生际遇之穷通。他认为天定终胜人定,论其用义,可谓远承申包胥,近踵宋、苏,而其文字,则已沿袭了李新。他说:"世常疑天,以为不可知者,皆指未定言之也。"也和苏轼"世之论天者,皆不待其定而求之,故以天为茫茫"云云,如出一辙。尽管他说君子所重,唯在修身以待天之定,不计一时盛衰兴废,毕竟他所相信的是天终有定,这也是传统儒家正义。然则所谓"天定"自是日久定止之意。"人定"依理不宜另有不同的训解,但以定止、安定义来解释这种内容的"人定",显然是不太合宜的。以汪氏自己的用语,实即"以人胜天"之意。可见为求字面的统一,不免要牺牲字义解释的合理性。[1]

又如稍后南宋初期的周必大,其《分宁县学山谷祠堂记》云:

> 黄氏……孝友之行,追配古人;瑰伟之文,妙绝当世。又得眉山苏文忠公而师之,陈、张、晁、秦而友之,是宜光显于朝,共振斯道。乃或不然,初坐眉山唱酬,栖迟县镇,后被史祸,窜谪两川,晚以非辜,长流岭南,遂陨其命。中间翱翔馆殿,才六年耳。右史之拜,复为韩川沮止。其生不遇如此,盖人定胜天也。高宗中兴,恨不同时,追赠直龙图阁……取其笔法,戒石刻铭,遍于守令之庭。李、杜已远,遂主诗社,身后光荣,乃至于此,非天定人胜耶![2]

盖黄庭坚一生宦途连蹇,哲宗元祐六年除右史中书舍人,时年四十七,为韩川言所沮,自此至六十一而卒,终不复振。周必大以其生时所遭横逆为"人定胜天";而其身后所获殊荣福报为"天定胜人"。这和苏、汪等人的用例是一致的,这是渊源最早的用法,字面上是改动了,含义则依旧继承了典源。

然而从南宋以后,"人定胜天"便渐有从负面意义转向正面意义的

---

[1] 如果我们知道其中字面形式的转变历程,便不难了解为何南宋后期刘克庄《后村先生大全集》卷74的外制文中云:"人胜天,天定胜人,有徼福于后世",竟可径说"人胜天"而省去"定"字。又案:后人确也有以心之安定立言者,参第520页注1。

[2] (宋)周必大:《文忠集》(台北:商务印书馆,1986年3月),《景印文渊阁四库全书》第1147—1149册,卷59,第7页上—8页上。

用法产生。首先把它用到正向表述的，似乎是方才提过的汪藻。汪氏在他的一篇《星变请御正殿表》上说：

> 比逢大异，尤轸清衷；靡临便坐之朝，退即斋宫之次。虽星移应德，本縣和气之乖；然人定胜天，卒致妖氛之息。精禋已通于上下，等杀宜肃于尊卑。尚屈天威，曷全国体。伏望皇帝陛下，顺抑扬之理，协中外之心。躬秉璇玑，齐列宿左行之度；光临黼座，示一人南面之尊。[1]

在这里他说"人定胜天，卒致妖氛之息"，是指经由合宜的人为努力，消除了凶灾、祸乱。那么"人定胜天"便成了正确的人为途径，这和上引他另一段用指不当施为者恰正相反。一人之文，正反殊用，颇不可解。但前文曾提及，单用"天定胜人"或合用"人定胜天，天定胜人"，都是人终不能胜天之意，我们同时可注意到，使用"人定胜天，天定胜人"时，因是直接沿用申包胥的原义，故而其中的"人定胜天"都是负面不当的用意。至单独使用这一成语时，则反而往往是指说正确合适的行为。这两种截然不同的应用方式，似乎便呈现在汪藻一人身上。

南宋以下，"人定胜天"这种正面用法便渐见普遍。例如祝泌《观物篇解》云：

> 保民无疆者，圣人之常。人定胜天，易否而泰。此《观物内篇》自五十六篇以后，备陈古今之理乱，而归于人事者也。[2]

人事上的易否为泰，是圣人保民之常，此之谓"人定胜天"。又云：

> 命乱倾否，人定胜天；明哲保身，要自有道。[3]

命乱倾否，则可以易否而泰，此皆与汪《表》同其义蕴。此等用义，字面虽承于苏门，而究其底蕴，无宁谓其与《逸周书》"人强胜天"更为相近，而与《史记》申包胥相远。

---

[1] （宋）汪藻：《浮溪集》，卷3，第26页。
[2] （宋）祝泌：《观物篇解·皇极经世一》（台北：商务印书馆，1986年3月），《景印文渊阁四库全书》第805册，卷1，第25页下。
[3] 同上注，卷5，第61页下。

当然,"人定胜天"也犹如"天定胜人",可有两句连用的情况,但适成颠倒,作"天定胜人,人定胜天"的形式。这种形式偶尔会以一种比较平衡的表述来呈现,例如南宋张行成曾析言邵雍的《观物内篇》说:

> 此一篇专论人事。盖天人各有分际,实有交胜之理,所谓天定胜人,人定胜天者是已。先生之书出乎此理,夫是之谓易,而异乎阴阳家者流也。[1]

其义与刘禹锡所谓天人交相胜相似。他以为正因天人交相胜,则人事可以为功,而邵氏此篇专论人事,与阴阳家任天不任人的畸偏相异。"天定胜人,人定胜天"尽管平衡为义,各有分量,但弦外已颇有重视人事之意,这也可说是继承了刘禹锡的思想。

另一用例,前句仅为衬映后句而设,意在肯定"人定胜天",强调了人为努力的最终成效。在此情况下的"人定胜天",其含义当然也是正面的。例如宋理宗时有不著撰人的程试策论《群书会元截江网》,云:

> 人定能胜天。窃谓天定胜人,人定亦胜天。今日之事,不当畏天之未定,当思天之一定。屏绝物欲,严拒声色……力窒悻门,痛惩旁曲……登崇忠鲠,罢黜奸邪……削去侈靡,断自宫闱……戒斥营求,先自藩邸……件件靠实,事事不欺……其谨之哉,其虑之哉![2]

此虽是当时俗书,要之,可知其时已有此用法。所云"天定胜人,人定亦胜天",要约言之即首句"人定能胜天"之意,而其具体所指人事施为,则下文所述为政之道即是。

下及明代冯梦龙所编《新列国志》,虽属小说家言,但其假托尹吉甫之语,亦有相同用法:

---

[1] (宋)张行成:《皇极经世索隐》(台北:商务印书馆,1986年3月),《景印文渊阁四库全书》第804册,卷上,第37页上。

[2] (宋)不著撰人:《群书会元截江网·敬天·结尾》(台北:商务印书馆,1986年3月),《景印文渊阁四库全书》第934册,卷3,第28页上—28页下。

> 尹吉甫曰:"'天定胜人,人定亦胜天'。诸君但言天道而废人事,置三公六卿于何地乎!"[1]

是则"人定胜天"为不废人事之意,明白可知。

总而言之,"人定胜天"的语用,经此一番颠覆,直从人力的暴虐、人事的横逆一转而成为人为的努力、人事的守正,宛如"改邪归正"。此等正面含义的"人定胜天",为明、清学者所恒用,而约略归纳言之,一般多应用在后述的四类事项之中。

第一类:为改移人生命运际遇。例如明万民英《三命通会·原造化之始》云:

> 富贵两全者,原禀清轻之气,生逢得令之时……其贫贱兼有者,原禀重浊之气,生逢失令之时……又有富而贫,贫而富;贵而贱,贱而贵;寿而夭,夭而寿者。又有为贤、为智而反贫贱,为愚、不肖而反富贵者。天地间之人万有不齐,此亦四时五行偏正、得失、向背、浅深之气之所致也。……虽然,修为在人,人定胜天,命禀中和,性加积善,岂但一身享福已哉;而子子孙孙,荣昌利达,理宜然也。命值偏枯,性加积恶,非惟自身值祸已也;而子子孙孙,落落人下,得非报与!由前言之,虽系于命,亦在于人之积与不积耳。《易》曰:"积善之家,必有余庆;积不善之家,必有余殃。"殆此之谓欤![2]

这种善有善报、恶有恶报的思想,竟可谓与苏轼等人没有两样。不过在苏轼等人对于善报的着眼点,落在上天最后终定的公道上,因说是"天定胜人";而此等说法则着重在人的修为善行上,故说"人定胜天",便与旧时的用法适成倒转。试看前文所引周必大《分宁县学山谷祠堂记》所述黄庭坚身后善报,与此所说之义大相类似,而周氏则称之为"天定胜人"。周氏又有《贺洪景严除内相兼吏书启》,云:

---

[1] (明)冯梦龙:《新列国志》(南京:江苏古籍出版社,1993年4月),《冯梦龙全集》第5册,第2回,第10页。

[2] (明)万民英:《三命通会》(台北:商务印书馆,1986年3月),《景印文渊阁四库全书》第810册,卷1,第6页下—7页下。案:是书原本不著撰人,此从《四库提要》定为万氏著。

> 天定者亦能胜人，故积善者必有余庆。[1]

同样是引用《易传》"积善之家，必有余庆"的意思，而一称为"天定胜人"，一称为"人定胜天"，可见两者实际意义相同，而并不如其字面上的截然相反。再如清顾炎武《杨氏祠堂记》：

> 天下之事，盛衰之形，众寡之数，不可以一定，而君子则有以待之。……为盛于衰，治众于寡，孑然一身之日，而有万人百世之规，非大心之君子莫克为之矣。……《易》曰："可大则贤人之业。"传曰："人定能胜天。"吾以卜杨氏之昌于其后，必也。[2]

此文为常熟杨子常而作。杨氏老而无亲子孙，五服之间不过一二十人，然仍教以孝礼，建屋三楹为祠堂于祖墓之旁，岁时之祭，定其仪秩，世俗所为安死利生之法无不备。以故顾氏称道之，以为"人定能胜天"，祝愿其后世必昌。这也是强调人事修为可以改变命运，尽管这种改变往往有待于来日甚至身后，而其含义实际等同于"天定胜人"。

至于世俗有号称以方术改变命运者，学者则多不谓然。如元赵汸便对传世《葬书》大加抨击，云：

> 夫盛衰消长之变，一定而不可推移者，虽圣智巧力无能为。盖天命之所存，而神功之不可测度者也。后世诸子百氏好为异端奇论者众矣，未有敢易此以为言者；而《葬书》独曰神功可夺，天命可改。嘻！其欺天罔神，谤造化而诬生民也甚矣。世俗溺于其说，以为天道一定之分，犹有术以易之，则凡人之为事，是非黑白，物我得失之细，固可以颠倒变乱，伏藏擒制于方寸之隐，发以遂吾私而无难。世道人心遂有不可回者，岂非《葬书》之言有以误之欤？[3]

故学者所主张的人为改命，只在自修其德，至外求方术，则视为邪道。

第二类：为防御天然灾害。这一方面的含义相当常见。明王廷相

---

[1] 周必大：《文忠集》，卷22，第13页下。
[2] （清）顾炎武：《顾亭林诗文集》（香港：中华书局，1976年4月港版），《亭林文集》，卷5，第113页。
[3] （元）赵汸：《东山存稿·葬书问对》（台北：商务印书馆，1986年3月），《景印文渊阁四库全书》第1221册，卷5，第30页下—31页上。

《慎言·五行篇》尝言：

> 或问："治世之有灾沴，君德不协于天而谴告之乎？"曰："非然也。乱世之有瑞，夫又谁感格之？是故尧有水，汤有旱，天地之道适然尔，尧、汤奈何哉？天定胜人者，此也。尧尽治水之政，虽九年之波而民罔鱼鳖；汤修救荒之政，虽七年之亢而野无饿殍。人定亦能胜天者，此也。水旱何为乎哉？故国家之有灾沴，要之君臣德政足以胜之，上也。何也？天道悠而难知，人事近而易见。凡国家危乱者，咸政之不修，民之失所，上之失职也，孰见天帝诃诋乎哉？孰见天帝震怒乎哉？此应天以实不以诬者，尧、汤自修之意也。[1]

水旱之灾，是古代农业社会所不免而又影响民生日用最严重者，虽皆出于天，而并可以人为挽救，故举尧、汤之自修而谓"人定亦能胜天"。从王氏这段议论中，不难察觉其立说追步荀子和刘禹锡的痕迹。故后人谓荀子为"人定胜天"思想之渊源，若自王氏云云观之，亦非无据。所谓防御天灾，或灾未至而早为之防备，或灾至而施以拯救，或灾后之赈恤，凡此种种，皆可在"人定胜天"范围之内。

又如明徐浦《春秋四传私考·夏五月壬午宋卫陈郑灾》云：

> 初，有星孛于大辰，裨灶言于子产曰："宋、卫、陈、郑将同日火。若我用瓘斝玉瓒，郑必不火。"子产弗与。夏五月戊寅，风甚。壬午，大甚。宋、卫、陈、郑皆火。裨灶曰："不用吾言，郑又将火。"郑人请用之，子产不可。亦不复火。盖四国之火，天也，可占也。郑不复火，人也，变可消也，故曰人定亦能胜天。[2]

先是昭公十七年岁末时，天象出现俗称的扫把星，裨灶预言四国同日火灾，向子产请求用瓘斝玉瓒祭神禳灾，子产拒绝了。翌年夏天，四国竟然真的刮起大风发生火灾。裨灶再来请求祭神禳灾，子产说出"天道远，人道迩"的名言，认为裨灶偶或言中，不足为恃，仍不同意

---

[1]（明）王廷相：《王廷相哲学选集》（台北：河洛图书出版社，1974年12月），第57页。
[2]（明）徐浦：《春秋四传私考》（上海：上海古籍出版社，1995—2002年），《续修四库全书》，第135册，卷下，第46页。

所请。其后郑国也不再火灾。徐浦认为子产应是加强了人为的事前防范，便可消弭火患，这就是"人定胜天"。

至于灾害已经发生，救灾自不待言，善后之事尤须人为的努力。明储巏《与张都宪朝用》云：

> 两淮生灵，遭此荒歉，加之疫疠盛行，蝗蝻继作，哀哉！吾民何以堪此！所赖执事抚巡于上，极力赈恤，其经画之备，防御之周，闻诸搢绅，莫不称诵。以理论之，人定亦能胜天，亮不远也。昔人谓水旱之灾，民愁苦怨伤所致，今散利罢征，民且无所苦矣。但贪酷之吏，虐甚于魃，苛甚于虎。窃闻列郡尚或有之，得去一二太甚者为戒，则导民和，销变异，未必无补。[1]

荒歉、疫疠、蝗蝻皆属自然灾害，储氏也说"人定亦能胜天"，所指述的内涵，不外是经画防御以赈恤难民，剪除虐民的贪酷之吏等人事合宜举措。天灾所加诸灾民之苦，可假赈恤罢征之类行政手段予以救济，这是一面；另一面则防范贪墨的官吏假公济私，中饱私囊，又或擅作威福，残民以逞，益增民苦。大抵向来议论，灾后处置，总以这两面为主。例如清道光二十七年上谕：

> 本年河南省开封等府属雨泽稀少，二麦歉收，叠经加恩抚恤……当饬户部发银……星速解往备赈。……但既已失经理于先，必应善补苴于后。虽曰天灾流行，然人定亦能胜天。……特恐派委不得其人，或不肖官吏从中克扣，种种弊窦，不可不防。着该抚督同司道悉心筹划，加意抚绥，多方访求救荒良法，定立章程，派委妥员分赴各属赈济。倘访有贪劣委员，奸猾胥吏，营私中饱，立即从严惩处。总期荒村僻壤，下户流民，无一夫不沾实惠，方为尽美尽善。[2]

面临天灾，救荒爱民，仍可"人定胜天"，故拨银赈济，而尤防不肖官

---

[1]（明）储巏：《柴墟文集》(台南县：庄严文化事业有限公司，1997年6月)，《四库全书存目丛书》第42册，卷13，第7页上—7页下。

[2]（清）刘锦藻：《皇朝续文献通考·国用考·赈恤》(上海：上海古籍出版社，1995—2002年)，《续修四库全书》，第816册，卷81，第614页。

吏从中克扣，其思考策略和上述储氏如出一辙。

此等"人定胜天"的具体内容，实与《逸周书》"人强胜天"为近。唐白居易《策林》中有一段说：

> 臣闻水旱之灾，有小有大：大者由运，小者由人。由人者，由君上之失道，其灾可得而移也；由运者，由阴阳之定数，其灾不可得而迁也。……其大者，则唐尧九载之水，殷汤七年之旱是也……非君上之失道，盖阴阳之定数矣。此臣所谓由运不可迁之灾也。然则圣人不能迁灾，能御灾也；不能违时，能辅时也。将在乎廪积有常，仁惠有素；备之以储蓄，虽凶荒而人无菜色；固之以恩信，虽患难而人无离心。储蓄者，聚于丰年，散于歉岁；恩信者，行于安日，用于危时。夫如是，则虽阴阳之数不可迁，而水旱之灾不能害。故曰："人强胜天"，盖是谓矣。[1]

所谓水旱之小者，乃指由人君兵戈刑狱失道，赋敛之法无度，土木之功不时，诸如此类的施政失误直接或间接所引起的。只要人君省察而知悔，则灾祸可消，故说是可迁之灾。至于由自然阴阳所生之天灾，则是非关人事的大灾，虽尧、汤亦不免，故说是不可迁之灾。天灾虽不可迁，却可防御，而其道则在储蓄与恩信施于平日，此即孔子所言"足食""民信之"之两项。也可说是古代儒家居安思危的教训，如此有备无患，则灾至亦不足为害。白居易则称之为"人强胜天"，回视上文所述《逸周书》"人强胜天"，可说若合符节。唐人尚有王士元伪托老聃之役庚桑楚所作的道书《亢仓子》，也说：

> 荆君熊围问水旱理乱。亢仓子曰："水旱由天，理乱由人。若人事和理，虽有水旱，无能为害，尧汤是也。故周之《秩官》云：'人强胜天。'若人事坏乱，纵无水旱，日益崩离。且桀纣之灭，岂惟水旱！"荆君北面遵循稽首曰："天不弃不谷，及此言也。"[2]

---

[1] （唐）白居易：《白氏长庆集·策林十八·辨水旱之灾明存救之术》（台北：商务印书馆，1975年6月），《四部丛刊初编》第41册，卷45，第242—243页。

[2] 旧题周庚桑楚：《新雕洞灵真经·政道篇第三》（台北：商务印书馆，1976年3月），《四部丛刊续编》第23册，卷2，第11357页。案：《亢仓子》唐天宝诏号为《洞灵真经》，当为王士元所托撰，详见《四库提要·子部五十六·道家类》。

所引"人强胜天",亦应本《逸周书》,而其论调与白氏一般无异。是皆可见后人储备防御天灾的思想,《逸周书》是一个明显的来源。而后世从《史记》辗转衍变而来的"人定胜天",其中一种主要的应用,实是套用了"人强胜天"的内涵。因此词书中举《逸周书》"人强胜天"为"人定胜天"的典源,自非无据,但当知合就这一范围内的用义而言,而不便推概"人定胜天"的全部意义。

再次及于第三类:为医家治病保健。明张介宾《景岳全书》云:

> 有天之天者,谓生我之天,生于无而由乎天也;有人之天者,谓成我之天,成于有而由乎我也。生者在前,成者在后,而先天、后天之义于斯见矣。故以人之禀赋言,则先天强厚者多寿,先天薄弱者多夭。后天培养者,寿者更寿;后天斫削者,夭者更夭。……是故两天俱得其全者,耆艾无疑也;先后俱失其守者,夭促弗卜也。若以人之作用言,则先天之强者不可恃,恃则并失其强矣;后天之弱者当知慎,慎则人能胜天矣。[1]

此虽提出"天之天""人之天"的说法,其实亦只是说人身先天的禀赋以及后天的修持。天赋好而糟蹋,虽强亦弱;天赋不足者谨慎调理,则虽弱而犹强,故说"人能胜天"。

明万全《痘疹心法·痘疹碎金赋上》也说:

> 谓人不能胜天兮,何以立乎医药?[2]

保健就是预防,其与一切解疾除疴的医疗皆属人的努力施为,倘说人不能胜天,这一切都归于无意义而可以取消。同书《起发症治歌括》又云:

> 变轻变重转移间,莫道人为不胜天;堪笑愚夫多不晓,空谈气数盖前愆。[3]

人之胜天,亦仅在此"变轻变重"之间,借用张介宾的用语,人之天

---

[1] (明)张介宾:《景岳全书·传忠录中·先天后天论十四》(台北:商务印书馆,1986年3月),《景印文渊阁四库全书》第777册,卷2,第5页下—6页下。
[2] (明)万全:《万密斋医学全书》(北京:中国中医药出版社,2003年2月2刷),卷1,第695页。
[3] 同上注,卷15,第787页。

终亦受天之天所制约，故非无限止的超越。人的体魄，可以祛病，可以强身，而不能永生。而两种医籍中都只说"人能胜天"，不知是有意抑或无意，避去了"定"字，其实是用义更精确。

最后第四类：为战斗用兵。《孙子兵法》首言"道天地将法"用兵五大纲领，天时、地利、人和并重。但战争毕竟操之在人，善加利用天地的条件而为之庙算，是亦人事。故明代名将戚继光云：

> 夫天时不足忌，在尽吾人事，自能感召天禄，所谓人定亦能胜天。阴阳时日何为者哉？但吾辈武夫，罔习吏事，到任之初，手足无措，已失先后缓急之序，故其设施颠倒，如向风理丝，无怪其然。予与诸将叨有一日之长，师率之责，乃撰其节要，为到任宝鉴，吾辈真肯信而行之，决无不利。[1]

军队统御训练之术，最须讲究，此即孙子"将""法"两项之相关。戚氏谓只尽人事，天时不足忌，人定亦能胜天。

自南宋以下，迄于明清，学者使用"人定胜天"虽多转向肯定人为努力而给予正面评价，但在应用上，如上所举诸例，亦皆针对个人或社会大群之不良遭遇而施以人力救济而言。这是一个简单的逻辑，古人既然主张天人合一，尊天、敬天、顺天、配天皆其常，何需讲到"胜天"？要说"胜天"，自必是就挽救天的偏失而言，也就是指上述《中庸》"天地之大也，人犹有所憾"那种"覆载生成之偏、寒暑灾祥之不得其正"之类。若天地已正，人又何必来"胜"它？而所谓天地之正与偏，其实是纯然站在人文义理的观点上来判别的。再反过来说，主张"天定胜人"者，如申包胥、苏轼等，其所要胜的"人"也是专指不合正道的行为。因此就中国传统文化而言，无论"胜天""胜人"，总得先问正之与偏、正之与邪，要之都是讲求以正胜偏、以正克邪。

又依理言之，"人定胜天"所涉人事施为，除害而外，应含兴利。古代中国以农立国，兴利、除害两者一般皆以农事为重心。例如浚渠，引川泽之水为渠以资沃灌，可减少旱暵之患。至于天时、土宜，亦皆

---

[1]（明）戚继光：《练兵杂纪·将官到任宝鉴》（台北：商务印书馆，1986年3月），《景印文渊阁四库全书》第728册，卷3，第8页上—8页下。

非人力所不能与而只能听天由命的。历代农书，远从北朝贾思勰《齐民要术》，以至元代的《农桑辑要》、明代的《农政全书》之类，尽管未必明白揭出"人定胜天"字面，其理论实是建立在肯定人为的改造功能上。不过中国传统文化主流思想向不认人力可以不受天地所节制而无穷应用与发展。明马一龙《农说》云：

> 力不失时，则食不困。知时不先，终岁仆仆尔。故知力为上，知土次之。知其所宜，用其不可弃；知其所宜，避其不可为，力足以胜天矣。知不逾力者，虽劳无功。[1]

这里指出农事用力的体要，在于不失天时，了解土脉所宜栽种的农作物，如此才知施力之要，何者为必不可弃，何者为必不可为。综合审时、辨土、物性所宜而施为，无有差失。也可借用兵书所谓"知己知彼"说之，须先知天地，明白得人所当为不当为，才是"知力"，才算得是"力足以胜天"。这样的认知要不出古人尽人性、尽物性以参赞天地化育的范围，与现代人天人相抗，战胜自然之想大不相侔。虽说兴利与除害往往也是一体之两面，而古人言兴利方面，很少直接用到"人定胜天"的，亦可自此窥入来理解。

（七）字面衍化分歧后的颠倒运用

上文言《史记》申包胥"人众者胜天"一语，经北宋人改造，字面形式遂衍变而为"人定胜天"。其始仅是字面上的改易，意义上仍承用先秦旧义，大抵是说某些人凭借人多势众，逆天理而行，一时得逞，因此无论是径用本义或略作引申借用，都是作负面的描述。逮南宋以下，词义反转，乃有用指人为努力的正面用义，而这一用义，多方应用，愈后而愈盛，几乎掩盖了原始的含义。甚至引用申包胥的原文，有以"人定胜天"替换"人众胜天"者，更有引述申氏语而倒转原词之序，作"天定者胜人，人定亦胜天"者。词义的辗转衍变，与多方

---

[1]（明）马一龙：《农说》（兰州：甘肃文化出版社、银川：宁夏人民出版社，2008年7月），吴海鹰主编：《回族典藏全书》，第220册，第1页下—2页上。

性质的人事结合运用，学者行文，各取所需，以致自宋以还，"人定胜天"虽习用为成语，而其含义，虽说多半用于正面表述如前所叙，但老干新枝，有时依然夹杂不清，而呈现新旧纠缠的状态。

"人众胜天"是旧词，负面含义；"人定胜天"相对而言是新词，正面含义。但明清以来，有人或知其原始，词取其新，而义则还用其旧。例如明薛瑄《读书录》云：

> 古语云："天定能胜人，人定亦能胜天。"如古者无道之世，若秦，若隋，若武氏之流，方其势盛之时，虐焰如烈火不可近，此"人定胜天"也；及其罪盈恶稔，人怨天怒，剿绝覆亡之无遗育，此"天定胜人"也。善恶之报，岂不明甚？信古语之不诬。[1]

他虽然一方面已采用了宋世以来的新语，另一方面也翻转了原来两句先后之次，但看他后续的论议，便知所谓"人定胜天"，其实即是申包胥的"人众胜天"。他所指称的古语，虽未点明申包胥，但也显无其他来历。前文所引宋世汪藻、周必大，都已曾先使用这种模式，只不过在"天定胜人"的取义上，彼等所指在天道之赏善，而薛氏则指天道之惩恶，因此更与申包胥的原义相近。这一种使用方式，好有一比，就如同新瓶装旧酒。

与此模式相反，也有一种如同旧瓶装新酒的情况。如《宋史·司马康传》：

> 论曰：熙宁新法病民，海内骚动，忠言谠论，沮抑不行；正人端士，摈弃不用。聚敛之臣日进，民被其虐者将二十年。……天若祚宋，憖遗一老，则奸邪之势未遽张，绍述之说未遽行，元祐之臣固无恙也。人众能胜天，靖康之变，或者其可少缓乎？借曰有之，当不至如是其酷也。《诗》曰："哲人云亡，邦国殄瘁。"呜呼悲夫！[2]

---

[1]（明）薛瑄：《薛瑄全集·读书录》（太原：山西人民出版社，1990年8月），卷10，第1262—1263页。

[2]（元）脱脱等：《宋史》（北京：中华书局，1985年6月新1版），卷336，第10771—10772页。

司马康是司马光之子，传文出元人，其议论立场是反对熙宁新法的，因此悲叹康年不永，致使朝士一空，新党横行，遂促靖康之难。文用假设语气，说"天若祚宋，憖遗一老……人众能胜天，靖康之变或者其可少缓"，则"人众胜天"之义几同"人定胜天"，而作为正面含义来使用，此与申包胥的原义恰成逆转。又如明孙绪《济南别驾栗子德政诗序》：

> 时久不雨，君子曰："雨近在旦夕，且和气致祥，人众胜天，人一于和，不雨何待！"已而果然。[1]

这样的"人众胜天"，几乎是众志成城之意，也近于后来"人定胜天"的一般用义，这和最初聚众逞凶的意义，可谓适得其反。故我说是如同以旧瓶装新酒。这两种用例尽管不算普遍，但也可反映词义衍化过程中复杂而曲折的现象。

（八）从现代词书的定义看"人定胜天"意涵的最新转化

中国现代新兴的词典，最早是1915年上海商务印书馆出版的《辞源》；1931年出版续编，初版遂称为正编；到了1939年便有两编的合订本面世。其次是1936年上海中华书局初版的《辞海》。这两部词书自出版以来，风行海内外，影响广泛超过半个世纪。

《辞源》正续编的合订本对"人定胜天"下了一句解释：

> 言人力能挽回运数也。《归潜志》："天定能胜人，人定亦能胜天。"

所下定义，古人的确有此用例。《归潜志》是金元时期刘祁所撰，两句引文还另有异文，文渊阁和文津阁两部《四库全书》，以至清乾隆间的"武英殿聚珍版丛书"本都作"人众亦能胜天，天定亦能胜人"[2]，不但

---

[1] （明）孙绪《沙溪集》（台北：商务印书馆，1986年3月），《景印文渊阁四库全书》第1264册，卷1，第48页上。

[2] 文渊阁本见台湾商务版第1044册，卷12，第10页下。文津阁本见北京商务版第1040册，卷12，第10页下。武英殿聚珍版见台北华文书局《中华文史丛书》之六十九（第九辑），1969年6月影印本，第316页。

找不到"人定胜天",而且两句也先后互易。《辞源》文字所据,应是乾隆间鲍氏《知不足斋丛书》本,但此本两句原作"人定者亦能胜天,天定亦能胜人"[1],《辞源》颠倒其先后,不知何据。《归潜志》后文接着说:"余尝疑之,诚以严冬在大厦中独立,惨淡不能久居,忽有人自外至,共谈笑,则殊暖燠;盖人气胜也。"谓严冬独立,惨淡难耐;有人相伴谈笑,似可驱除寒气,这是心理因素使然,外在客观环境条件并无改变。刘氏承用的古语,依此内容看来,恐怕不能排除"人众胜天"的可能,甚至可能性更大些。刘氏无疑是赞成人可胜天的,不过他却用了一个很特别的例子来说明。总之,各本钞刻时间相差不远,《归潜志》所用不一定是"人定胜天";而况他晚于汪藻百年以上,当然也不会是最早的用例。

《辞海》对"人定胜天"没有任何解说文字,仅列出一条书证:

> 《归潜志》:"人定亦能胜天,天定亦能胜人,大抵有势力者,能不为造物所欺,然所以有势力者,亦造物所使也。"

它比《辞源》多引几句,是从《归潜志》的后文摘录的,但这样的说明依然相当含糊,读者约莫只能从"能不为造物所欺"一语中略忖其意。同样是节引,毕竟修正了前两句的倒转,至少是和《知不足斋丛书》本一致了。这两种民国以来的早期词书,都糊里糊涂地引录了《归潜志》,由于广泛传播,其后多种后出的词典径自抄录,沿用至今。

日本昭和30年至35年(1955—1960)东京大修馆书店出版诸桥辙次所编纂13卷本的《大汉和辞典》,其"人定胜天"条下云:

> 人力能挽回其命运。下定决心而尽力,能克服任何困难。参见"人强胜天""人众者胜天"。《归潜志》:"天定能胜人,人定亦能胜天。"《逸周书·文传解》:"兵强胜人,人强胜天。"[2]

这里当可看出其沿袭《辞源》的痕迹,《归潜志》是不合适的例证可无论,但它增出了克服任何困难一义,又联系《逸周书》"人强胜天"为

---

[1] (金)刘祁:《归潜志》(台北:艺文印书馆,1966年),《原刻景印百部丛书集成》影印清乾隆长塘鲍氏《知不足斋丛书》本,第3册,卷12,第11页上。
[2] 此条释义乃商请台湾大学日本研究生恩冢贵子小姐代译为中文,谨此致谢。

说，都是这部词典内容比较丰富而优越的所在。

其后1962年台北中国文化研究所出版的《中文大辞典》，据说主要是根据《大汉和辞典》而来的，其"人定胜天"一条，所列书证果即《归潜志》与《逸周书》两处，而解说文字则略加修订：

> 喻人力之强，可以争胜天力也。

其说词含义比较笼统，然而相对而言适用范围也较广泛。上述自宋以下"人定胜天"所涉及的各方面，约莫也可含括在内。

"中华民国教育部"国语推行委员会在1945年编辑完成的《国语词典》，基本沿用了《辞源》对"人定胜天"的解说，其后1981年在台北初版的《重编国语词典修订本》便有所改订：

> 人为的力量，能够克服自然的阻碍、改造环境，语本刘祁《归潜志》："人定亦能胜天。"

可见已参考了一些后出词书的定义，只在书证上陈陈相因，依然受前期词书所影响。到了2007年最新修订的《重编国语词典修订本》网络版，对此似有所觉察，便换了书证：

> 语本宋苏轼《三槐堂铭·序》："吾闻之申包胥曰：'人众者胜天，天定亦能胜人。'世之论天者，皆不待其定而求之。"指人为的力量，能够克服自然阻碍，改造环境。《喻世明言·卷九·裴晋公义还原配》："又有犯着恶相的，却因心地端正，肯积阴功，反祸为福。此是人定胜天，非相法之不灵也。"

《喻世明言》的用例，是说到了将"人定胜天"应用在命运方面，虽不足以概其全，至少语义不悖。但其前却增出苏轼《三槐堂铭·序》，盖所以溯语源。上文已加析论，这仅是"人定胜天"语言模式形成中的一个过渡，并且苏轼也和申包胥一样，是反对"人定胜天"的。因此，其释义显有谬误；而举此作为成语所本，也非无可商榷。若但只问语言形式所从出的远祖，而不论其含义之反变，岂不直可本诸《史记》，而不必下索于宋人？

以上诸种词书，总体而言，除了书证不够理想以外，解释多属片面，而有失周全，然而亦可说皆有符于古人用义，换言之，这些解说基本上都可算在传统文化思想的范围之内。

到了最近的三四十年间,这一成语的释义就有了较大的转化。据邢福义教授的说法:

> 最具权威性的《现代汉语词典》,从1973年试用本到2005年的第5版,都把"人定胜天"解释为"人力能够战胜自然"。[1]

词典的定义,应是反映社会既有的语词用法,不会是社会上本无这种用例,而词典自出新义以为之规范。这种含义,罗见今教授以为是自1950年后在中国大陆开始盛行的;[2]张涅教授则更将这种思想推源于近代西方科技文化的冲击,历引清末龚自珍以下,谭嗣同、严复、章炳麟、陈独秀等人的议论以为佐证。[3]可知当今也有不少学者已注意到这是一个古来未有之义。

及后到了1979年,北京商务印书馆重新修订《辞源》,便采取了改造的新意义。其"人定胜天"的词目解说是这样的:

> 人力可以战胜自然。宋刘过《龙(川)〔洲〕集》一《襄阳歌》:"人定兮胜天,半壁久无胡日月。"按《逸周书·文传》:"人强胜天",亦此意。参见"人众胜天"。

这一句"人力可以战胜自然"的解读,其后便大量出现在各种大小词书上,似有取代既往词书用语之势。曰"挽回""克服",甚至说到"争胜",都不如"战胜"来得强烈。中国传统思想以"天人合一"为主流,天人之间不存在敌对的关系;曰"战胜自然",居今言之,应不合客观事实,更易衍生出"征服自然"的妄想。据说或因中国大陆建政期间,战事频仍,故其后社会各领域新生用语,纵然与军事无关者,也常使用军事性术语。在使用者而言,其意念中或并未将"战胜"视同两军对敌,要分出个你胜我败那般严重。不过依传统中国语文的语义和约定俗成的使用而论,这一新解最少是易生混淆、易滋误会的。

---

[1] 邢福义:《"人定胜天"的古代原本用法与现代通常用法》,第70页。

[2] 罗见今:《对"人定胜天"的历史反思》,《自然辩证法通讯》,2001年,第23卷第5期,第71页。

[3] 张涅:《"人定胜天"思想的历史查考和认识》,《东岳论丛》,2000年,第21卷第3期,第113—114页。

今日全球的环保人士可无论，即使是自然科学界也早已认知，人类不应与大自然对立，更不应妄想征服自然，因为这是不可能达成的，最后的结果必是不获其利而反蒙其害。

《现代汉语词典》只说现代用义，也不需特殊书证。但新修《辞源》却依然引古籍用例为证，这不能说是"旧瓶装新酒"，只能说是"张冠李戴"了。所引刘过《襄阳歌》"人定兮胜天，半壁久无胡日月"，郭建荣教授《"人定胜天"的变迁》释其义云：

> 南宋自1164年隆兴和议后，出现了四十余年的所谓"时平无事"……他对此时南宋社会安宁，人事和平、经济发展，胡人不得南侵已有很久了感到安慰……[1]

《襄阳歌》中"半壁久无胡日月"一句，异文更多。新修《辞源》所据可能是清乾隆李调元辑刊的《函海》本。而《文渊阁四库全书》本作"半壁重开新日月"，《文津阁四库全书》本作"半壁渐看同日月"；收入《江湖小集》作"半壁犹堪扶日月"，《南宋名贤小集》作"半壁久无闲岁月"。若综合异文来看，郭教授的解读理当可通。总之，"人定兮胜天"应指襄阳军民团结奋斗，阻止胡人南渡，得保半壁江山而言。此即是人力挽回亡国的命运，实难说是"战胜自然"。至于《逸周书》"人强胜天"已详上文，亦只人事周备，可以承受天灾之意，说是"战胜自然"，已嫌言重。如再遵从词典指示，参读其"人众胜天"一条，竟说是：

> 集众人力量，可以战胜自然。《史记》六六《伍子胥传》："吾闻之，人众者胜天，天定亦能破人。"

如此"人众胜天"便与彼所谓"人定胜天"同义。"人定胜天"的解说尚只是用语的偏差，此处"人众胜天"则是根本误解了。所以《辞源》这一新修订并没有超胜于前编，反而又新生出问题来。

可惜稍后1999年上海辞书出版社新修的《辞海》，大致还是沿袭了这一表述方式：

---

[1] 《自然辩证研究法》第5卷，第4期，第63页，1989年。

　　　　人定，犹言人谋。谓人的意志和力量可以战胜自然。刘过《襄阳歌》："人定兮胜天，半壁久无胡日月。"《聊斋志异·萧七》："登门就之，或人定胜天，不可知。"按：《逸周书·文传》："人强胜天"，亦此意。

以较《辞源》，主要增出"人谋"解"人定"之说，而再推一层言"人谋"以后的"意志和力量"。谋乃谋虑、谋划，"定"字向无此训，故用"人谋"解"人定"，殊无根据而牵强。从上文所述"人定胜天"文字形式的产生过程来看，当知"定"字本为谋求上下两句字面的相称而来，本不必胶固拘泥作解。古人亦有以人心定止为义者，虽可成一说，然亦不得为通义。"人的意志和力量"，也可视为进一步的推说，如就后代使用四字的整体用义而言，倒也不致于太走样，其实《大汉和辞典》也早已用了相似的用语来解说了。[1]

　　自从这两部新修词书的文字改写了以后，继起的许多大小词书便纷纷采用，"人力可以战胜自然"遂成为"人定胜天"的标准解释。前已指出，这种文字的表述方式，容易产生人力征服自然的误解，以为人可以主宰万物、主宰天地，不但是与古来的理解相异，更严重的是将人类引导走向错误的方向。

　　历史上曾把"人定胜天"解读为纯任人力者，似只有明代名相张居正的《义命说》：

　　　　任数者则曰生死之数，穷达之遇，分定于天，不可易也。任人者则曰天定固能胜人，人定亦能胜天。凡此皆一隅之说，知其一而不知其二者也。譬之稼也，耕耘播种，人也；雨旸丰歉，天也。虽有神农、后稷，不能必其岁之丰，而田作之功，自不可以不力。彼任数者，不知耕耘播种之在人，而一归于岁；任人者，

---

[1] 如（宋）刘达可辑《璧水群英待问会元·时政急务五》以"定于心"为说，似言人心修养；至如（清）陈乾初《陈确集·书蔡伯蜚便面》以"吾心之天自定"为说，谓苟能如此，"贫贱、患难、疾病、死丧皆安之若素"，则可与词书"决心尽力""意志力量"的义解相通。

不知雨旸丰歉之不常，而取必于力作之勤。吁！惑亦甚矣！[1]
将"天定胜人""人定胜天"分系任数与任人，各执一面，判然不相干涉；这样的"人定胜天"最与现代新解相近。唯此一理解绝不多见，而张氏实亦主张要天人相协，反对这种一隅之偏的"人定胜天"。因此即使退一步说这种解释于古有据，其实仍无法泯没古今思想的歧异。

当然，古今语义可能随着时间的推移而有所改变，中国语言这种情况所在多有，即从清代以前"人定胜天"的衍化过程，已大可约见其变动不居之概。故苏宝荣教授主张：

> 阅读和注释古代文献应因古文以求古义，切不可"以今律古"；在现代语言的使用上也不能"以古限今"。[2]

这是明通的见解。《现代汉语词典》不涉古义，其实不好说它错；但新修的《辞源》《辞海》采用今义，却举古籍为证，确是移花接木，或是张冠李戴了。这两部词典的地位及其影响是不容忽视的，坊间印行的各种词书辗转抄袭，即是明证。邢义福教授也有很好的建议：

> 语言历史发展表明，人定胜天已经先后出现了两种很不相同的用法。兼顾古今汉语的词典，"人定胜天"词条下面应立两个义项。[3]

其实"人定胜天"在古代也不只一义，因此兼顾古今汉语的词典，或古汉语的专门词典，都应考虑分立义项。一词多义，尤其在较大型的词书已相当普遍，而且词书自应如实反映词义。无论古今，用义既已不同，分则义辨而双美，合则混淆而两伤。本篇之首曾提到邢教授的调查，现代多数人甚至认为"人定胜天"的"定"是"一定""必定"之意。这种认知招来不少人撰文批驳，以其不合科学事实。实则尽管其思想内容错误，如果大家都这么想、这么用，约定俗成，便可成立一个新义。你说他错，却也可积非成是，那么在现代用义上，恐怕还需再增列一项。近年由于环保意识抬头，人们多已不再执迷于科技万

---

[1] （明）张居正：《新刻张太岳先生文集》（上海：上海古籍出版社，1995—2002年），《续修四库全书》，第1364册，卷15，第32页。
[2] 苏宝荣：《不能"以今律古"，也不要"以古限今"——谈古语词在现代汉语中的理解和运用》，《河北师范大学学报》（哲学社会科学版），2006年7月，第29卷第4期，第79页。
[3] 邢福义：《"人定胜天"的古代原本用法与现代通常用法》，第72页。

能说，转而回过头来反省人类该当与大自然和谐相处，老祖宗天人合一的思想便不见得一无价值。从最近不少人指摘"人定胜天"思想的情况看来，或许有一天又会用回这个成语的旧义也未可知。任何时代都有其古今，古人用义，本来便有古今杂用的现象，语言的使用和演变是复杂的，词书如要以一概全，只怕是不可能的任务。

至于近年学者的讨论，往往聚焦在"定"字和"胜"字的解读上，鄙见以为从中国传统思想的大流来看，对"人定胜天"一语，似更应注意其所谓"天"的具体指义。由上析论，可知"天"是专指自然的偏差，决不是全称的泛指。如知此义，则"胜"字的训解用词，就不见得那么牵一发动全身了。

后世亦有超然拔出于习用惯例之外而另有创发之应用者，隅见所及，有清代中叶的章学诚。其《天喻》云：

> 天定胜人，人定亦能胜天。二十八宿，十二次舍，以环天度数，尽春秋中国都邑。夫中国在大地中，东南之一隅耳。而周天之星度，属之占验，未尝不应，此殆不可以理推测，盖人定之胜于天也。且如子平之推人生年月日时，皆以六十甲子，分配五行生克。夫年月与时，并不以甲子为纪，古人未尝有是言也。而后人既定其法，则亦推衍休咎而无不应，岂非人定之胜天乎？《易》曰"先天而天弗违"，盖以此也。学问亦有人定胜天之理，理分无极太极，数分先天后天，图有《河图》《洛书》，性分义理气质，圣人之意，后贤以意测之，遂若圣人不妨如是解也。率由其说，亦可以希圣，亦可以希天。岂非人定之胜天乎？尊信太过，以谓真得圣人之意固非；即辩驳太过，以为诸儒诟詈，亦岂有当哉？[1]

《天喻》一文，主旨本在论"学业将以经世"，谓无论开辟风气抑或移挽时弊，皆所以揭示自然天理之一端，而对于"前人所无而后人创之"者，特指称为"人定胜天"而加以阐发，其用义确然与众不同。此固为章氏一人所创用，与上言"天"之含义迥别；然可注意者，他

---

[1] （清）章学诚著、叶瑛校注：《文史通义校注》（北京：中华书局，1994年3月），卷3，内篇3，第311页。

将"人定胜天"与《易传》"先天而天弗违"相提并论,可知所谓"胜天",其实是指人为之"先天"创辟而言,"如治历者,尽人功以求合于天行而已",故仍是符合于天而非违逆于天,亦无异于参赞天地化育之旨。因此即如章氏如此独特的用例,依然是与传统文化思想不相违背的。

  古人固有信仰诸如《增广贤文》"命里有时终须有,命里无时莫强求"那种听天由命思想的,但在读书人的知识界中,儒家的"参赞天地化育"以至"人定胜天"毕竟仍是主流。纵如史上最早揭举"天定胜人"的申包胥,他话虽如此,事实上却为保卫自己的国家作出令人动容的奋斗:"走秦告急,求救于秦。秦不许。包胥立于秦廷,昼夜哭,七日七夜不绝其声。"终于感动了秦君出兵救楚。因此明代的张煌言竟说:"我怀申大夫,哭秦卒复郢。人定能胜天,一言重九鼎。"[1] 于是申包胥便从一个"天定胜人"的宣示者一转而成为"人定胜天"的典型,天人之际,果真有难以言宣的奥妙。

    本篇曾于2009年12月19日韩国首尔汉阳大学主办之"第一届东亚人文学论坛"宣读,并刊于2010年12月台湾大学中国文学系《台大中文学报》第33期。

---

[1]（明）张煌言:《张忠烈公集·怀古》(上海:上海古籍出版社,1995—2002年),《续修四库全书》,第1388册,卷4,第319页。